本书译自

欧洲侵权法与保险法丛书

第 26 卷

（欧洲侵权法与保险法中心和奥地利科学院
欧洲侵权法研究所共同编辑）

本书主编／[奥] 肯·奥利芬特
译　者／周学峰　王玉花

损害的合并与分割

撰写人

埃娃·巴金斯卡（Ewa Bagińska）
奥蒂洛·费尼韦斯（Attila Fenyves）
伊斯拉埃尔·吉利德（Israel Gilead）
布鲁克斯·M. 汉纳（Brooks M. Hanner）
克里斯蒂安·兰施泰因（Christian Lahnstein）
阿蒂拉·迈尼哈德（Attila Menyhárd）
肯·奥利芬特（Ken Oliphant）
阿尔韦特·鲁达（Albert Ruda）
马琳·施泰宁格（Marlene Steininger）
格哈德·瓦格纳（Gerhard Wagner）

安德烈亚斯·布洛可·埃勒斯（Andreas Bloch Ehlers）
苏珊·加兰-卡瓦尔（Suzanne Galand-Carval）
迈克尔·D. 格林（Michael D. Green）
恩斯特·卡纳（Ernst Karner）
理查德·刘易斯（Richard Lewis）
阿尔贝托·蒙蒂（Alberto Monti）
奥拉夫·里斯（Olaf Riss）
何塞普·索莱·费利乌（Joseph Solé Feliu）
托马斯·蒂德（Thomas Thiede）

中国法制出版社
CHINA LEGAL PUBLISHING HOUSE

丛书中文版序

赫尔穆特·考茨欧[*]

欧洲侵权法与保险法中心（European Centre of Tort and Insurance Law, ECTIL, www.ectil.org）是在奥地利、德国和瑞士政府部门和保险公司的支持下于1999年在奥地利维也纳建立的。其宗旨是在国内、国际和共同的欧洲侵权法和保险法的领域内从事比较法律研究。除此之外，它曾是并且目前仍是欧洲侵权法团队的宏伟项目的机构依托。该团队由亚普·施皮尔于1993年创建，其宗旨是起草一部未来的欧洲侵权法，即欧洲侵权法原则。欧洲侵权法研究所（Institute for European Tort Law, ETL, www.etl.oeaw.ac.at）是由奥地利科学院于2002年6月创建的。欧洲侵权法研究所和欧洲侵权法与保险法中心合作从事侵权法的比较法研究。欧洲侵权法与保险法中心的重点主要在于应用法律研究，而欧洲侵权法研究所则主要关注基础问题。两个机构之间的持续合作展示出这两个重点经常可以成功地结合，并产生出既可以阐明基础问题又有实际相关性的研究成果。世界范围内超过30个法域的250多名专家和实务工作者都对欧洲侵权法研究所和欧洲侵权法与保险法中心的项目做出贡献。他们研究的结果出版后将近40卷，大多数列入"侵权法与保险法"系列丛书。除了对原则的评论外，我在这方面要提及下述研究项目：医疗事故；对非金钱损失的赔偿；社会保障对侵权法的影响；对人身伤害的赔偿；对人体的生物医学研究的责任和可保性；卫生保健部门的无过错赔偿；纯粹经济损失；恐怖主义；针对大众媒体侵害人格权的保护；侵权

---

[*] 赫尔穆特·考茨欧（Helmut Koziol），欧洲侵权法与保险法中心主任、奥地利维也纳大学荣休教授。

法与责任保险；侵权法中的儿童；侵权法与管制法；欧盟的侵权法；转基因生物引起的经济损失；惩罚性赔偿金；损害的合并与分割；欧洲人权法院法律体系中的侵权法；以及两卷本的"欧洲侵权法精要"，它们涉及有关自然因果关系和损害的重要案例。

  两个机构还寻求通过对其他学者国际性的杰出研究提供发表的论坛来促进对欧洲和比较侵权法的理解和发展：同行参考的《欧洲侵权法杂志》。欧洲侵权法年会提供了对有关欧洲国内体系和欧盟法中的侵权法的最新信息和评论的进一步来源（年会的成果发表在"欧洲侵权法年刊"系列中，并由欧洲侵权法数据库提供补充）。

  欧洲侵权法研究所和欧洲侵权法与保险法中心坚信比较研究基于诸多理由而成为必要，因而从事这一研究。鉴于这些理由对我们的中国同仁而言颇有干系，而不仅仅因为东亚地区也在讨论私法的协调，我认为在这方面说几句可能是很有用的。

  首先，毫无疑问，每个人都会通过研究外国法律体系，通过努力去理解其他法律思维的方式，通过发现解决问题的新工具并通过听说其他国家的不同经验和解决途径而极大获益并受到启示。比较法——以及法律史——使人更为虚心，促进对基本观点的理解，解释共同的基础以及替代的解决方案，并且基于所有这些，极大地支持了改进现有法律体系或起草更好的新体系的机会。不言自明，它扩展了人们的视域，甚至激励人们不仅考虑邻近的或类似自身的法律体系，而且考虑远隔的法律体系。因而，欧洲侵权法团队以及欧洲侵权法研究所和欧洲侵权法与保险法中心通常包括来自中国、日本和韩国的法律工作者。基于类似的理由，中国同仁对欧洲法律体系及其发展有着很大的兴趣。我们对那些启动对欧洲侵权法研究所和欧洲侵权法与保险法中心出版的大量丛书的翻译工作，并因此使得我们研究工作的结论和理念得以引起我们中国同仁关注的人深表感激。而且，我们也想对那些从事对这些丛书的极为困难和艰辛的翻译工作的人表示谢意。

  而且，也必须指出，外国法律体系越不同，从中获得启示就更危险。所谓"不同"，我不仅是指私法部分，比如侵权法，甚至整个私法中存在的不同，而且或多或少也包括贯穿整个法律体系的基本分歧。因而，欧洲法律人——美国侵权法对之有着激烈作用——应当考虑陪审团的影响，这对（绝大多数）欧洲法律体系而言仍属未知；他应当关注美国令人吃惊的承担程序费用的制度；关注美国范围狭隘得多的社会保障体系以及行政刑法在美国并不像在欧洲那么常见这一事实。这些因素中的一些可能有重要意义，例如，就承认惩罚性损害赔偿而言，美国和欧盟形成对比。

就私法特别是侵权法的协调而言，我们应当认为，对可为所有旨在协调其法律体系的国家接受的侵权法的共同观念的发展将面临相当多的困难：

不同法律体系以及它们的基本理念之间的深刻差异应当得到克服，基本不同的惯性法律思维方式也应得到调和。这一目标仅能通过首先了解其他法律体系，通过增加对其他法律体系惯性思维方式的理解，以及通过意识到实质上在所有法域会出现同样难题但使用了不同的工具来解决他们并且有时不同的考虑甚至是决定性的来达成。因而，来自不同国家的法律工作者深入的比较研究和宽泛的讨论是一个必要条件。否则，将不可能设计出一个可为所有相关国家接受的，并且可以作为将来协调甚至统一的路线图的新的并且一致的总体概念。

为了在促进协调中成功使用比较法，我们对工作方法的选择必须很认真。我愿意提及欧洲侵权法团队，它在起草《欧洲侵权法原则》时发展出下述程序。基于比较基础来讨论侵权法的基本主题。为了获得对不同法律体系有关任何特定主题所采用的方法的必要综述，该团队的成员起草了一份问卷，该问卷被发送给各个法律体系中受邀起草国别报告的专家。这些问卷包括了抽象的问题以及案例。

这一双重进路的理由就是，通常非常抽象的答案给人印象是，法律体系是类似的，或者恰恰相反，是非常不同的，但在考察有重大影响的案例的结果，可以发现，恰好相反。例如，侵权人是否应当赔偿因其过错行为造成的所有损害这一抽象问题可能从一个国家报告人那里获得"否定"的答案，而从另一个报告人那里获得"肯定的"答案。前者可能解释说，受害人不能就被告造成的、不具备充分性的（不能预见的）或者未为受侵犯的规则的保护性目的所纳入的损害获得赔偿。不过，如果要求提供支持专家主张的案例并询问其判决理由（*ratio decidendi*），可能会惊奇地发现，结果仍然是同样的，因为，第一个报告人否认责任是因为损害并未为规则的范围所覆盖，而另一个报告人则是认为缺失因果关系的要素而反对责任。

我想再次感谢所有从事欧洲侵权法研究所和欧洲侵权法与保险法中心研究丛书翻译和出版的同仁。我们很感激我们的中国同仁现在更容易注意到我们的研究，我们希望这一在中国和欧洲法律工作者之间的相互关系和合作将加深双方的共同关切。

丛书译序

译事多艰。自晋唐至于明清又迄于民国，前贤先辈仆继不绝者，尽欲追索异域光华，玉石相攻，以开中华文物之繁华生动。直面如此英雄气度，枯燥的译事之后，也倏然增添了一抔神圣与庄严。

本丛书之选译，均为欧洲侵权法与保险法中心累积数十年功力所成，内容涉及医疗责任、公私法衔接、损害赔偿、侵权法与管制法、侵权法与保险法、人格权等十个主题，洋洋数百万言，既有基础之夯实，又有前沿之展望；既有微观之精要，又有宏观之洞见——穷究人间大法，发幽今世正道，大义微言，锥指正义，当堪近世难得的学界盛典，饕餮美宴。

本套丛书选译，一则为介绍当代欧洲侵权法前沿与基础问题之研究状况，二则为我国侵权法研究与立法方向提供一全新视野。对立法而言，我国《侵权责任法》于2009年底颁布，2010年施行，但揆案条文，多属对从前司法解释所取得成果的继承，少有创新，甚至偶有不及，造成许多疏漏。其一，对于当代社会所出现之新生现象认识不足；某些新现象，如人体试验、大众媒体侵权等，是否应纳入侵权法范畴之中，其在侵权法中究竟如何定位、如何规制，立法与研究对此罕有言及。其二，随着社会交往日益扩大与复杂，当代侵权法之任务与界限相较之以往均产生了很大变迁，而我国侵权法立法之基本制度形态还大体保留着十九、二十两个世纪之交的面貌；对于侵权法功能之萎缩（社会保险、社会保障对侵权法功能之挤占），伦理体认之变化（过错责任原则与损失分散之较量），多有不及。其三，对于侵权法与公法衔接，关注不够。对此，本译丛均有涉及，对我国侵权法完善之意义，不言而喻。

对学术研究而言，本译丛之意义多体现于方法层面。目下国内比较法研究著述虽繁，但对于比较研究之方法却并无统一定见与成熟体系；

有所感想，或为学者个人天资所及，怀玉袖中，不愿示人，或为数十年研习所生之思维习惯，并无深刻检讨，遑论方法体系。而本译丛所选书目，均采用比较法之研究方法，对欧洲主要国家侵权法制度以调查问卷方式分专题予以调查，受访者牵涉甚广，学者、法官乃至律师等，均昭然在列，如此则可窥见对同一问题各国法体系之认知、定位与处理方式，既有学说理论，又有事务处理。如此比较，一可保证针对性，二可保证明确性，三可保证全面性。概念之厘定、制度之搭建、体系之旨归，同时并举，既有微观甄别，又有宏观比对，堪称良法，可资鉴戒。当然，如此方法之为可能，首先得益于欧洲侵权法统一这一时代大背景；至于我国，因无此等法体系统一之现实需求，故而对此方法之全盘继受也似无强烈必要。然则本译丛亦愿将其视为一种例证与鞭策，敦促我国学界学人，对国内现行比较法之研究方法、成果、感想，尽快加以体系化、科学化、实证化，使其不再仅为学人之俊秀者的一种洞见，而成为一种实证之科学，惠泽后来。

如此学问，对于我国立法学术助益之大，不言自明；而如此学问不能交通于汉语学界，殊为憾事。故而我辈虽不才，强自勉力，精选十册专著，译成汉语，介绍与我国学者。《孟子》中载，华夏古礼，以钟鼓为大器，新铸新成，必献牺牲以衅之，以其上可通天人，下可安社稷；译丛译者诸君，以一己之身，甘为穀觫牺牲，霜鬓皓髯，献给繁花初现的汉语学界。

然而，译事之功，仅是远征之始；译事虽毕，绝非学养可成。许章润教授曾主编德国法儒萨维尼之研究专刊，侈译国外经典，坚实备至；而在最后却忧心言道：汉语世界之学者，尚不具备欣赏萨维尼的水平。旅德学人虽摩肩接踵，不绝于途，而往往为一叶所障，"既至宝山，空手而归"。异曲同工者，欧洲侵权法与保险法研究中心主任、维也纳大学荣休教授赫尔穆特·考茨欧先生，在给本译丛作序时也谆谆告诫，比较法之难，不在语言交通，而在于概念体系、思维方式、方法论、乃至于法律共同体之不同体认；压抑原初的价值取向而单纯撷取其制度设计，颇难融于本土法制。东西学人，相隔万里，洞见斯同，可谓佳话；

然则郁结之中，也当引人思索。余以为，我国为继受法国家，而又受民族主义之影响，故而在继受之外，又当考虑本土固有制度与固有资源的开掘与匹配。如此历程，比之日本等单纯继受，更为艰辛；而惟其如此，则达成继受法制与本土资源之协调，就成了我辈学人天命所归。余想夫德国继受罗马法时，曾有"经由罗马法、超越罗马法"之豪言；而今，我辈处在如此机缘之间，心怀"经由德国法，超越德国法"之胸襟，重铸中华文明新一千年之法秩序，当不为过！

译事既毕，掩卷扪心。遥想夫唐人侈译梵文，而有中华数百年心性哲学之异彩纷呈，由法相而天台、而华严、而禅，绚烂无比；继起儒学之风，由昌黎而敦颐、而张载、而二程、而朱子，鼓荡天下八百余年，气象万千；而今，本译丛译事甫毕，虽不敢比肩于晋唐先烈，而青灯黄卷中，亦有片刻心雄：骐骥挽骏，尘随马去；学界同仁，共奋其袂，以其固执的啃食，咬穿文化的藩篱，为我中华文物制度，再开下又一个八百年！呜呼，踵烨增华，于斯为盛，如此，诚可馨香而祝之矣！

值此梓行之际，思及丛书所以大行天下者，则感慨之外，又心生感念：中国法制出版社不计利益得失，对本丛书之出版慨然应允，胸襟气度，殊值敬佩；中国人民大学法学院朱虎博士，为本译丛事务，奔忙劳顿，最终促成本译丛印行；出版社领导诸公及策划编辑戴蕊女士，慨允于前，牵线于中，敦促于后，兢兢业业，在此谨致谢忱。此外，本译丛诸位译者，均为当代中国青年才俊，联袂襄赞，共谋中国法学奠基大业；其中最应珍视者，不惟译事克竟，又有戮力同心、共酬大业之精旨，当堪旌表。

李昊[*] 谨识

---

[*] 北京航空航天大学人文与社会科学高等研究院副院长。

前　言

　　在侵权诉讼中当事人请求赔偿的损害是被看做一起单一的不可分割的损失还是多项损失的复合会产生多种意义深远的后果。如果有多项损失，受到影响的索赔者的利益可能不止一项并且只有其中某些损失被认为是可得到补偿的损害。间接损失被看做是一项独立的损害并可单独得到救济，还是全部损失中的一部分，亦会对可补偿性的问题以及诉讼时效法律的适用产生影响。当存在责任限额和对损害的最低起赔额制度时，这些制度是对赔偿请求整体只适用一次还是对全部赔偿请求中的各个不同组成部分——适用的问题就会产生。在与有过失法律的适用中亦会体现出多项损失的问题。

　　这些与损害的可分割性相关的问题，在有多名原告或多名被告的案件中会特别迫切。如果两名以上原告对同一受损财产拥有权利（例如，作为共同所有者，或作为所有人与受许可使用者），他们被看做是遭受了同一损失还是数起独立的损失，对于他们可提出的诉讼请求会有影响。相反，如果两名以上被告同时侵害了一名原告，他们各自的责任应如何确定可能（至少部分）取决于原告遭受的损害是被看做一起单一的不可分割的损害还是多项损害。在连带责任方面也会产生大量的更为具体的问题。

　　为了处理与大规模侵权场景中因果关系证明有关的问题——例如，对于数个独立的非法行为人侵害了许多不同的人这一点非常清楚，但是，要证明具体的单个被告与单个原告之间的因果关系非常困难或不可行——有些地区的法律已发展出特别规则，允许以被告制造了风险为依据来对被告施加责任，而无论是否能够证明该风险最终导致了损害。在英国法中，"仙童"案的判决（*Fairchild v Glenhaven Funeral Homes Ltd* [2002] UKHL 22）为此提供了例证，美国的"市场份额"责任原理也

2 损害的合并与分割

是如此。在此类案件中，如何看待损害的性质，它是否可分割，都是关键的问题。

与损害的可分割性相关的问题也会出现在与冲突法相关的事例中。如果一起单一的非法行为或不作为在多个不同国家的司法管辖区域造成了数起损失，这是否意味着对每一起损失都要适用一种不同的侵权法？在不同区域产生的后果在何种背景下可被看做是仅仅是同一起不可分割的损失的不同部分，它在国际私法上会产生什么后果？

另外，从民事诉讼法的角度来看，损害的可分割性也具有重要意义。例如，它对于决定哪个国家的法院拥有管辖权，在该国内部哪一地域的法院适合管辖以及对费用的赔偿都有影响。另一个问题是，针对一项特定的非法行为或不作为而提起的诉讼所产生的最终判决或和解，在原告会遭受进一步的损害的时候，是否会产生禁止原告再次提起诉讼的后果。那些允许代表多位个人而提起的集团诉讼或代表人诉讼的现代诉讼形式，有时也会要求法院对损害的可分割性进行考虑。

在侵权实体法和程序法领域出现的这些问题与保险法律和实践中出现的一系列问题都相对应。在保险法领域，关于损害是由一起单一损失构成的还是由一组相互独立的损失构成的问题，在适用赔偿限额和扣除额时表现得最为明显。但是，即使是相互独立的数个损失也可以通过使用诸如总额限制条款或索赔系列条款之类的条款，将其合并到一处，从而只受同一个赔偿限额或扣除额的限制。

因此，损害的合并与分割是一种在侵权法和保险领域都存在的现象，并且，对它们所采用的不同的研究方法和技术，为我们在多个层面来探究这两个领域的复杂的相互关系提供了机会。

本项目是在一个较宽广的范围基础上来论及合并与分割的问题的，它涵盖了侵权法、诉讼法和保险。它采取比较的方法，由围绕着同一调查问卷展开的11个国家的国别报告组成，并辅之以三份专题报告，它们分别从冲突法、法律的经济分析和保险三个视角进行论述。随后是比较总结和一组结论性的看法。本研究想同时达到的两个目标是，对于与损害的基础法律概念相关的基本的但有时会被忽略的问题进行说明——

特别是与下列问题有关的事项：一起损失还是多起损失？——并且在一个全新的背景下对侵权法与保险的关系进行探究。

本项目最初是由我的老朋友和支持者慕尼黑再保险公司的克里斯蒂安·兰施泰因（Christian Lahnstein）提议的，并且他也为本书撰写一篇专题报告。我想对慕尼黑再保险公司以及奥地利教育、科学和文化部与欧盟委员会表达我的感激，感谢他们对本项目的资助。调查问卷的初稿是由赫尔穆特·考茨欧（Helmut Koziol）教授完成的，我非常感激他对此所做出的贡献。正是他说服我担任这一非常困难、富有挑战性但具有创新性并最终有所成就的研究项目的负责人。若没有欧洲侵权法与保险法中心（ECTIL/ETL）的许多成员的相当出色的努力，该项目是不可能完成的，其中，我必须特别感谢马琳·施泰宁格（Marlene Steininger）硕士，她在履行项目助理的职责时非常有效，以及文学硕士唐娜·斯德肯胡博（Donna Stockenhuber），感谢她非常出色的版面编辑。我还想感谢奥拉夫·里斯（Olaf Riss）博士、凯萨琳·施特罗巴赫-卡纳（Kathrin Strobach-Karner）硕士、法学学士和法学硕士菲奥娜·索尔特-汤森德（Fiona Salter-Townsend）、法学学士和法学硕士斯图尔特·戴维·华莱士（Stuart David Wallace）所做的贡献。

肯·奥利芬特
维也纳，2009年9月

目 录

■ 调查问卷 ·· 1

　一、总论 / 1

　二、损害赔偿责任 / 1

　　A. 可分割的损失和不可分割的损失的可救济性 / 1

　　B. 间接损失的可救济性 / 2

　　C. 责任限额与最低起赔额 / 3

　　D. 多个损失 / 4

　　E. 多个损失与多个侵权行为人 / 4

　　F. 损害的可分割性和因果关系的不确定性 / 5

　三、程序方面 / 6

　　A. 管辖 / 6

　　B. 诉讼金额 / 7

　　C. 先前法院判决或和解的法律效力 / 7

　　D. 集团诉讼、代表人诉讼、示范诉讼和大规模侵权 / 8

　四、保险方面 / 9

　　A. 限额与扣除额 / 9

　　B. 对赔付数额的其他限制 / 11

第一部分　国别报告

■ 奥地利法中损害的合并与分割：侵权法与保险 ················· **15**

　一、总论 / 15

　二、赔偿责任 / 16

　　　A. 可分割的损失和不可分割的损失的可救济性 / 16

　　　B. 间接损失的可救济性 / 22

　　　C. 责任限额与最低起赔额 / 28

　　　D. 多个损失 / 35

　　　E. 多个损失与多个侵权行为人 / 37

　　　F. 损害的可分割性和因果关系的不确定性 / 41

　三、程序方面 / 45

　　　A. 管辖 / 45

　　　B. 诉讼金额 / 47

　　　C. 先前法院判决或和解的法律效力 / 50

　　　D. 集团诉讼、代表人诉讼、示范诉讼和
　　　　 大规模侵权 / 54

　四、保险方面 / 62

　　　A. 限额与扣除额 / 62

　　　B. 对赔付数额的其他限制 / 67

■ 丹麦法中损害的合并与分割：侵权法与保险 ················· **75**

　一、总论 / 75

　二、损害赔偿责任 / 75

　　　A. 可分割的损失和不可分割的损失的可救济性 / 75

B. 间接损失的可救济性 / 78

C. 责任限额与最低起赔额 / 81

D. 多个损失 / 87

E. 多个损失与多个侵权行为人 / 88

F. 损害的可分割性和因果关系的不确定性 / 90

三、程序方面 / 94

A. 管辖 / 94

B. 诉讼金额 / 96

C. 先前法院判决或和解的法律效力 / 98

D. 集团诉讼、代表人诉讼、示范诉讼和大规模侵权 / 101

四、保险方面 / 105

A. 限额与扣除额 / 105

B. 对赔付数额的其他限制 / 109

英格兰和威尔士法中损害的合并与分割：侵权法 …… 113

一、总论 / 113

二、损害赔偿责任 / 113

A. 可分割的损失和不可分割的损失的可救济性 / 113

B. 间接损失的可救济性 / 117

C. 责任限额与最低起赔额 / 124

D. 多个损失 / 129

E. 多个损失与多个侵权行为人 / 133

F. 损害的可分割性和因果关系的不确定性 / 136

三、程序方面 / 141

A. 管辖 / 141

　　　　B. 诉讼金额 / 142

　　　　C. 先前法院判决或和解的法律效力 / 143

　　　　D. 集团诉讼、代表人诉讼、示范诉讼和
　　　　　　大规模侵权 / 146

■ 英格兰和威尔士法中损害的合并与分割：保险 ………… *152*

　　一、引言 / 152

　　二、调查表第四部分中的各项具体问题 / 153

　　　　A. 限额与扣除额 / 153

　　　　B. 对赔付数额的其他限制 / 164

　　三、结论 / 172

■ 法国法中损害的合并与分割：侵权法与保险 ………… *175*

　　一、总论 / 175

　　二、损害赔偿责任 / 176

　　　　A. 可分割的损失和不可分割的损失的可救济性 / 176

　　　　B. 间接损失的可救济性 / 179

　　　　C. 责任限额与最低起赔额 / 181

　　　　D. 多个损失 / 185

　　　　E. 多个损失与多个侵权行为人 / 186

　　　　F. 损害的可分割性和因果关系的不确定性 / 189

　　三、程序方面 / 193

　　　　A. 管辖 / 193

　　　　B. 诉讼金额 / 195

　　　　C. 先前法院判决或和解的法律效力 / 196

　　　　D. 集团诉讼、代表人诉讼、示范诉讼和

大规模侵权 / 200

四、保险方面 / 203

A. 限额与扣除额 / 203

B. 对赔付数额的其他限制 / 208

■ 德国法中损害的合并与分割：侵权法与保险 **214**

一、总论 / 214

二、损害赔偿责任 / 218

A. 可分割的损失和不可分割的损失的可救济性 / 218

B. 间接损失的可救济性 / 223

C. 责任限额与最低起赔额 / 229

D. 多个损失 / 233

E. 多个损失与多个侵权行为人 / 235

F. 损害的可分割性和因果关系的不确定性 / 239

三、程序方面 / 243

A. 管辖 / 243

B. 诉讼金额 / 245

C. 先前法院判决或和解的法律效力 / 247

D. 集团诉讼、代表人诉讼、示范诉讼和
大规模侵权 / 250

四、保险方面 / 258

A. 限额与扣除额 / 258

B. 对赔付数额的其他限制 / 266

■ 匈牙利法中损害的合并与分割：侵权法与保险 **273**

一、总论 / 273

二、损害赔偿责任 / 280

  A. 可分割的损失和不可分割的损失的可救济性 / 280

  B. 间接损失的可救济性 / 283

  C. 责任限额与最低起赔额 / 287

  D. 多个损失 / 291

  E. 多个损失与多个侵权行为人 / 292

  F. 损害的可分割性和因果关系的不确定性 / 296

三、程序方面 / 298

  A. 管辖 / 298

  B. 诉讼金额 / 300

  C. 先前法院判决或和解的法律效力 / 300

  D. 集团诉讼、代表人诉讼、示范诉讼和
大规模侵权 / 304

四、保险方面 / 307

  A. 限额与扣除额 / 307

  B. 对赔付数额的其他限制 / 311

■ 以色列法中损害的合并与分割：侵权法 ·············· **315**

一、总论 / 315

二、损害赔偿责任 / 316

  A. 可分割的损失和不可分割的损失的可救济性 / 316

  B. 间接损失的可救济性 / 318

  C. 责任限额与最低起赔额 / 322

  D. 多个损失 / 324

  E. 多个损失与多个侵权行为人 / 325

  F. 损害的可分割性和因果关系的不确定性 / 329

三、程序方面 / 334

　　A. 管辖 / 334

　　B. 诉讼金额 / 335

　　C. 先前法院判决或和解的法律效力 / 336

　　D. 集团诉讼、代表人诉讼、示范诉讼和
　　　　大规模侵权 / 338

■ **意大利法中损害的合并与分割：侵权法与保险** ***340***

一、总论 / 340

二、损害赔偿责任 / 341

　　A. 可分割的损失和不可分割的损失的可救济性 / 341

　　B. 间接损失的可救济性 / 343

　　C. 责任限额与最低起赔额 / 345

　　D. 多个损失 / 347

　　E. 多个损失与多个侵权行为人 / 347

　　F. 损害的可分割性和因果关系的不确定性 / 349

三、程序方面 / 351

　　A. 管辖 / 351

　　B. 诉讼金额 / 353

　　C. 先前法院判决或和解的法律效力 / 353

　　D. 集团诉讼、代表人诉讼、示范诉讼和
　　　　大规模侵权 / 355

四、保险方面 / 358

　　A. 限额与扣除额 / 358

　　B. 对赔付数额的其他限制 / 360

■ 波兰法中损害的合并与分割：侵权法与保险 ……………… *363*

一、总论 / 363

二、损害赔偿责任 / 365

A. 可分割的损失和不可分割的损失的可救济性 / 365

B. 间接损失的可救济性 / 369

C. 责任限额与最低起赔额 / 373

D. 多个损失 / 376

E. 多个损失与多个侵权行为人 / 378

F. 损害的可分割性和因果关系的不确定性 / 382

三、程序方面 / 389

A. 管辖 / 389

B. 诉讼金额 / 390

C. 先前法院判决或和解的法律效力 / 391

D. 集团诉讼、代表人诉讼、示范诉讼和大规模侵权 / 394

四、保险方面 / 397

A. 限额与扣除额 / 397

B. 对赔付数额的其他限制 / 401

■ 西班牙法中损害的合并与分割：侵权法与保险 ……………… *407*

一、总论 / 407

二、损害赔偿责任 / 410

A. 可分割的损失和不可分割的损失的可救济性 / 410

B. 间接损失的可救济性 / 415

C. 责任限额与最低起赔额 / 419

  D. 多个损失 / 426

  E. 多个损失与多个侵权行为人 / 427

  F. 损害的可分割性和因果关系的不确定性 / 432

三、程序方面 / 435

  A. 管辖 / 435

  B. 诉讼金额 / 439

  C. 先前法院判决或和解的法律效力 / 440

  D. 集团诉讼、代表人诉讼、示范诉讼和大规模侵权 / 444

四、保险方面 / 458

  A. 限额与扣除额 / 458

  B. 对赔付数额的其他限制 / 461

■ 美国法中损害的合并与分割：侵权法与保险   468

一、总论 / 468

二、损害赔偿责任 / 469

  A. 可分割的损失和不可分割的损失的可救济性 / 469

  B. 间接损失的可救济性 / 472

  C. 责任限额与最低起赔额 / 475

  D. 多个损失 / 481

  E. 多个损失与多个侵权行为人 / 483

  F. 损害的可分割性和因果关系的不确定性 / 487

三、程序方面 / 492

  A. 管辖 / 492

  B. 诉讼金额 / 495

  C. 先前法院判决或和解的法律效力 / 497

　　　　D. 集团诉讼、代表人诉讼、示范诉讼和
　　　　　 大规模侵权／502

　　四、保险方面／513
　　　　A. 限额与扣除额／513
　　　　B. 对赔付数额的其他限制／521

第二部分　专题报告

■ 欧洲冲突法视角下损害的合并与分割 …………… 531

　　一、序言／531
　　　　A. 冲突法的基本原则／531
　　　　B. 关于损害的合并与分割问题的相关场景／533

　　二、国际管辖权／534
　　　　A. 引言／534
　　　　B. 特别管辖权／536
　　　　C. 附属管辖权和诉讼竞合（未决诉讼）／541

　　三、准据法／543
　　　　A. 引言／543
　　　　B. 一般规则和（盛行的）特别规则／545
　　　　C. 人身损害／551

　　四、结论／557

■ 损失分割的经济分析导论 ……………………………… 558

　　一、问题：何时进行损失分割是有效率的？／558
　　二、损失分割和有效率的威慑／559
　　　　A. 对外部化损失的内部化／559

　　　　B. 预期责任、预期损失和实际损失及责任 / 560

　　　　C. 有效率的损失分割的主要问题 / 561

　　　　D. 举例说明问题 / 561

　　　　E. 关于对实际损失的有效率的分割——原理 / 563

　　　　F. 关于对实际损失的有效率的分割——实践 / 564

　　　　G. 分割的实际规则：比较过失和对损失
　　　　　　风险的比较因果作用 / 565

　　　　H. 法与经济学文献中关于损失分割的内容 / 568

　三、损失分割和有效率的损失分散 / 575

　四、损失分割与减少诉讼的管理成本 / 577

　五、损失分割的三个方面之间的相互关系 / 578

　六、结论 / 579

■ 损害的合并与分割：保险方面 ·········· *580*

　一、损害的合并 / 580

　　　　A. 保险事件未被清晰地界定 / 581

　　　　B. 不明确的索赔系列条款 / 583

　　　　C. 每年或每一保险期间的总限额 / 584

　二、损害的可分割性 / 584

第三部分　比较分析

■ 侵权法与保险中损害的合并与分割：比较总结 ·········· *589*

　一、总论 / 589

　二、损害赔偿责任 / 590

A. 可分割的损失和不可分割的损失的可救济性 / 590

B. 间接损失的可救济性 / 595

C. 责任限额与最低起赔额 / 600

D. 多个损失 / 606

E. 多个损失与多个侵权行为人 / 608

F. 损害的可分割性和因果关系的不确定性 / 612

三、程序方面 / 619

A. 管辖 / 619

B. 诉讼金额 / 622

C. 先前法院判决或和解的法律效力 / 624

D. 集团诉讼、代表人诉讼、示范诉讼和大规模侵权 / 630

四、保险方面 / 638

A. 限额与扣除额 / 638

B. 对赔付数额的其他限制 / 644

■ 侵权法与保险中损害的合并与分割的结论性思考 ············ *651*

一、引言 / 651

A. 概览 / 651

B. 项目的起源 / 652

C. 方法论 / 652

D. 调查表 / 653

E. 目标 / 653

F. 计划 / 654

二、保险中的合并与分割 / 654

A. 引言 / 654

B. 背景 / 655

　　C. 政策 / 656

　　D. 合并与分割的技术 / 658

　　E. 特定的保险问题 / 660

三、侵权中的合并与分割 / 662

　　A. 引言 / 662

　　B. 背景 / 663

　　C. 不同方法的类型化 / 664

　　D. 特定问题 / 670

四、结论 / 682

■ 索引 ………………………………………………… 685

调查问卷

一、总论

1. 你们的法律制度中是否有关于将损害分为一起单一的不可分割的损失或多个损失的一般性规则，无论其为成文法规，还是判例法？这些规则在二级法律文献中被提出过吗？这种区分在实践中重要吗？

二、损害赔偿责任

A. 可分割的损失和不可分割的损失的可救济性

2. 在你们国家的侵权法中，即使损害是由同一个侵权行为人的同一侵权行为所导致的，对于损害的责任，是否仍要依照受保护的利益的不同而将总损失分成不同组成部分并分别进行处理（例如，侵害人身或侵害财产；金钱损害或非金钱损害）？如果必须依照每一种损失的类型单独确定责任标准，那么，它会对侵权行为人的责任产生什么影响？

3. 案例研究（不同类型的损失；与有过失）在一起由 D（被告，下同）的过失所导致的交通事故中，P（原告，下同）受到了人身损害，他的眼镜也碎了。P 对下列事项提出赔偿请求：a) 疼痛与痛苦；b) 医疗费用；c) 他的破碎的眼镜。P 的损害被看做是一个不可分割的损失，还是多个相互独立的损失？假设 P 没有系安全带，就上述三种损害而言，对于他的与有过失应如何考虑？如果所遭受的损失的类型不同，与有过失的后果亦不同，那么，其正当性理由是什么？

4. 在你们国家的侵权法中，在人身损害以外的领域，是否有必须依照损失的每一种类型单独确定责任标准的情形，即使损失是由一起单一的侵权行为或不作为所引起的？

B. 间接损失的可救济性

5. 请说明间接损失在你们国家的侵权法中是如何被界定的。间接损失是被当做一项必须要单独进行救济的独立的损失，还是被看做是总损失的一部分，即通过认定"主要损失"来解决而无须再次考虑其责任标准？如何划分数个单独损失与间接损失的界限？

6. 案例研究（间接损失；与有过失）在一起由 D 的过失所导致的交通事故中，P 的右手受到了伤害，P 在六个星期内无法从事钢琴教师的工作。P 因此而遭受了收入损失。假设 P 的行为有过失并且他的过失促成了他的疼痛与痛苦，但其过失对其工作能力和收入损失没有影响。D 的责任范围如何确定：a) P 的疼痛与痛苦；b) 他的收入损失？在当前案例中，收入损失是否被当做一项需要单独进行救济的独立的损失？

7. 案例研究（间接损失；时效）2000 年 1 月，D 闯入制造计算机设备的 P 公司的生产车间，损坏了一些高科技配件，而这些配件原本是准备交付给其他制造商的。由于 D 的闯入和损坏行为并没有被 P 公司的职工立即注意到，一些受损的计算机设备被交付给不同的制造商（A、B 和 C）而没有在发货前进行充分的维修。因此，P 必须赔偿客户 A 的损失。2002 年 1 月，在对 D 进行成功的追偿后，P 又被客户 B 诉请损害赔偿；2003 年 1 月，P 又遭到客户 C 的索赔。对 B 和 C 的赔偿应被看做是间接损失，即 D 所造成的总损失的一部分，还是必须进行单独救济的独立的损失？就 P 因对 A、B 和 C 的赔偿而提起的追偿诉讼而言，诉讼时效的起算日期是哪一天？

8. 在你们国家的侵权法中，有没有未被提及的其他情况，从中，一项损害应被看做一项间接损失而属于"主要损失"的一部分，还是应被看做由同一侵权行为或不作为所导致的一项独立的损害，这个问题有着决定意义？

C. 责任限额与最低起赔额

9. 请说明在你们国家的侵权法中，如果存在赔偿限额的话，损害赔偿责任何时会受到限制。在这些情形中，是否存在用来解决下述问题的成文法规定或判例法原则：所造成的损失是作为一项不可分割的损失——在这种情况下侵权行为人的责任从整体上受到最高数额的限制——还是多个相互独立的损失，侵权行为人对每一项损失的赔偿责任分别受最高数额的限制？

10. 请说明在你们国家的侵权法中，如果存在最低起赔额的话，受害人何时必须要承受最低起赔额以下的损失。在这些案例中，是否存在用来解决下述问题的成文法规定或判例法原则：损害是被看做一项不可分割的损失——因此受害人只须自行承担一次低于起赔额的损失——还是多个相互独立的损失，从而多次适用起赔额？

11. 案例研究（产品责任中的最低起赔额）由于电力系统的短路导致P停放的汽车被完全烧毁。这场火还烧毁了P存放在汽车后备箱里的高尔夫装备和汽车电话系统。P向制造商提出索赔，其依据是制造商对缺陷产品的责任。全部损失——汽车的电话系统、汽车本身和高尔夫装备——被看做是一项不可分割的损失，还是多个相互独立的损失？欧盟产品责任指令对于财产损失赔偿规定了最低免赔额。对每一项损失单独适用起赔额——例如，P的汽车、汽车电话系统和高尔夫装备——还是只对总额适用一次起赔额？能否进一步主张，高尔夫包的损失和高尔夫球杆的损失也应作为单独的损失来对待？

12. 在你们国家侵权法中，在确定责任限额和最低起赔额时哪个标准是起决定作用的？对以下因素要特别考虑：损失的类型（例如，人身损害或财产损害）；责任形式（例如，过失责任或严格责任）；受害人或侵权行为人的个人特征（例如，雇员、未成年人、专业人士）；其他标准（例如，年金赔付或一次性赔付）。如果法律承认这些区分，那么，人们能否进一步主张，受害人因一起侵权行为或不作为而遭受的损失须被看做是多个单独的损失，其中一些损失受制于责任限额或最低起赔额，而另外一些损失则不适用？

D. 多个损失

13. 当两个以上当事人共有的财产受损时，由此而产生的损害是否被看做是每一位当事人的的权利均受到侵害而导致的多个相互独立的损失？

14. 案例研究（共有）P1 和 P2 是一幢建筑物的共有人，该建筑物因 D 的恶意纵火而被毁损。P1 和 P2 所遭受的损害应被看做是一项单一的不可分割的损失，还是 P1 和 P2 分别遭受的两项损失，类型选择的后果是什么？

15. 案例研究（所有权和使用权）P1 对林地拥有所有权，P2 拥有采伐林木的权利。D 因过失引发了火灾而使林木被毁，P1 和 P2 所遭受的损害应被看做是一项不可分割的损失，还是两项相互独立的损失，类型选择的后果是什么？

E. 多个损失与多个侵权行为人

16. 在何种条件下可认定多个侵权行为人共同引发了受害人的单一损失？在何种条件下可以认定多个侵权行为人导致了同一受害人的多个相互独立的损失而需要对这些损失分别进行救济？多个侵权行为人对损害承担连带责任的前提条件是什么？能否主张，多个侵权行为人分别导致了多个相互独立的损失，但是，与此同时这些侵权行为人需要对损失整体承担连带责任？

17. 案例研究（连带责任和分别责任）D1、D2 和 D3 计划抢劫一对夫妇 E 和 F。D1 在汽车里等候，并负责逃跑。D2 将使用枪控制住这对夫妇并从 E 身上拿走钱，D3 将取走 F 佩戴的珠宝。D1、D2 和 D3 同意如果有必要将使用暴力。由于 E 对 D2 进行防卫，D2 开了枪并伤害了 E，E 随后就其医疗费用和疼痛与痛苦提出索赔。F 请求返还她的珠宝，并且，由于珠宝在争抢中受到了损害，因此，F 还就修补费用提出索赔。在这个案例中，是存在一个总体损失，其可就相同范围归责于每一个侵权行为人，还是存在数个相互独立的损失，每一项损失可归责于一名不同的侵权行为人？如何确定 D1、D2 和 D3 的责任范围？

18. 案例研究（人身损害被明确排除）假设事实与上述案例相同，如果 D1、D2 和 D3 最初同意不使用暴力，但是，当 E 未听从 D2 的命令时 D2 开了枪，该案是否因此而得到不同对待？在这个案件中，对于 E 的伤害，是由 D2 一人承担全部责任，还是可将其看做一起可在同等程度上归责于每一个侵权行为人的整体损失，从而认定 D1 和 D3 也要对损失负责？

F. 损害的可分割性和因果关系的不确定性

19. 为了处理与证明因果关系有关的问题——特别是在大规模侵权的背景下——有些地区发展出一些例外规则，以被告制造了风险为由对其施加责任，而无论有无证据显示被告的行为是原告所受伤害的"若非则无"（sine qua non，必要条件）意义上的原因。你们国家的侵权法是否承认这些规则？如果承认，什么被认为是受害人已经遭受的损失？

20. 案例研究（源于多种途径的暴露风险）V 先后连续受雇于 D1、D2 和 D3。在每一工作期间，由于雇主的过失 V 都暴露于石棉中。近来 V 已被诊断出患有间皮瘤，使其寿命预期严重缩减，该疾病系其在工作中暴露于石棉下所致。间皮瘤不是一种严重的疾病

(不像石棉肺），并且，即使额外暴露于石棉中也不会加重其严重性。科学证据无法显示间皮瘤是由于在哪一工作时间暴露于石棉中所致，或由于在不同工作时期累积暴露于石棉中所致。在你们国家的侵权法中，D1、D2 和 D3 能否被认定负有责任？如果负责任，V 被认为已遭受了一起不可分割的损失，还是多项不同的损失？

21. 在所谓 DES 案件中，一些美国法院认定若干被告负有责任，即使被告与索赔者的损害之间的因果关系并不能像普通案件那样得到证实。这些案件处理的是多名被告与多名受害人之间的问题。尽管不可能证实哪一名被告损害了哪一位受害人，但每一名被告都要依其在 DES 市场上的份额承担按份责任（市场份额责任）。在你们国家的侵权法中，这样一种责任模式是否适当？如果适当，请基于下述案例说明什么被认为是已经遭受的损失。

22. 案例研究（市场份额责任）D1、D2 和 D3 是制药商，其生产的药品都是基于相同的化学制剂并都在 A 国流通。在药品上市多年后发现该药品所使用的制剂具有致癌作用。P 是数千名受害人中的一员，像其他受害人一样，他无法证实其服用的是哪一家制药商生产的药品（D1、D2 或 D3）。但是，根据市场份额原理，P 能向他们（D1、D2 或 D3）中的任何一家提出索赔，尽管每家制药商的责任都受限于其在 A 国市场上的份额。如果依据你们国家的侵权法可以适用市场份额模式，那么，什么是每一家制药商所应负的损失？这种损害场景应被看做是一起单一的不可分割的损失，还是多个相互独立的损失？

三、程序方面

A. 管辖

23. 依据你们国家的程序法，损害行为地或损害发生地对于哪一个法院有管辖权是否具有决定性意义？当损害行为在多个不同地点引发了多项不同的损失的时候，此类案件应如何处理？是否可以在同一个法院处理所有的损失索赔，即使这些损害是发生在多个不同的管辖区域内？如果可以，那么，整体损害是被看做是一项单一的不可分割的损失，还是多个相互独立的损失？

24. 案例研究（国内管辖权；损失发生地）在 W 法院的管辖区域内，D 对 P 的食物投毒。在 X 法院的管辖区域内，该食物喂给了 P 的狗。结果 P 的狗在 Y 法院的管辖区域内开始呕吐并把 P 的汽车弄得一团糟。在 Z 法院的管辖区域内，P 自己食用了有毒的食品并因此而产生了胃痉挛和恶心。P 能在哪一处法院就其损失（被弄糟的汽车，疼痛与痛苦，收入损失）提出赔偿请求？能在同一个法院提出所有的索赔吗？

B. 诉讼金额

25. 诉讼金额在诉讼的程序方面（例如，有关律师费、诉讼费，法律救济的认可，法院管辖权或其他原因事项）是否具有决定性作用？如果是，当基于一个单一的侵权行为或不作为而提起的请求被分解开并单独起诉时，是否会产生不同的结果？当损害被看做是一项单一的不可分割的损失或多个损失时，会有什么不同（如果有的话）？

C. 先前法院判决或和解的法律效力

26. 当一项请求已经历诉讼，并且终审法院的判决已经做出时，索赔人在多大范围内被禁止就基于同一侵权行为或不作为而产生的进一步损害提起诉讼？作为后一起索赔对象的损失被看做是已经被法院处理过的损失的一部分或者被认为是一项独立的损失，是否具有决定性作用？

27. 案例研究（先前判决）在一起交通事故中由于 D 的过失导致 P 的汽车受损。P 就重新喷漆的费用起诉 D 而获胜诉。判决做出后，发现不仅汽车的喷漆在车祸中受损，发动机也受损了。P是否被禁止就发动机的损害赔偿再次提起诉讼？发动机受损被看做是法院已经处理过的损失的一部分，还是一项独立的损失？

28. 案例研究（先前判决和与有过失）事实与上述案例相同，但是，在处理P就重新喷漆的费用要求赔偿的问题时，法院判决因为P与有过失而减半赔偿。审理关于发动机损害赔偿的后一起案件的法院是否受先前法院所做出的与有过失的判决的约束？发动机受损是否被看做是还未被法院处理过的一项独立的损失，因而先前的判决对后面的法院没有约束力？

29. 案例研究（和解的法律后果）再次假设事实相同，但例外的是P最初的索赔是通过法庭外和解而非司法的方式解决的，P是否会因先前和解的事实而被禁止再次提起诉讼？如果不会，那么，因与有过失而双方合意减少赔偿金是否会对第二起索赔诉讼具有约束力？所受损失被看做是一项单一的不可分割的损失还是多个损失是否具有重要意义？

D. 集团诉讼、代表人诉讼、示范诉讼和大规模侵权

30. 在你们国家的法律制度中，何种诉讼程序机制允许由多个不同的索赔人提起的赔偿请求在一个法院合并审理？如果不同的诉讼请求被合并，它们是被看做与一项单一不可分的损失有关呢，还是与多项损失有关？

31. 依据你们国家的法律制度提起集团诉讼（或与其最接近的对应程序）的前提条件是什么？请举出在你们国家的侵权案件中使用集团诉讼的例子。通过集团诉讼的方式进行索赔与每位受害者单独起诉索赔有什么区别？如果一名受害人对法院在集团诉讼中所做出的判决不满意，他能否以自己的名义提起独立的诉讼，如果a) 他先前已经是集团诉讼的当事人；b) 他从未成为集团诉讼的当事人？集团诉讼的判决的法律效果是什么？如果一群索赔人以集团诉讼的方式起诉要求赔偿,是否会导致将每一位索赔人的损害进行加总以使其被看做是一项单一的不可分割的损失?

32. 在什么条件下消费者保护组织可以代表一群受同一侵权行为影响的人提起诉讼(代表人诉讼)?请举出在你们国家的侵权案件中使用代表人诉讼的例子。法院在上述诉讼程序中所做出的判决对于每一位受害人单独提起的赔偿请求的法律后果是什么?如果某一位受害人对于法院在消费者诉讼中所做出的裁决不满,他可以自己的名义单独提起诉讼吗?每一位受害人所遭受的损害能否被看做是一项独立的损失,尽管它已经被法院在代表人诉讼的框架内处理过?

33. 你们国家的诉讼法是否规定了其他机制(例如,示范诉讼),可以将许多不同的赔偿请求合并起来由同一个法院来审理?必须满足什么样的前提条件?特别是,是否要求每一起请求赔偿的损失之间具有特别的联系(法律上的关联)?通过这种机制而将不同的索赔请求合并在一起会产生什么样的法律后果?

34. 案例研究(火车事故)一辆由 D 公司运营的火车在高速轨道上脱轨,车上有 100 人受伤。这些受害人与 D 公司之间有不同的法律关系。有些是付费的乘客,有些是无偿的旅行,而另外一些人属未经许可而上车。是否有可能通过以下诉讼机制将这些受害人的索赔合并在一起:a)集团诉讼,b)代表人诉讼,或 c)其他诉讼机制?如果多起赔偿请求被合并起来通过同一程序来处理,每一位受害人所遭受的损害被看做是一项单一的不可分割的损失的一部分,还是多项损失复合体中的一项独立的损失?

四、保险方面

A. 限额与扣除额

35. 在你们国家的法律制度中,是否存在成文法原则或法院发展出来的原则，用以解决下述问题：一起损害事件被认为是一起单一的事故而使得保险人的总的责任受到赔偿限额的限制，还是多个相互独立的损失而使得每一项损失——适用赔偿限额并使得保险人对每一项损失均要赔偿至一定的数额？另外，保险合同所采用的标准条款是否对这一问题有规定？

36. 案例研究（建筑物保险与赔偿限额）P 是工厂厂房的所有者，该厂房是由数幢建筑物组成，P 已就其因恶劣天气而遭受的损害投了保险。保险人的责任是每一起损害事件最高赔 500,000 欧元。在一起持续了数个小时的雷暴雨中，两幢建筑物被闪电击中并且都完全烧毁。每一幢建筑物价值 300,000 欧元。保险人根据保险单对损失应承担什么样的赔付义务？

37. 在你们国家的法律制度中，法院是否发展出了用以处理下述问题的一般性原则：一起损害事件被看做是一起单一的事件而使得被保险人只须承担一次合同约定的扣除额限度内的损失，还是多个相互独立的损失而使得每一项损失均适用扣除额并使得被保险人需要多次承担扣除额限度内的损失？另外，保险合同所使用的标准条款是否对这一问题有规定？如果第三方保险是法定强制保险，这对于扣除额的合法性是否有影响？

38. 案例研究（审计师的责任）P 是受 X 有限责任公司聘请对其账目进行审计的独立审计师。X 公司要求 P 与其两个潜在投资者 A 和 B 在公司会面。在会议上，P 保证公司的财务状况良好。因此，A 和 B 购买了 X 公司的大额股份。曝光后的真相是 P 对投资者所做出的关于公司的价值的陈述系过失性不实陈述。A 和 B 因此而遭受了经济损失并试图向 P 索赔。原则上，他们的损失属于 P 的职业责任保险的保险范围，但是，根据保险单条款被保险人须对每一起损害事件自行承担 5000 欧元扣除额限度内的损失。在当前的案例中，P 只须承担一次扣除额，还是对两起索赔都适用？

B. 对赔付数额的其他限制

a. 总额限制条款

39. 在你们国家,标准保险单是否使用总额限制条款,依据此类条款,保险人在每一特定期间的责任受到最高限额的限制?如果是,请举例说明这些条款是如何措辞和如何解释的,并特别注意一起损害事件是被看做是一项单一的不可分割的损失(因此只能落入某一期间)还是多项损失(有可能落入几个不同的期间)。

b. 索赔系列条款

40. 在你们国家,标准保险单是否使用索赔系列条款,依据此类条款,几起相互独立的损害事件被看做是一起损害事件(一个单一系列),从而受制于同一责任限额?如果是,请举例说明这些条款是如何措辞和如何解释的。请特别说明区分几起相互独立的损害事件和一个损害系列之间的标准是什么。

c. 长尾损害

41. 在你们国家,标准保险单是否使用此类条款,即前保险人的责任限于保险合同终止后的某一特定期间?如果是,请举例说明这些条款是如何措辞和如何解释的。如何确定相关限制期间的起点(例如,保险合同终止的日期,被保险人过失行为的日期,或者遭受损害的日期)?在这种背景下,划分几起相互独立的损害事件和一起单一损害事件之间的界限是什么?

42. 案例研究(长尾损害) P公司研发、制造和发售发动机设备,包括燃油泵。由于油泵的设计缺陷,含有油泵的机动车的燃油供应经常在没有警告的情况下中断。假设这导致了多起事故,依据你们国家的产品责任法P公司应对此负责。直至a)油泵的研发,b)制造,c)发售,d)发生事故,P公司的产品责任一直由I公司承保。在与I的保险合同终止后,P公司购买了J公司的保险。哪一个保险人,I还是J,须对P公司在a)至d)的每一种情形下对其有缺陷的燃油泵的责任负责?假设这两家保险人的保险合同的标准条款都包含在你们国家最常见的长尾损害责任条款中。

d. 强制第三方保险中的责任限额

43. 在特定领域存在法律强制的第三方保险,这一事实是否对诸如总额系列条款、索赔系列条款和长尾损害条款之类的法律允许的责任限制的范围有影响?

第一部分
国别报告

Aggregation and Divisibility of
Damage

奥地利法中损害的合并与分割：
侵权法与保险

恩斯特·卡纳 奥拉夫·里斯 奥蒂洛·费尼韦斯[*]

一、总论

1. 你们的法律制度中是否有关于将损害分为一起单一的不可分割的损失或多个损失的一般性规则，无论其为成文法规，还是判例法？这些规则在二级法律文献中被提出过吗？这种区分在实践中重要吗？

奥地利侵权法建立在非常宽泛的"损害"定义上。[1]《奥地利民法典》（Allgemeines Bürgerliches Gesetzbuch，以下简称 ABGB）第 1293 条把损害界定为："某人无论在其财产、权利或人身方面所遭受的任何不利"（Schade heißt jeder Nachteil, welcher jemandem an Vermögen, Rechten oder seiner Person zugefügt worden ist）。

然而，无论在制定法还是判例法上或在学说层面，并没有一种规则明确把损害区分为单一不可分的损失和多项损害的复合。当然，奥地利侵权法也注意到了不同的损害类型，但并未直接着眼于损害

1

2

---

[*] 恩斯特·卡纳，维也纳大学民法副教授，奥地利科学院欧洲侵权法研究所高级研究员。奥拉夫·里斯，维也纳大学民法助理研究员、讲师，奥地利科学院欧洲侵权法研究所工作人员。两位共同撰写了侵权法部分。奥蒂洛·费尼韦斯，维也纳大学教授，法学系主任，撰写保险部分。

[1] Cf. on this H. Koziol, Generalnorm und Einzeltatbestände als Systeme der Verschuldenshaftung, Zeitschrift für europäisches Privatrecht（ZEuP）1995, 395 ff.

的"聚合与分割":《奥地利民法典》(ABGB)自身做出一个关于金钱损失(Vermögensschaden)与非金钱损失(ideeller Schaden)之间的基本区分。[2] 奥地利侵权法也在收入损失(entgangener Gewinn)与实际损害(positiver Schaden)之间做出区分。在这一背景之下,必须看到,根据《奥地利民法典》的1323、1324条,只有在存在重大过失(严重疏忽或故意)的情况下,收入损失才是可赔偿的。根据这一奥地利法律所独有的"结构化的损害概念"(gegliederter Schadensbegriff),在确定赔偿范围时,法律考虑到了归责基础的轻重,尽管其有些粗疏。[3] 另一方面,在涉及企业间关系之时,该国《企业法》(Unternehmensgesetzbuch,简称 UGB)第 349 条遵循了"要么全赔、要么不赔"原则,这一原则和德国法(《德国民法典》第 252 条,以下简称该法典为 BGB)的做法相一致,这就解释了何以在轻过失的情况下利润损失也是可赔偿的。另外,对法律所保护的利益的侵害,与作为侵害后果的所遭受的损失,二者之间的区分也是司空见惯的。[4]

3　　就我们所能说的而言,上述调查表所涉及的问题,在实践层面唯一的表现是在保险法中。[5] 除此之外,单一损害与多项损害的区分,在学术著作和判例法中都未明确提及,尽管如此,正如下文将要阐述的,这种区分在奥地利赔偿责任法中却似乎是根深蒂固的。

二、赔偿责任

A. 可分割的损失和不可分割的损失的可救济性

2. 在你们国家的侵权法中,即使损害是由同一个侵权行为人的

---

[2]　在众多著述中,参见 H. Koziol, Österreichisches Haftpflichtrecht I (3rd ed. 1997) no. 2/3, 2/102; R. Strasser, Der immaterielle Schaden im österreichischen Recht (1964) 44 ff.

[3]　参见 W. Wilburg, Die Elemente des Schadensrechts (1941) 249 f.; Koziol (fn. 2) no. 1/16.

[4]　参见下文边码 17。

[5]　费尼韦斯(A. Fenyves):《奥地利法中损害的合并与分割:保险法》(包含在本书中)边码 2。

同一侵权行为所导致的,对于损害的责任,是否仍要依照受保护的利益的不同而将总损失分成不同组成部分并分别进行处理(例如,侵害人身或侵害财产;金钱损害或非金钱损害)?如果必须依照每一种损失的类型单独确定责任标准,那么,它会对侵权行为人的责任产生什么影响?

奥地利法中,欠缺把损害区分为单一的不可分割的损失与多个损失之类的损害分类法,因此,并无损害之聚合与分割的一般规则。但是,当涉及其他侵权法要件,诸如因果关系、时效、或推定之类的程序问题之时,上述问题却常常不明确地提出并无意识地加以解决。当不同的受法律保护的利益致损,损害赔偿只能区分对待。受害人遭受的每一项不同类型的损害都要分别加以分析研究,以便确定其是否满足侵权责任的所有要件,当受害人遭受的各种伤害是由同一加害人的同一侵权行为引起时,同样如此。之所以必须要分别考察其可救济性是因为,可救济性的先决条件可能因损害类型的不同而不同,在一方面,赔偿的先决条件是否有所不同,可能取决于被侵犯的是何种法益(财产、人身安全、人身权利、纯金钱利益),但在另一方面,也同样取决于对该法益的侵害引起的是何种损害类型(金钱或非金钱损失),上文已经谈到,根据 ABGB 的 1323、1324 条,可得利润的损失只在重过失的情况下才是可赔偿的(参见上文边码2)。

4

根据奥地利法,并非所有合法利益均受到同等程度的保护,据此,只在有限的程度内保护纯经济利益不受侵犯。[6] 但即便是对那些绝对受保护的利益来说,法益的等级问题可能意味着,在违法性要件的成立以及损害之可救济性考量过程中,情形会有所不同。这样人们就意识到,比如在违法性要件的成立等问题上,所涉利益必须

5

---

[6] Cf. on this *H. Koziol*, Schadenersatz für reine Vermögensschäden, Juristische Blätter (JBl) 2004, 273.

全面加以衡量，由此，被侵犯的利益的等级问题就尤为重要。[7] 那些在侵犯纯经济利益方面可能不具备违法性的行为，在身体权被侵害的情况下，却可能备受责难，并成立侵权法中规定的违法行为。

6　　根据所引发的损失种类进行区分也是必要的，对某人同一合法利益的侵犯，可能同时带来金钱损失与非金钱损失，典型的情况是在人身伤害案中，它可能导致金钱损失（医疗费用和收入减少），也可能带来非金钱损失（遭受的疼痛和痛苦的赔偿请求）。同样的，在财产损害案件中，两类损害带来的损失也要考虑到，比如，如果损害导致了某物市场价值降低，同时该物的主人因与该物有特殊密切关系，也遭受了非金钱伤害。金钱损失和非金钱损失之间的区分意义重大，因为奥地利法在判令损害赔偿时，对待非金钱损失比对待金钱损失要严苛得多，在此，若法律无相反规定，根据 ABGB 的 1323、1324 条，只有在重过失的情况下，才会判令对非金钱损失给予金钱赔偿。[8] 判例法把赔偿基本限定在法律明文规定的案型中，立场更为严苛。[9] 因其特殊的法律规定，即便是在轻过失的情况下，人身伤害案件中的非金钱损失是可救济的（ABGB1325 条），[10] 在实行严格责任制的案件中［比如《交通责任法》（EKHG）第 13 条第 4］，侵害财产权的情况下，当非金钱损害（情感利益）至少是因加害人的故意或恶意引起时，这种非金钱损害也是可以赔偿的（ABGB 第 1331 条）。

---

[7]　*Koziol*（fn. 2）no. 4/29.

[8]　*F. Bydlinski*, Der Ersatz ideellen Schadens als sachliches und methodisches Problem, JBl 1965, 247; *E. Karner/H. Koziol*, Der Ersatz ideellen Schadens im österreichischen Recht und seine Reform, Gutachten für den 15. Österreichischen Juristentag II/1（2003）17 ff.

[9]　Consistent case law since the OGH in *Glaser/Unger*—Neue Folge（GlUNF）4185; in agreement with this, for example, *R. Welser*, Bürgerliches Recht II（13th ed. 2007）325. Cf., however, also OGH in Zeitschrift für Verkehrsrecht（ZVR）2001/73 noted by *E. Karner*（compensation for emotional distress caused by mourning）.

[10]　See on this *E. Karner*, Der Ersatz ideeller Schäden bei Körperverletzung（1999）.

所以显而易见，根据奥地利法，损害总体的各部分确实受到区别对待与分别考量，哪怕是同一加害者的同一侵权行为所导致的损害也是如此。可救济性要件可能依情况不同而有别，首先取决于被侵犯的是何种合法利益，其次依赖于结果造成何种损失（金钱或非金钱损害）。

3. 案例研究（不同类型的损失；与有过失） 在一起由 D 的过失所导致的交通事故中，P 受到了人身伤害，他的眼镜也碎了。P 对下列事项提出赔偿请求：a) 疼痛与痛苦；b) 医疗费用；c) 他的破碎的眼镜。P 的损害被看做是一个不可分割的损失，还是多个相互独立的损失？假设 P 没有系安全带，就上述三种损害而言，对于他的与有过失应如何考虑？如果所遭受的损失的类型不同，与有过失的后果亦不同，那么，其正当性理由是什么？

按照奥地利侵权法，严格而言，P 受到的伤害应当作为一个由各项独立损失构成的损失总和来处理，这已经在对问题 2 的回答过程中解释到了（参见上文边码 5 及以下）。尽管如此，必须指出，在这一问题上迄今为止所使用的语言是不严密的。人们对于受害人遭受的所有伤害——包括身体疼痛与精神痛苦、医药费、财产损失——经常用一个德语中表示损害的单数词来指称（"*der Schaden des Geschädigten*"，与复数词"*die Schäden des Geschädigten*"相对）。然而，这一用法可能仅仅是因为调查表中所列问题在奥地利侵权法中并未明确提出过。另一方面，在这一关系中值得注意的是，受害人所受到的伤害多数情况下用复数词"*Nachteile*"来指称。按照我们的观点，这明显表明对案件的法律评判实际上是按照多个损失的相加来处理的，把数个损失作为一个损失来指称的德语名称，仅仅反映了一种不甚严密的语言用法。

如上所述，对于 P 受到的每项独立损失，其赔偿义务必须分别考量，因为每项损害须分别满足其可救济性要件，况且，这些要件可能各不相同。在如何考虑受害人的与有过失，包括其任何过失方面，这尤为重要。

10　　依奥地利法，与有过失导致损害赔偿请求的减损，但这仅仅适用于受害人的这种过失成为损害发生原因的情况下。[11] 换言之，只有在受害人过失是造成损害发生的原因时，这些损失的损害赔偿义务才会减少。只要与有过失与受到损害之间有因果关系，赔偿扣减及于所有类型的损失（金钱与非金钱），并不考虑是何种受保护利益被侵犯（侵犯财产或侵犯人身）。因此在本案中，就有必要考量 P 的过失实际上是否构成了这三项损失的（共同的）原因（身体和精神痛苦、医药费、眼睛摔坏），比如，如果能够确定，假使 P 当时系好了安全带，他也必然会遭受同等程度和时间长度的痛苦（比如其伤害并非来自于撞车本身而是因为火灾引起），但他的眼镜却不会摔坏，那样的话，P 的过失在就不是其身体伤害（身体和精神痛苦）的原因，因而这一过失对其身体伤害的赔偿就不会有影响，[12] 而其就眼镜摔坏的索赔数额则会被减少。

11　　至于赔偿额减少的程度，实践和理论基本上都只进行一次性考察并应用于所有的损害项目，然而依我们的观点，不能草率地得出结论说：被折减赔偿额的所有损失都被当做一个统一的损失来对待，而应当说，统一的折减幅度比率源于这一情形：受害人自身过失的权重，与其对全部损失所起作用的权重相等。由于这一权重对赔偿额的折减幅度是决定性的，所有损害项目的折减必须保持一致。

12　　然而在这一问题上，《奥地利机动车条例》（*Kraftfahrgesetz*，KFG）中有一特别的条款却引人注目，在熟知上文所述一般规则后再看来，KFG 的第 106 条就显得非常怪异：根据该条款，机动车中的旅客有系好安全带或戴好头盔的义务。但是该条又明确规定，如

---

[11]　*Koziol*（fn. 2）no. 12/8.
[12]　《奥地利机动车条例（*Kraftfahrgesetz*）》第 106 条（2）亦有明文表述。

果旅客未遵循这一义务，他的赔偿请求中，所减少的将只是身体疼痛与精神痛苦的赔偿额（从与有过失的一般规则中减少），而对所有其他损害（例如收入减少与医药费支出）的赔偿，则并不减少，尽管受害人自身通过违反其注意义务而助成了这些损害。

该条款从一开始就受到奥地利学者的批评，[13] 因为这一一般规则的例外规定在学术上无法讲通。奥地利侵权法一般并不根据损害的类型分别解决与有过失问题，然而机动车条例中的这一规定则表明，在特殊案件中法律可能会对某些损害类型区别对待。因此可以说，法律认识到一项侵权行为或不作为所导致的损害，须视为由各种独立损害所构成的一个总和。这些分别独立的损失通常受到统一对待，但也可能有所例外，如《机动车条例》中所示。

4. 在你们国家的侵权法中，在人身损害以外的领域，是否有必须依照损失的每一种类型单独确定责任标准的情形，即使损失是由一起单一的侵权行为或不作为所引起的？

上文已经谈到，虽然《奥地利民法典》第1293条对损害的定义很宽泛，纯金钱利益并未受到任何一般性保护，[14] 纯金钱损失在不法责任情况下只能例外地获赔：例如，在违反善良风俗的规定的情况下［《民法典》第1295条第（2）款］，故意提供错误咨询意见（《民法典》第1300条第2行）时，或是违反《民法典》第1311条的旨在保护纯经济利益的保护性法律之时[15]。进而言之，必须看到，奥地利法对待非金钱损害赔偿比对待纯金钱损害赔偿方面要严苛得多（见上文边码6），最后，根据ABGB的1323、1324条，可得利润的损失只有在重过失的情况下才是可赔偿的（见上文边码2），所有

13　Cf. *P. Apathy*, Die zivilrechtlichen Folgen der Nichtverwendung von Sicherheitsgurten, JBl 1985, 641 ff.；*Karner* (fn. 10) 55 ff.

14　同样参见 *Koziol*, ZEuP 1995, 360 ff.

15　更多细节参见 *Koziol*, JBl 2004, 273 ff.

这些区分，对奥地利法来说都是重大的，这些区分在评估损害时必须考虑到，这就有必要把遭受的"全部损害"区分为分别的组成部分，在此背景下，需要特别强调，金钱损害与非金钱损害的赔偿必须分别进行，而非一并赔付。

15　　在这样的背景下，我们也可指出身体伤害所造成的非法致死案件的赔偿方式，如果伤者因为身体伤害导致死亡，加害者须赔偿全部费用（ABGB 第 1327 条），人们一致认为该费用中绝对包括按照当地习俗举办一场社会认可的体面葬礼的花费，[16] 非法致死案所导致的这一法律后果是特别引人注目的，因为它背离了一条非常核心的侵权责任原则——即因果关系要件：此处的非法行为（致死）实际上并非赔偿费发生的原因，因为这项费用对任何人来说迟早都会产生，致死仅仅是导致其提前发生的原因，尽管如此，法律还是规定这笔符合当地习俗的丧葬费用必须全额赔偿。

16　　如此说来，同样在这一背景之下，显然，一项违法行为引发的数个单独损害可能不再统一适用侵权责任的一般规则，在此，奥地利侵权法所确认的丧葬费的可赔偿性，也可作为一项例证，证明各项单独损害在可赔偿性问题上实行特殊规则，因而应被视为数项独立损害。

B. 间接损失的可救济性

　　5. 请说明间接损失在你们国家的侵权法中是如何被界定的。间接损失是被当做一项必须要单独进行救济的独立的损失，还是被看做是总损失的一部分，即通过认定"主要损失"来解决而无须再次考虑其责任标准？如何划分数个单独损失与间接损失的界限？

17　　奥地利侵权法中看起来并无关于间接损失的明确定义，人们一般认为，它是作为直接损失的后续结果而发生的损害，这就是为什

16　OGH 4 Ob 55/99p = ecolex 1999, 766.

么有时候人们也会用到"次生损失"这个名词,[17] "间接损失"这一名词的重要性在于,它强调了有别于那些通过对某物进行物质性侵害所直接造成的损害(修补费用,价值降低),也有别于通过侵犯那些受绝对保护的权利而导致的损害(例如医药费、因身体受伤导致的身体疼痛与精神痛苦等)。对比之下,间接损失是权利被侵害方所受到的"较远损失",[18] 该损失的经典实例即收入减少和利润损失(*lucrum cessans*)。

如果一项受绝对保护的合法利益被侵犯,那么由其造成的间接损失原则上也须赔偿。应当说,一套用以约束那些对他人合法利益有害或有危险的行为的行为规范,不仅包含对这些合法利益的保护规定,同时还旨在防止那些行为引发间接损失。[19] 这一原理不仅适用于对健康的保护,该保护体系就包含着防止收入损失之意,也适用于对财产的保护,因而,侵犯财产权所造成的间接损失原则上也是可赔偿的,尽管这样的纯金钱利益并未受到任何专门保护。[20] 这样看来,尽管并无真正的关于间接损失的现存定义,这类损失却具有相当大的重要性。当然,同时也应承认,有时难以找到间接损失与独立损失之间的明确分界线,而且,间接损失是否满足所有侵权责任要件往往须加分析,这种分析的重要性也应强调。特别是涉及任何与有过失问题(对比参照下文边码19及以下)时,以及涉及所谓法律原因(不法性联系)时,更是如此。[21] 换言之,对是否违反义务的追问,也同样着重旨在防止系争损失的发生,在此,其主要保护的利益级别越

---

[17] *M. Spitzer* in: R. Welser (ed.), Fachwörterbuch (2005) 465.
[18] Cf. *Koziol* (fn. 2) no. 8/35.
[19] *Koziol* (fn. 2) no. 8/35.
[20] *E. Karner* in: H. Koziol/P. Bydlinski/R. Bollenberger (eds.), Kurzkommentar zum ABGB (KBB) (2nd ed. 2007) § 1295 no. 2, with further references.
[21] Cf. *Koziol* (fn. 2) no. 8/35.

高，其保护范围也就越广。[22]

6. 案例研究（间接损失；与有过失）在一起由D的过失所导致的交通事故中，P的右手受到了伤害，P在六个星期内无法从事钢琴教师的工作。P因此而遭受了收入损失。假设P的行为有过失并且他的过失促成了他的痛苦，但其过失对其工作能力和收入损失没有影响。D的责任范围如何确定：a）P的疼痛与痛苦；b）他的收入损失？在当前案例中，收入损失是否被当做一项需要单独进行救济的独立的损失？

19 　　如前文所述（参见前文边码9），若原告的与有过失行为与其受到的某项特定损失之间有着因果关联，他得到的赔偿额就会因与有过失而减少，因此，与有过失在逐项损失的计算中分别被考虑到了。

20 　　相应地，在当前案例中，由于P的共同过失行为，应考虑损害的分摊问题，但这只涉及对疼痛与痛苦的赔偿，因为只在这方面存在着受害人行为与其损害之间的因果联系，由于P自身的行为对其收入减少的部分并无原因作用，这一项下的赔偿请求就不应减少。

21 　　由于奥地利侵权法中并无把损害明确分为单一不可分损害或诸多损害集合这样的分类规则，我们就难以说收入损失是否应归类为"独立损失"，然而毫无疑问，在责任构成要件问题上收入损失要单独处理，同时还要考虑到，金钱与非金钱损失应各自分别判定，不能一揽子解决。

7. 案例研究（间接损失；时效）2000年1月，D闯入制造计算机设备的P公司的生产车间，损坏了一些高科技配件，而这些配件原本是准备交付给其他制造商的。由于D的闯入和损坏行为并没有被P公司的职工立即注意到，一些受损的计算机设备被交付给不同的制造商（A、B和C）而没有在发货前进行充分的维修。因此，P

---

[22] *Koziol* (fn. 2) no. 8/35.

必须赔偿客户 A 的损失。2002 年 1 月,在对 D 进行成功的追偿后,P 又被客户 B 诉请损害赔偿;2003 年 1 月,P 又遭到客户 C 的索赔。对 B 和 C 的赔偿应被看做是间接损失,即 D 所造成的总损失的一部分,还是必须进行单独救济的独立的损失?就 P 因对 A、B 和 C 的赔偿而提起的追偿诉讼而言,诉讼时效的起算日期是哪一天?

根据回答问题 5 时给出的间接损失的定义(前文边码 17),对 A、B 和 C 的给付必须看做 P 蒙受的间接损失,因为这些给付是直接损失(身体伤害或财产损坏)带来的后续结果,这样,在奥地利侵权法律师所使用的不严密语言中,[23] 有人可能称它们为一起单一的总"损失"中的一部分,然而,也正如上文所揭示的,在责任构成要件方面,这些损失必须逐项分别处理。

关于诉讼时效的起算日期,应适用 ABGB 第 1489 条,根据奥地利民法,赔偿请求权受到三年诉讼时效期间的限制,这一期间从受害人得知损害发生和加害人之时开始计算,如果受害人始终未能得知损害情况和加害人情况,该期间就是三十年,如果损害是由于一项应处有期徒刑一年以上的刑事犯罪造成的,该规定同样适用。按一般理解,长期诉讼时效期间的起算与损害的发生无关,而是从导致损害的侵权事件发生时起算,[24] 但在实际上,损害发生的时间点仍是其正确的起算点,对于短期诉讼时效亦是如此,后文将对此作详细探讨。[25]

如果适用三年诉讼时效,应当从请求人得知损害并知道加害者是谁之时起算,只有在这时他才能提出一项有可能成功的诉求,至于请求人何时才算得知损害,则存在很大争议,有人主张,在一项

---

[23] 参见上文脚注 8。

[24] See *W. Dehn* in: H. Koziol/P. Bydlinski/R. Bollenberger (eds.), KBB (2nd. ed. 2007) § 1489 no. 9, with further references.

[25] *Koziol* (fn. 2) no. 15/19; OGH 2 Ob 58, 59/91 = JBl 1993, 726 noted by *Ch. Huber*.

损害真正发生之前他不可能得知该损害，因此时效的起算不能早于请求人遭受损害之时，另一些人则认为，在请求人已经能够预见到其必将蒙受损失（或损失扩大）之时即为已足。但是诉讼时效的起算条件中并不要求请求人的利益已经受损。

25　　在过去的几十年里，奥地利最高法院都认定，诉讼时效期间从损害发生的必然性确立之时立即起算，这样，诉讼时效的起算时间甚至可能先于请求人实际受到损害之时，[26] 在1995年的一项令人震惊的判决中最高院改变了其立场：[27] 遵从奥地利著名学者弗朗茨·比德林斯基（Franz Bydlinski）[28] 的观点，最高院放弃了先前的做法，在前述两个极端观点之间采取了一个折中的立场，其认定，一般来说直到某项损失已经发生时时效才会起算，但是，如果原告已经受到主要损失，而且他已经能够预见到更多损失（次生损害）将要发生，这时损害的实际发生就不再是时效期间的起算条件。在上述情形下，所有损失的时效期间同时起算，即便对那些将来发生的损失也是如此，起算日就是原告能够预见到他将会遭受更多损失之时。

26　　为防请求权罹于时效，原告须在诉讼时效期间内提起一项法律请求，该请求须从他能够预见到将来的损失之日起三年之内提起，当然他还不能就尚未真正受到的损失请求赔偿，因此他可以就被告已经引起直接损失的侵权行为或不作为所会招致的将来损失，提起一个针对被告的责任宣告之诉（an action for the declaration of liability），同理，对于原告可得预见的将来收入损失也是如此：诉讼时效期间

---

[26] OGH 6 Ob 366/66 = Entscheidungen des OGH in Zivil- und Justizverwaltungssachen（SZ）39/222 = EvBl 1967/303；5 Ob 179/72 = JBl 1973, 372 = Evidenzblatt der Rechtsmittelentscheidungen（EvBl）1973/88；OGH 5 Ob 1/85 = JBl 1986, 108 noted by *W. Selb*；OGH 2 Ob 58, 59/91 = JBl 1993, 726 noted by *Ch. Huber*. See also *Koziol*（fn. 2）no. 15/11, with further references.

[27] OGH 1 Ob 621/95 = SZ 68/238.

[28] Schadensentstehung und Verjährungsbeginn im österreichischen Recht, in：Festschrift für Steffen（1995）65.

从原告受到直接损失之时起算，尽管此时原告的收入情况尚未受到不利影响。

因此在本案中，P 就起向 A、B 和 C 给付的赔款对 D 进行追偿请求的诉讼时效期间，从其能够预见到 A、B 和 C 将会因设备缺陷对其索赔之日开始起算。

再来从损害的聚合与分割问题的视角下看看关于时效问题的这些讨论，虽然并无相应的明确说法，但可以说，在时效领域，原告受到的所有损失是被看做一个单一的损失还是被看做多个损失的总和，对法律后果来说至关重要：如果认为原告嗣后进一步增加的损害（次生损害）从属于他所受到的单一损失（主要损失），这就可以解释为什么各项损失的诉讼时效期间都应该同时起算，反过来，如果认为原告受到的是几个相互独立的损失，每项损失应从各自发生之时起分别起算。

自然，奥地利法院与学界并未通过明确抉择是单一损害还是多个损害来解决时效期间的起算点问题，但是，有关文献对奥地利最高法院的最新立场的称谓，可准确地显示出其重要性得到了含蓄地承认。在学术论著中，最高法院的新主张被称为 "*gemäßigte Einheitstheorie*"，该词可以翻译为 "适度的统一主义"，在我们看来，这在一定程度上表明，聚合与分割的问题在时效这方面已经有了答案，聚合主义稍占上风。

8. 在你们国家的侵权法中，有没有未被提及的其他情况，从中，一项损害应被看做一项间接损失而属于 "主要损失" 的一部分，还是应被看做由同一侵权行为或不作为所导致的一项独立的损害，这个问题有着决定意义？

如上所述，对绝对权的侵害及其所导致的间接损害，与纯金钱损失的区分，在所致损害的可救济性问题上关系重大，因为纯金钱利益并未受到任何一般性保护。在间接损害的情况下，也必须牢记，必须符合全部责任构成要件才可赔偿，在此我们可以请读者参见问题5（参见上文边码18）。在这一给定背景之下还应补充一点，同样的考虑也适用于处理非金钱损害的情况：因侵犯法律绝对保护的人身权导致的非金钱损害，如果其构成间接损失，也必须全部赔偿，相应的，在整个非金钱损失领域有一项全额估定原则。[29] 如此一来，例如因身体受伤引起的精神损害也须全部赔偿，[30] 而在另一方面，并非因侵害人身权而引起的单纯精神损害，仅仅是例外情况下才可赔偿，典型的例外情况是违反善良风俗的案件中引起的伤害。

C. 责任限额与最低起赔额

9. 请说明在你们国家的侵权法中，如果存在赔偿限额的话，损害赔偿责任何时会受到限制。在这些情形中，是否存在用来解决下述问题的成文法规定或判例法原则：所造成的损失是作为一项不可分割的损失——在这种情况下侵权行为人的责任从整体上受到最高数额的限制——还是多个相互独立的损失，侵权行为人对每一项损失的赔偿责任分别受最高数额的限制？

31　　有几部法律对特定类型的损害设定了赔偿限额，其中较重要者列举如下。

32　　在奥地利法中，在实行过错责任制的情形中责任限额很少见，[31] 事实上只能说，[32] 只有一个条款规定了责任限额，根据《企业法》(UGB) 第275条，如果审计师在审计财务文件时违反了谨慎和勤勉

---

[29] Karner (fn. 10) 83; also see earlier H. Stoll, Empfiehlt sich eine Neuregelung der Verpflichtung zum Geldersatz für immateriellen Schaden? Verhandlungen des 45. Deutschen Juristentages (1964) I/1, 133 f.

[30] K.-H. Danzl in: K.-H. Danzl/K. Gutiérrez-Lobos/O. F. Müller (eds.), Das Schmerzengeld in medizinischer und juristischer Sicht (9th ed. 2008) 146 ff.; Karner (fn. 10) 88 ff.

[31] Bydlinski (fn. 8) 251; Koziol (fn. 2) no. 11/10; Karner (fn. 10) 79 f.

[32] See also S. Kalss, Die Haftung des Abschlussprüfers gegenüber Gläubigern, Gesellschaftern und Anlegern, Österreichisches Bank-Archiv (ÖBA) 2002, 187, 200 f.; Koziol (fn. 2) no. 6/25 fn. 70; W. Doralt, Haftung der Abschlussprüfer (2005) no. 177.

义务，他须就此所造成的一切损害，对他所审计过的任何公司及其受侵害的其他关联企业承担责任，在过失致损的情形下，这一赔偿责任被限制在一定程度内，其最高赔偿额取决于公司各项规模指标情况（雇员数量、财务报表总额、营业额）：依赖于公司的规模大小，该审计师在过失损害中的责任最高额分别为 200 万、400 万、800 万、1200 万欧元。在相关评论中，[33] 人们主张这些限额不管其违反多少次义务以及损害到多少公司都适用。不过，该责任限制是就每审计一次财务报表的每一案件而言的，因而假如同一审计师在若干年度内都出现错误审计，假如每次都造成损害，那么其法定最高赔偿额就有可能是对每个年度而言。[34]

这样的责任限额在过错责任制中显得格格不入，仅仅作为例外情形出现，而在奥地利侵权法规定的严格责任的情形中，责任限制则是司空见惯的，在这方面首先须提到《交通责任法》（EKHG），该法是调整轨道运输与机动车涉及的意外事故责任的，在责任限额方面，该法区分两种情况，一种是人身伤亡情况（其 15 条），另一种是财产损害（其 16 条），在人身伤害情况中又进一步细分，人身伤害的责任限额依赖于赔付是以一次性的方式（其最高限额是 1,600,000 欧元），还是按年度给付的方式（每年最多给付 100,000 欧元）。在这一体制下，在数人在同一事故中受伤的情形下，法律所明文规定的赔偿限额就非常有趣，按照《交通责任法》，对每一受害人都有赔偿限额，但另外还有一个总限额，所赔付的全部赔偿额不得超过该总限额（《交通责任法》第 15 条第 3 款）。 33

《航空运输法》（*Luftfahrtgesetz*，LFG）中有类似的规定，解决航空器的运输出现意外事故而造成损害的责任问题：其同样规定了责任限额，就财产损害和人身伤害分别设定了不同的责任限额（LFG 34

33　E. Lechner in: M. Straube (ed.), Handelsgesetzbuch vol. I (3rd ed. 2000) § 275 no. 11.
34　Doralt (fn. 32) no. 161.

第151条）。

35　根据《帝国责任法》（*Reichshaftpflichtgesetz*，RHPflG），电、气设施事故造成的损害也适用严格责任，而该法也同样规定了责任限额，财产责任的限额为1,000,000欧［RHPflG7b（1）］，如果人身伤害的赔偿以逐年给付的方式赔付，给付的最高额每年不得超过100,000欧（RHPflG7a），除此之外，同一事故的全部赔偿总数还受到一个最高总限额的限制［RHPflG7b（2）］。

36　从上述简要综述中可以看出，在严格责任领域赔偿限额有几个一般性原则。[35]（1）法律对人身伤害和财产损害分别规定赔偿限额；（2）对于每个受害者的赔偿，以及加害人就造成数人损害的一次致损事故所承担的总赔偿，分别规定了最高责任限制；（3）在须赔偿数名受害人的情况下，如果最高赔偿总限额不足以赔偿每一笔损失，有一个分配规则开始起作用，被告所应付的总赔偿须在诸多受害者之间按照公平原则分配。

37　总而言之，从上述原则中可以推论，对一些特定情形规定了严格责任的奥地利立法，确实把一次损害事故所造成的损害分割为几项损害。首先，财产损害和人身伤害可视为两种独立的损失，特别是法律通常对这两类损害分别制定赔偿限额；其次，损害赔偿的方式是以一次性赔付还是分次给付，也有所区别，这也可以视为，法律分别处理两种赔付方式不同的损害。

10. 请说明在你们国家的侵权法中，如果存在最低起赔额的话，受害人何时必须要承受最低起赔额以下的损失。在这些案例中，是否存在用来解决下述问题的成文法规定或判例法原则：损害是被看做一项不可分割的损失——因此受害人只须自行承担一次低于起赔额的损失——还是多个相互独立的损失，从而多次适用起赔额？

---

[35] 参见瓦格纳（G. Wagner）所做的报告：《德国法中的损害聚合与分割问题：侵权法与保险》（包含在本书中），第38页。

就所能看到的而言，奥地利立法中对于赔偿请求权受到最低起赔额限制只规定了一种情况，源自于《欧盟产品责任指令》第9条b.的《产品责任法》（Produkthaftungsgesetz，PHG）第2条，对于据该法提起的财产损害赔偿请求，规定了一个最低起赔额，这里受害人须负担的是500欧元，不过依该法第15条，上述规定不影响奥地利民法典中规定的侵权条款适用，这些条款所规定的损害赔偿力度更大，这样，就算是损失罹于最低起赔额的扣减规定，如果该项请求还可以在另一法律基础之上成立（例如侵权、合同责任、或严格责任），原告依然有可能行使请求权。[36]

仅就依《产品责任法》所提起的请求而言，根据该法律的表述（"Der Schaden durch die Beschädigung einer Sache ist nur zu ersetzen······mit dem 500 Euro übersteigenden Teil"，即"损害某物引起的损失······只在其超过500欧元的范围内才是可以赔偿的"）。不过，在有关学术文献中有学者指出，这样的诠释将会导致此类情况：如果原告受到的损害虽然远远超过500欧元，但其是由数件物品被损毁组成的，而每件物品都不超过500欧元，那么这个受害人也将得不到赔偿。[37] 因此，《产品责任法》第二条规定的限制应当适用于一次"损害事件"，即某个受害人因某次损害事故所导致的后果。[38] 在此情况下，如果一个人因某事由受到的全部损失程度超过500欧元，就应予赔偿，《产品责任法》第二条规定关乎下面另一个问题，即数项财产是否可被作为一个总体财产集合对待。

所以，我们可以这样回答调查表提出的问题：一个受害人受到的财产损害被作为一起单一不可分割的损失来对待。

11. 案例研究（产品责任中的最低起赔额）由于电力系统的短

---

36 R. Welser/Ch. Rabl, Produkthaftungsgesetz (2004) § 15 no. 3 ff.
37 R. Welser, Das neue Produkthaftungsgesetz, Wirtschaftsrechtliche Blätter (wbl) 1988, 165, 170.
38 Welser/Rabl (fn. 36) § 2 no. 11.

路导致 P 停放的汽车被完全烧毁。这场火还烧毁了 P 存放在汽车后备箱里的高尔夫装备和汽车电话系统。P 向制造商提出索赔，其依据是制造商对缺陷产品的责任。全部损失——汽车的电话系统、汽车本身和高尔夫装备——被看做是一项不可分割的损失，还是多个相互独立的损失？欧盟产品责任指令对于财产损失赔偿规定了最低免赔额。对每一项损失单独适用起赔额——例如，P 的汽车、汽车电话系统和高尔夫装备——还是只对总额适用一次起赔额？能否进一步主张，甚至高尔夫包的损失和高尔夫球杆的损失也应作为单独的损失来对待？

41　　如上文已经解释过的（上文边码 39），《产品责任法》第二条规定的起赔额仅仅就原告因同一致损事件受到的全部损失适用一次，因此在本案例中，P 的财产受到的全部损失应被作为一个单一不可分的损害，其中包括了汽车电话系统和高尔夫装备。

42　　在此关系中应强调指出，依据《产品责任法》，对于汽车自身的损害却是不可赔偿的。《欧盟产品责任指令》第 9 条 b. 和《产品责任法》第 1 (1) 只是就缺陷产品自身以外的其他财产的损害规定了赔偿，这些规定自然给赔偿义务的范围带来一个难题，这也同样触及到了这里所讨论的单一损害和多数损害之界分问题，因为如果只限于对产品之外的其他物件的损害承担赔偿义务，那就意味着欧盟产品责任指令和《产品责任法》处理两类独立的损害：根据该法一类损害是可赔偿的，另一类是不可赔偿的。

43　　至于何时一件物品算是"缺陷产品之外的物"，这个问题上存在激烈争论，少数观点认为，就算是一件被组装进最终产品并因其自身缺陷导致整个最终产品损毁的一个零部件，也须被看做一个独立的产品，而最终产品随后所受到的损害就应视为有缺陷（元件）产品之外的财产损害，因而据产品责任法就是可赔偿的。[39] 按这种观点，整体产品的损害和元件产品的损害被看做两种独立的损害，按照《产品责任法》其可赔偿性应分别处理。

不过，奥地利最高法院以及大多数学术论著，都选择了另一种更严谨的立场。在1994年的一个判决中，最高法院[40]审理一个案件，位于汽车发动机后方的一条水管上的破洞导致了发动机被损，原告向进口商提出索赔，按照该诉求是基于缺陷部分产品（水管）之外其他财产损害的看法，进口商根据产品责任法确实对该损害责无旁贷，不过，法院摒弃了这一主张，转而遵循了通说所持的相反主张：[41] 该主流观点认为，某物到底是产品的组成部分还是独立的他物，这个问题须按照大多数公众的理解来决断。附件与成品的关系经常给人出难题，例如，遮阳罩一般总会被看做成品（如汽车）的组成部分，而随车移交并保持在车内的灭火器却符合独立物品的条件。

44

对调查表所列的案例来说，这就意味着，虽然高尔夫装备和电话系统的损害是可以赔偿的，但汽车自身及其电路系统的损害，却并不构成缺陷产品之外的其他财产损害，因此是不可赔偿的。

45

总而言之，从这一法律立场可以推知，产品责任法的赔偿规则使得在考察损害的可赔偿性时，有必要对损害加以区分，关键在于判断损害是否是缺陷产品之外的其他财产损害，如果是，该损害就是可赔偿的损害，它被看做一个有别于缺陷产品自身损害的独立损失。

46

12. 在你们国家侵权法中，在确定责任限额和最低起赔额时哪个标准是起决定作用的？对以下因素要特别考虑：损失的类型（例如，人身损害或财产损害）；责任形式（例如，过失责任或严格责任）；

39　Cf. on this the references in *Welser/Rabl* (fn. 36) § 1 no. 22 ff.
40　OGH 8 Ob 536/93 = SZ 67/22 = JBl 1994, 477; see also OGH 2 Ob 188/97d = EvBl 1999/126.
41　*Welser/Rabl* (fn. 36) § 1 no. 27.

受害人或侵权行为人的个人特征（例如，雇员、未成年人，专业人士）；其他标准（例如，年金赔付或一次性赔付）。如果法律承认这些区分，那么，能否进一步主张，受害人因一起侵权行为或不作为而遭受的损失须被看做是多个单独的损失，其中一些损失受制于责任限额或最低起赔额，而另外一些损失则不适用？

47　　正如已经解释过的，最低起赔额在奥地利法中极为罕见，只能说，仅有的一个法定最低起赔额规定是《产品责任法》所规定的（前文边码38），与该规则据以成立的《欧盟产品责任指令》情形类似，奥地利法中规定最低起赔额只适用于财产损害，而不适用于人身伤害的赔偿。

48　　前文已述（边码36），在严格责任领域，以最高责任限额的方式限制责任与否，通常取决于被侵害的是何种合法利益（人身损害或财产损害）。

49　　责任形式对于责任限额的确立至关重要，虽然奥地利法在过失责任领域未规定任何责任限额，但在严格责任情形下责任限额却成为常规。[42]

50　　侵权行为人的特殊职业也会导致侵权法上一系列的不同对待，前面已经谈到（上文边码32），根据《企业法》第275条，审计师应该因其违反公正勤勉审计的义务而引起的损害，向其提供审计的公司及其受损的关联企业承担责任，如果损害是因过失引起的，这一赔偿责任限定在一定数额内，其最高赔偿额取决于该公司的一系列的规模指标（职工人数、会计总额、营业额）。

51　　最后，在奥地利法中，在严格责任领域内依赔偿方式的不同实行责任限额制也是司空见惯，《交通责任法》［§ 15 (1) EKHG］和《航空运输法》（§ 152 LFG）都针对年金赔付或一次性赔付分别设

---

[42] 参见前文边码36。

定了不同的最高赔偿额。

在上面引用的这些条文的背景下，我们心目中想当然会形成这种认识，受害人因某一侵权行为或不作为而受到的损害，应被视为一系列各自独立的损害之和，这些损害中有些受责任限额和最低起赔额的限制，有些则否。

D. 多个损失

13. 当两个以上当事人共有的财产受损时，由此而产生的损害是否被看做是每一位当事人的权利均受到侵害而导致的多个相互独立的损失？

在共有的情形下，《奥地利民法典》对共有人主张请求权制定了特殊规则，法典第848条规定，对共同债权人承担给付义务的债务人，不能通过仅向单个债权人的给付来履行债务，相反的，这一多数人之债须向全体的多数债权人履行给付，最高法院原则上也把这一条款适用于全体共有人的诉讼请求，即便该请求涉及可分的金钱赔偿；[43] 债务人不得向单个债权人（共有人）履行给付，反之，他只能被诉请对全体债权人（共有人）为履行，只有在同时提供担保以确保另一债权人（共有人）将来可对债务人行使追索权时，债务人才可向其中一个债权人（共有人）履行义务（《奥地利民法典》第890条）。

就涉及共有关系的赔偿请求而言，法院将其视为可分履行，因而每一共有人都可独立地据其共有份额主张赔偿请求，[44] 在当前所探讨的问题的语境下我们可以推论，按照奥地利法院的看法，当共有

43　E. g. OGH 9 Ob 91/06g = Wohnrechtliche Blätter (wobl) 2007/21 noted by *G. Call*: Mietzinsforderungen einer Miteigentümergemeinschaft sind Forderungen, deren Leistung nur an die Gemeinschaft verlangt werden kann (*Gesamthandforderung*).

44　OGH 6 Ob 583/77 = JBl 1979, 88; 1 Ob 80/97i = ecolex 1998, 623; with the same result *St. Perner* in: A. Fenyves/F. Kerschner/A. Vonkilch (eds.), Klang-Kommentar (3rd ed. 2008) § 890 no. 34.

财产被损害时，可视为每一共有人的财产都受到了损失。

55 　　然而当受害人寻求恢复原状而非损害赔偿时，须对这一问题以更辩证的态度看待。根据奥地利法，受害人有一种事实上的权利来选择是以损害赔偿的方式还是以恢复原状的方式来弥补损害。[45] 这样首先要确定，诸多共有人如何能达成一个向加害人寻求赔偿或寻求恢复原状的决议，假设他们能达成共识的情况下，占多数份额者来决定采用何种措施来保护其共同拥有的财产（ABGB 之 833 条，"ordentliche Verwaltung"）。[46] 如果最终决议是寻求恢复原状，则每一个共有人都可要求对共同财产进行修补。

　　14. 案例研究（共有）P1 和 P2 是一幢建筑物的共有人，该建筑物因 D 的恶意纵火而被毁损。P1 和 P2 所遭受的损害应被看做是一项单一的不可分割的损失，还是 P1 和 P2 分别遭受的两项损失，类型选择的后果是什么？

56 　　根据上文（边码 54），每一个共有人都有权根据其共有份额提出赔偿请求，同样的，按照 ABGB 的第 848 条，恢复原状的请求权也不是一个共同请求权，如已经正确指出的，[47] 这就解释了为什么每个共有人都可自主决定寻求对共有财产的修补。不过，关于寻求恢复还是赔偿的决议，却是由共同意志来决定的问题，因而必须根据 ABGB 的第 833 条进行。

　　15. 案例研究（所有权和使用权）P1 对林地拥有所有权，P2 拥有采伐林木的权利。D 因过失引发了火灾而使林木被毁，P1 和 P2 所遭受的损害应被看做是一项不可分割的损失，还是两项相互独立的损失，类型选择的后果是什么？

45　E. g. OGH 4 Ob 343/99s = EvBl 2000/104. However, the law accords precedence to restitutionin kind （§ 1323 ABGB）.

46　Persuasive on this Klang-Perner (fn. 44) § 890 no. 34.

47　See on the following, ibid.

如果 P2 就该土地被赋予了一项地役权或使用权基础上的他物权，那么上文所述（边码54）的共有关系的规则也将适用于此：损害可由每个受害人据其物权分别求偿，同理，每一受害人也都有权请求恢复原状——其作出决议的程序妥当即可。

如果 P2 没有被赋予一项物权而只是拥有一项请求权，那么，首先要看到在不法侵害责任领域，纯经济损失根据奥地利法是不可赔偿的（上文边码 6 和边码14），不过如果仅仅涉及损失转移，此时可根据第三方损害的赔偿计算规则对所产生损失请求赔偿，则也会发生赔偿问题。[48] 同理的，如果 P2 作为租佃人在法典第 372 条的意义上有土地占有权，那么此时他就有一项受绝对保护的利益被侵犯，这里 P2 就遭到了独立损害（使用权减损），因而他可以自主寻求赔偿，不过这里还是要区分恢复原状和损害赔偿。[49]

E. 多个损失与多个侵权行为人

16. 在何种条件下可认定多个侵权行为人共同引发了受害人的单一损失？在何种条件下可以认定多个侵权行为人导致了同一受害人的多个相互独立的损失而需要对这些损失分别进行救济？多个侵权行为人对损害承担连带责任的前提条件是什么？能否主张，多个侵权行为人分别导致了多个相互独立的损失，但是，与此同时这些侵权行为人需要对损失整体承担连带责任？

基本的规则是：每一侵权人只要对损害的发生起过必不可少的作用，有着共同的可归责性，就应当对此承担责任。如果数名侵权行为人各自对损害的发生都有不可或缺的责任，那么他们须承担连

48　Cf. on this KBB-*Karner*（fn. 20）§ 1295 no. 17, 有更多参考资料。

49　对于处于所有权保留下的物的损害的相应问题研究，见 *H. Koziol*, Österreichisches Haftpflichtrecht II（2nd ed. 1984）34：for damages for members of communities of creditors（§ 888, 889 ABGB）, for restitution in kind for a community of creditors（§ 890 ABGB）; Klang-*Perner*（fn. 44）§ 889 no. 22：analogous application of § 848 ABGB（claims of co-owners）.

带责任。[50] 如此，即便是这一基本规则也是建立在这样一个区分思想的基础上：如果是分别的单独损失，须分配给各侵权行为人各自承担；而如果大家对全部损失有因果关系的，对该损失由全体侵权人承担连带责任。

60 　　关于多个侵权行为人的责任问题，《民法典》第1301、1302条中有更加详细的规定，该法区分单独加害人和共同加害人。各自分别独立为行为的侵权人是为单独加害人，如果这种情况所引起的损害可以确认，则每个行为人要按各自应有的份额承担责任。这种把责任分配给相应行为人的分别责任制，符合"不可或缺的必要条件"公式，并因而符合一般规则。不过，如果难以确定独立加害人所造成的损害份额，那么这些加害人就要承担连带责任。据此每一单独加害人就要对全体损害承担责任，这一仅仅建立在或然因果关系之上的责任，其合理性可由这一论据证成：对造成损害的确切情形，其澄清可能性风险的增加须由加害人承担，因为他们才是实施了非法和应受惩罚的行为的人，而不是由受害方承担，因为受害人没有过错。同样的思路也适用于严格责任的情况。[51] 择一因果关系（alternative causation）的案件以同样方式解决，也就是那些无法判定数名侵权人中到底哪一个造成损害的情况，这些情况类推适用1302条，数名侵权人也要承担连带责任。[52]

61 　　与单独侵权人不同，共同侵权人有共同行为且有故意，不管共同侵权人各自造成的损害比率能否确定，法律规定其总是要承担连带责任。[53] 这一共同侵权人的集体责任制，成立的合理性基础在于主观因果关系的假设，也就是说，一种有极大真实性的假设：共同侵

50　OGH in SZ 55/62；Koziol（fn. 2）no. 14/11；KBB-*Karner*（fn. 20）§ 1301 no. 1.

51　*Koziol*（fn. 2）no. 3/42 f.；*R. Reischauer* in：P. Rummel（ed.），ABGB（3rd ed. 2007）§ 1302 no. 2a and 12；KBB-*Karner*（fn. 20）§ 1302 no. 7.

52　*Koziol*（fn. 2）no. 3/31；KBB-*Karner*（fn. 20）§ 1302 no. 4；OGH in SZ 63/185.

53　OGH in SZ 27/103；SZ 43/141.

权人中没有人形成一种单独去引发损害的故意。必须注意，在特殊的危险行为中，只要求共同侵权人的目的都指向法律禁止的行为即已足，并不要求其目的中也包括引起损害的发生。最高法院按此思路判过一个案子，在该案中，一个无辜第三人因一场公共场所进行的非法飙车而致损，法院判令全体飙车参加者都对该第三人的损害承担连带责任，而不问其是否直接卷入该场车祸事故。最后还应提及，除共同侵权人之外，教唆者和帮助者也要对全部损失承担连带责任。[54]

17. 案例研究（连带责任和分别责任）D1、D2 和 D3 计划抢劫一对夫妇 E 和 F。D1 在汽车里等候，并负责逃跑。D2 将使用枪控制住这对夫妇并从 E 身上拿走钱，D3 将取走 F 佩戴的珠宝。D1、D2 和 D3 同意如果有必要将使用暴力。由于 E 对 D2 进行防卫，D2 开了枪并伤害了 E，E 随后就其医疗费用和精神痛苦提出索赔。F 请求返还她的珠宝，并且，由于珠宝在争抢中受到了损害，因此，F 还就修补费用提出索赔。在这个案例中，是存在一个总体损失，其可就相同范围归责于每一个侵权行为人，还是存在数个相互独立的损失，每一项损失可归责于一名不同的侵权行为人？如何确定 D1、D2 和 D3 的责任范围？

因为 D1、D2 和 D3 被认为属于《民法典》第 1301、1302 条的意义上的共同侵权人，他们应当承担连带责任，如已就问题 16 的解答中所解释过的，这种连带责任并不考虑是否可以确定每个侵权人单独造成的损害份额，上文也解释过，教唆者和帮助者也同样作为共同侵权人处理，最高法院的判例也已经明确主张，这一规则适用于在准备逃跑的车中负责望风的人。[55]

---

[54] OGH in SZ 30/80；1 Ob 200/03y ＝ ZVR 2004/49；KBB-*Karner*（fn. 20）§ 1301 no. 1.

[55] OGH 1 Ob 200/03y ＝ ZVR 2004/49；cf. also SZ 30/80：Anfertigung einer Maske für Raubüberfall.

至于单独损失和总损失的区分，按以下思路解决：虽然对受保护利益的每一次侵害，包括之后的间接损失，都可以被看做一项单独损失，但这都并不改变这一事实：共同侵权人对这些单独损失的总和集体承担责任，而无需确定他们中的哪一个实际上造成了哪一部分损害。不过应指出，共同侵权人中的每一个都可以证明他并非造成损害的不可或缺的责任人。[56]

18. 案例研究（人身损害被明确排除）假设事实与上述案例相同，如果 D1、D2 和 D3 最初同意不使用暴力，但是，当 E 未听从 D2 的命令时 D2 开了枪，该案是否因此而得到不同对待？在这个案件中，对于 E 的伤害，是由 D2 一人承担全部责任，还是可将其看做一起可在同等程度上归责于每一个侵权行为人的整体损失，从而认定 D1 和 D3 也要对损失负责？

典型的情况是，共同侵权人的共同目的指向对合法利益的侵犯，只要有损害发生，其中的过失已足以成为归责的基础。[57] 而且，哪怕数人之间并无造成损害的一致同意，而只就共同实施某一具有造成损害的现实危险的违法行为达成了一致，而该损害确实发生了，这时法院也会判定其构成共同侵权。[58] 如前文提到的，最高法院在非法飙车案中一致判令被告承担连带责任。[59]

如此看来，尽管存在 D2 违背同伙决议而开枪打人的事实，占上风的观点都倾向于认为他们实施了共同抢劫行为——换而言之，他们共同实施的计划对受害人 E 带来了确切的现实危险，这足以构成

56　*F. Bydlinski*, Mittäterschaft im Schadensrecht, Archiv für die civilistische Praxis（AcP）158（1959/1960）430.

57　Siehe OGH in SZ 13/193；1 Ob 200/03y ＝ ZVR 2004/49；*F. Bydlinski*, AcP 158, 428 ff.

58　OGH 2 Ob 290/99g ＝ SZ 72/156；*Koziol*（fn. 2）no. 14/7 fn. 17；KBB-*Karner*（fn. 20）§ 1301 no. 3.

59　OGH 2 Ob 12/98y ＝ SZ 71/22.

D1、D2 和 D3 的连带责任。最高法院强调,[60] 事实上对一件抢劫案来说,数个抢劫者无伤害被抢人的共同意思而确定的一致同意共同实施抢劫计划,在该计划实施过程中造成被害人人身伤害,而这一伤害至少不是共同侵权人之一所愿意的,在这种情况下该案也被认为有共同侵权因素。除非为共同目标所进行的行为的结果太过遥远,否则不能割断因果关系链条。不过,在抢劫案中最常见不过的情况是:受害人的权利遭受到物质的和精神的损害,这绝对不能算是侵权人为追求其共同目的而实施的行为的非典型效果。在这里有疑问的是,仅有抢劫不使用暴力的口头协定,对于出现虽不期待但也绝不是意外反常的后果,特别是个别成员使用暴力这种在实施此类严重罪行过程中绝不罕见的情况,是否足以排除共同责任。不过必须指出,普遍的共识认为,如果团伙中的一个成员超出团伙行动计划行事,并额外实施了团伙其他成员意图之外的侵犯他人权利的行为,此时因果链条割断。[61] 不过尽管如此,如果其中一个成员必然能料到另一成员会进行这一额外行为,他仍须对此承担责任。[62] 以我们的观点,这些规则都须适用于本案例。

F. 损害的可分割性和因果关系的不确定性

19. 为了处理与证明因果关系有关的问题——特别是在大规模侵权的背景下——有些地区发展出一些例外规则,以被告制造了风险为由对其施加责任,而无论有无证据显示被告的行为是原告所受伤害的"若非则无"(sine qua non,必要条件)意义上的原因。你们国家的侵权法是否承认这些规则?如果承认,什么被认为是受害人已经遭受的损失?

60　OGH 1 Ob 200/03y = ZVR 2004/49.
61　See Rummel-*Reischauer*(fn. 51)§ 1302 no. 1 and with respect to German law *G. Wagner* in:Münchener Kommentar, BGB (4th ed. 2004) § 830 no. 19.
62　Rummel-*Reischauer*(fn. 51)§ 1301 no. 1.

66　　　前文已指出，根据《民法典》第1302条，如果各自引起损害的份额比率不能确定，各单独侵权人都要承担连带责任。因此，其结果是仅依据或然的因果关系即可产生责任。在非此即彼的择一因果关系的案例中，可通过类推第1302条适用上述同样的规则。必须特别强调，当有导致责任的行为发生，而与此同时发生的其他事故也有可能是造成损失的原因时，奥地利法关于择一因果关系的原则同样适用。假设危险有可能是侵权人以其过错引发了的，同时也有可能是同时发生的巧合事故引起的，那么此时对危险责任进行分配是合理的，[63] 侵权人实施了违法的应受处罚的行为，他是有罪过的，尽管巧合事故降于受害人，而其带来的风险须由其负担。奥地利最高院也以这一思路处理了一些事故，特别是一些医疗案件中，损害可能是医疗过失引起，但也可能是手术过程中的正常风险。[64] 在这类案件中判令部分赔偿：其反映了对原因力和手术风险程度的衡量，在此损害的分摊比率是对半的。[65] 这是解决其他国家法律中经常谈到的所谓机会丧失问题的一个简洁途径。[66]

20. 案例研究（源于多种途径的暴露风险）V 先后连续受雇于 D1、D2 和 D3。在每一工作期间，由于雇主的过失 V 都暴露于石棉中。近来 V 已被诊断出患有间皮瘤，使其寿命预期严重缩减，该疾病系其在工作中暴露于石棉下所致。间皮瘤不是一种严重的疾病

---

[63] *F. Bydlinski*, Haftungsgrund und Zufall als alternativ mögliche Schadensursachen, Festschrift für Gerhard Frotz (1993) 3 ff. ; *Koziol* (fn. 2) no. 3/36 ff. ; *R. Bollenberger*, JBl 1994, 544 f. ; KBB-*Karner* (fn. 20) § 1302 no. 5.

[64] OGH 7 Ob 648/89 = JBl 1990, 524 noted by *Holzer*; 4 Ob 554/95 = SZ 68/207; cf. further 8 Ob 608/92 = EvBl 1994/13.

[65] *Koziol* (fn. 2) no. 3/38; OGH 7 Ob 648/89 = JBl 1990, 524 noted by *Holzer*; 4 Ob 554/95 = SZ 68/207.

[66] See on this *H. Koziol*, Schadenersatz für Verlust einer Chance? in: Festschrift für Hans Stoll (2001) 233 ff. ; *id.*, Schadenersatz für verlorene Chancen? Zeitschrift des Bernischen Juristenvereins (ZBJV) 137 (2001) 889 ff.

(不像石棉肺),并且,即使额外暴露于石棉中也不会加重其严重性。科学证据无法显示间皮瘤是由于在哪一工作时间暴露于石棉中所致,或由于在不同工作时期累积暴露于石棉中所致。在你们国家的侵权法中,D1、D2和D3能否被认定负有责任?如果负责任,V被认为已遭受了一起不可分割的损失,还是多项不同的损失?

首先须指出,在奥地利,雇主责任通常会根据《一般社会保险法》(ASVG)第333条规定的雇主免责特权而被排除,这里,雇员受到的损害会在社会保险法的框架内获得补偿。如果我们现在不考虑这些规定,而仅从侵权法的角度看待这一问题,那我们必须要区分以下情况:假设每个雇主(D1、D2、D3)都有违法应受处罚的行为并造成了现实危险,而三人中只有一个真正造成了损害,但无法确定到底是哪一个,那么这就是一个涉及择一因果关系的案件,对该案通过类推适用《民法典》第1302条,将会导致三名雇主承担连带责任。在该案中,侵权人承担责任的基础是仅有或然性的潜在因果关系(前文边码60)。同样的,如果V的疾病是因在全部受雇场合都吸入石棉而累积造成,三雇主也要承担连带责任,因为他们都是造成全部危险的不可或缺的必要原因。[67] 即使根据一般性规则,若数名侵权人在归因性上对发生的危险都有因果关系,他们须承担连带责任(前文边码59),反之,如果因果关系问题无法查清,因为是两次受雇期间所受影响的交互作用引发该病,但无法确定是哪两次受雇期间,那么此时,或然因果关系责任原则再次发挥作用。[68] 全体潜在的可能侵权人就都要承担连带责任,因为他们实施了不法的、应受惩罚的行为,并因而置受害人于现实的危险中。如果以单一或多重损害的角度看待上述情形,必将得出结论,这其实是一个对各

---

[67] See H. Koziol, Causation under Austrian Law, in: J. Spier (ed.), Unification of Tort Law: Causation (2000) 15 f.; Koziol (fn. 2) no. 3/85.

[68] Cf. on unsolved causation in the case of accumulated effects Koziol (fn. 2) no. 3/89.

（可能的）侵权人分摊一项损失的问题。

21. 在所谓 DES 案件中，一些美国法院认定若干被告负有责任，即使被告与索赔者的损害之间的因果关系并不能像普通案件那样得到证实。这些案件处理的是多名被告与多名受害人之间的问题。尽管不可能证实哪一名被告损害了哪一位受害人，但每一名被告都要依其在 DES 市场上的份额承担按份责任（市场份额责任）。在你们国家的侵权法中，这样一种责任模式是否适当？如果适当，请基于下述案例说明什么被认为是已经遭受的损失。

目前为止奥地利尚未出现涉及多数相互替代（择一）的侵权人和受害人的大规模侵权判例，不过，考茨欧提出了很有分量的学说，以产自于不同制药商的致损药物为例，主张在奥地利法中实行市场份额责任：[69]

"在一方面，每一个生产商造成了与其市场份额成比例的部分损害，因而应对其所产药物引起的损害负责；另一方面，每一受害人倘能证明致其损害的药物是哪个厂家生产的，就都能据以索赔，这是决定性的。因此，每一受害人对每一生产商都有一项请求权，但只是针对与该生产商市场份额成比例的那部分损害而言。按此方式，可确保没有一家制造商赔偿份额超过其引起的损害份额。"

22. 案例研究（市场份额责任）D1、D2 和 D3 是制药商，其生产的药品都是基于相同的化学制剂并都在 A 国流通。在药品上市多年后发现该药品所使用的制剂具有致癌作用。P 是数千名受害人中的一员，像其他受害人一样，他无法证实其服用的是哪一家制药商生产的药品（D1、D2 或 D3）。但是，根据市场份额原理，P 能向他们（D1、D2 或 D3）中的任何一家提出索赔，尽管每家制药商的责任都受限于其在 A 国市场上的份额。如果依据你们国家的侵权法可

---

[69] See *Koziol*, Causation (fn. 67) 20；*Koziol* (fn. 2) no. 3/46 f.

以适用市场份额模式,那么,什么是每一家制药商所应负责的损失?这种损害场景应被看做是一起单一的不可分割的损失,还是多个相互独立的损失?

如果遵循考茨欧的上述令人信服的主张(上文边码68),那么奥地利法也应在本案中确立市场份额责任。就问题中所描述的案情而言,法院会从对单一损失的或然因果关系的责任基础出发进行处理,而每一位可能的侵权人的责任的总额会受到其在全部损害中的份额比率的限制。[70]

三、程序方面

A. 管辖

23. 依据你们国家的程序法,损害行为地或损害发生地对于哪一个法院有管辖权是否具有决定性意义?当损害行为在多个不同地点引发了多项不同的损失的时候,此类案件应如何处理?是否可以在同一个法院处理所有的损失索赔,即使这些损害是发生在多个不同的管辖区域内?如果可以,那么,整体损害是被看做是一项单一的不可分割的损失,还是多个相互独立的损失?

根据奥地利有关管辖权的法律规定,首先须区分普通地域管辖(*allgemeiner Gerichtsstand*;§ 65 ff. *Jurisdiktionsnorm*—JN)和特殊地域管辖(*besondere Gerichtsstände*;§ 76 ff. JN),在这些特殊地域管辖框架内,《民事诉讼法典》规定了两种类型的管辖:第一种叫做专属地域管辖(*ausschließliche Gerichtsstände*),其排除了任何其他的地域管辖,第二种被称为选择地域管辖(*Wahlgerichtsstand*;§ 86a ff. JN),因为原告可任意向普通管辖法院或其选定的任何其他地方的法

---

[70] Cf. on this *Koziol* (fn. 2) no. 3/47 ff.

院提起诉讼。

71 　　根据 JN 的 65 条以下，普通地域管辖法院的确定，在被告是自然人的情况下，是根据被告的（经常）居住地或住所地来确定的，因此原告必须到被告的居住地或居留地（*actor sequitur forum rei*）对其提起诉讼，如果被告是法人，则其主营业地有决定意义。

72 　　除普通地域管辖之外，有一类特殊地域管辖即"损害发生地管辖"（§ 92a JN），可作为原告选择管辖的备选地之一加以选择，根据 92 条 a，因致死或伤害一到多人，或因非法拘禁以及损害人身而引发的损害赔偿案件，应向加害行为发生地的法院起诉，92 条 a 适用于侵权之诉和合同责任之诉。[71] 如果是因不作为造成的责任，侵权人本应进行某种行为之地具有决定性。

73 　　一些奥地利学者主张，[72] 可以向主要损失发生地的法院提起诉讼，这一主张的依据是参照了欧洲法院在"比尔诉钾盐矿案"中的判决，[73] 在该案中，根据《欧洲民商事案件管辖与判决执行公约》（《布鲁塞尔公约》）的第五条（3），欧洲法院提出一个所谓的普遍存在理论。不过，奥地利最高法院最近摒弃了这一解释，[74] 在此，根据相关判例法，JN92a 所称的损害发生地，只能根据加害行为进行地来确定，而非损害结果发生地。[75]

---

[71] O. J. *Ballon*, Die Rechtsprechung in Zuständigkeitsfragen, in: Festschrift für Fasching (1988) 55; D. -A. *Simotta* in: H. W. Fasching/A. Konecny (eds.), Kommentar zu den Zivilprozeßesetzen, vol. I (2nd ed. 2000) § 92a JN no. 1; SZ 63/105.

[72] *Simotta* (fn. 71) § 92a JN no. 9; W. H. *Rechberger*/D. -A. *Simotta*, Zivilprozessrecht (7th ed. 2009) no. 251; different view: P. G. *Mayr* in: W. H. Rechberger (ed.), Kommentar zur ZPO (3rded. 2006) § 92a JN no. 2.

[73] ECJ 21/76, *Handelskwekerij Bier v. Mines de potasse d'Alsace* [1976] European Court Reports (ECR) 1735.

[74] OGH 2 Ob 157/04h = ecolex 2006/406 with notes in agreement by P. G. *Mayr*.

[75] OGH 7 Ob 541/92 = EvBl 1992/138; 2 Ob 157/04h = ecolex 2006/406 noted by P. G. *Mayr*.

应强调指出，在无形财产被侵犯[76]或只就纯经济损失索赔[77]的场合，JN92a 所规定的管辖规则并不适用。

在 2000 年 11 月 22 日的第 44/2001 号关于民商事管辖权与判决确认和执行的欧盟条例，OJ L 12, 16. 1. 2001, 1 – 23（《布鲁塞尔条例 I》）的适用范围内，JN92a 的规定已经被《布鲁塞尔条例 I》的第 5 条（3）所废弃，对于非合同赔偿诉讼该条例是权威性的。[78]

24. 案例研究（国内管辖权；损失发生地）在 W 法院的管辖区域内，D 对 P 的食物投毒。在 X 法院的管辖区域内，该食物喂给了 P 的狗。结果 P 的狗在 Y 法院的管辖区域内开始呕吐并把 P 的汽车弄得一团糟。在 Z 法院的管辖区域内，P 自己食用了有毒的食品并因此而产生了胃痉挛和恶心。P 能在哪一处法院就其损失（被弄糟的汽车，疼痛与痛苦，收入损失）提出赔偿请求？能在同一个法院提出所有的索赔吗？

这个问题已经详细讨论过（前文边码 72），依 JN92a 的规定，只有加害行为发生之地才是重要的，据此，如果加害行为地与发现其损害结果的地方不是同一个地方，那些真实发生损害结果的地方都无关紧要。因此，P 就其全部损害的诉讼请求须在 W 法院的管辖区域内提出，因为引起损害的行为（投毒）发生在那里，尽管其损害也发生在 X、Y、Z 三个法院的管辖区内。

因为根据 JN 92a 本案属于选择管辖情况，P 也可以在被告所在的普通管辖地提起诉讼，也就是说，在被告有住所或居所之地起诉，而非根据 65 条在行为发生地起诉（前文边码 70）。

B. 诉讼金额

25. 诉讼金额在诉讼的程序方面（例如，有关律师费、诉讼费，

---

[76] *Simotta*（fn. 71）§ 92a no. 2；Oberlandesgericht（OLG）Wien in EvBl 1990/65.

[77] *Simotta*（fn. 71）§ 92a no. 3；OGH in Recht der Wirtschaft（RdW）1994, 177；SZ 64/123；SZ63/105.

[78] In more detail in this *Rechberger-Mayr*（fn. 72）§ 92a JN no. 5 f.

法律救济的认可，法院管辖权或其他原因事项）是否具有决定性作用？如果是，当基于一个单一的侵权行为或不作为而提起的请求被分解开并单独起诉时，是否会产生不同的结果？当损害被看做是一项单一的不可分割的损失或多个损失时，会有什么不同（如果有的话）？

78 　　诉讼金额的大小对上面提到的几个问题都很重要，因为不仅是律师费和诉讼费用，还包括选择哪一家法院有管辖权以及可获取的法律救济等问题，都依赖于它。

79 　　诉讼费用问题受《诉讼费法》（*Gerichtsgebührengesetz*，GGG）调整，[79] 该费用根据索赔金额的多少分为不同级别，应当以全部程序的总额的形式一次性交清。如无明确的相反规定，根据 JN55 条以下（见 GGG14 条以下），诉讼费的核定基础是诉讼金额。庭审费用是以递减的形式排列等级的，也就是说，索赔金额越高，庭审费用所占诉讼金额的百分比越低。

80 　　代理当事人的律师费用，是依据《律师收费标准法》（*Rechtsanwaltstarifgesetz*，RATG）中所核定的比率收取的，[80] 在此索赔金额再次对费率核定发挥了基准作用（§3 RATG），律师费和诉讼费一样，也是分级递减的，索赔金额越高，律师费所占其百分比越低。当事人可以就收取高于该收费标准的酬金达成协议（§2 RATG），但在败诉的情况下绝不可以由另一方返还补偿。[81]

81 　　奥地利的初审法院有两类：地区法院和省法院，从中以诉讼金额来确定哪一法院有管辖资格（金额管辖）。根据 JN49 条（1），地区法院仅对 1 万欧元以下金额的财产争议案件有资格管辖，根据第

---

[79] BGBl 1984/150 idF BGBl I 2008/100.
[80] BGBl 1969/189 idF BGBl I 2008/90.
[81] *R. Fucik* in: W. H. Rechberger (ed.), Kommentar zur ZPO (3rd ed. 2006) § 41 no. 6; *Rechberger/Simotta* (fn. 72) no. 431.

50条，适合省法院管辖的案件则是金额1万欧元以上的。不过，还有些案件的管辖问题不受诉讼金额影响（种类管辖），例如，在针对国家（一州、邦）提起的公共责任案件，其有资格管辖的初审法院总是省法院，参见《公共机构责任法》第9条（1）。

至于诉讼金额如何确立，须注意到以下原则：如果一项诉讼中涉及了几项损失，在满足特定条件的情况下，根据JN的55条（1），这几项损失须相加在一起，特别是它们之间在事实上或法律上互相关联的情况下，[82] 比如，被害人在一起汽车事故中受伤，因而起诉要求赔偿财产损害、收入损失和遭受的痛苦，这几项损失额就要相加在一起。[83] 如果各项金额相加的总额超过1万欧元，省法院就有管辖权。对此问题来说，成立总损失的基础必须是遭受的各项损失之间有法律或事实联系。

根据JN的55条（3），在仅就部分金钱索赔的情况下，诉讼金额的总额也具有决定意义。该规定旨在防止操纵法院管辖权，或是以较低费用风险通过分解诉讼来试探案件结果的行为。[84] 不过，JN的55条（3）预设的是一个已确定的、有条件的总索赔额：[85] 如果一次诉讼提出的索赔总额尚不确定，或如果将来还会有继续索赔，那么诉讼金额就以诉求的实际数额来确定，当请求人明确表示保留继续索赔的权利时，上述规则也适用。[86]

最后，可获取的法律救济措施也取决于诉讼金额，例如，《民事诉讼法典》（ZPO）第501条将对达到2000欧元索赔金额的案件的

---

[82] See on this Rechberger-*Mayr*（fn. 72）§ 55 JN no. 2 f.；*Rechberger/Simotta*（fn. 72）no. 225.
[83] Cf. OGH 2 Ob 219/79 = EFSlg 36. 774；2 Ob 266/97z = RZ 1999/3.
[84] See *E. Gitschthaler* in：H. W. Fasching（ed.），Kommentar zu den Zivilprozeßgesetzen vol. I（2nded. 2000）§ 55 JN no. 27, with further references.
[85] See Fasching-*Gitschthaler*（fn. 84）§ 55 JN no. 31；Rechberger-*Mayr*（fn. 72）§ 55 JN no. 4.
[86] OGH 2 Ob 60/05w = ZVR 2006/44.

上诉依据限制为对无效和错误判决的上诉，而仅以程序缺陷或错误的事实认定为由提起上诉则是不可能的。同样的，根据《民事诉讼法典》第 502 条，对于能否获得向最高法院的上告（revision，即针对上诉法院的判决提起的上诉）的机会，索赔金额也是有决定意义的，这还要求该案须涉及事关维护法律统一、确定和发展大局的重大法律问题：根据 502 条（2），针对上诉判决再次上诉的，如果案件请求额价值低于 4000 欧元，最高法院不予受理，如果请求额价值不到 2 万欧元，只可能得到一次常规改判机会，其意味着须上诉法院宣布该案为可改判的案件，对于请求金额超过 2 万欧元的案件，就有可能获得最高法院的特别改判，哪怕是在上诉法院不允许常规改判的情况下。

C. 先前法院判决或和解的法律效力

26. 当一项请求已经历诉讼，并且终审法院的判决已经做出时，原告在多大范围内被禁止就基于同一侵权行为或不作为而产生的进一步损害提起诉讼？作为后一起索赔对象的损失被看做是已经被法院处理过的损失的一部分或者被认为是一项独立的损失，是否具有决定性作用？

最终判决是否阻止嗣后的新判决（既判力原则、一事不再理原则）取决于系争问题。奥地利主流观点以案件系争问题作为出发点，其由两部分构成：[87] 救济请求与起诉事由，也即，一方面是请求事项，另一方面是对该请求的陈述论证（"系争问题的两点论"），讼争问题就这样严格限定了。这当然使得在诉讼过程中改变案由中的事实陈述成为难上加难，因其意味着诉讼的改变。但这一规定反过

---

[87] *H. W. Fasching*, Lehrbuch des österreichischen Zivilprozeßrechts（2nd ed. 1990）no. 1155 ff., 1160；*H. W. Fasching* in：H. W. Fasching/A. Konecny（eds.），Kommentar zu den Zivilprozeßgesetzen, vol. III（2nd ed. 2004）Vor § 226 ff. no. 40 ff.；*Rechberger/Simotta*（fn. 72）no. 385；*W. H. Rechberger/Th. Klicka* in：W. H. Rechberger（ed.），Kommentar zur ZPO（3rd ed. 2006）Vor § 226 no. 15.

来也为将来以相同请求再次起诉铺平了道路,只要还有其他事实依据支持该请求。[88]

因为救济请求是由请求人决定的,其提出部分请求当然也是允许的,如果原告以与第一次起诉相同的事实和法律根据为基础再次起诉,而只是寻求得到更多(在数量意义上),则第一次判决毫不影响再次起诉。如果侵权人造成的损害是100,请求人第一次诉求赔偿40,第二次索赔60,这丝毫不受一事不再理原则的限制。[89] 不过还应看到,对于尚未索赔的损失部分,《民法典》第1489条规定的诉讼时效期间还在继续进行,部分索赔主张仅仅对已提出请求的部分中断时效期间。[90]

既然系争问题由原告决定,而部分起诉也允许,那么关于究竟是不可分的单一损失或数项损失这个问题,对于既判力原则就无任何意义。不过,如前文提到的,在数次部分请求情况下,总的请求金额决定该案的诉讼金额[§ 55(3) JN],而这对于确定哪一家法院有管辖权(前文边码83)来说是决定性的,在此可以从这个意义上称其为总损失。另一方面,如前文所述(边码86),把一项请求分为数次部分请求,会导致诉讼时效对各单独请求部分的不同计算。

最后,我们涉及身体疼痛与精神痛苦的损害赔偿(精神损害赔偿)的一个特色。在这里,业经确立的判例法采取了这样一个立场:对肉体与精神痛苦的部分请求一般是不允许的,只有例外情况下才

86

87

88

---

88 *Rechberger/Simotta* (fn. 372) no. 385.
89 *H. W. Fasching/Th. Klicka* in: H. W. Fasching/A. Konecny (eds.), Kommentar zu den Zivilprozeßgesetzen, vol. III (2nd ed. 2004) § 411 no. 46; *Fasching*, Lehrbuch (fn. 87) no. 1516.
90 OGH 1 Ob 33/83 = SZ 56/157; 1 Ob 33, 34/83 = JBl 1985, 49; 1 Ob 1724/95 = EFSlg 78.602; *W. Dehn* in: H. Koziol/P. Bydlinski/R. Bollenberger (eds.), Kurzkommentar zum ABGB (2nded. 2007) § 1497 no. 5; *M. Bydlinski* in: P. Rummel (ed.), ABGB (3rd ed. 2007) § 1497 no. 6.

可以。[91] 这都是因为此处适用到的"整体评价"原则，据此原则，受害人因其已经或将要忍受的所有痛苦总是享受到一次总的赔偿判决，因此，部分的赔偿判决只能基于特殊原因提起，这些特殊原因包括诸如：查清伤害的所有后果不可能或无法做到确切彻底。因此，就身体伤害造成的非经济损失而言，一次总损失基本上是可以设想的，这就需要一次总的赔偿判决，而不能随意分解为数项单独损失。

27. **案例研究（先前判决）** 在一起交通事故中由于 D 的过失导致 P 的汽车受损。P 就重新喷漆的费用起诉 D 而获胜诉。判决做出后，发现不仅汽车的喷漆在车祸中受损，发动机也受损了。P 是否被禁止就发动机的损害赔偿再次提起诉讼？发动机受损被看做是法院已经处理过的损失的一部分，还是一项独立的损失？

这个问题已经讨论过，旧判决是否阻碍新起诉，取决于起诉的系争问题是什么（前文边码 85 以下）。再诉的一个障碍是诉讼请求的同一性（既判力原则），即新的诉讼请求的事项与以前已审理过的判决内容涉及的事项是同一的。[92] 如果就新的诉讼请求所寻求的内容而言与已被终审判决认可或驳回过的相同（或仅是数量略低），而新的诉讼请求所依赖的事实与既有终审判决援用的事实相同，情况就会如此。[93] 上述这种诉讼请求的同一性在我们所讨论的案例中并不存在，因为 P 在第一次诉讼中起诉的对象是对油漆的损害赔偿，而其第二次诉讼中起诉的对象是对发动机的损害，因此第一次诉讼的判决不会阻碍第二次起诉。如前面所提及的那样，在此背景下，原告所决定的争议事项才是具有决定性的，至于造成了一项还是多项损害的问题并不重要。

---

[91] OGH 2 Ob 75/89 = ZVR 1990/158; 2 Ob 362/97t = ZVR 2000/49; 2 Ob 8/05y = ZVR 2006/43; in detail on the following *Danzl* (fn. 30) 236 ff.

[92] *Fasching*, Lehrbuch (fn. 87) no. 1515; *Rechberger/Simotta* (fn. 72) no. 884.

[93] *Rechberger/Simotta* (fn. 72) no. 884.

28. 案例研究（先前判决和与有过失）事实与上述案例相同，但是，在处理 P 就重新喷漆的费用要求赔偿的问题时，法院判决因为 P 与有过失而减半赔偿。审理关于发动机损害赔偿的后一起案件的法院是否受先前法院所做出的与有过失的判决的约束？发动机受损是否被看做是还未被法院处理过的一项独立的损失，因而先前的判决对后面的法院没有约束力？

关于既判力原则须注意到，已有判决的既判力仅仅适用于判决所限定的法律后果，而非单独适用于判决所据的基础。也就是说，不适用于作为判决结果之依据的被认定的事实。[94] 在仅就部分请求起诉的案件中同样，判决的法律效力仅赋予法庭判决书已经作出判决的那部分请求。法庭在判决中认为赔偿额应扣减并据此作出判决的事实，无足轻重。[95] 相应的，最高法院认为，被判支付一笔年金的被告人，在第二次就追加年金进行的诉讼程序中，可以重复以前提出过的关于与有过失的抗辩理由，即便这些抗辩理由在以前的程序中未被采纳，[96] 在所举案例中也一样，审理后一起案件的法院根本不受先前法院所做出的与有过失的判决的约束。

总而言之，可以说，如果受害人遭到了一个（总）损失，那么是否对此损失提起数次部分赔偿请求，完全听凭受害人自己的意愿（前文边码 86）。如果他这样来进行诉讼的话，也就把每次单个判决的效力限定在每一相应部分损失上。不过，这些效果与损失是一个总损失还是数个单独损失的问题无关，其仅仅源自于既判力原则的客观限制，换言之，这仅是程序使然。

29. 案例研究（和解的法律后果）再次假设事实相同，但例外的是 P 最初的索赔是通过法庭外和解而非司法的方式解决的，P 是

---

[94] 出处同上，no. 886; *Fasching*, Lehrbuch (fn. 87) no. 1523.
[95] See Fasching/Konecny-*Klicka* (fn. 89) Vor § 411 no. 66.
[96] OGH 1 Ob 521/57 = JBl 1958, 237; see also 2 Ob 213/97f = ZVR 1998/48.

否会因先前和解的事实而被禁止再次提起诉讼？如果不会，那么，因与有过失而双方合意减少赔偿金是否会对第二起索赔诉讼具有约束力？所受损失被看做是一项单一的不可分割的损失还是多个损失是否具有重要意义？

92 如果存在《民法典》1380条意义上的庭外和解协议，双方当事人就是否以及多大程度上确定其争议的利益应当优先达成一致。和解协议创造了一个新的法律基础并具有建构性作用，因此，和解具有了结纷争的效果。不过，当然只有双方协议所涉及的问题才受此效果约束，因此该和解协议的具体效力如何，要看双方当事人的真实共同意思及达成协议的共同意图。[97] 在法庭和解情况下（《民事诉讼法》第204条及其以下部分），其结果是达成一个契约，该契约内容当庭整理并记录，其以和气的方式终结了双方当事人之间的纷争，此和解协议的内容仍须受民法的指导，[98] 在另一方面，关于是单一不可分损失还是多项损失的问题，与既判力学说一样微不足道。

D. 集团诉讼、代表人诉讼、示范诉讼和大规模侵权

30. 在你们国家的法律制度中，何种诉讼程序机制允许由多个不同的索赔人提起的赔偿请求在一个法院合并审理？如果不同的诉讼请求被合并，它们是被看做与一项单一不可分的损失有关呢，还是与多项损失有关？

93 美国法中那样的集团诉讼在奥地利法中并不存在，其与奥地利民事诉讼法的原则不相符。[99] 按照奥地利的法律，救济请求必须明确限定，包括诉讼请求的金额须明确，全体当事人必须身份确定，任何其权利将会受诉讼影响的人都有出庭陈述的权利，所有这些要求

---

[97] *M. Neumayr* in: H. Koziol/P. Bydlinski/R. Bollenberger (eds.), Kurzkommentar zum ABGB (2nd ed. 2007) § 1380 no. 8.

[98] KBB-*Neumayr* (fn. 97) § 1380 no. 9; *Rechberger/Simotta* (fn. 72) no. 636.

[99] See *W. H. Rechberger*, Importware Class Action? in: Festschrift für Heinz Krejci (2001) 1844 ff.

在集团诉讼中都不能实现。

若考察多个当事人采取适当集体维权行动所可能的路径,[100] 那么,《民事诉讼法》第11条(2)意义上的所谓"共同诉讼",作为民事诉讼法特别创设的工具,应首先想到。这一诉讼形式使得多名当事人共同参加同一诉讼程序成为可能:其唯一的要求是他们的请求都建立在基本相同的事实基础上,而法院对每个请求都有管辖权。不过,通过普通诉讼程序而被合并审理的单个法律纠纷之间维持彼此独立(《民事诉讼法》第13条),因此每一共同诉讼当事人都须被视为仅为自己而参加诉讼。同理,每个共同诉讼当事人都可以自主处分自己的诉讼请求,事实上,法院可以在对全体的判决书中,就每一位当事人的诉讼请求分别作出判决结果,就好像这些诉讼都是分别独立进行的。[101] 鉴于每个当事人只为自己的利益参与诉讼,并通常各自都有自己的代理人,共同诉讼制度对集团诉讼并不适合。[102]

94

还须指出,根据《民事诉讼法》第187条,只要几个案件中至少有一名当事人是相同的,法院可以把本院受理的几个诉讼合并起来一并审理,统一作出判决,其诉讼程序形式与原先相同,案件的合并有可能简化并提高诉讼效率,或降低诉讼成本。[103] 适用这种程序的一个场合是因同一侵权事件导致数人索赔的情形,如果大规模适用这种合并审理,就有可能是促成大规模侵权制度的捷径之一。[104] 不过,上面提到的那些缺陷并不会因此消除,因为即使依据《民事诉讼法》第187条实行的合并诉讼,也并不失去其法律独立性。[105]

95

---

100 On this *Rechberger* (fn. 99) 1847 ff.; *N. Tunkel*, Massenverfahren, Juristische Ausbildung und Praxisvorbereitung (JAP) 2006/2007, 47 ff.

101 *Rechberger/Simotta* (fn. 72) no. 329.

102 *Rechberger* (fn. 99) 1847 f.

103 On this *Fasching*, Lehrbuch (fn. 87) no. 786; *W. Schragel* in: H. W. Fasching/A. Konecny (eds.), Kommentar zu den Zivilprozeßgesetzen, vol. II/2 (2nd ed. 2003) § 187.

104 *Rechberger-Fucik* (fn. 81) § 187 no. 6, with further references.

105 *Fasching/Konecny-Schragel* (fn. 103) § 187 no. 8.

96　　最后必须指出，奥地利立法者使得发动示范诉讼轻而易举。[106] 依《消费者保护法》第 29 条，如果把一项请求权让与某组织来提起诉讼，这些组织诸如消费者保护组织或劳工组织等，那么各类有关诉讼金额的限制，特别是向最高法院申请改判的门槛限制，都将被取消 [《民事诉讼法》第 502 条、第 502 条（5）第 3 行]。这就使得哪怕是就一项不足四千欧元的请求向最高法院提起示范诉讼成为可能。这类组织所发动的这种示范诉讼有着重大的实践意义。然而，也须指出其弊端所在：[107] 尽管示范诉讼程序有着重要的信号意义，但最高法院的判决结果却对相同案件无拘束力，而且，已经开始示范诉讼程序的事实，对其他相同案件的诉讼时效期间的计算毫无影响，所以当示范诉讼案件审结之时，其他同类案件却往往已罹于时效。

97　　为尽力克服上述弊端，主要在奥地利信息协会（VKI）的推动下，"奥地利特色的团体诉讼"应运而生，[108] 对这一集体诉讼而言，数名受害人依《消费者保护法》第 29 条的规定，将其请求权转让给某协会或其他法律组织以集体索赔，该法律组织援引《民事诉讼法》第 227 条的规定，就其受让的数项请求权提起一次单一的诉讼，通常情况下凭借专门的诉讼基金。而最高法院已发表过一个详尽的附带意见，首肯了此一诉讼模式。[109] 不过，对此类集团诉讼有一个要求，即要求数个请求有实质上的相同性，同时要求各自讼争的事实

---

[106] On this *W. H. Rechberger*, Verbandsklagen, Musterprozesse und „Sammelklagen", in: Festschrift für Rudolf Welser（2004）876 ff.

[107] See *Rechberger*（fn. 106）877 f.

[108] See on this *A. Klauser*, "Sammelklage" und Prozeßfinanzierung gegen Erfolgsbeteiligung auf dem Prüfstand, ecolex 2002, 805 ff.; *G. E. Kodek*, Die "Sammelklage" nach österreichischem Recht—Ein neues prozeßrechtliches Institut auf dem Prüfstand, ÖBA 2004, 615 ff.; *Rechberger*（fn. 106）878 ff.

[109] OGH 4 Ob 116/05w = ÖBA 2005, 802 noted by *R. Madl*; on this *A. Klauser*, Von der „Sammelklage nach österreichischem Recht" zur echten Gruppenklage, ecolex 2005, 744 ff.; *U. Schrammel*, Die „Sammelklage" in der Ausgestaltung des OGH, JAP 2006/2007, 50 ff.

和法律问题也是实质上相同的。关于这类集团诉讼的特殊性参见下文边码99。

最后，为了能正确处理集团诉讼问题，[110] 2007 年《民事诉讼法》修改案通过了一项关于群体诉讼的内阁建议，[111] 按该建议的设计，群体诉讼的参加人可以就相同的事实与法律依据，在其联合诉讼中提起（至少）50 个相同请求，每个诉讼当事人的诉讼权利与义务统一由一个代表团来行使，不同于前述"奥地利特色的团体诉讼"（参见前文边码97），这里无需向集团代表人转让索赔请求权，一旦法院就一般事实与法律问题审理了该案，就会就所有重要问题通过一项有约束力的判决，该判决对全体或部分集团成员都有效，一旦集团诉讼得到终审判决，则一起参加诉讼的各个请求都将以该判决为基础，逐个执行。而且，该建议还允许其他利害关系人不受限制地参加进该集团诉讼。不过，该建议尚未付诸实施，而有关改革尝试目前暂时搁置。

98

31. 依据你们国家的法律制度提起集团诉讼（或与其最接近的相似程序）的前提条件是什么？请举出在你们国家的侵权案件中使用集团诉讼的例子。通过集团诉讼的方式进行索赔与每位受害者单独起诉索赔有什么区别？如果一名受害人对法院在集团诉讼中所做出的判决不满意，他能否以自己的名义提起独立的诉讼，如果a）他先前已经是集团诉讼的当事人；b）他从未成为集团诉讼的当事人？集团诉讼的判决的法律效果是什么？如果一群索赔人以集团诉讼的方式起诉要求赔偿，是否会导致将每一位索赔人的损害进行加总以使其被看做是一项单一的不可分割的损失？

---

[110] See on this the contributions in *T. Gabriel/B. Pirker-Hörmann*（eds.），Massenverfahren—Reformbedarffür die ZPO?（2005）.

[111] See on this *G. E. Kodek*, Die Gruppenklage nach der ZVN 2007, Rdw 2007, 711 ff.; *W. H. Rechberger*, Zur Einführung eines „Gruppenverfahrens" in Österreich, FS Machacek und Matscher（2008）861 ff.; *Rechberger/Simotta*（fn. 72）no. 337.

99　　如前文已经解释过的，奥地利法中没有集团诉讼。其"共同诉讼"确实导致了诉讼程序的合并，但争端案件仍然完全是各自独立的（参见上文边码94）。与集团诉讼最相似的制度是所谓的"奥地利特色的团体诉讼"，但后者总是以受害人向某法律团体转让其请求权为必要条件（前文边码97），其在诸多方面与真正的集团诉讼相去甚远:[112] 该法律团体仅仅代表那些真正把请求权转让给它的受害人而提起诉讼，因此它并不代表集团的全体成员。而且，单个请求人之间在法律上仍然彼此独立，并因而可分别处理，因此，这一集体模式丝毫不影响每一受害人各自遭受互不相关的单独损害的事实。

　　32. 在什么条件下消费者保护组织可以代表一群受同一侵权行为影响的人提起诉讼（代表人诉讼）？请举出在你们国家的侵权案件中使用代表人诉讼的例子。法院在上述诉讼程序中所做出的判决对于每一位受害人单独提起的赔偿请求的法律后果是什么？如果某一个受害人对于法院在消费者诉讼中所做出的裁决不满，他可以自己的名字单独提起诉讼吗？每一位受害人所遭受的损害中能否被看做是一项独立的损失，尽管它已经由法院在代表人诉讼的框架内处理过？

100　　以所谓"协会诉讼"形式规定代表人诉讼的条款在奥地利法中比比可见，[113] 毫无疑问，实践中最为重要的代表人诉讼是《消费者保护法》的第28-30条所规定的，据这些条款，法律列举的特定组织（获得授权可提起诉讼的组织），对于违反法律或其一般交易条款、违背了善良风俗的公司，可提出禁止令救济（法令救济），其目的在于阻止这些公司利用这类一般交易条款。此种机制在于维护广大个

112　See *Rechberger* (fn. 106) 886 ff.
113　*W. H. Rechberger* (fn. 99) 1831 ff. (1852) compares the Austrian associational claim, on the other hand, more with the class action. See also *St. Kühnberg*, Die konsumentenschutzrechtliche Verbandsklage (2006) 174.

人和公众利益而非该组织自身的利益。[114]《消费者保护法》的这些条款旨在把那些不合理的一般性条款驱逐出市场,[115] 所以,受其影响的当事人个人,并不因为这类代表人诉讼程序而对于那些使用不当一般交易条款的公司丧失诉权,这些个人也无需向提起诉讼的组织转让请求权,因此,法院就消费者保护组织提起的代表人诉讼所做的判决,对当事人个人毫无法律影响。[116] 这就意味着,对于使用了非法的一般交易条款的企业,任何个人仍可提起诉讼,不受其他条件限制,不管有关组织是否已对该企业提出过诉讼,甚至也不管有关诉讼请求已被驳回。[117]

101 代表人诉讼和据《消费者保护法》第 28–30 条发起的诉讼在奥地利很常见,作为消法授权发起代表人诉讼的特定组织,消费者信息协会(Consumer Information Association, VKI)和劳工公会(Chamber of Labour)特别活跃。这些组织针对一般交易条款发起的诉讼,经常吸引媒体的眼球,在最近的几次案件中,其导致银行业、[118] 房地产业[119]、信用卡公司、[120] 移动电话供应商[121]的服务条款中的无数一般交易条款被最高法院宣布为不合理,有关的被告公司被禁止继续使用这类不法条款。

102 《奥地利反不正当竞争法》(UWG)中也规定了同样的授权有关组织发起诉讼的条款,依该法第 14 条,该法列举的一些特定组织可以对有关公司提起诉讼,寻求法院颁发命令,使其停止并放弃不道德

---

[114] *Rechberger/Simotta* (fn. 72) no. 299. Some scholars, however, advocate the opposite point of view, according to which the associations are asserting a cause of action of their own within the framework of the representative action [*Fasching*, Lehrbuch (fn. 87) para. 338].

[115] *G. Kathrein* in: H. Koziol/P. Bydlinski/R. Bollenberger (eds.), Kurzkommentar zum ABGB (2nd ed. 2007) § 28 KSchG no. 1.

[116] *Rechberger/Simotta* (fn. 72) para. 299.

[117] See *Kühnberg* (fn. 113) 200.

[118] OGH 4 Ob 28/01y = ÖBA 2001, 645 noted by *H. Koziol*.

[119] OGH 7 Ob 78/06f = wobl 2007, 74/26; 1 Ob 241/06g = wobl 2007, 207/76.

[120] OGH 10 Ob 70/07b.

[121] OGH 4 Ob 227/06w = Medien und Recht (MR) 2007, 222.

的商业行为以及误导性宣传。这些获得起诉授权的组织，实质上与《消费者保护法》中授权起诉的那些组织相同，最近这些组织逐渐获得授权，可以对那些在业务活动中付款过慢或执行过低的非法利息率（低于法定利息率）的企业，提出救济请求（对《民法典》利息率条款的修正案第5条）。[122]

103　　《奥地利反托拉斯法》也列举并授权了一些这类组织对类似案件提起这样的诉讼［《奥地利反托拉斯法》第36条（4）］。

104　　在谈到消费者保护法中规定的代表人诉讼问题时本文曾解释过，作为起诉方的有关组织并非为受损害的个人主张请求权，还要强调，只有在具备相关法条中明文规定的要素时，才可提起代表人诉讼。这类诉讼的基本目标是获得一项法庭颁发的命令，要求被告停止某个特定的违法行为（例如使用违法的一般交易条款），但这类由某组织提起的诉讼不能同时寻求损害赔偿，而需受损个人本人提出这样的请求。这类代表人侵权诉讼的终审判决基本上不涉及法律效力，不过在事实上，有关法院须遵循最高院就代表人诉讼案件所做的裁判。

　　33. 你们国家的诉讼法是否规定了其他机制（例如，示范诉讼），可以将许多不同的赔偿请求合并起来由同一个法院来审理？必须满足什么样的前提条件？特别是，是否要求每一起请求赔偿的损失之间具有特别的联系（法律上的关联）？通过这种机制而将不同的索赔请求合并在一起会产生什么样的法律后果？

105　　对此问题的回答，请参见本文以下有关部分的描述：《民事诉讼法》第11条（2）规定的共同诉讼（前文边码94）；根据《民事诉讼法》第187条可能进行的诉讼合并（前文边码95）；示范诉讼的简化形式（前文边码96）；以及"奥地利特色的集团诉讼"（前文边码97）。

---

[122] BGBl I 118/2002.

34. 案例研究（火车事故）一辆由 D 公司运营的火车在高速轨道上脱轨，车上有 100 人受伤。这些受害人与 D 公司之间有不同的法律关系。有些是付费的乘客，有些是无偿的旅行，而另外一些人属未经许可而上车。是否有可能通过以下诉讼机制将这些受害人的索赔合并在一起：a) 集团诉讼，b) 代表人诉讼，或 c) 其他诉讼机制？如果多起赔偿请求被合并起来通过同一程序来处理，每一位受害人所遭受的损害被看做是一项单一的不可分割的损失的一部分，还是多项损失复合体中的一项独立的损失？

由于奥地利没有真正的集团诉讼，人们对本案能想到的第一种机制就是《民事诉讼法》第 11 条（2）规定的共同诉讼，[123] 然而其并不改变每个人的赔偿请求在法律上彼此独立的事实（前文边码94）。进一步而言，也可以考虑"奥地利特色的集团诉讼"，其要求所有受害人把自己的赔偿请求权都转让给某一法律组织，由该组织去主张权利（前文边码 97），这一方式当然也不会改变这些赔偿请求的相互独立性（前文边码 94）。因此对上述问题而言，每个人分别受到的损害仍然是诸多损害中的独立一项，这意味着其各自在责任法上的结局要各论各的。

在本案给定的背景内，还需指出，依照 JN31a（2）规定，如果不同法院收到有相同类型的基于相同侵权事实的涉及人身伤亡、非法扣押或损害的案件，就有可能涉及依申请或依职权进行的管辖权移转（delegation in the case of similar actions for damages）。[124] 这种移转的前提是这样合并审理的诉讼程序成本能够大幅降低。此类案件应当被移送到最先受理诉讼的法院。

---

[123] See e. g. OGH 8 Ob 25/85, 8 Ob 1015/85 = ZVR 1986/20: several victims of one accident.
[124] On this *Rechberger/Simotta*（fn. 72）no. 285; Rechberger-*Mayr*（fn. 72）§ 31a JN no. 4; *O. J. Ballon* in: H. W. Fasching/A. Konecny（eds.）, Kommentar zu den Zivilprozeßgesetzen, vol. I (2nd ed. 2000) § 31a JN no. 7 ff.

四、保险方面[*]

A. 限额与扣除额

35. 在你们国家的法律制度中,是否存在成文法原则或法院发展出来的原则,用以解决下述问题:一起损害事件被认为是一起单一的事故而使得保险人的总的责任受到赔偿限额的限制,还是多个相互独立的损失而使得每一项损失——适用赔偿限额并使得保险人对每一项损失均要赔偿至一定的数额?另外,保险合同所采用的标准条款是否对这一问题有规定?

1   在奥地利法中,并无成文法规来规定一起损害事件何时被认为只是一起单一事故,何时被认为构成多项独立的损失。

2   迄今为止,奥地利最高法院只审理过一次涉及该问题的案件,在最高院的 7 Ob 29/79,1 号判例中,[1] 一位为其车辆投保了综合险的司机,为避免在只有一条行车道的桥上发生碰撞而避让的过程中,先是撞坏了右前挡泥板,然后又撞坏了车大灯。在驶离事故现场时,他又因错误逆行而撞上了另一辆汽车,撞坏了该车的保险杠和散热器护栏,而投保人自己的车辆却未受损。按照保险公司的看法,投保人未通知其造成第三方车辆损害的事实,已经构成违反通知义务的行为,并据保险单拒绝赔付该损失。

3   最高法院调查认定,这两起紧密相随的事故不应被看做两次保险事故,投保人自己车辆的损失完全是车辆沿桥护栏刮擦所致,而其随后与第二辆车的相撞,根据汽车保险的规定确实本应构成另一

---

[*] 本部分原著中为单独篇章,译著中与前篇合并,但边码及脚注均遵循原著。索引中的缩写为 AI,前篇为 AT。

[1] Versicherungsrechtliche Entscheidungssammlungen (VersE) 932 = Versicherungsrecht (VersR) 1981, 944.

保险事故，而引发了投保人的一项通知义务，不过由于其事实上并未造成投保人自身的损害后果，投保人也就无需通知。关于如何判断何时仅有一次保险事故、而何时构成多次事故的一般性原则，却无法从这一判例中推出。

《奥地利第三方车辆保险标准条款》之第 3 条适用于保险事故，[2] 该条第 2 款中包含以下公式："因时间和地点上相关联的同一原因造成多项损害，视为一次保险事故"。这个问题上最高院尚未有相关决定。依我来看，第 3 条的规定并非一项索赔系列条款（a claims series clause），[3] 而是针对一次事故过程（损害事故）中一辆车造成数项损害的情况所做的规定。因此其适用于诸如此类情况：司机对汽车失控，一气撞坏了一排沿路右侧停放的汽车。但如果在该事故发生后，该司机又与几百米外的另一辆汽车相撞，则对此损害，上述条款中所要求的关联性是缺失的。

36. 案例研究（建筑物保险与赔偿限额）P 是工厂厂房的所有者，该厂房是由数幢建筑物组成，P 已就其因恶劣天气而遭受的损害投了保险。保险公司的责任是每一起损害事件最高赔 500,000 欧元。在一起持续了数个小时的雷暴雨中，两幢建筑物被闪电击中并且都完全烧毁。每一幢建筑物价值 300,000 欧元。保险公司根据保险单对损失应承担什么样的赔付义务？

首先须指出，对本案假设的"恶劣天气"引起的损害，其保险在奥地利很可能属于"暴风雨险"的范围，然而该险种并不包括雷电引起的损害。[4] 雷击引起的火灾只属于火险所保的范围，[5] 因此下文对此问题将如此处理：假设可以在奥地利获得一张保单，就本问

4

5

2　Allgemeine Bedingungen für die Kraftfahrzeughaftpflicht-Versicherung, AKHB 2007/2.
3　参阅下文边码 20 以下对于问题 40 的回答中对此问题的讨论。
4　《暴风雨险标准条款》（ASTB 2001）第 2 条第 1 行。
5　《火险标准条款》（AFB 2001）第 1.1.2 条。

题据以成立的那些情况投保。

6　　当然首要的是，保险标准条款的目的是旨在对保险事故予以明确界定，以便尽可能地从一开始就排除有疑问的情形。若非有此，对于标准条款中的保险事故定义的界定，必须通过解释（《奥地利民法典》第914条）来发现，对此除了文义解释外，公认的保险业的惯例也起着重要作用。如果通过此种解释仍不能得出清晰结论，就应适用《奥地利民法典》第915条关于模糊条款的规定，根据该规则，保险公司必须接受对保险事故的定义作出更为不利于保险公司的解释。[6]

7　　为解决本案问题所最宜援引的那些保险标准条款中（也即暴风雨险和火险标准条款）并无专门解决此问题的相应规则，因此，如上文所分析的，必须求助于对有关保险事故（雷电或风雨造成的损害）的描述加以解释。

8　　首先说"暴风雨"的情况，权威学术观点认为，对同一建筑物的持续不断的损害构成一次保险事故，即使该损害是在长期风暴中较长间隔时内造成，也是如此。[7] 至于火险，德国联邦法院以一种类似思维认定：如果早晨已经扑灭的暗火死灰复燃，并在当天晚上发展到猛烈燃烧，其构成一次火灾事故。[8] 上述两种观点都没有进一步的方法论论证，但考虑到广为接受的标准，如同上文边码2及以下谈到的最高法院所能做出的决定，这两种观点据我看来都值得赞同。

9　　如果假定可以根据奥地利法针对"恶劣天气"投保，该险包括了雷击风险，那么本案的问题可以这样解决：持续了数小时的暴风

---

[6]　Cf. *A. Fenyves*, Die Behandlung der Hepatitis-C-Fälle in der Haftpflichtversicherung, Juristische Blätter (JBl) 2002, 205, 215 f.

[7]　*A. Martin*, Sachversicherungsrecht (3rd ed. 1999) T I 2.

[8]　VersR 1991, 460; cf. also VersR 1989, 840.

雨只构成了一次保险事故，在这一次保险事故过程中，造成了几项损失，那么这些损失的总和才是这一次保险事故所造成的后果，这就意味着保险公司只需赔付 500,000 欧元。

假如只是办理的纯火灾保险，案件的结果就会不同，在这种险种内的保险事故只能是雷击本身，[9] 因此两次雷击根据火险保险单无疑构成两次保险事故。

37. 在你们国家的法律制度中，法院是否发展出了用以处理下述问题的一般性原则：一起损害事件被看做是一起单一的事件而使得被保险公司只须承担一次合同约定的扣除额限度内的损失，还是多个相互独立的损失而使得每一项损失均适用扣除额并使得被保险公司需要多次承担扣除额限度内的损失？另外，在保险合同所采用的标准条款是否对这一问题有规定？如果第三方保险是法定强制保险，这对于扣除额的合法性是否有影响？

如前文第一以下所述，无论是最高法院的判例还是保险标准条款，都未能就损害事故被视为单个事件还是多个损失这个问题发展出一般性原则。尽管如此，大家一致同意，这一先决问题的答案对于扣减额的适用至关重要：如果事件构成一次单一的事故，就意味着扣减额适用一次，如果其构成多个独立损失，则扣减额适用于其中的每次事故。

依权威观点，有外部影响（也即影响到受损的第三方）的扣除额，只能在法有明文规定的情况下适用于强制的第三方保险。这就是当前奥地利关于保险经纪人的强制第三方保险的情况，根据旧《工业法》的第 138 条 2 款，企业间交易中，总保险金额 5% 以内的扣除额是允许的。若无相关明文规定，扣除额只能适用于内部关系

---

9   Art. 1. 1. 2. AFB 2001.

中，也就是说，适用于保险公司和保单持有人之间的关系中。[10]

38. 案例研究（审计师的责任）P 是受 X 有限责任公司聘请对其账目进行审计的独立审计师。X 公司要求 P 与其两个潜在投资者 A 和 B 在公司会面。在会议上，P 保证公司的财务状况良好。因此，A 和 B 购买了 X 公司的大额股份。后来曝露 P 对投资者所做出的关于公司的价值的陈述系过失性不实陈述。A 和 B 因此而遭受了经济损失并试图向 P 索赔。原则上，他们的损失属于 P 的职业责任保险的保险范围，但是，根据保险单条款被保险人须对每一起损害事件自行承担 5000 欧元扣除额限度内的损失。在当前的案例中，P 只须承担一次扣除额，还是对两起索赔都适用？

13   在本案中，涉及审计师的职业责任保险，依奥地利使用的标准保险条款[11]，"义务违反"被视为构成一次保险事故。由于其不实陈述，P 当日违背了其对 A、B 的义务，使得 A、B 双方各自获得一个独立的保险金请求权，结果，保险公司必须确保在两个案件中对 A 和 B 赔付，不过，它可以在每次赔付过程中适用已经谈妥的扣除额。

14   审计师的职业责任保险是强制的第三方保险的形式之一，[12] 这就意味着，如问题 37 中所讨论过的（参见前文边码 11 及以下），扣除额的规定只能由保险公司适用于其与 P 之间的内部关系。

15   不过，在我们所讨论的这个案例中，索赔系列条款（a claims series clause）也有可能得以适用。因为 P 确实实施了相同的义务违反行为，或至少对 A 和 B 都违反了相同类型的义务，[13] 那么保险公

---

[10] Cf. *A. Fenyves*, Versicherungsvertragsrechtliche Grundfragen der Pflichthaftpflichtversicherung, Versicherungsrundschau (VR) 2005, 70, 75.

[11] 1972 年《审计人员赔偿保险标准条款》第 6 条第 1 行。

[12] § 11 Statute on the Regulation of the Auditing, Tax Advising and Related Professions, Bundesgesetzblatt (BGBl) I 1999/58 in the version of Novelle BGBl I 2008/10.

[13] Cf. on this the discussion infra no. 20 ff.

司可以只在保险金额以内赔付一次,并可以适用扣除额一次。然而,在强制第三方保险中,保险公司也只能就内部关系援引索赔系列条款。[14]

B. 对赔付数额的其他限制

a. 总额限制条款

39. 在你们国家,标准保险单是否使用总额限制条款,依据此类条款,保险公司在每一特定期间的责任受到最高限额的限制?如果是,请举例说明这些条款是如何措辞和如何解释的,并特别注意一起损害事件是被看做是一项单一的不可分割的损失(因此只能落入某一期间)还是多项损失(有可能落入几个不同的期间)。

无论是在普通第三方保险还是在经济损失责任保险中,关于年度最高限额的协议(总额限制条款)在奥地利较为常见,其通常表述如下:"保险公司须对一个保险年度内发生的所有保险事故进行赔付,对每一起案件中适用保险总金额的……折"。[15]   16

当然,一个保险年度内发生的损害事故构成一个单一损害还是多项损害,也是一个与此类条款相关的问题,对这些问题须在上述有关原则的基础上加以分析。[16]   17

在强制第三方保险中,投保人与承保人达成的年度最高限额(总额限制)协议,只有在法律有明文规定的情况下,才可适用于受害第三方,否则它们就和扣除额的情况一样,只在内部关系中有效。[17]   18

值得注意的是,最近以来,在规定有强制第三方保险的奥地利有关法令中,越来越多的条文趋向于承认年度最高限额,或至少是   19

14　Cf. *Fenyves*, VR 2005, 76.
15　Cf. art. 5 line 2 Allgemeine Bedingungen für die Haftpflichtversicherung/Ergänzende Allgemeine Bedingungen für die Haftpflichtversicherung (AHVB/EHVB) 2005.
16　Cf. supra no. 1 ff.
17　Cf. *Fenyves*, VR 2005, 75 f.

许可此类协议。类似规定出现在《资本市场法》§ 8 subs. 1, 14 第 2 行、《并购法》§ 9 subs. 2 lit a, 13、《天然气政策法》§ 14 subs 1 第 2 行、《安全监督法》§ 4 subs. 3 以及最后,《产业法》(针对保险经纪人)§ 137c subs. 1。

b. 索赔系列条款

40. 在你们国家,标准保险单是否使用索赔系列条款,依据此类条款,几起相互独立的损害事件被看做是一起损害事件(一个单一系列),从而受制于同一责任限额?如果是,请举例说明这些条款是如何措辞和如何解释的。请特别说明区分几起相互独立的损害事件和一个损害系列之间的标准是什么。

20 在奥地利,索赔系列条款在有着"系列风险"的第三方保险中很常见,即在普通第三方保险(特别是雇主责任险)和金钱损害责任保险的情形中常出现。

21 普通第三方保险在原则上确实系把"损害事件"作为保险事故,不过,它也在次一级领域内承认关于保险事故的其他定义,相应的,标准条款 AHVB/EHVB 2005 版中也包括了一些索赔系列条款。

22 关于损害事件理论,1.1.2. AHVB/EHVB 2005 如此规定:"来源于同一原因的几个损害事件,被视为构成一次保险事故。进而,几个损害事件如果源自类型相似且彼此在时间上有关的原因,只要这些原因之间有法律的、经济的或技术上的联系,这些事件也被视为构成一次保险事故。"[18]

23 AHVB/EHVB 2005 的第 4 条第 2 款对上一规则进行了补充,该条确定了现行索赔系列条款的范围。其条文规定如下:"损害系列被

---

[18] On the predecessor to this clause in the AHVB/EHVB 1986 cf. *A. Fenyves*, Die Serienschadenklausel der AHVB 1986, VR 1986, 57. Generally on claims series clauses in third-party insurance cf. *id.*, Die rechtliche Behandlung von Serienschäden in der Haftpflichtversicherung (1988).

认为从一系列损害事件中的首次事件发生之日起即已产生，基于此，双方商定的保险范围从首次事件发生之日起适用。若保险公司根据第12条解除了保险关系，或在风险已消除的情况下，[19] 则对于系列中那些发生在保险有效期内的损害事件，以及该系列中那些发生在合同解除后的损害事件，都仍受保险的保障，若系列中的首次事件发生在合同终止之前，且投保人或被保险人对损害系列的开始毫无所知，若无其他保险范围的规定，该损害系列视为自保险保障的有效期内发生的首次事件开始之日起产生。若系列中的首次事件发生在保险保障的中断期间，且投保人或被保险人不知该损害系列发生，则损害系列视为再次获得保险保障之后的首次事件发生之日起产生。

对于环境侵扰造成的财产损害的保险范围，其需要双方达成特别协议，引起或可能引起对投保人的赔偿义务的首次可证实的环境侵扰测定结果，据6.3.1. AHVB/EHVB 2005 被认为是一起保险事故（显现理论），因而这里对"损害系列"有着与1.1.2. AHVB/EHVB 2005不同的定义，依第6条6.3.1.2之规定，就同一事件引发的几次环境侵扰的测定结果，视为一起保险事故。而且，就同类事件引发且有时间联系的几次环境侵扰的测定结果，只要这些事件之间有法律的、经济的或技术上的联系，也得视为一起保险事故。

关于（扩展的产品责任风险）的保险范围，EHVB 2005 把产品的"交付"作为保险事故，[20] 相关的索赔系列条款规定如下："尽管有1.1.2. AHVB的规定，但如果数宗交付引发了源自同一原因的损害，这些交付被视为构成一起保险事故，而且，如果数宗交付引发的损害源自于相同性质原因并有时间关联的，只要这些原因之间有

---

19 Art. 12. 4.
20 Sec. A point 2. 4. 2. 1.

法律、经济、技术联系，该数宗交付也被认为是一起保险事故。"[21]

26　　最后是关于纯经济损失的保险范围，EHVB 从"义务违反理论"出发，[22] 相应的索赔系列条款规定如下："关于系列损害。以下情况均视为一起保险事故：一次义务违反的所有后果；数次同一原因导致的义务违反；数次有时间关联而相同性质的原因造成的义务违反，只要这些原因之间有法律、经济、技术上的联系。"[23]

27　　《金钱损失责任保险标准条款》（AVBV 1951）中有一条（art. 3 subs. 1 lit c）规定了系列索赔条款，据其规定仅仅一次性支付保险金额是有问题的，"关于义务违反的全部后果。源于相同的错误或源于同类性质的错误而导致的多次作为或不作为，如果在相关事由之间存在经济上的或法律上的关联，将被视为一次单一的义务违反。"

28　　最后，2007 年的《诉讼保险标准条款》（ARB 2007）6.7.2. 中有以下规定："如果发生多起保险事故，而表现为同一的、有因的、有时间联系的发生过程，则只应赔付一次保险金总额，其数额根据首次事件发生之日确定。"

29　　上述条文也是索赔系列条款，其旨在诸如以下情形中发挥作用：如果投保人因发生交通事故遭到追诉，他就此次被索赔要求保险赔付（第一起保险事故），此外他还就其自身在事故中遭受的损害主张赔偿（第二起保险事故）。[24]

30　　关于上述索赔系列条款尚无判例法。保险公司似乎不大乐于把这些条款提交最高法院审查，这极有可能是因为德国联邦法院曾经有过判例，认定索赔系列条款不应被认可，因为它将保单持有人置

21　Sec. A point 2.4.2.4.
22　EHVB 2005 sec. B point 1.2.
23　EHVB 2005 sec. B point 1.2.1.
24　Cf. *F. Kronsteiner/W. Lafenthaler*, Erläuterungen zu den Musterbedingungen für die Rechtsschutz-Versicherung (1997) 71.

于不合理的不利境地。[25] 关于应否许可索赔系列条款的质疑在学术界也是聚讼纷纭，近几年来特别是关于这类条款是否符合透明性要求的争议很大，透明性要求是针对消费合同中的不公平条款，由《1993年4月5日93/13/EEC号欧盟委员会指令》第5条中规定的。[26]

据以判断"系列"存在与否的标准，已在上文就奥地利使用的各种系列条款的回顾中阐述过了：一方面，"系列"可由能溯源于"同一"原因的几个保险事故构成，而另一方面，事故原因的相似或相类也可以构成"系列"，只要这些原因间有着特定关联。在这一点上不同的条款之间略有差异，有时只需有"法律或经济联系"，[27] 而较新的系列条款则要求得更多，即还要求有时间联系，有时"技术联系"也被置于与法律或经济联系同等重要的地位。[28]

显然，上述这些条文表述非常需要对其行进行解释，不过，至少在"关联性"的要求上，人们都同意这种关联须产生于投保人这方面。[29]

c. 长尾损害

41. 在你们国家，标准保险单是否使用此类条款，即前保险人的责任限于保险合同终止后的某一特定期间？如果是，请举例说明这些条款是如何措辞和如何解释的。如何确定相关限制期间的起点（例如，保险合同终止的日期，被保险人过失行为的日期，或者遭受损害的日期）？在这种背景下，划分几起相互独立的损害事件和一起

---

[25] VersR 1991, 175.

[26] Cf. *M. Evermann*, Die Anforderungen des Transparenzgebots an die Gestaltung von Allgemeinen Versicherungsbedingungen (2002) 239.

[27] Cf. art. 3 subs. 1 lit. c Allgemeine Versicherungsbedingungen zur Haftpflichtversicherung für Vermögensschäden (AVBV).

[28] Cf. the claims series clauses in General Third-Party Insurance.

[29] Cf. only *Fenyves*, VR 1986, 33.

单一损害事件之间的界限是什么？

33　　"长尾问题"对第三方保险的重要性，很大程度上取决于对"保险事故"适用何种定义，在"损害事件理论"之下，也就是说，损害的发生通常被冠以"事故"标签，在这种背景下就没有什么长尾责任问题可言了：发生在保险合同终止后的损害事件理所当然不属于保险范围。然而，在并无明显的损害事件发生，而是由一个历久弥长难以觉察的过程逐步引起损害的情况下，"损害事件理论"就遇到了难题。这种"长期损害事件"的一个例子是地下水持续不断地被污染物损害的情况（棕土案判例），类似的情况是"损害事件"与损害显现之间有较长的时间间隔，例如在"医疗纠纷案"和"艾滋病案"中的情形，[30] 也是如此。

34　　第三方保险的基本观念意味着，当保险事故与损害发生之间经常会存在很长的时间间隔的时候，长尾损害的问题尤为突出，特别是在保险事故表现为"义务违反"的情况下，[31] 此外，"环境扰乱首次准确测定"[32] 或"产品交付"（EHVB 2005 sec. A point 2.4.2.1.）也会产生此类问题。

35　　按照上述这些初步归纳，AHVB/EHVB 2005 中的普通第三方保险，并未包含损害事件理论之下的"长尾损害"问题的特殊规则。

36　　不过，关于环境扰乱所致财产损害保险的规则中，有以下条款："尽管有第 4 条规定，[33] 但保险责任范围延续到保险期内或其后的最近两年内测定的环境扰乱。保险事故发生日必须在保险责任期内。"[34]

37　　在"交付理论"之下，即在所谓"延长的产品责任保险范围"

---

[30] Cf. for more detail *Fenyves*, JBl 2002, 208 f.
[31] EHVB 2005 sec. B point 1.2., art. 5 AVBV 1951.
[32] Art. 6.3.1. AHVB 2005.
[33] Note：Art. 4 contains the principle that the insurance extends to insurance events which have arisen during the term of the insurance protection.
[34] Art. 6.3.3 AHVB 2005.

情形中，EHVB 的 A 节 4.2.3. 点（时间范围）规定如下："虽然有第 4 条规定，但若交付发生在保险责任期间，且保险公司在保险合同终止后最近……年内已收到保险事故发生的通知，仍属保险范围之内。"

"纯经济损失"在普通第三方保险中并不被看重，关于其保险范围，在 AHVB/EHVB 最后可以见到如下的"长尾损害条款"："虽然有第 4 条规定，但若义务违反发生在保险责任期间，且保险公司在保险合同终止后最近……年内已收到保险事故发生的通知，仍属保险范围之内。"[35] 在专门针对纯经济损失保险范围的《保险标准条款》（AVB）中，近似的规定也很常见。

38

上述各种长尾损害条款，都把保险合同终止日期作为一个参照点。

39

在长尾损害问题上，尚无特殊规则适用于单一与多次保险事故的区分问题。

40

42. 案例研究（长尾损害）P 公司研发、制造和发售发动机设备，包括燃油泵。由于油泵的设计缺陷，含有油泵的机动车的燃油供应经常在没有警告的情况下中断。假设这导致了多起事故，依据你们国家的产品责任法 P 公司应对此负责。直至 a) 油泵的研发，b) 制造，c) 发售，d) 发生事故，P 公司的产品责任一直由 I 公司承保。在与 I 的保险合同终止后，P 公司购买了 J 公司的保险。哪一个保险人，I 还是 J，须对 P 公司在 a) 至 d) 的每一种情形下对其有缺陷的燃油泵的责任负责？假设这两家保险人的保险合同的标准条款都包含在你们国家最常见的长尾损害责任条款中。

P 公司的缺陷油泵造成了人身伤害和财产损失，依建立在"损害事件理论"基础上的 AHVB/EHVB 2005，这些损害属于"基本

41

---

[35] EHVB 2005 sec. B point 1.4.

险"的承保范围，³⁶ 因此，I 保险公司对发生在 P 与 I 的合同终止前的所有事故（也就是损害事件）承担保险责任。而随后所发生的事故，则已属于后一保险公司 J 公司的保险责任范围。不过，假如 P 理应知道损害事故已发生而未向 J 公司披露，就可能构成违反向 J 公司如实披露的前合同义务，³⁷ 这可能导致 J 公司解除其履约赔付义务。

42 此外，还应考虑到，本案显然属于 1.1.2. AHVB 意义上的"损害系列"问题的适例，在此所有损害事件都可以追溯到同一原因，也即油泵的设计缺陷。因此，属于每一保险公司承保范围内的所有保险事故，都是一次"合同规定的"单一事故。

d. 强制第三方保险中的责任限额

43. 在特定领域存在法律强制的第三方保险，这一事实是否对诸如总额系列条款、索赔系列条款和长尾损害条款之类的法律允许的责任限制的范围有影响？

43 如上文已经数次提及的，强制第三方保险中的责任限制，只有在立法有明文规定的情况下，才可对受损的第三方适用。若无相关法律规定，保险公司只能在其与投保人的内部关系中主张双方协议的责任限制，这一原则对于扣除额、年度最高限额、索赔系列条款以及"长尾损害条款"，都一体适用。³⁸

---

36 Art. 1. 1. AHVB 2005.
37 § 16 ff. Insurance Policy Act, Versicherungsvertragsgesetz (VersVG).
38 Cf. *Fenyves*, VR 2005, 75 ff.

丹麦法中损害的合并与分割：侵权法与保险

安德烈亚斯·布洛可·埃勒斯[*]

一、总论

1. 你们的法律制度中是否有关于将损害分为一起单一的不可分割的损失或多个损失的一般性规则，无论其为成文法规，还是判例法？这些规则在二级法律文献中被提出过吗？这种区分在实践中重要吗？

在丹麦法律体系中，并无旨在把损害明确区分为一起单一的不可分割的损失或多个损失的规则，在这个意义上，调查表中的这一问题对于丹麦法来说显得陌生而突兀。不过，仔细观察即可发现，这种单一/多项损害相区分的预设，却隐而不显地渗透在丹麦侵权法的深层，因而，实际上该区分在实践中确实意义重大。

二、损害赔偿责任

A. 可分割的损失和不可分割的损失的可救济性

2. 在你们国家的侵权法中，即使损害是由同一个侵权行为人的同一侵权行为所导致的，对于损害的责任，是否仍要依照受保护的

---

[*] 安德烈亚斯·布洛可·埃勒斯，哥本哈根大学博士研究员。

利益的不同而将总损失分成不同组成部分并分别进行处理（例如，侵害人身或侵害财产；金钱损害或非金钱损害）？如果必须依照每一种损失的类型单独确定责任标准，那么，它会对侵权行为人的责任产生什么影响？

2　　在很多时候，在各种不同的受保护利益受损的情况下，其损害赔偿责任是分头处理的，因此，如果索赔人遭受不同类型的损失（例如，人身伤害、财产损害和纯经济损失），这些损害若想获得赔偿，每一种损害的所有责任构成要件都必须满足，这可能对侵权人的责任有重大影响，因为上述各类损失的责任未必得以同等处理。对此，与财产损害和（尤其是）纯经济损失相比，法院更加倾向于对人身损害判处赔偿金。例如一些判例表明，法院对人身伤害案件，已经放开了须具备事实和法律因果关系的要求，[1] 而且，即便是在同类损害中，甚至对不同种的损失也要分别解决其赔偿责任，因此，假如被告被诉人身伤害，他有可能对一部分人身伤害比如腿部扭伤承担责任，而未必对诸如精神刺激之类的其他部分的人身伤害负有责任。

3　　对于来自于受害人所受每类损害的数宗损害赔偿金项目，其责任亦可分别处理。比如，若某人同时遭受人身伤害和财产损害，这些损害中产生的各宗损害赔偿金项目（诸如肉体与精神痛苦、修复费用、收入损失以及价值损失等），只有每一宗的基本责任要件都得到满足，才可获得赔偿。在很多情况下，侵权人当然须对某特定损害类型中的全部损失项目承担责任，但也会出现全部损失中的特定部分不予赔偿的情况，比如，可以设想，在侵权人的过失行为和某宗损失项目之间的（事实的和法律的）因果关系欠缺，因而该部分损失就得不到赔偿。

1　参见 *B. von Eyben/H. Isager*, Lærebog i erstatningsret (6th ed. 2007) 第267页，参照（包括其他）《每周法律报告》中公布的两个判例：1988年第884页判例（西部高等法院）以及1988年第166页（最高法院判决）。

在损害的测算方面，对不同类型的损失适用不同测算规则。对于人身伤害损失的测算，受《丹麦赔偿责任法》（2005年9月20日第885号联合法案）的调整，该法制定了严格而标准化的原则，分别适用于以下每种损失的赔偿额计算：（1）利润损失；（2）修复费用以及因破坏导致的其他损失；（3）身体疼痛与精神痛苦；（4）永久性伤害；（5）收入能力的减损；以及（6）附属损失。每一种损失类型都须分别计算。对于财产损害与纯经济损失的赔偿额测算规则（例如对丧失使用、价值损失、收入损失和商誉损失的赔偿），是由判例法确定的。 4

据上文可知，侵权人的责任很大程度上依赖于受害人所受的损害类型以及这些损害类型导致的各种损失的性质。 5

3. 案例研究（不同类型的损失；与有过失）在一起由D的过失所导致的交通事故中，P受到了人身损害，他的眼镜也碎了。P对下列事项提出赔偿请求：a）疼痛与痛苦；b）医疗费用；c）他的破碎的眼镜。P的损害被看做是一个不可分割的损失，还是多个相互独立的损失？假设P没有系安全带，就上述三种损害而言，对于他的与有过失应如何考虑？如果所遭受的损失的类型不同，与有过失的后果亦不同，那么，其正当性理由是什么？

P遭受人身伤害和财产损害带来的各项损失，被看做多项独立损失。因此，对于每一宗人身伤害损失（身体疼痛与精神痛苦以及医疗费）和财产损害（破碎的眼镜），其赔偿责任分别处理。[2] 并且，对于身体疼痛与精神痛苦以及医疗费的赔偿，要根据《丹麦赔偿责任法》第三部分（1）(a) 的规则分别计算。而对于眼镜摔碎的赔偿，要根据判例法中确立的财产损害赔偿的一般原则进行计算。[3] 6

如果在请求人的过失行为与其遭受的特定损失之间有足够的因 7

---

[2] 参见前文边码 2 及以下。
[3] 参见前文边码 4 以及 *von Eyben/Isager* (fn. 1) 287 页以下。

果关系，赔偿额可因与有过失而扣减。[4]

8　　因此，假设 P 没有系好安全带这一过失助成了（在一定比重上）其人身伤害和财产损害，全体三种损失的赔偿额都要进行相同比率的扣减。[5] 不过，比如假设已经证实，P 并未过失地助成其眼镜破损（可能当时把眼镜放在杂物箱中），对眼镜的损失赔偿就不可扣减。

4. 在你们国家的侵权法中，在人身损害以外的领域，是否有必须依照损失的每一种类型单独确定责任标准的情形，即使损失是由一起单一的侵权行为或不作为所引起的？

9　　如上所述，丹麦侵权法的基本原则是每种损失的责任构成要件分别处理，相应的，对此问题的最好答案，可能要参阅对本调查表所列全部问题的回答。

B. 间接损失的可救济性

5. 请说明间接损失在你们国家的侵权法中是如何被界定的。间接损失是被当做一项必须要单独进行救济的独立的损失，还是被看做是总损失的一部分，即通过认定"主要损失"来解决而无须再次考虑其责任标准？如何划分数个单独损失与间接损失的界限？

10　　间接损失可以定义为某种因人身伤害或财产损害而导致的"非直接的"损失类型，[6] 这种"非直接"损失与其他的"直接"损失之间的区别，有时并不鲜明，但大致或可这样说：后一类型的损失包括那些与被害人遭受的物理损害内在地自然地相联结的"通常"损失，例如身体疼痛与精神痛苦、永久损害、价值损失。而前一类型的损失则包括"非直接地"来自物理损害的损失，其并不过多地依赖于人身或财产遭受的物理影响，而是依赖于受害人所处的特殊

---

[4] 作为一般规则，只有当 P 的过失比重超过三分之一，才可扣减赔偿额，如果 P 的过失超过三分之二，其赔偿请求权将不复存在，cf. von Eyben/Isager (fn. 1) 373 页。

[5] 对于不同种类损失中的与有过失问题的评价，并无差别。

[6] 参见 von Eyben/Isager (fn. 1) 第 8 页，须指出，非因人身损害或财产损害而引起的经济损失，被定义为纯经济损失，而非间接损失。

环境情势,这种损失的经典例子就是因人身伤害或对商业机器的损害而导致的收入减少或利润损失。

然而,鉴于不同损害类型适用不同责任模式,在这个意义上而言,直接损失和间接损失的区分并无实质性的重要意义。相反的,任何损害,不论是直接损失还是间接损失,其可救济性完全取决于每种损害的基本责任要件是否已全部具备,因此,每一笔间接损失都要分别予以处理。很显然,对那些因损害而"直接"造成的损失而言,其责任要件更加易于满足,不过严格而言,这是由于法律因果关系学说所导致的,而非"直接—间接"二分法所致。

6. 案例研究(间接损失;与有过失) 在一起由 D 的过失所导致的交通事故中,P 的右手受到了伤害,P 在六个星期内无法从事钢琴教师的工作。P 因此而遭受了收入损失。假设 P 的行为有过失并且他的过失促成了他的疼痛与痛苦,但其过失对其工作能力和收入损失没有影响。D 的责任范围如何确定:a) P 的疼痛与痛苦;b) 他的收入损失? 在当前案例中,收入损失是否被当做一项需要单独进行救济的独立的损失?

如上文所述[7],如果在请求人的过失行为与其遭受的特定损失之间有充分的因果关系,赔偿额可因与有过失而扣减。就此,与有过失问题分别就其与每一宗损失项目的关系单独处理。[8]

收入损失的赔偿额是依据《丹麦赔偿责任法》第 2 部分的规定单独计算的,据其规定,D 须就 P 在这六个星期内的收入损失支付赔偿金,这笔赔偿不会被扣减,因为 P 的与有过失行为对其工作能力并无影响。

至于对身体疼痛与精神痛苦的赔偿,据《丹麦赔偿责任法》第

---

[7] 参见上文边码7。
[8] 况且,与有过失须达到一定的程度,才能引起损失赔偿额的扣减,参见前文边码7以下。

3 部分的规定，D 必须对此进行赔偿，不过，由于 P 过失地助成了该项损失，其赔偿请求权须依前文所述的一般规则相应扣减。

7. 案例研究（间接损失；时效）2000 年 1 月，D 闯入制造计算机设备的 P 公司的生产车间，损坏了一些高科技配件，而这些配件原本是准备交付给其他制造商的。由于 D 的闯入和损坏行为并没有被 P 公司的职工立即注意到，一些受损的计算机设备被交付给不同的制造商（A、B 和 C）而没有在发货前进行充分的维修。因此，P 必须赔偿客户 A 的损失。2002 年 1 月，在对 D 进行成功的追偿后，P 又被客户 B 诉请损害赔偿；2003 年 1 月，P 又遭到客户 C 的索赔。对 B 和 C 的赔偿应被看做是间接损失，即 D 所造成的总损失的一部分，还是必须进行单独救济的独立的损失？就 P 因对 A、B 和 C 的赔偿而提起的追偿诉讼而言，诉讼时效的起算日期是哪一天？

15　　P 遭受的损失须视为间接损失，因为它们是从每一高科技配件所遭受的财产损害中"非直接地"派生出来的，而这批配件随后被交付给 A、B 和 C。[9] 这意味着，为了确立其可赔偿性，每笔损失都需满足其责任构成要件（其中当然包括法律因果关系要件），从这个意义上讲对每一笔损失都须分别进行处理。[10]

16　　关于 A、B、C 各自提出索赔而导致的 P 的每一笔损失，其各自适用的诉讼时效期间的起算日期，应适用《丹麦诉讼时效法》（2007 年 6 月 6 日 522 号法令）。依该法第 2 条（4），侵权诉讼的时效期间自损害发生时起算，因此若按此条文的文句来看，所有这三项损失的时效期间都应从损害发生的时间也就是 2000 年 1 月起算。然而，如果侵权行为并未即时引起可确知的损害，则时效起算点推后到请

---

[9]　关于间接损失的定义，参见前文边码 10。

[10]　须指出，按照丹麦法律，P 对 D 的请求权并不被认为是"追偿"，因为 P 和 D 并非对 A、B、C 承担连带责任，而是 D 针对 P 而非 A、B、C 实施了侵权行为。

求人能够合理地提出索赔请求之时。[11]

这样看来，假设 P 在遭受索赔之前无法发现其交付给 A、B、C 三家的配件的受损情况，则 P 的追偿请求权的时效起算点就推迟到 2000 年 1 月、2002 年 1 月、和 2003 年 1 月。

8. 在你们国家的侵权法中，有没有未被提及的其他情况，从中，一项损害应被看做一项间接损失而属于"主要损失"的一部分，还是应被看做由同一侵权行为或不作为所导致的一项独立的损害，这个问题有着决定意义？

如前文所述，严格来说，一项损失被定位为"间接损失"或"直接损失"都无关紧要，因为任何损失的可赔偿性完全取决于该案中基本的责任构成要件是否全部满足（而非取决于两类损害间的形式区别），因此对这一问题的回答可参阅边码 10 以下。

C. 责任限额与最低起赔额

9. 请说明在你们国家的侵权法中，如果存在赔偿限额的话，损害赔偿责任何时会受到限制。在这些情况中，是否存在用来解决下述问题的成文法规定或判例法原则：所造成的损失是作为一项不可分割的损失——在这种情况下侵权行为人的责任从整体上受到最高数额的限制——还是多个相互独立的损失，侵权行为人对每一项损失的赔偿责任分别受最高数额的限制？

有几部立法规定了对人身伤害案件损失赔偿计算的标准规则，包括对特定种类的损失设定赔偿限额的规则，择其要者介绍如下。

《丹麦赔偿责任法》（2005 年 9 月 20 日第 885 号联合法案）

身体疼痛与精神痛苦：[12] 赔偿限额为伤者在伤病期间每天不超过

---

[11] 此外，该法的第 3 条（2）条款还规定，若请求人不知其请求权，在特定情况下起算日期还可后推，该条规定有时与上面谈到的第 2 条（4）有所重叠。

[12] 第 3 条。

130 丹麦克朗（合 18 欧元），[13] 总赔偿额不得超过 5 万丹麦克朗（6711 欧元）。

21　　永久性损伤：[14] 对 100% 瘫痪的损害赔偿限定为为 573,500 丹麦克朗（76,979 欧元），不过在特殊情形下，赔偿额可以定为一个更高的数额，但不得超过 687,500 丹麦克朗（92,281 欧元）。

22　　收入能力损失：[15] 赔偿额限定在 6,020,000 丹麦克朗（808,053 欧元）以下。

23　　就每一宗损失分别适用不同赔偿限额而言，上述有关损失被看做多项各自独立的损失的总和。

《丹麦卫生部门投诉与索赔法》（2005 年 6 月 24 日第 547 号法令）：

24　　依据该法，在与检查、治疗或其他环节有关的活动中使用的药物性能导致患者遭受身体伤害的，该患者应获得损害赔偿。[16] 源于这类药物损害的损失赔偿总额限定为每一历法年度不超过 1.5 亿丹麦克朗（20,134,228 欧元），[17] 不过，对于每一个该法第 12 条中定义的系列伤害，赔偿总额限制在 1 亿丹麦克朗（13,422,818 欧元）以下，[18] 此外，与药物临床试验有关的药物伤害，其赔偿限额为每次试验 2500 万丹麦克朗（3,355,704）以下，[19] 对每名受害人的赔偿额不得超过 500 万丹麦克朗（671,140 欧元）。[20]

25　　1.5 亿克朗的总限额适用于每一历法年度中因药物伤害造成的损

---

[13] 依该法 15 条（1）的规定，该法规定的固定限额每年都要调整，比如，2008 年的痛苦赔偿额限额设定为 160 丹麦克朗。
[14] 第 4 条。
[15] 第 6 条。
[16] 第 38 条（1）。
[17] 第 50 条（1）。
[18] 第 50 条（2）。
[19] 第 50 条（3）。
[20] 第 50 条（4）。

害赔偿总额,因而这些损害可以看做是一个不可分的整体损失。系列伤害赔偿限额则是一个绝对最高额(也就是说,赔偿额不得超过这一数字,哪怕是可以划分到数个年度内),因其适用并不考虑源自系列损伤的特殊损失类型,这些损害也被视为不可分的。此外,临床试验造成的损害也须视为不可分,因为上述的赔偿限额只就每次试验适用一次(而并不考虑损害类型)。最后,对于每名患者适用的500万丹麦克朗限额也是适用于其全部损失(而并不考虑损害类型),因此,每名受害人遭受的损失也须视为不可分的。

《劳动者损害赔偿法》(2007年3月7日第154号联合法令)

  该法的目的是在工作或工作环境引起的工伤事故中,对受伤人员或其扶养的亲属给予赔偿。[21] 对于永久性损伤来说,如果该伤残级别达到100%,[22] 赔偿金一次性支付,其总额限制在611,500丹麦克朗(82,080欧元)以下,[23] 在特殊情况下,赔偿金可以高于该数额,但不得超过该数额的120%。[24] 对于丧失劳动能力的,赔偿金每月发放,其限额是伤者年收入的30%,发放的时限不得超过10年。[25]

  就每一宗损失分别适用不同赔偿限额而言,上述有关损失被看做多项各自独立的损失的总和。

  10. 请说明在你们国家的侵权法中,如果存在最低起赔额的话,受害人何时必须要承受最低起赔额以下的损失。在这些案例中,是否存在用来解决下述问题的成文法规定或判例法原则:损害是被看做一项不可分割的损失——因此受害人只须自行承担一次低于起赔额的损失——还是多个相互独立的损失,从而多次适用起赔额?

  有几部立法对特定类型的人身伤害规定了最低起赔额,择其要

26

27

28

---

21 第1条(1)。
22 第18条(3)。
23 该数额根据该法第25条可调整。
24 第18条(4)。
25 第20条(2)。

者介绍如下。

《丹麦赔偿责任法》（2005年9月20日第885号联合法案）

29　　丧失劳动能力：[26] 伤者劳动能力的损失是以百分数来计算的（丧失劳动能力百分比）。劳动能力的丧失低于15%的，不能获得赔偿。伤害发生之时伤者年龄不满15岁的，赔偿金固定为一个总付金额，以不超过276,000丹麦克朗（37,046欧）的数额乘以残疾级数（根据第4条定级）再乘以10，但是，残疾级别不足5%的不予赔偿。

30　　上述最低起赔额仅仅适用于收入能力丧失的损失，从这个意义上来说，这一损害类型可视为一项独立损失。

《丹麦卫生部门投诉与索赔法》（2005年6月24日第547号法令）：（其第四章：关于药物伤害的损失赔偿）

31　　对于依该法提出的药物伤害赔偿请求，除临床试验造成的以外，[27] 只有当损失总额超过3000丹麦克朗（402欧）时才可予以赔偿，[28] 相应的，最低起赔额只就药物伤害造成的（不可分的）总损失适用一次。

《丹麦卫生部门投诉与索赔法》（2005年6月24日第547号法令）：（其第四章：关于患者保险）

32　　依该法，在丹麦因检查治疗等有关活动致伤的患者（或患者死亡后其家庭成员）可获得赔偿，[29] 赔偿金一般按照丹麦赔偿责任法计算，但是，除生物医学实验参加者和献血者的特定损害可获赔偿外，损失总额不超过1万丹麦克朗（1,342欧）者不予赔偿。[30]

33　　相应的，这一最低起赔额只针对医疗损害造成的损失总体适用一次。

---

[26] 第5条。
[27] 第46条（4）。
[28] 第46条（2）。
[29] 第19条（1）。
[30] 第24条（2）、（3）。

《劳动者损害赔偿法》(2007年3月7日第154号联合法令)

该法的目的是在工作或工作环境引起的工业伤害事故中，对受伤人员或死亡人员的亲属给予赔偿。[31]

关于劳动能力的损失，劳动能力的丧失低于15%的，不能获得赔偿。[32] 此外，若永久性损伤的损伤级别被定为5%以下的，不能获得赔偿。[33]

就每一宗损失分别适用不同赔偿限额而言，上述有关损失被看做多项各自独立的损失的总和。

11. 案例研究（产品责任中的最低起赔额）由于电力系统的短路导致P停放的汽车被完全烧毁。这场火还烧毁了P存放在汽车后备箱里的高尔夫装备和汽车电话系统。P向制造商提出索赔，其依据是制造商对缺陷产品的责任。全部损失——汽车的电话系统、汽车本身和高尔夫装备——被看做是一项不可分割的损失，还是多个相互独立的损失？欧盟产品责任指令对于财产损失赔偿规定了最低免赔额。对每一项损失单独适用起赔额——例如，P的汽车、汽车电话系统和高尔夫装备——还是只对总额适用一次起赔额？能否进一步主张，高尔夫包的损失和高尔夫球杆的损失也应作为单独的损失来对待？

对汽车电话系统、汽车自身以及高尔夫装备的损害应被当做多项独立损失，因为对于其中每一种损失来说，施加产品责任所需的要件都需分别满足。相应的，P会获得判决支持，就其电话系统和高尔夫设备的损失，从汽车制造商那里获得赔偿，因为这两项损失有别于系争缺陷产品（汽车）自身的损失。不过，对于制造商来说，电力系统须视为缺陷产品（汽车）的一部分，因而根据产品责任规

---

[31] 第1条（1）。
[32] 第17条（1）。
[33] 第18条（1）。

则 P 不可以就其索赔。[34]

38 　　《欧盟产品责任指令》在丹麦法中得以贯彻，体现在丹麦《产品责任法》（2007 年 3 月 20 日 261 号法令）。根据该法第 8 条，在计算财产损害造成的损失时，须扣除 4,000 丹麦克朗（537 欧）的数额，这一数额从 P 自制造商那里所可获得的总赔偿额（不可分的）中扣除。[35]

　　12. 在你们国家侵权法中，在确定责任限额和最低起赔额时哪个标准是起决定作用的？对以下因素要特别考虑：损失的类型（例如，人身损害或财产损害）；责任形式（例如，过失责任或严格责任）；受害人或侵权行为人的个人特征（例如，雇员、未成年人、专业人士）；其他标准（例如，年金赔付或一次性赔付）。如果法律承认这些区分，那么，能否进一步主张，受害人因一起侵权行为或不作为而遭受的损失须被看做是多个单独的损失，其中一些损失受制于责任限额或最低起赔额，而另外一些损失则不适用？

39 　　前文论述已经提及，[36] 责任限制和最低起赔点的规定主要适用于人身伤害方面，主要适用于处于从属和弱势地位的特定人群，例如雇员和患者。不过，很明显，限额和起赔点已被引入以严格责任为基础的责任领域。[37]

40 　　由于对不同类型的损害及损害产生的不同损失，一般分别处理其责任问题，这就很好设想，一个侵权行为引起多项损失，这些损失计算时在涉及限额和起赔点等问题上都有不同算法，例如，某司

---

[34] J. Rostock-Jensen/A. Kvist-Kristensen, Produktansvar (2004), 114–115.

[35] 不过，这一数额究竟应视为一项传统扣减额（意味着所有案件的赔偿额中都须扣除 4000 克朗），还是应看做最低起赔额（意味着赔偿金总额超过 4000 克朗才会获赔），此事尚不完全清楚。参见 Rostock-Jensen/Kvist-Kristensen (fn. 34) at 172.

[36] 参见前文边码 19 以下。

[37] 参见《劳动者赔偿法》（2007 年 3 月 7 日第 154 号法令）；《丹麦卫生部门投诉与索赔法》（2005 年 6 月 24 日第 547 号法令）；以及 von Eyben/Isager (fn. 1) 第 345、355 页。

机以同一侵权行为造成他人人身损害并损坏其汽车,则人身损害的损失(疼痛与痛苦、劳动能力丧失)受制于《丹麦赔偿责任法》所设定的特定限额,而财产损害带来的损失则无须受其限制。

D. 多个损失

13. 当两个以上当事人共有的财产受损时,由此而产生的损害是否被看做是每一位当事人的的权利均受到侵害而导致的多个相互独立的损失?

两人以上共有的财产被损坏时,造成的损失被看做各共有人按其共有份额各自遭受的多个独立损失,因而,各共有人均可对侵权人独立提起诉讼,赔偿金也按共有份额判给各个请求人。 41

多位索赔人可以决定将其诉讼请求合并,向同一法院一并提起诉讼请求,不过这并不影响对损害赔偿的分割。 42

14. 案例研究(共有)P1 和 P2 是一幢建筑物的共有人,该建筑物因 D 的恶意纵火而被毁损。P1 和 P2 所遭受的损害应被看做是一项单一的不可分割的损失,还是 P1 和 P2 分别遭受的两项损失,类型选择的后果是什么?

P1 和 P2 共有的建筑被损毁而造成的损失,被看做两个独立的损失,这两个损失可由 P1 和 P2 各自依其共有份额提出索赔。 43

15. 案例研究(所有权和使用权)P1 对林地拥有所有权,P2 拥有采伐林木的权利。D 因过失引发了火灾而使林木被毁,P1 和 P2 所遭受的损害应被看做是一项不可分割的损失,还是两项相互独立的损失,类型选择的后果是什么?

P1 和 P2 都因 D 的失火行为而遭受了彼此关联的经济损失,在此程度上这些损失须按以下规则分别处理。 44

P1 的损失直接来自于他作为林地所有者所遭受的损害,因而,依财产损害的基本侵权法规则,其损失可以获得赔偿,这使得对 P1 的损失的评价争议较小。 45

46   在另一方面，P2 的损失则较为复杂一些，因为可以认为，鉴于 P2 的损失是由其林木采伐权中衍生出来的，从这个意义上说，P2 应被视为仅仅作为一个"非直接的"请求人。这样，作为一个一般规则，丹麦法律不允许"非直接"请求人向侵权人索赔。[38] 不过，若非直接请求人在该被损坏的财产之上有一项特殊权利，则他在一些情况下可以直接向侵权人索赔。这对于一些合同权利是如此[39]，对于所有的法定期限的权利也应是如此，即便其有限定性。[40] 因而，看来 P2 可以直接向 D 索赔，但与 P1 相比其法律依据略有不同。

47   从以上阐述可以得出结论，鉴于 P1 和 P2 两个请求人在各自的索赔案件中都需证明该案侵权责任要件已经具备，就此而言，他们各自受到的损失分别是为两个相互独立的损失。不过，这一区分目前看来无甚实践意义，因此当前两个请求人都有充分法律依据向 D 索赔。

E. 多个损失与多个侵权行为人

16. 在何种条件下可认定多个侵权行为人共同引发了受害人的单一损失？在何种条件下可以认定多个侵权行为人导致了同一受害人的多个相互独立的损失而需要对这些损失分别进行救济？多个侵权行为人对损害承担连带责任的前提条件是什么？能否主张，多个侵权行为人分别导致了多个相互独立的损失，但是，与此同时这些侵权行为人需要对损失整体承担连带责任？

48   首先要分清两种情况：何时是多个侵权行为人共同一致行为，何时是多个侵权行为人的分别独立行为。

49   当多位侵权行为人实施共同行为时，可以认为，其行为引起的

---

[38] *von Eyben/Isager* (fn. 1) at 292.

[39] 出处同上，在 293 页以下，关于《每周法律报告》中公布的有关案例，932 页的 1960 年判例（海事和商事法院），以及 2389 页的 2004 年判例（最高法院的判决）（以及其他）。

[40] 参见 *St. Jørgensen*, Erstatningsret (2nd ed. 1972) at 59 and *von Eyben/Isager* (fn. 1) at 293.

或相关的任何损失都被看做一项单一损失，全体侵权人都须对此负责。当多位侵权行为人通过行动参与或心理参与（例如教唆或通谋）而共同促成了同一损害结果时，可认定共同侵权行为成立。[41] 从法律规则来看，并不必然要求区分"主要原因"和"次要原因"。[42] 连带责任的基础在于"共同行为"本身，意味着不需要（并且通常甚至是不可能）确切查明具体的某一侵权人到底造成了哪一部分损失。

多人都实施了侵权行为时，必须分清两个次级的侵权类型：（1）数名侵权行为人造成同一损害；（2）数名侵权行为人造成不同损害。多名独立的侵权行为人可因其完全分别实施的不同的行为或两个分别实施的但在某一点上汇合在一起的行为而造成同一损害，[43] 在这些情形中，若每名侵权行为人的行为与损害之间都能确立足够的因果关系，则该数名侵权人行为一般会承担连带责任。[44] 各独立侵权行为人若分别造成不同损害，则每人只就其确实造成的那项损害承担责任。

50

17. 案例研究（连带责任和分别责任）D1、D2 和 D3 计划抢劫一对夫妇 E 和 F。D1 在汽车里等候，并负责逃跑。D2 将使用枪控制住这对夫妇并从 E 身上拿走钱，D3 将取走 F 佩戴的珠宝。D1、D2 和 D3 同意如果有必要将使用暴力。由于 E 对 D2 进行防卫，D2 开了枪并伤害了 E，E 随后就其医疗费用和疼痛与痛苦提出索赔。F 请求返还她的珠宝，并且，由于珠宝在争抢中受到了损害，因此，F 还

41　参见 Jørgensen（fn. 40）第 266、268 、274 页；von Eyben/Isager（fn. 1）第 278 页，以及《每周法律报告》中 742 页公布的 1953（最高院判决）结果，和 927 页公布的 1979 年（高级法院判决，East Division）判决结果。

42　不过，这个问题可能影响到各侵权人之间最终分摊赔偿金的比例，参见 cf. Jørgensen（fn. 40）第 269 页。

43　von Eyben/Isager（fn. 1）第 278 页，后一种情况的一个适例是：如果 A 因 B 的行为而住院治疗四个月，而 A 在住院两个月后在医院又被病友 C 伤害，BC 二人对共同造成的后两个月的住院损失承担连带责任。

44　Jørgensen（fn. 40）at 266.

就修补费用提出索赔。在这个案例中，是存在一个总体损失，其可就相同范围归责于每一个侵权行为人，还是存在数个相互独立的损失，每一项损失可归责于一名不同的侵权行为人？如何确定 D1、D2 和 D3 的责任范围？

51　　D1、D2 和 D3 一起策划并实施了抢劫行为，因此对于该抢劫造成的损失而言，这几名侵权人是进行了共同一致的行动。[45] D2 的开枪行为也并未超出该共同行动的范围，因为这几名侵权人明确同意如果有必要将使用暴力。因此，E 和 F 受到的各种损失，均可同等地归责于每一个侵权行为人，[46] 这些侵权人须承担连带责任。

　　18. 案例研究（人身损害被明确排除）假设事实与上述案例相同，如果 D1、D2 和 D3 最初同意不使用暴力，但是，当 E 未听从 D2 的命令时 D2 开了枪，该案是否因此而得到不同对待？在这个案件中，对于 E 的伤害，是由 D2 一人承担全部责任，还是可将其看做一起可在同等程度上归责于每一个侵权行为人的整体损失，从而认定 D1 和 D3 也要对损失负责？

52　　鉴于各侵权人明确同意不使用暴力，因而 D2 的开枪行为更应被看做独立行为，也就是说，该行为不符合共同侵权参加者的预期。结果，D2 很可能对 E 的损失独自承担全部责任。或许还可以主张说，尽管有 D2 的擅自行动，但其开枪行为也应构成共同行为，因为使用枪支在抢劫过程中并非罕见（尽管有明确的相反约定），而且既然 D1 和 D3 本应意识到 D2 带着枪。不过，后一种推理思路似乎不如前一种有说服力。

F. 损害的可分割性和因果关系的不确定性

　　19. 为了处理与证明因果关系有关的问题——特别是在大规模侵

---

[45] 参见上文边码 49。
[46] F 受到的损失是偶然的意外引起，但这也无关紧要，因为该损失仍属于侵权人共同行为造成的范围之内，也就是说，这项损失仍在数名侵权人（合理的）预期之内。

权的背景下——有些地区发展出一些例外规则，以被告制造了风险为由对其施加责任，而无论有无证据显示被告的行为是原告所受伤害的"若非则无"（sine qua non，必要条件）意义上的原因。你们国家的侵权法是否承认这些规则？如果承认，什么被认为是受害人已经遭受的损失？

迄今为止，丹麦法中尚未制定特别规则，明确允许仅以制造风险为据施加责任。 53

20. 案例研究（源于多种途径的暴露于危险物）V 先后连续受雇于 D1、D2 和 D3。在每一工作期间，由于雇主的过失 V 都暴露于石棉中。近来 V 已被诊断出患有间皮瘤，使其寿命预期严重缩减，该疾病系其在工作中暴露于石棉下所致。间皮瘤不是一种严重的疾病（不像石棉肺），并且，即使额外暴露于石棉中也不会加重其严重性。科学证据无法显示间皮瘤是由于在哪一工作时间暴露于石棉中所致，或由于在不同工作时期累积暴露于石棉中所致。在你们国家的侵权法中，D1、D2 和 D3 能否被认定负有责任？如果负责任，V 被认为已遭受了一起不可分割的损失，还是多项不同的损失？

对此问题，丹麦的判例法尚未涉及，而法学理论对此问题也并未提供出明确的指导意见。不过，丹麦法院已经发展出一些规则，用来解决缺乏因果关系证明的情况，可能比较有意思。 54

这些规则当初制定出来，是为了解决此类场景中的问题：各侵权人各自分别行动（彼此孤立的一串事件），而无法证明哪一个侵权人引起了损失。在这个问题上法律规定并不明确，但至少总体上有两种情况应予区分：（1）无法证明究竟是 A 还是 B 造成了全部损失；（2）无法证明 A 和 B 各自造成了哪一部分损失。 55

无法证明究竟是 A 还是 B 造成了全部损失的情况

第一种情况可能出现三种结果，A 和 B 可能会：（1）无责；（2）连带负责；（3）其中一个人对损害承担全部责任。其中第一种 56

选择不大会被选中，因为由于其涉及两名侵权人，这一结果将会置索赔人于不利。[47] 第二种选择最可能受青睐，只要各侵权人的行为是重叠的或至少在时间上有密切联系。[48] 第三种结果有可能被选用，设若索赔人能够说明极有可能是其中一个侵权人的行为造成了损失。[49] 而如果其中一个侵权人的过失起主要作用，也会达致这一结果。[50] 不过，特别是特殊情势指向某一特定侵权人时，关于法院会如何处理这些情况尚不完全明朗。[51]

无法证明 A 和 B 各自造成了哪一部分损失的情况

57　　在第二种情形下侵权行为人可能面对下列结果之一：（1）无责；（2）连带负责；（3）按其对全部损失的可归责比率承担责任。[52] 所有三种选项都曾被法院采用过。[53] 尽管如此，第一个选项须去除，理由如上所述。关于法院在第二选项与第三选项之间抉择之时的依据何在，很大程度上也尚不明朗。[54]

58　　在当前案件中，V 所受的损失是由 D1、D2 和 D3 各自的独立行为引起的，然而，由于该损失有可能是如下情况引起的：（1）完全由一名侵权人造成；或（2）所有侵权人各自造成了其中一部分。本案并不完全适合于上文所述的任何一种情形，相反的，上述两种情形都是可能存在的。目前看来尚无明确处理这个问题的判例法，但该问题的答案可能经下述过程推出。

47　*Jørgensen*（fn. 40）at 272；*von Eyben/Isager*（fn. 1）at 278.

48　*Jørgensen*（fn. 40）at 273，参见每周法律报告公布的判决（及其他），439 页的 1949 年判决（高等法院判决，West Division）以及 358 页的 1944 年判决（高等法院判决，West Division）。

49　*Jørgensen*（fn. 40）at 273；*von Eyben/Isager*（fn. 1）at 278.

50　*Jørgensen*（fn. 40）at 273；*von Eyben/Isager*（fn. 1）at 278.

51　*von Eyben/Isager*（fn. 1）at 278. 虽然如此，可以想象，法院会倾向于保护索赔人而非侵权人，因此会比较看好第二种选择。

52　*Jørgensen*（fn. 40）at 273.

53　出处同上，at 273.

54　尽管如此，在大部分情况下各侵权人很可能要被判承担连带责任，以保护请求权人。

总共有四个可能的选择：(1) 侵权行为人都无责；(2) 侵权行为人之一对全部损失负全责；(3) 各侵权行为人依其可归责比例各自承担部分责任；(4) 各侵权人承担连带责任。第一选项因前所述的理由须舍弃掉，第二选项有可能被选中，设若索赔人能够说明极有可能是其中一个侵权人的行为造成了 V 的损失，或该侵权人的过失起主要作用。法院如何在第三、第四选项之间取舍尚不清楚，但根据基本的公平观念和保护弱者（作为雇员）的普遍倾向，法院很可能选择以最可能的方式保护索赔人而非侵权者。因此，最有可能的情况是，法院将会判令 D1、D2 和 D3 对 V 遭受的损害承担连带责任。如果上述推理正确，在本调查表的视野内，有关损失须视为单一的不可分割的损失。

21. 在所谓 DES 案件中，一些美国法院认定若干被告负有责任，即使被告与索赔者的损害之间的因果关系并不能像普通案件那样得到证实。这些案件处理的是多名被告与多名受害人之间的问题。尽管不可能证实哪一名被告损害了哪一位受害人，但每一名被告都要依其在 DES 市场上的份额承担按份责任（市场份额责任）。在你们国家的侵权法中，这样一种责任模式是否适当？如果适当，请基于下述案例说明什么被认为是已经遭受的损失。

丹麦侵权法并不承认任何形式的市场份额责任。

22. 案例研究（市场份额责任）D1、D2 和 D3 是制药商，其生产的药品都是基于相同的化学制剂并都在 A 国流通。在药品上市多年后发现该药品所使用的制剂具有致癌作用。P 是数千名受害人中的一员，像其他受害人一样，他无法证实其服用的是哪一家制药商生产的药品（D1、D2 或 D3）。但是，根据市场份额原理，P 能向他们（D1、D2 或 D3）中的任何一家提出索赔，尽管每家制药商的责任都受限于其在 A 国市场上的份额。如果依据你们国家的侵权法可以适用市场份额模式，那么，什么是每一家制药商所应负责的损失？

这种损害场景应被看做是一起单一的不可分割的损失，还是多个相互独立的损失？

61　　参见前文边码 60 对问题 21 的回答。

三、程序方面

A. 管辖

23. 依据你们国家的程序法，损害行为地或损害发生地对于哪一个法院有管辖权是否具有决定性意义？当损害行为在多个不同地点引发了多项不同的损失的时候，此类案件应如何处理？是否可以在同一个法院处理所有的损失索赔，即使这些损害是发生在多个不同的管辖区域内？如果可以，那么，整体损害是被看做是一项单一的不可分割的损失，还是多个相互独立的损失？

62　　丹麦有两套不同的程序规则分别在适用着：《司法管理法》（2007 年 10 月 23 日 1261 号法令）和《丹麦关于布鲁塞尔条例 I 施行法》（2006 年 11 月 20 日第 1563 号法令）。[55] 不过，鉴于本调查表只专注于国内（内部）管辖权问题，布鲁塞尔规则以下不予讨论。

63　　按照《司法管理法》第 243 条，诉讼可在"侵权发生地"（丹麦语"*foregået*"）提起。原则上，丹麦语"*foregået*"可被解读为兼指侵害行为实施地和损害结果发生地，而这一模棱两可的情况已经引发了一系列的争议案件，同时引起学术理论方面的广泛争论。大

---

[55] 《布鲁塞尔条例》（参见欧盟委员会 2000 年 11 月 22 日第 44/2001 号"关于民商事案件管辖与判决的承认与执行的条例"OJ L 12, 16.1.2001, 1 – 23）。是欧盟委员会（EU）在 2000 年通过的，EU 规则由《民事管辖与判决法令 2000》中规定，自 2002 年 3 月 1 日起施行。然而，根据丹麦关于退出与 EU 法律合作的决定，《布鲁塞尔条例》不会以此为据直接成为丹麦法的一部分，尽管如此，《布鲁塞尔条例》还是通过丹麦与 EU 的双边协议成为丹麦法的一部分，《布鲁塞尔条例》在丹麦于 2007 年 7 月 1 日开始施行［参见《丹麦关于〈布鲁塞尔条例 I〉施行法》（2006 年 11 月 20 日第 1563 号法令）］。

部分案件倾向于在侵害行为发生地审理，[56] 但还有些案件被解释为选择了结果发生地，甚至还允许索赔人在这两个地点之外另行选择管辖地。[57] 鉴于有相当强有力的诸多判例法支持行为地，我们须能料到在绝大多数案件中原告在行为地起诉。然而，在这一问题上法学理论尚未完全弄清楚，而建立一个在两者间进行优先选择的标准看来也是相当困难的。两名丹麦学者主张，只要在结果发生地的损害程度不是完全的无足轻重，就应该允许原告在两地之间选择管辖。[58] 并主张，若损害还没超过最低限额，管辖权就只能在损害行为地。这一思路看来很有说服力，而且在判例法上也有影响。[59] 因此总的来说，丹麦法看起来承认（在特定情形中），侵权案件的处理可通过原告的选择，由"行为实施地"或"结果发生地"管辖。

24. 案例研究（国内管辖权；损失发生地）在 W 法院的管辖区域内，D 对 P 的食物投毒。在 X 法院的管辖区域内，该食物喂给了 P 的狗。结果 P 的狗在 Y 法院的管辖区域内开始呕吐并把 P 的汽车弄得一团糟。在 Z 法院的管辖区域内，P 自己食用了有毒的食品并因此而产生了胃痉挛和恶心。P 能在哪一处法院就其损失（被弄糟的汽车，疼痛与痛苦，收入损失）提出赔偿请求？能在同一个法院提出所有的索赔吗？

上文已经勾画出，丹麦法律的严格的立场是以侵害行为地决定法院管辖地。对 P 的食物投毒行为发生在 W 法院的管辖区域内，因此 P 可以在该区域内起诉 D。不过问题在于，如果 P 也可能选择在

---

56 最初和最重要的三个判例公布在《每周法律报告》中，分别在 549 页的 1925 年判例（最高法院判决）、613 页的 1957 年判例（西部高等法院判决）、2815 页的 2006 年判例（西部高等法院判决）。

57 例如，在《每周法律报告》454 页公布的一个 1940 年判例中（最高法院判决），损害结果发生地似乎更受最高法院青睐，不过通过使用丹麦词汇"tillige"（即"也"），法庭暗示，原告也可以在损害行为进行地的管辖领域起诉。

58 *L. Lindencrone Petersen/E. Werlauff*, Dansk Retspleje (4th ed. 2007) at 194, 206.

59 例如，参见《每周法律报告》454 页公布的一个 1940 年判例（最高法院判决）。

X、Y 和 Z 法院之一的辖区内起诉，问题如何解决？如果侵害行为实施地和损害结果发生地不在同一个辖区，只要在损害结果发生地受到的损害程度之大足以确立另一个独立的法院管辖地，按照有关规则 P 有这个选择管辖的权利。[60] 这样一来，设若 P 受到的损失程度超过该最低线，P 也就有权在 X、Y 和 Z 三家法院之一的辖区内对 D 起诉。

65   不管 P 决定在哪个法院管辖地起诉，根据《司法管理法》第 249 条的诉因合并规则，他都必须将其所有的诉讼请求合并在一起向同一法院起诉。

B. 诉讼金额

25. 诉讼金额在诉讼的程序方面（例如，有关律师费、诉讼费，法律救济的认可，法院管辖权或其他原因事项）是否具有决定性作用？如果是，当基于一个单一的侵权行为或不作为而提起的请求被分解开并单独起诉时，是否会产生不同的结果？当损害被看做是一项单一的不可分割的损失或多个损失时，会有什么不同（如果有的话）？

66   诉讼的索赔金额首先对诉讼费和管辖权问题至关重要，依《丹麦诉讼费法》（2006 年 9 月 8 日第 936 号法），绝大多数诉讼费是依据签发传票时确定的诉讼金额来计算的。[61] 这就意味着因同一侵权行为引起的多个请求权，在向同一法院起诉时，其金额一般须合并计算。而且，这些请求被认为是不可分割的，因为它们依法不能拆分而分别提起。[62] 特别是考虑到节约诉讼费的问题，这些请求更加不应分拆。[63] 这样一来，在诉讼费问题上，同一侵权行为引起的多个损失

---

60   参见前文边码 63。
61   参见该法第 3 条（1），更多内容参见 B. Gomard/M. Kistrup，Civilprocessen（6th ed. 2007）at 52 f.
62   出处同上，第 800 页以下。
63   出处同上，第 801 页。

被认为是不可分割的。不过，在一些特殊情形下，法院也会允许请求权分割，而其费用也做相应分拆。

因此总的来说，诉讼费的计算依赖于同一侵权行为引起的数项诉权是一并还是分别提起。不过，鉴于一次侵权造成的数个损失一般被视为不可分割的整体，在大部分案件中对请求权进行拆分是不可能的。 67

涉及管辖权问题，鉴于基本的规则是所有请求（民事诉讼案件中）都须提交地方法院进行一审，[64] 这样一来索赔金额的多少对法院管辖地的选择一般来说无关紧要。不过，不超过 50,000 丹麦克朗（6711 欧元）的请求，依据《司法管理法》第 39 条设定的小额诉讼特殊程序处理，而且，该法 44 条（2）还规定了一种执行庭适用的简易执行程序，据此程序，债权人可以就 50,000 克朗以下的索赔额直接向执行庭提出请求，而无需出示诸如判决之类的常规的执行依据，因此在特定情况下，索赔金额也确实影响到管辖问题。 68

上文已经谈到，一般规则是一次侵权所引发的请求须合起来而一并起诉，在这类情况下，在不允许分头个别起诉的意义上，这些损失被视为不可分割的统一整体。这就意味着，根据《司法管理法》第 39 条至第 44 条（A）所阐明的规则，原告不得通过拆解其请求进行投机诉讼。尽管如此，在那些极个别的边缘情形下，法庭也会允许索赔人就若干项不同类型的损失分别起诉，[65] 任何不超过 50,000 克朗的索赔都可以根据《司法管理法》规定的特殊规则提起请求，不过应当注意，索赔人显然不得出于策略目标而分解其请求，以使其部分请求得以由小额请求法庭或执行庭处理，这一请求权的分解是否可能，完全取决于该事件的相关规则如何规定。[66] 69

---

64 参见《司法管理法》第 224 条。
65 参见 *Gomard/Kistrup*（fn. 61）at 801 f.
66 出处同上。

C. 先前法院判决或和解的法律效力

26. 当一项请求已经历诉讼，并且终审法院的判决已经做出时，原告在多大范围内被禁止就基于同一侵权行为或不作为而产生的进一步损害提起诉讼？作为后一起索赔对象的损失被看做是已经被法院处理过的损失的一部分或者被认为是一项独立的损失，是否具有决定性作用？

70　　按照既判力（一事不再理）原则，一项法院判决对于经过其审理的事项有约束力，这样，作为一般规则，原告不得就法庭已经审决的请求事项再行起诉。不过，这并不是说，对于同一侵权行为引起的某些损失，如果该损失在法庭审理该案的当时尚无法主张的，原告不能就其再行起诉。相反的，在这类情况下，普遍的公平观念会特别提倡对原告的保护，因而在处理这类问题时，法院已经指示，若这些损失在当时无法合理的与"最初"损失同时索赔，就应允许其嗣后索赔。例如，如果原告在对"最初"损失部分索赔的当时，并不知道还有其他特定损害，[67] 或者，全部损失情况一时无法确定时，[68] 这些情况下应当允许原告再行起诉。此外，嗣后请求中涉及的损失究竟被看做法院已审理过的损失的一部分，还是被看做一种独立损失，这个问题似乎无关紧要。如前文所说，在每一起案件中，重要的是原告对有关情势的不了解是合情合理的。

71　　关于人身损害案件，《丹麦赔偿责任法》第 11 条制定了一个特殊的规则，第 11 条（1）规定，如果某案件的真实情势在判决以后发生了显著的变化，该案可以重新审理，这些变化须是依常理所无法预见的。宽泛地讲，第 11 条（1）是对上述关于法院判决的法律

67　参见《每周法律报告》公布的判例，其中 257 页的 1975 年判例（西部高等法院判决）。

68　参见《每周法律报告》公布的判例，其中 804 页的 1949 年判例（最高法院判决）。

效力的一般规则的法典化,因此,当前不再对其进行进一步的分析。[69]

27. **案例研究(先前判决)** 在一起交通事故中由于 D 的过失导致 P 的汽车受损。P 就重新喷漆的费用起诉 D 而获胜诉。判决做出后,发现不仅汽车的喷漆在车祸中受损,发动机也受损了。P 是否被禁止就发动机的损害赔偿再次提起诉讼?发动机受损被看做是法院已经处理过的损失的一部分,还是一项独立的损失?

就喷漆损害的赔偿请求与对发动机损害的赔偿请求,产生于同一侵权行为,也即 D 引起的事故。因此根据一般规则,这两项损失须合并起来向同一个法院一并提起诉讼请求。[70] 但是,鉴于在审判之前原告并未发现发动机的损害,就必须考察这一损害带来的损失是否可嗣后另行索赔。如上文所述,P 对其索赔请求权进行了分拆须要求其在审理油漆损害的当时不能合理地知悉发动机的损害。据此,设若发动机的损害无法合理预见,P 就可以就此损失提起第二次诉讼。在这方面,发动机损害究竟被看做法庭已处理过的损失的一部分,还是看做一项独立损害,这个问题似乎无关紧要。

28. **案例研究(先前判决和与有过失)** 事实与上述案例相同,但是,在处理 P 就重新喷漆的费用要求赔偿的问题时,法院判决因为 P 与有过失而减半赔偿。审理关于发动机损害赔偿的后一起案件的法院是否受先前法院所做出的与有过失的判决的约束?发动机受损是否被看做是还未被法院处理过的一项独立的损失,因而先前的判决对后面的法院没有约束力?

按照丹麦法律,法院判决对于该案当事人之间就同一诉讼标的嗣后发生的其他案件也有约束力,因此,法院对前一案件的判决

---

[69] 不过应注意,11(2)–(4) 包含一些特殊规则,用以处理《丹麦赔偿责任法》中涉及的特定损失项目的重新裁决的问题。

[70] 参见上文边码 70。

（关于汽车重新喷漆的请求）就已裁决事项而言对后一案件（关于发动机损害）有约束力。从目前的有关判例法中尚不十分清楚何谓"已裁决事项"，但法院一般会对诸如因果关系、过失等基本问题进行全面重新审查，因为这些事项通常会对系争的诉讼请求有重要影响。[71] 不过，在当前的案例中，很显然，P 的与有过失以相同方式同时影响到了喷漆的损害和发动机的损害，或者换句话说，P 的与有过失很难分割开来而就两个损失分别评估。这就意味着，与有过失问题更应看做一个"已决事项"，因而后一法院似乎应受前一法院关于与有过失问题的判决的约束。在这一意义上说，发动机的损失不被视为独立损失。

29. 案例研究（和解的法律后果）再次假设事实相同，但例外的是 P 最初的索赔是通过法庭外和解而非司法的方式解决的，P 是否会因先前和解的事实而被禁止再次提起诉讼？如果不会，那么，因与有过失而双方合意减少赔偿金是否会对第二起索赔诉讼具有约束力？所受损失被看做是一项单一的不可分割的损失还是多个损失是否具有重要意义？

74　　庭外和解被视为一个通常的（私人）协议，而只就已经协商过的事项对双方当事人有约束力，这就意味着 P 对于该协议未曾涉及的损失提起诉讼不受禁止。这样，假设庭外和解协议除 P 就汽车重新喷漆的费用索赔外并未解决其他问题，P 就有权就发动机的损失起诉 D。不过，显然在这方面该协议的措辞非常重要，设若该协议内容涉及因 D 的侵权行为引起的所有请求事项（现在和将来），P 就无权就发动机的损失再行起诉。

75　　设若该和解协议并不禁止 P 就发动机损害再起诉，那么，双方合意的对重新喷漆因与有过失而减少的赔偿金，对于嗣后关于发动

---

[71] Gomard/Kistrup (fn. 61) 第 799 页并参考《每周法律报告》所公布的判例：170 页的 1976 年判例（最高法院判决）和 960 页的 1960 年判例（西部高等法院判决）。

机损失的判决似乎无约束力。应当谨记,和解协议是一个私契约,作为契约其只能对其标的事项有约束力。在这个意义上,P受到的损失被视为不可分的单一损失还是多项损失,其实无关紧要。不过,这里仍要再次指出,协议的内容如何措辞可能带来其他结果。

D. 集团诉讼、代表人诉讼、示范诉讼和大规模侵权

30. 在你们国家的法律制度中,何种诉讼程序机制允许由多个不同的索赔人提起的赔偿请求在一个法院合并审理?如果不同的诉讼请求被合并,它们是被看做与一项单一不可分的损失有关呢,还是与多项损失有关?

至 2008 年 1 月,有两种诉讼机制允许将多名原告提起的诉讼予以合并,这两种机制是由《司法管理法》第 23 章和 23 章(a)所规定的。 76

第 23 章第 250 条包含关于诉因合并的最基本规则,依第 250 条,如果符合下述要求,多名原告可以将其诉讼请求合并: 77

- 每起诉讼在丹麦都有适法的法院管辖地;相关的丹麦法院至少对其中一起诉讼拥有合法的管辖权;
- 相关的丹麦法院被法律授权处理其中至少一起诉讼;
- 所有的诉讼都可依相同的程序规则来审理;并且诉讼当事人都不反对诉讼合并,或者这些诉讼请求之间的联系如此密切,以至于必须对其一并审理,而罔顾任何反对意见。

如果多起诉讼依第 250 条进行合并,就相当于每个当事人都提出了一起单独诉讼,并各自为自己的案件辩论。这就意味着对每一起诉讼都要依照其自身的是非曲直来进行考虑,且法院对各个诉讼的判决也可能不一样。就此意义而言,必须将多起不同的诉讼看做与多起损失相关。 78

2008 年 1 月 1 日,通过对《司法管理法》的修改,丹麦法中引入了全新的集团诉讼规则,这些规则规定在该法第 23 章(a)部分, 79

其允许多数请求人把极大量的诉讼请求都合并在一个诉讼程序中，这些规则的目的在于引入一个更为高效的程序机制，以处理为数庞大的诉讼。

80　　关于集团诉讼要件以及聚合与分割的问题，请参阅下文边码 81 以下。

　　31. 依据你们国家的法律制度提起集团诉讼（或与其最接近的类似程序）的前提条件是什么？请举出在你们国家的侵权案件中使用集团诉讼的例子。通过集团诉讼的方式进行索赔与每位受害者单独起诉索赔有什么区别？如果一名受害人对法院在集团诉讼中所做出的判决不满意，他能否以自己的名义提起独立的诉讼，如果 a) 他先前已经是集团诉讼的当事人；b) 他从未成为集团诉讼的当事人？集团诉讼的判决的法律效果是什么？如果一群索赔人以集团诉讼的方式起诉要求赔偿，是否会导致将每一位索赔人的损害进行加总以使其被看做是一项单一的不可分割的损失？

81　　关于发起集团诉讼的前提条件，主要规定在《司法管理法》的第 254 条（a）和 254 条（b）中。依 254 条（a），集团诉讼涉及的是代表多人提起的相一致的诉讼请求。这里并不要求有关的诉讼请求具有严格意义上的同一性，但要求在事实和法律方面具有高度的一致性，特别是要求有关诉讼请求必须源自于相同的事实背景和法律基础。此外，254 条（b）又制定了成立集团诉讼的一些附加条件，即：(1) 丹麦对所有的诉讼请求都是合法的审判地点；(2) 有可能指定一名集团代表人；(3) 法院认为当前案件适于集团诉讼。适于集团诉讼的诉讼请求包括关于组团旅游的索赔请求、多名投资人以声称招股说明书有缺陷为由提起的索赔请求或多名旅客对火车出轨事件的索赔请求。

82　　以集团诉讼的方式起诉索赔与（常规的）单独起诉索赔之间有着很多区别。其中最重要的区别或许在于，集团诉讼中只有集团代表人才被认为是案件的一方当事人，这就意味着，该诉讼程序由诉讼代表人一人进行，因而集团各成员的角色有相当的消极性。不过在诸如既判力问题上，集团成员的法律地位却相当于案件当事人，故法院对集团诉讼的判决对全体集团成员都有法律约束力，因此，仅仅因为特定成员对该集团诉讼的审判结果不满意而再提起单独诉讼是不允许的。然而，假如集团没有发起集体上诉的话，每一个集团成员却都有权对于集团诉讼的判决单独提起上诉。[72]

另一方面，那些没有参加集团诉讼（作为集团成员或集团代表）的索赔者并不受集团诉讼判决的拘束，因而这些索赔者可以依据《司法管理法》规定的普通规则，以自己的名义提起诉讼程序。 83

关于集团诉讼涉及的损失应被视为一个单一不可分割的整体还是复数个体，这个问题难以给出清晰确定的答案。不过，既然集团诉讼的总的目的在于合并有关请求以统一处理之，在很多情况下，在各项损失得以同等处理的意义上，这些损失最常被视为不可分割。如本文已说过的，这一不可分割性体现在集团诉讼所涉全部请求都以同一程序一体处理，还体现在判决的拘束力及于全体诉讼请求这一不可分的整体。 84

32. 在什么条件下消费者保护组织可以代表一群受同一侵权行为影响的人提起诉讼（代表人诉讼）？请举出在你们国家的侵权案件中使用代表人诉讼的例子。法院在上述诉讼程序中所做出的判决对于每一位受害人单独提起的赔偿请求的法律后果是什么？如果某一位受害人对于法院在消费者诉讼中所做出的裁决不满，他可以自己的名义单独提起诉讼吗？每一位受害人所遭受的损害能否被看做是一项独立的损失，尽管它已经被法院在代表人诉讼的框架内处理过？

丹麦法律不承认这种形式的代表人诉讼，不过应注意，一些组 85

---

[72] 参见第 254 条。

织（如消费者保护组织）在集团诉讼中可以充当集团代表人。[73]

33. 你们国家的诉讼法是否规定了其他机制（例如，示范诉讼），可以将许多不同的赔偿请求合并起来由同一个法院来审理？必须满足什么样的前提条件？特别是，是否要求每一起请求赔偿的损失之间具有特别的联系（法律上的关联）？通过这种机制而将不同的索赔请求合并在一起会产生什么样的法律后果？

86　　《司法管理法》仅规定了两种程序机制可以合并由多个请求人提出的诉讼请求，最早的规则是该法第 23 章的诉因合并规则，此外第 23 章（a）又规定了全新的集团诉讼规则。对这些规则的深入阐述，请参阅问题 30（前文边码 76 及以下）和 31（前文边码 81 及以下）部分的回答。

34. 案例研究（火车事故）一辆由 D 公司运营的火车在高速轨道上脱轨，车上有 100 人受伤。这些受害人与 D 公司之间有不同的法律关系。有些是付费的乘客，有些是无偿的旅行，而另外一些人属未经许可而上车。是否有可能通过以下诉讼机制将这些受害人的索赔合并在一起：a）集团诉讼，b）代表人诉讼，或 c）其他诉讼机制？如果多起赔偿请求被合并起来通过同一程序来处理，每一位受害人所遭受的损害被看做是一项单一的不可分割的损失的一部分，还是多项损失复合体中的一项独立的损失？

87　　如上文所揭示的，发起集团诉讼最重要的前提条件是案件所涉及的诉讼请求须是建立在相同的事实环境和法律基础上的。而在当前案例中，全部损害源自相同的侵权事件（火车脱轨），而所有请求权的法律依据都是《丹麦铁路交通法》（2004 年 11 月 2 日第 1171 号法令）。此外，《司法管理法》规定的附加条件也没有任何一条阻碍这些请求合并为一个集团诉讼，而有些乘客无偿旅游、还有些乘

---

[73] 参见前文边码 82 以及《司法管理法》第 254 条（c）(1)。

客未经许可上车的事实,似乎也无关紧要。因此,所有源自于火车脱轨事故的索赔请求,很可能以《司法管理法》中规定的集团诉讼方式加以解决。

如果所有的请求得以合并而以集团诉讼方式提出,每一请求人的损失或许最好描述为一个单一不可分的总损失的一部分,这里按照集团诉讼的模式所有的请求权作为一个整体得以同等处理,或许最重要的是,这种一体化体现在程序的开展,也体现在判决的拘束力扩展及于作为一个不可分的整体的所有诉讼请求。[74]

88

四、保险方面

A. 限额与扣除额

35. 在你们国家的法律制度中,是否存在成文法原则或法院发展出来的原则,用以解决下述问题:一起损害事件被认为是一起单一的事故而使得保险人的总的责任受到赔偿限额的限制,还是多个相互独立的损失而使得每一项损失——适用赔偿限额并使得保险人对每一项损失均要赔偿至一定的数额?另外,保险合同所采用的标准条款是否对这一问题有规定?

为说明接下来要讨论的问题,在损害事件与损失之间做出一个区分是很重要的。[75] 前者可被定义为保险公司的责任据以成立的原因或情势,例如撞车、洪水或雷击;[76] 而后者由上述损害事件引起的损失组成,例如各种形式的身体伤害。

89

关于保险事故的构成以及每一案件中如何限制损失,对这些问题的准确把握只能通过详细研究有关的保险单内容才能得到,不过,

90

74　参见前文边码 82。
75　*I. Sørensen*, Forsikringsret (4th ed. 2005) 第 118 页。
76　出处同上,第 118 页。

按照大部分保险合同中通用的标准条款，保险公司的责任是就每一次保险事故进行限制的。[77] 所以，如果发生多起损害事件，比如，发生车祸又遭受雷击甚至是两次分别的雷击事故，则相关责任限额通常对每次事故都适用，这就意味着保险公司的总的责任多少，很大程度上依赖于是否存在多起损害事件。[78]

91 　　立法上并无关于各损害事件之间如何彼此区分开来的界定，但从有关的行业经营实践、法律学说与判例法中可以阐发出一些基本原则。相应的，损害事件首先要根据他们之间的时空联系。[79] 时间方面很简单，只是指损害事件必须发生在不同的时间点；而空间方面，或许最妥当的说法是其包括两个标准：首先是损害事件必须发生在不同的空间位置，其次是事故分头出现各自发展。如果不符合这些要求，那就说明只发生了一次损害事件。判例法的情况则表明，如果损害事件确实是在时空上相分离的，哪怕其时空联系看起来多么密切，法院也会承认其是多起事故。《每周法律报告》1994年公布的一个判例很好地说明了这一点。在该判例中，两个相隔仅仅十米的枯枝，在同一个屋顶上发生了物理上彼此独立的损害，最高法院认定其构成两起损害事件。[80] 法院强调，这两起损害事件是分别的，而且各自独立发生和发展。

36. 案例研究（建筑物保险与赔偿限额）P是工厂厂房的所有者，该厂房是由数幢建筑物组成，P已就其因恶劣天气而遭受的损害投了保险。保险人的责任是每一起损害事件最高赔500,000欧元。在一起持续了数个小时的雷暴雨中，两幢建筑物被闪电击中并且都完全烧毁。每一幢建筑物价值300,000欧元。保险人根据保险单对

77　出处同上，第125页。
78　出处同上，第125页。
79　出处同上，第124页。
80　参见 Weekly Law Report, 1994 at 993（High Court Decision, East Division）。

损失应承担什么样的赔付义务？

由上文的阐述中，[81] 显然可见本案的结果完全依赖于雷击事故构成一起还是两起损害事件。尽管暴风雨持续了几个小时，但必须假定两座建筑几乎同时被雷电击中（也就是说，被同一次雷电击中），因而，时间方面的纽带暗示其只构成一起损害事件。然而，问题在于，雷电击中两座分别独立的建筑的事实，是否可导致雷击事件被分为两次彼此独立的损害事件。

在谨记上面谈到的判例时（关于两个相隔十米的枯枝引发的损害被认定为两起损害事件），我们可能会受相应暗示。尽管如此，这样的想法很可能是不对的，哪怕是有两座建筑被击中。在此，为了根据空间标准论证存在两起损害事件，须要求所欲构成的两起事故是分别发生发展的，分别发生发展确属前文所说的判例的案情，而对当前案件来说却非如此，因为必须假定两栋建筑损害的发生发展，恰恰来自于同一次闪电之"发生"（而非相隔十分钟的两次雷电）。如此一来，损害事件的单一性不会仅仅因为其产生数个损害结果而受影响。相反的，作为一个规则，它（一次事故）包含着所有出现的损害结果，当然，这些结果必须存在必要的因果关系。

所以总的来说，P 受到的损失来源自一起单一的损害事件，而这就意味着 500,000 欧元的限额适用于 600,000 欧元的总损失。

37. 在你们国家的法律制度中，法院是否发展出了用以处理下述问题的一般性原则：一起损害事件被看做是一起单一的事件而使得被保险人只须承担一次合同约定的扣除额限度内的损失，还是多个相互独立的损失而使得每一项损失均适用扣除额并使得被保险人需要多次承担扣除额限度内的损失？另外，保险合同所使用的标准条款是否对这一问题有规定？如果第三方保险是法定强制保险，这对

81　参见上文边码 89 及以下。

于扣除额的合法性是否有影响？

95 　　判例法中尚未发展出一般规则，以决定保险公司的责任扣除额是否随每次损害事件而扣除，不过，依照大部分保险合同中的标准保险条款，扣除额确实是就每次保险事故适用的。[82]

96 　　关于损害事件的界定以及损害事件之间如何彼此区分，参见上文。[83]

97 　　至于法律所要求的第三方保险，例如机动车保险中，扣减额不得对第三方适用，而在另一方面，这种扣减额却可以由保险公司和被保险人依法达成协议。

　　38. 案例研究（审计师的责任）P 是受 X 有限责任公司聘请对其账目进行审计的独立审计师。X 公司要求 P 与其两个潜在投资者 A 和 B 在公司会面。在会议上，P 保证公司的财务状况良好。因此，A 和 B 购买了 X 公司的大额股份。曝光后的真相是 P 对投资者所做出的关于公司的价值的陈述系过失性不实陈述。A 和 B 因此而遭受了经济损失并试图向 P 索赔。原则上，他们的损失属于 P 的职业责任保险的保险范围，但是，根据保险单条款被保险人须对每一起损害事件自行承担 5,000 欧元扣除额限度内的损失。在当前的案例中，P 只须承担一次扣除额，还是对两起索赔都适用？

98 　　上文阐明，[84] 当前案件的结果如何，明显地完全依赖于 A、B 各自受到的损失是否会被认定为源自两起独立的损害事件。

99 　　鉴于 P 向 A 和 B（同步同时）提供的信息是在同一次会议中，两项损失看来是同一就公司的价值的过失性不实陈述行为所造成的，这一不实陈述就是本案中的损害事件（保险公司责任成立的事实基础），因而，谨记上文提出的两个时空标准，很难看出这同一个过失

82　*Sørensen* (fn. 75) at 125.
83　参见上文边码 89 以下。
84　参见上文边码 89 以下及 95 以下。

行为可以被劈开成两个分别的损害事件，而损害事件造成多个损害的简单事实，也不能影响其单一性。

这就意味着 P 只需承担 5000 欧元的扣除额一次。

B. 对赔付数额的其他限制

a. 总额限制条款

39. 在你们国家，标准保险单是否使用总额限制条款，依据此类条款，保险人在每一特定期间的责任受到最高限额的限制？如果是，请举例说明这些条款是如何措辞和如何解释的，并特别注意一起损害事件是被看做是一项单一的不可分割的损失（因此只能落入某一期间）还是多项损失（有可能落入几个不同的期间）。

总额限制条款只能在商业保险中发现，尤其是在产品责任领域。根据《1987 商业责任与产品责任保险标准条款》第 10 条 (1)，保险公司的责任在每一保险年度受到相关保险单中规定的最高限额的限制，这样，在每一保险年度内，由第三方根据标准条款第 9 条对被保险人提出的索赔请求，只有在不超过保险双方（保险公司与被保险人）议定的最高限额时，才能获得保险赔付。这意味着在一些情况下，确定特定请求权所属的期间，有很高的重要性。

该标准条款的第 9 条 (1) 规定，相关的时间点是请求提出之时。[85] 据此，如果第三方在某一保险年度内对被保险人提出一次索赔，该项索赔涉及的总额就添加到该年度的总额限制中。作为一项规则，索赔不得被拆分，且基于当前的目的，每项索赔请求被视为一个单一的不可分割的整体。

b. 索赔系列条款

40. 在你们国家，标准保险单是否使用索赔系列条款，依据此类条款，几起相互独立的损害事件被看做是一起损害事件（一个单一

---

[85] "请求提出"原则的范围在第 9 条 (2) 中有详尽规定。

系列），从而受制于同一责任限额？如果是，请举例说明这些条款是如何措辞和如何解释的。请特别说明区分几起相互独立的损害事件和一个损害系列之间的标准是什么。

103　　索赔系列条款主要是在产品责任保险领域大行其道。《标准条款》第11条[86]有以下文句："就同一侵权行为引起的损害或损失，对被保险人提出的索赔请求，应被视为一次单一的损害事件（索赔系列），系列中的第一次索赔提出之时就是该系列索赔提出之时，如果系列中的第一次索赔提出在本保单生效之前或失效之后，该系列的任何一部分都不受本保险单的保障。"

104　　"系列中的各项索赔请求，如果涉及在本保单所定的某特殊日期之前就确认的损害，不受本保险单的保障。"

105　　从第11条的措辞来看，由被保险人的同一侵权行为所引起的损害，被视为"损失整体"，其被认为自系列中的第一项索赔提出之时就已提起索赔请求。在这方面，整个的系列索赔被视为一次单一的损害事件。此外，既然整个系列被视为同时提起索赔，根据第10条(1)，保险公司的责任就只受一次限制（每年）。[87]

c. 长尾损害

41. 在你们国家，标准保险单是否使用此类条款，即前保险人的责任限于保险合同终止后的某一特定期间？如果是，请举例说明这些条款是如何措辞和如何解释的。如何确定相关限制期间的起点（例如，保险合同终止的日期，被保险人过失行为的日期，或者遭受损害的日期）？在这种背景下，划分几起相互独立的损害事件和一起单一损害事件之间的界限是什么？

106　　根据《标准条款》第9条，保险公司的责任只限于保险合同期

---

[86] 该条款在1992年修改过，cf. J. Hornsberg/G. Lett, Produktansvarog forsikring（1992）at 109.

[87] 参见上文边码101以下。

满之前向被保险人提出的索赔请求，所谓的索赔请求的"提出"，不仅仅指向被保险人提交书面请求，还包括被保险人知悉某损害或损失已经实际发生或将要发生。

然而，依第9条（3），对于保险合同终止前已由第三方提出的索赔请求，如果在合同终止后的三个月后才由被保险人向保险公司提交该请求，保险公司对其不承担责任。此外，即便是一项由于被保险人知悉某损害或损失的发生而被视为"提出"的索赔请求，而该请求也在上述的三个月期间内提交到了保险公司，如果被保险人既没有收到任何第三方的书面索赔要求，也没有在合同终止后两年之内提交该请求（给保险公司），保险公司亦不再承担责任。不过，这一由标准条款所规定的两年期限，似与《丹麦保险协议法》（2006年10月5日第999号法令）的规定有冲突，该法第29条（1）制定了一个三年强制期限。[88] 因此必须认为，保险公司应对保险合同终止后三年内提出的索赔请求承担责任。

42. 案例研究（长尾损害）P公司研发、制造和发售发动机设备，包括燃油泵。由于油泵的设计缺陷，含有油泵的机动车的燃油供应经常在没有警告的情况下中断。假设这导致了多起事故，依据你们国家的产品责任法P公司应对此负责。直至a) 油泵的研发，b) 制造，c) 发售，d) 发生事故，P公司的产品责任一直由I公司承保。在与I的保险合同终止后，P公司购买了J公司的保险。哪一个保险人，I还是J，须对P公司在a) 至d) 的每一种情形下对其有缺陷的燃油泵的责任负责？假设这两家保险人的保险合同的标准条款都包含在你们国家最常见的长尾损害责任条款中。

根据《标准条款》中规定的请求提交原则，I保险公司只对保险合同终止前已对被保险人提出的索赔负责。而本案的事实中，很

---

[88] 第29条（1）引用了《丹麦索赔限制法》（2007年6月6日第522号法令）的第三条（1）。

明显没有任何索赔向 P 书面提出，而如果可以认为 P（也就是该公司的管理层）在保险合同终止前并未知悉也没想到这些事故发生，那么请求提交原则所要求的条件就不具备，因而，P 对缺陷油泵的责任应由 J 保险公司赔付。

109　　　反过来，假如可以认为在与 I 保险公司的合同终止前，P 实际上确已知道发生事故或猜到其很可能发生，则索赔请求就被视为已经及时"提出"。在此 P 无须确切知道或想到每项特定损害才能获取 I 公司的赔付，而只需其知道自己发售了很可能造成人身伤害和财产损害的缺陷产品的这个事实即为已足，[89] 因此，考虑到请求提出原则，P 所知道的或怀疑的所有的损害或损失都被认为是一个整体。

　　d. 强制第三方保险中的责任限额

　　43. 在特定领域存在法律强制的第三方保险，这一事实是否对诸如总额系列条款、索赔系列条款和长尾损害条款之类的法律允许的责任限制的范围有影响？

110　　　上文已揭示，总额限制系列条款（限制每一特定期间内的责任）、索赔系列条款以及长尾损害条款主要只适用于产品责任领域。[90] 不过，对于产品责任问题而言，第三方保险并非法律所要求的，因而这类保险对上述各类条款似乎并无值得注意的显著影响。

89　不过，P 欲要求 I 公司赔付其索赔请求，必须满足标准条款第 9 条（3）的要求。
90　参见上文边码 10 及以下。

英格兰和威尔士法中损害的合并与分割：侵权法

肯·奥利芬特[*]

一、总论

1. 你们的法律制度中是否有关于将损害分为一起单一的不可分割的损失或多个损失的一般性规则，无论其为成文法规，还是判例法？这些规则在二级法律文献中被提出过吗？这种区分在实践中重要吗？

在一些特定背景下，这一区分在实践中有其重要性（详见下文），但是，除非认为"一般共识"也算数，并不存在将损害分为单一不可分的损失或多个损失的一般性规则。在二级法律文献中也无此类规则被提出过，虽然在特别场合就此问题也有过一些有限的讨论。

1

二、损害赔偿责任

A. 可分割的损失和不可分割的损失的可救济性

2. 在你们国家的侵权法中，即使损害是由同一个侵权行为人的同

---

[*] 肯·奥利芬特，奥地利科学院欧洲侵权法研究所主任，侵权法教授。

一侵权行为所导致的，对于损害的责任，是否仍要依照受保护的利益的不同而将总损失分成不同组成部分并分别进行处理（例如，侵害人身或侵害财产；金钱损害或非金钱损害）？如果必须依照每一种损失的类型单独确定责任标准，那么，它会对侵权行为人的责任产生什么影响？

2 在不同的受保护利益受损的情况下，对总损失的不同部分的责任当然可以分别处理，不同的侵权法规则保护不同的利益并有不同的要件，有时一名原告在同一场诉讼中要援用两个或更多侵权法规范，其中一些损失的可诉性完全依赖于一个侵权法规范，而另一些损失则依赖于另一个规范，这样的情况一点也不罕见。当然，对于同一宗损失，不同的侵权法规范也有可能都是可选择的诉因。为说明此问题，我们可以设想这一并不鲜见的场景：同一诉讼中同时用到了"疏忽"（Negligence）与（私人）"妨害"两个诉因，疏忽是对马虎大意造成损害的一般诉因，而私人妨害则是不合理地干涉某人土地或土地权利案件的诉因，它是对土地的损害而非对人身的侵害。[1] 在此程度上，其可救济的损失项远远少于"疏忽"。但是，私人妨害无需像"疏忽"中那样要求有"损害"要件，而且允许仅仅"舒适"利益（影响到舒服或便利的利益）被干扰而赔偿，例如，土地因噪音或气味污染而遭到不利影响。在这个程度上，其可救济的损失项目则多于"疏忽"的情况。如果原告想要就其土地的舒适利益受干涉以及其人身伤害两个损害都获得救济，那么他就只能依靠这两个侵权法规则，并符合每一规则所需的不同要求。

3 即便是在一起单一侵权中，也可能出现原告的不同方面的损失需要满足不同的要求的情形。例如，在疏忽侵权中，对于注意义务和导致损害的近因的基本要求，就可能要求对损失的不同方面加以分别处理。这当然体现在不同的受保护利益受损的情况下。在物质

---

[1] *Hunter v Canary Wharf* (1997) Law Reports, Appeal Case (Third Series) (AC) 655.

性损害（人身伤害或财产损害）方面负有的注意义务，未必是在"精神刺激"（非因人身伤害引起的精神伤害）方面或纯经济损失（非因人身伤害或财产损害引起的经济损失）方面所必需的，详见下文边码 18 及其以下。

另外，在损害赔偿法上也有另一种损害分类，把损害分为"普通损害"和"特殊损害"，在一个经常被援引的主要判例中对其释义如下：[2]   4

"'普通损害'……是指法律推定其为被诉行为的直接的自然的后果或很可能发生的后果，相反，'特殊损害'则是法律不能从行为性质中推知的那些损害，它并不遵循通常的途径发展，就其性质来说它是例外的，并因此而须特别主张并严格证明。"

在实践中，还区分"诉前金钱损失"（特殊损害）和"诉后金   5
钱损失加全部非金钱损失"（普通损害）。虽然经常被援引的主要判例在索赔与证明问题上区分这两类损害，在实践中其是否完全如此区分则不无疑问。比如，看起来所有的金钱损失都需特别提出索赔主张并严格加以证明，而不管其时期是诉前（特殊损害）还是诉后（普通损害）。[3]

3. 案例研究（不同类型的损失；与有过失）在一起由 D 的过失所导致的交通事故中，P 受到了人身损害，他的眼镜也碎了。P 对下列事项提出赔偿请求：a) 疼痛与痛苦；b) 医疗费用；c) 他的破碎的眼镜。P 的损害被看做是一个不可分割的损失，还是多个相互独立的损失？假设 P 没有系安全带，就上述三种损害而言，对于他的与有过失应如何考虑？如果所遭受的损失的类型不同，与有过失的后果亦不同，那么，其正当性理由是什么？

在实践中，P 可在其诉讼中提出多项损失，而对每项损失都适   6

---

[2] *Ströms Bruks Bolag v Hutchison* (1905) AC 515, 525 f. per Lord Macnaghten.
[3] Cf. A. Tettenborn (ed.), The Law of Damages (2003) § 1.51 说："这一区分……已经丧失任何实际意义，现在早该被抛弃了。"

用不同的法律原则。例如，身体疼痛与精神痛苦就包含在一个总额中，该总额包括降低舒适感方面的成分，其计算要参考一系列源自以前判决中的指示性的数值（价目表、价钱），其内容包含诉前和诉后的损失。其赔偿包括利息，以弥补 P 拿到钱之前的利息损失，但并不弥补因通货膨胀引起的金钱实际价值的贬值损失：该数值以审判之日来评估，而非损害发生之日。[4] 对身体疼痛与精神痛苦以及降低舒适感的赔偿（PSLA），属于普通损害。而相比之下，审前的医疗费用却属于"特殊损害"，由于其在理论上能够精确计算，其利息要单独计算，计算时不仅要考虑拿到钱之前的利息损失还要考虑金钱贬值因素。制定法否决了任何这样的主张：即 P 由于选择接受私人医疗而非接受政府免费提供的或费用大幅降低的医疗服务，从而未尽到减损义务。[5] 修理或重买眼镜的费用也属于特殊损害，其计算也无特殊困难（除非 P 追索的修理费用超过重买的费用）。

7 在通常的案件中，因与有过失而导致的赔偿额扣减，以同一扣减比例一体适用于全部三项损失。我能想到的唯一不如此的情况是：P 对自身安全未能合理照顾的事实，对不同的损害类型产生了不同影响，例如，假设当时系好安全带，就能减少后来的医疗费用支出，并降低身体疼痛与精神痛苦，但不会防止眼镜破碎。那么，根据弗鲁姆诉布彻（*Froom v Butcher*）判例[6]而言，对眼镜的损失，就不应以与有过失为由扣减赔偿额，因为 P 的疏忽行为并未助长这部分损失，而对于疼痛与痛苦部分则有一个小额扣减（按照惯例是 15%），对于医疗费用部分则是较大幅的扣减（按照惯例是 25%）。这样的解决方案，至少在原则上显得正确。不过在现实中，即便与有过失的因果影响力对各部分损害都各不相同，法院仍然有一种倾向，通

4　*Jefford v Gee* (1970) 2 Law Reports, Queen's Bench (QB) 130.

5　《1948 年法律改革法案》（人身伤害）第 2 条（4）。

6　(1976) QB 286.

过选择一个折中数值作为相应扣减额,并一体适用于全部三项损失,以简化赔偿额的计算问题。[7]

4. 在你们国家的侵权法中,在人身损害以外的领域,是否有必须依照损失的每一种类型单独确定责任标准的情形,即使损失是由一起单一的侵权行为或不作为所引起的?

对不同损害进行分别处理的另一领域,是在考量损害的近因或远因标准时。即便是同一受保护的利益受损,这些要件可能对原告全部损失的每一不同部分都适用不同的要求。一部分损失被排除在外(不予赔偿)的原因,可能是由于该损失应归因于一个新的半路杀出的原因的介入(新原因的介入),该原因的介入打破了损失与被告侵权行为之间的因果关系链条。而另一部分损失,即使其与被告行为的因果链未被打断,也有可能因下列原因被排除(不赔偿):该损失属于无法预见的那种,并因此而被认为是一种"太遥远"的结果。全部索赔请求中的其他部分能否满足责任要件也就无关紧要了。

B. 间接损失的可救济性

5. 请说明间接损失在你们国家的侵权法中是如何被界定的。间接损失是被当做一项必须要单独进行救济的独立的损失,还是被看做是总损失的一部分,即通过认定"主要损失"来解决而无须再次考虑其责任标准? 如何划分数个单独损失与间接损失的界限?

在英国法中并没有"间接损失"这一正式分类类型,不过,也有一些学者出于法学阐释的目的而采用其作为一个类型。例如,《麦格雷戈论损害赔偿》[8] 采用了一个分析图表,以区分"通常损失"

---

[7] 就如在 Froom v Butcher (1976) QB 286 案中那样,若原告当时系好安全带,就可以完全避免自己的头部胸部受伤,但其手指却无论如何注定要摔伤。然而,上诉法院并没有对前项损失适用 25%的扣除额并对后一项损失完全不予扣减,相反,却维持了初审法官的做法,对所有损失适用了一个 20%的总扣减额。

[8] H. McGregor, McGregor on Damages (17th ed. 2003) para. 1 – 036.

和"间接损失":

"通常损失指那些任何赔偿请求人在类似情形下都会受到的损失,而间接损失则专指特定的赔偿请求人在特殊情势下遭受的损失。"

该作者提示,这一区分是合同法上的,也适用于涉及财产损害或欺诈问题的侵权法,但其承认,"在非金钱损失占支配地位的侵权法中,通常使用的模式仅是对各项损失分别加以考量。"[9] 通常的做法是把损失项目分为金钱损失与非金钱损失。

财产损害侵权中的间接损失

10 在财产损害的侵权中,有着对财产本身的损害和间接损害的区分,但无论援用哪个诉因来对损害索赔,因财产损害造成的损失的可救济性似乎都无甚争议。[10] 假如原告的土地被淹,他也成功证明了这是一起可诉的私人妨害行为,则他不仅有权对土地遭到的损害获得赔偿,对于不能就土地进行商业利用造成的利润损失以及对失踪的动产和家禽家畜的损失,也都有权获得赔偿。[11] 非常重要的是,后一种损失(动产和禽畜)被认为是因对土地的损害而间接导致的,因为上文曾经提到,私人妨害是对土地的侵犯,不是对个人或个人财产(动产)的侵犯,私人妨害案件中的原告一般不能就个人财产的损害或损失获得赔偿。这一做法意味着该一般规则之下的一个例外情况。

11 在英国法中,对于损失是由对财产的干涉而直接造成还是间接造成的,通常并不重要。但有一点区别必须注意到:对于间接损失,应进行远因检验,还应适用"新原因介入"的通常规则,但是对侵

---

[9] 出处同上,可能如作者在该书其他部分的用法那样,用"损失项目"(复数),才更恰当。

[10] 详见 *Tettenborn* (fn. 3) § 12. 27 ff. and § 14. 35.

[11] *Hunter v Canary Wharf Ltd* (1997) AC 655, 706 per Lord Hoffmann. 其他例子参见 *D. Nolan*, Nuisance, in: K. Oliphant (ed.), The Law of Tort (2nd ed. 2007) § 22. 104.

害行为本身的责任不适用同样的要求，因为它不会由于被告控制力之外的不可预见的情事的介入而被抵销或减弱。[12]

欺诈侵权中的间接损失

在欺诈侵权中，原则上，原告对于由交易直接导致的所有损失都有权获得赔偿，包括间接损失。[13] 起始点是在该交易中原告交付的所有价金，减去作为交易结果收取的任何利益的价值（如财产）。如果有间接损失，则被加入到可获取的赔偿金总额中，其中可能包括诸如：浪费的费用支出、因欺诈使原告中断先前交易而丧失的利润等。[14] 这些损失作为通常的远因损失规则的例外，不必有可预见性，但须有直接性（也就是说，不能完全归因于外部因素或原告自身行为）。 12

6. 案例研究（间接损失；与有过失）在一起由 D 的过失所导致的交通事故中，P 的右手受到了伤害，P 在六个星期内无法从事钢琴教师的工作。P 因此而遭受了收入损失。假设 P 的行为有过失并且他的过失促成了他的疼痛与痛苦，但其过失对其工作能力和收入损失没有影响。D 的责任范围如何确定：a) P 的疼痛与痛苦；b) 他的收入损失？在当前案例中，收入损失是否被当做一项需要单独进行救济的独立的损失？

如在问题 3 的回答中已经暗示出的（参见上文边码 7），对不同方面的损害，P 的与有过失可能产生过不同的推动作用，或者干脆毫无影响，而这一状况会影响有关原则的适用。法院会分别评估每 13

---

[12] *Kuwait Airways Corporation v Iraqi Airways Co* (2002) United Kingdom House of Lords (UKHL) 19, (2002) 2 AC 883.

[13] *Smith New Court Securities Ltd v Scrimgeour Vickers (Asset Management) Ltd* (1997) AC 254, 267 per Lord Browne-Wilkinson.

[14] E. g. *East v Maurer* (1991) 2 All England Law Reports (All ER) 733（诱骗人买下 D 的美发店，判赔的赔偿金包括本金和利润的损失，利润指如果 P 当初在同一地区购买另一家美发店就会赚到的钱）。其他例子参见 *P. Mitchell*, Deceit and Misrepresentation, in: K. Oliphant (ed.), The Law of Tort (2nd ed. 2007) § 28. 16.

一种或每一笔损失,然后会根据与有过失的原因力大小,对该损失适用一个与有过失扣减额。在此英国法对于损失是直接造成还是间接造成这一分类并不重视,在上面的案例中,对于收入损失项下的全部损失,P 都可以获赔,但其疼痛与痛苦的损害则将被扣减赔偿金,以应对他自己对该笔损失应承担的责任份额。

7. 案例研究(间接损失;时效)2000 年 1 月,D 闯入制造计算机设备的 P 公司的生产车间,损坏了一些高科技配件,而这些配件原本是准备交付给其他制造商的。由于 D 的闯入和损坏行为并没有被 P 公司的职工立即注意到,一些受损的计算机设备被交付给不同的制造商(A、B 和 C)而没有在发货前进行充分的维修。因此,P 必须赔偿客户 A 的损失。2002 年 1 月,在对 D 进行成功的追偿后,P 又被客户 B 诉请损害赔偿;2003 年 1 月,P 又遭到客户 C 的索赔。对 B 和 C 的赔偿应被看做是间接损失,即 D 所造成的总损失的一部分,还是必须进行单独救济的独立的损失?就 P 因对 A、B 和 C 的赔偿而提起的追偿诉讼而言,诉讼时效的起算日期是哪一天?

14   在 2000 年 1 月,D 破坏 P 公司的配件,这一天 P 公司遭受了侵权损失。除另有规定外,适用于所有民事诉讼的 6 年时效期间,都从遭受侵权损失那天(2000 年 1 月)开始计算。就当前目的来说,无论诉因是侵占、疏忽或其他侵权类型,都无关宏旨,因为每件配件都是一个分别的财产,则每件都可成立单独的赔偿请求权。

15   对于供应给用户 A 的配件来说,P 公司在 2002 年 1 月之前某个时间付给 A 公司的赔偿金可被视为一项间接损失,可以由 P 公司通过向 D 公司提起侵权诉讼来获得赔偿。而把这一过程说成"追偿",对于英国律师来说可能是误导性的,因为该词一般表示两名同时侵权者之间关于责任分配的请求:在此,责任的基础并非 P 公司和 D 同时对 A 的侵害,而仅仅是 D 对 P 公司的侵害。作为英国法中的一个问题,D 能否被看做对 A 实施了侵权行为不无疑问,因为在配件被损害之时 A 对它们尚无利益关系。[15] 但是对于为何不能把赔偿扩大到因被告侵权导致的原告对第三方承担责任而造成的间接损失，却并无原则上的理由，设想从被告立场看，在侵权行为或不作为的当时，这类责任完全是能够合理预见的。[16]

对于供应给用户 B 和 C 的配件来说，我们假定 P 公司已经对他们支付了赔偿，则关于时效期间的问题限于 P 对 D 的追偿请求，由于涉及对不同项目的财产的损害，其诉因也自不同。这两个诉讼请求，不受先前 D 与 P 公司之间就供应给 A 的配件损害所达成的和解协议影响，除非 P 公司已（愚蠢地）与 D 达成了完全最终协议，约定不得就 2000 年 1 月的破坏行为再次提起诉讼。如无此类约定，P 就偿付 B 和 C 的款项而向 D 起诉的权利将在 2006 年 1 月到期，也就是说，对配件实施侵权损坏后的六年，除非 P 公司当时并不知道损害情况，而"知悉"是对损害提起索赔诉讼的必要条件，在此情况下，P 公司可转而享受另一种从首次知悉之日起三年的时效期间，[17] P 公司何时向 B 和 C 支付赔偿并不重要，主张随着 P 公司向 B 和 C 支付赔偿而产生了对于 D 的一个新的侵权诉因的观点并无用处，因为那仅仅是纯经济损失。

16

从更广角度来看诉讼时效，须注意到，哪怕受害人因侵权所引起的损失经历了一时间，也只适用一个单一的时效期间。时效从诉因完成之时起算，但如果被告的行为在不同时间点上引起不同损害，

17

---

15 通常参见 Leigh and Sillavan Ltd v Aliakmon Shipping Co Ltd, The Aliakmon (1986) AC 785.
16 但在判例 Meah 诉 McCreamer (No. 2) (1986) 1 All ER 943 中，原告遭遇了由 D 的疏忽引发的车祸，因车祸致使原告发生了极端的性格改变，后来其对一位妇女实施了性侵犯，该女子对其提起民事诉讼索赔并胜诉，对于原告在因罪被拘押期间造成的收入损失，法官 Woolf J 在以前的判决中支持其获得赔偿 [Meah v McCreamer (No. 1) (1985) 1 All ER 367]，而随后却驳回了原告为筹集向该妇女的赔款而提出的进一步索赔请求，其理由是欠缺可预见性以及公共政策的考虑。
17 1980 年《诉讼时效法》第 14 条 A。

则每项损害的时效期间分别起算。[18] 然而，在此问题上持续性的侵害值得特别注意。例如，在一则涉及非法拘禁的判例法中，法院判决认为，拘禁的每一点持续都在法律上构成一次新的拘禁，因此就拘禁的每一天来说时效都在分别起算，而只有那些在起诉日前已超过六年的拘禁日才算罹于时效。[19] 对于持续性的妨害或侵占，[20] 也同样适用这一方法。[21]

8. 在你们国家的侵权法中，有没有未被提及的其他情况，从中，一项损害应被看做一项间接损失而属于"主要损失"的一部分，还是应被看做由同一侵权行为或不作为所导致的一项独立的损害，这个问题有着决定意义？

另一处使用间接损失概念的场合，是在确认纯经济损失类型中。如果一项损失并非伴随着对原告的人身或财产的损害而发生，它就是一项纯经济损失。对于伴随发生的经济损失，诸如因使用被损机器而造成的利润损失、因人身伤害导致的收入损失等，这些相对来说疑问较少：如果被告以其疏忽造成了对原告的人身伤害或财产损害，则他理所当然的要对伴随而生的经济损失承担责任，但对纯经济损失承担责任则被视为一个例外特则。如果它是由过失造成的，对其索赔多半会以欠缺注意义务为由被驳回。[22] 仅仅对原告的纯经济损失可预见尚不足以成立一个注意义务，原告必须证明：其与被告之间存在特殊关系，或被告自愿就原告的经济状况良好承担责任，

---

[18] *Darley Main Colliery Co v Mitchell* (1886) 11 Law Reports, Appeal cases (Second Series) (App Cas) 127（因失去同一支撑而造成两次建筑物下沉）。

[19] *Hardy v Ryle* (1829) 9 Barnewall & Cresswell's King's Bench Reports (B & C) 603, 109 English Reports (ER) 224.

[20] *Shadwell v Hutchinson* (1831) 2 Barnewall & Adolphus' King's Bench Reports (B & Ad) 97, 109 ER 1079（持续性阻碍采光）。

[21] *Holmes v Wilson* (1839) 10 Adolphus and Ellis' Queen's Bench Reports (A & E) 503, 113 ER 190.

[22] *Spartan Steel & Alloys Ltd v Martin & Co* (Contractors) Ltd (1973) QB 27.

或双方本应处于一种极端密切的联系中，从中课加注意义务是公平、正义而且合理的。[23] 如果纯经济损失是被告故意造成的一般也不会引发责任，除非能证明：被告构成欺诈（前文边码12）或对原告本可有权履行的合同非法诱使违约或使用其他非法方式以故意引起原告的损失。[24]

如果原告购买了有问题的建筑或缺陷产品，该缺陷致使该建筑或产品自身被损毁，这也算纯经济损失。缺陷物品必须破坏了其他财产。[25] 这一规则的明晰性因一些新建议而有所降低，在一些常被引用的主要判例中，有些法官试图建议建筑物是一种"复杂结构"，该结构中的不同构成部分可被视为不同财产项目，因而，一个构成部分中的缺陷损害了另一构成部分，就可以认为是引起了"其他财产损害"这一必要条件（例如，一个有缺陷的中心取暖锅炉失火，烧毁了其所在的建筑物）。然而，看起来这样的观点在任何案件的事实问题上都未能取得过成功，而且很明显，在普通的情境下，例如因建筑物的地基缺陷引起沉降并进而造成墙上出现裂缝，上述观点就不适用。[26] 学术界有学者建议过一些标准，据此或可有助于界定建筑物是单一还是复杂结构，例如，不同部分是否由不同的人制造或建造、一部分能否在物理上与其他部分分离开，如果能分离，分离后剩余的部分能否继续发挥本来功能。[27] 然而普遍的共识认为，复杂建筑结构说是牵强附会的，而不宜付诸实用。

19

---

[23] *Customs and Excise Commissioners v Barclays Bank plc* (2006) UKHL 28, (2007) 1 AC 181.
[24] *OBG Ltd v Allan* (2007) UKHL 21, (2008) 1 AC 1.
[25] 参见诸如：*D & F Estates v Church Commissioners* (1989) AC 177 and *Murphy v Brentwood District Council* (1991) 1 AC 398.
[26] *Murphy v Brentwood District Council* (1991) 1 AC 398.
[27] A. Grubb/A. Mullis,《关于危险产品的不公平规范：陷落的 *Anns*》, (1991) 不动产转让与财产律师（Conv）225.

20　　　直接损失与间接损失的区别，也适用于与精神损害有关的场合。[28] 伴随人身伤害（而非财产损害）的精神损害[29]当然是可以赔偿的，其与身体疼痛与精神痛苦的赔偿一起，哪怕损害程度尚未达到经鉴定的精神损害状况。但是"纯精神损害"则只有在达到经鉴定的精神损害状况时，并且还要求有其他要件（不适用于通常的过失侵权）都满足时，才可获赔。[30] 在此程度上，该精神损害被作为主要损失（人身伤害）的一部分对待，还是作为一个独立损失（纯精神损害），结果是不同的。

C. 责任限额与最低起赔额

9. 请说明在你们国家的侵权法中，如果存在赔偿限额的话，损害赔偿责任何时会受到限制。在这些情形中，是否存在用来解决下述问题的成文法规定或判例法原则：所造成的损失是作为一项不可分割的损失——在这种情况下侵权行为人的责任从整体上受到最高数额的限制——还是多个相互独立的损失，侵权行为人对每一项损失的赔偿责任分别受最高数额的限制？

21　　　责任限制在英国法中很少见，不过，在诸如《1965年核设施法》和《1961年航空运输法》中也能找到有关规定。[31]

《1965年核设施法》

22　　　核站点经营者未能确保不发生核物质事故而造成他人人身伤害或财产损失（经营者自身的损失除外）的，对于事故所造成的损害，依据《1965年核设施法》，任何遭受身体伤害或财产损失的受害者

---

[28] 当诉因为过失时，情况当然如此，故意行为可能会得到不同处理，虽然权威观点反对这样。

[29] 参见 *Attia v British Gas*（1988）QB 304.

[30] 参见 *Hicks v Chief Constable of South Yorkshire Police*（1992）2 All ER 65 and *Alcock v Chief Constable of South Yorkshire Police*（1992）1 AC 310.

[31] 还可指出，海事法上发生的责任也可能受限制。

均可主张严格责任基础上赔偿请求权。[32] 据其第 16 条（1）的规定，在扣除利息和费用后，"对于每一次构成违反义务的核事件"，赔偿责任限额为 1.4 亿英镑。如果发生在在特别列举的地域，其限额为 1 千万英镑。法条措辞表达得很清楚，该限额适用于所有因事件受到人身伤害和财产损害的受害人的全部损失的总和。

"核事件"的含义如何，很值得结合一个合适的案例讨论一番，但目前为止我还想不起哪个案例。为了当前目的，应当指出，在该法规的其他部分，区分了"一次持续性事件"和"归因于某次事故或操作的一连串事件"。[33]

《1961 年航空运输法》

《1961 年航空运输法》的通过，是为了实施《关于国际航空运输的华沙公约》，[34] 并稍加修改或不修改地将该公约的有关规则适用于非国际的航运业务。该法随后进行了修正，以同样的方式落实 1975 年修订过的《华沙公约》[35] 以及 1999 年的《蒙特利尔公约》。[36] 该法第四条宣布，无论以何种程序追究责任，公约相关条款中的责任限制都适用。简单概括地说，只就《蒙特利尔公约》而言，对于旅客死亡或身体伤害受到的损失，承运人承担的严格责任适用 100,000 特别提款权（SDR）的限额，[37] 对于客运迟延引起的损害责

---

[32] 有关义务规定在该法第 7 条中，违反该义务的索赔权利规定在该法第 12 条。

[33] 《1965 年核设施法》第 11 条（1）：限额。

[34] 《统一国际航空运输某些规则的公约》（1929 年），经 1955 年签订的《海牙议定书》修订。

[35] 根据蒙特利尔附加议定书第 4 号。

[36] 《统一国际航空运输某些规则的公约》（1999 年）在 2004 年 4 月 29 日获得欧盟成员国集体批准，自 2004 年 6 月 28 日在这些国家开始生效。

[37] 根据《蒙特利尔公约》的第 17 条和第 21 条，如果损害是因承运人或其服务人员或代理人的疏忽或失误的行为或不作为而引起的，承运人承担的责任就可能超过该限额，而且证明责任由承运人负担；第 21 条 2，应注意，第 17 条规定的责任是绝无仅有的唯一责任，而且对于在国际航运过程中遭受伤亡的旅客，即便是第 17 条规定的请求权不能实现（比如，由于伤亡并非航空事故引起的），旅客也无法获取其他途径的救济（例如普通法上的过失责任）。参见 Sidhu v British Airways plc (1997) AC 430。

任，适用 4,150 SDR 的限额，[38] 对于托运行李损毁、丢失、破坏或迟延的损失责任，适用 1,000 SDR 的责任限额（除非在检票时做出特殊的利益申报声明，在目的地交货并应要求支付了足够的款项）。[39] 上述的限额规定就每名旅客适用，而对每名旅客的责任限制适用于承运人的责任总和，对于无论是否在联合王国境内向承运人提起索赔的任何程序，都一样适用。[40] 对于承运人对货物（或其部分）损毁、丢失、破坏或迟延的责任，适用另一责任限制：每公斤 17 SDR（同样的，除非发货人在合适时间做出了利益申报声明，要求送达目的地并应要求支付了足够的款项）。该限额不能阻止诉讼费用的收缴或其他诉讼中的支出，包括利息。[41]

25　为当前讨论的问题计，应予指出，每一限额适用于一项单独的损失（旅客伤亡、旅客运送迟延、行李丢失、货物丢失等），而且对于承运人的总责任没有一个单独的总限额。

　　10. 请说明在你们国家的侵权法中，如果存在最低起赔额的话，受害人何时必须要承受最低起赔额以下的损失。在这些案例中，是否存在用来解决下述问题的成文法规定或判例法原则：损害是被看做一项不可分割的损失——因此受害人只须自行承担一次低于起赔额的损失——还是多个相互独立的损失，从而多次适用起赔额？

26　就我所知，英国侵权法中仅有的最低起赔额的例证，是 1987 年《消费者保护法》第一部分中对财产损害索赔适用的规定，《消费者

---

[38] 《蒙特利尔公约》第 19 条和第 22 条 1。
[39] 《蒙特利尔公约》第 22 条 2。
[40] 《1961 年航空运输法》第 4 条（1B）。
[41] 《蒙特利尔公约》第 22 条 6。该条规定在解释执行修订过的华沙公约过程中，似乎推翻了一条较早判例法的效力，该判例曾认定，在法律允许的最高额之外再支持原告获得利息赔偿是不应许可的。参见 Swiss Bank Corporation v Brink's MAT Ltd (1986) QB 853。

保护法》是为贯彻《欧盟产品责任指令》而制定的,[42] 该法中的相关条款如是规定:

"对于任何财产的任何损失或损害,如果如此判给受害人的赔偿金,除了本条款和利息的责任外,尚不足 275 英镑的,不得据本部分判给任何人以赔偿金。"[43]

须澄清几点:首先,关于最低起赔额的目的,它只考虑适用于财产损失赔偿(也就是说财产受到损害或损失的赔偿金)。这笔赔偿不能与人身损害获得的赔偿加在一起算,更不用说和纯经济损失相加。[44] 对于低于 275 英镑这一门槛的财产损失原告不能获赔,仅仅是因为他的其他损失(如人身伤害方面的)无论是与财产损失结合还是独立的,已经超过了 275 镑。这是从分词"判给"前的副词"如此"中推知的,"如此"这个词清楚表明,是"对于任何财产的任何损失或损害"。第二,相反的,从上述的语言学分析继续推知,原告在"财产损害或损失"项下受到的不同损失(利息除外)都可以相加,至于是否有一个单项损失达到了 275 镑的最低额都无所谓,甚至是否有任何一件受损物品价值等于或高于 275 镑,也都不重要。不过,这些与《指令》第 9 条(b)的措辞是否一致,则不无疑问,后者谈论的是"对每一件物品的损坏或损毁……以较低的 500 欧元起赔额"。这可以解释为对每一件物品都适用最低起赔额。[45] 第三,鉴于对营业性财产(依通常意图或受害者的意图非供私人占有、使用或消费的)的损害排除在外,[46] 这里可以加总的只是那些依通常意

---

[42] 1985 年 6 月 25 日委员会指令 "85/374/EEC" 号,《关于各成员国有关缺陷产品责任问题的法律、法规、管理规定等近似法规的指令》,载于《官方公报》(OJ) L 210, 7. 8. 1985, 29 - 33 页。特别参见第 9 条(b)。

[43] 《1987 年消费者保护法》第 5 条(4)。

[44] 参见第 5 条(2),除去对财产本身损害的责任。

[45] 目前为止我所能确知的是,在相关英国法中这一问题尚未被提起过。

[46] 第 5 条(3)。

图或受害者意图供个人使用、占有或消费的物品所受到的损失。这一部分损失不能与营业性财产的损失相加。第四，该起赔额对每一单个的索赔人适用，即便是对于因一件产品（"一件"的意思是从生产线上作为单一的一件下线，而非同一模型的）而引起的伤害也是如此，假如一件产品对一百名受害者各造成 200 镑的财产损害，这一百个人依法无一人有权索赔，哪怕这些受害人受到的损害总和是相当大的（总计 2 万镑）。最后，虽然与当前问题关系不大，但也应注意，这一英国法规则确立的是损失获得赔偿应达到的最低门槛，而非一个扣除额，与对其他国家有关规定的解读结果不同，达到该最低赔偿门槛的请求权，应获得全额赔偿，而非减去 275 镑。[47]

28   这些原则的具体适用，结合问题 11 中的案例阐述在下文（见边码 29）。

  11. 案例研究（产品责任中的最低起赔额）由于电力系统的短路导致 P 停放的汽车被完全烧毁。这场火还烧毁了 P 存放在汽车后备箱里的高尔夫装备和汽车电话系统。P 向制造商提出索赔，其依据是制造商对缺陷产品的责任。全部损失——汽车的电话系统、汽车本身和高尔夫装备——被看做是一项不可分割的损失，还是多个相互独立的损失？欧盟产品责任指令对于财产损失赔偿规定了最低免赔额。对每一项损失单独适用起赔额——例如，P 的汽车、汽车电话系统和高尔夫装备——还是只对总额适用一次起赔额？能否进一步主张，高尔夫包的损失和高尔夫球杆的损失也应作为单独的损失来对待？

29   如上文已经探讨过的，根据 1987 年《消费者保护法》第 5 条（4）的规定，只有一个单一的限额适用于损害总额，那么接下来的问题就是：高尔夫装备和汽车电话系统受到的损失相加的总和是否

---

[47] 参见 D. Nolan《产品责任》，载于 K. Oliphant（ed.），《侵权法》（2nd ed. 2007）§ 19.45n.

超过275镑,而产品自身的损害——此处也就是汽车的损害,则不计算在内,因其根本不是该法所要求的"相关损失"。[48] 这些损失项目中是否有的项目自己单算就达到了该最低限额,都无关紧要,高尔夫包的损失和高尔夫球杆的损失是否作为单独的损失来对待也无所谓,因为在适用该最低限额时,是以全部损失的价值总和来计算的。

12. 在你们国家侵权法中,在确定责任限额和最低起赔额时哪个标准是起决定作用的?对以下因素要特别考虑:损失的类型(例如,人身损害或财产损害);责任形式(例如,过失责任或严格责任);受害人或侵权行为人的个人特征(例如,雇员、未成年人、专业人士);其他标准(例如,年金赔付或一次性赔付)。如果法律承认这些区分,那么,人们能否进一步主张,受害人因一起侵权行为或不作为而遭受的损失须被看做是多个单独的损失,其中一些损失受制于责任限额或最低起赔额,而另外一些损失则不适用?

鉴于责任限额和最低起赔额的规定在英国法中是如此罕见,而那些仅有的规定也多是为贯彻执行国际条约或在欧盟文件中承诺的义务,欲对这一问题进行任何有意义的分析都是不可能的,实际上可以说,责任限额和最低起赔额对英国普通法来说完全是格格不入的。

D. 多个损失

13. 当两个以上当事人共有的财产受损时,由此而产生的损害是否被看做是每一位当事人的权利均受到侵害而导致的多个相互独立的损失?

关于英国不动产与动产法中承认的各种普通法与衡平法上的权利,以及尽管无上述财产权利的人(比如事实占有人)也能对其财产的损失、损害或损毁提起诉讼的诸多情况,这些问题显然不宜在

---

[48] 《1987年消费者保护法》第5条(2)。

这里展开研究。为了展开下文的讨论，暂假定"所有权"、"财产"等这些概念指完全意义上的权益，而所涉情势中有关人员也有权就土地和物品提起侵权之诉。不过，在一开始须分清两种共有情况，一种是当事人对财产享有完整的共有权（例如土地共有、佃户、分权共有人），另一种是当事人对财产仅有有限权益（例如回复权人或继承权人、终身受益人或个人承租人）。后一种人只能在标的物的损害构成了对其利益的损害时才可获得赔偿，而且赔偿额还要受制于其利益的价值。[49] 在此程度上，对标的物享有有限和不同权益的各共有人受到的损失，应视为各自独立并相异。

32　　假设我们要讨论的是完全权利的共有人，对其应适用什么规则？原则上讲，共有人中的任何一人都可提起损害赔偿之诉并获得全额赔偿。对共有财产的损害被视为一个单一的损失。土地共有人的地位参见下文案例中的分析（下文边码37），因此，此处拟分析物品共有人的地位，其地位是成文法所规定的，即《1977年侵权（对物的妨害）法》，以及1998年的《民事诉讼规则》中的一些特殊条款。

33　　共有人可以联名或单独提起诉讼程序，但在其请求中，须对于他们所知道的任何对该物拥有或声称拥有权益而非本案当事人的那些人，详细说明其姓名地址等信息。[50] 假如该物同时是两个或更多诉讼的标的，法院倾向于选择把这些分散的诉讼合并起来，[51] 并利用（如有必要）其职权把案件从郡法院转移到高等法院或做相反转移。[52] 如果只有一名共有人提起诉讼，有人提议，他只能按自己在物

---

[49] M. Lunney, Trespass to Land, in: K. Oliphant (ed.), The Law of Tort (2nd ed. 2007) § 10.51 and Nolan (fn. 11) § 22.61 and 22.63.

[50] 《民事诉讼规则》（CPR）规则9.5A。

[51] 动用其普通案件管理权限，参见 CPR，规则3.1。

[52] 《1977年侵权（对物的妨害）法》第9条。

品中的权益比例获得相应赔偿,[53] 但这种说法有赖于对成文法中的一个条款的分析,[54] 而该条款的措辞对当前情况显得不合时宜,其谈论的是"享有比原告更优权利的第三方",而我们的假设是共有人对财产享有同等的权利。因此,如果说对财产享有完整共有权的人,就财产的损毁丢失或破坏而受到的损失,即便在另一共有人未参加诉讼的情况下都可获得全额赔偿,这种说法至少是值得商榷的。如果全体共有人都参加了诉讼,法院会把全部赔偿额一并判给他们。

无论原告对财产的权益如何划分,有一点是清楚的,他们获取的赔偿累计总金额不得超过因被告侵权造成的总损失,《侵权法》第7条(2)特地规定:

"在两名或两名以上原告作为当事人的诉讼中,对权利的救济应当避免使侵权人对这些原告承担双重(多重)责任。"

在有其他人也享有赔偿请求权的情况下,如果某一原告获得了等于双重责任的赔偿金,他对前者负有在此限度内清算的义务,以避免双重责任情形。[55] 如果某一位原告以侵权人承担双重责任为代价而获得不当得利,他就有义务在不当得利的限度内向侵权人返还利益。[56] 该法并且举例说明了这些条款如何使用:[57]

"如果某个对物品进行了加工的人先是向物品的发现人支付了赔偿,然后又向其真正的所有权人进行了赔偿,则发现人构成不当得利,除非其根据第(3)款向真正所有人转让所获的赔偿金,而这样一来,真正所有人就构成了不当得利,他就有义务向物品的加工者返还赔偿金。"

还有一点要注意的是,该法对下列情况作出了明确规定:如果

53　A. Dugdale (ed.), Clerk & Lindsell on Torts (19th ed. 2006) § 17. 113.
54　《1977年侵权(对物的妨害)法》第8条(1)。
55　出处同上,第8条(3)。
56　出处同上,第8条(4)。
57　出处同上,第8条(4)。

物品的一个共有人把物品损毁，或是未经其他共有人授权，而以对全部财产享有完整所有权的方式处分了该物品，那么，前者的共有权不足以对抗后者提起的对物品的侵害之诉或侵占诉讼。[58]

14. 案例研究（共有）P1 和 P2 是一幢建筑物的共有人，该建筑物因 D 的恶意纵火而被毁损。P1 和 P2 所遭受的损害应被看做是一项单一的不可分割的损失，还是 P1 和 P2 分别遭受的两项损失，类型选择的后果是什么？

37　　假设 P1 和 P2 都对该财产有占有权，任何一方（或共同）都可以提起非法侵入土地之诉，如果他们分别起诉，很显然应通过法院的一般案件管理权限将两诉讼予以合并，由一个法官进行审理。由于案情清楚表明他们对 D 有充分有效的诉权，那么接下来的问题就是如何判赔。可以主张，如果他们是同一场诉讼的当事人，通常情况下赔偿金可以估出一个总数一并判给 P1 和 P2 两人。假设只有 P1 起诉，P2 没参加，最简单的解决方案就是全额赔偿金判给 P1，然后按照双方在建筑中的利益份额，认定为 P1 和 P2 共同成立一个信托。

38　　在实践中，共有权好像只有在一位共有人对另一位共有人提起损害赔偿之诉时才值得特别注意，[59] 而非调查问卷中的案例所代表的情形。

15. 案例研究（所有权和使用权）P1 对林地拥有所有权，P2 拥有采伐林木的权利。D 因过失引发了火灾而使林木被毁，P1 和 P2 所遭受的损害应被看做是一项不可分割的损失，还是两项相互独立的损失，类型选择的后果是什么？

39　　在这个问题上并无直接的英国法权威依据，但我认为 P1 和 P2 有着不同的利益，因而他们损失是各自独立的分别损失，哪怕都是因对同一财产的损害而造成的。P2 的采伐林木的权利使其有资格就

58　出处同上，第 10 条。
59　参见 *Lunney* (fn. 49) § 10.16.

林地被毁引起的损失起诉。[60] 但从原则上讲，他只能在其行使权利所受影响的限度内获得赔偿，因此他将就若无火灾他本可采伐的林木的价值及其他间接损失（如利润损失）获赔。原则上，P1 应就自己受到的作为土地主人的损失获赔。比如，我们改换一下案情，假设林木采伐权不是通过地役权形式而是通过在特定期限内的授权方式，那么 P1 就可能承担重新种植林木的费用，并承担附加的损失，因为林木采伐权直到新树长成之前都没有什么采伐价值。

40　　同样问题出现在不动产出租的场合，很显然并确定无疑的，承租人和回复权人都可因各自的权益受损而起诉。[61]

41　　这种分割所有权的情况同样可以发生在动产领域，例如，在动产租用场合。物的主人对于返还原物享有所有者权益，但是，在租借期间，他没有直接占有的权利。[62] 权威看法清晰表明，"如果应返还的利益遭到永久性损害，有返还请求权的所有者可以起诉过失侵权人。"[63] 而租用人在该时期内享有的占有利益同样赋予其起诉资格，例如，如果该租借合同涉及的动产沦为不可用，租用人可以就租用另一件同样动产的费用提出索赔。

E. 多个损失与多个侵权行为人

16. 在何种条件下可认定多个侵权行为人共同引发了受害人的单一损失？在何种条件下可以认定多个侵权行为人导致了同一受害人的多个相互独立的损失而需要对这些损失分别进行救济？多个侵权

60　参见类似的妨害渔场的案件：*Holford v Bailey* (1849) 13 QB 426, 116 ER 1325; *Fitzgerald v Firbank* (1897) 2 Law Reports, Chancery Division (Ch) 96. 在此案中，河岸拥有人和捕鱼权人都可获得一项禁令：*Pride of Derby and Derbyshire Angling Association Ltd v British Celanese Ltd* (1953) Ch 149.

61　例如，参见 *Colwell v St. Pancras Borough Council* (1904) 1 Ch 707.

62　更多内容请见 *Tettenborn*, Reversionary Damage to Chattels, (1994) Cambridge Law Journal (CLJ) 326.

63　*HSBC Rail (UK) Ltd v Network Rail Infrastructure Ltd* (2006) 1 Weekly Law Reports (WLR) 643 at (19).

行为人对损害承担连带责任的前提条件是什么？能否主张，多个侵权行为人分别导致了多个相互独立的损失，但是，与此同时这些侵权行为人需要对损失整体承担连带责任？

42　　在英国法中，多个侵权人对同一原告承担责任的途径有三：[64] 第一种，他们作为"共同侵权人"对同一损害承担责任，因为其进行了共同一致的行为，或是行为过程中他们之间有特定关系（例如雇佣关系）；第二种，作为"多数同时侵权人"对同一损害负责，因为各自对损害有独立的可归因性；第三种，作为"多数非同时侵权人"，分别引起不同损失并因此对不同损失各自承担责任。一个令人迷惑的问题在于，名词"连带责任"和"连带与独立责任"可以适用于"多数同时侵权人"对同一损害承担责任的情况下，而非仅仅用在共同侵权人的场合（但不能用于"多数非同时侵权人"，这些人从其定义可知，是对不同损害，而非共同损害，承担责任）。

43　　与多数侵权人情况不同，共同侵权人无论在因果关系上是否助成了同一损害，都须承担责任。但在没有共同一致的行为，也没有可形成共同侵权人责任的特殊关系的场合，追问各侵权人引致的损害是同一损害还是分别损害，则至关重要。

44　　似乎这个标题（多个损失与多个侵权行为人）是用来研究共同侵权人的责任限制，而下一个标题（连带责任和分别责任）则针对"多数同时侵权人"的情形。

　　17. 案例研究（连带责任和分别责任）D1、D2 和 D3 计划抢劫一对夫妇 E 和 F。D1 在汽车里等候，并负责逃跑。D2 将使用枪控制住这对夫妇并从 E 身上拿走钱，D3 将取走 F 佩戴的珠宝。D1、D2 和 D3 同意如果有必要将使用暴力。由于 E 对 D2 进行防卫，D2 开了枪并伤害了 E，E 随后就其医疗费用和疼痛与痛苦提出索赔。F 请求

---

[64] 更多请参见 *V. Harpwood/K. Oliphant*, Joint and Several Liability in Tort, in: K. Oliphant (ed.), The Law of Tort (2nd ed. 2007).

返还她的珠宝,并且,由于珠宝在争抢中受到了损害,因此,F还就修补费用提出索赔。在这个案例中,是存在一个总体损失,其可就相同范围归责于每一个侵权行为人,还是可将其看做一起可在同等程度上归责于每一个侵权行为人的整体损失,从而认定 D1 和 D3 也要对损失负责?

D1、D2 和 D3 进行了共同一致的行动,原则上讲三人须就该次合作行为过程中引发的一切损失负责。值得注意的是这明确扩展到如有必要将使用的暴力。然而,D2 使用枪支是否属于大家密谋同意的"暴力"类型,则是一个问题。如果 D1 和 D3 打算使用的仅仅是身体暴力,而非使用武器,但 D2 却使用了枪支,这时 D2 用枪的行为被视为大大有异于大家所预期的行为,而应被列为合作行为之外,在此情况下须由他个人对 E 的身体伤害承担责任。如果有相反的结论,那么似乎不必在 D1(在远离现场的车中等候)和 D3(在现场)之间作出区分:他们两个作为共同侵权人都须承担责任。

修理珠宝的费用则提出了另一个问题,即关于在合作过程中偶然发生的意外损害的问题。假设该损害是因 D3 争抢珠宝时,直接或非直接地造成的,那么 D3 就是首要或主要的侵权人,而 D1 和 D2 则因其对 D3 行为的授权而承担责任。

就我所知,这些问题在侵权法领域尚未被提及,但在刑法学界对此却有着广泛的研究。[65]

18. 案例研究(人身损害被明确排除) 假设事实与上述案例相同,如果 D1、D2 和 D3 最初同意不使用暴力,但是,当 E 未听从 D2 的命令时 D2 开了枪,该案是否因此而得到不同对待?在这个案件中,对于 E 的伤害,是由 D2 一人承担全部责任,还是可将其看做一起可在同等程度上归责于每一个侵权行为人的整体损失,从而认

---

[65] 特别是要参见上议院在 *R v Powell and English* (1999) 1 AC 1 案中的判决。

定 D1 和 D3 也要对损失负责？

48　　在刑法中，这里提出的问题将会是：D1 和 D3 是否预期（预见到）D2 有可能对某一受害人开枪。就我所知，尚无侵权法判例对此问题进行过精确考量，而对于可预见性的主观检验，虽然在刑法中是正当的，在侵权法中却完全不合适，在侵权法领域对可预见性更经常的是适用一种客观检验（也即一个理性人所能预见到的，而非被告事实上所预见到的）。

F. 损害的可分割性和因果关系的不确定性

19. 为了处理与证明因果关系有关的问题——特别是在大规模侵权的背景下——有些地区发展出一些例外规则，以被告制造了风险为由对其施加责任，而无论有无证据显示被告的行为是原告所受伤害的"若非则无"（sine qua non，必要条件）意义上的原因。你们国家的侵权法是否承认这些规则？如果承认，什么被认为是受害人已经遭受的损失？

49　　英国法中关于被告行为须是原告损害的"若非则无"的原因（事实因果关系）的那些要求，已经在两个方面进行了改革，以回应原告面临的举证问题。其一，法律澄清：被告行为无须是原告全部损害的原因，而只须对损害有相当大的促进作用（损害的实质原因）。因此如果索赔请求是因原告累积暴露于有害物质而引发的，而只有一部分暴露可归因于被告的侵权行为，被告也要承担责任，尽管有其他因素的共同作用。[66] 在这些情况下，承担责任的范围依赖于对可分损失和不可分损失的区分：在损失不可分割的情况下，应对全部范围的损害承担连带责任；在前一种可分损失的情况下，赔偿金与被告对总损失的（部分的）贡献率成比例分配，也就是说，被

---

[66] *Bonnington Castings Ltd v Wardlaw*（1956）AC 613.

告只对一部分损失负责。[67] 然而这种区分并不总是容易的，在一个判例中，[68] 由于雇主的疏忽，一人在工作中受伤惨重，随后又受到疏忽的医疗处理，并因此而造成一只眼睛视力丧失。后来，此人罹患严重的抑郁和其他精神疾病症状，专家鉴定说明，这些病症都是起初的受伤和后来的医疗事故中一眼失明所共同造成的。但是，上诉法院拒绝判令雇主和医院承担连带责任，反而认定其各自只对总损害中的一部分承担责任，该判例招致了评论界的强烈批评，因为把原告精神状况的不同方面归结于不同的原因令人难以苟同。"原告并非由于第一被告的所为而疯了一半，因第二被告的所为疯了另一半，他疯成现在这个程度是因为两个被告的行为共同造成的。"[69]

其二，"实质原因说"被稍加修改后，在2002年上议院关于仙童案的判决中，[70] 用以解决"造成危险的实质原因"这类案件。在上议院随后的又一个案件巴克诉英国康力斯有限公司（*barker v Corus UK Ltd.*）判决中，[71] 则阐明了受害人有权获赔的损害的性质。这些判决极大地涵盖了问题20中的案例研究中讨论的背景（下文边码51及以下），并对其进行了更深入的探讨。但是，必须从一开始就注意，它们在其他实际语境中的适用范围，按当前现状尚不明确，只能说是有争议的。

20. 案例研究（源于多种途径的暴露风险）V先后连续受雇于D1、D2和D3。在每一工作期间，由于雇主的过失V都暴露于石棉中。近来V已被诊断出患有间皮瘤，使其寿命预期严重缩减，该疾病系其在工作中暴露于石棉下所致。间皮瘤不是一种严重的疾病

---

[67] *Holtby v Brigham & Cowan Ltd* (2000) 3 All ER 421（按照暴露时间为据分摊石棉肺症赔偿金）.
[68] *Rahman v Arearose Ltd* (2001) QB 351.
[69] T. Weir (2001) CLJ 237, 238.
[70] *Fairchild v Glenhaven Funeral Services Ltd* (2002) UKHL 22, (2003) 1 AC 32.
[71] (2006) UKHL 20, (2006) 2 AC 572.

(不像石棉肺），并且，即使额外暴露于石棉中也不会加重其严重性。科学证据无法显示间皮瘤是由于在哪一工作时间暴露于石棉中所致，或由于在不同工作时期累积暴露于石棉中所致。在你们国家的侵权法中，D1、D2 和 D3 能否被认定负有责任？如果负责任，V 被认为已遭受了一起不可分割的损失，还是多项不同的损失？

51　　问题中所说正是仙童案判例中的案情，上诉法院曾运用陈规俗见判定：就其间皮瘤是在多大比例上源自或归因于被告三雇主，原告不能满足证明责任，因此其诉讼请求因缺乏必要的因果关系而败诉。不过，上议院承认了一种因果关系问题上的正统思路之外的新思维，以被告实质上助成了间皮瘤的风险为据，判予原告赔偿金。按该院权威分析，这一思路并非全新的，而是成形于该院另一个更早判例的基础上，[72] 即便其在当时和以后甚至都没被人们广泛认识到。[73] 出于种种与我们不相关的原因，审理仙童案的上议院的大法官无须就被告承担损害赔偿责任的范围做出决定——对于上诉而言，人们都认为，如果原告胜诉，将获得全额赔偿——但随后很快的，在上议院两个相关判决中的后一个即巴克案中，这一问题就又出现而需要作出决断。在本案中，上议院大法官以 4:1 的多数意见驳回了连带责任的请求，而判决每一被告只对总损失按比例承担份额责任，该份额反映每名被告对造成整体风险所承担的比例。上诉法院认为因为间皮瘤是不可分的一个损害，所以就不适宜进行责任分摊，这种观点是不对的。据仙童案的判例，承担责任的基础是非法制造了风险，[74] 而公平和司法的一致性则暗示每一名被告都应按其所制造

---

[72] *McGhee v National Coal Board* (1972) 3 All ER 1008, (1973) 1 WLR 1.

[73] 参见：例如 Bridge 大法官在 *Wilsher v Essex Area Health Authority* (1988) AC 1074. 案中的错误诠释。

[74] (2006) 2 AC 572 at (35) ff. Per Hoffmann 法官。Scott 法官和 Walker 法官明确支持 Hoffmann 法官的分析，而 Baroness Hale 虽然同意适用比例责任，但反对其分析意见：(120)。

的风险承担按份责任。这与可分损失的一般分摊方式是一致的,因为,正如大法官霍夫曼所见:"机会有无限的可分性"。[75] 这种分摊方式的另一作用是在适用仙童案的判例时,限制其潜在带来的对被告的不公。在该判例中,更为重视适用通常因果关系规则对原告带来的不公正,而这种对原告的关怀压倒了潜在的对被告的不公正,但这并非意味着对被告的不公正可以忽视。因此,按份责任的方法可以被看做用来"抹平正义的棱角"(缓和严格司法带来的粗暴效果)。[76] 至于在这样的案件中如何具体地精确地分摊责任,上议院大法官并未提及,而意图将其留给当事人及其保险人、顾问,去按经济实用的方式加以解决。

随后情况的发展再起波澜,紧接着上议院关于巴克案的判决,议会立即跟进,把该判例结果扭转为更有利于间皮瘤患者。《2006年赔偿法》第3条保留了间皮瘤案件中的连带责任制,在这类案件中,受制于该病的性质和医学现状,尚不能十分确定导致受害人患病的,究竟是因被告造成的这一次石棉接触还是那一次接触。当然,那些被判令承担责任的人可以要求其他责任人分担责任,若有迹象表明其他责任人无力偿付,那么有清偿能力的被告可以向(先前已经存在的)用来担保保险公司在清偿不能的情况下确保赔付的赔偿计划提出索赔。[77]

52

须注意,成文法规定的连带责任只适用于间皮瘤这类案件,而巴克案判例中确立的按份责任方法则仍然适用于可归入仙童案例外规则下的所有案件。

53

21. 在所谓 DES 案件中,一些美国法院认定若干被告负有责任,

75　(2006) 2 AC 572 at (35). 同样参见 (113) per Lord Walker.
76　(2006) 2 AC 572 at (43) per Lord Hoffmann.
77　Compensation Act 2006, sec. 3 (7) and Compensation Act 2006 (Contribution for Mesothelioma Claims) Regulations 2006, Statutory Instrument 2006/3259.

即使被告与索赔者的损害之间的因果关系并不能像普通案件那样得到证实。这些案件处理的是多名被告与多名受害人之间的问题。尽管不可能证实哪一名被告损害了哪一位受害人，但每一名被告都要依其在 DES 市场上的份额承担按份责任（市场份额责任）。在你们国家的侵权法中，这样一种责任模式是否适当？如果适当，请基于下述案例说明什么被认为是已经遭受的损失。

54　　市场份额责任理论在英国尚待法院做出意见，在上文的仙童案中，大法官霍夫曼评论指出，这类案件的问题与其面对的仙童案并不一样，例如，仅仅因为其他制造商的存在并不能在实质上增加损害的风险（"从一个药店买药吃带来的风险"，并不因从其他药店也能买到此药的事实而增加），但他也说道，这类案件可以待其发生时到时候再研究。[78]

　　22. 案例研究（市场份额责任）D1、D2 和 D3 是制药商，其生产的药品都是基于相同的化学制剂并都在 A 国流通。在药品上市多年后发现该药品所使用的制剂具有致癌作用。P 是数千名受害人中的一员，像其他受害人一样，他无法证实其服用的是哪一家制药商生产的药品（D1、D2 或 D3）。但是，根据市场份额原理，P 能向他们（D1、D2 或 D3）中的任何一家提出索赔，尽管每家制药商的责任都受限于其在 A 国市场上的份额。如果依据你们国家的侵权法可以适用市场份额模式，那么，什么是每一家制药商所应负责的损失？这种损害场景应被看做是一起单一的不可分割的损失，还是多个相互独立的损失？

55　　鉴于英国法尚未承认市场份额责任制，对该问题难以回答。

78　(2003) 1 AC 32 at (74).

三、程序方面

A. 管辖

23. 依据你们国家的程序法,损害行为地或损害发生地对于哪一个法院有管辖权是否具有决定性意义?当损害行为在多个不同地点引发了多项不同的损失的时候,此类案件应如何处理?是否可以在同一个法院处理所有的损失索赔,即使这些损害是发生在多个不同的管辖区域内?如果可以,那么,整体损害是被看做是一项单一的不可分割的损失,还是多个相互独立的损失?

英国受《布鲁塞尔条例》的约束,[79] 同时也是《卢加诺公约》的签字国,[80] 这些条约文件中规定的国际诉讼管辖的制度,也适用于英国国内管辖权的确定。[81] 按照"普通管辖"规则,诉讼可以在被告住所地提起,而根据适用于侵权诉讼的"特殊管辖"规则,诉讼可以在损害事件发生地提起,该地既可以是损害结果发生地,也可能是损害行为实施地。[82]

24. 案例研究(国内管辖权;损失发生地)在 W 法院的管辖区域内,D 对 P 的食物投毒。在 X 法院的管辖区域内,该食物喂给了 P 的狗。结果 P 的狗在 Y 法院的管辖区域内开始呕吐并把 P 的汽车弄得一团糟。在 Z 法院的管辖区域内,P 自己食用了有毒的食品并因此而产生了胃痉挛和恶心。P 能在哪一处法院就其损失(被弄糟的汽车,疼痛与痛苦,收入损失)提出赔偿请求?能在同一个法院

---

[79] 《欧盟委员会关于民商事案件管辖与判决的承认与执行的条例》(EC) 2000 年 11 月 22 日, No. 44/2001, OJ L 12, 16. 1. 2001, 1–23.

[80] 经由 1991 年《民事管辖与裁判法》吸收并入英国法中,该法对 1982 年的《民事管辖与裁判法》做了修改。

[81] 1982 年《民事管辖与裁判法》目录 4。

[82] CPR, rule 6. 36 and Practice Direction 6B, para. 3. 1.

提出所有的索赔吗？

57　　P 既可以在 D 的住所地（未知）起诉，也可以在损害事件发生地起诉，也即：在 W 地（引致损害的行为实施地）或 Y 地就狗的中毒和汽车的损失起诉，在 Z 地就 P 自己的中毒而起诉（损害结果发生地）。

B. 诉讼金额

25. 诉讼金额在诉讼的程序方面（例如，有关律师费、诉讼费，法律救济的认可，法院管辖权或其他原因事项）是否具有决定性作用？如果是，当基于一个单一的侵权行为或不作为而提起的请求被分解开并单独起诉时，是否会产生不同的结果？当损害被看做是一项单一的不可分割的损失或多个损失时，会有什么不同（如果有的话）？

58　　在英格兰和威尔士，诉讼金额是决定诉讼适用何种程序的诸多要素之一。宽泛地讲，英国有三种诉讼"轨道"，而每个诉讼都必须择一而从：小额诉讼轨道、快速轨道以及多重轨道。[83] 一般来说，小额诉讼轨道处理标的金额 5000 英镑以下的诉讼（涉及人身伤害索赔的案件最高额 1000 英镑以下），其程序不太正规，只收取极小额的诉讼费用；快速轨道处理标的金额高于小额诉讼而低于 15000 英镑的案件，适用简化了的程序（比如有限的文件披露、固定的时间表以及限时审理），以缩减诉讼的时间与成本；多重轨道处理复杂的或标的金额高（超过 15000 英镑的）的诉讼，适用完整的诉讼程序和主动的案件司法管理权。多重轨道受理的业务在郡法院和高等法院之间进行分工，高等法院一般解决标的超过 50000 英镑的诉讼。有时即便诉讼标的金额超过上述常规限制，该案也有可能选择适用小额诉讼或快速轨道，但必须经所有当事人都同意方可。[84] 在确定适用

---

[83] CPR, rule 26 (6)，对其简要述评参见 M. Lunney/K. Oliphant：Tort Law：Text and Materials (3rd ed. 2008) 947。

[84] CPR, rule 26.7 (3)。

哪一轨道时,法院除了考虑诉讼标的金额,还要考量各种其他因素,包括案件的事实、法律和证据有可能达到的复杂程度;当事人的多少;以及有可能需要的口头证据的数量多少。[85] 为上述这些目的,利益、成本和与有过失情况都可忽视。[86]

原告须就同一诉讼标的之上产生的所有请求权,总括地提起一个单一诉讼(下文边码62),这样看来调查问卷中所设想的那种分割诉权的情况不大可能发生。事实上,1984年的《郡法院法》宣布"为提起两次或多次诉讼而对任何诉因进行分割"是非法的。[87] 不过,存在一种可能,法院可能行使其案件的司法管理权限,而导致对不同问题进行分别审理(也即"分割审理")。最常见的情况是对责任和赔偿金进行分别审理,而与本问卷中的问题更贴题的,则是正式审理之前的预审程序,该程序用以确认某一笔特定损害是否属于被告注意义务范围之内,但该程序仍然属于单一的诉讼程序,而不能导致不同法院得出相异结论的局面。 59

在确定原告提起的诉讼的标的金额时,很明显,其所有的构成部分都必须加总起来,而其受到的损失是作为单一不可分的损失还是作为分别不同的多个损失,其实无关紧要。 60

我还要提出,对于诉讼费的情况也是如此,[88] 对于要考虑诉讼标的金额的任何程序方面,情况都是如此。 61

C. 先前法院判决或和解的法律效力

26. 当一项请求已经历诉讼,并且终审法院的判决已经做出时,请求人在多大范围内被禁止就基于同一侵权行为或不作为而产生的进一步损害提起诉讼?作为后一起索赔对象的损失被看做是已经被

85　CPR, rule 26.8(1)。
86　CPR, rule 26.8(2)。
87　第35条。
88　关于依照诉讼请求金额的不同而确定诉讼费的详情参见法院服务网:http://www.hmcourts-service.gov.uk/。

法院处理过的损失的一部分或者被认为是一项独立的损失，是否具有决定性作用？

62　　英国法选用了一种"一次诉讼"原则，如大法官霍夫曼最近所评："被告不应就同一行为的后果被迫承担多次责任。"[89] 在普通法上，赔偿问题是一次性算清的，万一更多损害发生，或是嗣后事件使得起初的计算依据不再正确，任何一方也不得再向法院寻求重新计算赔偿。[90] 在人身伤害案件中，这个有些严苛的规定，实际上因成文法的规定而有所缓和。在伤者将来有可能罹患严重疾病或身体精神状况严重恶化的案件中，法院可以判给"暂定赔偿金"，并允许伤者在果真发生疾病或恶化时，可再向法院要求获得进一步赔偿。[91] 法院方面对这些条款的适用从严解释，而这些条款的实际效力又被以下因素进一步限制：一是当事人若想获得更多赔偿，必须能够对疾病和恶化的类型加以详细说明，二是法院限制伤者只能申请一次进一步索赔的请求。[92] 在法院行使 2003 年《法院法》规定的职权而发布一个按期给付命令时，大体也适用同样的方式。此外，这一制度除涉及伤者明显恶化的情形，还包括了伤者伤情明显改善的情形，而被告也有机会有权申请赔偿金额调整，而非仅仅专属于原告。[93]

63　　对于已经审结的请求再行诉讼，是"既判力原则"所禁止的。该原则两个不同的思想：狭义的既判力原则仅仅适用于以前判决确

---

[89] *Rothwell v Chemical & Insulating Co Ltd*, *Re Pleural Plaques Litigation*（2007）UKHL 38，(2007) 4 All ER 1047 at (14).

[90] *Fetter v Beale*（1701）Holt's King's Bench Reports（Holt）12（90 ER 905），1 Salkeld's King's Bench Reports（Salkeld）117（91 ER 11），1 Lord Raymond's King's Bench and Common Pleas Reports（Ld Raym）339（91 ER 1122）. Also reported as *Fitter v Veal* 12 Modern Reports（Mod）542（88 ER 1506）.

[91] 1981 年《最高法院法》第 32 条 A。

[92] 更多参见 A. Mullis，Damages，in：K. Oliphant（ed.），The Law of Tort（2nd ed. 2007）§ 6.35.

[93] 出处同上，§ 6.45.

已处理过的问题,名为"翻案禁止"原则;但广义的既判力原则是指,原告不得提起他本可在以前诉讼中合理提起而未提起的请求("诉因禁止")。[94] 正如威格拉姆副大法官(Wigram VC)所论:"除特殊情形外,既判力原则的适用范围,不仅限于当事人确实要求法院给一个说法并宣示一份判决书这一点,还适用于那些本属诉讼标的范围,而有着合理勤勉的当事人本应在起诉时提出的那项问题。"[95] 该原则基于禁止滥用诉权的理念,其背后潜藏的政策是:"纠纷须有定论,当事人不应为同一原因两次为难。"[96] 在实践中,该原则要求原告除非有特殊情形,不得就同一标的提起两次或两次以上请求,即便有两项以上的诉因出现。[97] 至于如何才算是特殊情形,从而可以不受一般规则约束,法院已经进行过从严解释,例如,原告在起初的诉讼中接受过错误法律建议,[98] 即便原告嗣后对该有过失的律师不享有追索权,这都不足以成为特殊情形。[99]

27. 案例研究(先前判决)在一起交通事故中由于 D 的过失导致 P 的汽车受损。P 就重新喷漆的费用起诉 D 而获胜诉。判决做出后,发现不仅汽车的喷漆在车祸中受损,发动机也受损了。P 是否被禁止就发动机的损害赔偿再次提起诉讼?发动机受损被看做是法院已经处理过的损失的一部分,还是一项独立的损失?

上文提到的"一次诉讼"原则禁止就发动机的损失再次起诉,不论在重新喷漆的诉讼当时,P 是否知道了该发动机的损失。

28. 案例研究(先前判决和与有过失)事实与上述案例相同,

---

[94] *Henderson v Henderson* (1843) 3 Hare's Chancery Reports (Hare) 100, 67 ER 313.
[95] Id. (1843) 3 Hare 100 at 115.
[96] *Johnson v Gore Wood & Co* (2002) 2 AC 1 at 31, per Lord Bingham.
[97] 当同一侵权行为同时引起财产损害和人身伤害的时候,有两个诉因:*Brunsden v Humphrey* (1884) 14 Queen's Bench Division (QBD) 141.
[98] *Talbot v Berkshire County Council* (1994) QB 290.
[99] *Wain v F. Sherwood and Sons Transport Ltd* (1998)《时代》16 July.

但是，在处理 P 就重新喷漆的费用要求赔偿的问题时，法院判决因为 P 与有过失而减半赔偿。审理关于发动机损害赔偿的后一起案件的法院是否受先前法院所做出的与有过失的判决的约束？发动机受损是否被看做是还未被法院处理过的一项独立的损失，因而先前的判决对后面的法院没有约束力？

65　　这一问题在英国法中不会出现（参见边码 12）。

　　29. 案例研究（和解的法律后果） 再次假设事实相同，但例外的是 P 最初的索赔是通过法庭外和解而非司法的方式解决的，P 是否会因先前和解的事实而被禁止再次提起诉讼？如果不会，那么，因与有过失而双方合意减少赔偿金是否会对第二起索赔诉讼具有约束力？所受损失被看做是一项单一的不可分割的损失还是多个损失是否具有重要意义？

66　　和解协议会阻止 P 再次起诉，除非该协议明文宣布其效力范围限于油漆损害。如果双方达成的是这样一种性质的协议，双方对重新喷漆赔偿金进行扣减的协议是否对第二次索赔具有约束力，取决于该和解协议的明文规定。

　　D. 集团诉讼、代表人诉讼、示范诉讼和大规模侵权

　　30. 在你们国家的法律制度中，何种诉讼程序机制允许由多个不同的索赔人提起的赔偿请求在一个法院合并审理？如果不同的索赔请求被合并，这与将其看做是一项不可分割的损失或多个损失有关系吗？

67　　英国司法程序承认：当数个有牵连的案件涉及共同问题之时，对这一问题分别审理一次又一次，将会是对金钱和时间的浪费。实际上，对共同问题进行不必要的重复审判被认为是"司法败笔"。[100] 这里考虑的一个问题是关于司法经济的："把 1500 个案件一起审理，

---

[100] *Amos v Chadwick* (1878) 第九期《法律报告》，衡平法院（Ch. D）459, 462 per Jessel MR.

总比分头审理 1500 次案件更省钱。"[101] 另一个考虑是裁决不一致的风险，那会削弱公众对法律制度的信心。

英国法不允许集团诉讼，不过，众多原告提出的多项诉讼请求可以通过五花八门的程序机制合并在一个法院审理，而众多原告各自的诉讼请求保持彼此区别而独立。[102]

代表人诉讼 [《民事程序规则》(CPR) 之规则 19.6]

在"在多人对诉讼程序具有共同利益"的场合，《民事程序规则》(CPR) 允许他们中的一个作为其他人的代表人实施诉讼行为，代表人诉讼不同于作为范例的集团诉讼之处在于，代表人诉讼的结果对被代表群体的全体成员有约束力，而不管其是否中意该结果。而在集团诉讼中，一般允许原告行使选择权，可以通过选择退出或拒绝加入集团诉讼，来自行提起诉讼。在英国，在数人侵权的案件中，代表人诉讼的作用非常有限，这主要是因为，对于为自己利益而索赔的众多原告在该程序中是否具有法律所要求的"共同利益"往往存在疑问。在一脍炙人口的判词中，上诉法院法官弗莱彻·莫尔顿（Fletcher Moulton）指出："在单纯寻求损害赔偿救济的场合，不应存在代表人诉讼，因为它必须在每名原告提起的案件中分别加以证明。"[103] 而在随后的保诚保险公司诉纽曼工业有限公司（*Prudential Assurance Co Ltd v Newman Industries Ltd*）判例中，[104] 瓦因洛特（Vinelott）法官则表示出一种对代表人诉讼的适用性放宽要求的心态，他认定，可以使用代表人诉讼程序，使公司股东获得一份公开确认，确认他们和其他股东（除了他们自己这些诉讼参加者之外）

---

[101] *Davies v Eli Lilly & Co Ltd* (1987) 3 All ER 94, 100 per Sir John Donaldson.
[102] 下面的论述取自 K. Oliphant, Innovations in Procedure and Practice in Multi-party Medical Cases, in: A. Grubb (ed.), Choices and Decisions in Health Care (1993).
[103] *Markt & Co Ltd v Knight Steamship Co Ltd* (1910) 2 QB 1021, 1040; 同样参见 *Chrzanowska v. Glaxo Laboratories Ltd* (1990) 1 Medical Law Reports (Med LR) 385, 386.
[104] (1979) 3 All ER 507; 同样参见 *The Irish Rowan* (1989) 3 All ER 853.

有权就公司董事的阴谋行为获得董事的赔偿。这种使用代表人诉讼程序的方式，被认为创造了一种确认之诉性质的集团诉讼。但尚未证明是不是一个英格兰和威尔士大规模侵权领域的重大革新。我可以说，在任何案件中都没有把代表人一方的损失作为一项不可分割的单一损失，而是相反的，预设了进一步程序，以使每名集团成员的不同损失都能得以查清。

示范诉讼

70 这是在专门的"团体诉讼令程序"（下文边码72）创立之前发展起来的，用以处理多数当事人侵权诉讼的程序。其标准程序分为两步：第一步，把全体原告人召集到同一名法官面前，召集方式通常是用非正式途径，而非根据合并诉讼的民诉程序规则；第二步，从这些请求中挑选一部分作为典型案件进入下一步程序，而其他的请求则暂时搁置，待示范诉讼案件的结果而定。示范诉讼案件的选择从可行性上来说，是为了确保所有同类问题都能得到司法裁决，以有利于其他的原告。在英国比较引人注目的示范诉讼案例包括奥普仁药品纠纷，[105] 以及希斯堡足球场惨剧。[106]

71 按照严格的法律，在示范诉讼中用来作示范的案件并不能给示范诉讼中的其他案件在事实方面创设有约束力的先例。这可能是示范诉讼程序的主要弊端，因为其似乎允许对于那些已在作为示范的案件中处理过的共同问题，可被那些其案件已被中止且对示范案件的审判结果不满的人（无论是原告还是被告）进行重复诉讼。不过，该程序也允许那些卷入诉讼的人做出一项接受示范案件结果的承诺，而且，有时即使没有这项承诺，法院也有权力以滥用诉权为由，驳

---

[105] *Davies v Eli Lilly & Co Ltd* (1987) 3 All ER 94.
[106] *Hicks v Chief Constable of South Yorkshire Police* (1992) 2 All ER 65; *Alcock v Chief Constable of South Yorkshire Police* (1992) 1 AC 310; *White v Chief Constable of South Yorkshire Police* (1999) 2 AC 455.

回有关的请求或抗辩,以防止示范案件中的已决事项被再次诉讼。[107]

团体诉讼令[108]

2000 年,为了贯彻沃尔夫勋爵 1996 年的报告《接近正义》,英国对 1998 年的《民事程序规则》进行了修订,增设了有关"团体诉讼令"(Group Litigation Orders,简称 GLOs)的条款。当存在或有可能存在会产生共同的或有关联的事实或法律问题(GLO 问题)的大量诉讼请求时,即可颁发一个 GLO 令。这些条款规定了对有关诉讼可以进行案件管理,还要求须获得一个指令以设立案件登记表(团体登记),该表应把被管理的案件登录在内,详细说明可用来鉴别哪些案件可以作为一个团体来管理的 GLO 事项,并应指明负责管理这些案件的法院。该法还规定,可将一个或多个具有 GLO 问题的案件移送至负责案件管理的法院,或将其暂缓处理以待进一步命令。该法还规定了可以从团体登记中挑选案件作为示范诉讼案件进行审理。《民事程序规则》规定,"当法院对涉及一个或多个 GLO 问题的团体登记表中的某项诉讼做出判决或发布命令,该判决或命令,对于判决作出或命令发布之时登录在册的其他案件的全体当事人都有约束力,除非法院作出相反的命令。"[109]

31. 依据你们国家的法律制度提起集团诉讼(或与其最接近的对应程序)的前提条件是什么?请举出在你们国家的侵权案件中使用集团诉讼的例子。通过集团诉讼的方式进行索赔与每位受害者单独起诉索赔有什么区别?如果一名受害人对法院在集团诉讼中所做出的判决不满意,他能否以自己的名义提起独立的诉讼,如果 a)他先前已经是集团诉讼的当事人;b)他从未成为集团诉讼的当事人?

---

[107] *Ashmore v British Coal Corp.* (1990) 2 All ER 981, 987 f.; *Godfrey v DHSS* (Queen's Bench Division, 25 July 1988, unreported).

[108] CPR, rule 19. 10 ff. 更多参见 CPR Practice Direction 19b *Group Litigation.*

[109] CPR, rule 19. 12 (1).

集团诉讼的判决的法律效果是什么？如果一群索赔人以集团诉讼的方式起诉要求赔偿，是否会导致将每一位索赔人的损害进行加总以使其被看做是一项单一的不可分割的损失？

73　　英国法中不允许这样的集团诉讼（参见上文边码 68 及以下）。

32. 在什么条件下消费者保护组织可以代表一群受同一侵权行为影响的人提起诉讼（代表人诉讼）？请举出在你们国家的侵权案件中使用代表人诉讼的例子。法院在上述诉讼程序中所做出的判决对于每一位受害人单独提起的赔偿请求的法律后果是什么？如果某一位受害人对于法院在消费者诉讼中所做出的裁决不满，他可以自己的名义单独提起诉讼吗？每一位受害人所遭受的损害能否被看做是一项独立的损失，尽管它已经被法院在代表人诉讼的框架内处理过？

74　　英国的代表人诉讼并不发挥上述功能，与违反竞争法有关的消费者索赔案件，可以由特定的机构在"竞争案件上诉法庭"提出控告，[110] 但这样的诉讼并无主流侵权法的性质。

33. 你们国家的诉讼法是否规定了其他机制（例如，示范诉讼），可以将许多不同的赔偿请求合并起来由同一个法院来审理？必须满足什么样的前提条件？特别是，是否要求每一起请求赔偿的损失之间具有特别的联系（法律上的关联）？通过这种机制而将不同的索赔请求合并在一起会产生什么样的法律后果？

75　　如前文所述，示范诉讼既可以在团体诉讼令（GLO）的框架内，也可以不在这个框架内进行，其唯一的（实践中的）前提条件是存在足够的事实或法律问题，才值得采取这一诉讼策略。

34. 案例研究（火车事故）一辆由 D 公司运营的火车在高速轨道上脱轨，车上有 100 人受伤。这些受害人与 D 公司之间有不同的法律关系。有些是付费的乘客，有些是无偿的旅行，而另外一些人

---

[110] 1998 年《竞争法》第 47 条 A 和第 47 条 B。

属未经许可而上车。是否有可能通过以下诉讼机制将这些受害人的索赔合并在一起：a）集团诉讼，b）代表人诉讼，或 c）其他诉讼机制？如果多起赔偿请求被合并起来通过同一程序来处理，每一位受害人所遭受的损害被看做是一项单一的不可分割的损失的一部分，还是多项损失复合体中的一项独立的损失？

在英国法中，这些诉讼请求很可能通过团体诉讼令程序（GLO）加以合并（参见上文边码 72）。英国法中不允许这样的集团诉讼，而且英国法中的代表人诉讼概念要求原告群体的全体成员在诉讼中有"共同利益"，这样看起来就不符合本案的情况（不仅因为每名受害者所受损失不同，还因为他们同被告的关系显然不一样，其具体关系取决于他们是否被准许上车以及如果被准许，他们是付费的还是免费的乘客）。

76

英格兰和威尔士法中损害的合并与分割：保险

理查德·刘易斯[*]

一、引言

1　　本部分报告较诸本合辑中的其他大部分报告，有着更为局限而更为宽广的着眼点。局限性是因为，在此次调查项目所强调的诸多缘由和其他问题中，本报告仅仅研究保险方面，也就是说，只解决调查表第四部分所提出的问题。但是，它同时又是广泛的，这是因为它构成了关于保险和侵权法的关系这一更广研究的一部分。[1] 在此研究中，保险被视为为侵权法提供血液的命脉。虽然保险业对普通法规则的影响只是局部的，但保险公司对于人身伤害赔偿体制总体上则有至关重要的作用，它们操纵并控制着这一体制，若无保险业的参与，侵权法的重要性将会被大大削弱。

---

[*] 理查德·刘易斯，威尔士大学和芝加哥西北大学法学院教授。
[1] 参见这些作者以前的著述：*R. Lewis* in：G. Wagner, Tort Law and Liability Insurance (2005) at 47 ff.；Insurance and the Tort System (2005) 25 (1) Legal Studies 85 ff.；Insurers and Personal Injury Litigation：Acknowledging the "Elephant in the Living Room" (2005) J Personal Injury Law 1–11；How Important are Insurers in Compensating Claims for Personal Injury in the UK? (2006) 31 (2) Geneva Papers on Risk and Insurance 323 ff. 上面这篇文章的一个修订版本收录在 Munich Re, How to Better React to Developments in Liability Insurance (2006) 76 ff.；Risk Liability and Insurance：Tort Law and Liability Insurance (2007) 29 ff.

本报告虽然限于英格兰和威尔士的法律，但有时也会参考一下美国法的立场，因为英国法判例会被用以和美国法判例相比较，而在美国有更多的案件涉及这里所重点研究的问题。然而，两国之间的一大区别在于，英国这边的情形更加复杂些，因为英国保险公司尚未如美国同行那样采用标准条款，比如，与普通责任保险单有关的标准条款。在英国保险业所使用的保险单中，并未广泛使用标准格式的条款。

作为事先首先要澄清的一个重要问题，应注意，对于调查问卷表中所列的一些涉及保险实务的问题，不可能做出肯定和详尽的解答。这是因为很少有对于保险业一般实务以及日常业务基础上如何解读保险单的经验研究，而对于各种保险方式中何种保险单术语居支配地位，也缺乏足够多的分析。相反的，有关著述集中在对于涉及特定纠纷的特殊条款的司法解读上，而这种以司法视角分析保险业的思路，构成了本报告的基础，因此，它并不能总是反映现今的保险实务。

另一个纠结之处是，很难做出任何适用于所有形式的陈述。举一个例子，调查表承认了强制责任保险与自愿保险的潜在区别（参见问题43，边码48），确实如此，与可能具有强制性的第三方责任保险有关的规则，不同于那些适用于第一方损失保险的规则。此外，用于各种不同类型的第一方保险的保险单的措辞，可能只是适用于具体的特定的保险。同一个保险公司，可能在不同类型的保险单中使用不同的术语，即便这些条款处理的是类似的甚至相同的问题。所以，做出一个能在任何时候适用于所有保险形式的明确回答，是根本不可能的。

二、调查表第四部分中的各项具体问题

A. 限额与扣除额

35. 在你们国家的法律制度中，是否存在成文法原则或法院发展出来的原则，用以解决下述问题：一起损害事件被认为是一起单一

的事故而使得保险人的总的责任受到赔偿限额的限制，还是多个相互独立的损失而使得每一项损失——适用赔偿限额并使得保险人对每一项损失均要赔偿至一定的数额？另外，保险合同所采用的标准条款是否对这一问题有规定？

5   在英国，并无此类成文法原则，但存在法院发展出来的一般原则，在保险合同中有处理此类问题的条款，但尚无通用的标准格式条款。

6   这个问题和下面的第 37 个问题，都集中着眼于考察造成损失的是一起事故还是多起事故，而这正是本调查项目之保险部分的核心问题。不幸的是，这一貌似简单的问题却无法得到一个简单的回答。回答这一问题，第一，要求对特定保险单中所使用的具体文句加以详细考察；第二，要求运用关于因果关系的那些很不确定的规则。因此，接下来是对问题 35 和 37 涉及的有关原则进行广泛的分析，而这些原则，或可从中得到启发，以发现问题 36、38 中那些具体问题的可能答案。

7   在相关规则的适用过程中可能遇到的难题，可通过参考以下公众责任保险单中的一典型措辞得到说明：

    "对于发生在保险单期间的、被保险人依法负有赔偿责任的下列事项，保险人同意给予被保险人全额补偿：(a) 造成任何人员的意外死亡或意外伤害的；(b) 造成物质财产的意外损失或意外损坏的。"

8   由潜在的损害的多因性所带来的问题，可由法院在解读上述措辞中使用的"意外的"、"发生"等词汇时遭遇的困境所昭示出来。尽管存在着一定数量的因素共同促成了损失，但在何种程度上可以构成一次"意外事故"、"事件"或"事项"？事实上，如调查问卷所问：是发生了一个单一事件还是多个事件？

    "意外事故（Accident）"

9   在早先，保险人为避免损害的多因性带来的麻烦，曾试图通过"意外"伤害这个词的使用，以求有别于正常损耗造成的损失，或是由疾病或年老引起的身体损伤。这后一种情况，与意外事故引起人身损害相比，被认为有十倍的可能是引起一个人伤残的原因。所以，在一些类型的保险单中，保险公司一直热衷于限制其责任范围，并排除那些由逐步发展过程所引起的损失或损害。由于在疾病情况下的原因因素更加难以认定，责任的分配也就更加不确定。相比之下，如果使用上"意外"这个词，损害原因及其责任的确认通常就会更清楚些。

意外事故一词就这样成为早期战场之一，在其上涉及多重原因要素的异见争论不休。保险公司方面特地使用"意外事故"，是希望区分于那些逐步发生的损害，因为那些损害中欠缺明显的可根据保险单构成保险责任的"触发因素"，那些缓慢的、隐蔽的、渐进的损害，较难以认定、讼争和控制。然而，保险公司为逃避这类责任所做的努力，看来收效甚微。 10

保险业者遇到的一次早期挫折，发生在哈姆林诉克朗（*Hamlyn v Crown*）意外保险公司案中。[2] 原告被保险的范围是"因暴力、意外以及外来的和有形的途径所引起的任何人身伤害"，无疑，保险公司连用这一串形容词，就是为防止承担因体内隐藏的生理变化引发的责任。这一点经由保险单的一个条款得以再次强调，该条排除了因"自然疾病或疾病所致的虚弱或衰竭"而造成的损害的责任。尽管如此，当被保险人在弯腰捡拾一粒石子而造成膝盖软组织脱位时，保险公司被认定为有责任。他受到来自身体内部损害的事实，不妨碍其构成一次"意外事故"，因为该损害是始料未及的，法院认为被保险人弯腰捡拾石子的过程是一次"外来途径"。 11

保险公司遭遇的其他困境，还来自于法院对"意外事故"的解读因索赔依据而不同，例如，据旅行保单中的人寿保险内容而索赔，[3] 据工 12

2　（1893）1 Queen's Bench（QB）750.

3　*De Souza v Home & Overseas Insurance Co Ltd*（1995）Lloyd's Reinsurance Law Reports（LRLR）453.

伤赔偿保险而索赔,[4] 或是据《华沙公约》[5] 或《蒙特利尔公约》[6] 寻求赔偿,三种情况下对意外事故的解释是不同的。在一些场合,意外事故被赋予了确实过于宽泛的含义,它甚至被法院认定为包括了其实是疾病的情形。这是因为,当病菌穿透皮肤引发感染,即可认为发生了意外事件,即使此类感染需要花一时间才能显现出来。[7] 病菌进入身体这一人为的但精确的时间点,足以将"意外事件"与渐进发展的疾病区分开来,后者没有此类触发点。

13　　为了试图防止法院在上述情况(病患)下也能随意认定责任,保险公司费尽心机地对"意外事故"的含义进一步限定,以排除疾病的情形。同样的,在财产险的保单中,对"意外损失"的界定,目的也是为了防止对于一定时间内逐步造成的损害承担责任,一次意外事故的具体发生时间、地点、原因都须确定。尽管如此,有规律发生的事件也会被认定为导致责任,例如,在采取了防止氯气再度泄漏的措施之后,仍然发生的有规律的泄漏事件,每次泄漏都被认定为一次意外事故。[8]

14　　不过,保险公司也并不总是修订保险单文句以尽量限制风险,他们还得扩大保险范围以适应市场需求。例如,在二十世纪六十年代的美国,标准责任保单中使用的"意外事故"被认为太狭隘,不利于市场开拓,因为其不接受建立在非"突发事件"的事故基础上的索赔请求,这就导致其拒绝赔偿诸如有毒物质在存储地的长期泄漏。为满足此类场合中的保险需求,标准保单的措辞由"意外事故"改成"事项"(occurrence),其目的是将导致持续的或重复的风险并造成损失的

---

[4]　Fenton v Thorley (1903) Appeal Cases (AC) 443.

[5]　Deep Vein Thrombosis and Air Travel Group Litigation (2004) QB 234.

[6]　Barclay v British Airways (2008) 1 Lloyd's Law Reports (Lloyd's Rep) 661.

[7]　Brintons v Turvey (1905) AC 230. 对其详细研究请参见 R. Lewis, Compensation For Industrial Injury (1987) 37 ff., and id., What is an Accident? (1987) Northern Ireland Legal Quarterly 76.

[8]　Australian Paper Manufacturers v American International Underwriters (1994) 1 Victorian Reports (VR) 685.

人为失误,都囊括在内,这样一来,就能满足那些对逐步造成环境破坏的事由进行保险的需求。从大约1973年开始,这一过程经历了第三次重复,当时保险业者已经更为审慎周到,尤其是对环境污染损失保险进行核保之时。[9] 在英国,虽然保险单文句的标准化程度不及美国,但由随后的某些操作可以看到,已经呈现出类似的潮流。

事件发生(Occurrence of an Event)

以"事件发生"取代"意外事故",也带来了对其进行解释的难题,特别是在最近的十五年左右的时间里。保险公司虽说做好准备对引起长期损害的人为事故承担保险责任,他们仍然在处心积虑以避免对日常损耗或自然原因渐进发展引起的损害承担责任。[10] 如同在使用"意外事故"时的情况,"事件"被描绘为"在特定的时间、地点,以特定的方式发生的事情",即便不是突发的。[11] 持续而难以察觉辨认的事况,不算是能触发保单上的保险责任的"事件"或"事项"。但在这里,对这些词汇的解释仍然是五花八门,而难以从中划清界线。

关于"事件发生"的这一特殊概念的实践重要性可说明如下:

- 从根本上说,触发任何保险单中的保险责任,都需要一次"事件"。
- 保险单通常都会将每一次事件的保险责任限制在一个最高限额内,这样,如果只有一次事件发生,而造成了多重损失,保险公司的赔偿风险就得以限制。但如果相反,若有多次事件发生,那么保险公司就得承担多重责任。
- 保险单往往会规定扣除额,目的在于对索赔额的初始部分不予赔付。同样,这一限制也是针对每一次事件的,因此如果有多次

---

[9] M. Clarke, Liability Insurance on Pollution Damage (1994) J Business Law 545.

[10] Lloyd LJ in *Schiffshypothekenbank Zu Luebeck AG v Compton*(*The Alexion Hope*)(1988)1 Lloyd's Rep 311.

[11] *AXA Reinsurance (UK) v Field* (1996) 2 Lloyd's Rep 233.

事件发生，保险公司的赔偿责任就按照每次事件的扣除额进行多次扣减（参见问题 37 的回答，下文边码 30）。关于扣除额的合法性，依赖于该保险是否只保障对第三方的责任风险，以及是否属于法定强制性保险的领域。如果是，那么法律要求保险单持有人要么拥有不受限制的保险保障，要么保险金额要达到一定的数额。在这样的立法框架内，目前尚无扣除额存在的可能性。

- 除适用于每次事件发生的最高责任限额外，保险单还会规定有针对所有索赔的总额限制条款，这样无论发生多少次事件，保险公司也受到这个总额限制的保障（下文边码 33），同理，索赔系列条款在效果上会把一些彼此独立的损害事件当做一起事故来处理（参见下文边码 43）。

17　　如果认定存在多起事件发生，这就要么有利于保险人，要么有利于被保险人，一切取决于具体情事。任何一方都有可能为了自身利益去力主有多起事故发生，例如：

- 如果被保险人有一项保险，其最高赔偿限额是每次事件 100 万镑，而每次事件的扣除额是 10 万镑，此外并无总额限制，那么每发生一次保险事故，被保险人就会得到最高 90 万镑的赔付。
- 如果被保险人的保险单同时有一个 1000 万镑的总额限制，那么被保险人将会因每次价值 100 万镑的事故发生获利，最高可获得 10 次事故的赔付。
- 不过，对于在总额限制范围内的每次事故发生，被保险人获赔的数额也都将被减去扣除额的数量，也就是 10 万镑，而总共的获赔金额不得超过 1000 万镑的总额限制。

18　　这类分歧争议中牵涉到的主要还不是保险公司和被保险人，还牵涉到再保险人。事实上，最可能聚讼纷纭的就是由再保险公司提供的此种形式的二次保险与协议安排。一个生动说明关于再保险实际后果的实例，是考德尔诉夏普（*Caudle v Sharp*）案。[12] 在此案中，上诉法院面临的难题是，在一个再保险协议项下，能否因为只有一起"事件"而把损失加总起来，或者能否因为存在多起事故，而使得再保险赔付得以消减，因为再保险只对一次事件中超过规定限额的损失部分负责。被再保险人主张：一个将个体置于劳埃德的亏损辛迪加中的经理人有一个"盲点"，也就是未能充分调查研究石棉风险，并主张这一失误导致了与石棉相关的索赔诉讼的损失，从而构成了32份再保险合同中的"事件"。与之相反，再保险人则主张：这32份再保险合同，每签署一份就是一次"事件"，因此，自己不应对其损失的总和承担责任。

法院做出了有利于再保险人的认定，结论是：经理人的"盲点"并不构成一次事件，除非他进行了相应行为，所以这里存在32起事件而非一起。如果是单一的一起事件，有关损失须依共同因素叠加在一起，而不是一系列类似事件或损失。一起事件被认为有三个要素： 19

• 必须有一个可以被恰当地描绘为"一件事"的共同因素（它须受特定的时间、地点所限定）；

• 它须满足因果关系检验（该事件须能产生法律上相关的后果）；

• 其情势不能是过于遥远稀有的（须有一定现实性，须是合同当事人所能预期的那类事件）。

时间、地点和原因的统一性

如上文的考德尔诉夏普一案所示，法院是否认定存在一起事件或事故，而非一系列的事情，依赖于时间、地点和原因的统一。这三个要素是在一项非常权威的仲裁决定中由仲裁员明确提出的，该仲裁就是著名的道森机场案（*Dawson's Field arbitration*）仲裁：[13] 20

12　(1995) LRLR. 433.
13　Rix J in *Kuwait Airways Corporation v Kuwait Insurance Company* (1996) 1 Lloyd's Rep 664 citing Michel Kerr QC in the unreported arbitration case, *Dawson's Field* 29 March 1972.

"一起事件并不等于一项损失，因为一起事件可能会包括多项损失，尽管如此，必须认真考察损失的情况，判断其是否有一定程度的统一性，以确定其可以被看做一起事件，或者说源自于一起事件……在评估其结合程度时，应注意的要素是时间、方位、原因以及人类主体的意图等。"

21　　该项仲裁针对的案件，是在1970年的同一天内，巴勒斯坦恐怖分子分别从四个地点劫持四架飞机，其中三架被挟持飞往约旦的简易机场，而另一架被迫飞开罗，最终，所有四架飞机都被恐怖分子击落。这里的问题在于，在约旦被击毁的三架飞机，是应被看做一次还是三次事故的结果。这个问题是超额再保险合同的关键，该合同规定须赔偿"每一项并所有项损失……以及/或者每一事项，以及/或者由一次事件引发的一系列事项"。仲裁员认定，三架飞机的损毁构成一起事件。这是因为飞机被毁"或多或少非常接近于同时，发生在几分钟的时间内，而且都是同一项阴谋决定的结果。"不过仲裁员暗示，假设飞机是在被劫持时损毁的，他将会认定其分别发生了几起事件，因为尽管在劫机背后有一个共同的目的，然而飞机是被不同的人从相隔甚远的不同地方劫持。有一种观点认为只存在一次事件的原因仅仅在于存在一个总计划，仲裁员未采纳这一观点。恐怖袭击计划本身并不构成一次事件，不过其总目的与时空统一体结合起来，恰正是认定只有一次事故而非三次的原因所在。

22　　"道森机场仲裁"判例是嗣后的"科威特航空公司诉科威特保险公司"案[14]所依赖的主要权威依据。该案原告的诉讼请求是就十五架飞机的损失索赔，这些飞机在1990年伊拉克入侵科威特时，在科威特机场被伊军俘获，随后被迫飞往伊拉克而并入伊军的飞机编队。科威特航空公司遭受的这十五架飞机的损失发生在同一时间、同一

14　(1996) 1 Lloyd's Rep 664.

地点,并且每一架的失去都是萨达姆侯赛因的军队入侵的结果,因此,该案的判决就和道森机场仲裁案的仲裁结果大致相同。

然而,与这两个判例形成鲜明对比的是,关于科威特被占领期间另一涉及飞机被俘案件的认定恰恰相反。在斯科特诉哥本哈根再保险公司案中,[15] 一架隶属于英国航空公司的飞机与其他飞机一道,并同时在科威特机场被俘获,然而,与其他飞机情况不同的是,它并没有被押飞往伊拉克,而是留滞在机场,一直没有遭到损毁,直到几个月以后在科威特被解放的战争中被炸弹炸毁。这一损失,被认为并非来自于导致其他飞机索赔案的同一事件,虽然在地点上有一致性,但时间上则有一个时间差,另外,其损失实际的法律原因并非机场被占领,而是机场被解放。总损失的概念,要求在总事故和某单个事件之间有原因链。在本案中,多架飞机的损失之间缺乏足够的原因链,这就使它们无法构成一个单一的总请求。结果,对损失承担主要责任的原保险人不能依据超额损失保险单条款,把英国航空公司的飞机加进来作为一次保险事故一并向再保险人索赔。

在另一个实例中,时空统一性的欠缺被证明为否认事故单一性的关键因素。在该案中,随着印度尼西亚苏哈托总统辞职前的骚乱,同一家公司所拥有的 67 间商铺中的 21 间遭到破坏。这些损失被认定为来自于数次事故,因为它们发生在两天的时间里,而且发生在分布范围达 30 公里的不同地点,[16] 不能仅仅因为存在共同的背后起因或是涉及共同的目的或意图,就认定其构成一次事故。

这些案件表明,有关底线必须划清。时间间隔要多长,损害才能被看做由数次事故所造成的?损害发生地之间需要多远的距离,才会被认定为分别的事故?如何才能构成一个共同目的?如何确认损害"实际的"法律原因,它又如何区分于其他非法律相关的诸因

---

15 (2003) Lloyd's Law Reports Insurance and Reinsurance (Lloyd's Rep IR) 696.
16 *DP Mann v Lexington Insurance Co* (2001) Lloyd's Rep 1.

素？对这些问题都难以给出明确回答，因为每个案件都需面向其具体案情而决定，正如第一个例子中法官在"斯科特"案中所言：

"我参考了许多权威，我真实感觉到，这个问题是个假问题，它经不起太多分析。"[17]

26   尽管没有明确的界线规则供轻松运用，上面揭示的一些原则，也可被用以解决调查问卷提出的那些假设问题。

    36. 案例研究（建筑物保险与赔偿限额）P是工厂厂房的所有者，该厂房是由数幢建筑物组成，P已就其因恶劣天气而遭受的损害投了保险。保险人的责任是每一起损害事件最高赔500,000欧元。在一起持续了数个小时的雷暴雨中，两幢建筑物被闪电击中并且都完全烧毁。每一幢建筑物价值300,000欧元。保险人根据保险单对损失应承担什么样的赔付义务？

27   厂房建筑投保了有最高限额的保险，在持续了几小时的暴风雨中，分别两次闪电击中两座建筑物，而引起了超过最高保险限额的损失，此时应该怎么办？适用上文揭示的检验标准，似乎保险人能够按500,000欧元最高限额来限制其赔偿责任，不过这终究还是要看保险单中适用的具体文句如何表述的。这样结论的理由是，有关损害发生在极短的时间内，发生在大体同一地点（尽管是两座分别的建筑物），而且是由同一类型的自然灾害引起的。时间、地点和原因的一致性这样看来就全部符合，这就导致一个结论，只发生了一次引起损害的事故，因而保险公司赔偿责任限额得以适用。

28   这里存在一定的类比，问题中的案例，类似于2001年纽约世贸中心双塔遭恐怖袭击倒塌后发生的一些诉讼。[18] 在英国，有些权威观点倾向于认为两架飞机在相隔18分钟内撞击两座大楼引起的大楼坍

---

[17] (2003) 2 Commercial Law Cases (CLC) 431 at 457.

[18] *M. S. Moore*, The Destruction of the World Trade Center and the Law on Event-Identity, in: J. Hyman/H. Steward (eds.), Action and Agency (2004).

塌是来源于一次事故,虽然其有别于同一天对华盛顿五角大楼的类似袭击。[19] 不过在美国,也有些权威观点持相反意见:在一个更早先的判例中,两面墙相隔50分钟先后倒塌,随后法院认定这是两起"事件"的结果,尽管两次倒塌都是由同一场暴风雨引起的。[20] 观点的分歧在美国涉及911事件的有关判决中屡见不鲜,在一个涉及保险单中有"事故"定义的保险案件中,一个法院认定两座大楼的倒塌构成一次单一事故,[21] 与之相反,对有关保单中未定义何为"事故"保险案进行审理后,某个法官却认定该两座大楼的倒塌构成两次事故。

不过,在上述有关分析中须加上一个重要的限定条件,这类问题的最终解决,还是要取决于保险合同中的准确表述。例如,使用"发源原因"这个词,而不使用"事件"或"事故",被认为大大克服了局限性,而囊括进了某事的持续状态,或是某事不发生的状态,[22] 同时参见下文边码33。

37. 在你们国家的法律制度中,法院是否发展出了用以处理下述问题的一般性原则:一起损害事件被看做是一起单一的事件而使得被保险人只须承担一次合同约定的扣除额限度内的损失,还是多个相互独立的损失而使得每一项损失均适用扣除额并使得被保险人需要多次承担扣除额限度内的损失?另外,保险合同所使用的标准条款是否对这一问题有规定?如果第三方保险是法定强制保险,这对于扣除额的合法性是否有影响?

参见问题35的回答,见上文边码5。

19　*P & C Insurance Ltd v Silversea Cruises* (2004) Lloyd's Rep IR 696.
20　*Arthur A Johnson Corp v Indemnity Co*, 164 North Eastern Reporter, Second Series (NE2d) 704 (1959).
21　*SR International Business Insurance Co, Ltd v World Trade Center Properties LL*, 222 Federal Supplement, Second Series (F. Supp. 2d) 385 (S. D. N. Y. 2002), affirmed by *World Trade Center Properties LLC v Hartford Fire Insurance Co* 345 Federal Reporter Third Series (F. 3d) 154 (2d Cir. 2003).
22　*Axa Reinsurance (UK) v Field* (1996) 1 Weekly Law Reports (WLR) 1026.

38. 案例研究（审计师的责任）P 是受 X 有限责任公司聘请对其账目进行审计的独立审计师。X 公司要求 P 与其两个潜在投资者 A 和 B 在公司会面。在会议上，P 保证公司的财务状况良好。因此，A 和 B 购买了 X 公司的大额股份。曝光后的真相是 P 对投资者所做出的关于公司的价值的陈述系过失性不实陈述。A 和 B 因此而遭受了经济损失并试图向 P 索赔。原则上，他们的损失属于 P 的职业责任保险的保险范围，但是，根据保险单条款被保险人须对每一起损害事件自行承担 5,000 欧元扣除额限度内的损失。在当前的案例中，P 只须承担一次扣除额，还是对两起索赔都适用？

31　　保险公司可以根据考德尔诉夏普的判例主张说，虽然该过失性建议是造成损失的单一原因，但每次投资都是一次独立的事件，所以对两人的索赔请求应该分别适用两次扣减额。然而，这恐怕是不大可能的处理结果，因为本案中的被保险人有更强有力的理由和依据：有关建议是同一次给出的，因此时间和空间都受到限定，该建议是造成投资损失显而易见的原因，而且因果关系一点也不牵强，因为所有当事人都预见到提供该建议会导致投资。这里有着时间、地点和原因的统一性，因此，很可能只认定为发生一次事故，从而只适用一次扣减额。

32　　如在对问题 36 的回答中那样（上文边码 27），必须要加上这一限定性条件，即对此问题的准确回答，依赖于保险合同中具体文句的精确表述，参见上文边码 29。

B. 对赔付数额的其他限制

a. 总额限制条款

39. 在你们国家，标准保险单是否使用总额限制条款，依据此类条款，保险人在每一特定期间的责任受到最高限额的限制？如果是，请举例说明这些条款是如何措辞和如何解释的，并特别注意一起损害事件是被看做是一项单一的不可分割的损失（因此只能落入某一期间）还是多项损失（有可能落入几个不同的期间）。

英国保险业中也使用总额限制条款，但正如前面所提到过的，英国没有广泛使用的标准格式条款，故一切都要看每份保险单中的具体文句而言。在这一背景下，应特别注意到一篇权威论著，其强调了对这个问题开展过于广泛讨论的危险性：[23]

"不同的总额条款使用不同的语言，重要的是，不要试图把先入之见强加于任何具体的总额条款，说该具体索赔请求应或不应加总起来。相反的，应该尊重保险单文句的效力。任何试图寻求一套不变的总额相加的教条并强加适用的尝试，都不可避免地配不上保险单文句的个性，因此注定要失败。"

b. 索赔系列条款

40. 在你们国家，标准保险单是否使用索赔系列条款，依据此类条款，几起相互独立的损害事件被看做是一起损害事件（一个单一系列），从而受制于同一责任限额？如果是，请举例说明这些条款是如何措辞和如何解释的。请特别说明区分几起相互独立的损害事件和一个损害系列之间的标准是什么。

索赔系列条款可以把数个独立的损害事件当做一起单一的事件来处理，不过如前文所述，在英国保险业中，保险单中尚未广泛使用标准格式条款，所以一切还是要看具体保险单中的文句如何表述。

c. 长尾损害

41. 在你们国家，标准保险单是否使用此类条款，即前保险人的责任限于保险合同终止后的某一特定期间？如果是，请举例说明这些条款是如何措辞和如何解释的。如何确定相关限制期间的起点（例如，保险合同终止的日期，被保险人过失行为的日期，或者遭受损害的日期）？在这种背景下，划分几起相互独立的损害事件和一起单一损害事件之间的界限是什么？

23　*J. L. Powell/R. Stewart* (eds.), Jackson and Powell on Professional Liability para. 8－096 页。

35   如前文所述，在英国保险业内，保险单尚未广泛使用标准格式条款。简单来说，对上述问题的回答就是：这类条款有所使用，尽管是通过五花八门的措辞；保单中的保险责任"起始点"依赖于其所使用的具体条款如何规定以及法院对其如何解读；另外，上文谈到的那项基本原则，再次被用以区分一起事故和多次事件。不过，就在关于限制期间的"起始点"问题上，法院遭遇了极大的难题，要解决这些难题，还需对法院发展出来的那些原则加以深入讨论。

36   能触发承保人责任的事件或事故一旦被认定，接下来就须确定其是否发生在保险期间内。事件发生日总是很重要的，在涉及意外事故的情况下，往往很容易得出答案，因为突发事件发生的确切时间点，通常易于确认，如汽车相撞的具体时间与地点总能查清。然而，当不涉及意外事故之时，当损害的发生是逐步的，特别是在损害多年内未被察觉的情况下，这时确定损害是否发生在保险期间内，则困难得多。因此，在涉及癌症和石棉有关病症的索赔案中，往往难题重重。[24] 另一个聚讼纷纭的领域是涉及产品责任和环境责任保险的场合，另外一个问题较小的领域是职业责任保险领域。

37   有关的法院判决，依然是依具体保险合同的确切文句而不同，这带来了很大的不确定性。例如，一个在保险期内"引起"的伤害，被认定为包括索赔人首次暴露于导致其嗣后伤害的危险物质之时。而保险单中明确写明包括所"发生"、"遭受"或"诱发"的疾病或是伤害时，其认定则很严格，被限制在一个较后的时间，即索赔人的伤害真正出现之时。

三个触发点

38   泛泛而言，有三个可能的触发点，有四条规则可供法院援用，以确认涉及保险责任范围的时点。直到最近以来，在英国，法院将

---

24 关于石棉伤害问题的讨论，参见 C. Lahnstein, D. Maranger and N. Roenneberg's paper in: Munich Re Group (ed.), 7th International Liability Forum (2003).

采用哪一条规则一直有不确定性,虽然说现今上诉法院倾向于其中第二条规则,它也正是美国法院所青睐的一条,[25] 但总体态势依然不太明朗。这是因为目前正在发生一起特别重要的诉讼,而高等法院的判例也即将发布。[26] 该四条规则按时间顺序概要介绍如下:

a) 暴露(Exposure)

这里的触发因素是暴露于引发诉讼的有害行为或环境之时,由于暴露通常是一个持续的过程,有可能经历一个较长的时间,对这类损害可能会有几个承保人和多份保单都可适用。在最近的"博尔顿 MBC 诉市场相互保险公司"(*Bolton MBC v Municiple Mutual Insurance Ltd*)案中,上诉法院拒绝采用暴露学说。[27] 这是因为责任保险对责任的补偿,而在暴露阶并无责任,因为此时受害人尚未出现人身伤害。无伤害就无责任,因此也谈不上保险,用大法官朗莫尔(Longmore)的话来说:[28]

"这与原则相矛盾,因为当事人之间的合同是关于对责任承担进行补偿的约定。这样想是不对的:在起初的暴露阶,或身体对此类暴露开始有所反应的阶,博尔顿一方有可能会承担责任,基于此可要求依据公共责任保险单进行补偿"。

b) 实际伤害

这一触发点可能要晚于"暴露"发生的时间,因为其从损害真实发生时才开始,哪怕损害尚不明显并且尚未被发现。这就意味着,不仅一项损害是否已发生很难确认,而且损害发生的确切时间点也

---

[25] *V. Fogelman*, Environmental Liabilities and Insurance in England and the United States (2005) para. 30. 25. 5. 3 and *R. Merkin*, Reinsurance Law para. C. 2. 2 – 25.

[26] 六起统称为"雇主责任保险解发点之诉"的示范诉讼,在一个历时九个星期的审理计划中,2008 年 6 月由波顿法官审理。其中的典型案例是"多方互保险公司诉苏黎世保险公司"案,在本文写作之时该案结果还没出来。

[27] (2006) 1 WLR 1492.

[28] (2006) 1 WLR 1492 at para. 15.

同样难以确认，这些问题在涉及石棉相关疾病的时候尤其严峻。例如，尽管肺部已经检查出了胸膜斑，法院仍然认定伤害可能尚未发生。[29] 在上面所引的涉及博尔顿 MBC 的判例中，"实际伤害规则"得到了上诉法院的大力支持，该法院判定，保险人的补偿责任从细胞突变之时开始。在时间上，它可能比任何间皮瘤症状的出现早十年，而比暴露于石棉之日又晚上数十年。虽说比起暴露（接触）规则更严格了些，实际伤害触发规则同样会导致保险责任波及数个保险人。在逐步发生的污染损害场合，情况更是如此，因为众所周知，这种损害可能是在很长时期内渐进的和持续不断的，因而会使得保险责任波及几次保险的保险期内。

c）显现

41　采用这一规则将意味着，直到较晚时间，伤害已经明显，才能认定事故发生，[30] 这样，就通过把保险责任只集中于那些在伤情显现时正生效的近期保险上，从而减少了保险公司的责任，有关索赔请求甚至可以压缩到一个保险年度内。除此之外，这使得一些索赔非常困难，比如对于那些从事与石棉相关的工作的人，难以获得任何保险赔付，这是因为，新的保险公司不愿为过去的暴露（接触）事故承担责任。实际上，一旦病情确诊，现任的保险公司就会取消或不再续签保险单，以将其责任限定在现有的索赔请求上，以此规避未来的伤情显现时的责任。这对于嗣后索赔的权利人是灾难性的，因为他们届时会发现自己在起诉一个无钱可赔的组织。不过反过来说，"伤情显现规则"对于索赔人可能在某一方面非常有利：在限制诉讼方面（必须在某个设定的时间内起诉），伤情显现规则允许索赔

---

[29] *Rothwell v Chemical & Insulating Co Ltd* (2007) United Kingdom House of Lords (UKHL) 39, (2007) 3 WLR 876 noted by K. Oliphant in: H Koziol/B. C. Steininger (eds.), European Tort Law 2006 (2008) at 155.

[30] *Eagle-Pitcher Industries v Liberty Mutual Insurance Co*, 682 F. 2d 12 (1982).

时限晚于"暴露规则"与"实际伤害规则"所规定者。

d) 三点触发

这是导致保险赔付最广泛的触发因素，这一规则最先在美国涉及石棉损害索赔的判例中发展出来，其允许在上文列出的三个选项中进行选择。[31] 也就是说，这一规则把保险责任归于其保险单在下列三个时间点上处于有效期的任何一家保险公司：（1）在起初的暴露之时；（2）继续暴露期间；（3）病情显现之时。因此，这一规则有可能在追究赔偿责任时把一大批保险公司一网打尽。不过，在最近的博尔顿案中，依该案的特殊事实，该规则未被采用，因为法院认为没必要采取这么一个宽泛的思路：倾向于支持赔偿的政策性考虑，虽然对存在大量的患石棉病的索赔人的美国来说很合适，但被认为对英国不适用。尽管在博尔顿案判决后很大的不确定性仍然存在，大法官霍布豪斯（Hobhouse）仍热衷于限定其判例的效力：[32]

"我绝对不是主张：所谓的多重触发或三点触发学说（暴露、病情发展、确诊），在未来的某些场合，基于保单的精确用语，不可能被认为适宜处理雇主责任保险问题。然而，仅就本案涉及的公共责任保险单中使用的具体文句而言，我从中看不出英国法院有何必要去采用多重触发学说。该理论在美国得以采用，法院公然表明是出于与该国大量的石棉疾病患者有关的政策性考虑，而在我们面临的这起案件中，美国那样的政策性考虑并不存在，我看不到有任何理由也去采纳这一理论。"

因此，我们必须耐心等待当前案件的判决结果，来看看关于适用哪个触发因素的问题上，法律是否会更加得不确定。但是，前景也有可能是在若干保险责任范围之间会存在空隙，使得有关索赔人

42

43

31　*Keene Corporation v Insurance Co of North America* 667 F. 2d 1034（DC Cir 1981），cert denied 455 US 1007（1982）.

32　*Bolton v MBC Mutual Insurance Ltd*（2006）1 WLR 1492 at 1505 para. 24.

难以获得赔偿。

承保人分摊

44　　无论采用何种触发规则，如果案件牵涉到数个保险公司，那么在他们之间如何分摊责任都是一个难题。分摊方案有多重可能性，例如，可以判令每个保险人都在其保单限额内承担连带责任，或者换个方法，也可以判令每一保险人只对损害的一部分负责，而具体赔偿份额，则依其承保时间的长短或是保单限额的不同而定。在巴克诉科鲁斯（Barker v Corus）案中，[33] 上议院判定：保险人无需对发生的损害负全责，而只需在其承保的雇主所可能引起的石棉伤害范围内承担责任。可是，有的雇员可能先后受雇于数个雇主，而因各种原因，对其中一个或几个雇主却不能起诉或执行判决，对于这些雇员，这一判例有可能导致严重的赔偿不足。结果，该判决招致了索赔人及其社团和律师的强烈反对。政府迅速采取行动，仅对涉及间皮瘤的石棉案件而言，上议院的判决效力实际上被《2006 赔偿法》第 3 条所推翻，该条规定，各被告须就全部损失承担连带责任。这样一来，对于石棉案的原告而言，即使其前雇主中只有一家拥有责任保险，也能获得足额赔偿。不过，除这些涉及石棉的案件以外，在巴克案中大法官所采用的按比例份额赔偿的方法，仍然有效。

提出索赔式保单

45　　鉴于在以"事件"触发责任的保险单中，各种不同的事故触发学说有可能带来困惑，从二十世纪八十年代起，伦敦保险市场开始在保险单中引入一种新的措辞形式。这些保险单不再参考事件的发生，而是把赔偿责任建立在向保险人提出的索赔请求上。尽管在"索赔"的含义界定方面不无困难，但这样责任的认定就清楚多了。保险公司受这类保险单吸引的原因，在于他们可以在年终的时候清

---

[33]　(2006) UKHL 20，(2006) 2 AC 572.

账大吉，而不用担心再承担什么"长尾"责任。这一措辞越来越多地使用在产品责任保险领域，以及其他，比如，几乎所有的制药公司的保险中。但是这一做法却在别国遭人诟病，在法国，法院试图认定这种"索赔提出式保单"对于特定类型的保险而言是非法的。[34] 不过，在 1990 年由最高法院所施加的严厉限制，在 2003 年得以缓和。[35]

42. 案例研究（长尾损害）P 公司研发、制造和发售发动机设备，包括燃油泵。由于油泵的设计缺陷，含有油泵的机动车的燃油供应经常在没有警告的情况下中断。假设这导致了多起事故，依据你们国家的产品责任法 P 公司应对此负责。直至 a) 油泵的研发，b) 制造，c) 发售，d) 发生事故，P 公司的产品责任一直由 I 公司承保。在与 I 的保险合同终止后，P 公司购买了 J 公司的保险。哪一个保险人，I 还是 J，须对 P 公司在 a) 至 d) 的每一种情形下对其有缺陷的燃油泵的责任负责？假设这两家保险人的保险合同的标准条款都包含在你们国家最常见的长尾损害责任条款中。

上文（边码 45）谈到的保险用语的变迁，有助于对这个问题的回答。如果一份保险采用了索赔提出式保单，即保险责任只能由（d）项中的事故产生的索赔请求所引起，而非由较早阶的（a）至（c）中的危险产生行为所引起。[36] 至于如何构成此种意义上的索赔，以及何时才算索赔已提出或收到等等问题，又成了有关纠纷的争点。[37]

然而，在一个特定术语中获致了较大确定性之后，保险业者又通过扩展与修改保险单的方式，使这一术语被取代废弃，从而又把

46

47

---

[34] M. A. Clarke, The Law of Insurance Contracts (5th ed. 2006) para. 17－4B.
[35] M. Schubert, Coverage Triggers in French Liability Insurance, (2003/July) Insurance Law Monthly. 进一步可参见 S. Galand-Carval, Aggregation and Divisibility of Damage in France: Tort Law and Insurance (contained in this volume) no. 92 ff. and 99.
[36] Tioixide Europe Ltd v CGU International Insurance plc (2005) Lloyd's Rep IR 114, affirmed (2006) Lloyd's Rep IR 31.
[37] Clarke (fn. 34) para. 17－4D.

问题变复杂了。在为了适应市场需求以承保渐进式发生的损害时，保险人用"事件"这个词取代"意外事故"这个词，那时我们已经见识过这种替代所带来的复杂化倾向，"索赔提出式"保单同样也经历了扩展，以提供更为广泛的保险服务。在保险期满后遭遇索赔请求时，被保险人可以通过两种办法保护自己：他们可以为"先前行为"投保，新的保险公司为此收取一笔附加的保险费，来为新保险单的起始日之前发生的事故承保；另一种办法是，向上一个保险公司购买一份延长报告期限或"尾部"的保险。这样，就包括了将来发生的因"索赔发生保险"期内发生的事故而提起的索赔请求。在实际效果上，上述做法把索赔提出式保险又改造成了事件保险，因此又产生了一些问题，这些问题都是上文着重讨论过的，关于如何认定引发保险单责任的事件的确切发生日期。

d. 强制第三方保险中的责任限额

43. 在特定领域存在法律强制的第三方保险，这一事实是否对诸如总额系列条款、索赔系列条款和长尾损害条款之类的法律允许的责任限制的范围有影响？

48　　这个问题取决于设定强制保险的制定法条文是如何规定的。比如，在道路交通保险中，法律要求的保险是不受限制的，因此，对赔偿责任设定上限的总额条款就不符合法律要求，根据这些限制对保险赔偿额进行扣减就会构成刑事犯罪。而与之相反的，雇主责任保险只要求达到一个法定的最高数额，在此场合，任何把责任限定为那个最高数额的限制条款都是可以接受的。

三、结论

49　　有关保险方面的损害的可分性问题，无论在法律上还是在实践上，都存在极大的不确定性。对保险业务欠缺实证调查，使我们难以评价保险公司如何理赔以及如何处理纠纷。此外，保险单的多样性，使得我们难以对有关法律作出统一阐述：问题很大程度上依赖于具体保险单的文句以及索赔请求的具体情势，归根结底，英国保险业中没有标准格式的保险条款。

或许正因为这种不确定性，在此领域内出现了不断增多的判例法规则。很清楚，越来越多的纠纷在诉诸法院。在关于损失的原因要素分析中，出现了越来越多的玄妙诡辩，这可能部分的是由对物质世界复杂性的不断提高的科学认识所推动，另一个推动力是人们主观上认识到，对问题简单化的看待不敷使用。上述两要素之外，还有当事人为损害寻根溯源争辩不已的决心，后者更助长了关于事实问题的精巧法律分析，这都使得争议越来越多。 50

这些关于原因要素的极宽泛认识，导致保险公司越来越多地罹于责任，对此，保险业者一直在不断修改其保险单以对抗之。新条款不断增设，对责任的限定越来越细节化，其目的是排除某些责任的可能性。尤其是处心积虑地避免为那些长期渐进式的损害承担保险责任。不过，如果坚持要求损害必须是特定事件导致的，比如意外事故或突发事件，这样的保险又被证明为过于严苛。在此，拓展市场的压力又导致了一些保险单措辞上的缓和化。除此之外，倾向于促成保险赔付的社会因素和其他因素，不断地鼓动法院方面，特别是美国的法院，尽量以有利于索赔人的方式解读保险单。总而言之，这方面的全景图是相当复杂的。 51

很显然，大部分英国法院所面临的主要问题，都曾更早并更广泛地在美国法院争执过，那些倾向于判令保险赔付的美国判例，虽然并不总是为英国法院亦步亦趋地所遵循，但毕竟也产生了影响。英美保险市场之间确实存在重大差异，特别是美国更广泛地应用标准格式保险单，此外还有大大不同的因素影响着保险——比如环境污染和产品责任保险——而这正是关于损害可分性之争的核心所在。 52

特别值得注意的是，在诸如德国，就没有产生对石棉诉讼的特别关注，只因这类疾病在侵权法中是不可赔偿的，而只是社会保险的一部分，于是就不会产生什么责任保险问题。然而，因种种原因，美国保险单的措辞风格在欧洲越来越盛行，而有关讼争的样态（如果说并非全部的讼争结果）也非常相似，这些比较，并没导致这些纠纷更易于解决，而是说通过比较大西洋两岸的情况，或许我们能为将来的发展趋势做出更好的准备。

53　　在此，情况似乎表明，在改变保险单条款以应对多重损害原因的问题上，欧洲保险业者反应迟缓，其结果是面临更长的可能承担责任的时间范围。如果确实如此，保险业者就要对损害的合并与分割问题多加注意。保险条款可以并且应当加以修正，以确保风险范围与保险费最初设定时的意图相符。当然，这一基本目标，正是每一个保险业者在日常业务中所始终追求的，却是说着容易做着难。在未来的一时间内，在保险和侵权法领域，损害的合并与分割问题的重要性将日益彰显，这是因为保险在这一民事诉讼领域有着核心意义，对于侵权法体系来说，保险业是驱动力，是生命线，若无保险业，在很多情况下，损害得不到补偿，而诉讼无从提起，我们将生活在一个非常不同的法律世界中。[38]

---

[38]　参见前文脚注1。

法国法中损害的合并与分割：侵权法与保险

苏珊·加兰-卡瓦尔[*]

一、总论

1. 你们的法律制度中是否有关于将损害分为一起单一的不可分割的损失或多个损失的一般性规则，无论其为成文法规，还是判例法？这些规则在二级法律文献中被提出过吗？这种区分在实践中重要吗？

法国民事责任法除非在偶尔情形下，一般并不关注损害问题。其关注的重点通常是所谓的产生责任的行为（*faits générateurs*），以及被告寻求责任免除的各种依据。法国并无任何法律文件谈及这类损害的可分性问题，虽然法院方面的司法理论在不同背景下有时会间接谈到这个问题（例如，关于人身伤害、机会丧失等不同损害项目之间的差别，等等），但所涉的问题被认为彼此孤立，其间并无观念上的关联性。我可以说，在学术著作领域情况也是如此：虽然对于本调查问卷的各部分所提的问题，都有大量的论著专门研究，但无一篇尝试进行综合研究，也无一篇把它们描绘为一个统称为"损害的合并与分割"的总现象的具体表现。实际上，对一个法国律师来说，这些说法不会在他心目中唤起任何有确切内容的联想——至

1

---

[*] 苏珊·加兰-卡瓦尔，巴黎大学私法博士，欧洲侵权法与保险法中心成员。

少在最初感观中如此。不仅如此,把这些各自都牵涉到因果关系问题(机会丧失、共同过失)和程序问题(共同侵权)的,在我看来风马牛不相及的不同问题,硬撮合到一起列入一张调查表中,这在我看来是荒诞不经的。同理,我发现从损害入手去分析保险部分的问题也相当棘手,因为在回答这些问题时可以很清楚地发现,真正的焦点问题往往不是在"损害"这一民事责任法概念上,而是聚焦在(灾害)事件(法语为 sinistre),这是保险法上的一个单独的概念。

二、损害赔偿责任

A. 可分割的损失和不可分割的损失的可救济性

2. 在你们国家的侵权法中,即使损害是由同一个侵权行为人的同一侵权行为所导致的,对于损害的责任,是否仍要依照受保护的利益的不同而将总损失分成不同组成部分并分别进行处理(例如,侵害人身或侵害财产;金钱损害或非金钱损害)?如果必须依照每一种损失的类型单独确定责任标准,那么,它会对侵权行为人的责任产生什么影响?

2   法国很少使用"受保护的利益"这个概念,虽然有时损害被定义为"对受害人合法利益的侵害"(*l'atteinte à un intérêt légitime de la victime*),但一个罗列了形形色色利益或利益等级的清单并不存在。另一方面,当然,可基于其如下各自的"座位"而将损失区分为不同类型:受害人的身体(*dommage corporel*)、其物质财产(*dommage materiel*)、其经济利益(*dommage économique*)、其名誉或生活安宁(*dommage moral*)等。

3   关于责任认定,方便的法门是将一般法上的方法(《法国民法典》第1382条及以下和第1147条及其以下条款确立的关于民事责任的基本条款)与最近制定的成文法上的方法区分开来,后者构建了所谓的"特别"赔偿体制。

在一般法中，关于如何认定责任的规则，规定得非常宽泛，基本是按著名的 1382 条模式来的："任何行为使他人受到损害时，因自己的过失使损害发生之人对他人的损失负赔偿责任。"而法律推理也就以非常笼统的方式进行：只要产生责任的行为，比如一个过错行为，被证实与损害有着因果关系，那么所有的损害就被认定为由该行为人负责。这里并无细节要求，比如并不要求对某一方面损害须有一定等级的过错，而其他方面要求其他等级的过错。同样的方法适用于客观（无过错）责任，虽然其潜在的目的通常是确保人身伤害受害者获得赔偿，但该做法也同样适用于发生精神损害或经济损失的情形。其适例是，根据《法国民法典》第 1384 条第 1 款的对物件（致损）的责任，这本来是为了保护工伤事故受害者（19 世纪末）和道路交通事故受害者（20 世纪初）的利益，而由最高法院"创造"出来的，但尽管如此，它很快适用于仅发生财产损害的情形，对此，立法条文只是简单地提及"损害"，而法官却为其添加了修饰语"无论何种类型的"。

而后一种"特别"赔偿制度，则稍微精确一些，而且在有的情况下，还包括一些条款，为特定的侵权类型专设特定的救济方式。这方面可以举两个例子，第一个是关于道路交通事故的《1985 年 7 月 5 日法令》，该法规定，对物品的损害进行赔偿时，应兼顾受害人自身的过错（如果有的话），而对人身伤害的处理则以更加有利于受害人的方式，受害人的情形分为三类（驾驶员、16 至 70 岁的非驾驶人员、低于 16 岁或高于 70 岁的非驾驶人员），对这三类受害者分别适用简单过失标准、对事故负全责的不可宽恕的过错标准以及自愿的自伤[1]。第二个例子是《法国民法典》1386－1 条及以下的规定，该法是为了贯彻执行欧共体关于缺陷产品的 1985 年 7 月 25 日指令，

---

[1] 该法第 3 条及第 4 条。

1386-2条遵循了欧共体指令的体系，对于损坏财产所致损失的赔偿，设定了一个500欧元的最低起赔额，而这并不适用于人身伤害。该法第1386-15则规定如下：

"意在排除或限制缺陷产品责任的合同条款，是被禁止的，并且视为未签订。不过，如果遭受损坏的物品并非受害人主要为个人使用或消费的，则相关合同条款被视为专业人士之间的协议而有效。"

3. 案例研究（不同类型的损失；与有过失）在一起由D的过失所导致的交通事故中，P受到了人身损害，他的眼镜也碎了。P对下列事项提出赔偿请求：a) 疼痛与痛苦；b) 医疗费用；c) 他的破碎的眼镜。P的损害被看做是一个不可分割的损失，还是多个相互独立的损失？假设P没有系安全带，就上述三种损害而言，对于他的与有过失应如何考虑？如果所遭受的损失的类型不同，与有过失的后果亦不同，那么，其正当性理由是什么？

6　　如上文边码5所示，《1985年7月5日法令》要求，在评价受害人与有过失的可能影响时，要考虑损害的性质。因损害物品所造成的损失受第5条调整（"受害人的过错，对于自身遭受的财产损害，具有限制或排除赔偿的作用"），而人身伤害则受其他规则调整，相应规则更加有利于受害人，至少在他作为非驾驶人员时如此。上述区分的正当性理由在于这一思想：车辆保险人所承受的经济负担，应集中用于救济那些对受害人影响最大的损害，也就是对其身体的伤害。

7　　不过，该法也承认对于第5条所规定原则的一个例外，法律条文还补充规定了一句："根据医学处方购置的器具和装备，其赔偿按照人身伤害案所适用的规则"，本案例中的眼镜恰好属于这一例外范围内。

4. 在你们国家的侵权法中，在人身损害以外的领域，是否有必须依照损失的每一种类型单独确定责任标准的情形，即使损失是由一起单一的侵权行为或不作为所引起的？

再回顾一下关于缺陷产品的法律,《关于贯彻执行欧共体关于缺陷产品的 1985 年 7 月 25 日指令的法令》的适用范围中排除了缺陷产品自身损害引起的损失（《民法典》1386－2 条），在此程度内，对缺陷产品自身损害，只能通过一般法寻求赔偿，比如，根据《民法典》第 1641 及以下，关于潜在缺陷的瑕疵担保。

B. 间接损失的可救济性

5. 请说明间接损失在你们国家的侵权法中是如何被界定的。间接损失是被当做一项必须要单独进行救济的独立的损失，还是被看做是总损失的一部分，即通过认定"主要损失"来解决而无须再次考虑其责任标准？如何划分数个单独损失与间接损失的界限？

这个问题很难回答，因为我们并不使用任何类似"间接损失"之类的概念。

6. 案例研究（间接损失；与有过失）在一起由 D 的过失所导致的交通事故中，P 的右手受到了伤害，P 在六个星期内无法从事钢琴教师的工作。P 因此而遭受了收入损失。假设 P 的行为有过失并且他的过失促成了他的疼痛与痛苦，但其过失对其工作能力和收入损失没有影响。D 的责任范围如何确定：a）P 的疼痛与痛苦；b）他的收入损失？在当前案例中，收入损失是否被当做一项需要单独进行救济的独立的损失？

事先说明两点：（1）我须改变一下上述的案情，以便其处理的是非发生在道路上的事故，从而适用一般规则，基于此，受害人的过错可归责于他自己［因为道路交通事故中情况往往并非如此，参见上文边码 5,《巴丹泰法》（loi Badinter）创立的特别规则］；（2）我须假定——由于上述案情陈述对我来说在这一点上并不清晰——P 的过错是继事故之后发生并且包括，例如，使用已受伤的本应静养的右手。

在本案中，事故引发了两项清晰可辨的损失，这两项损失应分别评价：一项是收入损失，一项是身体疼痛与精神痛苦。受害人自身的过失，只有在其与损害有因果关系的范围内才加以考虑，并且确切地说，应就其与损害的每一部分的因果关系而加考虑。如果这一过错通过加剧作用，助成了受害人的身体疼痛和精神痛苦，那么对该项损失的责任就应该双方分担。反过来，如果受害人的过错对收入损失并无影响，丧失工作能力的结果在事故发生当时就注定了，那么这一项下的损失就应全额赔偿。

12 这里的问题，其实仅仅是 P 的过失与其不同部分的损害之间的因果关系问题，其在审判之日或是与 D 的保险公司达成庭外和解协议之日加以评估。

   7. 案例研究（间接损失；时效）2000 年 1 月，D 闯入制造计算机设备的 P 公司的生产车间，损坏了一些高科技配件，而这些配件原本是准备交付给其他制造商的。由于 D 的闯入和损坏行为并没有被 P 公司的职工立即注意到，一些受损的计算机设备被交付给不同的制造商（A、B 和 C）而没有在发货前进行充分的维修。因此，P 必须赔偿客户 A 的损失。2002 年 1 月，在对 D 进行成功的追偿后，P 又被客户 B 诉请损害赔偿；2003 年 1 月，P 又遭到客户 C 的索赔。对 B 和 C 的赔偿应被看做是间接损失，即 D 所造成的总损失的一部分，还是必须进行单独救济的独立的损失？就 P 因对 A、B 和 C 的赔偿而提起的追偿诉讼而言，诉讼时效的起算日期是哪一天？

13 这似乎提出的是同样的问题，简单说来，损害随着时间的经过而以一点一点的方式逐步显现的，认定 D 对此承担责任也不存在困难。

14 关于提起诉讼时的耽搁迟延问题，现在应适用《民法典》第 2224 条（2008 年 6 月 17 日第 2008-561 号修正案，对诉讼时效的规定进行了改革）。该条规定，"与人身或动产有关的诉讼，自权利人知道或应当知道自己可以行使诉权之日起 5 年后失效"，损害是导致责任产生的情况之一，时效期间从受害人知道损害之时开始计算。在追偿之诉中，法院的司法理论一般认为，起算日从 P 被其用户起诉之日确定，也就是说，2003 年 1 月份 C 起诉 P 之时。

8. 在你们国家的侵权法中，有没有未被提及的其他情况，从中，一项损害应被看做一项间接损失而属于"主要损失"的一部分，还是应被看做由同一侵权行为或不作为所导致的一项独立的损害，这个问题有着决定意义？

法国法中并不使用任何与"间接损失"相当的词汇，有关问题是以因果关系的措辞来谈论的：接连出现的损害与产生责任的行为之间是否有足够的因果关系？在这一点上，正如上文问题 7 中的案例研究所表明的，从过失行为到最终出现的损害之间，时光的流逝无关紧要。

C. 责任限额与最低起赔额

9. 请说明在你们国家的侵权法中，如果存在赔偿限额的话，损害赔偿责任何时会受到限制。在这些情形中，是否存在用来解决下述问题的成文法规定或判例法原则：所造成的损失是作为一项不可分割的损失——在这种情况下侵权行为人的责任从整体上受到最高数额的限制——还是多个相互独立的损失，侵权行为人对每一项损失的赔偿责任分别受最高数额的限制？

法国法并不十分热衷于这类责任限制，尽管如此，有时在某些特别责任制度中也能发现这类限制，一般是源自国际公约，比如航空运输领域的《华沙公约》。[2]

10. 请说明在你们国家的侵权法中，如果存在最低起赔额的话，受害人何时必须要承受最低起赔额以下的损失。在这些案例中，是否存在用来解决下述问题的成文法规定或判例法原则：损害是被看

2　但是《蒙特利尔公约》仍坚持了全额赔偿原则。

做一项不可分割的损失——因此受害人只须自行承担一次低于起赔额的损失——还是多个相互独立的损失,从而多次适用起赔额?

17　　在一般法规则中,并没有量化的最低起赔额的规定,全部法国法中仅仅能发现一例这类规定,即 1985 年 7 月 25 日欧共体指令中设定的,因缺陷产品引起的财产损失适用 500 欧元的最低起赔额。

18　　然而,在妨害或滋扰责任领域,非量化的赔偿门槛需求却异军突起,滋扰责任是在 20 世纪初以来由法院判例所创设的责任,它在性质上是客观责任,受害人无需证明造成滋扰损害的邻居存在过错,作为补偿,法院的司法理论认定,只有超常规的滋扰才能导致赔偿责任,所谓超常,指的是那些"在强度上超过了居民所能合理忍耐的程度"(或者可以说,超常滋扰是指那些过度的滋扰,所谓"过度",是通过对比适用于该个案情势的平均忍耐水平而昭示出来的),超常性是一个事实问题,对其认定,最高法院委诸主审法官的自由裁量权。

19　　强调如下一点很重要,即这里所用的机制是一个门槛规定而非免除额,这就意味着,如果滋扰达到了超常程度,其引发的损害必须全额赔偿。

20　　最后还可以提一下,是 2002 年 3 月 4 日的 2002 - 303 号法案,该法案的条款已经纳入《公共健康法》(CSP)中,在该法案创立的医疗事故赔偿制度中,关于损害的严重程度也存在着一些要求。该法案推出了一种公共基金赔偿制度(因此这里不存在民事责任问题),由国家医疗事故赔偿署负责管理,针对医源性症状和医院获得性感染(*l'Office national d'indemnisation des accidents médicaux, des affections iatrogènes et des infections nosocomiales*, or ONIAM)。根据 CSP 的第 L. 1142 - 1 II 条:[3]

---

[3] 对其中文句的强调是添加上的。

"对于医疗事故、涉及医源性症状和医院获得性感染,当其不属于任何专业人员、大型机构,以及Ⅰ中的服务部门或机关,或任何产品制造商的责任时,对于受到损害的患者,就有权获得国家互助名义的赔偿,患者死亡的,其受益人获得赔偿,条件是患者的伤害直接归因于有关预防、诊断和护理活动,而对病人产生了超常的后果,超常性是针对其健康状况及其可预见的发展前景而言的,而且达到了法令所确定的严重性标准。在评估损害的严重程度时,应按照基本功能的丧失情况,以及对私生活和职业生涯的影响情况来评定,并在测定时要特别考虑永久性丧失劳动能力的等级,或暂时性丧失工作能力的时间长短。

欲寻求国家互助名义的损害补偿,永久性丧失工作能力的程度必须超过政府令明文规定的特定百分数,这一百分数通常是25%,最终要由该政府令来确定。"

损伤严重性标准是由2003年4月4日的2003-314号政令确定的,该政令第1条规定:

"《公众健康法》L.1142-1 Ⅱ条第二所说的百分比,定为24%。

医疗事故、医源性症状和医院获得性感染,还须通过了《公众健康法》L.1142-1 Ⅱ条规定的严重性检测,因医疗事故、医源性症状和医院获得性感染造成的暂时性丧失工作能力期间至少等于连续6个月,或者在12个月的期间内非连续的6个月。

作为例外,以下情况视为通过并符合严重性程度检测:

1. 当受害人最终被宣布为不能再从事其在医疗事故、医源性症状和医院获得性感染发生前所从事的职业;

2. 或者当医疗事故、医源性症状和医院获得性感染为当事人的生活造成了特别严重的困难,包括经济困难。"

这一关于严重性的最低门槛规定备受非议,一些学者认为,丧失工作能力达24%这个要求规定得太高了。尽管如此,这一规定的严苛性被该政令中的其他有关标准所缓解，另外还需考虑到，政府主管部门早已明确表明了这一决心：要把公众基金集中用在那些受损最严重的受害人身上。

11. 案例研究（产品责任中的最低起赔额） 由于电力系统的短路导致 P 停放的汽车被完全烧毁。这场火还烧毁了 P 存放在汽车后备箱里的高尔夫装备和汽车电话系统。P 向制造商提出索赔，其依据是制造商对缺陷产品的责任。全部损失——汽车的电话系统、汽车本身和高尔夫装备——被看做是一项不可分割的损失，还是多个相互独立的损失？欧盟产品责任指令对于财产损失赔偿规定了最低免赔额。对每一项损失单独适用起赔额——例如，P 的汽车、汽车电话系统和高尔夫装备——还是只对总额适用一次起赔额？能否进一步主张，高尔夫包的损失和高尔夫球杆的损失也应作为单独的损失来对待？

23　　对于汽车的损失，不能根据贯彻欧共体指令的法案（已纳入《民法典》第 1386-1 条以下条款）来获得救济，因为该法排除了缺陷产品自身损害所导致的损失。对汽车损失的索赔请求只能依据一般法提起，也就是关于潜在缺陷的瑕疵担保责任的规定（《民法典》第 1641 条以下），这里，对于可赔偿的损失，既无最低起赔点也无扣减额的规定。

24　　对于电话和高尔夫设备烧毁的损失，据我们所知没有相关的判例法，不过我倾向于这一看法，即最高法院很可能会对有关损害进行统一对待，把两项损失数额相加，这样来为受害人保留更多权益。

12. 在你们国家侵权法中，在确定责任限额和最低起赔额时哪个标准是起决定作用的？对以下因素要特别考虑：损失的类型（例如，人身损害或财产损害）；责任形式（例如，过失责任或严格责任）；受害人或侵权行为人的个人特征（例如，雇员、未成年人、专业人士）；其他标准（例如，年金赔付或一次性赔付）。如果法律承认这些区分，那么，能否进一步主张，受害人因一起侵权行为或不作为而遭受的损失须被看做是多个单独的损失，其中一些损失受制于责任限额或最低起赔额，而另外一些损失则不适用？

鉴于责任限额和最低起赔额的规定在法国法中不多见，那么关于这一问题就难以给出一个有关的"法律政策"。

在对被告的保护方面（雇员、无过错的被告等），可以通过完全免除其责任（比如，对于受害人引起的致损行为，雇员只要在其职责范围内行事，就可以免除赔偿责任），也可以通过推动责任保险制度（对许多活动进行强制保险）来实现。

D. 多个损失

13. 当两个以上当事人共有的财产受损时，由此而产生的损害是否被看做是每一位当事人的权利均受到侵害而导致的多个相互独立的损失？

参见边码 28 及以下。

14. 案例研究（共有）P1 和 P2 是一幢建筑物的共有人，该建筑物因 D 的恶意纵火而被毁损。P1 和 P2 所遭受的损害应被看做是一项单一的不可分割的损失，还是 P1 和 P2 分别遭受的两项损失，类型选择的后果是什么？

损害是统一的，亦将按统一损害进行量化处理。而随后可能出现的问题则比较麻烦，比如，判给 P1 和 P2 的赔偿金，依据什么标准来进行分配？（应依赖于他们各自对财产享有的权利）或者，P1 能否单方面行动，提起损害赔偿之诉？

就最后一个问题，我认为须向民事责任法之外的法律规则中寻求解决之道。比如，如果 P1 和 P2 是采取法国婚后财产共有制结婚的配偶，则他们中的任何一个可以单方面起诉，因为收到的判决的赔偿金是作为共有财产的。而如果 P1 和 P2 是遗产共有关系（《民法典》第 815 条以下），比如因共同继承遗产形成的共有，那么这里就应适用共有遗产规则：由各共有人指定一名共有物管理人，该管理人能够以他们共同的名义起诉。如果达不成指定协议，就寻求通过法律任命一名临时管理人。

15. 案例研究（所有权和使用权）P1 对林地拥有所有权，P2 拥有采伐林木的权利。D 因过失引发了火灾而使林木被毁，P1 和 P2 所遭受的损害应被看做是一项不可分割的损失，还是两项相互独立的损失，类型选择的后果是什么？

30　　答同上文边码 28 及以下。

E. 多个损失与多个侵权行为人

16. 在何种条件下可认定多个侵权行为人共同引发了受害人的单一损失？在何种条件下可以认定多个侵权行为人导致了同一受害人的多个相互独立的损失而需要对这些损失分别进行救济？多个侵权行为人对损害承担连带责任的前提条件是什么？能否主张，多个侵权行为人分别导致了多个相互独立的损失，但是，与此同时这些侵权行为人需要对损失整体承担连带责任？

31　　引起损害的多个共同侵权人须承担共同责任，除了他们都是同一损失的共同引发者之外，该责任不需要其他条件。其他的限定都是不必要的，比如，根本不必要求他们采取的是共同一致的行为。必须澄清，这种共同性的认定，与其承担的责任性质（无论是过失责任或无过失责任，合同责任或侵权责任）无关，也与有关行为的发生时间无关（无论是同时或前后相续）。

32　　共同性只有在下述情况下才丧失：如果事实表明，两名被告造成了两项有明显区别的损害（比如，在斗殴过程中，一个打伤了受害人的腿，另一个打伤了他的头部），或者是，他们所造成的是单一可分损害的不同部分（比如，在一个噪声污染案中，滋扰是由两家机构一起发出的噪声造成的）。

33　　但是还须考虑到"共同过错"这样的概念，这一概念允许把过失算在一起，同时把初看起来似乎各自独立的不同损害事实也算在一起。因此在一起斗殴事件中，法院可能会如此考量：正是同时被激发出来的行为，是事件升级到暴力的根源，打伤别人腿的那个人，由于其激发作用，也同时助成了头部的伤害，虽然头部伤害是由另一被告直接造成的。

下述案件提供了关于共同过错的案例：[4]

关于其唯一的上诉理由：

已查明，上诉法庭的判决书［1994年9月6日贝桑松（Besançon）法院］认定：一帮来自贝桑松的小伙子，继两天前发生的一场事件后，决定向来自让德雷的另一伙人寻仇。他们携带两条步枪和弹药冲进一家舞厅，两伙人在此发生斗殴，在斗殴过程中，让德雷团伙的多米尼克·Y中枪而死。随后，其父母要求对方团伙的成员赔偿损失。

当事人对判决不服的上诉理由为：判决认定布济德·X先生须与同属于该团伙的其他五个成员一道承担责任，但并没有用任何方式揭示布济德·X个人在该事件中所起的作用。法院认定其因未预见到其行为后果而有过错。法院应就一系列导致事态发展的过错行为之间建立起必要的因果链，但法院并没确定在布济德·X的过错与损害之间存在着直接的因果关系，这样一来，根据民法典1382条和1383条，就使得该判决丧失了任何法律依据。

但是原判决认为，如果无法查明该致命一击是谁发出的，那么受害人的死亡就被认为是贝桑松团伙的年轻人的共同意志造成的，这帮年轻人为寻仇决心所激发，充满了争斗欲望。而布济德·X，当他提供车辆供团伙使用时，在他携带枪支加入时，在他参与斗殴活动时，是在心里完全了解其目的的情况下自愿参加这场冒险的，在

---

[4] Cass. Civ. 2, 2 April 1997, No. 95–14428, Bull. Civ. II no. 112.

他做上述这一切时，他并没有考虑这种团伙行动有可能导致的损害后果，而该后果很显然是完全可以预见的。

本院认为，经由上述辨析和陈述，上诉法庭为其判决确立了法律上的正当性依据，其有权推断：任由事态发展的团伙成员的过错行为有关联性，该庭也有权宣布布济德·X 对多米尼克·Y 的死亡承担共同责任。

由上所述可知，上诉理由不充分。

因此：

驳回上诉。

17. 案例研究（连带责任和分别责任）D1、D2 和 D3 计划抢劫一对夫妇 E 和 F。D1 在汽车里等候，并负责逃跑。D2 将使用枪控制住这对夫妇并从 E 身上拿走钱，D3 将取走 F 佩戴的珠宝。D1、D2 和 D3 同意如果有必要将使用暴力。由于 E 对 D2 进行防卫，D2 开了枪并伤害了 E，E 随后就其医疗费用和疼痛与痛苦提出索赔。F 请求返还她的珠宝，并且，由于珠宝在争抢中受到了损害，因此，F 还就修补费用提出索赔。在这个案例中，是存在一个总体损失，其可就相同范围归责于每一个侵权行为人，还是存在数个相互独立的损失，每一项损失可归责于一名不同的侵权行为人？如何确定 D1、D2 和 D3 的责任范围？

35 　　这就是上文边码 33 及以下所述的共同过错的一个适例，法国法院将会轻易认定，D1、D2 和 D3 的共同侵权行为造成了不同的几项损失，因此他们需承担共同责任。至于他们之间的责任分摊，承担共同责任的成员之间责任的划分，是根据其各自过错的严重程度来进行的，而非把某一特定部分损失归结于某一特定行为或不作为。

18. 案例研究（人身损害被明确排除）假设事实与上述案例相同，如果 D1、D2 和 D3 最初同意不使用暴力，但是，当 E 未听从 D2 的命令时 D2 开了枪，该案是否因此而得到不同对待？在这个案件中，对于 E 的伤害，是由 D2 一人承担全部责任，还是可将其看做一起可在同等程度上归责于每一个侵权行为人的整体损失，从而认定 D1 和 D3 也要对损失负责？

三人起初同意不使用暴力的约定，并不阻止对其应用通常的过错分析，因为三被告从一开始商量好持枪抢劫 E 和 F 时，就已经明显构成了过错。D2 通过使用武器而违反非暴力约定的行为，也并未打破原先的因果链条。可以合理地预见：在抢劫过程的白热化时刻，三被告原先的非暴力协议不可能被坚守到底。在我看来，情况也有可能不同，假如当初三被告之间的约定是不带枪械实施抢劫，而 D2 却瞒着他的两个同伙带枪去了并且开了枪，在这种情况下，我们可以说 D2 的行为确实打破了原先的原因链条，而开枪造成的损失应完全归责于 D2。

F. 损害的可分割性和因果关系的不确定性

19. 为了处理与证明因果关系有关的问题——特别是在大规模侵权的背景下——有些地区发展出一些例外规则，以被告制造了风险为由对其施加责任，而无论有无证据显示被告的行为是原告所受伤害的"若非则无"（sine qua non，必要条件）意义上的原因。你们国家的侵权法是否承认这些规则？如果承认，什么被认为是受害人已经遭受的损失？

在所有案件中，首屈一指的是缺陷产品案件率先出现这类问题，最高法院对证明要求的把握上，颇有成效地帮助了苦于举证的受害人，而没有走得太远以至于达到"市场份额责任"这种极端的程度。迄今为止，法国法院更倾向于依赖举证制度中的概念，其中首先是因果推定的方法。

须区分两种类型的推定。

第一类是事实推定。这是初审法院自由运用的推论方式，尽管《民法典》第 1353 条要求有关推定必须做到严肃、精确、统一，但最高法院表现出很高的灵活性，允许法官自由做出一些推定。例如，推定受害人在服用某产品前健康状况良好，推定其以前不容易罹患这种疾病。在大部分案件中（解决服用药物后报告的病例），一个很重要的推定是推定该药物和疾病之间存在已被证明了的科学关联（非仅限于某一索赔人的特殊案件，而是统统如此）。最近，在关于接种乙肝疫苗后发生的多发性硬化案件引起的大论战中，最高法院坚持允许初审法官运用这种灵活的证明方法，尽管根本没有科学定论证明接种和病例之间有何因果关联。[5] 案件在被上诉后，该案发还初审法院，仍由其做出判决。

40　　第二种是法律推定。这是指推定立法者和最高法院曾经制定过一系列只能供初审法官适用的法律规则。这类规则有一个例子，最高法院曾经在一起涉及输血感染的判例中确认了一个规则，在该案中，受害者被输入的血曾被污染，而他又不能证明污染归因于被告提供的血液（而非另一血液提供者提供的血液），法院判定：[6]

"无论何时，当一个人能够证明：一方面，使他遭受侵害的病毒污染发生在接受输血之后，而另一方面，也能证明他个人方面并无任何其他受感染的迹象。那么就由输血中心承担证明责任，有责任证明其提供的血液制品无任何缺陷。"

41　　2002年3月4日的《第2002-303号法令》也采用了这一方案（CSP第102条），根据其下述条文，再次减轻了受害人的证明责任：

"在涉及本法生效前发生的丙肝感染事件的责任问题的讼争中，原告可以依靠那些能够合理推定感染来自于输入不稳定的血液制品或注射血源药物的那些因素，如果这些因素存在，那么被告就有责任来证明有关输血或注射并非受害人的感染源。必要时，法官可以

---

[5] Cass. civ. 1, 22 May 2008 (six *arrêts*), RTDC 2008, 492, obs. Jourdain; RCA 2008, étude 8, Radé; JCP 2008 II 10131, Grynbaum.

[6] Cass. civ. 1, 9 May 2001, D. 2001, 2149.

下令进行他认为有用的调查取证，然后做出判决。如果案情无法查明，那么应做出有利于原告的判决。"

从那以后，最高法院做出了一些判决，这些判例暗示出，原告能够说明因果关系的或然性即为已足，法官不能强求盖然性证明：[7]

"已查明，在驳回约瑟夫·Y先生的继承人的请求时，二审判决认定：根据医学专家的证词和法医学著作，共出现四种可能的理论可用以解释该次感染事故。约瑟夫·Y被感染……有可能发生在其心脏三处分流手术之前，也有可能发生在该分流手术过程中，还有可能发生在手术前后的有入侵危害的过程中，或是后来发生的。而根本无法查明上述哪一种理论可以阐明血液制品和感染事故之间的因果关系。在做出二审判决时，二审法院尽管也认识到了约瑟夫·Y……有可能是在手术中受到1983年9月经营的血液制品的感染，尽管其在无法查明时做出了有利于原告的判决，但上诉法院曲解了2002年3月4日的《第2002-303号法令》第102条所确立的证明规则。"

把眼界投向上述推定技术之外，用以克服因果关系证明难题的概念，还有"机会损失理论"和"罹于风险理论"。在这两种情况下，失去的机会和承受的风险，都是有别于受害人所讼争的身体损害之外的独立损害项。机会损失对应着身体伤害的一定百分数，例如医疗过失（如误诊）的受害者如无法充分证实过错与损害的关联性，将会获得索赔额的50%，以弥补其丧失的避免损害发生的机会。

"罹于风险理论"则是最近发展起来的，南泰尔地方法院做出一项为媒体广泛报道的判决，判决认定，布伊格电话公司必须赔偿"居住在无线电中继天线附近的居民所面临的健康危险"方面的损失。法院显然认识到其考虑的是一种危险性，而这种危险性，以现

7　Cass. civ. 1, 12 July 2007, Bull. Civ. I no. 272.

有的科学知识水平既无法确切证实又无法绝对排除。在本次诉讼中，法院做出的救济方式是命令强制拆除该天线，并对此前的损害判处了少量的赔偿金。在判决书的关键部分，该法院写道：[8]

"双方各自引述了大量的观点、研究报告和分析文章，有国内的也有国际的，并对其进行了至少是针锋相对的相反解读。这些堆积如山的有争议的资料，是法院判决唯一可以依赖的东西，从中可以得出的一个确定结论是：有关科学争论仍将进行下去而尚无结论，争论中为双方当事人的观点各自提供了一定支持；从中得出的另一个结论是：如果一些人的健康问题得以确定，另一些人的仍然存疑，这样的损害与接近中继天线之间的因果联系仍然无法认定，这类问题的风险，而非这类问题本身，却绝对是有因果联系的，因为大家公认，本领域的权威学者们，无论是国际上的还是法国国内的，都提倡推行谨慎原则，这一点是没有争议的。"

20. 案例研究（源于多种途径的暴露风险）V 先后连续受雇于 D1、D2 和 D3。在每一工作期间，由于雇主的过失 V 都暴露于石棉中。近来 V 已被诊断出患有间皮瘤，使其寿命预期严重缩减，该疾病系其在工作中暴露于石棉下所致。间皮瘤不是一种严重的疾病（不像石棉肺），并且，即使额外暴露于石棉中也不会加重其严重性。科学证据无法显示间皮瘤是由于在哪一工作时间暴露于石棉中所致，或由于在不同工作时期累积暴露于石棉中所致。在你们国家的侵权法中，D1、D2 和 D3 能否被认定负有责任？如果负责任，V 被认为已遭受了一起不可分割的损失，还是多项不同的损失？

45　　目前为止法国尚无这样的案件和判例，但也并非没有可能，有朝一日法国法院遇到这样的案件，会照搬其在输血判例中（上文边码 40）确立的同样的解决方式。

---

[8]　TGI Nanterre, 8ème chambre, 18 September 2008, No. R. G.：07/02173.

21. 在所谓 DES 案件中,一些美国法院认定若干被告负有责任,即使被告与索赔者的损害之间的因果关系并不能像普通案件那样得到证实。这些案件处理的是多名被告与多名受害人之间的问题。尽管不可能证实哪一名被告损害了哪一位受害人,但每一名被告都要依其在 DES 市场上的份额承担按份责任(市场份额责任)。在你们国家的侵权法中,这样一种责任模式是否适当?如果适当,请基于下述案例说明什么被认为是已经遭受的损失。

如上文边码 45。 46

22. 案例研究(市场份额责任) D1、D2 和 D3 是制药商,其生产的药品都是基于相同的化学制剂并都在 A 国流通。在药品上市多年后发现该药品所使用的制剂具有致癌作用。P 是数千名受害人中的一员,像其他受害人一样,他无法证实其服用的是哪一家制药商生产的药品(D1、D2 或 D3)。但是,根据市场份额原理,P 能向他们(D1、D2 或 D3)中的任何一家提出索赔,尽管每家制药商的责任都受限于其在 A 国市场上的份额。如果依据你们国家的侵权法可以适用市场份额模式,那么,什么是每一家制药商所应负责的损失?这种损害场景应被看做是一起单一的不可分割的损失,还是多个相互独立的损失?

"市场份额责任"并不适用于法国。 47

三、程序方面

A. 管辖

23. 依据你们国家的程序法,损害行为地或损害发生地对于哪一个法院有管辖权是否具有决定性意义?当损害行为在多个不同地点引发了多项不同的损失的时候,此类案件应如何处理?是否可以在同一个法院处理所有的损失索赔,即使这些损害是发生在多个不同的管辖区域内？如果可以，那么，整体损害是被看做是一项单一的不可分割的损失，还是多个相互独立的损失？

48　　在侵权责任领域，受害人可以任意选择被告住所地法院管辖、或侵权行为发生地法院管辖，或者损害结果发生地的法院管辖。（《民事诉讼法典》第 46 条）

49　　损害事件是指可归责于被告的过失行为，或是据《法国民法典》第 1384 条第 1 款提起诉讼时所指控的物件的致损行为（物件致损的客观责任）。

50　　最高法院在处理所谓的"反射性受害人"提起的诉讼时，对"损害结果发生地"进行了释义，这类反射性受害人往往就是死亡事故中受害人的亲属们。在这类案件中法院认为，如果致人死亡的事故发生在 X 地，则居住在 Y 地的死者亲属遭受的反射性损害，不是在 Y 地遭到的损害而是在 X 地遭到损害。[9]

51　　也许应该注意，在涉及冲突法时，法院也采取同样的分析思路。在一起诉讼案件中，牵涉到一次为法国旅游者组织的旅游活动，该活动在柬埔寨发生了死亡事故，对此最高法院最近重申：[10]

"对于非合同责任，应适用损害事件发生地国家的法律，对这一地点应理解为，不仅限于侵害行为发生地，还包括损害结果实际发生地；对于'反射性受害人'遭受的非金钱损失，如果其与损害事件直接相关，并可认定其源自受害人所遭受的损害，对其赔偿应适用损害结果发生地的法律，而不是该项非金钱损失发生地的法律。被提起上诉的判决认定，导致损害发生的侵害事实是，乘客们启程登上一艘不稳定的、装备不足并且配备了经验不足的船长的一条船，这一事实发生在柬埔寨，柬埔寨也是该船倾覆之地以及损害结果发生之地，那么上诉法院对于'反射性受害人'的损失赔偿适用了柬

9　Cass. Civ. 2，11 January 1984，Bull. civ. II no. 360.
10　Cass. Com.，28 October 2003，appeal no. 00 – 18794 00 – 20065，Bull. Civ. I no. 219.

埔寨法律，是完全正确的，该院正确运用了冲突法的原则。"

对于原告在发生在国外的事故中受伤，而在返回法国时受到后续损失的情况，对其适用上述有关规则，在法国法中似乎并未引起特别注意。但是人们几乎注定会认为后来发生的损失与此前的伤害事件不可分割，而在国外受伤的地点就是损害发生地。在法国境内的国内管辖方面，最高法院坚持对"损害发生地"进行狭义解释，认为这是指损害起源之地——也就是说，在大部分案件中，就是指损害事实地。如是，在不正当竞争场合，据称有必要确定为不正当行为实施地，而非"被诉行为最终被查清造成的经济后果之地"。[11]

24. 案例研究（国内管辖权；损失发生地）在 W 法院的管辖区域内，D 对 P 的食物投毒。在 X 法院的管辖区域内，该食物喂给了 P 的狗。结果 P 的狗在 Y 法院的管辖区域内开始呕吐并把 P 的汽车弄得一团糟。在 Z 法院的管辖区域内，P 自己食用了有毒的食品并因此而产生了胃痉挛和恶心。P 能在哪一处法院就其损失（被弄糟的汽车，疼痛与痛苦，收入损失）提出赔偿请求？能在同一个法院提出所有的索赔吗？

从上面这个案例中我没有发现有多少法学意义，不过在我看来，被害人可好好利用《民事诉讼法典》第 46 条给他提供的好机会，去任意选择被告居住地的法院管辖，或者是侵权行为地法院管辖，后者指案例中所说的 W 法院。

B. 诉讼金额

25. 诉讼金额在诉讼的程序方面（例如，有关律师费、诉讼费，法律救济的认可，法院管辖权或其他原因事项）是否具有决定性作用？如果是，当基于一个单一的侵权行为或不作为而提起的请求被分解开并单独起诉时，是否会产生不同的结果？当损害被看做是一

11　Cass. com. , 28. 02. 1990, BC II, no. 46.

项单一的不可分割的损失或多个损失时，会有什么不同（如果有的话）？

54　　在确定正确的管辖法院时，要考虑到诉讼金额问题。在民事责任领域，小额的诉讼属街区法院管辖（适用于关于人身和价值4000欧元以下的动产的诉讼，《法院组织法》第 L.231-3 条）的管辖权范围，或是小审法院管辖（适用于关于人身和价值10000欧元以下的动产案件，《法院组织法》第221-4）；其他诉讼则归大审法院管辖。

55　　对诉讼金额的估算来得比较灵活，根据《民事诉讼法典》第35条：

"当同一原告对同一被告提出几项基于不同事实并互不关联的请求，而一并向同一法院提出诉讼时，管辖范围和层级的确定，要根据分别考量每项请求的性质和金额来决定。

而基于同一事实或相互关联的诉讼请求合并提出时，管辖范围和层级则根据这些诉讼请求的总金额来确定。"

56　　"关联"这个词指的是"两项互为补充或互为因果的请求之间的联系或关系",[12] 这种关系出现在，特别是事故受害者以同一侵害事实为理由提出了几项诉讼请求时，这些诉讼请求就彼此相加而形成一个总体请求。

C. 先前法院判决或和解的法律效力

26. 当一项请求已经历诉讼，并且终审法院的判决已经做出时，索赔人在多大范围内被禁止就基于同一侵权行为或不作为而产生的进一步损害提起诉讼？作为后一起索赔对象的损失被看做是已经被法院处理过的损失的一部分或者被认为是一项独立的损失，是否具有决定性作用？

57　　这个问题关涉到既判力原则（法语表述为"*l'autorité de la chose*

---

[12] Dalloz Action, Droit et pratique de la Procédure civile, 2002, no. 328.

jugée")。该原则禁止对终审判决判予的赔偿额不满的受害人再行对加害人提起新诉讼。根据《法国民法典》第1351条:"既判事由的权威效力(既判力),仅适用于作为判决标的的事由。其适用必须:当事人先后寻求的救济须相同;诉讼请求应基于同一法律依据;诉讼应在相同的当事人之间进行,并且应系由同一的原告对同一的被告以同一身份提起。"

在民事责任领域,法国最高法院确保了对既判力原则的尊重,但在对其适用中,却显得对受害人温情脉脉,这一点,可以通过以下几条有利于原告的规则中看出来。 58

第一个规则:在前一次判决做出后,受害人又遭受了新的损害,而新损害也是原先的被告过错所产生的后果,法院认为此时受害人提起的新诉讼是可以接受的。例如,设想在一次道路交通事故后,受害人在接受输血过程中又受到了感染,被害人原先曾因身体伤害起诉过车祸责任人,他现在还可以因感染遭受的损失而再次起诉他。 59

第二个规则:当原先的判决做出后,受害人的损害加重的,这时法院也会接受其提出的新诉讼。例如,判决做出后,受害人的残疾状况恶化,该恶化部分的病情被认为是一项新损害。 60

须注意,在上述的两种情况中,诉讼时效的起算点是新损害显现之日。 61

第三个规则,关于人身伤害方面,法院经过权衡后最后肯认(虽然该判例的权威效力可能摇摇欲坠,参看下文边码64):受害人可以"原诉讼中未包括的部分损害"为名目提起新诉讼,而不论这些损害部分在原诉讼之时是否为当事人知晓。其一个实例是,[13] 一名身体伤害案的受害人,在起初忘了就其身体状况的某些后果提出索赔,这些后果指的是其性功能障碍及其引起的亲属关系障碍,以及 62

---

13 Cass. Civ. 2, 5 January 1994, Bull. Civ. II no. 15.

在"随之而来的搬迁住所的必要性以及购置特殊器具的必要性"方面的花费。上诉法院认为，受害人提起的新诉讼，与先前法院就同一案件做出的两个判决的既判力相冲突。但上诉法院的判决却被最高法院第二民事庭所推翻，其理由是："1969 年 12 月 12 日和 1983 年 6 月 30 日两份判决书的既判力，不能阻止就原诉并未包括的部分损失提出索赔请求，新请求与早先判决有着不同的客体。"

63　　上述分析，建立在把损失"分割"成不同部分的思路上，对于身体伤害案件来说非常自然，因为身体伤害的赔偿是逐项计算的，法院可借助一种关于人身伤害所造成的各项损失的分类明细表。法院当前使用的该分类表是"丹蒂亚克分类表"（ la nomenclature Dintilhac）。[14]

64　　尽管如此，还应强调，最高法院最近发布了一些重要的判例，从中显示其对既判力原则采取了更为严格的观念。

65　　第一个判例，是法院全席审理做出的，[15] 确认了原告方有义务在第一次审理时提出其诉讼有可能据以成立的所有的法律依据（例如过错责任和严格责任）。

66　　第二个判决，[16] 又增加了一句："原告有义不容辞的责任，须在同一次审理中，提出建立在同一法律依据之上的所有的诉讼请求，而他在以后的审理过程中，不得援用以前没提出过的法律依据以支撑其请求。"在该案中，最高法院据此推翻了上诉法院的一项判决，这个上诉判决曾经认定：第一次裁判（仲裁裁决）禁止被告未经允许使用原告的商号名，该裁决的效力并不能禁止原告嗣后再提起索赔之诉。

14　该丹蒂亚克分类表由最高法院于 2006 年 2 月 1 日发布在 Bulletin d'information de la (BICC), no. 633, BICC 可通过最高法院网址（http://www.courdecassation.fr）在线查询。
15　Cass. Ass. Plén. , 7 July 2006, appeal no. 04 - 10.672, Bull. 2006, no. 8.
16　Cass. civ. 2, 28 May 2008, appeal no. 07 - 13266, Bull. Civ. I, no. 153.

这里，有必要看一下这一法理上的革命是否可用来质疑最高法院1994年关于首次起诉遗漏的损失项目的判例，在涉及那种损失的案件中，对受害人身体损害的同情与善意，或许足以为保持这种相当纵容的解决方案提供正当性理由。

27. 案例研究（先前判决）在一起交通事故中由于D的过失导致P的汽车受损。P就重新喷漆的费用起诉D而获胜诉。判决做出后，发现不仅汽车的喷漆在车祸中受损，发动机也受损了。P是否被禁止就发动机的损害赔偿再次提起诉讼？发动机受损被看做是法院已经处理过的损失的一部分，还是一项独立的损失？

在涉及新的物质损害的情况下（身体伤害除外，参见上文边码62），我认为新的诉讼请求是不被允许的，这一项新损失本应在最初的诉讼中提出索赔，这里既判力原则得以适用。

28. 案例研究（先前判决和与有过失）事实与上述案例相同，但是，在处理P就重新喷漆的费用要求赔偿的问题时，法院判决因为P与有过失而减半赔偿。审理关于发动机损害赔偿的后一起案件的法院是否受先前法院所做出的与有过失的判决的约束？发动机受损是否被看做是还未被法院处理过的一项独立的损失，因而先前的判决对后面的法院没有约束力？

不可适用（参见上文边码68）。

29. 案例研究（和解的法律后果）再次假设事实相同，但例外的是P最初的索赔是通过法庭外和解而非司法的方式解决的，P是否会因先前和解的事实而被禁止再次提起诉讼？如果不会，那么，因与有过失而双方合意减少赔偿金是否会对第二起索赔诉讼具有约束力？所受损失被看做是一项单一的不可分割的损失还是多个损失是否具有重要意义？

对其回答同问题27，参见前文边码68，根据《民法典》第2052条，"和解协议在双方当事人之间，有相当于终审判决的约束力。"

D. 集团诉讼、代表人诉讼、示范诉讼和大规模侵权

30. 在你们国家的法律制度中，何种诉讼程序机制允许由多个不同的索赔人提起的赔偿请求在一个法院合并审理？如果不同的诉讼请求被合并，它们是被看做与一项单一不可分的损失有关呢，还是与多项损失有关？

71　　法国法中并没有美国"集团诉讼"模式的或魁北克"集体索赔"那样的群体诉讼，在最近这些年里，特别是在消费纠纷领域，法国施行了很多各种各样的计划，但无一建树。

72　　仅存的诉讼机制包括共同诉讼代理人制度和维权同盟制度。

73　　维权同盟制度的历史较早一些，这一制度在于，同一损害的受害者们（例如社区的居民们或城镇的零售商们）可以联合起来建立一个联盟体（在私法上成为一个法人，受1901年7月1日关于结社的法令调整），这个联盟可以为其成员们遭受的损失诉求赔偿。在无任何相关立法的情况下，法院的司法理论承认了这类诉讼的可行性，其理由是，作为前提，一个团体可以以共同意思为其成员单独可为的行为。[17] 判决通常有利于联盟体，由联盟统一收取其成员应得的赔偿额，并按联盟章程预设的方式进行分配。

74　　共同代理人诉讼（Actions in joint representation）则是一个更新颖的集体诉讼方式，由各种制定法条文所确立，存在于消费者保护、环境保护以及证券与金融产品的投资者保护领域。其基本的机制是设立一个传统的代理人（conventional representation）：众受害者向一个法人（组织）授权，以使其可以以受害者的名义并为其利益而行事，然后，有关判决向委托人做出，而非代理人组织。

75　　这类诉讼都受到严格的要求，这可以解释它们何以在实践中从未被使用到：要求每名受害人都须签署书面授权书，而有关组织为

---

[17] Cass. Civ. 23 July 1918, DP 1918, 1, 52; S. 1921, 1, 289, noted by *Chavegrain*.

吸引授权而进行的广告宣传,要么被完全禁止(对于环保组织),要么被严加限制(对于消费者和投资者组织只限于通过印刷媒体宣传)。例如,《消费者法》第L422-1规定:

"如果数名消费者,作为身份确定的自然人,各自因同一专业机构的行为分别受到损害,并且有着共通的缘由,那么任何在法国注册或获得承认的代理机构都可以……在获得至少两名有关消费者授权后,以这些消费者的名义在任何地方法院诉求赔偿。

不得通过电视或广播发布公开呼吁征集授权,也不得通过张贴海报、发放小册子或通过私人通信方式征集,授权必须由每名消费者书面做出。"

另外,有关组织还担心如果自己在诉讼中有不当行为还会承担责任,这种担忧是因为目前尚无保险公司为这类风险提供保险。

迄今为止,尚无任何人身伤害索赔之诉曾以这种方式提起过。

为了介绍得更全面,还须补充一句,法国法律允许刑事犯罪的受害者们在受理对有罪当事人提起的公诉的刑事法院内诉请赔偿。这些请求是各自独立的,但众受害者受益于一个由公诉机关承担过错证明责任的程序,该公诉机关充任诉讼的一方"集体"当事人。这一程序应用极广,其中值得一提的是,作为一个广为人知的实例,最近,因艾丽卡号油轮沉没,受害者们在巴黎法院进行了一场刑事诉讼,为数众多的受害者参加了这场官司,并因石油公司的过错而集体获赔。受害者包括渔民、餐饮业者、地方当局、有关部门以及环境保护组织。[18]

31. 依据你们国家的法律制度提起集团诉讼(或与其最接近的对应程序)的前提条件是什么?请举出在你们国家的侵权案件中使用集团诉讼的例子。通过集团诉讼的方式进行索赔与每位受害者单

18　Trib. Corr. Paris, 16 January 2008.

独起诉索赔有什么区别？如果一名受害人对法院在集团诉讼中所做出的判决不满意，他能否以自己的名义提起独立的诉讼，如果 a) 他先前已经是集团诉讼的当事人；b) 他从未成为集团诉讼的当事人？集团诉讼的判决的法律效果是什么？如果一群索赔人以集团诉讼的方式起诉要求赔偿，是否会导致将每一位索赔人的损害进行加总以使其被看做是一项单一的不可分割的损失？

78　　参见上文边码71。

32. 在什么条件下消费者保护组织可以代表一群受同一侵权行为影响的人提起诉讼（代表人诉讼）？请举出在你们国家的侵权案件中使用代表人诉讼的例子。法院在上述诉讼程序中所做出的判决对于每一位受害人单独提起的赔偿请求的法律后果是什么？如果某一位受害人对于法院在消费者诉讼中所做出的裁决不满，他可以自己的名义单独提起诉讼吗？每一位受害人所遭受的损害能否被看做是一项独立的损失，尽管它已经被法院在代表人诉讼的框架内处理过？

79　　参见上文边码71及以下。

33. 你们国家的诉讼法是否规定了其他机制（例如，示范诉讼），可以将许多不同的赔偿请求合并起来由同一个法院来审理？必须满足什么样的前提条件？特别是，是否要求每一起请求赔偿的损失之间具有特别的联系（法律上的关联）？通过这种机制而将不同的索赔请求合并在一起会产生什么样的法律后果？

80　　参见上文边码71及以下。

34. 案例研究（火车事故）一辆由D公司运营的火车在高速轨道上脱轨，车上有100人受伤。这些受害人与D公司之间有不同的法律关系。有些是付费的乘客，有些是无偿地旅行，而另外一些人属未经许可而上车。是否有可能通过以下诉讼机制将这些受害人的索赔合并在一起：a) 集团诉讼，b) 代表人诉讼，或 c) 其他诉讼机制？如果多起赔偿请求被合并起来通过同一程序来处理，每一位受害人所遭受的损害被看做是一项单一的不可分割的损失的一部分，还是多项损失复合体中的一项独立的损失？

参见上文边码71及以下。 81

四、保险方面

A. 限额与扣除额

35. 在你们国家的法律制度中，是否存在成文法原则或法院发展出来的原则，用以解决下述问题：一起损害事件被认为是一起单一的事故而使得保险人的总的责任受到赔偿限额的限制，还是多个相互独立的损失而使得每一项损失——适用赔偿限额并使得保险人对每一项损失均要赔偿至一定的数额？另外，保险合同所采用的标准条款是否对这一问题有规定？

保险人的责任总额很可能是不受限制的（例如在强制保险的情形下），但更多情况下，其责任往往受到限制，要么是责任限额的形式加以限制，要么是以责任扣减额的形式加以限制。 82

保险责任限额可以通过不同途径确立。 83

最常用的途径是，一项保险的保险金额，它可以适用于一个保险年度内的每一起损害事件（事故）。这是在无相反条款约定时的通常做法。 84

有时保险条款会规定，保险金额须由连续发生的保险事故一点一点地用尽，这就是所谓"保险金额耗尽"条款的目的所在。比如，这类条款规定一个"适用于每一保险年度"的责任限额。 85

把上述两种方式合并起来也是可以的：保险合同可以设定一个总限额（保险公司在一个保险年度内的总赔付不超过该限额），与此同时还设定一个针对每次事件的限额。为确保其协调，这一方法可以假定年度总限额要高于每次事件的限额。不过，如果合同只规定 86

一个限额将其适用于"每年并每次事件",那也不算稀奇,已决的判例一般认为这类条款含义不明,须由初审法官对其加以解释。如果保险合同是专业人士之间达成的,司法(解释)对其态度是相当灵活的:判决方式依案件实际情势而变化,有时有利于被保险人(解释为每次保险事故的限额),有时则有利于保险人(解释为年度限额)。而对于投保人一方是普通消费者的合同,《消费者法》第 L.133-2 条要求,在条款含义不明的情况下,对其解释须有利于消费者(在这一背景下,就解释为每次事故的保险限额)。

87　　上述问题在几个案件的司法过程中被提出过,其中一个广为报道的案件,涉及血液中心投保的一份责任保险合同,最高法院在这个问题上发布了一系列的判例,其中一个复制如下:[19]

对于唯一的上诉理由:

我们根据其当时有效的版本,考虑了《公共健康法》第 667 条,结合考虑了 1980 年 6 月 27 日内政部令及其附件;

鉴于根据上述部令附件第 5 条的最后一,关于民事责任的保险范围,受到每次事件限额和每一保险年度限额的限制,年度保险总额随每次赔付协议或赔偿判决的支出而相应减少,直至用完,而无论损害是关于什么的,并且该保险额在因协议或判决而赔付后,并不自动恢复。

鉴于蒙彼利埃的 CRTS 机构于 1984 年签署的保险单……照搬了这些法律条文,将其列入其一般条款与条件部分,并在特殊条款与条件部分将其具体化,具体规定的限额是每名受害人每年 2,500,000 法郎。保险人主张,如果法院认定其投保人须对热尔梅娜·X 的丙肝感染承担责任,则对投保人的判决将导致保险人承担保险赔付责任,而保险人的赔付责任须受前述保险限额的限制,该限额还须减

---

[19] Cass. civ. 1, 3 July 2001, 99-18015, Bull. Civ. I 194.

去当年赔付给其他受害人的所有金额。已知,为排除保险公司如此主张的可能性,上诉法院认定,部令附件的有关条文须解释为:确保每名受害者都有权获得一笔与保险合同明文规定的赔偿限额相当的赔款。这样解释的结果,是在对 X 进行赔偿时,保险公司在同一保险年度内已赔付的数额不应计算在内。

保险合同确定的这一限额实际意思是指,在同一保险年度内,无论发生多少次保险事故涉及多少受害人,保险人可赔付的最高赔偿额就是这个数字。而上诉法院在做出判决时,已经违反了前述的法令。

鉴于有足够的理由撤销该判决,而无须对限额在保险范围内的适用范围问题发回重审,最高法院可以通过适用正确的法律规则,结束这个问题上的纷争。

据此:撤销蒙彼利埃上诉法院 1999 年 6 月 16 日的判决书(第 96/0004074 号),并宣告其对双方当事人无效。但撤销只就其以下判决内容而言:Axa 保险公司须赔付为 X 的利益而课加的责任,而不应减去或者考虑到保险人在该年度内因其他事故对其他受害人做出的赔付。

宣告:没有必要对这一事项发回重审。

宣告:保险人的保险范围,限制在每一保险年度保险总额不超过 2,500,000 法郎,从中有必要减去本年度内对其他受害者的赔付。

将本案发给尼姆上诉法院重审,但该院只需认定留给 X 尚可索取的年度保险金余额。

现在来谈扣除额,除非有法律明文排除之,或是在强制保险的规定中,扣减额的约定一般是允许的。

《保险法》第 L. 121–1 条第 2 通过其下述规定许可了各种形式的扣除额:"合同可以约定,被保险人自己负担其保险额中的一定数额或比例,或者在保险事故发生后获得保险赔付前,承受一定的扣减额。"

90　　"简单扣除额"适用于所造成的损失在相关数额以下的事故，对于损失高于该数额的事故不适用；而"绝对扣减额"则适用于所有事故，损失超过相关数额的事故在该数额范围内不予赔偿。

91　　保险合同还可以规定强制性的自我保险：强制性自保条款禁止被保险人就未被扣除额（简单的或绝对的）涵盖的损失部分再获得其他保险。其目的在于确保被保险人有防范风险的动力。未严格遵守保险单中的禁止性规定，将会受到丧失保险赔付的制裁。

92　　很明显，所有这些做法（限额和扣除额）须按照合同规定的方式，并针对着保险单定义的"事故"而适用。其适用方式有多种可能性，其中两类条款值得一提。

93　　第一类，有些合同会设置适用于"每次事件"以及"每个人或每件财产"的限额。例如，一份爆炸险的保险单中，可能规定一个初始限额，适用于每个人（1000）或适用于每件财产（500），在此基础上还规定高于前者的二级限额（5000），适用于每次事件（也即每次爆炸事故）。只要对于每个人或每件财产做出的赔偿支付总和达到相应数额，再次限额即发生效力。

94　　第二类，我们还经常会发现"一体化条款"，该条款把该保险限额所欲针对的事故定义为"由相同原因引起的损害总和"。就保险人而言，这是一个如何为自己利益而妥善处理系列事故的问题，这些系列事故主要发生在缺陷产品与不合格建筑领域。合同明确规定，可归结为相同原因的所有事件构成一个总的事故，而不论每次事故具体发生在哪一天。这一"总事故"被假定为发生在系列事件的第一次事件发生之日，系列事件中的每一次事件造成的损害，都从系列开始当年的年度保险金额中赔付。这类条款，由于其在签订时欠缺明确性，往往对其理解带来无穷的问题，因而须由法官对其做出权威解释。

一体化条款长期以来只是个合同条款，后来获得了2003年8月1日的《第2003-706号法令》的法律承认，该法令形成了《保险法》的第L.124-1-1条，据其规定：

"在本章的意思内，'损失'应被定义为对第三人造成而须由保险公司赔付的所有损害或损害总和，这些损害是由一个致害事件造成的，引发了一项或多项索赔请求，致害事件构成了有关损害的有效原因。把源于相同原因的多起致害事件以技术合并起来，其总和被作为一个单一的总体损害事件来处理。"

本章中展示的这一条款，一般性的解决责任保险问题（对比于由特别法令规定的强制性保险），这类条款的应用是如此重要，以至于评论家相信，无论在考虑过程中的合同内容是什么，一体化条款都须采用。

36. 案例研究（建筑物保险与赔偿限额）P是工厂厂房的所有者，该厂房是由数幢建筑物组成，P已就其因恶劣天气而遭受的损害投了保险。保险人的责任是每一起损害事件最高赔500,000欧元。在一起持续了数个小时的雷暴雨中，两幢建筑物被闪电击中并且都完全烧毁。每一幢建筑物价值300,000欧元。保险人根据保险单对损失应承担什么样的赔付义务？

答案通常可以从合同中清晰找到。一个为每次事件规定限额的保险人，会注意为他使用这一术语的本意做出界定，万一欠缺相关定义，那就是一个合同解释的问题，对于合同解释，应适用上文边码86对问题35的回答中提出的那几个原则。

37. 在你们国家的法律制度中，法院是否发展出了用以处理下述问题的一般性原则：一起损害事件被看做是一起单一的事件而使得被保险人只须承担一次合同约定的扣除额限度内的损失，还是多个相互独立的损失而使得每一项损失均适用扣除额并使得被保险人需要多次承担扣除额限度内的损失？另外，保险合同所使用的标准条款是否对这一问题有规定？如果第三方保险是法定强制保险，这对于扣除额的合法性是否有影响？

98 参见上文边码88及以下。

38. 案例研究（审计师的责任）P是受X有限责任公司聘请对其账目进行审计的独立审计师。X公司要求P与其两个潜在投资者A和B在公司会面。在会议上，P保证公司的财务状况良好。因此，A和B购买了X公司的大额股份。曝光后的真相是P对投资者所做出的关于公司的价值的陈述系过失性不实陈述。A和B因此而遭受了经济损失并试图向P索赔。原则上，他们的损失属于P的职业责任保险的保险范围，但是，根据保险单条款被保险人须对每一起损害事件自行承担5,000欧元扣除额限度内的损失。在当前的案例中，P只须承担一次扣除额，还是对两起索赔都适用？

99 上文边码94及以下讨论到的"一体化条款"，主要意在适用于保险限额，至于如何处理扣减额，我想一切都须依赖于合同条款的规定。

B. 对赔付数额的其他限制

a. 总额限制条款

39. 在你们国家，标准保险单是否使用总额限制条款，依据此类条款，保险人在每一特定期间的责任受到最高限额的限制？如果是，请举例说明这些条款是如何措辞和如何解释的，并特别注意一起损害事件是被看做是一项单一的不可分割的损失（因此只能落入某一期间）还是多项损失（有可能落入几个不同的期间）。

100 这就是我在上文边码85回答问题35时提到过的所谓"保险金额耗尽条款"。

b. 索赔系列条款

40. 在你们国家，标准保险单是否使用索赔系列条款，依据此类条款，几起相互独立的损害事件被看做是一起损害事件（一个单一系列），从而受制于同一责任限额？如果是，请举例说明这些条款是如何措辞和如何解释的。请特别说明区分几起相互独立的损害事件和一个损害系列之间的标准是什么。

这就是我在上文边码 94 回答问题 35 时提到过的所谓"一体化条款"。对其可以提供以下案例：[20]

"对于上诉理由，考察其两个分支。

鉴于生产与销售牙科产品的 SPAD 实验室，获取了阿贝耶·派克斯（Abeille paix）公司的一份保险单，为其产品的民事责任投保，保险限额是每年每起事故 1 千万法郎；并且，因其某件产品的缺陷，该实验室被判令赔偿缺陷产品所造成的两名牙科医生的损失，该实验室企图向其保险人寻求全额赔偿，而保险人对此则主张使用合同中的保险限额，拒绝全额赔偿。

鉴于 SPAD 实验室反对被上诉的判决书（第戎，1997 年 3 月 26 日），其认为，该判决判定保险限额适用于每年因产品缺陷导致的损失总和，可是在考虑责任保险时，损失的事实原因却是缺陷产品的出售，保险事故对应的是每次出售行为。实验室认为，上诉法院做出了与上述相反的判决，该判决违反了民法典的第 1134 条；实验室还进一步指责上诉法院没有答复己方提交的意见，该意见主张：当己方公司被判令作为缺陷材料的出售方承担责任时，就发生一起保险事故，事故仅指因同一次出售行为本身所造成的损失，而非产品缺陷带来的损失，因此上诉法院不予答复该意见，已经违反了新《民事程序法》第 455 条。

但是，鉴于系争保险单的一般条款与条件部分的第 3 条，把事故定义为'因同一原因造成的所有损失'，而在特别条款与条件部分，其第 5 条 B 进一步界定为'因同一失误、缺陷或任何性质的业

---

[20] Cass. Civ. 1, 7 December 1999, appeal no. 97-17001, not published in the bulletin.

务过失造成的所有损失,须被认为是单一并同一项事故'。上诉法院阐明,损失的发生源自销售出去的产品的缺陷,上诉法院据此做出的推论,正确适用了承保保单,也已经答复了当事人当庭提交的意见,认定年度保险限额适用于因缺陷而非销售带来的损失总和,由此可见,上诉理由不能接受。

据此,驳回上诉。"

c. 长尾损害

41. 在你们国家,标准保险单是否使用此类条款,即前保险人的责任限于保险合同终止后的某一特定期间?如果是,请举例说明这些条款是如何措辞和如何解释的。如何确定相关限制期间的起点(例如,保险合同终止的日期,被保险人过失行为的日期,或者遭受损害的日期)?在这种背景下,划分几起相互独立的损害事件和一起单一损害事件之间的界限是什么?

102　保险范围的存续期间问题,是保险法增设的新条款的内容,这些新条款是由 2003 年 8 月 1 日的《第 2003 – 706 号法令》增设的。我只讲讲这些新条款所勾勒出的原则,而不再讨论以前的法律立场。

103　根据保险法第 L. 124 – 5 的条文:

"保险的触发,可以由当事人选择,要么因损害事件触发,要么是因索赔请求而触发。在任何情况下,如果是针对自然人的非商事行为的责任保险,保险由损害事件的发生而触发。行政法院的命令也可以为其他保险类型具体确定一种触发事由。

保险合同必须,依其具体情势,复制重申本条的第三或第四条文。

由损害事件触发的保险,对投保人因灾害事件所导致的金钱后果提供保障,只要该损害事件发生在从保险开始生效至其终止或到期之日,而无论该事件的其他构成因素的发生日期为何时。

由索赔请求触发的保险,对投保人灾害事件所导致的金钱后果提供保障，只要损害事件发生在保险终止或到期之前，并且第一宗索赔请求向被保险人或其保险人提出之时，是在保险开始生效，至合同终止或到期后的一约定期间届满之日，而无论事件的其他构成因素的有关日期为何时。然而，如果被保险人在终止或期满后知悉了损害事故，只要在其知道该情况时其保险尚未更新，或尚未改为由损害事件引发的保险，则对有关事件的保险仍然有效。如果保险人能确定被保险人在保险单签字承保之时知道有损害事件已发生，则不对其因不利事变导致的金钱后果进行保险赔付。

由索赔引发的保险的期后期间，不能短于五年，在此期间引发的保险责任的适用限额，不得低于适用于合同终止前所引发的保险的责任限额，有关法令可以规定更长的期后期间和更高的期后保险水平。

当同一事件有可能导致几份前后相续的保险合同的赔付条款都适用时，那些在 2003 年 8 月 1 日关于财政安全的《第 2003 – 706 号法令》实施后生效的以损害事故引发的保险，应优先适用，而无需求助于适用第 L. 121 – 4 的第四或第五。

本条的规定，不适用于法律确立了保险期间适用条件的那些保险类型。"

立法条文允许从两种方法中择一来确定保险责任期间。 104

在以损害事件为基础的保险体制中（L. 124 – 5 第 3），只要损害事件发生之日保险仍处于有效期，就须赔付，这一思想被定义为"作为损害的有效原因的事件"，或"产生损害责任的事件"，可见损害事件有别于损害本身，是两回事。保险人所提供的保障仅随着对损害本身提起赔偿之诉的结束（例如，因时间关系而被禁止提起之日）而结束。 105

而 L. 124 – 5 第 4 – 5 以索赔为基础的保险体制则更复杂一些，因其本质上给保险范围规定了不受限制的溯及力，同时还提供了至 106

少五年的持续的保险保障,并允许当事人还可约定更长的期间。

42. 案例研究(长尾损害)P公司研发、制造和发售发动机设备,包括燃油泵。由于油泵的设计缺陷,含有油泵的机动车的燃油供应经常在没有警告的情况下中断。假设这导致了多起事故,依据你们国家的产品责任法P公司应对此负责。直至a)油泵的研发,b)制造,c)发售,d)发生事故,P公司的产品责任一直由I公司承保。在与I的保险合同终止后,P公司购买了J公司的保险。哪一个保险人,I还是J,须对P公司在a)至d)的每一种情形下对其有缺陷的燃油泵的责任负责?假设这两家保险人的保险合同的标准条款都包含在你们国家最常见的长尾损害责任条款中。

107 如果我们假设I公司和J公司的保险赔付责任都因一起损害事件的发生而被触发,那么,应适用的保险是在损害事件发生那天仍处于有效期内的保险。这里仍然需要明确"损害事件"的含义:是燃油泵的研发、制造和发售,还是后来发生的汽车事故?如果合同中有具体定义,那么就应以该定义为准,如果没有相关定义,则法院对此的司法理论对此有些摇摆不定。如上文边码105所暗示的,构成损害事件的并非损害本身,而是那些产生损害结果的事件,这可以指研发、制造和发售等事实,取决于你怎么理解。一些判例倾向于产品有问题地研发之日,[21] 但新近以来的其他判例,则选择产品交付之日。[22] 在本案中,应由产品交付之日有效的保险合同(要么是I公司的要么是J公司的,取决于具体案情)做出赔付。

108 再换另一种假设的案情考虑一下,假设这两家保险公司的保险赔付责任都是以提出索赔而触发的,假设损害事故(产品交付)发生在第一个保险期间内(I公司的),而受害者提出索赔是在第二个保险期间内(J公司的)。在这个情况下,假如被保险人在签订第二

---

[21] E.g. Cass. Crim., 20 June 1991, no. 89-87026.
[22] Cass. Civ. 1, 30 January 1996, Bull. civ. I no. 46, 29.

份保险合同之前知道损害事故发生,而且索赔是在明确规定的期后期间届满前提出,那么就由第一家保险公司(I公司)对有关责任进行保险,若非如此,就由第二家保险公司对索赔承担赔付责任。[23]

d. 强制第三方保险中的责任限额

43. 在特定领域存在法律强制的第三方保险,这一事实是否对诸如总额系列条款、索赔系列条款和长尾损害条款之类的法律允许的责任限制的范围有影响?

是的,那些设立强制性保险的法律条文,一般包括关于保险责任触发条件的规定(索赔或损害事故),对相关"事件"的定义,以及是否允许"一体化"条款的规定。

---

[23] 来源:《保险法》第 L. 112 - 2 条相关附件(依照法典第 L. 112 - 2 条提供给被保险人的与长期责任保险实施有关的事实表格)。

德国法中损害的合并与分割：侵权法与保险

格哈德·瓦格纳[*]

一、总论

1. 你们的法律制度中是否有关于将损害分为一起单一的不可分割的损失或多个损失的一般性规则，无论其为成文法规，还是判例法？这些规则在二级法律文献中被提出过吗？这种区分在实践中重要吗？

1　　在德国法中，谈及单一损失或多个损失之区分的成文法规并不存在，但这并不表示这个问题（区分）本身不存在。在侵权实体法领域，对损失做出区分是常见的，比如区分为：对受法律保护的利益的侵犯，以及由该侵害所带来的进一步损害——间接损失。[1]

2　　关于单一损失/多项损失之争出现在若干情况下，讨论这一问题的三个最主要的场合分述如下：

● 待决案件与既判力：德国民事诉讼法中一个重要的概念是所谓"诉讼标的"，诉讼标的引发了待决事项的效力，勾勒出司法裁判的效力范围，并界定了既判力效力的边界，在上述每一种情况下，

---

[*] 格哈德·瓦格纳，德国波恩大学法学院教授，主要研究领域为德国和欧洲私法，民事程序法，冲突法和比较法。

[1] Cf. *H. Kötz/G. Wagner*, Deliktsrecht (10th ed. 2006) para. 93 ff., 130 f., 134.

问题都会归结于：由同一或相同的侵权或其他过错行为所造成的一批损失，是构成一个单一的诉讼请求，也即一个单一的"诉讼标的"，还是构成若干项请求。

● 诉讼时效：在德国法中，诉讼时效被认为是一项实体法中的制度，尽管如此，在民事诉讼中抓紧在时效期间内尽快提出请求，是一个程序法问题，《德国民法典》的第 204 条第 1 款第 1 句规定，民事诉讼程序的提起中断时效期间的计算。在此又涉及这一问题：对于一种损失提起民事诉讼，对于由同一过错行为引发的其他损失来说，是否也能中断其时效？

● 多数侵权人：涉及多数被告人的案件处理起来相当棘手，因为这些案件通常在因果关系的认定方面困难重重，而如果能把全部损失分为不同的小部分，并把每一部分损失划分为一个一个的单独损失，进而逐一归责于一群侵权人中的某个人，这样一来，因果关系的难题就会迎刃而解。

上述的三个问题中，都有相关的判例法。而每一领域中起主导作用的这类判例法及其原则对该领域来说都有点另类，因为一个关于损害可分性的总体观念或理论并不存在。但在另一方面，专攻一个领域的法官或学者当然会注意到邻近领域发生的事，因此，有关概念有一定程度的趋同，表现在各领域关于损失的整体性与多元性概念绝非互不相干，有关概念会从一个法律分支扩展到另一个。

在这种一定程度的共通性面前，可以说，对源自同一或相同侵权行为或事故的损失，实体法趋向于相同对待。在这方面，弗里德里希·莫姆森出版于 1855 年的开山之作，把包含全套损害分类体系的普鲁士法和德国普通法统统撇在一边。[2] 莫姆森的目的是寻求一个

---

2   *F. Mommsen*, Beiträge zum Obligationenrecht, 2. Abteilung, Zur Lehre von dem Interesse (1855).

单一的整体"损失"的概念,建立一部统一的损害赔偿法。[3] 他的想法是:对金钱损失的赔偿范围应该一致,而无论承担责任的基础是什么。至于非金钱损失,莫姆森压根就没把它们当做"损害"看待,因为在构成他法律思想基础与主干的罗马法中,损害的概念只限于金钱损失。[4] 根据现行法律,责任一经认定,任何类型的损失无疑都须加以赔偿。载入《德国民法典》第249条及以下的损害赔偿的一般规则,并不区分"近因"损失与间接损失、直接损失与非直接损失以及实际遭受的损失与收入损失。[5] 进而对一切类型的损失都一视同仁,即它们都能获得赔偿。这就是所谓的"全面救济"或充分赔偿原则,它是德国损害赔偿法据以建立的基础。[6]

5   就其效力来说,充分赔偿原则只适用于金钱损害,这深深植根于罗马法的传统。德国民法典立法者们的立足点是这一罗马法前提:非金钱损失是不可赔偿的,因而其不能产生一项金钱诉权。[7] 经过多番争论后,赔偿之门微微打开,民法典准予赔偿因人身伤害带来的身体疼痛与精神痛苦,以及其他非金钱损失。[8] 不过,罗马传统始终阴魂未散,直到今天,非金钱损失一直遭另眼相待,仍被当做损失中的另类分子,而与金钱损失的货币赔偿分开处理。由此带来的结果是,用以评估疼痛与痛苦损害的参数,异于用以赔偿实际损失的赔付金额的计算原则。其中,特别是在评价疼痛与痛苦及其他非金

---

[3] Cf. *G. Schiemann*, „Neues" allgemeines Schadensrecht durch Rückfall hinter Friedrich Mommsen?, in: R. Zimmermann (ed.), Rechtsgeschichte und Privatrechtsdogmatik (1999) 259, 262, 265.

[4] *Mommsen* (fn. 2) 14, 133.

[5] *G. Schiemann* in: J. von Staudinger, Kommentar zum Bürgerlichen Gesetzbuch (2005) Vor § 249 para. 43 ff.

[6] *G. Wagner* in: E. Lorenz (ed.), Karlsruher Forum 2006: Schadensersatz—Zwecke, Inhalte, Grenzen (2006) 12.

[7] 出处同上,12, 96.

[8] 出处同上,101 f.

钱损害的损害程度时，侵权行为人的过错程度起主要作用。[9] 并且，对疼痛与痛苦的赔偿的评定必须一次完成，不允许以提起部分索赔的方式对赔偿的评定进行分割。[10]

相对于高度统一化的实体法，程序法则倾向于把损失分得很细，因为德国的民事诉讼法关于争议标的实行一种非常狭义的观念，人们轻易接受这一观点：即财产损害的赔偿，是一个异于人身损害赔偿的不同问题，[11] 不同的损害项目构成不同的诉讼请求。其结果是，对于一宗损失索赔的，其最终判决并不妨碍就另一宗损失再提起诉讼，与此类似，在每一种损失类型内，对于所遭受的损害适用不同的评估方式，并不被算作是不同的损失项目。[12] 可以公正地说，法院看重的是作为索赔基础的所侵害利益的类型：只要被侵犯的利益仍是同一者，在损害估算方面的千变万化并不导致其类型转变。就这个意义而言，《民法典》第 823 条第 1 款所列的受保护利益的类型，对于在诉讼程序领域区分单一请求与多项请求仍然起重要的规范作用。

上述观察结果，通过 1997 年发布的一项判决生动地表现出来，在该判决中，联邦最高法院在身体伤害领域内部，进一步区分了作为最初的损害结果的损失与其自身成为一项单独的损害类型的损失。[13] 该案原告已经胜诉了一场官司，因其在交通事故中遭受的伤痛，获得了 750 德国马克的赔偿判决。继该判决成为终审判决而生效后，他又以该事故引起的精神损害为由，提起了另一项诉讼请求，索赔 80,000 德国马克。法院准许了其起诉——此次起诉尚未罹于时效，理由是第二起官司中指控的精神伤害，是另一个损害，不同于

9　出处同上，97 f.
10　BGH Neue Juristische Wochenschrift（NJW）2001, 3414 f.
11　BGH NJW-RR（Rechtsprechungs Report：Zivilrecht）2001, 1275.
12　Entscheidungen des Bundesgerichtshofes in Zivilsachen（BGHZ）119, 20, 23.
13　BGH NJW 1998, 1786.

第一次诉讼中诉称的身体伤痛。

8　　最后，如果在对非金钱损害提出赔偿的同时对金钱损失（医药费、收入损失）也提出索赔，即使它们都是由同一起伤害所引起的，仍将非金钱损失看做是一种不同类型的损失。[14] 人们通常认为：对前者的索赔请求不包括后者，反之亦然。

二、损害赔偿责任

A. 可分割的损失和不可分割的损失的可救济性

2. 在你们国家的侵权法中，即使损害是由同一个侵权行为人的同一侵权行为所导致的，对于损害的责任，是否仍要依照受保护的利益的不同而将总损失分成不同组成部分并分别进行处理（例如，侵害人身或侵害财产；金钱损害或非金钱损害）？如果必须依照每一种损失的类型单独确定责任标准，那么，它会对侵权行为人的责任产生什么影响？

9　　在程序法中，一般认为每一损失类型自身构成一个"诉讼标的"，其结果是，它们可以在法律上得到法院的区别对待，甚至可以在不同的法院起诉。

10　　然而，在实体法层面，对损害的类型则并不加以区分。德国法中关于侵权问题首屈一指的重要条文是《民法典》第 823 条第 1 款，该条款在法律保护的利益遭受不法侵害的情况下课加责任，只要侵害者行为是故意或有过失的。[15] 第 823 条第 1 款开列了一张受保护利益的清单，包括生命、健康、身体完整、自由、财产和其他权利。这些利益被置于同一平台上，在此意义上，对其保护并不随过错程度或损害远近而变化。因此，通常的做法是在考虑责任构成时，对

14　BGHZ 30, 7, 18.
15　For an exposition cf. *Kötz/Wagner* (fn. 1) para. 95 ff.

各种各样的损失不加区分。

不过，人们广为认同，民事责任要受制于保护目的理论。[16] 这个思路在《民法典》第 823 条第 2 款中表现得最明显。该条要求违反法定行为标准也引发责任，在此，原告仅仅证明被告行为不符法定规则是不够的，还进一步要求有关法律规则意在保护原告而非他人，而且该法规意在保护的恰好是被诉遭侵犯的特殊利益。在被告违反某条交通规则这样司空见惯的案例中，一般认为责任限于涉及人身伤害和财产损失的情况，而并不扩及纯经济损失，即便该损失确实是被告的过错行为所引起的。

虽然根据民法典第 823 条第 1 款，违反成文法规则并非构成责任的要件，人们仍然认为保护目标理论亦适用于此处。其中一个能说明这个问题的判例，是一件联邦最高法院判决的涉及常见交通事故的案件。[17] 在该案中，被告须对事故导致的损害承担责任，这一点并无争议，问题在于，原告不仅遭受了财产损害，而且还引发了中风，后者并非车辆撞击本身造成，而是被告嗣后的行为以及车内其他乘客的行为所导致。法院支持了对财产损害的赔偿请求，但驳回了原告对中风索赔的请求，法院认为，《道路交通法》中的法律规则并非意在防止这类伤害的发生，就算是根据民法典第 823 条第 1 款，结论亦无不同。

当法律保护的利益受到侵犯，而损害又属于该法或其他义务的保护目标之内，侵权人须对全部损失承担责任。这一充分赔偿原则源自于《德国民法典》第 249 条第 1 款，该条要求，赔偿义务人须使被侵害人回复到损害事故未发生时本来所处的状态。当涉及赔偿额的估算时，责任问题则隐入后台。为第 249 条第 1 款及以下条文的目的计，受侵犯的是何种利益，以及侵权人的行为是恶意的还是

16　出处同上，边码 195 及以下。
17　BGHZ 107, 359, 364 f.

故意的或仅仅是过失的，都无关紧要。

14 　　非金钱损害作为特殊类型，是因为德国法律的运行基础中有一条原则：对非金钱损失予以金钱赔偿是特例而非通则。此外，关于被告过错程度在定量阶是无关紧要的这个通常原则，在此也不适用，[18] 在为疼痛与痛苦评定赔偿金时，法院也会考虑被告的行为是有意的还是出于疏忽，被告行为之际主观恶性越大，法院对疼痛与痛苦判赔的数额越高。

　　3. 案例研究（不同类型的损失；与有过失）在一起由 D 的过失所导致的交通事故中，P 受到了人身损害，他的眼镜也碎了。P 对下列事项提出赔偿请求：a) 疼痛与痛苦；b) 医疗费用；c) 他的破碎的眼镜。P 的损害被看做是一个不可分割的损失，还是多个相互独立的损失？假设 P 没有系安全带，就上述三种损害而言，对于他的与有过失应如何考虑？如果所遭受的损失的类型不同，与有过失的后果亦不同，那么，其正当性理由是什么？

15 　　在涉及交通事故的案件中，有关当事人可能根据一般侵权法或《道路交通法》的特殊规则承担责任，后者规定的是严格责任。然而即便是在严格责任制度下，受害人方面的过错也会导致赔偿额的减少（《道路交通法》第 9 条），此外，在机动车的数个驾驶者和管理者之间，赔偿金须根据这些人员各自的过错程度分摊（《道路交通法》第 17 条第 1 款、第 2 款），因此，在仅涉及汽车驾驶者和管理者的情况下，适用一般侵权法与适用《道路交通法》第 9 条规定的严格责任法，其实无甚区别。

16 　　在此前提之下，对于该三种损失被视为单一损失还是多项损失的回答，无需在两种责任基础之间做出区分（该答案在两种责任制之下是一样的）。在程序法层面，应由受害人来决定是就总损失提起

18　*Kötz/Wagner*（fn. 1）para. 708.

单一诉讼,还是为不同种类的损失分别提起几次诉讼。

单就程序法而言,疼痛与痛苦、医疗费用、破碎的眼镜也不会被混为一谈而当做一个"总体损失",相反的,法院会对每一类型的损失分别加以考虑,以便对每一宗损失确定一个赔偿数额,只有当这一切都做完后,有关数额会相加起来,而成为判决书判定的一个赔偿总额。

纵然德国法院奉行一种"逐个细算"的风格,他们一般也不大可能去对与有过失问题进行多次反复评估。在通常情况下,与有过失的影响只需考虑一次,表现为赔偿金的扣减额是扣减20%还是扣减50%,其中后一种适用于事先计算出的几项损失的赔偿数额。然而,上述道理并不排除一种更为辩证的实践,如果能证明受害人的过失促成了其财产损害,但并未助成其身体伤害,那么在此情况下,分别予以评估就是妥当的。[19] 其一个适例是一个常见的案件,未戴头盔的摩托车手被一辆汽车撞倒,未戴头盔的事实,在确定头部损伤的赔偿数额时必须考虑进去,但在估算伤腿的赔偿和摩托车损毁的赔偿金时,则不予考虑。[20] 另一个例子是汽车驾驶员未系好安全带,[21] 同理,很明显这一疏忽行为增加了遭受严重身体伤害的风险,但并未增加其汽车遭受财产损害的风险。德国的制定法或判例法中,并无任何禁止在与有过失问题上区分损害类型的规定。在实践中,法院不大乐意对与有过失问题面向不同损害种类而分别评估,[22] 即便

---

[19] Staudinger-*Schiemann* (fn. 5) § 254 para. 111, 129; with regard to separate assessments *E. Schneider*, Zusammentreffen eines Mitverschuldens bei der Entstehung des Schadens und eines solchen bei dessen Niedrighaltung, Monatsschrift für Deutsches Recht (MDR) 1966, 455; *S. Mössner*, Quotierung von Anwaltsgebühren?, Versicherungsrecht (VersR) 1969, 499.

[20] Staudinger-*Schiemann* (fn. 5) § 254 para. 129.

[21] 未系好安全带构成与有过失是根据《德国民法典》第254第1款。BGB: LG Meiningen Deutsches Autorecht (DAR) 2007, 708; BGH NJW 2001, 1485; OLG Karlsruhe DAR 1990, 342.

[22] Staudinger-*Schiemann* (fn. 5) § 254 para. 129.

这无疑是法律所要求的。在联邦最高法院的法学体系内，也有一些判例说明如何进行分别评估。[23]

19 疼痛与痛苦的损害赔偿在这里再一次被另类相待。鉴于疼痛与金钱之间的不可通约性，有人认为对其适用两步程序是不妥当的，法院不得在第一步先估算出疼痛与痛苦的相应赔偿金，然后在第二步再从中减去反映受害人共同过失的一个定量。相反的，法院应当遵循一个一步到位的程序，这要求法院就妥当的赔偿金数额做出一个总体估算。[24] 在此过程中，决断者须充分考虑有关因素，也就是损害的严重程度、被告的过错程度以及原告方面的共同过错的程度。评论者已正确指出：在非金钱损失方面抛弃两步体制并无多少正当性理由，[25] 那样做的结果无非是迫使法院忙于同时权衡一大堆相当弹性的因素，而缺乏如何理性处理这一切的清晰指导思想。

4. 在你们国家的侵权法中，在人身损害以外的领域，是否有必须依照损失的每一种类型单独确定责任标准的情形，即使损失是由一起单一的侵权行为或不作为所引起的？

20 德国侵权法上就民事责任问题有两个基础性的分类，其中最重要的一个如此划分：一种是侵害受法律保护的利益，另一种是纯经济损失。对前者而言，一个非法的有过错的（故意或过失）对主观权利的侵害，会引发一个对受害人的充分赔偿的义务，即赔偿其受到的全体和每一项损失。另一方面，对纯经济损失，也即，就其自身而言并非侵害主观权利之后果的金钱损失，则是没有责任的。因

---

[23] BGH NJW 1979, 980; BGHZ 3, 46; *H. Heinrichs* in: O. Palandt, Bürgerliches Gesetzbuch (68thed. 2009) § 254 para. 12.
[24] BGH VersR 1961, 711, 713; 1970, 624, 625; OLG Karlsruhe OLGR Karlsruhe 1998, 213, 214; also OLG Düsseldorf NJW-RR 1996, 927; cf. OLG Naumburg OLGR Naumburg 1999, 216, 217; Palandt-*Heinrichs* (fn. 23) § 253 para. 21; *H. Oetker* in: Münchener Kommentar (MünchKomm) (5th ed. 2007) § 254 para. 118; Staudinger-*Schiemann* (fn. 5) § 254 para. 128.
[25] *D. Looschelders*, Die Mitverantwortlichkeit des Geschädigten im Privatrecht (1999) 608.

此，同一过失行为，可能因侵害主观权利而导致责任，但同时对非经济损失则无责任可言。

第二个重要分类涉及损失的性质，侵犯主观权利的责任导致对受害人充分赔偿这个原则，不能不加限制的适用于非金钱损失。相反，只有那些因人身伤害引起的才可赔偿，例如因侵害健康、身体完整、行动自由等人身权而引起者。毁坏一件为人所钟爱的个人物品，除赔偿诸如修理重购费用之类的金钱损失外，并不能导致一项赔偿金请求权。

德国侵权法兼重上述两种区分：不同的权利与利益种类以及不同的损害类型，在此程度内，涉及损害赔偿的评估问题上，有必要尊重这些区分。这就意味着，法院不得把各种损害混同为一个总损失，而应把侵害每一具体主观权利所对应的损害，与侵犯其他权利所引起的损害相区分，如前文所指出的（上文边码10及以下），对非金钱损失总是需要区别对待与单独评定。

B. 间接损失的可救济性

5. 请说明间接损失在你们国家的侵权法中是如何被界定的。间接损失是被当做一项必须要单独进行救济的独立的损失，还是被看做是总损失的一部分，即通过认定"主要损失"来解决而无须再次考虑其责任标准？如何划分数个单独损失与间接损失的界限？

据上文已做出的说明（前文边码20及以下），主要损失（primary loss）与间接损失（consequential loss）之间的区分在德国侵权法框架内有一定的重要性，这毫不奇怪。[26] 关键一点是：对于过失导致的纯经济损失可以不负责任，但对过失侵犯主观权利本身而引起的经济损失，则要承担全部责任。简言之，对于不属于侵犯主观权利后果的经济损失，即"纯"经济损失，被排除在赔偿清单之外，

21

22

23

---

[26] Staudinger-*Schiemann* (fn. 5) Vor § 249 para. 44.

而与此同时,由侵犯主观权利而引发的经济损失(间接损失)则可很容易能获得赔偿。根据这些原则,将某项特定的金钱损失划为间接损失——由于侵害主观权利而导致的——还是非间接的而是"纯粹"的经济损失的问题,就至关重要。若损失被划归为间接损失,将导致全额赔偿责任,若其被认定为纯经济损失,则无责任。

24 撇开纯经济损失的问题不谈,主要损失与间接损失的区分,在另一领域案件的处理上也有所影响。《民法典》第823条第1款所列举的受保护权利的清单,不仅有着排除纯经济损失过失责任的效果,并且还把过错的焦点从引发的损失转移到对主观权利的侵犯本身之上。[27] 一旦证实被告在对受法律保护的利益造成侵害之际其行为有过失,《民法典》第823条第1款的责任即可成立,关于过失的认定,须检讨一个理性的第三人在事发当时的情势下,是否本可预见到损害,并采取妥善措施防止损害发生。在另一方面,理性第三人可否预见到间接损失的性质和程度则无关紧要,该部分损失本身都是合法利益受到的主要损害所衍生的。这表现为以下原则:将过失的重心转移到导致受害人遭受最终损害的一系列事件中的"因果链条中的早期环节"(Vorverlegung des Verschuldensbezugs)。

25 举一个实例即可说明主要(初步)损害与间接(衍生)损失之区分的重要性,这个例子既悲惨又离奇。在二十世纪二十年代,原告在一起事故中失去了一条腿,而被告须对该事故承担责任。[28] 在第二次世界大战期间,原告居住的城市遭受炸弹袭击,当炸弹从天而降并发生爆炸之时,人们就向避难所逃命,但原告因身有残疾,没有及时逃进避难所,而身负重伤,他剩下的那条腿只好截肢。战争结束后原告又找到被告,为其第二条腿索赔,被告断然拒绝,并主张:一个生活在二十年代的理性人绝无可能预见到二战的恐怖,更

---

27 *Kötz/Wagner* (fn. 1) para. 209 f.
28 BGH NJW 1952, 1010 f.

不可能采取任何防止灾难发生的措施。本来，假如被诉损害属于须由原告证明责任基础的"主要损害"，被告的上述抗辩就是非常完美的。联邦最高法院却把该损害归为间接损失，也即发生在二十年代的那场交通事故衍生的结果，并因而认为没必要把责任的成立问题旧事重提。因为被告对当初失去第一条腿负有责任，他就照样也有义务赔偿第二条腿的损失。一个理性人能否预见嗣后衍生的损失是无所谓的，相反，只要该间接损害是由主要损害引发的，被告对该主要损害一定负有责任，并且该间接损害能满足充分因果关系的要求，这就够了。关于此案法院认定，一个失去了一条腿的严重残疾人，在未来的伤害中必会减少保命能力，这也不算什么超乎想象的事（被告应预见）。

6. 案例研究（间接损失；与有过失）在一起由 D 的过失所导致的交通事故中，P 的右手受到了伤害，P 在六个星期内无法从事钢琴教师的工作。P 因此而遭受了收入损失。假设 P 的行为有过失并且他的过失促成了他的疼痛与痛苦，但其过失对其工作能力和收入损失没有影响。D 的责任范围如何确定：a) P 的疼痛与痛苦；b) 他的收入损失？在当前案例中，收入损失是否被当做一项需要单独进行救济的独立的损失？

前文已经解释过，依受害人自己的可归责性而对应付赔偿额进行相应扣减，须就每一损害类型予以分头处理，毫无疑问，进行有差别的分别估算，是为了对应民法典第 823 条第 1 款的列表中不同权利和利益所遭到的侵犯。

当前案件与上述情况不同，因其只有一项主观权利被侵犯，也即健康与身体完整权。P 诉求的其他损失种类——损失的收入、身体伤痛与精神痛苦，都是因同一主要损失——也即人身伤害——而间接衍生的。然而，一般原则倾向于认为本案的处理应同于几项不同权利遭受侵害的案件，根据民法典第 254 条第 1 款进行的赔偿金

28　　　另外还需牢记，无论如何疼痛和痛苦的损害构成一种特殊类型的损失，须与金钱损失的赔偿分开来处理（前文边码5、8、19）。非仅如此，在疼痛与痛苦领域，与有过失问题并非在赔偿数额确定以后再考虑，以便从最初确定的数额中减去一定量。相反的，与有过失是法庭在一开始评估疼痛与痛苦的赔偿金时必须考虑的因素之一。而当与有过失对受害人收入能力并无负面影响时，为何不也如此这般处理，是没有道理可讲的。

　　　7. 案例研究（间接损失；时效）2000年1月，D闯入制造计算机设备的P公司的生产车间，损坏了一些高科技配件，而这些配件原本是准备交付给其他制造商的。由于D的闯入和损坏行为并没有被P公司的职工立即注意到，一些受损的计算机设备被交付给不同的制造商（A、B和C）而没有在发货前进行充分的维修。因此，P必须赔偿客户A的损失。2002年1月，在对D进行成功的追偿后，P又被客户B诉请损害赔偿；2003年1月，P又遭到客户C的索赔。对B和C的赔偿应被看做是间接损失，即D所造成的总损失的一部分，还是必须进行单独救济的独立的损失？就P因对A、B和C的赔偿而提起的追偿诉讼而言，诉讼时效的起算日期是哪一天？

29　　　对B和C的赔偿应被看做是间接损失，该损失是因被盗，或更准确地说，因应由D负责的、侵害P的电脑配件的财产权而衍生的损失。倘非如此认定，则对B和C的赔付就根本不能追偿，因为那样它们就会沦为纯经济损失，而对纯经济损失的责任，只能视侵权人是否意图造成特定损失而定（《德国民法典》第826条）。

30　　　至于诉讼时效问题，民法典第195条规定时效期间为三年。期限自请求权产生当年的年末开始起算，条件是原告知悉该请求权以及知悉责任人或其未注意构成严重过失的人（民法典第 199 条）。假设 P 公司在 2000 年内得知被闯入情况，三年时效期间自 2001 年 1 月 1 日起算。

在一次侵权带来一系列后续损失的情况下，关键的问题是关于损害请求权发生于何日。答案是由一个被称为"损害一体性原则"（*Prinzip der Schadenseinheit*）的观念所给出的，[29] 大体而言，该原则主张，对于因同一或相同侵权行为引起的数项间接损失索赔的请求权，产生于最早的损失之时。换言之，受害人首次因被诉侵权行为导致一项损失之时，其对于全部间接损失的赔偿请求权即产生。只要受害人在第一项损失显现之际已经认识到损失发生，或者只需有最低注意就本应意识到其发生，则时效期间从最早的损失显现之时的当年年末开始起算。

损害一体性原则（*Schadeneinheit*）也会有例外，这是肯定的。在长尾损害场合有一个严重的危险情况是，甚至在未来的损失尚未显现之时其时效就已过期，在这一背景下，受害人就始终没有机会来主张权利。为避免这一荒谬结果，损害一体化原则的应用受到限制，仅限适用于那些在最初的损害出现时能够合理预见到的损失，而只需被害人得知或应当得知最初损害的出现（民法典第 195 条、第 199 条第 1 款）。[30] 至于某一特定损失能否预见，须以一个客观立场判断，比如征询一个有平均训练的医疗从业人员能否预见到进一步的损害会在未来现形，也就是说，受害人是否会随着时间流逝遭

---

[29] BGHZ 50, 21, 24; BGH NJW 1998, 1488; Palandt-*Heinrichs*（fn. 23） § 199 para. 14; *W. Henrich/G. Spindler* in: H. G. Bamberger/H. Roth（eds.）, Kommentar zum Bürgerlichen Gesetzbuch（2nd ed. 2007） § 199 para. 27 f.; *H. Grothe* in: MünchKomm（5th ed. 2006） § 199 para. 9; cf. also *F. Peters* in: J. v. Staudinger, Kommentar zum Bürgerlichen Gesetzbuch（2004） § 199 para. 34.

[30] BGH NJW 2000, 861, 862; NJW 1979, 268, 269; NJW 1973, 702; BGH NJW 1997, 2448, 2449.

受更多损失。³¹ 这一做法初看有些出人意料，因为其参考的不是受害人本人的预见力而是专业人士的预见力。如果在第二场争执中征召的专业人士把有关间接损失归为当时情况下的典型损害，该间接损失就是事实上可预见者。³² 法院指出，受害人在提起索赔之诉前通常会咨询专业人士意见，这一事实可说明法院上述做法的正当性。³³ 如果情况如此，受害人有机会通过提起请求确认判决来阻止时效过期，如获成功，法院判决即可确定使被告对将来的损失承担责任。

33　　最高法院不大情愿依上述标准把一个间接损失归类为不可预见者，法院预设的前提是，通常而言，能够预见同一侵害会带来更多损害。当然这一惯例也允许有例外，即当一次侵害衍生出的严重后果比较罕见之时。

34　　评论者批评损害一体性原则强行推定受害人能够像特定的损害领域中的专家一样拥有同样的知识，这对于受害人过于严苛。³⁴ 最近以来，法院也显得有些过意不去，开始允许原告援引诚实信用原则（民法典第 242 条），以对抗被告关于时效已过的抗辩。³⁵

35　　在当前案例中，看来法院不大可能会认为：对于 2003 年引发的损失，是察觉非法入侵事件之时，也即 2000 年，所不可预见者。假定对 2000 年造成的损失，不得在三年之后，也即 2003 年 12 月 31 日之后诉请索赔，任何进一步的索赔请求统统罹于时效。

8. 在你们国家的侵权法中，有没有未被提及的其他情况，从中，一项损害应被看做一项间接损失而属于"主要损失"的一部分，还是应被看做由同一侵权行为或不作为所导致的一项独立的损害，这

---

[31] BGH NJW 1991, 973, 974; BGH NJW 1997, 2448, 2449; BGH NJW 2000, 861, 862; Bamberger/Roth-Henrich/Spindler (fn. 29) § 199 para. 27, with further references.

[32] BGH NJW 1991, 973, 974.

[33] BGH NJW 2000, 861, 862.

[34] Staudinger-Peters (fn. 29) § 199 para. 35.

[35] BGH NJW 2000, 861, 862.

个问题有着决定意义？

参见上文边码22及以下。

C. 责任限额与最低起赔额

9. 请说明在你们国家的侵权法中，如果存在赔偿限额的话，损害赔偿责任何时会受到限制。在这些情形中，是否存在用来解决下述问题的成文法规定或判例法原则：所造成的损失是作为一项不可分割的损失——在这种情况下侵权行为人的责任从整体上受到最高数额的限制——还是多个相互独立的损失，侵权行为人对每一项损失的赔偿责任分别受最高数额的限制？

德国一般侵权法（不法行为法）中并无责任限额的规定，这可以理解为，是为了强调行为人应对其过去的不法的和有过错的行为负责任。因此，适用赔偿责任限额的领域限于严格责任领域。德国严格责任法的一个标志性特征，是把侵权人的责任限定在一定最高数额范围内。这表现在交通事故领域（《道路交通法》第12条）、铁路运输（HPflG 第9、第10条）、航空运输（LuftVG 第37条）、产品责任领域（《产品责任法》第10条）、环保责任（UmweltHG 第15条）以及遗传工程领域（GenTG 第33条）。[36]

上面所引有关条款的清单表明，并没有一部制定法专门规定严格责任问题，而是由几部特别法规以专项解决的方式，处理某些特定危险来源问题。不过，这些零散的规定都有着共通的原则，有关原则可总结如下：

- 法定限额对人身伤害和财产损害分别处理，有关法律对两类损失分别规定了最高责任限额。

- 有关法律并不局限于仅有一名受害人受损害的情况，而且也调整有多数受害人的情况，在道路交通领域，依事故中受伤的是一人还

---

[36] 详情请参阅 *Kötz/Wagner* (fn. 1) para. 536 ff.

是多人，适用不同的限额规定（《道路交通法》第12条第1款）。

• 在涉及多名受害人而被告承担的最高限额不足以赔偿全部损失时，法律为其提供了一个分配机制。在这种情况下，被告应付的最高赔偿额须按比例对各受害人分摊，每名原告的请求权，都须依照其自身损失和总损失的关系来削减相应的数额，如果涉及多名受害者的交通事故对人身伤害的责任限额规定为300万欧元（《道路交通法》第12条第1款第2句），而事故造成的总损失达600万欧，那么每一名被告都就其损失各获得50%的赔付。

10. 请说明在你们国家的侵权法中，如果存在最低起赔额的话，受害人何时必须要承受最低起赔额以下的损失。在这些案例中，是否存在用来解决下述问题的成文法规定或判例法原则：损害是被看做一项不可分割的损失——因此受害人只须自行承担一次低于起赔额的损失——还是多个相互独立的损失，从而多次适用起赔额？

39   在德国法中，赔偿的最低起赔额十分罕见，存在起赔额的唯一情况是在《产品责任法》中规定的产品责任案件中（《产品责任法》第11条），该法当然源自于《欧共体产品责任指令》第9条b），对于依该法提起的关于财产损害的赔偿请求，受害人须承担的份额是500欧元。该起赔额在实践中的影响力微乎其微，因为一般侵权法与《产品责任法》及《欧盟指令》的规定并行，这就是为什么就财产损害提起的索赔请求通常依《德国民法典》的第823条第1款提起，而非根据《产品责任法》起诉的原因所在。[37]

40   《产品责任法》第11条规定的起赔额运作起来有点像扣除额：每一笔关于财产损害的索赔都要被减去500欧元，结果是，未达到该起赔额门槛的小额请求将被扣减至零。[38] 为了该扣减额的适用，需

---

[37] *G. Wagner* in: MünchKomm (5th ed. 2009) § 11 ProdHaftG para. 2.
[38] OLG Hamm VersR 1993, 765, 766; cf. also LG Lübeck VersR 1993, 1282, 1283; *J. Kullman* in: J. Kullman/B. Pfister (eds.), Produzentenhaftung, Vol. 1, chap. 3608, 14.

要首先算出总赔偿金额，在这里，又一次，因对法律保护利益的同一次侵犯（在当前背景下指"物件损坏"）所引起的间接损失，被作为单一不可分的损失处理。如此一来，假如一辆汽车在道路事故中被损坏，汽车修理的费用、该车价值的减损以及在修车期间另行雇车的费用，都要相加起来构成一个单一不可分的整体损失。[39] 当相加完毕，再从这一赔偿金总额中一次性适用扣减额。

当同一事故中有数件物品被损时，亦遵循同样办法。如果这数件物品分属不同人所有，则每名原告须就其请求接受 500 欧元的扣减额，当这些物品统属一人时亦无不同。在这里，照例第一步先计算由涉及缺陷产品的事故所造成的财产损害赔偿金总额，然后再适用扣除额。如果不这样，而是就每件物品受损提出的每个索赔请求都减去 500 欧元，这种做法恐怕无人赞成，因为其结果会造成使产品质量法只保护价值 500 欧元以上的财产。

11. 案例研究（产品责任中的最低起赔额）由于电力系统的短路导致 P 停放的汽车被完全烧毁。这场火还烧毁了 P 存放在汽车后备箱里的高尔夫装备和汽车电话系统。P 向制造商提出索赔，其依据是制造商对缺陷产品的责任。全部损失——汽车的电话系统、汽车本身和高尔夫装备——被看做是一项不可分割的损失，还是多个相互独立的损失？欧盟产品责任指令对于财产损失赔偿规定了最低免赔额。对每一项损失单独适用起赔额——例如，P 的汽车、汽车电话系统和高尔夫装备——还是只对总额适用一次起赔额？能否进一步主张，高尔夫包的损失和高尔夫球杆的损失也应作为单独的损失来对待？

39　MünchKomm-*Wagner*（fn. 37）§ 11 ProdHaftG para. 4.

42　如前面所解释过的（上文边码41），由欧共体《产品责任指令》第9条b）所规定、并经《产品质量法》第11条转化为德国国内法的最低起赔额规定，被认为只就同一事故引起的财产损害的赔偿请求权适用一次。在当前这个虚构案例中，该原则要求把全部损害当做一个单一不可分的总损失处理，其中包括电话系统的损害，以及——非常悲摧的——高尔夫设备的损害。不过在此必须强调一点，这些观点都是由学术评论发展出来的，迄今为止法院尚无机会考量此问题（因尚无相关判例）。

43　这里还必须加一个限定条件，欧共体《产品责任指令》第9条b）和德国《产品质量法》第11条所允许的财产损害赔偿，只是对缺陷产品自身之外的其他财产的损害而言。在当前的虚构案例中，汽车正是缺陷产品，因此，汽车自身的损害不能依《产品质量法》获得赔偿。

44　在类似本案的情况下，关于依产品质量法应把汽车毁坏的损失排除不赔的观点，并不具有普遍性。颇有些评论者坚持这一看法，即欧共体《产品责任指令》第9条b）和德国《产品质量法》第11条的排除规则只适用于一件产品中有缺陷的零部件，[40] 在当前的虚构案例中，该观点认为车主不得就有缺陷的电路系统寻求赔偿，而汽车的"剩余部分"本身是无缺陷的，其损失则须赔偿。然而，这套"复杂结构理论"，在产品质量法领域比在一般侵权法领域更不受赞同，因此权威的观点仍然是不得赔偿汽车自身的损害，不过对汽车的损害，却可以根据民法典的第823条第1款提出赔偿请求。[41]

---

[40] K. Mayer, Das neue Produkthaftungsrecht, VersR 1990, 691, 698; *H. Buchner*, Neuorientierung des Produkthaftungsrechtes?, Der Betrieb (DB) 1988, 32, 36; *J. Oechsler* in: J. von Staudinger, Kommentar zum Bürgerlichen Gesetzbuch (2003) § 1 ProdHaftG para. 19 ff.

[41] Cf. BGH NJW 1977, 379, 380; BGHZ 86, 256 = NJW 1983, 810; BGH NJW 1985, 2420; BGHNJW 1992, 1678; BGH NJW 1996, 2224, 2225; MünchKomm-*Wagner* (fn. 37) § 823 para. 126 ff.

12. 在你们国家侵权法中，在确定责任限额和最低起赔额时哪个标准是起决定作用的？对以下因素要特别考虑：损失的类型（例如，人身损害或财产损害）；责任形式（例如，过失责任或严格责任）；受害人或侵权行为人的个人特征（例如，雇员、未成年人、专业人士）；其他标准（例如，年金赔付或一次性赔付）。如果法律承认这些区分，那么，能否进一步主张，受害人因一起侵权行为或不作为而遭受的损失须被看做是多个单独的损失，其中一些损失受制于责任限额或最低起赔额，而另外一些损失则不适用？

如上文所释，在当前德国法中仅存的最低起赔额规定，是《产品质量法》第11条，而该条只适用于财产损害，不适用于人身伤害。 45

在一般侵权法领域内，最低起赔额闻所未闻，而责任限额又不能适用。限额一般存在于严格责任领域，其在德国法中是一个单行制定法的问题，相应法规中通常会包含此类条款，以下两个除外：《水资源保护法》第22条规定的水源污染责任、《核能法》第31条第1款规定的核设施经营者的责任。 46

那些引入严格责任制以及责任限额制的有关法规，对人身伤害和财产损害加以区分，对这两类损害适用不同的限额规定。在每一类损害内部，同一受害人因同一或相同事故或事件而造成的损失，作为一个不可分割的损失处理。《责任法》（HPflG）第9条和《道路交通法》第12条第1款似乎是仅有的两部设定不同限额的法规，其限额依受害人是以年金形式还是以一次性形式获赔而不同，在前一种情况下，被告负担的最高赔偿额是每年36,000欧元，或是一次性600,000欧元，这两个数字都是对一个受害者来说的。 47

D. 多个损失

13. 当两个以上当事人共有的财产受损时，由此而产生的损害是否被看做是每一位当事人的权利均受到侵害而导致的多个相互独立的损失？

48 　　在德国法中，对多数人的共有财产的损害构成单一损害还是多个损害这个问题并不讨论。第一步，须排除财产为股份公司或私人公司所拥有的情况，在此情况下请求权属于拥有系争财产所有权的该法人。

49 　　设若该财产是由数个当事人以共同所有的形式拥有，应对其适用《德国民法典》第 1008 条及其以下条款的规定，在这些条款中，《民法典》第 1011 条规定：基于所有权的请求权可由任一共有人以自己的名义主张，财产损害赔偿请求权被认为是符合 1011 条所称"基于所有权"的要求。[42] 不过，关于各共有人皆可以自己名义提起索赔请求的规定，并不意味着他可以独吞最终判给的赔款，反过来，该赔偿请求必须为全体共有人的共同利益而主张，全体共有人被视为民法典第 432 条意义上的共同债权人。[43] 因此，为共有财产主张索赔请求权的某个共有人，担负了共有财产管理人的职能，尽管其并没戴着这项头衔。

50 　　刚才讲的一大堆道理，对于当前我们所探讨的问题又说明了什么？看起来德国民法典认为，对于一项由共有人共同所有的财产造成的损害，是一项单一不可分的损失。

　　14. 案例研究（共有）P1 和 P2 是一幢建筑物的共有人，该建筑物因 D 的恶意纵火而被毁损。P1 和 P2 所遭受的损害应被看做是一项单一的不可分割的损失，还是 P1 和 P2 分别遭受的两项损失，类型选择的后果是什么？

51 　　由上文所述可知（上文边码 49 以下），答案是直截了当的：在德国民法典的第 1011 条、432 条规定的共有制度下，对共有财产的损害须被视为单一不可分的一项损失，P1 和 P2 有权单独或联合地

---

[42] BGHZ 121, 22, 24 = NJW 1993, 727 f.; BGH NJW 1996, 117, 119; *K. Schmidt* in: MünchKomm (4th ed. 2004) § 1011 BGB para. 2; *P. Bassenge* in: O. Palandt, Bürgerliches Gesetzbuch (2009) § 1011 para. 2; *R. Stürner* in: Soergel, Kommentar zum Bürgerlichen Gesetzbuch (2001) § 1011 para. 2.

[43] BGHZ 106, 222, 226 = NJW 1989, 1091; see also fn. 41.

对 D 采取法律行动，作为选项，每名当事人都可以单独起诉，但须为全体共有人的利益为之，在进行这样的诉讼之时，共有人无需获得其他共有人的授权，这都说明该损害是单一不可分的损失。

15. 案例研究（所有权和使用权）P1 对林地拥有所有权，P2 拥有采伐林木的权利。D 因过失引发了火灾而使林木被毁，P1 和 P2 所遭受的损害应被看做是一项不可分割的损失，还是两项相互独立的损失，类型选择的后果是什么？

根据德国法，答案取决于 P2 拥有的使用权的性质，如果该权利仅仅建立在合同基础上而非根据物权法取得，那么 P2 就根本得不到赔偿，因为他的损失会被归类为纯经济损失。 52

假设把这项采伐林木的权利转化为物权，类似一项地役权或土地的综合用益权，则 P2 就根据民法典的第 1027、1065 条产生赔偿请求权。[44] 至于这项请求权与并行的所有人（P1）的请求权之间的关系，在德国法中讨论不多。在 P1 和 P2 权利有所交叠的程度内，正确的解决方式应该是适用民法典的第 432 条，也即，允许每名共同债权人对 D 采取法律行动，但只能为所有权人和对土地享有限制权利的使用人的共同利益为之。[45] 53

E. 多个损失与多个侵权行为人

16. 在何种条件下可认定多个侵权行为人共同引发了受害人的单一损失？在何种条件下可以认定多个侵权行为人导致了同一受害人的多个相互独立的损失而需要对这些损失分别进行救济？多个侵权行为人对损害承担连带责任的前提条件是什么？能否主张，多个侵权行为人分别导致了多个相互独立的损失，但是，与此同时这些侵权行为人需要对损失整体承担连带责任？

---

[44] *H. Falckenberg* in：MünchKomm（4th ed. 2004） § 1027 BGB para. 10；*T. Pohlmann* in：MünchKomm（4th ed. 2004） § 1065 BGB para. 3.

[45] MünchKomm-*Pohlmann*（fn. 44） § 1065 BGB para. 6.

54　　那些调整多数侵权人责任的规则，本身就建立在单一损失和多项损失区分的基础上。涉及多数人侵权的问题由《德国民法典》第830条、840条调整，民法典第840条第1款规定，数人对某一侵权行为所产生的单一损害负有赔偿义务的，该数人须对全部损害承担连带责任。

55　　《民法典》第830条第1款第1句和第2款，具体规定了数人为同一行为负责的情况，其规定，数名共同实施侵权行为的责任人，各自都要对全部损失承担责任，该原则不仅适用于共同侵权行为的参加者，而且还适用于刑法中规定的教唆人和帮助人。

56　　民法典的第830条第1款第2句将相同原则适用于择一因果关系（alternative causation）的情况，也即能够确定数名被告中的某一个造成了损失，但原告又无法精确查明究竟是其中哪一个实施了侵权行为的情况。

57　　《德国民法典》第830条、840条所明文规定的连带责任体制，适用于源自同一侵权行为的损失（den aus einer unerlaubten Handlung entstehenden Schaden），也就是说，建立在单一损失观念的基础上。为避免混淆，谈论某一类型损害最好按照德国法的做法，把侵害主观权利造成的所有损害都作为一个单一的总损害。

58　　在民法典的第830条第1款第1句和第2款的领域内，借用了刑法中的共犯、教唆犯、帮助犯等概念，因其侵害行为造成的全部损害都可归责于所有的共同侵权人，其结果是，这些人中的某一个不能通过证明损害的某一特定部分是由其同伙单独造成的而获得宽免。[46]

59　　在民法典的第830条第1款第2句的范围内，人们都接受，如果能够查明一条原因链，可把损害中的某一特定部分归责于某个侵

46　MünchKomm-*Wagner* (fn. 37) § 830 BGB para. 17 ff.

权人，那么就应优先使用单独责任原则，而非共同责任原则。[47] 换句话说，该规定只在无法查明众多被告中的哪一个造成了某部分损害时才适用。这一限制非同小可，因为《民事诉讼法典》第 287 条的程序规则，允许法官就赔偿金额问题及主要损失与间接损失之间的因果关系问题行使自由裁量权，因此，法院有权行使裁决，并估计总损失中的这一部分是被告 D1 造成的，而那一部分是被告 D2 造成者，在这样对部分损失进行归因后，对于总损失的剩余部分才可适用连带责任。《民事诉讼法》第 287 条的限制曾备受争议，而且在多数侵权人之间进行损害归因的正确方法也不清楚，就当今法律而言，似乎依《民事诉讼法》第 287 条进行的对部分损失的归因只宜对不同损害进行。一个讨论到这一问题的判例，涉及一栋房屋因临近的几个采石场发生爆炸而受损。[48] 联邦最高法院认定，在对几家采石场经营者课加连带责任之前，法院必须先查明房子的哪一条裂缝是由哪一家采石场造成的。显然，这无关于各部分间接损失的分摊，同样，亦非对每家采石场引起总损失中的一定部分的盖然性的评估，而不过是对德国侵权法的权利本位思想的一种扩张而已。如果说每一条裂缝自身构成一项独立的损害，很容易得出结论说每家采石场经营者均须对自己所造成的裂缝的后果独立承担责任。

17. 案例研究（连带责任和分别责任）D1、D2 和 D3 计划抢劫一对夫妇 E 和 F。D1 在汽车里等候，并负责逃跑。D2 将使用枪控制住这对夫妇并从 E 身上拿走钱，D3 将取走 F 佩戴的珠宝。D1、D2 和 D3 同意如果有必要将使用暴力。由于 E 对 D2 进行防卫，D2 开了枪并伤害了 E，E 随后就其医疗费用和疼痛与痛苦提出索赔。F 请求

---

[47] BGHZ 66, 70, 75 ff. = NJW 1976, 797, 798 f.; BGHZ 72, 289, 297 f. = NJW 1979, 164, 165 f.; BGHZ 101, 106, 113 = VersR 1987, 1193, 1194 f. = NJW 1987, 2810, 2812; BGH NJW 1995, 1286, 1288; MünchKomm-*Wagner* fn. 37) § 830 BGB para. 44, § 840 BGB para. 1 ff.

[48] BGHZ 66, 70, 75 ff. = NJW 1976, 797, 798 f.

返还她的珠宝，并且，由于珠宝在争抢中受到了损害，因此，F 还就修补费用提出索赔。在这个案例中，是存在一个总体损失，其可就相同范围归责于每一个侵权行为人，还是存在数个相互独立的损失，每一项损失可归责于一名不同的侵权行为人？如何确定 D1、D2 和 D3 的责任范围？

60　　关于本案构成的是一项损失还是多项损失，是德国法上的一个尚在争论中的问题，因 D1、D2 和 D3 共同实施了犯罪行为，依民法典的第 830 条第 1 款第 1 句和第 2 款，他们对于 E 和 F 的损失承担连带责任（前文边码 56 及以下）。至于 D1、D2 和 D3 各自是否构成犯罪，须依刑法而非民法加以判断。[49]

61　　话题现在转到一项损失/多项损失这个问题，德国侵权法的权利本位思想已经为此提供了答案，对合法权利的每一次侵犯及其带来的间接损害，构成一个独立的损失。

　　18. 案例研究（人身损害被明确排除）假设事实与上述案例相同，如果 D1、D2 和 D3 最初同意不使用暴力，但是，当 E 未听从 D2 的命令时 D2 开了枪，该案是否因此而得到不同对待？在这个案件中，对于 E 的伤害，是由 D2 一人承担全部责任，还是可将其看做一起可在同等程度上归责于每一个侵权行为人的整体损失，从而认定 D1 和 D3 也要对损失负责？

62　　D2 须对 E 的损失承担责任，并应赔偿 E 的损失，而其他加害人则对 E 的损失不承担责任，因为 D2 的行为已超出了同伙们共同达成的犯罪计划的范围。[50]

---

[49] BGHZ 63, 124, 126 = NJW 1975, 49, 50; BGHZ 89, 383, 389 = NJW 1984, 1226, 1228; BGHZ137, 89, 102 = NJW 1998, 377; BGHZ 164, 50, 57 = NJW 2005, 3137; MünchKomm-*Wagner*（fn. 49）§ 830 BGB para. 7.

[50] BGHZ 59, 30, 42 = NJW 1972, 1366, 1369; BGHZ 63, 124, 128 = NJW 1975, 49, 51; BGHZ89, 383, 396 = NJW 1984, 1226, 1229; MünchKomm-*Wagner*（fn. 49）§ 830 BGB para. 20.

F. 损害的可分割性和因果关系的不确定性

19. 为了处理与证明因果关系有关的问题——特别是在大规模侵权的背景下——有些地区发展出一些例外规则，以被告制造了风险为由对其施加责任，而无论有无证据显示被告的行为是原告所受伤害的"若非则无"（sine qua non，必要条件）意义上的原因。你们国家的侵权法是否承认这些规则？如果承认，什么被认为是受害人已经遭受的损失？

民法典第830条第1款的第2句，为旨在缓解"若非则无"检验规则的设想提供了一个立足点。学者之间对此展开了广泛的讨论，重点围绕市场份额责任以及一般比例责任这些概念。[51] 还有些学者认为民法典第830条第1款的第2句的狭隘限制应当被抛弃，以利于连带责任有更广泛的应用范围。[52]   63

迄今为止，法院不情愿采纳上述任何建议，比例责任制被拒绝采用，理由是，其与德国侵权法的立法框架相冲突，把制造损害风险等同于损害的原因。[53] 在被告行为与原告遭受的损害之间，如缺乏因果关系的证据，就不能认定责任。   64

关于重新解释民法典第830条第1款第2句的建议，同样未被法院采纳，联邦最高法院反倒坚持这一原则：适用第830条第1款第2句中的连带责任制须符合以下要求：[54]   65

---

51 *Wagner* (fn. 6) 80 ff.；*id.*, Proportionalhaftung für ärztliche Behandlungsfehler de lege lata in：Festschrift für G. Hirsch (2008) 453 ff.

52 *C. von Bar*, Empfehlen sich gesetzgeberische Maßnahmen zur rechtlichen Bewältigung derHaftung für Massenschäden?，Gutachten zum 62. Deutschen Juristentag, in：Verhandlungen des 62. Deutschen Juristentags, Vol. I, 1998, A 70 ff.；*T. Bodewig*, Probleme alternativer Kausalität bei Masseschäden, Archiv für die civilistische Praxis (AcP) 185 (1985) 505, 525 ff.；*T. Braun*, Haftung für Masseschäden, NJW 1998, 2318, 2320 f.

53 *G. Müller* in：Verhandlungen des 66. Deutschen Juristentags, Vol. II/1 (2006) L 28 f.；*J. Taupitz* in：Verhandlungen des 66. Deutschen Juristentags, Vol. II/1 (2006) L 75 f.

54 BGHZ 172, 355, 358；BGHZ 101, 106, 108；MünchKomm-*Wagner* (fn. 37) § 830 BGB para. 36.

- 除因果关系的要求外，数名侵权人都实施了侵权行为，除因果关系的要求外的所有责任要件必须当庭证明。
- 能够确定无疑是数名侵权人中的一个实际造成了系争损害，这不同于无法排除损害可能由无辜第三人或受害人行为引起的情况。
- 尚不清楚侵权人群体中到底何人实际造成了损害，无论就损害的部分或总体而言。
- 数名侵权人中每个人所起的作用都足以引起被诉的损害。

66 在一起涉及奶瓶综合症的案件中，联邦最高法院拒绝适用《民法典》第830条第1款第2句，该案中的因果关系问题尚完全处于无知状态，因为下级法院不能确定两名被告所起的作用是否促成了损害，无论单独的或联手的。[55] 通过这一判决，最高法院在当时就已摒弃了把《民法典》第830条第1款第2句发展成在因果关系不明确情况下广泛适用连带责任的努力。

20. 案例研究（源于多种途径的暴露风险）V先后连续受雇于D1、D2和D3。在每一工作期间，由于雇主的过失V都暴露于石棉中。近来V已被诊断出患有间皮瘤，使其寿命预期严重缩减，该疾病系其在工作中暴露于石棉下所致。间皮瘤不是一种严重的疾病（不像石棉肺），并且，即使额外暴露于石棉中也不会加重其严重性。科学证据无法显示间皮瘤是由于在哪一工作时间暴露于石棉中所致，或由于在不同工作时期累积暴露于石棉中所致。在你们国家的侵权法中，D1、D2和D3能否被认定负有责任？如果负责任，V被认为已遭受了一起不可分割的损失，还是多项不同的损失？

67 关于石棉案件中雇主侵权责任的问题，并未出现在德国法中，在德国，与工作有关的损害的赔偿并非由侵权法调整，而是社会保障法调整，也即工伤赔偿制度。在被确认与工作有关的疾病名录中，

---

55 BGH NJW 1994, 932, 934.

间皮瘤赫然在列。[56] 因此这名患病的工人就符合享受社保帮助的条件，而那是相当慷慨的。负责任的社保部门将会提供健康护理，还会赔偿工人的薪金损失，如果工人死亡的，还会向其孤儿寡妇提供抚恤金。[57] 德国的工人赔偿项目以企业为唯一的资金来源，作为交换，雇主责任被排除。（社保法典第 7 卷第 104 条第 1 款）[58]

现在撇开社保法的专属性规定不谈，联邦最高法院是否会乐意对受害人的间皮瘤问题判赔，还是个未知数。[59] 讨论这一问题还是要从民法典第 830 条第 1 款的第 2 句的规定出发，如前文已经解释过的，法院至今限制其关于择一因果关系的适用范围，要求众多促成因素中的每一个都足以引起全部损害（前文边码 66）。假设在间皮瘤案件中，是否每一丝石棉纤维都足以致病这个问题尚无定论，那么就应得出合理结论：法院会拒绝采用连带责任。

21. 在所谓 DES 案件中，一些美国法院认定若干被告负有责任，即使被告与索赔者的损害之间的因果关系并不能像普通案件那样得到证实。这些案件处理的是多名被告与多名受害人之间的问题。尽管不可能证实哪一名被告损害了哪一位受害人，但每一名被告都要依其在 DES 市场上的份额承担按份责任（市场份额责任）。在你们国家的侵权法中，这样一种责任模式是否适当？如果适当，请基于下述案例说明什么被认为是已经遭受的损失。

前面已经提及，德国法院未曾表露出丝毫意愿，来接纳建立在概率学证据上的比例责任观念，德国人认为该观念违背了这一原则，即责任的成立须依因果关系的证明，而非因果关系的可能性的证明。

在评论者中，对比例责任制的利弊存在争论，一些学者遵循法

68

69

70

56　*G. Wagner*, Asbestschäden, Zeitschrift für Europäisches Privatrecht（ZEuP）2007, 1122, 1125 f.

57　For details cf. *Kötz/Wagner*（fn. 1）para. 594 ff.

58　出处同上，para. 600 ff.

59　*Wagner*（fn. 56）ZEuP 2007, 1122, 1129 f.

国的"机会损失"理论，主张恢复圆满状态乃至继续生存的机会，是一个值得法律保护的利益。[60] 但这一论调也无法改变这一事实："机会"并不在《德国民法典》第 823 条第 1 款所规定的主观权利名单中，因而机会损失的责任只可在合同中约定。[61] 还有些评论者颇为青睐比例责任的思维方式，建议对"若非则无"规则进行一定程度的调整，以容纳因果关系的不确定性。[62] 其基本思路，是使责任的定量问题取决于被告行为引起损害的可能性，若能完全确定被告引起系争损害，其责任的量是 100% 的，而当其因果关系的可能性只有 50% 时，责任的量也就只有 50%，以此类推。

71　2006 年，在德国法学界最显耀的政治平台"德国法律人大会"上，比例责任制是热议的焦点话题之一。大多数参加者支持联邦最高法院的立场，拒绝比例责任，维护传统的"全责或无责"体制。[63] 在医疗失误领域，联邦最高法院通过举证责任倒置来帮助患者一方。法院没有承认不确定的因果关系，而是把关于医生失误和患者健康受损之间原因链的证明责任倒置，由医方承担，不过，为避免过多类推和滥用，法院把这一做法局限于重大操作失误场所。[64]

22. **案例研究（市场份额责任）** D1、D2 和 D3 是制药商，其生产的药品都是基于相同的化学制剂并都在 A 国流通。在药品上市多年后发现该药品所使用的制剂具有致癌作用。P 是数千名受害人中的一员，像其他受害人一样，他无法证实其服用的是哪一家制药商生产的药品（D1、D2 或 D3）。但是，根据市场份额原理，P 能向他

60　G. Mäsch, Chance und Schaden（2004）292 ff.
61　出处同上，295 ff.
62　G. Wagner, Neue Perspektiven im Schadensersatzrecht—Kommerzialisierung, Strafschadensersatz, Kollektivschaden, in: Verhandlungen des 66. Deutschen Juristentags, Vol. I（2006）A57 ff.; id.（fn. 6）94 ff.; id., (fn. 51) Festschrift für G. Hirsch（2008）453, 459 ff.
63　Verhandlungen des 66. Deutschen Juristentags, Vol. II/1（2006）L 90.
64　BGHZ 107, 222 = NJW 1989, 2318; BGH NJW 2004, 2011, 2013; BGH NJW 2005, 427; MünchKomm-*Wagner*（fn. 37）§ 823 BGB para. 807 ff.

们（D1、D2 或 D3）中的任何一家提出索赔，尽管每家制药商的责任都受限于其在 A 国市场上的份额。如果依据你们国家的侵权法可以适用市场份额模式，那么，什么是每一家制药商所应负责的损失？这种损害场景应被看做是一起单一的不可分割的损失，还是多个相互独立的损失？

迄今为止德国法院尚未接受市场份额责任的概念，而且看起来也不大可能在不久的将来接受之（参见上文边码 69 以下）。

三、程序方面

A. 管辖

23. 依据你们国家的程序法，损害行为地或损害发生地对于哪一个法院有管辖权是否具有决定性意义？当损害行为在多个不同地点引发了多项不同的损失的时候，此类案件应如何处理？是否可以在同一个法院处理所有的损失索赔，即使这些损害是发生在多个不同的管辖区域内？如果可以，那么，整体损害是被看做是一项单一的不可分割的损失，还是多个相互独立的损失？

以下介绍的规则要点不是解决国际管辖权问题的，该问题须由欧盟 44/2001 号指令调整，其在欧盟各国范围内是统一一致的。[65] 同样的，根据 44/2001 号指令第 5 条第 3 号发展出来的欧洲法院的判例法也予忽略。

鉴于欧盟 44/2001 号指令不仅适用于欧盟内部不同法院之间的管辖权冲突，还适用于解决欧盟各国的法院与第三国法院之间的国

---

[65] 2000 年 12 月 22 日的欧盟委员会（EC）第 44/2001 号指令，即"关于管辖和民商事判决承认与执行的指令"，公报（OJ）L 12, 16. 1. 2001, 1–23。

际管辖权冲突,[66] 国内法中涉及管辖的法律规定只解决审判地点问题。具有侵权法性质的关于损害赔偿之诉的核心条文是《民事诉讼法》第32条，该条规定，依侵权法提起的诉讼（*Klagen aus unerlaubter Handlung*），应向行为实施地法院起诉（*Gericht, in dessen Bezirk die Handlung begangen ist*）。[67] 这样的措辞表明：施行加害行为或不作为的地点占主导地位，而且受害人毫无疑问应在此地点起诉。[68] 除此之外，法院还接受损害发生之地作为候补审判地点，[69] 在加害行为发生在某一地点而损害结果产生于另一地点的情况下，受害人有权选择向两者中任一地点的法院起诉（民诉法第35条）。不过，其原则范围也仅限于此，尤其是，受害者遭受间接损失（衍生损失）之地与管辖问题并不相关。[70]

就国内纠纷而言，欧洲法院在谢维尔案判例中采纳的百衲衣式原则并不可取。受害人有权选择加害行为地审判或损害发生地法院审判，哪怕是存在着数个相关地点。[71] 这一原则有极大的实践意义，不仅在涉及媒体侵权以及所谓隐私权的案件中，而且在侵犯知识产

66　ECJ C – 412/98, Group Josi Reinsurance Company SA v. Universal General Insurance Company (2000) European Court Reports (ECR) I-5925, 5955 para. 47; C-281/02, Owusu v. Jackson (2005) ECR I-1383, para. 24 ff.

67　For a thorough treatment cf. *G. Wagner*, Ehrenschutz und Pressefreiheit im europäischen Zivilverfahrens- und Internationalen Privatrecht, Rabels Zeitschrift für Ausländisches und Internationales Privatrecht (RabelsZ) 62 (1998) 243, 261 ff.

68　Entscheidungen des Reichsgerichts in Zivilsachen (RGZ) 72, 41, 44; BGHZ 124, 237, 245; 132, 105, 110 f.; *H. Roth* in: F. Stein/M. Jonas, Kommentar zur Zivilprozessordnung (22nd ed. 2003) § 32 para. 26; *M. Vollkommer* in: R. Zöller, Zivilprozessordnung (ZPO) (27th ed. 2009) § 32 para. 16.

69　BGHZ 52, 108, 111; 124, 237, 245; 132, 105, 110 f.; BGH NJW 1990, 1533; Stein/Jonas-*Roth* (fn. 68) § 32 para. 26; R. Hüßtege in: H. Thomas/H. Putzo, Zivilprozessordnung. Kommentar (30th ed. 2009) § 32 para. 7; Zöller-*Vollkommer* (fn. 68) § 32 para. 16.

70　BGHZ 52, 108, 111; BGH NJW 1977, 1590; NJW 1987, 592; OLG Düsseldorf NJW-RR 1988, 939, 940; OLG München NJW-RR 1993, 701, 703; Stein/Jonas-*Roth* (fn. 68) § 32 para. 29; Zöller-*Vollkommer* (fn. 68) § 32 para. 16.

71　Stein/Jonas-*Roth* (fn. 68) § 32 para. 37; Zöller-*Vollkommer* (fn. 68) § 32 para. 17.

权的案件中同样用处很大。当原告为其全国行销的产品申请了专利权、商标权或版权之时，则全国各个法院的司法管辖区域都是损害发生地，因此，原告可以在全德国所有法院中选择一家起诉。而原告往往会中意杜塞尔多夫的地区法院，因为该院在知识产权法方面颇负盛名。

24. 案例研究（国内管辖权；损失发生地）在 W 法院的管辖区域内，D 对 P 的食物投毒。在 X 法院的管辖区域内，该食物喂给了 P 的狗。结果 P 的狗在 Y 法院的管辖区域内开始呕吐并把 P 的汽车弄得一团糟。在 Z 法院的管辖区域内，P 自己食用了有毒的食品并因此而产生了胃痉挛和恶心。P 能在哪一处法院就其损失（被弄糟的汽车，疼痛与痛苦，收入损失）提出赔偿请求？能在同一个法院提出所有的索赔吗？

有关推理先假设，P 就其狗的因食用有毒食品引起的健康损害的索赔，未遇到与有过失的抗辩，在此前提下，上面提出的问题可在前文阐述的原则基础上回答（前文第 74 以下）。侵害行为发生的地点，也即食物投毒的发生地，是在 W 地，因此 W 地的法院有资格受理就该过错行为引起的任何类型的损害提起的赔偿之诉——弄脏的汽车、P 的疼痛与痛苦及其收入损失以及请兽医治疗狗的费用。此外，P 还有权选择向各损害结果地的法院起诉，由于损害发生在不同地点，如果 P 更乐意选择损害发生地起诉，他就必须把自己的索赔之诉拆分开。关于汽车弄脏的索赔须向 Y 地法院起诉，而人身伤害（疼痛与痛苦及其收入损失）的索赔请求则向 Z 法院而非 Y 法院起诉。如果 P 想避免这种拆分起诉而只愿意在一家法院起诉，他就必须回到加害行为发生地的法院，也即 W 地法院起诉。

B. 诉讼金额

25. 诉讼金额在诉讼的程序方面（例如，有关律师费、诉讼费、法律救济的认可，法院管辖权或其他原因事项）是否具有决定性作用？如果是，当基于一个单一的侵权行为或不作为而提起的请求被分解开并单独起诉时，是否会产生不同的结果？当损害被看做是一项单一的不可分割的损失或多个损失时，会有什么不同（如果有的话）？

77　　诉讼金额对上面所提到的各方面均有重大影响，也即，有关律师费、诉讼费，法律救济的认可，法院管辖权等问题。

78　　先从最后一点说起，德国司法系统在最初级上一分为二，第一审法院包括两类法院：区法院（*Amtsgerichte*）和州法院（*Landgerichte*）。根据《司法行政法》第23条第1款，5000欧元及以下金额的民事请求属区法院管辖，而超过该数额的民事案件则由州法院受理。如是，因某一次侵权行为或不作为引发的诉讼请求，如果拆分开来分别起诉的话，双方当事人很可能要奔走于几个地方法院，而非在一个区法院内诉讼。

79　　就诉讼的收费而言，德国司法体制按照法定的收费标准表执行，这些由公法所设定收费标准，包括诉讼费和律师酬金。前者属《诉讼费法》的部分内容（*Gerichtskostengesetz*，GKG），[72] 而后者的收费标准建立在《律师酬金法》的基础上，[73] 两种收费标准都是以递减方式设定的，也就是说，小额诉讼的费用占诉讼金额的比例，大于较高额诉讼中收费的比例。因此，提起一系列分别独立又互相关联的小额诉讼，比起只提起一件较大诉讼，成本要高得多。

80　　此处所使用的法律救济一词，不是指实体法上对侵权受害人提供的救济——因为实体法的救济，无论争议金额多少，全都是一样的——而是指当事人对于下级法院所做出的对自己不利的判决所能寻求的救济。而在这方面，争议数额显然关系重大。对于一审法院的判决不满的当事人有上诉的权利，而提起上诉要求的最低诉讼金

---

[72] Gerichtskostengesetz of 05.05.2004, BGBl I, 718.
[73] Rechtsanwaltsvergütungsgesetz of 05.05.2004, BGBl I, 718.

额是 600 欧元（民诉法第 511 条第 2 款第 1 句），也就是说，不满一审诉讼的当事人在一审中起码要输掉这一数额的官司，才可满足提起第二审的条件。不过，有时即便不够该 600 欧元的最低限额的要求，上诉也有可能被允许提起，要么经一审法院的同意（民诉法第 511 条第 2 款第 2 句），要么是上诉法院本身的同意（民诉法第 511 条第 4 项）。因此，诉讼金额对于能否上诉来说影响也有限。

上告（*Revison*）程序由联邦最高法院受理，对上诉法院的判决提出上告也是可以的，无论该上诉法院是州法院（*Landgericht*）还是州高等法院（*Oberlandesgericht*）。对任何二审判决的纠正，如果有利于法律适用的一致性或法律的发展，民诉法都是允许的（民诉法第 543 条）。其第一步，首先由二审法院来决定改判是否符合上告要求（法律适用的一致性或法律发展），若上诉法院不许上告，联邦最高法院仍然能受理该案，只要上诉人提交一份准予上告的动议（民诉法第 544 条）。这种补救措施的采用视以下要求而定，即上诉法院的判决对不满该判决的当事人课加的不利益超过 20,000 欧元［EGZPO 第 26 条（No. 8）］。很显然，如果把所有的损害索赔合并到一起诉讼中而非拆分开来分头诉讼的话，该最低限额要求更加容易满足。

C. 先前法院判决或和解的法律效力

26. 当一项请求已经历诉讼，并且终审法院的判决已经做出时，请求人在多大范围内被禁止就基于同一侵权行为或不作为而产生的进一步损害提起诉讼？作为后一起请求对象的损失被看做是已经被法院处理过的损失的一部分或者被认为是一项独立的损失，是否具有决定性作用？

前面已经提到过，德国民事诉讼法实行一种特别狭义的诉讼标的概念（*Streitgegenstand*），由原告来确定向法院提起的诉讼请求的范围。举个简单例子，设想一个案件的原告有或自认为有 100,000 欧元的金钱请求权，其来自于出售这一价值的资产，那么就由原告来决定，是对全额请求提起诉讼，还是只对其中一部分提出请求，比如 10,000 欧元。当仅对部分提出请求时，原告以后可再回来对剩余部分进行索赔。

83 把这些原则适用于赔偿之诉就可看出，损害是否源自同一或相同侵害，以及到底遭受几次侵害，这些问题对于既判力原则的应用都无足轻重。[74] 只要能确定原告诉求的只是部分赔偿，则司法判决就不影响未向法院提起的剩余部分的赔偿。不过，这一狭义的诉讼标的概念对诉讼时效问题却产生了一个严重后果：诉讼的提起只能在诉求的数额范围内中断时效。假设某当事人有 100,000 欧元的请求权，其第一步只起诉请求其中 10,000 欧元，则对于剩余的 90,000 欧元，时效期间继续进行。法律的这种规定起着强烈的督促因素作用，其激励当事人尽量就全额请求提起诉讼，特别是自从 2002 年把普通时效期间从 30 年改为 3 年以来。

84 再一次，对于疼痛与痛苦的损害而言，情况又有不同。在此领域内，法律推定原告提起的是全部请求，[75] 其结果是一旦初次请求已经解决，受害人不得再次向法院寻求追加赔偿。其例外情况，是即便专家都不能预见到的在初次诉讼的判决生效后出现的后续损害。[76] 如果疼痛与痛苦的赔偿问题非由法院判决而是由当事人自己达成的和解协议解决时，亦适用同样的规则。[77]

27. **案例研究（先前判决）** 在一起交通事故中由于 D 的过失导致 P 的汽车受损。P 就重新喷漆的费用起诉 D 而获胜诉。判决做出

---

[74] BGH NJW 1997, 3019; *D. Leipold* in: F. Stein/M. Jonas, Kommentar zur Zivilprozessordnung (22nd ed. 2008) § 322 para. 139 ff.; *K. Reichold* in: H. Thomas/H. Putzo, ZPO Kommentar (30th ed. 2009) § 322 para. 22 ff.

[75] BGH NJW-RR 2006, 712; BGH NJW 1988, 2300; Stein/Jonas-*Leipold* (fn. 74) § 322 para. 149.

[76] BGH NJW 1998, 1786; cf. also references in fn. 75.

[77] OLG Oldenburg VersR 2004, 64; Palandt-*Heinrichs* (fn. 23) § 253 para. 26.

后，发现不仅汽车的喷漆在车祸中受损，发动机也受损了。P是否被禁止就发动机的损害赔偿再次提起诉讼？发动机受损被看做是法院已经处理过的损失的一部分，还是一项独立的损失？

P把自己的第一次诉讼限于重新喷漆的费用，则其发动机损害的赔偿就未向法院提起，那么就发动机修理费用提起第二次诉讼，并不被既判力原则的效力所禁止。这一结论始终如此，无论该两类损失（喷漆损害与发动机损害）被归为单一总损失还是彼此区别的两项损失。然而应始终牢记的是，一旦向法院提起第二次诉讼时，三年时效期间已过期，那么被告就可以主张时效已过的抗辩。

28. 案例研究（先前判决和与有过失）事实与上述案例相同，但是，在处理P就重新喷漆的费用要求赔偿的问题时，法院判决因为P与有过失而减半赔偿。审理关于发动机损害赔偿的后一起案件的法院是否受先前法院所做出的与有过失的判决的约束？发动机受损是否被看做是还未被法院处理过的一项独立的损失，因而先前的判决对后面的法院没有约束力？

只有作为诉讼标的的请求才会受制于既判力的拘束。[78] 在第一场诉讼中做出的涉及重新喷漆费用赔偿的判决，其效力也仅限于喷漆问题上，而不得扩及关于发动机损害的赔偿请求。而既判力原则本身也限定在小范围内有效，其效力局限于判决的结果而不及于该结果据以成立的前提。[79] 如此，在当前案例中，审理第一场诉讼的法院所认定的下述事实：关于D引发了事故、关于事故造成了汽车油漆受损、关于P对事故有50%的可归责性等等，都不属第一个判决的排他拘束力。尽管审理第二次请求即关于发动机损害的法院，极有

---

[78] BGH NJW 2003, 3058, 3059; BAC NJW 2003, 1204, 1205; BGH NJW 1986, 2508, 2509; BGH NJW 1995, 967; H. -J. Musielak in: H. -J. Musielak, Kommentar zur Zivilprozessordnung (6th ed. 2008) § 322 para. 16.

[79] *L. Rosenberg/K. -H. Schwab/P. Gottwald*, Zivilprozessrecht (16th ed. 2004) § 152 para. 8 f.; Stein/Jonas-*Leipold* (fn. 74) § 322 para. 66 ff.

可能会重申第一场诉讼法院所认定的事实,但它绝不是受到法律约束必须遵循前面的认定,而毋宁说是对案件从头认识。在本案背景下,须强调上述这些规则都是程序性的,其运行亦与单项/多项损失的区分无关,若其涉及的是一个单独损失,由原告任意决定是否把其请求限定在损失的一部分上,如果这样做,既判力的效力亦受相应限制。

29. 案例研究(和解的法律后果)再次假设事实相同,但例外的是 P 最初的索赔是通过法庭外和解而非司法的方式解决的,P 是否会因先前和解的事实而被禁止再次提起诉讼?如果不会,那么,因与有过失而双方合意减少赔偿金是否会对第二起索赔诉讼具有约束力?所受损失被看做是一项单一的不可分割的损失还是多个损失是否具有重要意义?

87　　对比于判决来说,庭外和解并不发生类似于判决既判力的效力,既然如此,根据德国法,就算是判决书都没有扩及后续案件的约束力,和解的效力就更加弱了,和解协议的效力从不超越当事人双方赋予它的范围。

88　　问题取决于当事人双方,应由双方来限定其协议的范围,他们可以使该协议的适用范围超出当前争议事项的范围。若无迹象表明有相反约定,一份协议应理解为限于约束系争纠纷,而不应包括对其他未提及的损害的索赔请求。一如前例,系争损害可分和不可分的区别,并不具有决定性,甚至并不起主要作用。

D. 集团诉讼、代表人诉讼、示范诉讼和大规模侵权

30. 在你们国家的法律制度中,何种诉讼程序机制允许由多个不同的索赔人提起的赔偿请求在一个法院合并审理?如果不同的诉讼请求被合并,它们是被看做与一项单一不可分的损失有关呢,还是与多项损失有关?

最近以来，在德国关于各种集体法律实施手的讨论颇为热门，[80] 不过就当前法律实际规定来看，这些法律手仍然被限制在小范围内，尤其是，德国民事诉讼法不认可集团诉讼或与其类似的制度。

采取集体法律行动须使用传统的多数人诉讼模式，《民事诉讼法》第59条、第60条为其提供了可行性，如果讼争事项涉及相同的事实和法律问题，就可以据此规定把若干当事人合并到一场诉讼中。如果某一个法院对全体涉讼请求都有管辖权，把若干请求合并为一场诉讼就尤其容易。若非如此，各原告们还要申请更高级的法院根据民诉法第36、60条指定一个管辖地点。由于程序法并未对大规模共同诉讼提供足够的激励，又由于原告们的预期各自不同，潜在的共同原告群体内部的协调困难性众所周知。[81] 非仅如此，就算当事人成功建立了其团体，他们的诉讼请求仍然彼此有别，而必须由法院分别加以解决。诉讼合并的好处在于提高诉讼效率，因证人和专家只需传唤一次，通过诉讼合并节约的费用，部分地由原告受益，因为得益于收费标准的递减模式，参加一场较大的诉讼，比起进行一系列小额诉讼要省钱得多。不过，在律师费方面的开支节约多少，依赖于众原告协议选定同一名律师代理他们大家，那些保留自己专用咨询人的原告，须向自己的律师支付与他不参加共同诉讼时同样多的费用。[82]

80　*Wagner*, Gutachten zum 66. DJT（fn.62）A 106 ff.；*K. J. Hopt/D. Baetge* in：J. Basedow/K. J. Hopt/H. Kötz/D. Baetge（eds.）, Die Bündelung gleichgerichteter Interessen im Prozess（1999）30 ff.；*St. Eichholtz*, Die US-amerikanische Class Action und ihre deutschen Funktionsäquivalente（2002）305 ff.；*H. -W. Micklitz/A. Stadler* in：BMVEL（ed.）, Das Verbandsklagerecht in der Informations-und Dienstleistungsgesellschaft（2005）；critical：*R. Scholz*, Individualer oder kollektiver Rechtsschutz?, Zeitschrift für Gesetzgebung（ZG）2003, 248, 258.

81　Cf. *Eichholtz*（fn.80）238 f.

82　*R. Greger* in：R. Zöller, Zivilprozessordnung（27th ed. 2009）§ 147 para.10；*A. Stadler* in：H. -J. Musielak, Kommentar zur ZPO（6th ed. 2008）§ 147 para.9, § 145 para.35.

252 损害的合并与分割

91   如果《民事诉讼法》的第59条、第60条规定的合并当事人的要求得到满足，法院可以依职权把本院受理的待决请求合并审理（民诉法第147条），[83] 不过，对于不同法院受理的未决诉讼，并无这样的合并审理机制，除非在民诉法第36条第1款第3句的情形下，由其中一名原告提出申请。与此类似，如果同一法院的不同审判庭受理了若干关联诉讼，对其合并审理须经双方当事人一致同意。[84]

92   上述诸原则，同样无关于单一损失与多项损失之区分。

      31. 依据你们国家的法律制度提起集团诉讼（或与其最接近的对应程序）的前提条件是什么？请举出在你们国家的侵权案件中使用集团诉讼的例子。通过集团诉讼的方式进行索赔与每位受害者单独起诉索赔有什么区别？如果一名受害人对法院在集团诉讼中所做出的判决不满意，他能否以自己的名义提起独立的诉讼，如果a）他先前已经是集团诉讼的当事人；b）他从未成为集团诉讼的当事人？集团诉讼的判决的法律效果是什么？如果一群索赔人以集团诉讼的方式起诉要求赔偿，是否会导致将每一位索赔人的损害进行加总以使其被看做是一项单一的不可分割的损失？

93   集团诉讼在德国法中不存在，德国法中甚至没有与普通法国家的所谓集团诉讼近似的制度。当事人只有一个选择，他们可以向同一法院提起几个相关诉讼，并要求法院合并审理，即便是如此，诉讼仍然是各自独立的，而且必须以一案算一案的方式处理。

94   有时灾难降临，会发生广受关注的大规模侵权案件，其适例包括沙利窦迈药害事故、被艾滋病毒感染的血液制品的流通与使用或1998年在埃舍德村附近发生的高铁脱轨事故。在所有三大案件中，实际上实行的就是一种集体赔偿程序，但只是以一种特别方式为之。为了沙利窦迈药害事故受害人的利益，联邦政府成立了一个赔偿基

---

[83] Zöller-*Greger* (fn. 82) § 147 para. 3; Musielak-*Stadler* (fn. 82) § 147 para. 2.

[84] Zöller-*Greger* (fn. 82) § 147 para. 2; Musielak-*Stadler* (fn. 82) § 147 para. 2.

金，对此基金，该药品的制造商出资甚巨。[85] 二十年后，一些血友病患者接受治疗时，因被使用了艾滋病毒污染过的血液制品，从而感染了艾滋病，这时沙利窦迈事故的模式再度运用。[86] 而埃舍德案则遵循了不同的途径，德国铁路公司成立了自己的赔偿项目，[87] 该项目由一名前法官主持，负责把铁路方面提供的资金分发给受害者及其亲属。

32. 在什么条件下消费者保护组织可以代表一群受同一侵权行为影响的人提起诉讼（代表人诉讼）？请举出在你们国家的侵权案件中使用代表人诉讼的例子。法院在上述诉讼程序中所做出的判决对于每一位受害人单独提起的赔偿请求的法律后果是什么？如果某一位受害人对于法院在消费者诉讼中所做出的裁决不满，他可以自己的名义单独提起诉讼吗？每一位受害人所遭受的损害能否被看做是一项独立的损失，尽管它已经被法院在代表人诉讼的框架内处理过？

代表人诉讼被认为是一种高效的法律手，使得那些因数额太小而不值得以分别单独起诉方式提起的索赔成为可能，时至今日，代表人诉讼仍不能普遍运用，而只适用于特殊法律领域，而不包括一般侵权法领域。 95

在德国法中，由有关组织提起的代表人诉讼限于竞争法领域，而在竞争法领域中，又必须区分反不公平交易法（UWG）与竞争法（即技术意义上的术语反托拉斯法）。从事不公平贸易行为的企业，须对其造成的消费者损害承担责任。不过，在其典型情形中，其对于单个消费者造成的损失微不足道，举例如咖啡粉的生产商出售的 96

85　Gesetz über die Errichtung einer Stiftung, „Hilfswerk für behinderte Kinder ", BGBl I 1971, 2018 ff. ; cf. BGHZ 64, 30; BVerfG NJW 1976, 1783; *E. Deutsch/A. Spickhoff*, Medizinrecht (6th ed. 2008) para. 1164 ff. ; the original act, setting up the foundation has been replaced by the Contergansstiftungsgesetz of 18. 10. 2005, BGBl I, 2967 ff. ; cf. *S. Breuer/A. -K. Louis*, Medizinrecht (MedR) 2007, 223.

86　Gesetz über humanitäre Hilfe für durch Blutprodukte HIV-infizierte Personen, BGBl I 1995, 972; *Deutsch/Spickhoff* (fn. 85) para. 1174.

87　H. Koch, Haftung für Massenschäden, Juristenzeitung (JZ) 1998, 801, 805 f.

袋装咖啡，其重量略低于标签所示者，如果一袋应重 500 克的咖啡实际只有 495 克，就算是一个特能喝咖啡的人，其遭受的损失也不过几欧元而已。可是其对广大消费者造成的损失加起来算总数，就是一个非常庞大的数字，可能会高达几百万欧元。类似这样的例子，促使德国的立法者在 2004 年在《反不公平交易法》（UWG）中，增设了消费者组织的起诉权。当然，在此之前消费者组织也有权起诉，不过其可获得的救济手仅限于禁令救济，而不包括获得赔偿的权利。新的《反不公平交易法》（UWG）第 10 条（*Gesetz gegen den unlauteren Wettbewerb*，UWG）要求不法行为人系有意为之并且对大批消费者造成了损害，如果这一要求为消费者组织所证实成立，则企业的责任不是负责赔偿，而是必须退还由不公平交易行为获取的收益。只有那些根据《禁令救济法》（*Unterlassungsklagengesetz*，UKlaG）第 4 条第 2 款第 1 句登记为适格实体的消费者组织，才有权提起代表人诉讼。[88] 自 2004 年以来，这些组织另外获得了要求有关企业退还利润的权利，不过只能要求其退还给国库，在行使《反不公平交易法》（UWG）第 10 条规定的权利的过程中获得的任何收益，在扣除诉讼费用后，都应上交联邦财政。显然，这种体制把代表人诉讼获取的收益吸干，而把诉讼风险留给消费者组织承担，大大挫伤了以消费者名义并为消费者利益寻求执行《反不公平交易法》（UWG）的动力。[89]

代表人诉讼中做出的司法判决，对于由其他消费者组织提起的诉讼，无任何既判力效力约束。[90] 不过，不法行为人受到保护，不需

---

[88] F.-J. Säcker, Einordnung der Verbandsklage in das System des Privatrechts, Gutachten erstellt im Auftrag des Bundesverbandes der Industrie (2006) para. 19.

[89] *Wagner*, Gutachten zum 66. DJT (fn. 62) A 114 f.

[90] H. Köhler in: W. Hefermehl/H. Köhler/J. Bornkamm, Gesetz gegen den unlauteren Wettbewerb (UWG) Kommentar (27th ed. 2009) § 10 para. 18; cf. also P. Gottwald in: Münchener Kommentarzur Zivilprozessordnung (3rd ed. 2008) § 325 ZPO para. 82; Zöller-*Vollkommer* (fn. 68) § 325 ZPO para. 40.

赔付两次,这是《反不公平交易法》(UWG)第10条第3的规定,该规定又来自于民法典的第428条。根据该条规定,每个连带债权人均可行使全部连带债权,但债务人只有义务赔付一次。

消费者个人不受《反不公平交易法》(UWG)的保护,因此个人无权根据UWG第9条提起损害赔偿之诉。[91]尽管这并不妨碍其求助于一般侵权法,而后者却没多少实际好处,因为所诉的损害是纯经济损失,因而对这类损失无普通的过失责任可言,当然,消费者还可援引民法典的第826条,但该条要求被告故意引起罕见的损害,那是很难加以证明的。最后,不应忘记,单个消费者受到的损失通常是很小甚至微不足道的,因此为之花费一笔可观的费用去打官司维权,是很不划算的。鉴于这些原因,在竞争法领域,单个消费者的诉讼是停滞的。

UWG第10条的基本制度已经被移植到反托拉斯法领域,此处的相应条文是《反托拉斯法》(*Gesetz gegen Wettbewerbsbeschränkungen*, GWB)第34条a,该条是在2005年通过的。回溯到当时,初步的设想是遵循UWG第10条的模式,并授权消费者组织来向组织卡特尔的人或以其他方式限制市场竞争的人收缴其利益。然而,在议会讨论的最后关头,消费者组织被从授权行使利益追缴权的组织名单中划掉了。[92]该法通过后,只有商贸组织才可充任原告,这是很令人遗憾的,尽管消费者个人也被赋予了索赔请求权,其依据是GWB第33条,该条已经按照欧洲法院关于卡瑞杰诉格雷汉的判例进行了重

---

[91] Begründung zum Regierungsentwurf eines UWG, BT-Drucks. 15/1487, 22; *Köhler* in: W. Hefermehl/H. Köhler/J. Bornkamm, (fn. 90) § 9 para. 1. 10; cf. also BGH NJW 1974, 1503, 1505.

[92] For a critical account cf. *G. Wagner*, Prävention und Verhaltenssteuerung durch Privatrecht, AcP 206 (2006) 352, 408 f. ; *id.* Schadensersatz bei Kartelldelikten in: Th. Eger/H. - B. Schäfer (eds.), Ökonomische Analyse der europäischen Zivilrechtsentwicklung—Beiträge zum X. Travemünder Symposium zur ökonomischen Analyse des Rechts (2007) 605 ff.

构。[93] 这里的问题还是那个老问题，单个消费者因受到的损害极微而欠缺诉讼动力，而在另一方面，消费者作为群体遭受的损失总和却是巨大的，但根据现行法，又无人就群体损失有诉请赔偿的权利。

33. 你们国家的诉讼法是否规定了其他机制（例如，示范诉讼），可以将许多不同的赔偿请求合并起来由同一个法院来审理？必须满足什么样的前提条件？特别是，是否要求每一起请求赔偿的损失之间具有特别的联系（法律上的关联）？通过这种机制而将不同的索赔请求合并在一起会产生什么样的法律后果？

100　　从上面关于这个问题所述，已经能明确看出，德国法极不情愿采用集体赔偿手。不过，最近发生了一项革新，虽然其仅限于在证券诉讼领域，即《证券诉讼示范案例法案》（*Kapitalanleger-Musterverfahrensgesetz*，KapMuG）[94]。这一法定程序的开张第一案涉及德国电信公司，该公司在法兰克福法院遭到差不多15,000名投资者的起诉，因其在首次公开招股的招股说明书中未能正确对其不动产资产估价。[95] 要不是有柏林的立法者通过该法案帮忙，法兰克福法院说不定得用几十年的时间才能逐一解决每一起诉讼。

101　　KapMuG的立法者们意图提供一些类型的集体赔偿手，而无需借助于为德国工业界所深恶痛绝的集团诉讼模式（*à l'américaine*）。[96] 因此他们采用了示范诉讼程序的模式，该模式被认为更符合欧洲大陆民事诉讼法的传统。KapMuG的核心要点归纳如下：

● 对于涉及资本市场诈欺的诉讼请求，受理权限集中于一个法院，也即被告公司所在地的法院（民诉法第32条b）。

---

[93] ECJ C-453/99, *Courage v. Crehan* (2001) ECR I-6297 para. 27.
[94] Kapitalanleger-Musterverfahrensgesetz, of 16 August 2005 (BGBl I, 2437).
[95] LG Frankfurt, Zeitschrift für Wirtschaftsrecht und Insolvenzpraxis (ZIP) 2006, 1730.
[96] 关于KapMuG与美国集团诉讼的比较，参见 *T. Franklin/J. Heydn*, KapMuG—Class actions vor deutschen Gerichten, Zeitschrift für Vergleichende Rechtswissenschaft (ZVglRWiss) 105 (2006) 313。

- 只要有超过十件案件提交到有权受理的法院，每一名被告都可提议法院启动示范诉讼程序。
- 若启用示范诉讼程序的动议理由充分，就由上诉法院（Oberlandesgericht）从中挑选一个案件充当示范案件，而其他案件的诉讼程序中止，等待示范案件的审理结果。
- 等示范案件由上诉法院做出判决后，其余案件由一审法院解决，其处理要参照上诉法院在示范案件的判决中认定的结果。

对于 KapMuG 这部法令实值得好好探讨一番，而此处寥寥数言难以道尽。[97] 该法最大弊端是其在程序问题和律师费问题上，将示范案件与其他案件一视同仁，而没有为示范案件的律师提供一个激励机制，通过提高其律师费促使其更勤勉的工作。对于在一审程序中待决案件的律师，该法雨露均洒，使其不需就责任问题展开讼争就可以赚取足额律师费。不仅如此，该法要求一审法院对待决的大批案件逐一审理，每件都确保展开全部程序。[98] 而处理大规模侵权问题的高效机制绝不会这样规定，就算是如此，KapMuG 是在集体索赔领域的一个实验性设计，因此该法有一个失效日期，也即 2010 年。随着该日期临近，德国立法者须决定是对其进行废止、延长还是修改，而修改后重新施行不失为最佳选择。

34. 案例研究（火车事故）一辆由 D 公司运营的火车在高速轨道上脱轨，车上有 100 人受伤。这些受害人与 D 公司之间有不同的法律关系。有些是付费的乘客，有些是无偿地旅行，而另外一些人属未经许可而上车。是否有可能通过以下诉讼机制将受害人的索赔合并在一起：a) 集团诉讼，b) 代表人诉讼，或 c) 其他诉讼机制？如果多起索赔被合并起来通过同一程序来处理，每一位受害人所遭受的损害被看做是一项单一的不可分割的损失的一部分，还是多项

---

[97] 有关更为全面彻底的评论请参阅 Wagner, Gutachten zum 66. DJT (fn. 62) A 121 ff.
[98] Säcker (fn. 88) para. 36, 107.

损失复合体中的一项独立的损失？

103　这些假设的案情使人回忆起 1998 年埃舍德村附近发生的高铁事故。而对德国民事诉讼法的阐释结论，是其并无适用于大规模侵权案件中的集体赔偿机制。集团诉讼未被采用（上文边码 101）；消费者组织的代表人诉讼仅限于不正当竞争领域（上文边码 96 及以下）；而根据 KapMuG 进行的示范诉讼程序则只能就资本市场欺诈案提起（上文边码 100）。

104　这就解释了为何埃舍德案的被告，德国铁路公司，会与其保险公司一道成立了自己的程序性机制，来解决受伤旅客死者亲属的赔偿请求问题。[99] 一名前联邦法官被任命为专员，负责协助受害人及其亲属就赔偿数额编列清单，对提出的索赔请求进行评估，并监督整个赔偿过程。[100] 此外，被损财产所有人的赔偿请求也须处理。我们在此看到的是一种私人（民间）争议解决机制，它是临时特别成立的，而且在由特定灾难或棘手事故带来的赔偿请求处理完毕后，随之寿终正寝。我们必须要知道，这种自发的私人调节机制运作起来相当好，而且成本低廉。对当前体制的主要诟病并非其运作不佳，而是在于这一事实：其运用完全听凭不法行为人，也即对重大灾难事故的后果负有责任的企业。

四、保险方面

A. 限额与扣除额

35. 在你们国家的法律制度中，是否存在成文法原则或法院发展

---

[99] 德国铁路公司有职权的内部律师的观点表达于 R. Freise in：Verhandlungen des 62. Deutschen Juristentags, Vol. II/2, 1998, I 104 f.；而保险公司代理人的观点 A. Martin in：Verhandlungen des 62. Deutschen Juristentags, Vol. II/2, 1998, I 111 ff.

[100] 对该专员的资历与经验的介绍，参见 O. Krasney in：Festschrift für Alfred Söllner（2000）575 ff.

出来的原则，用以解决下述问题：一起损害事件被认为是一起单一的事故而使得保险人的总的责任受到赔偿限额的限制，还是多个相互独立的损失而使得每一项损失——适用赔偿限额并使得保险人对每一项损失均要赔偿至一定的数额？另外，保险合同所采用的标准条款是否对这一问题有规定？

保险法是一个复杂的问题，因为制定法的框架与特定保险合同的约定以及保险业的标准商业术语，三者相互作用。 105

在德国法中，保险的法律框架是由《保险合同法》(*Versicherungsvertragsgesetz*, VVG)所确立，该法在 2007 年进行了改革并重新颁布实施。损害的合并与分割问题，曾为保险合同法的立法者所略过不提。单就责任保险而言，《保险合同法》第 100 条规定：对于任何根据发生在保险合同期间内的被认定为有效的事实而向被保险人提起的赔偿请求，保险人都有责任对被保险人进行补偿。立法者以这般措辞意图表明，关于保险的触发点以及保险范围的定义留待保险合同的双方当事人来界定。[101] 因此，对于一个或数个损害事件须被视为一起单一还是数起能够触发保险人赔付责任的事故，法律没有表态。相反，一切问题的解决都取决于有争议的保险合同的具体文句。 106

责任保险合同须依照保险业标准术语为之，称为"责任保险的一般条款"(*Allgemeine Haftpflichtbedingungen*, AHB)，这套标准合同条款，经过专门注释，就好像制定法一样，[102] 其中包括了对保险事故 (*Versicherungsfall*)的定义。根据 AHB 第 1 条第 1 款，保险人承诺，对于任何造成死亡、人身伤害或财产损害的事件，都将向被保险人进行偿付。"损害事件 (*Schadenereignis*)" 这个概念或多或少等同于根据普通法国家保险合同中所使用的 "occurrence (事件)" 概念。 107

101　BT-Drucks. 16/3945，85.
102　*E. Prölss/A. Martin*, Versicherungsvertragsgesetz (VVG) (27th ed. 2004) 1267 ff.

按照长期以来的联邦最高法院的判例法学，保险行业把"损害事件"等同于对主观权利或其他法律保护的利益直接造成损害的事件，而非由这些损害所引发的损失（*Folgeereignis*）。[103] 然而，在二十世纪八十年代一个引人注目的判例中，联邦法院拒绝采纳这一观点，转而认定，"损害事件"指被保险人实施的作为损害原因的不法行为。[104] 至于后来的 AHB 第 1 条第 1 款的重新措辞是否清楚得足以推翻这一判决，并确保"损害事件"再次与损害的概念相一致，这个问题仍未有结论。

108 尽管如此，AHB 在保险限额与最高额问题上十分清楚和精确，AHB 第 3 条（Ⅲ）（2）明确规定，双方约定的责任限额，适用于每一次"损害事件"，该落继续说，数个受害人的索赔请求可以构成一次事件。继此说明之后，就是德国责任保险合同中的标准索赔系列条款，根据 AHB 第 3 条（Ⅲ）（2）第 3 句，只要数个损害在时间上密切联系，并且它们由同一原因引起或同一批缺陷物品造成，几个损失就可算做一起单一事件。因此，就保险赔付的可获得性而言，真正的问题并非事故概念如何限定，而是其诉求的损失是否由同一或相同行为或不作为所造成者。

109 现在回过头继续谈"损害事件"这个概念，仅有 AHB 第 3 条（Ⅲ）（2）的存在就已提供了足够的证据，证明对保险事件的定义须采狭义。[105] 如果出于保险的目的，需要借助 AHB 第 3 条（Ⅲ）（2）第 2 句来把数名受害人的损失合并为一次保险事故，那么这一系列损失须构成单独的损害事件（*Schadenereignisse*），设非如此，则 AHB 第 3 条（Ⅲ）（2）第 2 句就没有任何意义。

36. 案例研究（建筑物保险与赔偿限额）P 是工厂厂房的所有

---

[103] BGHZ 25, 34, 36 ff.; BGHZ 43, 88, 92.
[104] BGHZ 79, 76, 82 ff.; cf. also RGZ 171, 43, 47.
[105] BGHZ 43, 88, 92.

者，该厂房是由数幢建筑物组成，P已就其因恶劣天气而遭受的损害投了保险。保险人的责任是每一起损害事件最高赔500,000欧元。在一起持续了数个小时的雷暴雨中，两幢建筑物被闪电击中并且都完全烧毁。每一幢建筑物价值300,000欧元。保险人根据保险单对损失应承担什么样的赔付义务？

关于火灾保险合同的法律框架显示一份合同可以承保多个建筑（VVG第88条），关于两座建筑物毁于分别但有关联的原因，构成一个还是两个损害事件，法律对此并未表态，而火灾保险的标准业务条件（*Allgemeine Bedingungen für die Feuerversicherung*, AFB 87）对此亦未表态。[106] 似乎没什么必要去规定最高保险金额，因为根据火灾保险的保险单，保险人只对修理或重建的费用负责（§ 5 AFB 87），[107] 其结果是，在两座建筑全毁的情况下，保险人必须补偿被保险人重建两座建筑所需的资金数额，至于这两起损毁事实构成一次或两次保险事故，根本不重要。其余的所有问题，都由当事人以合同约定者为准。

37. 在你们国家的法律制度中，法院是否发展出了用以处理下述问题的一般性原则：一起损害事件被看做是一起单一的事件而使得被保险人只须承担一次合同约定的扣除额限度内的损失，还是多个相互独立的损失而使得每一项损失均适用扣除额并使得被保险人需要多次承担扣除额限度内的损失？另外，保险合同所使用的标准条款是否对这一问题有规定？如果第三方保险是法定强制保险，这对于扣除额的合法性是否有影响？

火灾保险合同法中没有关于触发第三方保险或其他保险的"事件"的总体定义，因此，一次不幸事件或一系列此类事件，构成保

---

[106] Cf. *Prölss/Martin* (fn. 102) 1153 ff.
[107] For details cf. *P. Philipp* in: R. M. Beckmann/A. Matusche-Beckmann, Versicherungsrechts-Handbuch (2004) § 31 para. 29 ff.

险法上的一起事故或几起事故，法律并未提及。

112　　如上文所解释过的，在责任保险领域使用的标准商业条款中，确有关于损害事件的定义。其含义相当狭窄，因其暗示每一损害是一个独立的事件。然而，在由一次行为、不作为或事故而引起数个损失的情况下，或由数个时间上有关联的行为、不作为或事故引起多项损失的情况下，根据合同把一系列损害合并为一起事件的标准条款，起到了限制保险人责任的作用。

113　　必须强调的是，保险业者的标准商业条款主导着诸保险公司的日常业务，面向普通大众的保险合同往往照抄标准商业条款，成为其镜像，或者直接指引向特定保险公司所使用的条款。不过，承保较大风险，比如诸如汽车制造或化工产业巨头这样的大企业的责任风险的，其保险合同会以个别商定的方式签订。鉴于这些大客户为保险的提供付出了高额价码，他们就有很大的讨价还价权力，并且经常成功地把利益与负担的天平扳成对自己有利的，对保险触发条件的定义以及系列条款能否吸引财大气粗的投保人的特殊注意，则是个未知数。

114　　根据AHB（《责任保险一般条款》）发展起来的那些关于第三方保险的原则，不能机械地转化到其他保险行业，那里使用的是不同的标准条款。因此，比如，公共储贷机构为了防范雇员实施的白领犯罪所造成的损失而进行的投保，对该种保险的标准条款，联邦最高法院曾被吁请解释。[108] 该标准条款中并未使用"损害事件"概念，而是使用了"违反"（Verstoß）这个概念，作为保险触发事由。[109] 联邦最高法院对此的解释是："违反"非关来自外部世界的损害事故，而是关乎人类行为，而人类行为不需以原子式的思维去理解。法院

---

[108] BGH VersR 1991, 417.

[109] § 4（1）Allgemeine Versicherungsbedingungen für die Eigenschadenversicherung von Sparkassen.

认为，在一个持续性的作恶意图驱使下进行的多次违反，构成一个保险法上的触发事由。[110] 于是，合同中规定的扣除额就应针对损害总额适用一次，而非针对每次违反造成的每项损失适用多次。

38. 案例研究（审计师的责任）P 是受 X 有限责任公司聘请对其账目进行验证的独立审计师。X 公司要求 P 与其两个潜在投资者 A 和 B 在公司会面。在会议上，P 保证公司的财务状况良好。因此，A 和 B 购买了 X 公司的大额股份。曝光后的真相是 P 对投资者所做出的关于公司的价值的陈述系过失性不实陈述。A 和 B 因此而遭受了经济损失并试图向 P 索赔。原则上，他们的损失属于 P 的职业责任保险的保险范围，但是，根据保险单条款被保险人须对每一起损害事件自行承担 5,000 欧元扣除额限度内的损失。在当前的案例中，P 只须承担一次扣除额，还是对两起索赔都适用？

审计事务所面临的责任风险以两大特征为标志。一方面，风险规模异常大，因为审计机构如果审计失误或故意使坏的话，就会对大批投资者造成很大损失，损害叠加起来会达到一个超巨大的数量。而在另一方面，其损害的性质为纯经济损失，因为钱的减少并不构成对法律保护利益的侵犯，则审计机构的责任难以成立，因此，审计机构被认定对雇员渎职所造成的损失承担责任的可能性非常小。[115]

关于第三方责任保险的一般商业条款，仅限于承保人身伤和财产损害的索赔请求，而不包括对纯经济损失责任的保险。在此领域内，应适用已被纳入到关于纯经济损失的第三方保险的一般商业条款（*Allgemeine Versicherungsbedingungen zur Haftpflichtversicherung für Vermögensschäden*，简称 AVB Vermögen）中的特殊规则，它们构成了[116]

---

[110] BGH VersR 1991, 417, 419.

咨询师和会计师的责任保险的特殊商业条款的基础。[111]

117　　相关的标准商业条款规定的保险范围，在关于纯经济损失的第三方保险的一般商业条款（AVB Vermögen/WB）第 1 条第 1 款中加以限定，据此条文，保险公司承保因投保人或其雇员的"违反"引起的索赔请求，AVB Vermögen/WB 第 5 条第 1 款清楚表明，这一定义对保险事故的确认非常重要。

118　　正如上文（边码 114）关于储贷机构的第一方保险问题所述，"违反"这个概念，不同于"损害事件"这一概念，其并非关涉到来自于外部世界的某单个事件，而是关于人的行为，而人的行为是有计划受控制的，因此单纯的行为意图可与多次具体行动结合起来成为一个总的综合性计划。故联邦最高法院曾认定"违反"比"事件"含义更广，其囊括了行为人意图成为总行动计划一部分的所有作为和不作为。[112] 虽然该判决并非针对于 AVB Vermögen/WB 第 1 条第 1 款做出的，但假如法院被要求解释该条时，似乎其不大可能做出相异的认定结果。

119　　关于纯经济损失的第三方保险的标准商业条款中，也规定了系列损害条款，出现在 AVBVermögen/WB 第 3 条（II）（2）中。据其规定，为适用特定保险合同中规定的保险限额，如果有以下情况，有关的一系列损失就须作为一次保险事故处理：

● 数个行为人都有责任，也都参加了保险。［§ 3（II）（2）（a）AVBVermögen/WB］

● 数次"违反"（*Verstöße*）引起了一项损害。［§ 3（II）（2）（b）AVB Vermögen/WB］

---

[111] Besondere Bedingungen für die Vermögensschadenhaftpflichtversicherung von Wirtschaftsprüfern, Wirtschaftsprüfungsgesellschaften, vereidigten Buchprüfern, Buchprüfungsgesellschaften und nach § 131b II, 131 f II der WPO vorläufig bestellten Personen—AVB Vermögen/WB. For an annotation cf. *Prölss/Martin* (fn. 102) 1502 ff.

[112] BGH VersR 1991, 417, 419.

- 一次违反造成了多项损失。在此情况下，多次过错行为或不作为算作一次违法，只要这几次违规表现都关涉到彼此之间有法律或经济关联的问题。［§ 3（Ⅱ）(2)(c) AVBVermögen/WB］

很显然，上文所引述的这些条款，共同地严重限制了相应保险合同所规定的保险责任范围，正因这个原因，法院倾向于对这些条款进行从严解释。[113] 例如，科隆地区法院就曾认定，AVB Vermögen/WB 第 3 条（Ⅱ）(2)(c) 这个条款，也就是把相互关联的数次违反所造成的多项损失算做单一事件处理的有关条款，必须加以限制解释，按这样解释的结果，法院的结论是：该条要求的是该多项损失是指一个受害人所受的，而不包括因某次违反而导致数人受损害的情况。

遵循科隆法院的上述司法解释思路，并推及扣除额问题上，该5000 元的扣除额须分别针对两名投资者的索赔请求启用两次。

一些评论者甚至激烈到坚持认为 AVB Vermögen/WB 第 3 条（Ⅱ）(2) 的条款无效，因其将被保险人置于不公平的不利地位，根据《不公平合同条款指令》，[114] 以及可适用的有关德国法，[115] 这些不公平条款应无效。诚然，联邦最高法院曾经判决认定过一条类似条款为无效，该条款包含在建筑师责任保险的标准商业条款中。[116] 法院假定，一个刚离开大学的年轻建筑师，错误地信任了在某个地震高风险区域内建筑结构的安全性，在数年间，该建筑师出于上述的错误信念，为许多建筑者建造房屋提供了咨询意见，最后，地震发生，所有房屋全部毁坏。联邦最高法院认定，假如把有关损失相加的总和算做一个单一总损失，并相应的对保险人的责任进行限制，那将

---

[113] BGH VersR 1991, 873, 875; LG Köln VersR 1989, 355, 356.
[114] Council Directive 93/13/EEC of 5 April 1993 on unfair terms in consumer contracts, OJ L 95, 21. 4. 1993, 29 – 34.
[115] *Prölss/Martin* (fn. 102) § 3 AVB Vermögen/WB para. 7.
[116] BGH VersR 1991, 175, 176.

会是非常荒谬的。[117]

B. 对赔付数额的其他限制

a. 总额限制条款

39. 在你们国家，标准保险单是否使用总额限制条款，依据此类条款，保险人在每一特定期间的责任受到最高限额的限制？如果是，请举例说明这些条款是如何措辞和如何解释的，并特别注意一起损害事件是被看做是一项单一的不可分割的损失（因此只能落入某一期间）还是多项损失（有可能落入几个不同的期间）。

123　　总额限制条款的应用很广泛，而且通常会纳入保险合同中，在责任保险合同的 AHB 第 3 条（III）(2) 第 3 句对此有特别提及，该条款称，双方可以约定一个条款，把保险人的风险限制为：一次保险事故的设定限额再乘以一个系数，通常是乘以 2，即，一定期限（一年）的总限额是一次保险事故限额的 2 倍。[118] 我不清楚是否有相关判例法处理落入不同保险期的损失的问题，但那样的情况应留待索赔系列条款解决（参见边码 126 以下）。

b. 索赔系列条款

40. 在你们国家，标准保险单是否使用索赔系列条款，依据此类条款，几起相互独立的损害事件被看做是一起损害事件（一个单一系列），从而受制于同一责任限额？如果是，请举例说明这些条款是如何措辞和如何解释的。请特别说明区分几起相互独立的损害事件和一个损害系列之间的标准是什么。

124　　如前所述，索赔系列条款是德国保险行业使用的标准商业条款中的常见特征，并因而是具体保险合同条款中的常规部分（前文第 108）。

125　　索赔系列条款在产品责任保险领域尤为重要，此类保险中特地

---

[117] BGH VersR 1991, 175, 176.
[118] *J. Schanz* in: J. Veith/J. Gräfe (eds.), Der Versicherungsprozess (2005) § 10 para. 158; *S. Littbarski*, AHB-Kommentar (AHB) (2001) § 3 para. 197.

引入特殊条款规定之。[119] 产品责任保险的标准商业条款中包含着特别详尽精致的索赔系列条款,这些条款本质上规定,因同一缺陷或有着相同缺陷的很多产品所引起的所有损失,都被合并为一项损失。[120] 不仅如此,《产品责任保险标准条款》第 8.1 条也清楚表明,该缩减机制的运作倾向于受害人遭受的第一宗损失,而嗣后受到的所有损失都被视为与第一次损害事实发生时同时发生。

c. 长尾损害

41. 在你们国家,标准保险单是否使用此类条款,即前保险人的责任限于保险合同终止后的某一特定期间?如果是,请举例说明这些条款是如何措辞和如何解释的。如何确定相关限制期间的起点(例如,保险合同终止的日期,被保险人过失行为的日期,或者遭受损害的日期)?在这种背景下,划分几起相互独立的损害事件和一起单一损害事件之间的界限是什么?

长尾责任问题触及德国保险法中最有争议的领域之一,二十世纪的八十年代和九十年代,在关于环境责任保险的问题上曾发生过激烈的论战。此外,联邦最高法院在对第三方保险合同标准条款进行解释时,没能表现出一个清晰的导向,如前文所示(边码 107),"事件"(*Schadenereignis*)这一概念,最初被认定为意指直接引发对人或物损害的损害事件(*Folgeereignis*),但后来又重新诠释,来指导致所诉损失的行为或不作为(*Kausalereignis*),这种观点的摇摆是被长尾责任问题所驱动的。人们认为,在终止之时由保险人切断保

126

---

[119] Besondere Bedingungen und Risikobeschreibungen für die Produkthaftpflichtversicherung von Industrie- und Handelsbetrieben(ProdHaft-Modell), annotated by *Prölss/Martin* (fn. 102) 1436 ff.; *S. Littbarski*, Produkthaftpflichtversicherung (1999).

[120] 第 8.1 条规定如下:"在合同的有效期内,由于相同的原因而导致的多项损害后果,如由于设计缺陷、制造缺陷与说明(指导)缺陷所导致的损害,或者是由于对具有相同缺陷的产品的交付而产生的损害,除非其与共同原因之间不存在内在关联,否则将不考虑其实际发生时间,而将其视为都是在最初损害后果发生之时发生的。"

险合同提供的保护,对被保险人是不公平的。根据事件发生原则,在面临一系列接踵而来不利事件时,保险人可以通过及时终止合同,从而有效地选择排除其将来的责任,其结果是使被保险人在最需要保险的时候失去保险保护。

127 　　选择保险触发点时,把被保险人的非法行为作为决定因素,可以避免以事件为触发点的弊端,不过,这样也不是全无问题。当保险合同终止时,无论何种的触发事件都不复存在,行为触发点可能早已经先失效了。假设被保险人在年终时换了一家保险公司,那么对于新合同生效期间发生的损害,如果是由早先的原因引发的,新换的保险人对其不承担责任。

128 　　一般来说,长尾保险与系列损害条款并不发生相互联系:在保险合同期间引起、但发生或发现在合同终止后的一系列损失,并不视为一次单一事件。[121] 在期后期间内,每次损失都单独计算,并予分别处理。

129 　　环境责任是侵权法中一个对长尾风险大书特书的领域。保险行业为此制定了特殊条款,构成了当前环境责任险保险合同的基础。[122] 相关的标准业务条款摒弃了"事件发生"原则,而更中意于把保险人责任在时间轴上更往后推的触发点:其选择的保险事故是被证实的对人身伤害或财产损害的发现(《环境责任保险示范条款》No. 4)。如果在损害被发现之前保险人终止合同的,他就不再对该损失承担保险。合同的终止在宣布终止之日起生效,只要该终止宣告按照相关合同条款为之。

---

[121] AHB-*Littbarski* (fn. 118) § 3 para. 165.

[122] Besondere Bedingungen und Risikobeschreibungen für die Versicherung der Haftpflicht wegen Schäden durch Umwelteinwirkung (UmweltHaft-Modell), annotated by *Prölss/Martin* (fn. 102) 1408 ff.; 深入的探讨参见 *G. Wagner*, Umwelthaftung und Versicherung in: M. Ahrens/J. Simon (eds.), Umwelthaftung, Risikosteuerung und Versicherung (1996) 96, 118 ff.; *id.*, VersR 1992, 261.

很显然，保险人这种选择，排除了自己对于那些业已造成但尚未发现的损失的责任，这对于被保险人来说未免过于严苛。为了弥补这一严苛性并避免这些条款被法院以不公平为由予以撤销，环境责任险的标准业务条款中包含了一个期后保险条款。根据《环境责任保险示范条款》（UmweltHaft-Modell）第 8.1 条，即便在合同终止以后，对于发生于终止生效日之前但发现于其后的损失，保险公司继续承担责任，只要：

- 损失发现于合同终止后的三年期间内。
- 在上述期间发现的损失，加上终止前一年内保险赔付的损失，不超过该保险合同规定的限额。[123]

本条须与《环境责任保险示范条款》No. 7.2 规定的系列损害条款对照来读，该条把相同或相关因素引起的所有损失合并为一个损失，并把其发生时间统一定为第一项损失发生之日。

42. 案例研究（长尾损害）P 公司研发、制造和发售发动机设备，包括燃油泵。由于油泵的设计缺陷，含有油泵的机动车的燃油供应经常在没有警告的情况下中断。假设这导致了多起事故，依据你们国家的产品责任法 P 公司应对此负责。直至 a) 油泵的研发，b) 制造，c) 发售，d) 发生事故，P 公司的产品责任一直由 I 公司承保。在与 I 的保险合同终止后，P 公司购买了 J 公司的保险。哪一个保险人，I 还是 J，须对 P 公司在 a) 至 d) 的每一种情形下对其有缺陷的燃油泵的责任负责？假设这两家保险人的保险合同的标准条款都包含在你们国家最常见的长尾损害责任条款中。

---

[123] 《环境责任保险示范条款》No. 8.1 规定："保险关系的终止……须由保险人提出解除通知……，而对于发生在保险有效期内但在保险关系终止时尚未确定的人、物或依据1.2 条共同受保险的财产损害，保险的保障依然存在；并按照下述（指示）：保险的保障自保险关系终止之时起算持续三年。保险在整个合同终止后的责任期提供的保障限于在保险关系终止时的有效的保险范围，亦即在保险关系终止时的保险年度的未经消耗的部分保险额。"

132　《产品责任保险标准条款》（*ProdHaft-Modell*）的制定者们放弃了引入新的保险触发点的想法，因而，一般认为，关于普通责任保险的标准条款（AHB）中司空见惯的"损害事件发生原则"亦适用于此。[124] 这里的真正问题是：在产品责任保险的场合中如何解释"损害事件"（*Schadenereignis*）的概念，联邦最高法院尚未处理过此类案件因此也无相关判例，但一些上诉法院的前例曾认定，相关的触发点是将产品投入流通。[125]

133　《产品责任保险标准条款》还增设了一个特殊条文，是关于保险责任的期间限制的。根据《产品责任保险标准条款》第7.1条，因被保险人投入流通的缺陷产品而造成的第三方损失，只有当其发生在保险合同有效期间内，并在合同结束后的三年期间期满前已报告给保险人的，才受保险保护。[126] 该条文须认真阅读，因为它对保险人的保险责任设置了双重限制：合同只承保那些在合同有效期内发生的损失，并且即便如此，第7.1条进一步要求该损失必须在合同结束后的三年内报告给保险公司。这一附加限制，是否因以对被保险人不公平的方式限制了保险责任范围而沦为无效，是一个尚在争议的问题。[127]

134　即便如此，在当前的虚构案例中，第一家保险公司I公司，须对P公司问题油泵产生的责任承担保险责任，在所有由a）到b）的场合中亦复如是。在时间上最新的事件是因问题油泵致使消费者遭受的汽车事故，该事故就构成了一次"损害事件"，从而触发了保险

---

[124] W. Voit/U. Knappmann in: E. Prölss/A. Martin, VVG (27th ed. 2004) 1461.

[125] OLG Karlsruhe NJW-RR 2004, 1331, 1332; OLG Stuttgart NJW-RR 2005, 1269, 1270.

[126] 《产品责任保险标准条款》第7.1条规定："若在保险合同终止之日起三年内向保险人提出索赔，且无损于任何告知义务时，保险赔付范围包括在保险期间内所发生的所有的损害事件的后果。"

[127] Cf. *K. Johannsen* in: R. M. Beckmann/A. Matusche-Beckmann, Versicherungsrechts-Handbuch (2004) § 25 para. 8.

责任。[128] 然而，该公司把保险人由 I 公司改换成 J 公司，这一改换恰恰发生在上述事故发生之后，因此，对于 P 公司对其消费者进行赔付的支出，须由 I 公司承担保险赔偿责任。非但如此，J 公司还可以援引《产品责任保险标准条款》第 7.2 条的排除条款，该条款规定，若无双方当事人约定，对于合同生效前投入流通的产品所引起的损害，保险公司不承担责任。

d. 强制第三方保险中的责任限额

43. 在特定领域存在法律强制的第三方保险，这一事实是否对诸如总额系列条款、索赔系列条款和长尾损害条款之类的法律允许的责任限制的范围有影响？

最重要的强制责任保险当然是关于机动车交通的，为贯彻 1959 年 4 月 20 日的《欧洲强制汽车责任保险公约》，德国立法者对一部早在 1939 年就有的法律进行了修订，在德国第一次引入了机动车的强制责任保险，即所谓的《责任保险法》（*Pflichtversicherungsgesetz*，PflichtVersG）。在该法第 4 条的基础上，又颁发了一部规章，即所谓的《责任保险规章》（*Pflichtversicherungsverordnung*，Kfz-PflVV），该规章特别规定了保险承保范围及除外情况等类似问题。然而，索赔系列与长尾风险在机动车责任保险中未起作用，毫不奇怪的，上述法律和规章对其也就未加规定。

而在环境责任领域情况却有所不同，《环境责任法》（*Umwelthaftungsgesetz*，UmweltHG）第 19 条，对于对环境有害的特定设施的经营者课加了一项义务，要求其必须购买责任保险，或获取银行担保，来为第三者的索赔请求保险。接下来的《环境责任法》第 20 条则授权联邦政府颁发一部规章，来对因该义务的课加而必然涉及的许多细节问题做出具体规定，关于这些具体问题，《环境责任法》

---

[128] 与之相对应的情形参见 OLG Karlsruhe VersR 2003, 1436, 1437.

第 20 条第 1 款第 2 句中明确提到其中须有"保险范围和数额"。在该法通过时所处的二十世纪九十年代里，不难预见这样一部规章的制定有多困难，其原因在于，保险行业非常不情愿承保这样的环境责任风险。环境责任保险标准条款的起草过程被证明纷争不断，而其 1992 年最终颁行的版本，则只包括了《环境责任法》要求承保的风险的一小部分。不过，尽管这一模板的产生过程中争议如此之大，但保险业者看起来一点都不想再往前走一步，去遵从由强加给保险人的政府规章所规定的标准。

137　　上述种种所造成的结果，是设想中的环境责任保险政府规章从未问世，《环境责任法》颁布以来十八年过去了，该法第 20 条所构想的规章仍然缺位，今天，已经没有人相信其在近期的任何时间内有可能通过。[129] 唯一可以改变这一情形的局面，须有一场巨大的环境灾害事故引起巨额损失，到那时候，那些损失虽然根据《环境责任法》是可以赔偿的，但在现实中却是不可获赔的，只因缺乏保险。那样的话，那么为这一规章通过所付出的代价就未免太高昂了。

---

[129] *J. Peter* in: P. Salje/J. Peter, Umwelthaftungsgesetz (2nd ed. 2005) § 20 para. 2.

匈牙利法中损害的合并与分割：侵权法与保险

阿蒂拉·迈尼哈德[*]

一、总论

1. 你们的法律制度中是否有关于将损害分为一起单一的不可分割的损失或多个损失的一般性规则，无论其为成文法规，还是判例法？这些规则在二级法律文献中被提出过吗？这种区分在实践中重要吗？

在匈牙利，损害的可分性问题迄今为止从未成为争议话题，总体而言，整个匈牙利侵权法体系建立在一个弹性结构基础上，其条款措辞非常抽象和开放。责任要件（损害、过失、因果关系）中的任何一个都没有就其自身加以定义、建构或分类，因而损害的概念本身在《匈牙利民法典》中未加定义，看来我们讨论的正确起点是，把损害当做一个单一概念，它可能有自己的构成部分但却不能拆分开来，至少其在不能把不同构成部分界定为有着单独的和不同的责任要件的不同的损害类型的意义上是不可分割的。在适用《匈牙利民法典》的侵权法规则之际，对于损害意义应在此制度框架内确定，并应从侵权行为人的义务方面来确定。《匈牙利民法典》中的侵权法

---

[*] 阿蒂拉·迈尼哈德，匈牙利罗兰大学法学院民法副教授。

规范是建立在充分赔偿原则的基础上的：所有侵权人应负责的非法侵害所导致的损害都应得到赔偿，不论这些损害的性质如何。

2　　根据《匈牙利民法典》第 355 条之规定，[1] 对损害承担责任的侵权人，须负责恢复原状，或者，如果恢复原状不可能，或受害方有合理理由拒绝恢复的，侵权人须赔偿受害方的金钱和非金钱损失。赔偿必须弥补属于受害方的财产的价值减损（实际损失，*damnum emergens*），以及任何因侵权人行为引起的金钱利益的损失（利润损失，*lucrum cessans*），还要赔偿为挽回或减轻受害人所遭受的金钱与非金钱损失而支付的必要费用。

3　　由全部赔偿原则可以推论，所有损害都须赔偿，而无论损害的性质是什么（也即不管是实际损失还是收入损失，也不管损失是发生于财产损害、人身损害或是经济损失），也无论过错的程度如何（只要侵权人有可归责性）。上述结论符合传统观点，[2] 传统观点认为损害就是受害方财富的减损，其包括真实损害（财产的价值减少）、利润损失以及为挽回或减轻受害人所遭受的金钱与非金钱损失而支付的必要费用。起初，这一定义中不包含非物质损害，因为当时，在二战以后关于制定匈牙利侵权法的背后理论不接受其作为一种可赔偿的损害类型，而在今天的"损害"名目下，物质损害与非物质损害都可能被指称到，但这需要在匈牙利侵权法理论的最新发展背景下，进一步精细化。

4　　依据全部赔偿原则，在匈牙利侵权法体系内，在损害的组成部分之间强加区别是没有根据的，至少在责任构成要件层面是如此。"损害"这个词的含义在过去的数十年间并无实质变化，但损害概念已经被扩大了，因为今天其也已经涵盖了非物质损害（非金钱损害）。[3] 而

---

[1] 第（1）款和第（4）款。

[2] Gy. Eörsi, A polgári jogi kártérítési felelősség kézikönyve (1966) no. 205.

[3] 不过，这一观点在法学界备受责难，理由是，当责任基础是单纯地侵害人身权利时，不能说这里存在损害，参见 Lábady, Petrik infra fn. 6.

早在二战之前的匈牙利法学理论中，任何物质或金钱方面的不利益已被作为损害处理，因此损害的概念已经成为一个抽象和一般的概念。[4]

损害的主要分类是物质损害与非物质损害（或金钱损失与非金钱损失）之间的区分，非金钱损失在《匈牙利民法典》中未加界定，就非物质损害而言，有一种颇为坚定而广泛的观点认为，在非金钱损失背景下，不能以这个词的传统语义谈及"损害"问题，这一思想（亦为法院所遵循）[5] 的理论起点是，判予非金钱赔偿是对侵犯人格权行为的特殊制裁。这就是为什么作为责任前提的"损害"要件，在非金钱损害的情况下，会被置换为"对人格权的侵犯"，而受害人无需证明任何真实损害、费用或传统意义上的损失，即可有权获得非金钱损害的赔偿。[6] 在此背景下，在匈牙利法学理论与实践中，非金钱损害成为侵权法中的一个类型，对此判予赔偿是侵犯人格权带来的自动结果，而无需证明真实损害。如果这个看法正确，那么非金钱损害的赔偿就是一种对人身伤害的特殊补偿，而不是对受害人遭受的"非物质"损害或"非金钱"损失的赔偿，《匈牙利新民法典草案》建议，应把非金钱损害的赔偿换成补偿性赔偿金，作为一种对侵犯人格权行为的特殊制裁。[7] 该草案所提议的方案，会把侵犯人身权的后果从侵权制度中分离出去，而在该新制度体系内，受侵犯的一方不需要证明所有的责任要件，法院也不需对所涉案件适用责任标准检验（包括对事实以及损害数额的证明责任等）。

在匈牙利法律理论与实践中，对权利或法律保护利益的侵犯与赔偿金的判予之间并无必然联系，这对理解我们的观点是相关的。唯一的例外，是在对人格权的侵犯作为责任必要条件之时，对非经

---

[4] B. *Grosschmid*, Fejezetek kötelmi jogunk köréből I (1932) 657.

[5] BH 2004 no. 143 (Supreme Court Legf. Bír. Pf. III. 26. 339/2001 sz.).

[6] T. *Lábady*, A nem vagyoni kártérítés újabb bírói gyakorlata, ELTE Jogi Továbbképző Intézet (1992) 31 and F. *Petrik*, Kártérítési jog (2002) 74.

[7] 《匈牙利新民法典草案》第2:90。

济损害的赔偿请求。《匈牙利民法典》中关于侵权法的基本规范（第339条）确立了侵权责任的一般准则。在这一法律体系内，没有特殊侵权，规范化描述的情况或损害作为承担赔偿责任的前提要件。作为一个基本原则，造成他人损害的行为都是不法的，由此推论，致害总是不法的，如果侵权人能够证明在其特定个案中引起损害其实是合法的，他就不用承担责任。[8] 如是，《匈牙利民法典》中规定的民事责任制度是一个抽象体系，建立在一个基于充分赔偿原则的一般责任条款的基础上。在这种看法之下，那种对损害进行一般性分割的做法就显得格格不入。

7　　匈牙利司法实践和法学理论中，并无关于纯经济损失和其他损失类型的区分，纯经济损失作为非直接损失的赔偿，在匈牙利民法中本是一个因果关系问题，而并不被视为一种特殊的损害或损失类型。司法实践采用的两个主要的责任限制措施被看做责任与因果关系的基础，在企图规定一个侵权法统一规范的尝试之外，有另一种潜在的思路是，在侵权法领域，以开放性规则留给法院高度的自由裁量权。从这一侵权法规范的特色中可知，法律规范本身并不决定责任限制问题，而是将其留给司法实践解决，并无需对如何限制规定方针准则，也无需使其约束损害的各部分。这正是1959年立法者试图与旧传统分道扬镳的尝试结果，旧传统是规定经济损失的可赔偿性依赖于侵权人的过错程度。在二战以前，匈牙利私法中还详细规定了一些重要的限制，其中一个限制是关于经济损失的——不管其按照现代术语作为"纯"经济损失与否——起初，经济损失只有在故意或重过失的情况下才可赔偿，而在轻过失的情况下，则只有实际损失（*damnum emergens*）才可获赔，经济损失则不予赔偿。[9] 间接损失在二战前的匈牙利私法中也是一种不同的损失或损害类型，

8　　*Eörsi* (fn. 2) no. 221. 辩护理由包括受害人同意、事出必要、合法的权利行使行为等。
9　　*Grosschmid* (fn. 4) 671.

实际损失与间接损失（包括利润损失）的区分也很重要，因为这是责任限制的基础所在：只有当侵权人故意或重大过失时，才被认定为对间接损失（包括利润损失）承担责任。

"直接"和"非直接"损失的区分在匈牙利司法实践和法学理论中有所应用，从设定责任限制的角度来看这一分类是很重要的，此种责任限制是在因果关系的背景下依照一般风险分配原则[10]来确定的，而无需对损害的概念进行分割。在直接和间接损失之间进行区分，仅仅指因果关系的远近，而不是指有着特殊要件或责任后果的一种特殊损害类型。

根据《匈牙利民法典》第 355 条之规定，[11] 受害人所遭受到的、任何属于受害人的财产的价值降低（damnum emergens），任何因侵权人行为引起的金钱利益的损失（lucrum cessans）以及为挽回或减轻受害人所遭受的金钱与非金钱损失而支付的必要费用，都须赔偿。这一条款，反映着广为接受的对损害概念的权威的传统认识，可以被认为是对损害概念划分为三个不同类型，但是在实际损害（damnum emergens）、利润损失（lucrum cessans）以及消除或减轻伤害的费用三者之间的区分，只限于可赔偿的损失（对于全部赔偿原则的规范表述），[12] 法律规范与司法实践都没有按照这一划分确立特殊要件或限定特殊的责任后果。不过，实际损害与利润损失之间的区分有时会在司法实践中运用到，而其运用只不过是作为一种责任限制的措施，而非用来并被理解为对损害概念的复杂结构进行物理

10　*Gy. Eörsi*, A közvetett károk határai, in: Emlékkönyv Beck Salamon születésének 100. évfordulójára（1985）62 ff.

11　第（1）和第（4）款。

12　A Magyar Népköztársaság Polgári Törvénykönyve—az 1959. évi IV. törvény és a törvény javaslatának miniszteri indokolása（Motivation to the Hungarian Civil Code）（1963）. The motivation to § 339.

分割。[13] 对此或许应该举一个关于不正当（或不公平）竞标的案例，有沿用已久的判例法规则认为，在不正当投标的情况下，也即，如果招标或定标过程是不法的，这种不法性确立了做出决定或邀请投标的受要约人的责任。[14] 而这种责任只包括对准备与提交投标标书（*negativ interesse*）的费用进行赔偿，但并不包括对投标人损失的利润进行赔偿。[15]

10　　2007 年《关于修订环境责任法的第 XXIX 号法案》，对现行环境保护与环境责任方面的立法进行了修改，以贯彻执行欧洲议会和理事会 2004 年 4 月 21 日的第 2004/35/CE 号指令，该指令是关于环境损害的防止与补救的环境责任的，[16] 该法还本质上在私法责任领域修正了"环境损害"概念，这是由该指令的第 2.2 条规定所要求的。修正的结果是，《1995 年关于环境保护一般规则的第 LIII 号法令》中的第 4.13 条，把环境损害定义为直接或间接发生于环境或自然资源上的可测量的明显恶化，以及直接或间接发生于自然资源设施方面的明显可测的危害。本次为贯彻欧盟指令进行的法律修订，扩大了该损害的概念，并在匈牙利侵权法中引入了新的损害概念，其远远超越了损害传统定义中涵盖的实际损害、利润损失及为防止损失或恢复原状而支出的费用损失。至于对环境损害概念如此修订本身有什么影响，在匈牙利法中尚不大明朗。

11　　有的情况下，损害的发生是一个经历时间跨度的长期事件，这

---

[13] 在《匈牙利新民法草案》中恐怕也不会有什么改变，据《草案》第 5：478 条，新规则将会引入可预见性作为责任的一般限制，（除故意或重过失之外）把责任限制于可预见的损失［《草案》5：477（2）］，而无视损害的性质或类型。在一个更早阶的准备性文件中（《关于匈牙利新民法典的原则和建议》），曾建议仅仅把该限制适用于利润损失的赔偿，而不适用于实际损失。

[14] 责任基础为《匈牙利民法典》第 339 条，即关于不法引起他人损害的过错责任的一般规则。

[15] EBH 2005 no. 1220；BH 2005 no. 364（Supreme Court, Legf. Bfr. Gfv. IX. 30. 030/2005）.

[16] Official Journal（OJ）L 143, 30. 4. 2004, 56–75.

样对损害的可能划分，可以按照损害在时间上的不同发展阶来划分。在这类情况下，匈牙利法院不大可能运用分割的损害概念，而是使用一种损害更新的思路。[17]

法律理论似乎坚持这一看法，即对界定损害要涉及政策问题，而且损害概念有着高于损害的自然概念的规范意义（法律属性），而这也同样反映在法院的司法实践中。[18] 因此，当两个或两个以上原告对同一被损财产都主张权利时（比如作为共有人，或作为共有人与承租人时），其产生的问题在于，应认为他们受到的是同一损害还是单独损害，对此问题同样要适用政策。这一政策问题可能随着个案不同而有着不同答案，一切取决于法院在特定的案件中认为可赔偿损失包括什么。该问题亦有程序的一面：如果认定损害是多数受害者共同遭受的单一损害，而非按这些受害者遭受了分别损失对待，尽管其受保护利益是共同的（如共有），那么，他们必须成为有着共同诉讼请求的共同原告，而不享有提起独立诉讼的权利。[19] 照此来看，这一问题还具有一定主观性，而且应从受害当事人的角度着眼，而非从不同受害人所遭受的损害的角度，匈牙利的司法实践与法学著述看来是专注于受害者（或者说是原告的请求）而非损害，这是匈牙利司法和理论中一个尚未明确表述和处理过的问题。

12

无论是大规模侵权还是各种形式的集团诉讼或市场份额责任，都不为匈牙利侵权法规范和判例法所接受并应用，法院似乎遵循了传统认识，坚持认为原告须与被告面对面的确立其自己的诉讼请求，

13

17　BH 2007 no. 6（Supreme Court, Legf. Bír. Pfv. III. 21. 147/2005 sz.），在《匈牙利新民法草案》第 5:485 得到肯定，司法实践与民法草案的新规则限于受损利益的价值变化。
18　Eörsi（fn. 2）no. 208.
19　这样处理的结果将会是，他们中的任何一个都不能没有其他人而单独起诉，也即，任何一个都可以阻止其他人进行诉讼，参见 1952 年《关于民事程序的第 3 号法令》第 51 条，匈牙利民事诉讼法中，这个问题的另一个重要方面是，据该国民诉法，原告无权行使他人的诉讼请求权。

包括证明损害以及证明损害与被告行为之间有因果关系，而任何人不得享有为其他人的请求诉讼的权利。

14　　《欧共体产品责任指令》[20] 在匈牙利通过《1993年关于产品责任的第10号法令》得以贯彻执行，该指令的第9条落实为《产品责任法》第1（4）条，该条对"损害"定义为：（1）因人的死亡、人身伤害或对该人健康的侵害所引起的金钱或非金钱损害；（2）缺陷产品造成的任何其他物品的损害，损害总额高于相当于500欧元的匈牙利福林的，如果该其他物品按其通常目的是为满足私人使用或私人消费的，并且如果受损失的人通常为私人目的使用该物品。如此，《产品责任法》中规定的损害概念要比《匈牙利民法典》中的损害概念更狭义，其仅仅包括因死亡、人身伤害或健康损害所造成的物质与非物质损害。

二、损害赔偿责任

A. 可分割的损失和不可分割的损失的可救济性

2. 在你们国家的侵权法中，即使损害是由同一个侵权行为人的同一侵权行为所导致的，对于损害的责任，是否仍要依照受保护的利益的不同而将总损失分成不同组成部分并分别进行处理（例如，侵害人身或侵害财产；金钱损害或非金钱损害）？如果必须依照每一种损失的类型单独确定责任标准，那么，它会对侵权行为人的责任产生什么影响？

15　　在讨论起始时先要澄清，在匈牙利侵权法中，侵犯特定的受保护利益并非责任构成要件，而在不同的受保护利益受侵犯时，也不会就损失的不同部分分别处理责任问题，责任后果也不会因侵犯了

---

[20] 欧盟委员会指令第85/374/EEC，1985年7月25日《关于成员国在缺陷产品责任方面的法律、规章以及管理条例等的指令》，《公报》OJ L 210, 7. 8. 1985, 29–33。

不同的受保护利益而有所不同。这一切，都是因为该法律体系建立的基础是《匈牙利民法典》第 339 条的过错责任制（法国模式）的一般规定以及充分赔偿原则：基本的准则是所有不法引起的损害均需赔偿，而无论是作为人身伤害还是财产损害的结果。这适用于匈牙利民法中所有类型的特殊责任制度，无论是在民法典中规定的，还是在特别法包括严格责任制的立法中规定的。

对人格权的侵犯（比如身体完整权、健康、人格尊严、个人隐私、平等权等）或其他非物质性损害，使受害人成立非金钱损害赔偿请求权。[21] 不过这会引起两个检验（或制度）的应用，因为金钱损害的责任要件与非金钱损害责任要件有所不同。对这些自然人固有权利的非法侵犯，自身就构成非金钱损害的责任，而无需证明任何伤害结果。但为弥补因非法侵犯这些权利引起的金钱损失（实际损害、利润损失以及防止和减轻损失的费用）而提出的金钱赔偿请求，其成立须依照民事责任的法定要件而定，包括证明金钱损失的存在。对法律保护的特定利益的非法侵犯本身即可构成非金钱损害的责任，但其不一定成立金钱赔偿请求权。这就是为什么在大量的案件中，法院会仅仅依据过错侵犯特定利益的证明，就判决予以非金钱损害赔偿，而同时却以原告不能证明物质损害的发生及其数额为由，对金钱赔偿金的请求予以驳回。[22]

16

---

[21] 如果消费者未能享受到旅游机构承诺给他的度假经历，消费者可以被赋予非金钱赔偿的请求权，以补偿其对旅游合同的期望的落空。在一个 1998 年的判例中，到达所租赁的远离村庄的山顶房屋出现困难情况，最高法院以旅游机构未能及时把有关困难情况通知消费者为由，判令予以非金钱损害赔偿。法院认为，由于原告未能如与旅游机构约定的那样在一个安静之地度假，他失去了这一消遣的可能性，也失去了一次度假经历以及户外度假的娱乐与放松的经历。法院并未以侵犯人格权作为其判决的理由，而 "享受假期的权利" 或 "消遣权利" 当然也不能看做人格权。BH 1998 no. 278（最高法院，Legf. Bír. Pfv. VIII. 23. 243/1996 sz.）.

[22] A. Vargha, Az üzleti hírnév védelme, in：ELTE áJK Polgári Jogi Tudományos Diákkör Évkönyve（2001）317 ff.

17　　　由非金钱损害赔偿的这种特殊性可知，非金钱赔偿并非是弥补"损害"的，而是对于侵犯人格权提供的金钱上的赔偿，而无需证明损害。正因这个原因，应付的非金钱赔偿金数额，不能根据受害者遭到的"损害"来计算，而是按照该个案的特殊情势计算（被侵犯的人格权的性质、该侵犯对受害人生活的影响程度、对这类赔偿的社会平均承受能力等）。鉴于非金钱赔偿金不应视为对损失的赔偿，则其赔付数额的计算不能以损害为基础。

18　　　受保护利益的性质，从约定责任限制的角度看也很重要。匈牙利侵权法允许当事人一般性地就非契约责任约定责任限制，但对于死亡、人身伤害和健康损坏的非契约责任，匈牙利民法典第342条禁止对其限制或排除。

　　　3. 案例研究（不同类型的损失；与有过失）在一起由D的过失所导致的交通事故中，P受到了人身损害，他的眼镜也碎了。P对下列事项提出赔偿请求：a）疼痛与痛苦；b）医疗费用；c）他的破碎的眼镜。P的损害被看做是一个不可分割的损失，还是多个相互独立的损失？假设P没有系安全带，就上述三种损害而言，对于他的与有过失应如何考虑？如果所遭受的损失的类型不同，与有过失的后果亦不同，那么，其正当性理由是什么？

19　　　该案应按《匈牙利民法典》第345条规定的严格责任制处理。按严格责任，从事高风险活动的人须对其行为造成的任何损害承担责任，只有当能够证明损害发生是由于高风险活动之外的不可避免的原因造成，或由于可归因于受害人的原因造成，行为人才可以免除责任。与民法典第339条规定的过错责任的一般规则相比较，严格责任确立了更为严格的免责条件，但除此之外并未改变责任构成要件，证明可赔偿损害的发生及其数额，以及其他责任要件（如不法性）的成立，与在一般过错责任规则之下的要求是一样的（《匈牙利民法典》第339条）。受害人享有非金钱损害赔偿请求权，以赔偿其身体疼痛与精神痛苦,因其是侵犯受害人人格权造成的人身伤害(a),还享有金钱损害赔偿请求权,以赔偿其医药费用和破碎的眼镜(b)和(c)。在损害(a)(身体疼痛与精神痛苦)与损害(b)(医药费用)和(c)(破碎的眼镜)之间做出区分是很重要的,因为非金钱损失与金钱损失的可赔偿性标准不同,其赔偿金额的确立方法也不同。不过在(b)和(c)之间则不需做出任何区分,因为它们都是金钱损害,并且成立赔偿义务的标准也完全相同。受害者的与有过失对所有这几项损害有同样的影响方式:法院会先确定侵权人对金钱损失与非金钱损失的赔偿义务,再确定一个须由受害者承担的扣减比率(以百分比计,比如20%),然后从侵权人应付义务的数额中减去这个受害者承担的比率,对金钱与非金钱损失同样进行这一扣减。[23] 把侵权人的赔偿义务作为可分义务来处理。与有过失的影响并不因所造成的损失类型之别而有任何不同。

4. 在你们国家的侵权法中,在人身损害以外的领域,是否有必须依照损失的每一种类型单独确定责任标准的情形,即使损失是由一起单一的侵权行为或不作为所引起的?

单就金钱损害而言,如果损害来自于同一侵权行为或不作为,责任标准不得就每一种不同损害类型分别处理,而判予非金钱损害赔偿时,则另有一些特殊要求,上文边码16以下已经阐述过了。

B. 间接损失的可救济性

5. 请说明间接损失在你们国家的侵权法中是如何被界定的。间接损失是被当做一项必须要单独进行救济的独立的损失,还是被看做是总损失的一部分,即通过认定"主要损失"来解决而无须再次考虑其责任标准?如何划分数个单独损失与间接损失的界限?

在作为整体的侵权责任制度之下,主要损失和间接损失之间谈

---

[23] BH 1992 no. 242 Supreme Court, P. törv. III. 20. 652/1991 sz.); BH 1989 no. 61 (Supreme Court, Legf. Bír. Pf. III 21. 020/1987 sz.).

不上什么区别。在二战之前这些区别倒是存在过，并确立了损害的分化：侵权人只有在故意或重大过失的情况下才对间接损失承担责任。而随着1959年《匈牙利民法典》制定的新侵权法体系，这一区分被抛弃了。非合同背景下的间接损失概念，曾在一则根据《产品责任法》做出的判例中运用到，该判例把产品缺陷引起的损害界定为间接损失。匈牙利最高法院做出如是区分：一种是缺陷产品自身的损害，其作为主要损害，不适用产品责任法；另一种是因产品缺陷引发的其他损害，作为间接损失适用产品责任制度。最高法院驳回了原告的请求，理由是根据产品责任制度，只有间接损失才可赔偿，而主要损失（也即缺陷产品自身的损害）是不可赔偿的。[24]《匈牙利新民法典草案建议稿》中曾提议区分主要损失和间接损失，并建议对间接损失的责任限定于可预见的损害，但最终提交给议会的《匈牙利新民法典草案》舍弃了这一区分，而实际损害与可得利润损失的区分亦被舍弃。[25]

6. 案例研究（间接损失；与有过失）在一起由D的过失所导致的交通事故中，P的右手受到了伤害，P在六个星期内无法从事钢琴教师的工作。P因此而遭受了收入损失。假设P的行为有过失并且他的过失促成了他的疼痛与痛苦，但其过失对其工作能力和收入损失没有影响。D的责任范围如何确定：a) P的疼痛与痛苦；b) 他的收入损失？在当前案例中，收入损失是否被当做一项需要单独进行救济的独立的损失？

尚无已报告的法院判例可资援引以回答此问题。按照在损害概念和与有过失的功能与重要性问题上的一般看法，我们可以得出这一

24　BH 2005 no. 354（最高法院，Legf. Bfr. V. Pfv. VII. 20. 620/2004 sz.）.

25　在违约责任中，特别是关于瑕疵履行造成的后果来说，在司法实践中有一个常被援用关于主要损害和间接损害的区分，但这一区分的主要目的，同样主要是为了限制受害人的请求权，而不是为了适用不同的责任构成要件。

结论：在其与有过失的程度范围内，P 不应就其疼痛与痛苦获得非金钱损害赔偿，但这并不影响其就收入损失的金钱损害赔偿请求权，因后者并未受到与有过失的影响。然而，在本案背景下的损失划分中，有关分界线不应该划在收入损失与其他损害类型之间，而应该在金钱损害与非金钱损害之间。这就是何以据此观点看，不是收入损失而是疼痛与痛苦作为非金钱损害（或非物质损害）而应另行处理。

7. 案例研究（间接损失；时效）2000 年 1 月，D 闯入制造计算机设备的 P 公司的生产车间，损坏了一些高科技配件，而这些配件原本是准备交付给其他制造商的。由于 D 的闯入和损坏行为并没有被 P 公司的职工立即注意到，一些受损的计算机设备被交付给不同的制造商（A、B 和 C）而没有在发货前进行充分的维修。因此，P 必须赔偿客户 A 的损失。2002 年 1 月，在对 D 进行成功的追偿后，P 又被客户 B 诉请损害赔偿；2003 年 1 月，P 又遭到客户 C 的索赔。对 B 和 C 的赔偿应被看做是间接损失，即 D 所造成的总损失的一部分，还是必须进行单独救济的独立的损失？就 P 因对 A、B 和 C 的赔偿而提起的追偿诉讼而言，诉讼时效的起算日期是哪一天？

就非契约性责任而言，匈牙利法学理论与司法实践中都不把间接损失作为一种独立损害类型对待，而且，也没有把损害的概念区分为初步损害与继发损害。对本案提出的问题，若在匈牙利侵权法的背景下进行解决，将取决于这一系列事件是否可以构成一个损害行为，或是机器的损害（或许应该说是每部机器的损害），以及对用户进行赔付之后的追偿请求（或曰对每家用户进行赔付之后的追偿请求）可否被认为是各自独立的损害事件（独立个案）。我认为这一问题的回答应主要依赖的并非是损害的概念，而是每件零件的损害以及对不同用户的每一笔赔款的追偿，能否得以联系并合并起来，通过侵权人的行为和因果链条把这些统统联系并合并起来，并入一项或多项损失中，这主要是一个政策问题。我认为法院可能会把每件机器的损害及每次赔偿用户后的追偿请求,作为一个单一不可分并且整体的请求来处理,而不去强调处理损害的间接性问题。

24 　　我认为,在当前案件中,法院会认定对 B 和 C 的赔付都是因 D 引起的总损害的一部分,但又是独立的损失,须予以分别处理。不仅政策性观点(矫正正义与预防)会主张如此解决,而且有关案件事实也恰是有区别的:财产价值的损失与追偿请求应作为两个不同案件依其事实依据予以分别处理(也即两次不同的损害事故),而每项请求的时效各自计算。这样的解决方案也同样体现在最高法院1997年的一项判例中。在该案中,原告的雇员在工作过程中因工业事故受伤,原告承认了自己的责任并对该雇员支付了赔偿。三年后,国家保险机构确认,原告当时没有采取工人保护规章所要求的强制性保护措施,并因这一违章促成了该次事故的发生(以及雇员的损失),因此国家保险机构对其按照国家保险制度曾付给原告的钱,提出了回复追偿请求。原告向国家保险机构退还了这笔钱,然后又向被告就这笔钱提出了追索之诉,该被告是原告工厂内对当初不遵守保护标准负有个人责任的人。被告拒绝赔付,并主张该项请求的诉讼时效期间早已过期,因为该时效期间(当时的规定是少于现在规定的三年)从原告对雇员进行赔偿时开始起算。法院不接受被告的这一主张,而做出了有利于原告的判决。法院认定,诉讼时效期间只能从义务生效时起算,损害赔偿责任只有损害发生后才生效,这也同样适用于可预见的损害。如果受害人因侵权人的行为遭受了损害,但是因同一行为所致的损害发生于不同的时间点上,损害赔偿请求权的生效要依损害事件的发生,分别调整为其发生的时间点,这一时间点就成为每项赔偿请求权的诉讼时效起算点。[26]

25 　　因上述原因,我认为对 B、C 的赔付应被视为独立损失而应分别

---

[26] BH 1977 no. 167 (Supreme Court, Legf. Bír. M. törv. II. 10. 106/1976 sz.).

处理，而 P 就赔付给 A、B、C 的款项的追偿之诉，其各自适用的诉讼时效的起算点也应相应调整（即 P 向他们分别支付赔偿之日）。

8. 在你们国家的侵权法中，有没有未被提及的其他情况，从中，一项损害应被看做一项间接损失而属于"主要损失"的一部分，还是应被看做由同一侵权行为或不作为所导致的一项独立的损害，这个问题有着决定意义？

如上文所述，匈牙利侵权法的基本原则在于，无论一项损失是否被看做间接损失都无关紧要，即便是一项损失被视为间接损失并被视为分别损失的，也并非来自于损害概念的分割。我不清楚匈牙利侵权法中有没有其他判例，其中有决定意义的是一项损害应被看做一项间接损失而属于"主要损失"的一部分，还是应被看做由同一侵权行为或不作为所导致的一项独立的损害。

C. 责任限额与最低起赔额

9. 请说明在你们国家的侵权法中，如果存在赔偿限额的话，损害赔偿责任何时会受到限制。在这些情形中，是否存在用来解决下述问题的成文法规定或判例法原则：所造成的损失是作为一项不可分割的损失——在这种情况下侵权行为人的责任从整体上受到最高数额的限制——还是多个相互独立的损失，侵权行为人对每一项损失的赔偿责任分别受最高数额的限制？

在一般法中，无论是制定法规则还是司法判例，都未在非契约责任体系内规定责任限额。[27] 法定限额只在非常特殊的场合有所规定，比如 1996 年《关于原子能问题的第 CXVI 号法令》，该法第 52 条规定，核电站、核热厂的经营者或者制造、处理或储存核燃料的工厂经营者们所承担的责任，每次事故责任数额不得超过 1 亿特别

---

27 对于特定情况下的契约责任（主要在旅客和货物运输领域，以及诸如旅馆、酒店等提供住宿服务的领域）也规定有法定责任限额，然而，考虑到本项目的调查范围，我就不在这篇报告中阐述这些规定了。

提款权，而其他类型的核机构经营者的责任，以及对核燃料运输、储存过程中发生的损害的赔偿责任，每起事故不得超过500万特别提款权。匈牙利政府有义务赔偿超过上述限额的损害，但赔付总额也不得超过3亿特别提款权。还有特殊情况下，对于诸如航空运输和旅馆或酒店经营者的契约责任的限制。另外，法定责任限额并非匈牙利侵权法中典型的责任限制方法，而在判例法层面也无责任限额的规定，在前言部分，上文谈到的一些情况（就如非法投标所致损害的赔偿），法院进行了责任限制，只判予赔偿实际损害，而不接受就利润损失的赔偿请求。法院利用侵权法的弹性制度，以在其认为合适的时候限制责任。在此处提及的几处责任限额中，法律并未把限额的适用仅限于针对间接损失，关于间接损失是单一不可分损害还是几项独立损失这个问题，规定责任限额的有关法律规范并未提及，法定限额似乎被作为一个起点，侵权人的全部责任要受到最高限额的限制，而不需区分主要损失与间接损失，也无需假设数项独立损失的总和。

10. 请说明在你们国家的侵权法中，如果存在最低起赔额的话，受害人何时必须要承受最低起赔额以下的损失。在这些案例中，是否存在用来解决下述问题的成文法规定或判例法原则：损害是被看做一项不可分割的损失——因此受害人只须自行承担一次低于起赔额的损失——还是多个相互独立的损失，从而多次适用起赔额？

总的来说，在匈牙利侵权法中没有须由受害者自己负担的最低损失门槛，唯一的例外是产品责任规范。与欧盟产品指令相一致，《产品责任法》第1条第4款b）规定，就缺陷产品之外的其他财产的损害而言，只有超过相当于500欧元的匈牙利福林的损害，才可根据产品责任法予以赔偿。法定的产品责任制度并未调整损害到底是单一不可分之损害还是多数独立损失这个问题，判例法也没有提供任何指引以明确在此背景下如何理解最低起赔额。虽然《产品责任法》区分了人身伤害带来的损害与缺陷产品之外的财产的损害，并依欧盟产品责任指令，为后者规定了500欧元的最低起赔点，然而产品责任立法似乎仍然坚持了通常的损害概念。由此可得出结论，最低起赔点的适用也依赖于损害如何在个案中认定与界定，这将是按照侵权法的弹性制度进行司法评价的结果。匈牙利判例法迄今尚未在其他侵权法领域发展出任何形式的起赔点制度。

11. 案例研究（产品责任中的最低起赔额）由于电力系统的短路导致 P 停放的汽车被完全烧毁。这场火还烧毁了 P 存放在汽车后备箱里的高尔夫装备和汽车电话系统。P 向制造商提出索赔，其依据是制造商对缺陷产品的责任。全部损失——汽车的电话系统、汽车本身和高尔夫装备——被看做是一项不可分割的损失，还是多个相互独立的损失？欧盟产品责任指令对于财产损失赔偿规定了最低免赔额。对每一项损失单独适用起赔额——例如，P 的汽车、汽车电话系统和高尔夫装备——还是只对总额适用一次起赔额？能否进一步主张，高尔夫包的损失和高尔夫球杆的损失也应作为单独的损失来对待？

匈牙利法中既无判例又无立法依据可资援引，来对这个问题给予直截了当的回答，但如果我们考虑匈牙利侵权法所遵循的关于损害的一般概念，那么 P 的损失似乎应被视为一项单一不可分的损失。产品责任立法中规定的起赔点，应被视为唯一的一个门槛额，而对损失总额只适用一次。本案中侵权人的行为、因果关系以及损害的性质是如此的联系密切，因此无论是政策考虑还是侵权法规范与原则的内在逻辑，都不会主张把上述不同项目的损害按照单独损失处理。就算我们可以主张，高尔夫包的损失和高尔夫球杆的损失应作为单独的损失来对待，那么此看法得出的唯一观点也无非是：从财产法的角度而言它们是不同的、分别独立的物料项目。而这尚不足以就侵权法领域中的损害概念推出任何结论，侵权法领域关系到对民事过错的赔偿,也即通过在侵权人和受害人之间确立权利义务关系来制裁不法行为。损害的不同部分可以按照不同体制来赔偿(产品责任或一般责任规范),但即便如此也不能改变这一思路,即 P 的损失应被视为一项单一损失,因为这一结论得自匈牙利侵权法中关于损害的一般概念。

12. 在你们国家侵权法中,在确定责任限额和最低起赔额时哪个标准是起决定作用的?对以下因素要特别考虑:损失的类型(例如,人身损害或财产损害);责任形式(例如,过失责任或严格责任);受害人或侵权行为人的个人属性(例如,雇员、未成年人、专业人士);其他标准(例如,年金赔付或一次性赔付)。如果法律承认这些区分,那么,能否进一步主张,受害人因一起侵权行为或不作为而遭受的损失须被看做是多个单独的损失,其中一些损失受制于责任限额或最低起赔额,而另外一些损失则不适用?

如从上文就可看出的(上文边码 27),在匈牙利侵权法中关于责任限额的实例非常少,而且责任限额并不随损害类型的不同而有区别。我认为,关于保护人权(人格尊严)与财产权的宪法要求会使得责任限额的设定(那必然意味着,一个人可以被剥夺人权和财产权而得不到任何赔偿)只能作为例外特则并只限于明确规定的情形中。考虑到宪法方面的要求,损害性质或责任形式作为最可能采用的主要依据,都难以成为责任限额设立的足够依据,哪怕从对契约责任的约定限制的有效性角度来看它们是重要的,[28] 责任限额的正当性依据可能主要基于受害人与侵权人的个人属性方面,比如,在劳动法律关系中,在过失场合(在故意情况下雇员的责任是不受限

---

[28] 在《匈牙利民法典》第 435 条第(3)小规定的关于特别行为的严格责任制中,按照法条,任何限制或排除责任的约定都无效,该禁止性规定不适用于物品损害。一般的规则是,任何合同条款,对因故意或重大过失所造成的损失,或是对于生命、身体完整、健康的损害,或是犯罪引起的损害后果,如果事先限制或排除其责任的,统归无效[《匈牙利民法典》第 342 条第(1)小]。

制的），雇员对雇主的责任限定为平均月薪的 1.5 倍,[29] 另外，法学界还有人强烈主张限制医生的责任。[30]

D. 多个损失

13. 当两个以上当事人共有的财产受损时，由此而产生的损害是否被看做是每一位当事人的权利均受到侵害而导致的多个相互独立的损失？

有关判决中似乎反映这样的看法：即在上述情况下各受害人（作为原告）有着各自独立的请求权，而每个受害人被认为有独立的损失，尽管法律保护的利益由他们所共享。如果共有财产的客体被损坏，各共有人亦被视为受到单独损害。关于共有人受到分别损害而享有单独请求权的看法，也同样暗示出，每名原告均须一一针对被告证明被告已满足责任要件，证明其请求权（包括受到了可赔偿的损害）成立。共有人不得就其他共有人受到的损害请求赔偿，也不得据其他共有人遭受的在共有财产中的损害主张自己的请求权。[31] 按照我的看法，这个问题也有强烈的程序一面的色彩：假设共有人受到的损害被作为不可分的统一损害，那么他们只能享有一个共同请求权，意味着其中一人不得离开其他人单独起诉，在此情况下，任何一个共有人都可以阻止其他共有人就其受到的明显损害诉请赔偿。上述的可能性也同样会促使法院把共有人的损失视为单独损失。

14. 案例研究（共有） P1 和 P2 是一幢建筑物的共有人，该建筑物因 D 的恶意纵火而被毁损。P1 和 P2 所遭受的损害应被看做是一项单一的不可分割的损失，还是 P1 和 P2 分别遭受的两项损失，类

---

[29] 根据 1992 年《关于匈牙利劳动法的第 XXII 号法令》第 167 条，在过失引起损害的事件中，责任数额不得超过雇员平均月薪的 50%，而且集体合同和雇佣合同可以包含关于责任数额的不同规定，其应结合事件情势和责任人的情况，例如过失程度、损害的性质和发生频率以及雇员的职务。

[30] Á. Dósa, Az orvos kártérítési felelőssége (2004).

[31] BH 1992 no. 171 (Supreme Court, Legf. Bír. Pf. I. 21. 097/1990 sz.).

型选择的后果是什么？

32 判例法似乎把 P1 和 P2 视为各自遭受单独损害的彼此独立的受害人,[32] 而这一立场也有程序方面的支持（共有人未必是共同原告）。如是，P1 和 P2 受到的损失，须被视为 P1 和 P2 分别受到的两项损失，这样处理的结果是：两名原告均对被告享有请求权，他们的损害额不一定对应着其共有份额（虽然从理论上也有这种可能），他们均需就各自的请求证明责任要件（损害事实、损害与侵权行为之间的因果关系以及损害的数量），他们均不能就其他共有人遭受的损失诉请损害赔偿。如果责任要件相对于 P1 或者 P2 中的一个未能满足，但对于另一个共有人却满足了（比如引起的损害对于 P1 来说是合法的，而对于 P2 来说则是不法的，或者 P1 证明了其损害而 P2 却没有），那么他们的诉讼请求将会得到不同判决结果。不能证明其请求成立的共有人就不能享有赔偿请求权，而另一个共有人，假设他能证明被告的责任成立，则能成功索赔。

15. 案例研究（所有权和使用权）P1 对林地拥有所有权，P2 拥有采伐林木的权利。D 因过失引发了火灾而使林木被毁，P1 和 P2 所遭受的损害应被看做是一项不可分割的损失，还是两项相互独立的损失，类型选择的后果是什么？

33 在这样的案件中，P1 作为土地所有人，P2 作为使用权人，他们受到的是两项彼此独立的损失。他们均因林木被毁而对 D 享有不同的请求权，P1 和 P2 均须分别针对 D 证明责任要件成立，包括对于各自的请求证明损害及损害与侵权人行为之间的因果关系，以获得赔偿。如果 P2 拥有使用权的事实降低了该林地的价值，在确定林地价值以作为 P1 损害额的计算基础时，上述降低额须考虑在内。

E. 多个损失与多个侵权行为人

16. 在何种条件下可认定多个侵权行为人共同引发了受害人的单

---

[32] BH 1992 no. 171（Supreme Court, Legf. Bír. Pf. I. 21. 097/1990 sz.）.

一损失？在何种条件下可以认定多个侵权行为人导致了同一受害人的多个相互独立的损失而需要对这些损失分别进行救济？多个侵权行为人对损害承担连带责任的前提条件是什么？能否主张，多个侵权行为人分别导致了多个相互独立的损失，但是，与此同时这些侵权行为人需要对损失整体承担连带责任？

由多位侵权人引发的损害必须作为单一的不可分割的损失对待，否则他们也就不能被称为共同侵权人。而侵权人应否被看做多位侵权人，则依赖于他们在因果链上行为的统一性。这一统一性问题与其说是事实问题不如说是个法律问题，法院对其认定也须考虑政策问题。

在匈牙利法中，侵权行为人的多数性是一个因果关系问题而非损害问题，如果按照司法考量，不同侵权人的致损行为被视为一个统一原因链中的共同构成部分，则损害只是多数侵权人已经造成的后果。共同的意图并非认定多数侵权人的一个要件，[33] 有效法律解释和权威法学观点都强调这一认定的客观性，并强调共同目的并非共同责任的前提。侵权人的行为客体也同样不重要。举例来说，如果两辆汽车发生碰撞，事故的结果造成一辆车中的旅客受伤，则两车的司机就应被作为多数侵权人对待，而承担连带责任。[34] 然而，仅仅有原因上的相互依存关系，并不总是足以成立共同责任。如果某人过失地未尽义务，而这使另一人得以引起损害，前者应该与直接引

---

33 按照民法典第344条的意思，《匈牙利民法典》曾明确说明其动机，即多数侵权人的共同目的，并非认定其为多数侵权人或共同侵权人的前提条件。《匈牙利民法典》对多数侵权人致害规定了一个特殊规则，根据民法典第344条，如果损害是由两个或多个人共同引起的，则他们应对受害人承担连带责任，而他们彼此之间应负的责任应依各自的责任程度按比例分配，如果各自的责任程度无法确定的，就由责任人平均分摊赔偿责任。法院有权宣布连带责任，并对各加害人依其各自的可归责性分别宣判责任，如果这样做不至于危及或严重拖延对损害的赔偿，或如果受害人本人对损害也有促成作用，或其行使请求权之际无任何正当理由耽搁了时间。

34 K. Benedek/M. Világhy, A Polgári Törvénykönyv a gyakorlatban (1965) 349.

起损害的侵权人承担连带责任。连带责任的两个主要原则是：（1）预防侵权发生；（2）为原告提供更有利的赔偿机会。承担连带责任的多数侵权人和数个承担独立责任的分别侵权人，可以在因果关系方面看出其区别：如果数人中每人的行为都是损害发生的必不可少的条件，那么他们就构成承担连带责任的多数侵权人；如果他们的加害行为之间并无任何因果关系上的相互依存性，或者如果其相互依存关系太过疏远，那么各侵权人就不应承担连带责任。举例来说，如果某人引发了一场车祸而致受害人受伤，受害者的伤情并非致命，但随后却死于医生的疏忽，这里的两名侵权人就不承担连带责任（也即，并不被视为多数侵权人）。[35] 就损害的可分性问题而言，这一观点符合上述的基本原则，据这些原则，在匈牙利侵权法的灵活制度下，损害的可分性是一个司法评价的问题，其评价要考虑到侵权人的行为、因果关系、政策问题以及受害人的具体情况。

36 　如果统一的因果关系不能成立，那么就不能在匈牙利侵权法规范的背景下说他们是多数侵权人，而只能说是存在分别的单独损失和独立的侵权人，以及针对侵权人的独立诉讼请求。例如，如果各侵权人的行为可以被认为发生在不同时间上的各自独立的行动，我们就不能说他们是多数侵权人，在此情况下各侵权人应分别承担独立责任（无连带关系），而其各自引起的损失亦应被视为分别独立的损失。[36]

37 　导致责任连带性的侵权人的多数性，确立了对单一损害的责任，如果不能据其他理由认定其为分别的损害，但正如我们所见，分别损害并非匈牙利侵权法中的典型情况。据此我认为，在存在多个由不同侵权人引发的独立损失的情况下，谈论多数侵权人问题是自相矛盾的，在此情况下，无任何理由就所有损失成立多个侵权人的连

---

35 《关于匈牙利侵权法草案的说明》，其中对第344条的说明。
36 BH 2000 no. 397 (最高法院 Legf. Bír. Pfv. VI. 23. 619/1998 sz.).

带责任。据我的看法，在匈牙利侵权法中，我们不能主张：存在数项由不同侵权人引发的独立损失，而与此同时各侵权人却对全部损失承担连带责任。

17. 案例研究（连带责任和分别责任）D1、D2 和 D3 计划抢劫一对夫妇 E 和 F。D1 在汽车里等候，并负责逃跑。D2 将使用枪控制住这对夫妇并从 E 身上拿走钱，D3 将取走 F 佩戴的珠宝。D1、D2 和 D3 同意如果有必要将使用暴力。由于 E 对 D2 进行防卫，D2 开了枪并伤害了 E，E 随后就其医疗费用和疼痛与痛苦提出索赔。F 请求返还她的珠宝，并且，由于珠宝在争抢中受到了损害，因此，F 还就修补费用提出索赔。在这个案例中，是存在一个总体损失，其可就相同范围归责于每一个侵权行为人，还是存在数个相互独立的损失，每一项损失可归责于一名不同的侵权行为人？如何确定 D1、D2 和 D3 的责任范围？

判例法中有根深蒂固的原则认为，如果侵权人共同行动，其行为相互联系，在统一的因果关系中共同决定了损害结果的发生，那么上述侵权人应被视为多数侵权人，均须对受害人承担连带责任。由此推知，在如上例所述的案件中，D1、D2 和 D3 须被认定为对一项可在相同程度上归责于他们每个人的统一总损失承担连带责任，他们——依其过错程度对受害人连带负责（《匈牙利民法典》第 344 条）。

为了就匈牙利司法实践所遵循的思维方式举一个实例，匈牙利最高法院的一项判决值得在此重点介绍。原告与被告一起去当地的一个酒馆喝酒，他们离开酒吧的时候偷了一辆车，该车是原告的老板的财产，他们一起开车跑到临近的村庄，当返回的时候车辆侧滑而撞上了灯柱，当时是原告开车而被告坐在乘客位上，撞车时原告和被告都受到重伤，汽车也被严重损坏。原告要求法院宣告他和被告是共同侵权人，并因此而宣告被告也须对有关损害负责。而被告主张自己只是协助偷车，但鉴于出事时是原告开车，因此须由原告对发生的损害事故承担责任。被告辩称，对于原告开车过程中的疏忽所造成的损害，被告不应该承担责任，因为被告的行为（偷车）与车祸事故本身并无因果关系。最后，最高法院做出了有利于原告的判决，法院认定原告与被告构成共同侵权人，因为被告的所作所为（偷车），不能从导致车祸的整个一系列的事件背景中剥离开来，被告的行为也是事故原因的一部分，因此他须与原告作为共同侵权人一道承担责任。[37]

18. 案例研究（人身损害被明确排除）假设事实与上述案例相同，如果D1、D2和D3最初同意不使用暴力，但是，当E未听从D2的命令时D2开了枪，该案是否因此而得到不同对待？在这个案件中，对于E的伤害，是由D2一人承担全部责任，还是可将其看做一起可在同等程度上归责于每一个侵权行为人的整体损失，从而认定D1和D3也要对损失负责？

我认为，根据匈牙利侵权法，如果D1、D2和D3最初同意不使用暴力，但是，当E未听从D2的命令时D2开了枪，该案并不因此而得到不同对待。这一处理结果得到关于损害的一般观点的支持，也符合匈牙利民法典第344条中所使用的多数侵权人概念的解释，如上文边码38所释。

F. 损害的可分割性和因果关系的不确定性

19. 为了处理与证明因果关系有关的问题——特别是在大规模侵权的背景下——有些地区发展出一些例外规则，以被告制造了风险为由对其施加责任，而无论有无证据显示被告的行为是原告所受伤害的"若非则无"（sine qua non，必要条件）意义上的原因。你们国家的侵权法是否承认这些规则？如果承认，什么被认为是受害人已经遭受的损失？

---

[37] BH 1980 no. 471 (Supreme Court, P. törv. V. 20. 883/1979 sz.).

匈牙利的制定法与判例法都没有认许这种以制造风险为由课加 41
责任的做法，必须证明因果关系的存在（根据"若非则无"检验法，
或根据必要条件原则）才能认定被告的责任。法院不大可能倾向于
仅仅以可能的侵权人所制造的风险的存在或其风险程度为由，就随
便推定因果关系存在。

20. 案例研究（源于多种途径的暴露风险）V 先后连续受雇于
D1、D2 和 D3。在每一工作期间，由于雇主的过失 V 都暴露于石棉
中。近来 V 已被诊断出患有间皮瘤，使其寿命预期严重缩减，该疾
病系其在工作中暴露于石棉下所致。间皮瘤不是一种严重的疾病
（不像石棉肺），并且，即使额外暴露于石棉中也不会加重其严重性。
科学证据无法显示间皮瘤是由于在哪一工作时间暴露于石棉中所致，
或由于在不同工作时期累积暴露于石棉中所致。在你们国家的侵权
法中，D1、D2 和 D3 能否被认定负有责任？如果负责任，V 被认为
已遭受了一起不可分割的损失，还是多项不同的损失？

匈牙利的制定法与判例法都没有遇到过这类情况，至少目前尚 42
无反映上述案例中问题的已公布的法院判例。就我看来，从匈牙利
侵权法的观点来看，该问题与其说是关于损害的问题不如说是一个
关于因果关系的问题。本着不超出本调查项目范围的原则来简单回
答，我认为，如果司法判决欲采取认定 D1、D2 和 D3 有责任的解决
方案，那么三名雇主就须视为多数侵权人，而对 V 所受的单一不可
分的损失承担连带责任。侵权法规定与实践背后的指导性政策，特
别是损害预防原则，与尽可能为受害人的损失提供有利赔偿措施的
原则（规定了多数侵权人连带责任的匈牙利侵权法第 344 条），以及
社会因素（据我看来其也对司法很重要），都会支持这一结果。

21. 在所谓 DES 案件中，一些美国法院认定若干被告负有责任，
即使被告与索赔者的损害之间的因果关系并不能像普通案件那样得
到证实。这些案件处理的是多名被告与多名受害人之间的问题。尽

管不可能证实哪一名被告损害了哪一位受害人，但每一名被告都要依其在 DES 市场上的份额承担按份责任（市场份额责任）。在你们国家的侵权法中，这样一种责任模式是否适当？如果适当，请基于下述案例说明什么被认为是已经遭受的损失。

43 市场份额责任以及案例中所提问题，在已公布的匈牙利判例法与法律规范中都是闻所未闻的。考虑到匈牙利法学理论中的权威思想，以及立法和司法实践，我认为这种责任模式与当前发展阶的匈牙利国内侵权法格格不入。

22. 案例研究（市场份额责任）D1、D2 和 D3 是制药商，其生产的药品都是基于相同的化学制剂并都在 A 国流通。在药品上市多年后发现该药品所使用的制剂具有致癌作用。P 是数千名受害人中的一员，像其他受害人一样，他无法证实其服用的是哪一家制药商生产的药品（D1、D2 或 D3）。但是，根据市场份额原理，P 能向他们（D1、D2 或 D3）中的任何一家提出索赔，尽管每家制药商的责任都受限于其在 A 国市场上的份额。如果依据你们国家的侵权法可以适用市场份额模式，那么，什么是每一家制药商所应负责的损失？这种损害场景应被看做是一起单一的不可分割的损失，还是多个相互独立的损失？

44 尽管市场份额责任模式在匈牙利侵权法中是不可适用的，我认为这一模式的适用未必会影响匈牙利侵权法中的损害概念，而且我认为，如果该模式适用的话，按照匈牙利法院更为青睐并遵循的思路，损失可以并且应当被视为每名受害人所承受的单一不可分的损害事故。

三、程序方面

A. 管辖

23. 依据你们国家的程序法，侵害行为地或损害发生地对于哪一个法院有管辖权是否具有决定性意义？当侵害行为在多个不同地点引发了多项不同的损失的时候，此类案件应如何处理？是否可以在同一个法院处理所有的损失索赔，即使这些损害是发生在多个不同的管辖区域内？如果可以，那么，整体损害是被看做是一项单一的不可分割的损失，还是多个相互独立的损失？

根据《匈牙利民事诉讼法》第29条第（1）小节，关于哪个法院有管辖权，须就被告住所地（所在地）确定，作为侵权之诉管辖权的一个替代选项，《匈牙利民事诉讼法》第37条又规定，侵权损害索赔之诉也可以选择向损害引起之地的法院起诉，也可以向损害发生之地法院起诉。至于加害行为在不同地点引起不同损害结果的问题，在匈牙利判例法中尚未处理过。而《匈牙利民事诉讼法》第37条的规定足够宽泛，完全可以解释为对损害发生于多个管辖区情况下的管辖选择提供了多项平等选项，这种可能性并未被排除，而且管辖权的确定首先是一个程序法上的技术问题，其中未必代表了对于损害可分性问题的任何立场。

45

24. 案例研究（国内管辖权；损失发生地）在W法院的管辖区域内，D对P的食物投毒。在X法院的管辖区域内，该食物喂给了P的狗。结果P的狗在Y法院的管辖区域内开始呕吐并把P的汽车弄得一团糟。在Z法院的管辖区域内，P自己食用了有毒的食品并因此而产生了胃痉挛和恶心。P能在哪一处法院就其损失（被弄糟的汽车，疼痛与痛苦，收入损失）提出赔偿请求？能在同一个法院提出所有的索赔吗？

W法院理所当然对于所有诉讼请求都有管辖权，因为《匈牙利民事诉讼法》第37条确定了损害引发地法院的选择管辖权。问题是X法院和Y法院对于P的胃痉挛和恶心的损害索赔之诉是否有选择管辖权，以及Z法院对于因P的汽车被弄脏所致损害的索赔之诉是否有管辖权，尚无任何已公布的判例法有助于对此问题提供答案，

46

但是，X 法院和 Y 法院对于就 P 的胃痉挛和恶心所致损害提起的索赔之诉不可能不受理，Z 法院对于因 P 的汽车被弄脏所致损害的索赔之诉也不可能不受理，但这种方案会迫使 P 提起两个不同的诉讼案件。我认为，法院会把 P 的损失看做单一损失，而且会宽容地任由 P 向案例中提到的任何一家法院起诉。

B. 诉讼金额

25. 诉讼金额在诉讼的程序方面（例如，有关律师费、诉讼费，法律救济的认可，法院管辖权或其他原因事项）是否具有决定性作用？如果是，当基于一个单一的侵权行为或不作为而提起的请求被分解开并单独起诉时，是否会产生不同的结果？当损害被看做是一项单一的不可分割的损失或多个损失时，会有什么不同（如果有的话）？

根据匈牙利的民事程序规则，诉讼金额在律师费问题上有决定性作用，对于法院管辖权及诉讼费用问题也同样重要。在金钱索赔案件中，诉讼金额等于原告向被告索要的数额，至于受到的损害被视为单一不可分损失还是多项损失是否有别以及区别何在，取决于把所有损害事件相加后，其总数额的价值是否达到符合地方法院管辖权要求的最低额，以及是否突破诉讼费停止累进的限额（诉讼费有最高限额）。[38] 法院判定的律师费则以递减比率累加，而没有规定法定上限。从这个角度来说，把损害作为单一不可分损失对原告会更加有利，这将会使诉讼成本降低，原因在于律师费的递减式累加办法，以及达到诉讼费收费上限就不再多收的规定。

C. 先前法院判决或和解的法律效力

26. 当一项请求已经历诉讼，并且终审法院的判决已经做出时，索赔人在多大范围内被禁止就基于同一侵权行为或不作为而产生的进一步损害提起诉讼？作为后一起索赔对象的损失被看做是已经被

---

[38] 法院诉讼费有一个固定的最高收费额（上限），（即 900,000 匈牙利福林，约合 3,600 欧元），如果诉讼金额的 6%（诉讼费）超过这一限额，原告就不需要再多交钱了。

法院处理过的损失的一部分或者被认为是一项独立的损失，是否具有决定性作用？

根据《匈牙利民事诉讼法》第130条（1）d和（3），在相同的当事人之间、以相同的事实根据、为相同的权利的诉讼请求，如果有关法院已经做出了终审判决，那么其他受诉法院应当对此不予受理，而无需启动诉讼程序来审理该案的实质问题，这就是一事不再理原则。由此推断，如果损害被作为数项损失来对待，关于其中部分损失的赔偿问题的终审判决，并不妨碍就该判决未涉及的其他损失提出新的索赔之诉。如果损害被视为单一整体的损失，则有关终审判决的结果是判决未涉及的损害无从谈起，也不得就损害的特定部分再行起诉。如是，依我看来，从既判力原则的角度而言，作为后一起诉讼标的的损失，是被看做前次诉讼已处理过的损失的一部分，还是被视为一项独立损失，这是个关键而决定性的问题：若被视为独立损失，则对该损失就可以再行起诉。此处尚找不到已公布过的判例用来说明这个问题，尽管最近匈牙利最高法院在一项判决中认定：非金钱损害赔偿之诉不得分拆为几部分，当事人不得在两次分别的程序中就非金钱损害赔偿的两部分分头索赔［继法院对原告判予非金钱损害赔偿金后，被告又提交一个新请求，声称他起初索赔4,000,000匈牙利福林（HUF），从中在前一诉讼中只获赔2,500,000匈牙利福林，而在新的这场诉讼中他要索赔剩余的1,500,000匈牙利福林］。该判例触及到损害可不可以分开起诉的问题，而并未触及损害的可分性问题，并且该判决只是确立了因侵犯人身权引发的诉讼请求不得分拆开来的规则，但从这一判决中我们实在不能更进一步地推出一般性的结论。[39]

27. 案例研究（先前判决）在一起交通事故中由于D的过失导

---

[39] BH 2008 no. 18（最高法院. Bfr. Pfv. III. 22. 125/2006）.

致 P 的汽车受损。P 就重新喷漆的费用起诉 D 而获胜诉。判决做出后，发现不仅汽车的喷漆在车祸中受损，发动机也受损了。P 是否被禁止就发动机的损害赔偿再次提起诉讼？发动机受损被看做是法院已经处理过的损失的一部分，还是一项独立的损失？

49　　依我看来，在这样的一个案件中，P 不应被禁止就发动机的损害赔偿再次提起诉讼，问题在于，第二次诉讼请求是否基于前次判决已包含的请求的相同事实根据，以及为了相同的权利。至于在民事诉讼中在既判力原则的背景下，如何认定"相同事实基础上的相同权利"，判例法中并无相应稳定与严格的原则。考虑到既判力原则的要求，前判决的范围应当加以评价，而最高法院在这方面实行一种灵活的方法而非固定不变的教条。在 1981 年公布的一则判例中，最高法院曾认定：如果法院以原告不能证明案件事实与其健康损害之间的因果关系为由驳回原告的诉讼请求，随后证实，不能证明该因果关系的唯一原因，是囿于当时的一般医学知识水平，但随着科学技术的进步，在提起第二次诉讼请求时，该因果关系已经能清楚认定了（因按照广泛接受的医学专业标准都公认该因果关系昭然若揭），那么此时原告不应被禁止再次提起诉讼请求。在这一判例中，原告作为被告的雇员在工作中遭遇事故，一条连接着起重机挂钩的铁链击中他的头部，事故发生两年后原告开始出现癫痫症状并成为终身疾病，因癫痫的影响他只好提前退休，原告起诉，就因提前退休所导致的薪金收入损失索赔（其退休金与未实现的薪金之间的差额），其理由是癫痫是其工作事故造成的后果。法院的终审判决驳回了原告的请求，理由是按照法院指定的医学专家的观点，这一事故伤害与癫痫病之间的因果关系无法证实，这也是当时普遍的专业认识。八年之后，原告再次起诉，而这次起诉时，根据当时一般医学知识，在该案情况下该次事故伤害与癫痫病之间的因果关系已能确定（这意味着这次他可以起诉了）。最高法院认定：在本案中不应主张一事不再理原则，如果案件所据的事实依据不同，以及当事实依据建立在科学发展水平基础上，而科学发展会对案件的专业问题提供新依据时，如果法院对案件事实依据的认识态度会不同，[40] 原告就不应被禁止再次提起索赔请求。该判决对一事不再理原则表现了一种很灵活的态度，着重从程序事实的角度考虑案情事实何在。其同样说明，在当前问题中的案例中，P不应被禁止就发动机的损害赔偿再次提起诉讼。这一结论未必说明损坏的发动机被视为一项独立损失，至少对于匈牙利司法来说，这一点并非必须加以考虑的问题，或者说这一问题的答案并不重要。[41]

28. 案例研究（先前判决和与有过失）事实与上述案例相同，但是，在处理P就重新喷漆的费用要求赔偿的问题时，法院判决因为P与有过失而减半赔偿。审理关于发动机损害赔偿的后一起案件的法院是否受先前法院所做出的与有过失的判决的约束？发动机受损是否被看做是还未被法院处理过的一项独立的损失，因而先前的判决对后面的法院没有约束力？

由于在这个问题上，诉讼标的中没有任何新内容（事实方面和权利方面都没有），在此情况下，根据匈牙利《民事诉讼法》第130条（1）小节D和第（3）小节，与有过失问题须被视为双方之间已被解决的问题，而受制于既判力原则。由此可知，审理嗣后关于

---

40 BH 1981 no. 301 (S最高法院, M. törv. II. 10. 301/1980 sz.). 依我个人的看法，这个判决是有问题的，而且我们不应忽视该判决下达于1981年的事实。在当时的社会背景下，人们很难认同，仅仅因为原告不能一举证明因果关系，就不允许作为原告的工人因工伤事故获得赔偿。我认为最高法院在今天不大可能再这样判了，这样的判决破坏了这样一条程序法原则：法院判决即经过一时间之后就成为不可更改的终审判决，哪怕它可能是错的。不过，这个问题说来话长，而且超出本调查项目的范围。
41 我个人并不同意这样判决，而且，如果我们欲从中得出任何结论，都需谨慎推理。在1981年的时候，如果原告的请求在实体法上并根据案情事实能够得以成立，则很难想象匈牙利的法院会仅以程序法为据判决驳回原告工人的诉讼请求。但是，该判决违背了既判力原则，而且主要是受政策理由所左右而非基于对法律的解释。不过尽管如此，这些都不能改变我对这里主要问题的回答。

发动机损失赔偿请求的法院，须受以前法院在与有过失问题上的认定结果的约束，就损坏的发动机而言，结论与上文边码49相同：损坏的发动机应视为一个尚未被法院处理过的独立的损失，因而先前判决在此问题上不能约束审理后一案的法院。

29. 案例研究（和解的法律后果）再次假设事实相同，但例外的是P最初的索赔是通过法庭外和解而非司法的方式解决的，P是否会因先前和解的事实而被禁止再次提起诉讼？如果不会，那么，因与有过失而双方合意减少赔偿金是否会对第二起索赔诉讼具有约束力？所受损失被看做是一项单一的不可分割的损失还是多个损失是否具有重要意义？

我认为，对此问题的回答，首先应取决于庭外和解当事人之间达成的和解协议的内容与结构，如果庭外和解协议作为一个合约，应被解读为未涉及发动机损害问题，那么就没有任何理由和根据去禁止P提起第二次诉讼，已达成庭外和解的事实本身当然不足以成为其理由。就我依我们的惯常思路所见，由于这主要是一个关于双方协议的构成与可执行性的问题，我并不认为受到的损害被视为单一不可分损失或多项损失这个问题有什么重要性。

D. 集团诉讼、代表人诉讼、示范诉讼和大规模侵权

30. 在你们国家的法律制度中，何种诉讼程序机制允许由多个不同的索赔人提起的赔偿请求在一个法院合并审理？如果不同的诉讼请求被合并，它们是被看做与一项单一不可分的损失有关呢，还是与多项损失有关？

总的来说，《民事诉讼法》第51条允许多名不同的原告作为共同原告，把他们的诉讼请求合并起来而向一个法院提起，这就是传统形式的诉讼合并（共同诉讼）。以我的观点，合并诉讼对损害被视为单一不可分者还是多项损失这个问题未必会有什么影响。在共同诉讼中，每项请求都须经庭审程序审理，而且有可能会发生某些原

告胜诉而其他原告败诉的情况。根据《民事诉讼法》第51条，多数原告可以共同提起一项请求，而如果诉讼标的是只能一并处理的共同权利或义务，或如果判决范围将涵盖所有哪怕未参诉的共同当事人，同时，有关请求源自于同一法律关系，或者诉讼请求有相同的事实或法律依据，则多数被告可以被一并起诉。由此可知，在被合并的诉讼请求被看做统一不可分损失还是多个损失这个问题上，原告有权据侵权请求权提起共同诉讼的事实，未必表明了任何倾向性，而我也没找到任何已公布的判例或论著中的任何观点能对这一相互依存的问题提供一个正确回答。

31. 依据你们国家的法律制度提起集团诉讼（或与其最接近的对应程序）的前提条件是什么？请举出在你们国家的侵权案件中使用集团诉讼的例子。通过集团诉讼的方式进行索赔与每位受害者单独起诉索赔有什么区别？如果一名受害人对法院在集团诉讼中所做出的判决不满意，他能否以自己的名义提起独立的诉讼，如果a）他先前已经是集团诉讼的当事人；b）他从未成为集团诉讼的当事人？集团诉讼的判决的法律效果是什么？如果一群索赔人以集团诉讼的方式起诉要求赔偿，是否会导致将每一位索赔人的损害进行加总以使其被看做是一项单一的不可分割的损失？

在匈牙利，就侵权请求提起集团诉讼是绝无可能的，这里有的是不同形式的公共诉讼（*popularis actio*），其中，法律规定的公共检察官、特定当局或机构有权提起公诉，来为一定的受害人群体伸张权利，以对付市场主体的不法行为（如，防止使用不公平的标准合同条款，对违反消费合同诉请特定救济等），但并无这样的诉讼形式可资用于侵权之诉中。而《消费者保护法》中所规定的在消费者保护领域提起代表人诉讼的一般性授权，将于下文阐述。

32. 在什么条件下消费者保护组织可以代表一群受同一侵权行为影响的人提起诉讼（代表人诉讼）？请举出在你们国家的侵权案件中

使用代表人诉讼的例子。法院在上述诉讼程序中所做出的判决对于每一位受害人单独提起的赔偿请求的法律后果是什么？如果某一位受害人对于法院在消费者诉讼中所做出的裁决不满，他可以自己的名义单独提起诉讼吗？每一位受害人所遭受的损害能否被看做是一项独立的损失，尽管它已经被法院在代表人诉讼的框架内处理过？

54　　　根据《关于消费者保护的第 CLV 号法令》第 39 条，消费者事务署、为消费者利益提供代表服务的社会组织、公共检察官以及特殊情况下国家财政委员会，都可以对实施了非法行为而对广大消费者造成重大损害的任何人提起诉讼。这类诉讼的目的是在该非法行为发生一年内维护消费者利益，即便各受害消费者的身份尚未确认。法院在其判决中可以授权主张权利的一方在国家级报刊上公布解决方案，而由违法一方支付费用。违法的一方应按照该方案满足各受害消费者的索赔请求。这一程序并不影响消费者根据民法的一般规定对违法者索赔的权利。上述权利的宽泛程度足以涵盖侵权诉讼（如产品责任之诉），然而在这个领域我找不到任何根深蒂固的判例法规则，从中可推出任何结论来评价这方面损害的合并与分割问题。

　　33. 你们国家的诉讼法是否规定了其他机制（例如，示范诉讼），可以将许多不同的赔偿请求合并起来由同一个法院来审理？必须满足什么样的前提条件？特别是，是否要求每一起请求赔偿的损失之间具有特别的联系（法律上的关联）？通过这种机制而将不同的索赔请求合并在一起会产生什么样的法律后果？

55　　　在匈牙利法中，我找不到把索赔请求合并向一个法院提起的其他诉讼形式，而示范诉讼尚未被匈牙利民事诉讼法所接纳。

　　34. 案例研究（火车事故）一辆由 D 公司运营的火车在高速轨道上脱轨，车上有 100 人受伤。这些受害人与 D 公司之间有不同的法律关系。有些是付费的乘客，有些是无偿的旅行，而另外一些人属未经许可而上车。是否有可能通过以下诉讼机制将这些受害人的索赔合并在一起：a) 集团诉讼，b) 代表人诉讼，或 c) 其他诉讼机制？如果多起赔偿请求被合并起来通过同一程序来处理，每一位受害人所遭受的损害被看做是一项单一的不可分割的损失的一部分，还是多项损失复合体中的一项独立的损失？

鉴于我并不认为此案属于《消费者保护法》第39条的适用范围（该条对侵犯消费者利益的非法行为规定了制裁措施），在此，消费者既不可能把他们的请求合并到一场集团诉讼中，又不可能以代表人诉讼的形式起诉索赔，在匈牙利法中他们合并诉讼的唯一可能是作为共同原告共同起诉，鉴于在这些案件中案情事实与所主张的权利的相似性，根据《民事诉讼法》第51条，这样做是可以的。在这种形式的合并诉讼中，每名受害人都在为各自的损害而诉讼，而每名受害人受到的损失，都须视为众多损害中的一项单独损害。

四、保险方面

A. 限额与扣除额

35. 在你们国家的法律制度中，是否存在成文法原则或法院发展出来的原则，用以解决下述问题：一起损害事件被认为是一起单一的事故而使得保险人的总的责任受到赔偿限额的限制，还是多个相互独立的损失而使得每一项损失——适用赔偿限额并使得保险人对每一项损失均要赔偿至一定的数额？另外，保险合同所采用的标准条款是否对这一问题有规定？

法院发展出的判例法中没有任何关于这个问题的一般性原则，以解决这些问题：一起损害事件被认为是一起单一的事故而使得保险人的总的责任受到赔偿限额的限制，还是多个相互独立的损失而使得每一项损失——适用赔偿限额并使得保险人对每一项损失均要赔偿至一定的数额。不过，这个问题在标准合同条款中有所涉及，这些条款有法定的也有约定的，以适用于具体保险合同。关于机动车经营者强制第三方保险的第 190/2004.（VI.8.）号政府政令（发布者 Korm. Sz.）规定：按照机动车经营者强制第三方保险制度，保险公司、国家部门（National Office）以及公共赔偿账户的管理者，都有义务在该政令第 2 条第（2）小节中规定的限额范围内承担赔偿责任，而该政令第 2 条第（2）小节中规定的每次"损害事故"的限额界定为：对于财产损害 5 亿匈牙利福林，对人身伤害 15 亿匈牙利福林，而无论受害者人数多少。该政令第 7 条（1）又规定，由同一原因引发而彼此在时间上又有关联的数次损害事故，认定为一次保险事故。在《司法部与财务部第 30/2004 号联合政令》（IX. 8.）IM–PM 中，第 1 条（4）对官方公共采购顾问人的强制责任保险规定了法定标准保险条款，也适用了与上面类似的限额制度（具体数额不同），而该条款在确认保险公司责任限额问题上也以相同方式对"损害事故"做出界定。

58 　　在政府政令［no. 319/2004.（XII. 1.）Korm. Sz.］中，关于独立保险代理人与保险顾问的合同强制性的最少内容以及这些人的第三方职业责任险的最高扣除额，对损害事故使用了相同的定义［第 2 条（4）与第 3 条（4）］。

59 　　这种在保险合同中以适用限额与扣减额的视角对损害事故的界定，也同样适用于保险公司对法律规范未涉及的保险的标准合同条款上。[42] 有些职业责任保险的标准合同条款规定，作为侵权人的单次侵权行为以及导致一起损害的后续行为的后果的损害，应被认定为一项单一的损害事故。[43] 有时候，合同条款会清楚地规定，在一场地

42 　例如 MÜBSE 律师强制责任保险标准条款：http://www.mubse.hu/downloads.php.
43 　例如 OTP-Garancia Biztosító：http://www.maisz.hu/tagsag/altalanos/Szakmai_ felelosseg- biztositas_ felt. pdf.

震中，在72小时内发生的所有损害都须认定为一次损害事故。[44] 一般来说可以认为，从界定保险事故以确定保险公司责任的角度看，由共同原因引起的进一步损害应被视为一起单一损害事故。[45]

36. 案例研究（建筑物保险与赔偿限额）P是工厂厂房的所有者，该厂房是由数幢建筑物组成，P已就其因恶劣天气而遭受的损害投了保险。保险人的责任是每一起损害事件最高赔500,000欧元。在一起持续了数个小时的雷暴雨中，两幢建筑物被闪电击中并且都完全烧毁。每一幢建筑物价值300,000欧元。保险人根据保险单对损失应承担什么样的赔付义务？

若保险合同本身没有规定该限额须分别适用于每栋建筑，则按照法定或约定的保险合同标准条款中最通用的一般做法，两栋建筑物的损害应被作为一个统一事故，因为该两栋建筑物的损害都是因一个共同原因引起的结果，其造成的损害共计600,000欧元。由此得出结论，保险公司须承担赔付500,000欧元的责任，而剩余的超过限额的100,000欧元则不属保险范围。

37. 在你们国家的法律制度中，法院是否发展出了用以处理下述问题的一般性原则：一起损害事件被看做是一起单一的事件而使得被保险人只须承担一次合同约定的扣除额限度内的损失，还是多个相互独立的损失而使得每一项损失均适用扣除额并使得被保险人需要多次承担扣除额限度内的损失？另外，保险合同所使用的标准条款是否对这一问题有规定？如果第三方保险是法定强制保险，这对

44　例如OTP-Garancia Biztosító：http：//egarancia. hu/tarsashaz. htm.

45　例如Groupama Biztosító, Standard terms for flat insurance contracts：http：//www. netrisk. hu/biztositasi_ informaciok/biztositasi_ feltetelek/lakasbiztositas/europa_ biztosito/europa_ lakas. php, OTP-Garancia Biztosító for environment damage insurances, http：//www. biztositasifeltetelek. hu/OTP/4/d026. pdf, Uniqa standard terms for compulsory insurance of auditors, http：//www. biztositasifeltetelek. hu/Uniqa/20070910-Perfect_ felelosseg. doc.

于扣除额的合法性是否有影响？

61　　　　到目前为止，匈牙利的法院尚未发展出任何一般性原则，用以处理一起损害事故被看做是一起单一事件还是多个相互独立的损失这个问题。这一问题一般在标准合同条款中解决，标准合同条款从适用限额与扣减额的角度来界定损害事故（保险事故）时会处理此问题。如前面（上文边码59）已谈到的，损害事故界定的核心是损害事故有共同原因，保险合同通常把由同一原因引起的且彼此在时间上也相隔不远的几个损害结果定义为一起保险事故。如果法律要求投保第三方责任险，其相应的主要的标准条款，包括保险事故的概念及限额与扣减额的适用等问题，都由法律以强制性法定规则的形式隐性规定在保险合同中，这就是为什么当法律要求投保第三方责任险时，一般来说就再没有约定扣减额的余地。如果法律要求投保第三方责任险但法规并未确定最低限额，比如审计员的强制第三方保险就是如此，那么当事人就可以自由约定扣减额，也可以自由定义保险事故。然而典型的情况却是，他们往往会使用与上述相同的保险事故概念：多项损害事故如果有共同原因，在时间上有联系彼此之间又有原因关联，那么就被认定为一项单一的保险事故。[46] 这就意味着，在强制第三方保险中，即便法律未曾就损害（保险）事故概念以及限额和保险额问题为保险合同规定最低额，也不一定影响到保险合同中约定的限额与保险额视角下的保险事故（或曰损害事故）定义。

38. 案例研究（审计师的责任）P是受X有限责任公司聘请对其账目进行审计的独立审计师。X公司要求P与其两个潜在投资者A和B在公司会面。在会议上，P保证公司的财务状况良好。因此，A和B购买了X公司的大额股份。曝光后的真相是P对投资者所做

---

[46] 关于审计师强制保险的统一标准合同条款：http://www.biztositasifeltetelek.hu/Uniqa/20070910－Perfect_ felelosseg. doc.

出的关于公司的价值的陈述系过失性不实陈述。A 和 B 因此而遭受了经济损失并试图向 P 索赔。原则上，他们的损失属于 P 的职业责任保险的保险范围，但是，根据保险单条款被保险人须对每一起损害事件自行承担 5,000 欧元扣除额限度内的损失。在当前的案例中，P 只须承担一次扣除额，还是对两起索赔都适用？

保险合同的标准条款通常使用相同或相似的保险事故或曰损害事故概念，如上面所谈到的，而且这一典型定义通常按照损害原因来界定保险事故，而无视于受害人的多少，这样的损害事故或曰保险事故概念也会运用到限额与扣减额问题上。由此可知，从保险公司的保险责任的视角来看，A 和 B 的损失须被认定为一次保险事故和一个单一损害，而 P 须承担扣减额一次。

B. 对赔付数额的其他限制

a. 总额限制条款

39. 在你们国家，标准保险单是否使用总额限制条款，依据此类条款，保险人在每一特定期间的责任受到最高限额的限制？如果是，请举例说明这些条款是如何措辞和如何解释的，并特别注意一起损害事件是被看做是一项单一的不可分割的损失（因此只能落入某一期间）还是多项损失（有可能落入几个不同的期间）。

在匈牙利保险实务中，这类总额限制条款在不同形式的保险合同中都有所使用，该特定期间通常为一年，因为一年是用以核算风险的通常保险期间，在标准保险合同中关于这类条款的措辞非常简单，通常只是简单地说，保险公司为特定损害提供补偿或根据综合保险合同，每年只赔付到一个特定数额。[47] 有时也会这样界定总额限

---

[47] ACCORD 保险公司（关于信贷风险保险）：http：//www. accord. hu/index1. php? from = biztositas；CARDIF 保险公司（关于信贷风险保险）：https：//www. cetelem. hu/aura/szol- galtatasok/biztositas；MKB 一般保险公司（财产损害保险）：http：//www. mkbb. hu/nem – eletbiztositasok/vagyonbiztositasok/gyakori_ kerdesek/index. htmlproperty；UNION 保险公司（建筑保险标准条款）：http：//www. unionbiztosito. hu/upload/Epuletbiztositas. pdf.

制问题：保险公司有义务对"每年并每次保险事故"最高赔付一个特定数额。[48] 关于一起保险事故被认为发生于一个期间内还是有可能发生于数个不同期间内，我不清楚是否有如何解释这类条款的相关判例法。

b. 索赔系列条款

40. 在你们国家，标准保险单是否使用索赔系列条款，依据此类条款，几起相互独立的损害事件被看做是一起损害事件（一个单一系列），从而受制于同一责任限额？如果是，请举例说明这些条款是如何措辞和如何解释的。请特别说明区分几起相互独立的损害事件和一个损害系列之间的标准是什么。

如果损害原因把一系列损害事故联系在一起，保险合同的标准条款通常会把它们作为一起保险事故（损害事故）看待。[49] 例如，如果同一不作为或疏忽行为造成了进一步的损害事件，或如果不同损害行为是因同一失误、错误或疏忽造成的结果，[50] 又或者，在产品责任保险场合，不同的损害是由同一产品缺陷所造成（系列损害），[51] 这些情况下引发的损害事故应认定为一起保险事故。MÜBSE，作为为律师提供强制责任保险的最大的责任保险公司，在其律师责任保险合同标准条款中，把损害系列（认定为一次保险事故的）定义为：因同一过错行为所造成的在时空上密切联系的所有损失，而其发生于不同时间点的事实则忽略不计。[52] 由于保险人的责

48　K & H 保险公司（公寓所有权建筑保险）：http：//www.khab.hu/index.php? m=639.

49　例如，Allianz 机动车第三方保险：http：//www.allianz.hu/sw31_ allianz_ internet/on-line/bizt_ szolg_ fel_ bizt_ eseten.html. 以及 Groupama 保险公司关于第三方职业保险合同的标准条款：http：//www.groupama.hu/download/2101_ BALZSAM_ feltetel_ es_ ugyfeltajekoztato.pdf.

50　OTP-Garancia 保险公司关于不动产开发商责任保险的标准合同条款 : http：//www.maisz.hu/tagsag/fejlesztok/Ingatlanfejlesztoi_ feltetel.pdf.

51　QBE-Atlasz 保险公司关于产品责任的保险标准合同条款：http：//www.hungarorisk.hu/index.php? p=downloads&parent=70&did=70.

52　http：//www.mubse.hu/downloads.php.

任限额是针对每次保险事故而适用的，而系列损害恰被认定为一次保险事故，因而系列损害就作为一次单一的损害事故，而须对其适用一次保险合同中所确定的责任限额（作为单一责任限额）。

c. 长尾损害

41. 在你们国家，标准保险单是否使用此类条款，即前保险人的责任限于保险合同终止后的某一特定期间？如果是，请举例说明这些条款是如何措辞和如何解释的。如何确定相关限制期间的起点（例如，保险合同终止的日期，被保险人过失行为的日期，或者遭受损害的日期）？在这种背景下，划分几起相互独立的损害事件和一起单一损害事件之间的界限是什么？

就我所能查到的而言，保险公司的标准保险条款和保险合同，至少在其措辞上，一般不会把保险人的责任限定于保险合同结束后的一个特定期间内，而只是规定，保险合同到期以后，保险人仍对合同终止前发生的损害承担责任。[53]

42. 案例研究（长尾损害）P 公司研发、制造和发售发动机设备，包括燃油泵。由于油泵的设计缺陷，含有油泵的机动车的燃油供应经常在没有警告的情况下中断。假设这导致了多起事故，依据你们国家的产品责任法 P 公司应对此负责。直至 a）油泵的研发，b) 制造, c) 发售, d) 发生事故, P 公司的产品责任一直由 I 公司承保。在与 I 的保险合同终止后，P 公司购买了 J 公司的保险。哪一个保险人，I 还是 J，须对 P 公司在 a）至 d）的每一种情形下对其有缺陷的燃油泵的责任负责？假设这两家保险人的保险合同的标准条款都包含在你们国家最常见的长尾损害责任条款中。

按照产品责任保险的普遍做法，因同一缺陷引起的损失，作为系列损害，应该被视为一起保险事故，而根据广泛适用的保险公司

---

[53] 例如 Citibank 旅游保险标准条件：http：//www.citi.com/hungary/consumer/letoltes/cb_hitelkartya/abf.pdf.

标准条款，保险公司应对发生于合同有效期内的损害事故（保险事故）承担责任，因此 I 公司（前一个保险人）应有义务按照产品责任第三方保险的规定支付赔偿金。[54]

d. 强制第三方保险中的责任限额

43. 在特定领域存在法律强制的第三方保险，这一事实是否对诸如总额系列条款、索赔系列条款和长尾损害条款之类的法律允许的责任限制的范围有影响？

我认为这样一种相互关系在匈牙利侵权法中不可能成立，因为保险合同的标准条款通常会与法律规定保持一致，即便是在法律不加干预的领域也是如此，这是因为相同或相近的准则套路早已渗透到不同的保险标准条件中。有一些强制第三方保险合同，法规并未对其内容做出规定，而只是要求欲从事特定的职业活动的人须购买符合一定要求的第三方保险。这些要求中包含了限额和扣减额的规定，但却并未处理诸如总额系列条款、索赔系列条款和长尾损害条款之类的责任限制问题。

---

[54] 例如 OTP-Garancia 保险公司关于产品责任保险的标准条件：http://www.biztositasifeltetelek.hu/OTP/1261 - 1%20Termekfelelosseg%20bizt%20Kieg%20szerz%20Felt.pdf. Allianz 保险公司关于产品责任保险的标准条件：http://www.biztositasifeltetelek.hu/Allianz/01/IIfelelosseg/03%20-%20Termek%20felelossegbiztositas/HE - 10322.pdf.

以色列法中损害的合并与分割：侵权法

伊斯拉埃尔·吉利德[*]

一、总论

1. 你们的法律制度中是否有关于将损害分为一起单一的不可分割的损失或多个损失的一般性规则，无论其为成文法规，还是判例法？这些规则在二级法律文献中被提出过吗？这种区分在实践中重要吗？

在以色列法中，作为侵权诉讼索赔对象的损害，应视为一起单一的不可分的损失还是多项损失，这主要取决于案件的相关背景。由于"损害的可分性"这个问题往往有着不同的含义，而且在不同环境下受制于不同的政策性考虑，因而可以（并应当）就不同环境做出不同回答。突出的事例是常见的数名侵权人各自独立地伤害一名原告的情况，一方面，他们所致的损害可认定为一项不可分的损失，以便使这些侵权人都对原告承担连带责任，而在另一方面，在同一诉讼程序中，对这同一笔损害，又可以作为可分的损害，以便在各侵权人之间分摊损失。如是，对问题1的回答是，用以规范损害是作为单一损害还是多项损害的分类问题的一般性规则并不存在，

---

[*] 伊斯拉埃尔·吉利德，耶路撒冷希伯来大学法学教授。

然而却存在着制定法或判例法的特殊规则，可用来针对每种不同的背景，提供符合相关政策考虑的合适答案。由此可见，可分性与不可分性之区分的实践意义，是与具体环境相关的，并且在不同的环境下也有所不同。

2　　鉴于可分性问题的这种环境依赖特性，以及政策性考虑从中所起的主导性作用，以下关于以色列法律的报告，将会参照每一特定环境中的支配性政策因素，对可分性问题做出实事求是的回答。

二、损害赔偿责任

A. 可分割的损失和不可分割的损失的可救济性

2. 在你们国家的侵权法中，即使损害是由同一个侵权行为人的同一侵权行为所导致的，对于损害的责任，是否仍要依照受保护的利益的不同而将总损失分成不同组成部分并分别进行处理（例如，侵害人身或侵害财产；金钱损失或非金钱损害）？如果必须依照每一种损失的类型单独确定责任标准，那么，它会对侵权行为人的责任产生什么影响？

3　　根据以色列侵权法，当 D 的特定行为对 P 的不同利益分别造成侵害时，对每一种利益的损害通常都视为一项单独的损害。这一区分似乎是理所当然的：对不同利益的损害毕竟天然有别，身体伤害被视为有别于对动产或土地的损坏，而不带任何物理性损害的纯经济损失亦有别于身体伤害与财产损害这些有形损害，同样道理亦适用于纯粹的非金钱损失，诸如精神上的悲伤与痛苦，其无关于任何有形损失，并因而被视为异于身体伤害。值得注意的是，对不同利益造成的损害之间的区别，亦为政策考虑所认可。因政策性原因，某些利益可能得到比其他利益更大的保护，并因而彼此有别。例如，如《欧洲侵权法原则》第 2:102 条所言，保持身体完整的利益优先于纯经济利益,相应的,过失侵权法上的注意义务,对于身体伤害可获得认可,但对于纯经济损失则未必,即便后者是因同一行为对同一受害者所造成的。鉴于上述原因,对问题 2 可以斩钉截铁地回答:当不同类型的受保护利益被侵犯时,有关损害责任针对总损失中的不同部分予以分别处理,一个侵权人有可能被认定为对某类损失负有责任,而同时对另一类损失却无责任,即便后者是由同一过失行为所导致的并且是针对同一受害人的。

3. 案例研究(不同类型的损失;与有过失)在一起由 D 的过失所导致的交通事故中,P 受到了人身损害,他的眼镜也碎了。P 对下列事项提出赔偿请求:a)疼痛与痛苦;b)医疗费用;c)他的破碎的眼镜。P 的损害被看做是一个不可分割的损失,还是多个相互独立的损失?假设 P 没有系安全带,就上述三种损害而言,对于他的与有过失应如何考虑?如果所遭受的损失的类型不同,与有过失的后果亦不同,那么,其正当性理由是什么?

按以色列法,关于与有过失的抗辩,可以减少受害人就所受损害从侵权人那里获赔的赔偿额,[1] 其扣减的主要标准是依过失比较,把受害人对促成损害发生的过错程度,与侵权人的过错程度相比较。[2] 扣减依据的第二标准是对各部分损失的可归因性比较,[3] 这一损害分摊准则背后隐藏的政策考虑,是公平机制与防范功能,公平要求促成了对自己损害有过失的原告须分担部分损失,而对其课加这一负担,也是为了鼓励潜在受害者在面临可避免的风险时勇于去保护自己的利益。

在侵权人与受害人之间的损失分摊结果,依赖于所涉损失的类型。例如,对于遭受身体伤害的受害人,相较于受到纯经济损失的受害人来说,法律倾向于分摊给他较少份额的损失,这也应按照政

---

[1] The Civil Wrong Ordinance, sec. 68.
[2] *Shor v. State of Israel* 31 (i) Piskey Din (P. D.) 299 (1976).
[3] 出处同上。

策依据得到解释。在涉及人身伤害的场合，侵权人身为更适格的风险防控者，须分担损失份额的大头。

6   然而，当D的侵权行为与P的与有过失的同一"混合体"引发不同种类的损害时，受害人应承担的份额在每种损失上都须一致。因此，对"3. 案例研究"的回答就是：对于所提到的三种损失，原告均需分担相同比例的份额，特别是考虑到这三种损失——疼痛与痛苦、医疗费用、破碎的眼镜，都被视为同一起身体伤害的三种表现之时，情况更须如此。[4]

4. 在你们国家的侵权法中，在人身损害以外的领域，是否有必须依照损失的每一种类型单独确定责任标准的情形，即使损失是由一起单一的侵权行为或不作为所引起的？

7   如对问题2的解答中已经解释过的（上文边码3），因为政策方面的缘故，某些利益的受保护力度大于其他，因而，责任标准就可能因损害类型的不同而不同，哪怕这些损失是因同一侵权行为所造成。例如，对于一项特定的不当行为所引起的纯经济损失而言，需认定过失侵权中的注意义务，但对于由同一不当行为所致的纯精神损害而言，则不需要这个要件。

B. 间接损失的可救济性

5. 请说明间接损失在你们国家的侵权法中是如何被界定的。间接损失是被当做一项必须要单独进行救济的独立的损失，还是被看做是总损失的一部分，即通过认定"主要损失"来解决而无须再次考虑其责任标准？如何划分数个单独损失与间接损失的界限？

8   以色列侵权法中不常用"间接损失"这个词，而是区分以下两者：一个是主要（原初）损失及其表现，另一个是由主要损失衍生而来的次要（次生）损害。例如，如果P的手受伤，其带来的医药

---

[4] 关于主要损失的不同表现与主要损失派生出的另一独立损失之间的区分，参见下文边码8以下对问题5的回答部分。

费支出和收入减少,就被认为是原生的身体伤害的表现,而非"间接损失"。[5] 然而,设若这一主要损害在后来通过独立的事件链条衍生出另一项损失(P的受伤的手嗣后引起一起滑雪事故,并造成其腿部受伤),那么这项多出来的损失就被认为是一项独立的次生损害。对于这类次生损害的责任问题,由一套被称为"远因损害规则"的特殊规则调整。

鉴于上述区分,对于问题5回答如下:原则上,对于任何一种后续损失,无论该损失被认为是原初损失的一种表现还是一种次生的独立的损失,对于相关的责任要件都必须得到证实或被重新证实。举例来说,过失侵权法要求,损害须为可预见者才能引致责任,这一要求既适用于原始损害,也适用于其表现,还适用于次生损害。同理,如果责任规范把某些利益排除在保护范围之外,这一排除规则就既适用于次生损害也适用于原初损害及其表现。当然,也有一些场合,适用于原初损害及其表现的责任要件,并不适用于次生损害,这些例外情况将在问题8的回答中谈论到(参见下文边码14)。

6. 案例研究(间接损失;与有过失)在一起由D的过失所导致的交通事故中,P的右手受到了伤害,P在六个星期内无法从事钢琴教师的工作。P因此而遭受了收入损失。假设P的行为有过失并且他的过失促成了他的疼痛与痛苦,但其过失对其工作能力和收入损失没有影响。D的责任范围如何确定:a) P的疼痛与痛苦;b) 他的收入损失?在当前案例中,收入损失是否被当做一项需要单独进行救济的独立的损失?

由于根据以色列法,道路交通事故造成的人身伤害责任是绝对责任,因而不得就与有过失问题主张抗辩,以下的回答指的是由过失侵权规则所调整的人身伤害问题。

---

[5] 参见上文边码4对问题3的回答。

11 　　　因 P 的与有过失而对 D 的责任的扣减，是仅涉及关于疼痛与痛苦的损失部分，还是也影响到收入损失部分，这依赖于 P 的过失的时间、性质和影响效果。设若 P 犯过失时先于其手部受伤之时，且助成了其手部受伤，那就也应减少 D 对疼痛与痛苦的损害的责任，如问题 5 的回答中所述（上文边码 8），按照以色列法，本案中的疼痛与痛苦损害以及收入损失这两项损失，须视为同一主要损害的两个表现，其都可部分归因于 P 的过失，因而在扣减方面应一视同仁。但若 P 的与有过失发生在手部受伤之后，而仅仅是增加了 P 的疼痛与痛苦，那么对 D 的责任的扣减就仅及于所增加的疼痛与痛苦，而不及于收入损失部分。这一结果可以经由"减轻损失"的抗辩而达致，该抗辩属于问题 5（上文边码 8 及以下）的回答中所讨论过的"远因损害"的规则，法院会推论认为，对于疼痛与痛苦损害中 P 能减轻而未减轻的部分，D 不承担责任。

　　　7. 案例研究（间接损失；时效）2000 年 1 月，D 闯入制造计算机设备的 P 公司的生产车间，损坏了一些高科技配件，而这些配件原本是准备交付给其他制造商的。由于 D 的闯入和损坏行为并没有被 P 公司的职工立即注意到，一些受损的计算机设备被交付给不同的制造商（A、B 和 C）而没有在发货前进行充分的维修。因此，P 必须赔偿客户 A 的损失。2002 年 1 月，在对 D 进行成功的追偿后，P 又被客户 B 诉请损害赔偿；2003 年 1 月，P 又遭到客户 C 的索赔。对 B 和 C 的赔偿应被看做是间接损失，即 D 所造成的总损失的一部分，还是必须进行单独救济的独立的损失？就 P 因对 A、B 和 C 的赔偿而提起的追偿诉讼而言，诉讼时效的起算日期是哪一天？

12 　　　根据以色列法，P 因未能交付无瑕疵产品而对 A、B 和 C 的赔付，无论是被归为 P 的主要（原初）损失（对部件的有形物理损坏）的经济表现，还是被作为将要（次生）的独立损失，其结果并无不同。在两种情况下，诉讼时效期间都从配件的有形损坏发现或理应发现之日开始起算,这里一般的规则是,时效期间从可诉的原初损害可发现之时起算。而这一主要损害随后的各种表现形式以及嗣后从中衍生出的次生损害,并不引发新的独立时效期间,因为这些损害被认为同属于原初损害之诉因的构成部分。[6] 如果原初损害的每一次新表现或其每次衍生损害都被认为构成一个新诉因而适用于诉讼时效,那样的话就不再有诉讼时效可言了。

然而有趣的是,假如法院认定 D 和 P 都因受损配件而对 A、B 和 C 负有侵权责任,那么处理结果就不一样了。若 D 和 P 对 A、B 和 C 承担的是连带责任,那么 P 可以对 D 提起诉讼,不仅可以作为受害人提起一个侵权之诉,而且可以作为要求分担责任的共同侵权人,提起责任分担之诉。按照以色列法,共同侵权人之间的责任分担之诉视为一项独立诉因,因此其诉讼时效则从 P 向 A、B 和 C 支付赔偿金之日起算。[7]

8. 在你们国家的侵权法中,有没有未被提及的其他情况,从中,一项损害应被看做一项间接损失而属于"主要损失"的一部分,还是应被看做由同一侵权行为或不作为所导致的一项独立的损害,这个问题有着决定意义?

按照以色列法的做法,若法院把特定损害归类为次要的(次生性)、独立的损害而非主要(原初)损失或其表现,将大大有利于受害人。这是因为,调整次生损害的有关规范群,即"损害远因性"诸规则,[8] 比起那些适用于原初损失的责任与因果关系规则,有时更加有利于受害人。后者(原初损害规则)只对可预见的原初损害追究过失责任,而前者(远因损害规则)则针对哪怕是不可预见的次生损害也可追究责任。这一不同做法的正当性依据在于公平分配风

---

6 See e.g., *Buchris v. Dyur L'ole* 38 (iv) P. D. 554 (1984).
7 See 1385/05 *Sibus Rimon Indus. v. Thechnyion R & D Institute* (2.7.08).
8 参见上文边码 8 对问题 5 的回答部分。

险。一旦可认定被告对主要（原初）损害负有侵权责任，那么就可以说，对于次要的（次生的）不可预见的损害风险，由应受谴责的侵权人承担，要比由无辜受害人承担更公平。这个道理在一个罕见的案例中得到很好的说明，在该案中，患者在牙医诊所注射了局部麻醉剂，其目的仅仅是引起短暂的眩晕和疲乏，但结果却造成了前所未有并始料未及的神经瘫痪。最高法院认定，对这一显然属于不可预见的伤害，应由牙医承担责任，理由是，瘫痪是继原初的可预见的暂时性晕眩而发展成的次生性损害，这种损害，应由对受害人更宽容的"损害远因性"规则处理，该规则认定责任之时并不要求此类次生损害的可预见性。[9]

C. 责任限额与最低起赔额

9. 请说明在你们国家的侵权法中，如果存在赔偿限额的话，损害赔偿责任何时会受到限制。在这些情形中，是否存在用来解决下述问题的成文法规定或判例法原则：所造成的损失是作为一项不可分割的损失——在这种情况下侵权行为人的责任从整体上受到最高数额的限制——还是多个相互独立的损失，侵权行为人对每一项损失的赔偿责任分别受最高数额的限制？

以色列侵权法就侵权损害赔偿只规定了少量的责任限额，主要的法定限额用于限制收入损失的赔偿，以及在调整道路事故引起的身体损害赔偿问题的严格责任制下，限制非金钱损失的赔偿。[10] 还有类似的限额用于限制因缺陷产品引起的身体伤害的严格责任，[11] 但这些限额规定通常可以过失侵权之诉轻松规避。无论如何，鉴于这些限额之下的损害项目的轮廓与范围十分确定，关于损害可分性的问题在此领域内未曾讨论过。

---

[9] *Ravid v. Kliford* 47（iv）P. D. 721（2003）.
[10] 1976年《道路交通事故受害者赔偿法》第4条。
[11] 1980年《缺陷产品责任法》第5条。

10. 请说明在你们国家的侵权法中,如果存在最低起赔额的话,受害人何时必须要承受最低起赔额以下的损失。在这些案例中,是否存在用来解决下述问题的成文法规定或判例法原则:损害是被看做一项不可分割的损失——因此受害人只须自行承担一次低于起赔额的损失——还是多个相互独立的损失,从而多次适用起赔额?

11. 案例研究(产品责任中的最低起赔额) 由于电力系统的短路导致P停放的汽车被完全烧毁。这场火还烧毁了P存放在汽车后备箱里的高尔夫装备和汽车电话系统。P向制造商提出索赔,其依据是制造商对缺陷产品的责任。全部损失——汽车的电话系统、汽车本身和高尔夫装备——被看做是一项不可分割的损失,还是多个相互独立的损失? 欧盟产品责任指令对于财产损失赔偿规定了最低免赔额。对每一项损失单独适用起赔额——例如,P的汽车、汽车电话系统和高尔夫装备——还是只对总额适用一次起赔额? 能否进一步主张,高尔夫包的损失和高尔夫球杆的损失也应作为单独的损失来对待?

以色列侵权法对侵权赔偿并不设定除最低限额要求之外的最低起赔额。[12]

12. 在你们国家侵权法中,在确定责任限额和最低起赔额时哪个标准是起决定作用的? 对以下因素要特别考虑:损失的类型(例如,人身损害或财产损害);责任形式(例如,过失责任或严格责任);受害人或侵权行为人的个人特征(例如,雇员、未成年人、专业人士);其他标准(例如,年金赔付或一次性赔付)。如果法律承认这些区分,那么,能否进一步主张,受害人因一起侵权行为或不作为而遭受的损失须被看做是多个单独的损失,其中一些损失受制于责任限额或最低起赔额,而另外一些损失则不适用?

---

12 这一要求体现在 Civil Wrong Ordinance, sec. 4.

17　　　以色列法中对侵权赔偿设定的少量限额规定（上文边码 15 对于问题 9 的回答）有两点特征：它们是由严格、绝对责任制（适用于缺陷产品和道路事故案件）所确立的；它们限制的是特殊类型的人身伤害损失（非金钱损失与收入损失）的赔偿。鉴于在产品责任案件中这类限额规定易被规避，因而其实际上仅适用于道路事故案件，此类案件适用一种建立在强制保险基础上的特殊的绝对责任制度。这样一来，我们就难以主张这些限额规定对侵权法中损害的多数性与可分性问题影响如何。

D. 多个损失

13. 当两个以上当事人共有的财产受损时，由此而产生的损害是否被看做是每一位当事人的权利均受到侵害而导致的多个相互独立的损失？

18　　　尽管对两人或多人共有财产的损害可以在物理意义上看做不可分，但其在法律意义上却被视为可分者，因为每一共有人对自己受保护利益的损害都享有一个单独的请求权。而且，被损财产的共有人不是必须提起共同诉讼，而是每一共有人皆可提起单独诉讼以对自己的个人损失索赔。

14. 案例研究（共有）P1 和 P2 是一幢建筑物的共有人，该建筑物因 D 的恶意纵火而被毁损。P1 和 P2 所遭受的损害应被看做是一项单一的不可分割的损失，还是 P1 和 P2 分别遭受的两项损失，类型选择的后果是什么？

19　　　若 P1 和 P2 的共有建筑毁于 D 的侵权行为，其物理损害在法律上视为可分，每名共有人皆可提起一项单独诉讼请求，而就己方受保护利益的损害索赔。举例来说，如果把被毁的共有建筑物的价值划分为等额股份，总计 100 股，P1 可以提起一宗个人诉讼，获赔 50 股，至于 P1 是否也可以为 P2 起诉并获赔全部的 100 股，其中 50 股是为自己获得的，而另 50 股是作为 P2 的代理人或受托人为其争得，这个问题尚无定论。

15. **案例研究（所有权和使用权）** P1 对林地拥有所有权，P2 拥有采伐林木的权利。D 因过失引发了火灾而使林木被毁，P1 和 P2 所遭受的损害应被看做是一项不可分割的损失，还是两项相互独立的损失，类型选择的后果是什么？

此案如案例研究 14，当标的财产被毁时，就该财产享有权属利益的任何个人，都可以就自己的受保护利益受损而起诉索赔。因此，P2 有权就其林木采伐权的经济价值的减少获赔，而 P1 有权就 P2 采伐权的损害所致的 P1 受到的任何经济与情感损失获赔。

E. 多个损失与多个侵权行为人

16. 在何种条件下可认定多个侵权行为人共同引发了受害人的单一损失？在何种条件下可以认定多个侵权行为人导致了同一受害人的多个相互独立的损失而需要对这些损失分别进行救济？多个侵权行为人对损害承担连带责任的前提条件是什么？能否主张，多个侵权行为人分别导致了多个相互独立的损失，但是，与此同时这些侵权行为人需要对损失整体承担连带责任？

若一个受害者遭受的总损失是由多个侵权人的侵权行为引起的，那么多数侵权人中的每一人对原告所承担的责任的范围，取决于若干因素。首先，法院要先确定，这些侵权人是否联合行动而实施了"共同侵权"，如若是，总损失就是这一共同侵权造成的结果；以及这些侵权人是否进行了单独行动而实施了"个人侵权"，那样的话，总损失就是数次侵权行为的结果。一旦法院认定侵权人实施的是个人分别侵权，接下来就须想法解决可分性问题，也就是说，来确定总损失能否以及应否进行分割，以便把不同部分的损害分配给不同的侵权人及其独立侵权行为。

若法院认定各侵权人实施了同一起侵权，则可分性问题就相对简单些。每一名侵权人均需对共同侵权引起的总损失承担个人责任，实施了共同侵权行为的群体的每名成员，都对共同侵权的全部后果承担连带责任。

23 　　如果法院认定多数侵权人并未实施同一侵权行为，而是分别行为，也就是说，如果全部损失是由数次侵权行为引起的，法院的处理结果有两个选择。一个选项是认定全部损失为不可分损失，因而判决每名侵权人都需对受害人就全部损失承担责任，在此情况下，各侵权人被判定对全部损失承担连带责任，并非因为他们联手实施了共同侵权行为，而是因为他们分别实施的个人侵权的结果融合为一个不可分的总损失。另一选项是认定全部损失为可分损失，并让每名侵权人各自分担全部损失中的一定份额。

24 　　对特定总损失的可分或不可分的判断，取决于可资援用的可分性标准，而一项总损失有可能根据某条可分性标准被认为可分，但根据另一条标准却被认为不可分。总体而言，一个更严格的可分性标准会阻碍可分性认定，这有利于原告的利益，而一个更宽容的可分性标准则会倾向于可分性的认定，对当事人具有相反的功效。总损失被认定为不可分之所以会有利于原告，是因为这样会使全体侵权人都为全部损失承担全额责任，并因此而使得原告可以起诉他乐意起诉的任何侵权人。相反的，认定为可分损失之所以不利于原告，是因为这样会把每名侵权人的责任局限于总损失中的特定份额，这样，原告为了获得足额赔偿，必须起诉所有侵权人，并从他们手中一一索赔。

25 　　至此结论已呼之欲出：在多数人侵权的场合，损害可分性标准的选择，以及对全部损失可分与否的判断，天然地易受政策因素与价值判断的影响。

26 　　以色列法的实际情况也验证了上述结论，作为一个政策，法律倾向于保护无辜受害人胜于有过错的侵权人，并因而通常适用严格的可分性标准，使得总损害往往难以分割开来以将其各部分分摊给造成损害的各侵权人,这样一来,多数侵权人常常被判就全部损害承担连带责任。[13] 不过,在有的情况下,政策考虑却会要求多数侵权人对受害人各自分担损失,在这种情况下,法院会转而求助于更宽容的可分性标准,以便于把全部损失的各不同部分分摊给不同的侵权行为人。

关于在决定一项总损失应视为不可分(每名被告对全部损失负责)还是可分(每名被告对一份损失负责)的问题上,政策性因素所起的主导性作用,可通过最高法院的两则判例显示出来。在前一个判例中,原告被三条狗严重咬伤,然而其中只有两条狗能找到负责的主人,那么由这三条狗引起的全部损害,是应当根据一个宽容的分割标准分割开来,以按每条狗须承担的事前风险划分责任呢,还是根据一个严格的事后分割标准,要求两条狗的主人都承担其狗实际造成的人身伤害损失?一开始,法院适用了宽容的事前风险标准,在三条狗之间等额分配损失,认定每条狗的主人承担全部损失的三分之一。不过后来,一个扩充的合议庭做出了新判决,适用了更严格的事后检定,要求对实际损失一体承担,判定该损失为不可分,因而两条狗的主人都对全部损失承担责任,包括对第三条狗引起的损失。[14] 不同的判决结果看来尤其反映了在此类情形中如何把握更公平结果的不同的价值观。在另一个更近期的判例中,法院根据公平理念判决,如果未阻止欺诈发生的股东的责任,次于欺诈行为实施者的责任,则此时股东不应对欺诈造成的全部损失承担连带责任,而只应就其中一个有限的份额承担份额责任。[15]

---

13 不过应注意,一项被认定为针对原告来说不可分的损失,在涉及各侵权人之间赔偿分摊问题时往往又被认为可分者(The Civil Wrong Ordinance, sec. 84),公平理念要求,在各侵权人之间的关系中,每人均需分担自己的应付份额,该份额如与有过失的情况那样,是通过过失比较与可归因性比较的验证标准来加以确定的。

14 *Melech v. Korenhoyzer* 44 (ii) P. D. (1990).

15 345/03 *Rychart v. Shemesh Estate* (7.6.07).

28　《民法典》建议稿认可了损害在共同侵权人之间的可分性问题基本上是一个政策问题，因而实际上把全部损失在多个侵权人之间可分与否以及如何分割的决定权，留给法院自由裁量。该建议声称，如果存在分割的"合理依据"，就可以对损害如此分割。[16]

17. 案例研究（连带责任和分别责任）D1、D2 和 D3 计划抢劫一对夫妇 E 和 F。D1 在汽车里等候，并负责逃跑。D2 将使用枪控制住这对夫妇并从 E 身上拿走钱，D3 将取走 F 佩戴的珠宝。D1、D2 和 D3 同意如果有必要将使用暴力。由于 E 对 D2 进行防卫，D2 开了枪并伤害了 E，E 随后就其医疗费用和疼痛与痛苦提出索赔。F 请求返还她的珠宝，并且，由于珠宝在争抢中受到了损害，因此，F 还就修补费用提出索赔。在这个案例中，是存在一个总体损失，其可就相同范围归责于每一个侵权行为人，还是存在数个相互独立的损失，每一项损失可归责于一名不同的侵权行为人？如何确定 D1、D2 和 D3 的责任范围？

29　这是一个典型的实施"共同侵权"的"共同侵权人"案件，一场策划好的抢劫，从中每一加害者都有事先安排好的任务，这样就使得他们根据"行为共同性"概念而对抢劫造成的损害承担连带责任。D1、D2 和 D3 实施了共同侵权，并因而对其全部损害后果承担连带责任。

18. 案例研究（人身损害被明确排除）假设事实与上述案例相同，如果 D1、D2 和 D3 最初同意不使用暴力，但是，当 E 未听从 D2 的命令时 D2 开了枪，该案是否因此而得到不同对待？在这个案件中，对于 E 的伤害，是由 D2 一人承担全部责任，还是可将其看做一起可在同等程度上归责于每一个侵权行为人的整体损失，从而认定 D1 和 D3 也要对损失负责？

---

[16]《民法典草案》第 371 条 (2)。

在一起犯罪案件兼"共同行为"的侵权中,如果其中一名加害者偏离了约定计划,其行为违背了同伙的约定并对第三方造成损失,如果该偏离行为可以为其同伙所预见,则其他同伙对此项损失仍然要承担侵权责任。不仅如此,鉴于其行为的犯罪性,即便造成损害的该偏离行为不可预见,同伙们还是要承担责任,显然,威慑犯罪与公平分配风险的理念都支持如此认定责任。

F. 损害的可分割性和因果关系的不确定性

19. 为了处理与证明因果关系有关的问题——特别是在大规模侵权的背景下——有些地区发展出一些例外规则,以被告制造了风险为由对其施加责任,而无论有无证据显示被告的行为是原告所受伤害的"若非则无"(Sine quanon,必要条件)意义上的原因。你们国家的侵权法是否承认这些规则?如果承认,什么被认为是受害人已经遭受的损失?

当依据可用的证据法规则,P 无法证实 D 的侵权行为是造成 P 的损失的实际原因时,P 的诉讼请求一般都会败诉,除非其属于允许以"制造风险"为由追究责任的两种特殊规则之一。

第一个特殊规则是一个范围有限而且相当成熟的,就是所谓的"丧失康复机会"学说,其在 20 年前就为以色列侵权法所采纳。[17] 据此学说,当患者的疾病痊愈机会因侵权性的医疗不当行为而减少时,患者有权就丧失的康复机会获得赔偿。举例来说,如果疾病引起的损失是 100,而其因医疗过失引起的可能性是 30%,那么患者据此学说有权获赔的数额是 30(100×30%),这一数字代表了其丧失的机会。值得注意的是,这一"机会丧失"学说尽管冠以此名,却并非建立在因果关系基础上。法院从未承认他们按照这一学说课加比例责任的依据是"制造风险"观念,相反的,法院认为"丧失

---

[17] *Kupat Cholim Klalit v. Fatach* 42(iii) P. D. 313 (1988).

康复机会"学说构成了一种有区别的独立损害类型，该损害类型据此原则为可赔偿的。这一被认为一宗独立损害的丧失的痊愈机会，只要原告能通过证据优势证实侵权性医疗过失是其原因，这一损害就是可赔偿的。[18] 近来，最高法院的判决坚持了这样一种看法，即如果康复机会从80%减低到60%，患者就有权获赔未痊愈部分费用的50%。[19]

33　　第二个允许以制造风险为由追究责任的特殊规则相对来说较新，其适用范围也上不确定，并且经历着激烈的辩论与交锋。这一特殊规则是在2005年的一则最高法院判例中确立的，[20] 该院认定，被告对原告的损失承担20%的责任，理由是原告的损失由被告的医疗过失引起的可能性是20%。在这项判决中，法院把责任明确建立在"制造风险"这一因果关系基础上，并承认了这一责任的比例属性。该判决受到了反对和批评，这是理所当然的。我们应当认识到，比例责任制有侵蚀传统侵权法的危险，传统侵权法建立在事后因果关系基础上，基本上是一个"全赔或不赔"的制度，而比例责任制却建立在事前风险制造的基础上，并因而是一个"部分赔偿"制度。例如，设若被告侵权行为造成原告损失的可能性是80%，根据传统侵权法，原告可以得到全额赔偿，而根据比例责任制，原告只能就其损害的80%获赔。由比例责任制带来的重大变革还隐含着许多其他问题。这将大大增加侵权诉讼的数量，因为那些难以满足传统的真实因果关系证明要求的人，在比例责任制下，会尝试就其损失获得部分赔偿；这也会使得侵权诉讼更为复杂且成本高昂，因为法院不得不去确定被告增加损害可能性的确切比例；这还会降低和解的

---

[18] *Abu-se'ada v. The Prison Service* 51（ⅱ）P. D. 704（1997）.

[19] 4975q05 *Levi v. Dr Mor*（20. 3. 08）. 患者获赔50%是因为医疗过失使其不能痊愈的可能性翻倍，因为医疗失误，其不能治愈的可能性从20%增加到40%。

[20] CA7375/02 "*Carmel*" *Hospital v. Malul*（31. 3. 05）.

吸引力，因为双方当事人在比例责任制下败诉后损失较小。上述这些弊端以及其他种种提出了最为棘手的政策问题，例如，这些变革是否有着校正正义和分配正义方面的正当性依据？它们会促使效率提高还是降低？我们还应牢记，据比例责任做出的裁判结果绝不会与真实情况相符，因为真实情况就是"全责或无责"：造成原告损失的要么是被告，要么不是。

不可避免的结论似乎是，以风险制造为依据的比例责任制必须在适用范围上加以限制，只有在它能导致公平、正义和理性的判决结果时，才能采纳并适用之。然而不幸的是，确立比例责任学说的2005年判例并未包含任何这类明确限制，而只是含糊不清地说：比例责任适用于任何"因果关系的确认存在内在困难"的场合。由于缺乏明确限制，一些审案法院任意适用这一新颖的比例责任学说，不仅将其适用于各类侵权案件中，甚至适用于合同案件中。鉴于这些情况，最高法院在2005年决定，将成立一个扩大的合议庭对此判例进行重审，目前法律界仍然在等待这次重审。

如是，在何种场合适用风险制造基础上的比例责任制是公平、正义和理性的呢？

比例责任为因果关系的不确定性提供妥当解决方案的一种场合，是已知损失的一部分是由被告侵权行为造成，其余部分则是其他非侵权行为造成，而并不能查明被告造成的是哪一部分时。其一个适例是关于恶性肿瘤的，该肿瘤经由妥当治疗本可缩小，但缩小到何种程度则是未知的，而被告未能提供这样的妥当治疗，那么被告是否应对恶性肿瘤造成的全部损害承担责任呢？如果让他承担全部责任的话那将是不公平的，因为就算是缩小的肿瘤，总有些损失无论如何是要发生的；但如果被告一点也不赔偿，那同样也是不公平的。鉴于这种"全赔或不赔"的抉择总会导致不公平，妥当的方案应该是适用比例责任，把全部损失分割开，估算出肿瘤未缩小可归因于欠缺正确治疗方式所致的部分，这样的方案近来颇受最高法院青睐。[21]

37 　　还有两个依风险创造实行比例责任堪称公平正义与理性的场合，将在下文（边码38及以下）对问题20至22的回答中探讨。至于其他比例责任与损害分割为因果关系的不确定性提供妥当解决方案的情况，对其进行特征总结并厘清其边界，是当前以色列司法界面临的一大挑战。

　　20. 案例研究（源于多种途径的暴露风险）V先后连续受雇于D1、D2和D3。在每一工作期间，由于雇主的过失V都暴露于石棉中。近来V已被诊断出患有间皮瘤，使其寿命预期严重缩减，该疾病系其在工作中暴露于石棉下所致。间皮瘤不是一种严重的疾病（不像石棉肺），并且，即使额外暴露于石棉中也不会加重其严重性。科学证据无法显示间皮瘤是由于在哪一工作时间暴露于石棉中所致，或由于在不同工作时期累积暴露于石棉中所致。在你们国家的侵权法中，D1、D2和D3能否被认定负有责任？如果负责任，V被认为已遭受了一起不可分割的损失，还是多项不同的损失？

38 　　问题20中所说的关于雇主让雇员暴露于致癌物的案例，其实是具体化了这种一般情况：已知一群被告中的每一个都实施了侵权行为，而损害是其中某些人而非全体人的行为引起的，但不知具体引起损害的究竟是谁（哪一次暴露引发了肿瘤）。此时原告应有权从这群被告手中获得全额赔偿，这个结论几乎是不证自明的，这群有过错的被告不应因因果关系的不确定性而获益，那样是不公平、不正义和无效率的。然而这里真正的问题是，损害是否应在众被告之间面向原告分割开来，还是应当让每名被告都就全部损失对原告承担全部责任？这是一个可商榷的问题，对于可分割性问题并无"正确答案"可言，如同多数侵权人的情形那样，[22] 答案取决于适用于相关

---

[21] 8279q02 *Golan v. Albert Estate* (14.12.06).

[22] 参见上文边码25及以下对问题16的回答。

情形中的政策性因素。因此，妥当的解决之道似乎应当是一个在适当时候允许分割的灵活性规则。尽管这一问题目前在以色列尚未经法院处理过，这一提议中的灵活策略已为《以色列民法典草案》所采纳，该草案规定，在这种情况下应由法院决定，是把损失分割开来由"存疑的"的被告群体的成员们分担，还是让每名被告都对全部损失承担责任。[23]

21. 在所谓 DES 案件中，一些美国法院认定若干被告负有责任，即使被告与索赔者的损害之间的因果关系并不能像普通案件那样得到证实。这些案件处理的是多名被告与多名受害人之间的问题。尽管不可能证实哪一名被告损害了哪一位受害人，但每一名被告都要依其在 DES 市场上的份额承担按份责任（市场份额责任）。在你们国家的侵权法中，这样一种责任模式是否适当？如果适当，请基于下述案例说明什么被认为是已经遭受的损失。

22. 案例研究（市场份额责任）D1、D2 和 D3 是制药商，其生产的药品都是基于相同的化学制剂并都在 A 国流通。在药品上市多年后发现该药品所使用的制剂具有致癌作用。P 是数千名受害人中的一员，像其他受害人一样，他无法证实其服用的是哪一家制药商生产的药品（D1、D2 或 D3）。但是，根据市场份额原理，P 能向他们（D1、D2 或 D3）中的任何一家提出索赔，尽管每家制药商的责任都受限于其在 A 国市场上的份额。如果依据你们国家的侵权法可以适用市场份额模式，那么，什么是每一家制药商所应负责的损失？这种损害场景应被看做是一起单一的不可分割的损失，还是多个相互独立的损失？

迄今为止，以色列法院并未被要求采纳"市场份额责任"学说，不过，既然法院确已采纳了风险制造基础上的比例责任制，[24] 并且，

---

23 第367条。
24 参见上文边码31及以下对问题19的回答。

鉴于"市场份额责任"学说如果可行的话，也必带来公平正义与理性的处理结果，那么法院采纳这一学说好像没什么好犹豫的。除此之外，如已经提到的，民法典草案中包含着一项规定，授权法院在无法确知损害究系何人造成时，在一群存疑违法者之间分派损失。[25]这一规定如获通过，就有可能使得以色列的法院得以在适当时采纳"市场份额责任"学说。

三、程序方面

A. 管辖

23. 依据你们国家的程序法，损害行为地或损害发生地对于哪一个法院有管辖权是否具有决定性意义？当损害行为在多个不同地点引发了多项不同的损失的时候，此类案件应如何处理？是否可以在同一个法院处理所有的损失索赔，即使这些损害是发生在多个不同的管辖区域内？如果可以，那么，整体损害是被看做是一项单一的不可分割的损失，还是多个相互独立的损失？

24. 案例研究（国内管辖权；损失发生地）在 W 法院的管辖区域内，D 对 P 的食物投毒。在 X 法院的管辖区域内，该食物喂给了 P 的狗。结果 P 的狗在 Y 法院的管辖区域内开始呕吐并把 P 的汽车弄得一团糟。在 Z 法院的管辖区域内，P 自己食用了有毒的食品并因此而产生了胃痉挛和恶心。P 能在哪一处法院就其损失（被弄糟的汽车，疼痛与痛苦，收入损失）提出赔偿请求？能在同一个法院提出所有的索赔吗？

根据程序法，以色列法院的管辖区域由几个要素所决定。在侵权案件中，最主要的决定性因素是被告住所地或其营业地，此外还

---

[25] 第367条。

有被告的行为或不作为实施地，值得注意的是，损害结果发生地并非决定管辖的要素。对发生于不同管辖区域内的损失的索赔之诉，可以在某一个法院起诉，既可因为被告住所地或业务活动地在该院管辖区域，也可以因为侵权行为发生在该区域。因而对问题 24 的回答就是，P 可以就其各种损害的全部赔偿请求一股脑在 W 法院提起诉讼，不过，如果 D 的住所地或业务地在另一法院的管辖区内，或如果 P 能证实 D 的侵权行为的一部分，诸如未就食品有毒之事发出警告，发生于另一个管辖区域，那么对这些损失的索赔请求也可以在相应的另一法院起诉。

考虑到所有的大公司以及大部分公共管理部门的"营业活动"遍及全国，因而可以在任何管辖区对其起诉，再考虑到以色列国土之狭小（开车由北到南穿越全部国土只需几小时），该国的管辖区域的问题似乎不常被讨论到。 41

至于损害的可分割性问题，仅仅因为须在同一法院内受审，不同的损失是否就被认为是在任何有形意义上"不可分割"，此事不无疑问。 42

B. 诉讼金额

25. 诉讼金额在诉讼的程序方面（例如，有关律师费、诉讼费，法律救济的认可，法院管辖权或其他原因事项）是否具有决定性作用？如果是，当基于一个单一的侵权行为或不作为而提起的请求被分解开并单独起诉时，是否会产生不同的结果？当损害被看做是一项单一的不可分割的损失或多个损失时，会有什么不同（如果有的话）？

审判法院对侵权之诉的管辖权，在众多影响因素中，主要取决于诉讼金额大小：诉讼金额超过 2,500,000 以色列新舍客勒的，[26] 由地区法院审判，而低于该数额的诉讼请求，由治安法院，包括审理 43

---

[26] 当前兑换率是约 5.2 以色列新舍客勒兑换 1 欧元。

17,800以色列新舍客勒以下案件的小额法院审理。这就意味着，原告可以通过把损害拆分开，如果允许的话，而把其诉讼请求向更低级的法院提起。

C. 先前法院判决或和解的法律效力

26. 当一项请求已经历诉讼，并且终审法院的判决已经做出时，索赔人在多大范围内被禁止就基于同一侵权行为或不作为而产生的进一步损害提起诉讼？作为后一起索赔对象的损失被看做是已经被法院处理过的损失的一部分或者被认为是一项独立的损失，是否具有决定性作用？

27. 案例研究（先前判决）在一起交通事故中由于D的过失导致P的汽车受损。P就重新喷漆的费用起诉D而获胜诉。判决做出后，发现不仅汽车的喷漆在车祸中受损，发动机也受损了。P是否被禁止就发动机的损害赔偿再次提起诉讼？发动机受损被看做是法院已经处理过的损失的一部分，还是一项独立的损失？

44　　法院先前判决对嗣后关于不同损害的诉讼请求的效力问题，受既判力理论（一事不再理原则）的调整。该理论背后的政策导向是阻止原告就已被终审判决宣判过的"诉因"或争端再起诉。该理论的目的是保护被告并节约诉讼成本。

45　　既判力原则是很复杂的，其由两大规则构成：一是"诉因禁止"规则，该规则禁止就已经审理过的诉因再起诉；二是"争端禁止"规则，该规则禁止当事人就他们之间已审决的争端再起讼争。

46　　根据"诉因禁止"规则，因同一侵权行为造成的不同损害，须视为同一"诉因"的一部分，因此，对最初损害的诉讼请求所做的终审判决，会阻止嗣后就该同一侵权行为引起的进一步损害提起新的侵权之诉，这些损害被视为同一诉因的组成部分，而不管其是独立损失还是同一笔总损失的一部分。

47　　鉴于上述理论，对问题26的回答是：原告会被"诉因禁止"规则阻止就进一步损害再行起诉,因为两次损害都是同一诉因的构成部分。不论进一步的损害被视为法院已处理过的损失的一部分还是作为独立损失,这一诉讼请求都要被禁止。

而对于问题27的回答亦同,而且道理也一样。继重新喷漆的诉讼胜诉之后,P欲就损害的发动机提起第二次诉讼,很可能被"诉因禁止"规则所禁止,因为这些损害都是同一诉因的组成部分。这一结论,无关于后一损失被作为法院已处理过的损失的一部分还是作为独立损失。

28. 案例研究(先前判决和与有过失)事实与上述案例相同,但是,在处理P就重新喷漆的费用要求赔偿的问题时,法院判决因为P与有过失而减半赔偿。审理关于发动机损害赔偿的后一起案件的法院是否受先前法院所做出的与有过失的判决的约束?发动机受损是否被看做是还未被法院处理过的一项独立的损失,因而先前的判决对后面的法院没有约束力?

在这种情况下可适用的既判力规则不再是"诉因禁止"规则,而是"争端禁止"规则,该争端即P是否构成与有过失。设若P被允许就损坏的发动机再提起第二次诉讼,那么后一个法院很可能认定与有过失问题业经审决,早已做出了对P不利的判决,而且P在此问题也享受过充分的程序机会,并因而认定,前一法院的判决结果,对其不仅在前一诉讼而且在后一诉讼中仍有拘束力。在此一如前例,发动机损失被视为一项独立损失还是视为法院已审理过的损失的一部分,都无关紧要。

29. 案例研究(和解的法律后果)再次假设事实相同,但例外的是P最初的索赔是通过法庭外和解而非司法的方式解决的,P是否会因先前和解的事实而被禁止再次提起诉讼?如果不会,那么,因与有过失而双方合意减少赔偿金是否会对第二起索赔诉讼具有约束力?所受损失被看做是一项单一的不可分割的损失还是多个损失

48

49

是否具有重要意义？

50　　　既判力原则不适用于庭外和解。因此，对某些损害达成的和解是否禁止当事人再就同一侵权或不作为造成的另一损失起诉，取决于和解的双方当事人对此问题是如何约定的。若和解协议对此未做约定，法院只好在该协议中插入一条默示条款以填补其漏洞，该默示条款须符合其他当事人在此类情形下通常会达成者。[27] 设若法院允许提起第二次请求，似乎应这样处理：如果 P 在和解协议中承认了自己的与有过失，那么在后来的诉讼中他就不得再否认之，因为那样自相矛盾的说法，通常被认为违反了以色列合同法中核心的"诚实信用"原则。在任何情况下，如果把两次索赔所涉损害作为一项单一不可分的损失，通常都会支持以下结论：第二次诉讼须被禁止，P 也不得否认其与有过失。

D. 集团诉讼、代表人诉讼、示范诉讼和大规模侵权

　　30. 在你们国家的法律制度中，何种诉讼程序机制允许由多个不同的索赔人提起的赔偿请求在一个法院合并审理？如果不同的诉讼请求被合并，它们是被看做与一项单一不可分的损失有关呢，还是与多项损失有关？

51　　　允许并规范把不同索赔人的索赔请求集聚到一个共同诉讼的程序机制，是 2006 年的《代表人诉讼法》。这部法律规定，把不同诉讼请求合并为一次代表人诉讼的主要依据，是被代表群体的所有成员有着共同的事实与法律问题。[28] 不过，欲批准一场代表人诉讼，法院必须能认定适用这一程序是审理争端的最公平、最有效率的途径，并能认定团体每一成员的利益都将通过诚信原则和妥当方式得到满足。[29] 于是，该法宣称其目的在于广开司法之门、加强法律实施、提

---

[27] 《合同法》（总则部分）第 26 条。
[28] 2006 年《代表人诉讼法》，第 8 条（a）。
[29] 出处同上。

供充分救济,并以高效、公平、彻底的方式处理诉讼请求。[30] 代表人诉讼一经批准,被代表群体中的任何人不想参加的,都须通知法院他把自己排除在该群体之外(选择退出),[31] 而在特殊情况下法院可能规定,只有那些已通知法院自己乐意加入的才被包括在群体之内(选择加入)。[32] 代表人诉讼中所做的法院判决,对于被代表群体的全体成员都有约束力(既判力)。[33]

至于损害可分性问题,群体每一成员所受的损害通常都视为一项独立损失,尽管其由法院通过代表人诉讼的框架加以处理。事实上,《代表人诉讼法》明确规定,群体每一成员的个人单独损失,都须在获赔之前一一证明。[34] 不过,如果对每名成员的个人损失分别判赔因无法一一判明或因其他原因而不可行,此时法院也会判决对一群体或其部分甚至广大公众予以集体救济,[35] 在此情况下,在这个问题上,全部被合并的损失实际上是被作为"不可分"来处理的。

---

[30] 出处同上,第1条。
[31] 出处同上,第10条。
[32] 出处同上,第11条。
[33] 2006年《代表人诉讼法》,第24条。
[34] 出处同上,第20条(a)(b)。
[35] 出处同上,第20条(c)。

意大利法中损害的合并与分割：侵权法与保险

阿尔贝托·蒙蒂[*]

一、总论

1. 你们的法律制度中是否有关于将损害分为一起单一的不可分割的损失或多个损失的一般性规则，无论其为成文法规，还是判例法？这些规则在二级法律文献中被提出过吗？这种区分在实践中重要吗？

1　根据《意大利民法典》（以后简称《民法典》）第 2043 条及其以下规定，在侵权案件中遭受"非法损害"（*danno ingiusto*）的当事人有权从侵害人处获得赔偿。《民法典》第 2056 条第 1 段规定，赔偿金的数额将根据《民法典》第 1223 条、1226 条和 1227 条确定。

2　根据《民法典》第 1223 条规定，受害人有权就所遭受的实际损害（*danno emergente*）和利润损失（*lucro cessante*）获得赔偿，只要其是侵权行为直接的和即时的后果。判例法和学者们已明确指出，只要损害事件和损失之间的关联能够满足"通常因果关系"标准的要求（即，是否属于由损害事件正常引发的那类损失），受害人就能对此类损失获得赔偿。"反射性损失"的概念并不被意大利法院认可。[1]

---

[*]　阿尔贝托·蒙蒂，米兰博科尼大学比较法副教授。
[1]　See Court of Cassation, Joint Sessions, no. 9556/2002.

如果对于损失无法以准确的方式进行证明,可由法官根据案情基于衡平进行估计。[2]

意大利法明确区分财产(金钱)损失和非财产(非金钱)损失(《民法典》第2059条)。对于非财产损失(*danno non patrimoniale*)的概念和允许就此类损失获得赔偿的条件,在法院和学者中存在着广泛的争议。虽然在开始时非财产损失的类型只包括一时性的疼痛与痛苦(精神损害,*danno morale*),并以非法侵害行为构成犯罪(即,只有当侵权行为也构成犯罪的时候)作为获得赔偿的条件,近年来,随着判例法和学术界观点的发展,一方面,概念类型得到了扩展,现在也将"对精神—身体完整性的损害"(*pregiudizio biologico*,在人身损害的案件中)和"生存性损害"(*pregiudizio esistenziale*,侵犯宪法上的受保护的权利)包括在内;另一方面,承认了对非财产损失获得赔偿的权利,即使非法侵害行为不构成犯罪,根据《民法典》第1223条,只要该损失是非法侵害行为的直接和即时的后果即可,即如果"通常因果关系"的标准得到了满足。[3]

值得一提的是,意大利判例法已经明确认可,单一的非法侵害行为或损害事件可对多位不同当事人造成多项损失(*illecito pluriofensivo*)。[4]

二、损害赔偿责任

A. 可分割的损失和不可分割的损失的可救济性

2. 在你们国家的侵权法中,即使损害是由同一个侵权行为人的

---

[2] 《民法典》第1226条和2056条第2段。

[3] See Court of Cassation, Joint Sessions, no. 26972/2008; See also: Court of Cassation, no. 8827/2003; Court of Cassation, no. 8828/2003; Constitutional Court, no. 233/2003; Court of Cassation, no. 25187/2007.

[4] Court of Cassation, no. 8828/2003.

同一侵权行为所导致的，对于损害的责任，是否仍要依照受保护的利益的不同而将总损失分成不同组成部分并分别进行处理（例如，侵害人身或侵害财产；金钱损害或非金钱损害）？如果必须依照每一种损失的类型单独确定责任标准，那么，它会对侵权行为人的责任产生什么影响？

6　　如前所述，意大利法区分金钱损失（*danno patrimoniale*）和非金钱损失（*danno non patrimoniale*）。在人身损害案件中，受害人既有权就金钱损失（例如，医疗费用、丧失的收入）获得赔偿，也有权对非金钱损失（例如，对身体完整性的损害、疼痛与痛苦）获得赔偿。对于侵犯宪法上的受保护的权利（例如，姓名权、肖像权、名誉权、隐私权），除了金钱损失外，非金钱损失也可获得赔偿。见上文边码1及其以下部分。

　　3. 案例研究（不同类型的损失；与有过失）在一起由D的过失所导致的交通事故中，P受到了人身损害，他的眼镜也碎了。P对下列事项提出赔偿请求：a）疼痛与痛苦；b）医疗费用；c）他的破碎的眼镜。P的损害被看做是一个不可分割的损失，还是多个相互独立的损失？假设P没有系安全带，就上述三种损害而言，对于他的与有过失应如何考虑？如果所遭受的损失的类型不同，与有过失的后果亦不同，那么，其正当性理由是什么？

7　　意大利法认为a）、b）和c）是不同种类的损失，法院必须对每一类单独进行评估（见上文边码1及其以下部分）。根据《民法典》第1227条，对于与有过失，如果受害人的过失对于损失的发生有促成作用，那么，应根据过失的程度和该过失造成的后果削减赔偿。在本案中，P未系安全带的事实促成了各种不同种类的损失的发生，因此，应相应地减少赔偿。原则上，与有过失的效力不会因所遭受的损失的类型不同而有所不同。

　　4. 在你们国家的侵权法中，在人身损害以外的领域，是否有必须依照损失的每一种类型单独确定责任标准的情形,即使损失是由一起单一的侵权行为或不作为所引起的?

在产品责任案件中,对于不属于适用欧盟指令85/374/EEC的特殊领域的赔偿责任(例如,对非用于私人用途的财产的损害),必须要根据《民法典》第2043条及其以下规定的一般性规则来认定。

在有些情况下,意大利判例法已经断定,在那些既易产生财产损失也易产生非财产损失的非法侵害事件中,对于非财产损失的赔偿,只要能证明损害事件(例如,非法公开不正确的信息或散播私人数据资料)就足够了。此类损失,如名誉损失(*danno all'immagine*),是推定的。另一方面,若要对财产损失获得赔偿,受害人必须在法庭上证明此类非法侵害行为所造成的负面经济后果。[5]

B. 间接损失的可救济性

5. 请说明间接损失在你们国家的侵权法中是如何被界定的。间接损失是被当做一项必须要单独进行救济的独立的损失,还是被看做是总损失的一部分,即通过认定"主要损失"来解决而无须再次考虑其责任标准?如何划分数个单独损失与间接损失的界限?

意大利判例法不承认主要损失/间接损失的分类方法。[6] 一旦证实——适用《意大利刑法典》(以后称《刑法典》)第40条和41条的规定——侵权行为人的行为已经造成了损害事件(例如,某人死亡),根据"通常因果关系"的标准,作为此类行为的直接的和即时的后果的所有损失即可获得赔偿,即使遭受此损失的是不同的当事人。[7] 那些不属于非法侵害行为的直接的和即时的后果的损失(即不能满足"通常因果关系"标准的损失),不能获得赔偿。

6. 案例研究(间接损失;与有过失)在一起由 D 的过失所导致

5　See e. g. Court of Cassation, no. 12929/2007.

6　See Court of Cassation, Joint Sessions, no. 9556/2002.

7　See also:Court of Cassation, Joint Sessions, no. 576/2008.

的交通事故中，P的右手受到了伤害，P在六个星期内无法从事钢琴教师的工作。P因此而遭受了收入损失。假设P的行为有过失并且他的过失促成了他的疼痛与痛苦，但其过失对其工作能力和收入损失没有影响。D的责任范围如何确定：a) P的疼痛与痛苦；b) 他的收入损失？在当前案例中，收入损失是否被当做一项需要单独进行救济的独立的损失？

11　　如前所述（上文边码7），如果受害人的过失促成了损失的发生，应根据过失的程度和该过失造成的后果对赔偿进行削减。因此，理论上，如果P的过失促成了他的疼痛与痛苦，但对其工作能力没有影响，因此，对其收入损失没有影响，仅对其疼痛与痛苦（精神损害）的赔偿金额进行削减。请注意，在任何情况下，对疼痛与痛苦（精神损害）的赔偿金额都应以衡平估价为基础进行计算。[8]

　　7. 案例研究（间接损失；时效）2000年1月，D闯入制造计算机设备的P公司的生产车间，损坏了一些高科技配件，而这些配件原本是准备交付给其他制造商的。由于D的闯入和损坏行为并没有被P公司的职工立即注意到，一些受损的计算机设备被交付给不同的制造商（A、B和C）而没有在发货前进行充分的维修。因此，P必须赔偿客户A的损失。2002年1月，在对D进行成功的追偿后，P又被客户B诉请损害赔偿；2003年1月，P又遭到客户C的索赔。对B和C的赔偿应被看做是间接损失，即D所造成的总损失的一部分，还是必须进行单独救济的独立的损失？就P因对A、B和C的赔偿而提起的追偿诉讼而言，诉讼时效的起算日期是哪一天？

12　　作为一般规则，根据意大利最高法院的意见，侵权案件的时效（五年，交通事故除外）的开始日期是受害人（事实上或推定）知道遭受非法损害并知道可将损害归因于侵权行为人的行为这一事实

---

[8] 《民法典》第1226条。

之日。[9] 如果同一侵权行为或不作为引起了数起独立的损害事件，那么，应对不同的损害事件适用不同的开始日期。[10]

在本案中，假设 B 和 C 对 P 的索赔权未受时效法规（根据意大利买卖法，对于他们的合同请求权，应适用一年的时效，从货物交付时开始计算）的禁止，有关 P 对 D 的追索应适用的时效的开始日期为对 B 和 C 分别进行付款的日期，因为在此之前 P 并未遭受任何损失。

8. 在你们国家的侵权法中，有没有未被提及的其他情况，从中，一项损害应被看做一项间接损失而属于"主要损失"的一部分，还是应被看做由同一侵权行为或不作为所导致的一项独立的损害，这个问题有着决定意义？

如前所述，意大利法拒绝主要损失/间接损失的分类方法。[11]

C. 责任限额与最低起赔额

9. 请说明在你们国家的侵权法中，如果存在赔偿限额的话，损害赔偿责任何时会受到限制。在这些情形中，是否存在用来解决下述问题的成文法规定或判例法原则：所造成的损失是作为一项不可分割的损失——在这种情况下侵权行为人的责任从整体上受到最高数额的限制——还是多个相互独立的损失，侵权行为人对每一项损失的赔偿责任分别受最高数额的限制？

作为一般规则，受《民法典》条款管辖的侵权责任在意大利法中没有限额限制。特别法上的规定，例如，关于航空承运人对乘客的行李的损害赔偿责任，引入了责任限制以符合国际公约的要求。此类限制只适用于特定种类的损失。[12]

9　See Court of Cassation, Joint Sessions, no. 576/2008.
10　See Court of Cassation, no. 17940/2003.
11　See Court of Cassation, Joint Sessions, no. 9556/2002.
12　例如，《1999 年蒙特利尔公约》第 22 条。例如，责任限制不适用于人身损害。

10. 请说明在你们国家的侵权法中，如果存在最低起赔额的话，受害人何时必须要承受最低起赔额以下的损失。在这些案例中，是否存在用来解决下述问题的成文法规定或判例法原则：损害是被看做一项不可分割的损失——因此受害人只须自行承担一次低于起赔额的损失——还是多个相互独立的损失，从而多次适用起赔额？

16　　依照《意大利法》，受害人只有在产品责任案件中，根据欧盟指令85/374/EEC，须自行承担最低起赔额以下的损失。

11. 案例研究（产品责任中的最低起赔额）由于电力系统的短路导致P停放的汽车被完全烧毁。这场火还烧毁了P存放在汽车后备箱里的高尔夫装备和汽车电话系统。P向制造商提出索赔，其依据是制造商对缺陷产品的责任。全部损失——汽车的电话系统、汽车本身和高尔夫装备——被看做是一项不可分割的损失，还是多个相互独立的损失？欧盟产品责任指令对于财产损失赔偿规定了最低免赔额。对每一项损失单独适用起赔额——例如，P的汽车、汽车电话系统和高尔夫装备——还是只对总额适用一次起赔额？能否进一步主张，高尔夫包的损失和高尔夫球杆的损失也应作为单独的损失来对待？

17　　根据意大利法，应对财产损失的总额适用单一起赔额，基于此目的，可将该损失看做是单一损失。

12. 在你们国家侵权法中，在确定责任限额和最低起赔额时哪个标准是起决定作用的？对以下因素要特别考虑：损失的类型（例如，人身损害或财产损害）；责任形式（例如，过失责任或严格责任）；受害人或侵权行为人的个人特征（例如，雇员、未成年人、专业人士）；其他标准（例如，年金赔付或一次性赔付）。如果法律承认这些区分，那么，能否进一步主张，受害人因一起侵权行为或不作为而遭受的损失须被看做是多个单独的损失，其中一些损失受制于责任限额或最低起赔额，而另外一些损失则不适用？

不适用。

D. 多个损失

13. 当两个以上当事人共有的财产受损时，由此而产生的损害是否被看做是每一位当事人的权利均受到侵害而导致的多个相互独立的损失？

14. 案例研究（共有）P1 和 P2 是一幢建筑物的共有人，该建筑物因 D 的恶意纵火而被毁损。P1 和 P2 所遭受的损害应被看做是一项单一的不可分割的损失，还是 P1 和 P2 分别遭受的两项损失，类型选择的后果是什么？

根据意大利法，P1 和 P2 有权按照他们各自享有的所有权比例，对此可推定为平等，对所遭受的损失（财产损害）进行索赔。[13]

15. 案例研究（所有权和使用权）P1 对林地拥有所有权，P2 拥有采伐林木的权利。D 因过失引发了火灾而使林木被毁，P1 和 P2 所遭受的损害应被看做是一项不可分割的损失，还是两项相互独立的损失，类型选择的后果是什么？

根据意大利法，P1 和 P2 都有权对于各自的权利遭受侵害而产生的非法损害分别提出赔偿请求。

E. 多个损失与多个侵权行为人

16. 在何种条件下可认定多个侵权行为人共同引发了受害人的单一损失？在何种条件下可以认定多个侵权行为人导致了同一受害人的多个相互独立的损失而需要对这些损失分别进行救济？多个侵权行为人对损害承担连带责任的前提条件是什么？能否主张，多个侵权行为人分别导致了多个相互独立的损失，但是，与此同时这些侵权行为人需要对损失整体承担连带责任？

《民法典》第 2055 条规定，如果损害可归因于多名侵权行为人，

---

[13] 《民法典》第 1101 条。

基于"通常因果关系"的标准,他们对损害赔偿都承担连带责任。已支付赔偿金的侵权行为人对其他侵权行为人享有追偿权/责任分担请求权,他们应按照各自的过失程度以及其过失所导致后果按比例承担责任。在有疑问的情况,应以推定的平等份额承担责任。

22　　在这一领域,判例法已明确,对于"损害事件"(fatto dannoso)的概念必须从受害人的视角来对待。如果同一起损害事件是由多位侵权行为人的多项不同行为所导致的,他们都要对受害人遭受的损失承担连带责任。[14] 这是一个因果关系的问题,应通过适用《刑法典》第40条和第41条来解决。基于上述法律原则,最高法院近来在一起人身损害案件中确认:(i) 导致交通事故的驾驶员和 (ii) 随后在医院对受害人进行错误治疗的医生,都要承担连带责任。[15]

23　　关于连带责任人之间的内部关系,他们的责任份额推定为平等;但是,这仅仅是一种推定,可以对此提出相反的证据(《民法典》第2055条)。

　　17. 案例研究(连带责任和分别责任) D1、D2 和 D3 计划抢劫一对夫妇 E 和 F。D1 在汽车里等候,并负责逃跑。D2 将使用枪控制住这对夫妇并从 E 身上拿走钱,D3 将取走 F 佩戴的珠宝。D1、D2 和 D3 同意如果有必要将使用暴力。由于 E 对 D2 进行防卫,D2 开了枪并伤害了 E,E 随后就其医疗费用和疼痛与痛苦提出索赔。F 请求返还她的珠宝,并且,由于珠宝在争抢中受到了损害,因此,F 还就修补费用提出索赔。在这个案例中,是存在一个总体损失,其可就相同范围归责于每一个侵权行为人,还是存在数个相互独立的损失,每一项损失可归责于一名不同的侵权行为人?如何确定 D1、D2 和 D3 的责任范围?

24　　如果根据《刑法典》第40条和41条的规定可以认定 D1、D2

14　Court of Cassation, no. 1415/1999.
15　Court of Cassation, no. 17397/2007.

和 D3 都引发了损失，他们都将对 E 和 F 承担连带责任。也可见上文边码 21 及其以下部分。

18. 案例研究（人身损害被明确排除）假设事实与上述案例相同，如果 D1、D2 和 D3 最初同意不使用暴力，但是，当 E 未听从 D2 的命令时 D2 开了枪，该案是否因此而得到不同对待？在这个案件中，对于 E 的伤害，是由 D2 一人承担全部责任，还是可将其看做一起可在同等程度上归责于每一个侵权行为人的整体损失，从而认定 D1 和 D3 也要对损失负责？

答案是不可以，因为 D2 对枪支的使用，对于 D1 和 D3 而言在那种情形下是可预见的。请见上文边码 21 及其以下部分。

F. 损害的可分割性和因果关系的不确定性

19. 为了处理与证明因果关系有关的问题——特别是在大规模侵权的背景下——有些地区发展出一些例外规则，以被告制造了风险为由对其施加责任，而无论有无证据显示被告的行为是原告所受伤害的"若非则无"（sine qua non，必要条件）意义上的原因。你们国家的侵权法是否承认这些规则？如果承认，什么被认为是受害人已经遭受的损失？

法律上的因果关系是一个复杂的问题，无法通过简单的答案而得到令人满意的对待。

基于此调查表的目的，注意这一点很重要：意大利法院和学者们承认，即使无法确定地证明被告的行为是导致受害人损害的原因，也可基于经科学证据证实的对因果关联的概率的估算对被告施加责任。[16] 如果因果关系能被确认，受害人就有权对其遭受的损失请求赔偿。对于所谓"丧失机会"的赔偿，受到了特别对待，在依据《民法典》第 1226 条对原告声称的损失进行衡平估价时，对概率的估算

---

[16] See Court of Cassation, no. 21619/2007.

也在其中发挥作用。[17]

20. 案例研究（源于多种途径的暴露风险）V 先后连续受雇于 D1、D2 和 D3。在每一工作期间，由于雇主的过失 V 都暴露于石棉中。近来 V 已被诊断出患有间皮瘤，使其寿命预期严重缩减，该疾病系其在工作中暴露于石棉下所致。间皮瘤不是一种严重的疾病（不像石棉肺），并且，即使额外暴露于石棉中也不会加重其严重性。科学证据无法显示间皮瘤是由于在哪一工作时间暴露于石棉中所致，或由于在不同工作时期累积暴露于石棉中所致。在你们国家的侵权法中，D1、D2 和 D3 能否被认定负有责任？如果负责任，V 被认为已遭受了一起不可分割的损失，还是多项不同的损失？

28　　此案具有争议性。

29　　作为一般规则，为使雇主承担责任，雇员必须证明损失与工作条件（暴露于石棉）之间具有因果联系；为了避免承担责任，雇主必须证明在当时环境下为了阻止损失发生他已尽了一切可能的努力。

30　　如上文边码 26 之后所述，即使无法确定地证实被告的行为是导致受害人损害的原因，仍可基于经科学证据证实的对因果联系的概率的估算对被告施加责任。如果这一标准得不到满足，就不能对其施加责任。相反，如果科学证据显示，V 所遭受的损失是由三次暴露中任一次所导致的具有高度的概然性，那么，D1、D2 和 D3 能被判定承担连带责任。

21. 在所谓 DES 案件中，一些美国法院认定若干被告负有责任，即使被告与索赔者的损害之间的因果关系并不能像普通案件那样得到证实。这些案件处理的是多名被告与多名受害人之间的问题。尽管不可能证实哪一名被告损害了哪一位受害人，但每一名被告都要依其在 DES 市场上的份额承担按份责任（市场份额责任）。在你们

---

[17] See Court of Cassation, Labour Division, no. 14820/2007.

国家的侵权法中,这样一种责任模式是否适当?如果适当,请基于下述案例说明什么被认为是已经遭受的损失。

目前,市场份额责任的方法好像与意大利法律中业已确立的有关因果关系的原则并不相容。[18]

22. 案例研究(市场份额责任) D1、D2 和 D3 是制药商,其生产的药品都是基于相同的化学制剂并都在 A 国流通。在药品上市多年后发现该药品所使用的制剂具有致癌作用。P 是数千名受害人中的一员,像其他受害人一样,他无法证实其服用的是哪一家制药商生产的药品(D1、D2 或 D3)。但是,根据市场份额原理,P 能向他们(D1、D2 或 D3)中的任何一家提出索赔,尽管每家制药商的责任都受限于其在 A 国市场上的份额。如果依据你们国家的侵权法可以适用市场份额模式,那么,什么是每一家制药商所应负责的损失?这种损害场景应被看做是一起单一的不可分割的损失,还是多个相互独立的损失?

不适用。

三、程序方面

A. 管辖

23. 依据你们国家的程序法,损害行为地或损害发生地对于哪一个法院有管辖权是否具有决定性意义?当损害行为在多个不同地点引发了多项不同的损失的时候,此类案件应如何处理?是否可以在同一个法院处理所有的损失索赔,即使这些损害是发生在多个不同的管辖区域内?如果可以,那么,整体损害是被看做是一项单一的不可分割的损失,还是多个相互独立的损失?

---

[18] 见上文边码 26 及其以下部分。

33 根据218/1995法案第3条，如果被告的居住地或住所地在意大利，意大利法院就有管辖权。并且，根据《布鲁塞尔公约》（和《规定》），在成员国有住所的人，对于与侵权、不法侵害（*delict*）或准不法侵害（*quasi-delict*）有关的事项，可以在损害事件已经发生或可能发生的地点被起诉。218/1995法案第3条进一步规定，如果被告在签约（成员）国没有住所，也可以适用《布鲁塞尔公约》（和《规定》）所阐明的标准。

34 在这方面，最高法院，遵循"欧洲法院"的判例，[19] 称《布鲁塞尔公约》第5（3）条上的"损害事件发生地"，基于正确的解释，不包括受害人声称所遭受的在初始损害发生后随之出现的和他在其他签约国遭受的财务损失的地点。[20]

24. 案例研究（国内管辖权；损失发生地）在W法院的管辖区域内，D对P的食物投毒。在X法院的管辖区域内，该食物喂给了P的狗。结果P的狗在Y法院的管辖区域内开始呕吐并把P的汽车弄得一团糟。在Z法院的管辖区域内，P自己食用了有毒的食品并因此而产生了胃痉挛和恶心。P能在哪一处法院就其损失（被弄糟的汽车，疼痛与痛苦，收入损失）提出赔偿请求？能在同一个法院提出所有的索赔吗？

35 基于最高法院在上文边码33之后提到的判例[21]中确认的原则，初始损害（*danno iniziale*）发生地应被赋予管辖权。在这个案例中，P可以在Y法院就对汽车的损害赔偿提起诉讼，在Z法院就疼痛与痛苦和收入损失提起赔偿诉讼。根据有关"关联诉讼"管辖权的规则（例如，EC Regulation No. 44/2001第28条），如果这些诉讼被认

---

[19] ECJ C-364/93, *A. Marinari v. Lloyds Bank and Zubaidi Trading Comp.* (1995) European Court Reports (ECR) I-2719.

[20] Court of Cassation, Joint Sessions, no. 9533/1996.

[21] Court of Cassation, Joint Sessions, no. 9533/1996.

定为具有关联性（即，它们联系地如此密切，从而便于将它们合并在一起审理和判决，以避免分别诉讼可能导致的判决不相容的风险），那么，可以在同一个法院（Y或Z）提起所有的索赔。

B. 诉讼金额

25. 诉讼金额在诉讼的程序方面（例如，有关律师费、诉讼费，法律救济的认可，法院管辖权或其他原因事项）是否具有决定性作用？如果是，当基于一个单一的侵权行为或不作为而提起的请求被分解开并单独起诉时，是否会产生不同的结果？当损害被看做是一项单一的不可分割的损失或多个损失时，会有什么不同（如果有的话）？

根据意大利法，索赔金额（以原告的主张为基础进行估算）决定着律师费数额和管辖法院（治安法院或裁判所）的诉讼费数额。 36

C. 先前法院判决或和解的法律效力

26. 当一项请求已经历诉讼，并且终审法院的判决已经做出时，索赔人在多大范围内被禁止就基于同一侵权行为或不作为而产生的进一步损害提起诉讼？作为后一起索赔对象的损失被看做是已经被法院处理过的损失的一部分或者被认为是一项独立的损失，是否具有决定性作用？

这一问题是与民事判决效力所及的事项的范围（即既判力原则）密切相关。禁止索赔人就源自同一侵权行为或不作为的进一步的损害提起诉讼的范围，取决于初始诉讼请求的实际范围。根据最高法院的意见，一般规则是侵权案件中的赔偿诉讼在性质上是"一体的"，因此，如果原告没有指明，法院的判决将禁止原告就由被告的同一非法侵害行为所导致的不同的或新类型的损失（即，相同的事实依据）再次提起诉讼，但是，原告可以在法院传票（*writ of summons*）中明确地保留权利，并只对特定类型的损失进行索赔（例如，可以在起诉时只对金钱损失提出索赔，而明确保留对非金钱损失另 37

行提起诉讼进行索赔的权利）。[22] 例如，如果侵权也构成犯罪，受害人可以在刑事法院对非金钱损失提出索赔，而在民事法院对金钱损失单独提出索赔，这是常有的事。但是，根据意大利判例法，除非原告在最初的诉讼文书（例如，法院传票）中明确地保留了其对未来损失（或特定类型的损失，如非金钱损失）单独提起诉讼进行索赔的权利，首次诉讼的法院判决将禁止原告再次提出索赔。[23]

27. 案例研究（先前判决）在一起交通事故中由于D的过失导致P的汽车受损。P就重新喷漆的费用起诉D而获胜诉。判决做出后，发现不仅汽车的喷漆在车祸中受损，发动机也受损了。P是否被禁止就发动机的损害赔偿再次提起诉讼？发动机受损被看做是法院已经处理过的损失的一部分，还是一项独立的损失？

38　　如在上文边码37中所述，提起新的诉讼的可能性取决于在首份法院传票中原告的诉讼请求是如何提出的。如果首次诉讼请求是对事故损害提出一般性的赔偿请求（通常就如本案一样），那么，就源自同一侵权行为（即，事实依据）的进一步损失再次提出索赔，将得不到许可。

28. 案例研究（先前判决和与有过失）事实与上述案例相同，但是，在处理P就重新喷漆的费用要求赔偿的问题时，法院判决因为P与有过失而减半赔偿。审理关于发动机损害赔偿的后一起案件的法院是否受先前法院所做出的与有过失的判决的约束？发动机受损是否被看做是还未被法院处理过的一项独立的损失，因而先前的判决对后面的法院没有约束力？

39　　见上文边码37，在任何情况下，如果第一个法院就交通事故的原因做出与有过失的认定，那么，在这一点上，第二个法院将受先

---

[22] See Court of Cassation, no. 26687/2005.
[23] See Court of Cassation, Labour Division, no. 26078/2007; Court of Cassation, no. 17873/2007.

前判决的约束。

29. 案例研究（和解的法律后果）再次假设事实相同，但例外的是 P 最初的索赔是通过法庭外和解而非司法的方式解决的，P 是否会因先前和解的事实而被禁止再次提起诉讼？如果不会，那么，因与有过失而双方合意减少赔偿金是否会对第二起索赔诉讼具有约束力？所受损失被看做是一项单一的不可分割的损失还是多个损失是否具有重要意义？

答案取决于当事人所签署的和解协议中的实际的条款和条件。通常，和解协议是终局性的，包括所指控的侵权行为的任何的和所有的后果，因此，不得再提起索赔。

D. 集团诉讼、代表人诉讼、示范诉讼和大规模侵权

30. 在你们国家的法律制度中，何种诉讼程序机制允许由多个不同的索赔人提起的赔偿请求在一个法院合并审理？如果不同的诉讼请求被合并，它们是被看做与一项单一不可分的损失有关呢，还是与多项损失有关？

31. 依据你们国家的法律制度提起集团诉讼（或与其最接近的对应程序）的前提条件是什么？请举出在你们国家的侵权案件中使用集团诉讼的例子。通过集团诉讼的方式进行索赔与每位受害者单独起诉索赔有什么区别？如果一名受害人对法院在集团诉讼中所做出的判决不满意，他能否以自己的名义提起独立的诉讼，如果 a) 他先前已经是集团诉讼的当事人；b) 他从未成为集团诉讼的当事人？集团诉讼的判决的法律效果是什么？如果一群索赔人以集团诉讼的方式起诉要求赔偿，是否会导致将每一位索赔人的损害进行加总以使其被看做是一项单一的不可分割的损失？

2007 年 12 月批准的意大利 2008 年度预算法案，将一种集团诉讼 (*azione collettiva risarcitoria*) 的程序引入意大利，用以对多名个人消费者进行赔偿或支付款项。此种新的诉讼程序，受《意大利消费

者法典》140条之一管辖，将自2009年生效，但预期在此之前将进行进一步的修订。

42　　目前已通过的法律规则只给予一定的消费者组织和其他被认为适合代表特定消费者群体利益的实体以提起诉讼的法律资格。此类诉讼可以对任何商业、金融、银行或保险企业提起，可就（1）标准合同，（2）侵权责任，（3）不公平商业行为和（4）对消费者群体有影响反竞争的行为所产生的损害提出索赔。

43　　那些愿意利用集团诉讼的消费者必须通过书面通知相关消费者组织的形式选择加入，法院判决将只对选择加入的消费者有约束力。在通过旨在排除明显的无理的索赔请求的初步评估后，法院可做出支持或反对原告的认定。当其做出支持消费者组织的认定时，法院并不判决特定数额的赔偿金，而是阐明用来确定对选择加入的消费者给予赔偿的数额的标准。当可能时，法院也会确定给予每一位消费者支付或返还款项的最低数额。

44　　在判决通知送达60天内，被告应该按照法院确立的标准做出给予每一位选择加入的消费者一定款项的要约。该要约必须由被告签署，通知每一位有资格的消费者，并提交给法院。消费者若要接受该要求，并无必须满足的特定的形式要求。如果被告没有在上述时间限制内提出要约，或者该要约未被消费者在上述通知60天内接受，一项"类似仲裁"的程序将启动，用以确定每一位选择加入的消费者有权获得的赔偿数额。

45　　其结果是：如果一名选择加入的消费者对法院在集团诉讼中所做出判决不满，他不得以其自己的名义提起单独的诉讼；另一方面，那些未选择加入的消费者不能从判决中受益。

32. 在什么条件下消费者保护组织可以代表一群受同一侵权行为影响的人提起诉讼（代表人诉讼）？请举出在你们国家的侵权案件中使用代表人诉讼的例子。法院在上述诉讼程序中所做出的判决对于每一位受害人单独提起的赔偿请求的法律后果是什么？如果某一位受害人对于法院在消费者诉讼中所做出的裁决不满，他可以自己的名义单独提起诉讼吗？每一位受害人所遭受的损害能否被看做是一项独立的损失，尽管它已经被法院在代表人诉讼的框架内处理过？

见上文边码42及其以下部分。 46

33. 你们国家的诉讼法是否规定了其他机制（例如，示范诉讼），可以将许多不同的赔偿请求合并起来由同一个法院来审理？必须满足什么样的前提条件？特别是，是否要求每一起请求赔偿的损失之间具有特别的联系（法律上的关联）？通过这种机制而将不同的索赔请求合并在一起会产生什么样的法律后果？

依照有关"关联诉讼"的程序法规则，如果存在共同的诉因，同一侵权行为的受害人们可对侵权行为人提起单一诉讼。但是，起诉资格和获得赔偿的权利，将由法院依照每一位索赔者的法律地位进行审查。 47

34. 案例研究（火车事故）一辆由D公司运营的火车在高速轨道上脱轨，车上有100人受伤。这些受害人与D公司之间有不同的法律关系。有些是付费的乘客，有些是无偿的旅行，而另外一些人属未经许可而上车。是否有可能通过以下诉讼机制将这些受害人的索赔合并在一起：a) 集团诉讼，b) 代表人诉讼，或 c) 其他诉讼机制？如果多起赔偿请求被合并起来通过同一程序来处理，每一位受害人所遭受的损害被看做是一项单一的不可分割的损失的一部分，还是多项损失复合体中的一项独立的损失？

见上文边码41及其以下部分和边码47。在意大利，居住在塞维索的依米沙工厂附近的个人共同对所指控的侵权行为人提起了一起单一的民事责任诉讼，就其因接触毒物而导致的疼痛与痛苦（精神 48

损害）要求损害赔偿。[24] 很常见的是，在大型事故中，当刑事诉讼首先启动时，受害人（经常聚集在一起）在刑事法院提出有关民事责任的主张。如果刑事责任被认定且可证明损失的存在，刑事法院可签发一项判决，称犯罪受害人有权依照民事法院在随后的程序中确定的数额获得赔偿。刑事法院也可判给受害人一定临时金额的赔偿金。

四、保险方面

A. 限额与扣除额

35. 在你们国家的法律制度中，是否存在成文法原则或法院发展出来的原则，用以解决下述问题：一起损害事件被认为是一起单一的事故而使得保险人的总的责任受到赔偿限额的限制，还是多个相互独立的损失而使得每一项损失——适用赔偿限额并使得保险人对每一项损失均要赔偿至一定的数额？另外，保险合同所采用的标准条款是否对这一问题有规定？

36. 案例研究（建筑物保险与赔偿限额）P 是工厂厂房的所有者，该厂房是由数幢建筑物组成，P 已就其因恶劣天气而遭受的损害投了保险。保险人的责任是每一起损害事件最高赔 500,000 欧元。在一起持续了数个小时的雷暴雨中，两幢建筑物被闪电击中并且都完全烧毁。每一幢建筑物价值 300,000 欧元。保险人根据保险单对损失应承担什么样的赔付义务？

对于解决这一问题，没有特别的法规规定或法院发展出来的一般原则。很常见的是，保险单会显示保单限额适用于每一起保单所界定的"保险事故"（例如，火灾、雷暴等）。在本案例中，保险事

24　See Court of Appeal of Milan, 10 December 2005, Foro it. 2006, 6, 1, 1924.

故是雷暴,它是单一事件,因此,保险人的赔付义务限于500,000欧元。

37. 在你们国家的法律制度中,法院是否发展出了用以处理下述问题的一般性原则:一起损害事件被看做是一起单一的事件而使得被保险人只须承担一次合同约定的扣除额,还是多个相互独立的损失而使得每一项损失均适用扣除额并使得被保险人需要多次承担扣除额?另外,保险合同所使用的标准条款是否对这一问题有规定?如果第三方保险是法定强制保险,这对于扣除额的合法性是否有影响?

对于解决这一问题,没有特别的法规规定或法院发展出来的一般原则。很常见的是,保险单会显示扣除额会适用于每一起保单所界定的"保险事故"。

38. 案例研究(审计师的责任)P是受X有限责任公司聘请对其账目进行审计的独立审计师。X公司要求P与其两个潜在投资者A和B在公司会面。在会议上,P保证公司的财务状况良好。因此,A和B购买了X公司的大额股份。曝光后的真相是P对投资者所做出的关于公司的价值的陈述系过失性不实陈述。A和B因此而遭受了经济损失并试图向P索赔。原则上,他们的损失属于P的职业责任保险的保险范围,但是,根据保险单条款被保险人须对每一起损害事件自行承担5,000欧元扣除额限度内的损失。在当前的案例中,P只须承担一次扣除额,还是对两起索赔都适用?

答案取决于"损害事件"在保单中如何被定义。它的确是一项合同解释的问题,适用《民法典》第1362条及其以下规定。

但是,在意大利,职业责任保单目前是以"索赔提出"为基础签发的,并且,扣除额是针对"每次索赔"(不是每次"损害事件"),而且,保单中包括"索赔系列"条款的情况很常见,因此,对于源自同一非法侵害行为的所有索赔,应适用单一的"每次索赔"

的保单限额（如果有的话）和单一的"每次索赔"的扣除额。在这个案例中，P只须承担一次扣除额。

B. 对赔付数额的其他限制

a. 总额限制条款

39. 在你们国家，标准保险单是否使用总额限制条款，依据此类条款，保险人在每一特定期间的责任受到最高限额的限制？如果是，请举例说明这些条款是如何措辞和如何解释的，并特别注意一起损害事件是被看做是一项单一的不可分割的损失（因此只能落入某一期间）还是多项损失（有可能落入几个不同的期间）。

53 是的，第三方责任保单的标准条款通常包括每年的或每个保单期间的总额限制条款。如果保单是以"索赔提出"为基础签发的，那么，在保单期间内对被保险人首次提出的所有索赔都适用总额限制；"索赔提出"式条款使得有必要将在后续保单期间内提出的、但基于相同非法侵害行为的索赔看做是在第一次索赔时提出的，从而适用于同一总限额。如果保单是基于"事项"或"从事的行为"签发的，那么，对于在保单期间内发生的所有的损害事件或从事的侵权行为，都将适用总限额。

b. 索赔系列条款

40. 在你们国家，标准保险单是否使用索赔系列条款，依据此类条款，几起相互独立的损害事件被看做是一起损害事件（一个单一系列），从而受制于同一责任限额？如果是，请举例说明这些条款是如何措辞和如何解释的。请特别说明区分几起相互独立的损害事件和一个损害系列之间的标准是什么。

54 是的，见上文边码52及其以下部分。索赔系列条款通常只在"索赔提出"式保单中使用。措辞通常非常宽泛，例如："相关的索赔意为，以源自或因自相同的或相关的事实、情况、情形、交易或事件，或者相同的或相关的系列事实、情况、情形、交易或事件为基础，对非法侵害行为提出的所有索赔。"

c. 长尾损害

41. 在你们国家，标准保险单是否使用此类条款，即前保险人的责任限于保险合同终止后的某一特定期间？如果是，请举例说明这些条款是如何措辞和如何解释的。如何确定相关限制期间的起点（例如，保险合同终止的日期，被保险人过失行为的日期，或者遭受损害的日期）？在这种背景下，划分几起相互独立的损害事件和一起单一损害事件之间的界限是什么？

索赔提出式保单从保单期满之日起停止提供保障，但有以下例外：(i) 在被保险人停止营业和/或者不再为下一保单期间购买保险时，保险人有时会提供长达五年的"延长的报告期"，用以换取额外的保险费；在延长的报告期内，对于在此期间首次提出的索赔给予保障；但是只针对源自在保单期满之前从事的侵权行为提出的索赔；(ii) 根据"索赔系列"条款，如果针对同一非法侵害行为的前一项（属保险范围的）索赔是在保单期间内提出的，那么，在保单期满后对被保险人提出的索赔也受保险的保障。

以事项为基础的责任保单不会预见到任何有关前一保险人的责任可以限于保险合同终止后某一特定期间的条款。

42. 案例研究（长尾损害）P 公司研发、制造和发售发动机设备，包括燃油泵。由于油泵的设计缺陷，含有油泵的机动车的燃油供应经常在没有警告的情况下中断。假设这导致了多起事故，依据你们国家的产品责任法 P 公司应对此负责。直至 a) 油泵的研发，b) 制造，c) 发售，d) 发生事故，P 公司的产品责任一直由 I 公司承保。在与 I 的保险合同终止后，P 公司购买了 J 公司的保险。哪一个保险人，I 还是 J，须对 P 公司在 a) 至 d) 的每一种情形下对其有缺陷的燃油泵的责任负责？假设这两家保险人的保险合同的标准条款都包含在你们国家最常见的长尾损害责任条款中。

57　　产品责任保险可以是"以事故发生为基础"或"索赔提出"式的。对于前者，有效保单的保险赔付义务将会在事故发生的时间被触发；对于后者，在对被保险人第一次提出索赔的时间，有效保单将提供保险赔付。

d. 强制第三方保险中的责任限额

43. 在特定领域存在法律强制的第三方保险，这一事实是否对诸如总额系列条款、索赔系列条款和长尾损害条款之类的法律允许的责任限制的范围有影响？

58　　是的，例如，强制第三方机动车责任保险的最低保单限额和其他承保条款和条件，目前受《保险法》的规制。

59　　关于强制第三方责任险的另一个例子是，保险和再保险中介机构的职业责任保险。该保单至少具有以下特点：（1）其承保范围必须包括，在从事中介业务中，由于中介机构的执业过失或不当行为，或其雇员、合作者或其他任何中介机构依法对其负有责任的人的执业过失、不当行为和不忠实所导致的损害赔偿责任；（2）其承保范围必须包括从事中介业务时所导致的全额损害，即使它是在保险效力终止后三年内提出的；（3）受害人必须由保险公司全部赔偿（达到保险限额为止），只有在此之后保险公司才可以向保单持有人追偿扣除额部分；（4）其承保范围必须包括所有欧盟成员国的领土。承保的保险金额应当不少于（1）每起索赔一百万欧元；（2）每年度所有索赔总额一千五百万欧元。

波兰法中损害的合并与分割：侵权法与保险

埃娃·巴金斯卡[*]

一、总论

1. 你们的法律制度中是否有关于将损害分为一起单一的不可分割的损失或多个损失的一般性规则，无论其为成文法规，还是判例法？这些规则在二级法律文献中被提出过吗？这种区分在实践中重要吗？

在波兰法律中对于损害没有法律上的定义。传统上，损害被认为是对于受法律保护的利益的非法侵害，受侵害的可以是财产利益或人格利益，[1] 而且这种侵害是违背受害人的意愿的。[2] 波兰法律语言使用两个术语来表示损害，并用另外两个术语来表示金钱赔偿：*szkoda* 用于财务损失，*odszkodowanie* 用于对其补救，*krzywda* 用于非金钱损失，其赔偿为 *zadośćuczynienie*。对于一些作者，*szkoda* 只指金钱损失，但是，根据盛行的观点，对损害（*szkoda*）应作广义地解

---

[*] 埃娃·巴金斯卡，波兰托伦尼克拉哥白尼大学民法和国际商法教授，格丹斯克大学民法教授。

[1] 见 A. Szpunar, Ustalenie odszkodowania w prawie cywilnym（民法上的损害赔偿的认定）（1975）36；A. Szpunar, Odszkodowanie za szkodę majątkową（对金钱损失的赔偿）（1998）22–24。

[2] 这是主流观点，尽管定义的最后一部分在原理上具有争议性。判例法支持主流观点，近期体现在最高法院 2007 年 1 月 25 日的判决，V CSK 423/06，未出版。

释，因而也包括非金钱损失。因此，在一般用语（如"对损害的责任"）中使用的"损害"的概念既指金钱损失，也指非金钱损失。

2　　金钱（物质性）损害的概念已受到法院和学理的塑造。它是建立在差值原理的基础之上的：损害是指，对于受到损害影响的价值，如果导致损害的事件没有发生受害人原本可以支配的，与由于事件的发生受害人实际可支配的两者之间的差额。例如，最高法院在1957年11月11日的判决[3]中所称："财产损害是指受损财产现状与若无损害事件发生时可能存在的状况之间的差异。"[4] 因此，财产损害被看做是一种可以由不同要素组成的一起损失，例如，财产价值的损失、财产所产生的收益的损失，等等。

3　　人们不应该忽视在保险法领域差值原理已被修正的事实。特别是在财产保险中它可能被认为是不相关的。

4　　在波兰律师的观念中，单一的不可分割的损失与多项损失之间的区别是模糊的。"多项损失"这一用语或与不同的人们所遭受的损失（即给不同财产造成的损失）有关，或与由于侵犯不同的非物质性（人身）利益而导致的损失有关。确定对损害的责任表明损害是单一的和不可分割的，即使它是在不同的连续的时间点并以不同的方式发生。例如，因道路交通事故而产生的人身伤害会导致工作能力的丧失，因而有权主张年金赔偿，也有权对非金钱损失以及财产损失提出赔偿请求。

5　　在成文法规确定的规则中，《民法典》（*Kodeks cywilny*，KC）第440条可被看做是支持损害的不可分割性的观点。它规定："在自然人之间，对损害进行救济的义务范围，可以适当地受到限制，如果由于加害人或对损害负有责任的人的财务状况而依照社会共处原则

---

[3] 2 CR 304/57, Orzecznictwo Sądu Najwyższego (OSN) 3/1958, item 76.

[4] Sąd Najwyższy (Polish Supreme Court, SN) of 22 November 1963, III PO 31/63, Orzecznictwo Sądów Polskich I Komisiji Arbitrazowch (OSPiKA) 1964, item 147.

需要进行此类限制的话。"波兰法院极少利用这一条件，主要是因为它只关注自然人（非被保险人）。法院在决定减少赔偿金时会考虑所有因素，包括当事人的经济地位和侵权行为人的过失程度。[5]《民法典》第440条不允许完全免除责任人的对损害进行补救的法律义务。

二、损害赔偿责任

A. 可分割的损失和不可分割的损失的可救济性

2. 在你们国家的侵权法中，即使损害是由同一个侵权行为人的同一侵权行为所导致的，对于损害的责任，是否仍要依照受保护的利益的不同而将总损失分成不同组成部分并分别进行处理（例如，侵害人身或侵害财产；金钱损害或非金钱损害）？如果必须依照每一种损失的类型单独确定责任标准，那么，它会对侵权行为人的责任产生什么影响？

从充分赔偿的一般原则出发，可认为所有类型的损害——人身的和财产的，金钱的和非金钱的——都必须得到赔偿。根据《民法典》第361条第2款的规定，损害的范围包括实际利益损失和可能利益损失。 6

对金钱损失和对非金钱损失的救济之间存在差别，即使它们都是由同一侵权行为所导致的。 7

金钱利益总是受到金钱索赔的保护。应该强调的是，即使所丧失的一笔钱是可分割的，它并不意味着损害也是可分割的。 8

对于侵犯人身利益的责任应单独对待。除非有法律规定的许可，波兰法院不得对非金钱损害判决赔偿。除人身损害的案件外，非财 9

---

[5] 对此规则有一些限制。它对故意过错（intentional fault）、重大过失或人身损害的案件不适用，因为削减赔偿会与公平原则相悖。见：*M. Nesterowicz* et al., Kodeks cywilny z komentarzem（民法典及注释），vol. 1 (1989) 438.

务性的非法侵害也被特别法规定所认可（例如，侵犯病人的权利或侵犯著作权）。只有当违反合同的同时也构成侵权（责任竞合，《民法典》第443条）的时候，通常是发生人身损害的时候，非金钱损失才可在合同法框架下进行赔偿。[6] 当对非金钱损失进行赔偿被许可时，索赔可基于任一不法行为责任原则（过错、风险、衡平），并对于由此而产生的所有索赔均可适用相同的要求标准。因此，可以认为非金钱损失须由立法者单独处理，但仅限于与索赔请求权的可许可性、继承[7]和可转让性有关的事项。但是，应该记住的是，在波兰法律中对非金钱损失的赔偿判决是由法院自由裁量做出的并基于个案情形进行评估。这并不意味着法院在处理这一问题时可以自由行动，只有当满足一些客观标准时才可拒绝判处赔偿，特别是，在以下情形可以合理地驳回索赔：（1）所招致的损害是微不足道的，并且侵权行为人不能被认定为有过失；（2）损害主要是由受害人造成的；（3）由受害人的可责备的犯罪行为所产生的人身损害。否认对非金钱损失的赔偿不会免除侵权行为人对金钱损失的责任。

10　　如上所述，人身损害被看做是一起不可分割的损害，它可以产生各种金钱和非金钱的后果。实践中，法院会对特定的索赔进行区分归类（与损害的要素相对应），并化为各项判决要点（例如，对于医疗费用进行一次性赔偿，对于别的金钱损失采用其他形式，例如，如果受害人丧失了工作能力，可判处年金形式的赔偿。）特别是，对金钱损失和对非金钱损失须在赔偿判决中列为不同部分。法院不能对这两种损失只做出一项总括的赔偿金额。

11　　赔偿也应涵盖将来一定会发生的未来损害以及在判决时可以预

6　SN of 17 December 2004, Orzecznictwo Sądów Polskich (OSP) 2/2006, item 20.

7　对非金钱损失的索赔，作为一项主观权利，与受害人联系在一起，在其死亡时消失且不可继承。第445条第3款明确规定，只有当其在受害人生存期间已得到书面认可或诉讼已经开始的情况下，赔偿请求权才可由其继承人继承。

见的损害。对于后一种损害如果无法精确评估,法院可以发布一种确认判决,宣告被告对未来损害的责任。[8] 这在未成年人的案件中特别合适。

学理和判例法区分不同类型(形式)的损失,但是,不需要对每一种类型单独确定责任标准。然而,法院经常会审查(原告所指控的)损失的不同组成部分和损害事件之间的因果联系。因果关系在波兰民法中发挥着两种作用:作为责任的前提条件(损失与损害事件之间的因果联系)和对损害赔偿的限制。在利润损失(是否涉及纯经济损失或间接损失)的案件中,因果关系变得特别重要。

3. 案例研究(不同类型的损失;与有过失)在一起由 D 的过失所导致的交通事故中,P 受到了人身损害,他的眼镜也碎了。P 对下列事项提出赔偿请求:a)疼痛与痛苦;b)医疗费用;c)他的破碎的眼镜。P 的损害被看做是一个不可分割的损失,还是多个相互独立的损失?假设 P 没有系安全带,就上述三种损害而言,对于他的与有过失应如何考虑?如果所遭受的损失的类型不同,与有过失的后果亦不同,那么,其正当性理由是什么?

根据《民法典》第 362 条,如果受害人对于损失的发生或增加有促进作用,那么,对其进行救济的义务就应根据具体情形,特别是依据双方当事人的过错程度,进行相应的削减。促成损失增加与促成损失发生适用相同的原则。前者发生在下述案件中,即如果没有受害人的行为,损失的严重程度就会减轻。认定受害人会对损失的发生或增加有促进作用,会导致被告应支付的赔偿金相应减少。在案件事实清晰的情况下,法院在削减赔偿时(例如,对界定的部分,减半或按比例削减,但削减 50% 以上的极少发生),会考虑两方当事人的过错程度和其他情形。列明损失削减比例的表格并不存

8　SN of 7 August 1969, OSN 1970, item 217.

在，一般认为决定削减的是理性和正义，而不应将其作为数学计算的对象。[9] 如果难以确定每一方当事人对损害发生的作用大小，仅按照50%来削减赔偿是不可接受的。

14　　应该判决给 P 一笔钱作为对非金钱损失的赔偿，并判决另一笔钱作为对其所有金钱损失的赔偿（医疗费用加上对眼镜破碎的赔偿）。应从全部损失出发对与有过失进行评估。因此，对金钱损失和非金钱损失的赔偿都应削减。

15　　对于所遭受损失的类型，与有过失的效力没有差别，P 的金钱损失将被看做是一起损失（根据差值原理）。

　　4. 在你们国家的侵权法中，在人身损害以外的领域，是否有必须依照损失的每一种类型单独确定责任标准的情形，即使损失是由一起单一的侵权行为或不作为所引起的？

16　　如果受害人因遭受身体伤害而死亡了，对损害负有救济义务的当事人应向费用承担人返还治疗费和丧葬费（《民法典》第446条第1款）。此项请求权不属于死者的遗产，而是属于费用承担者的一项独立的请求权，除非这些费用是由受害人自己支付的。

17　　与死者具有一定关系的、因其死亡而间接遭受损害的人（反射性受害人）可以要求年金[10]或一次性支付的补偿金（《民法典》第446条第2款、3款）。[11] 有权主张这些索赔的人自成一类，因此，其诉因独立于直接受害人的权利和对其金钱损失与非金钱损失进行赔偿的权利。如果直接受害人在其尚为生存时放弃了索赔主张或进行

---

[9] SN of 3 February 1962, OSN 1963, item 25.
[10] 死者对其负有法定扶养义务（由1964年《亲属法》规定）的人可以要求强制性年金，它是按照受害人的需要和死者在可能的履行此种义务的期间内的收入和财务的可能性进行计算的。死者自愿地和永久地为其提供生活来源的其他相关当事人（例如，生活伴侣，死者对其负有扶养义务的家庭成员），从社区生活原则所要求的情形出发，可以请求选择性年金。
[11] 见 A. Szpunar, Wynagrodzenie szkody wynikłej wskutek śmierci osoby bliskiej（对非法致人死亡案件的赔偿）(2000) 57 ff.; Nesterowicz（注5）450.

了和解，此类行为其死后将不具有法律效力。此种索赔的性质是补偿性的，而不属于扶养请求权之类。

反射性受害人所遭受的损失不同于直接受害人所遭受的损害。但对其责任标准无须单独对待。据说反射性受害人的赔偿请求权范围取决于死者的行为。[12] 如果直接受害人的索赔主张——由于某种原因（例如，完全属于其过失或承担风险）——是无理的，那么，反射性受害人的诉讼请求将被驳回。受害人的与有过失可以导致——根据《民法典》第362条——间接受害人获得的赔偿金被削减。

另外，如果死者的死亡导致其亲近的家庭成员的生活水准显著恶化，法院可以判决给予其适当的补偿金（《民法典》第446条第3款）。此种赔偿包括那些在判处年金时未被纳入考虑范围的金钱损害的组成部分。[13] 它们被认为属于广义上的金钱损害，经常是难以觉察的或难以计算的，其会导致关系亲近的人的经济状况的重大恶化。经过2008年5月30日的法案[14]修订过的《民法典》允许对由于受害人死亡而产生的精神损害进行赔偿（《民法典》第446条第4款）。

B. 间接损失的可救济性

5. 请说明间接损失在你们国家的侵权法中是如何被界定的。间接损失是被当做一项必须要单独进行救济的独立的损失，还是被看做是总损失的一部分，即通过认定"主要损失"来解决而无须再次考虑其责任标准？如何划分数个单独损失与间接损失的界限？

在波兰侵权法中对间接损失没有定义。同一位原告所遭受的数起独立的损失与间接损失之间的界限是基于充分因果关系的标准划分的（《民法典》第361条第1款）。对此可由1991年5月21日罗

---

12 见 *Szpunar*（注11）71–75.

13 其既包括实际经济水平的变化，也包括对提高生活状况的真实前景的丧失。例如，一个处于成长中的儿子死亡，其父母原本指望其能在不远的未来给予实质的帮助。

14 该法于2008年8月3日生效。Dziennik Ustaw（法律杂志，Dz. U.）2008, no. 116, item 731.

兹的上诉讼法院的一起判决来说明。[15] 法院认为，当由第一起事件所导致的人身损害因与第一起事件有联系的新的事实而增加时，法院应当首先认定第二起事实是否是第一起事件的常规后果。如果答案是否定的，那么，对初始事件负责的当事人仅对主要损害承担责任，因为第二起事件打破了第一起事件与后续的损害后果之间的常规的因果关系。在该案中被告被判定对汽车事故的后果负责，但排除了由于原告在医院发生的腿部的二次骨折所导致的伤害和并发症。

21　　2001年10月12日最高法院的裁决[16]反映了对财产损害进行救济的新方法。原告对其汽车的商业价值的减损向保险人提出索赔。该汽车由于另一位拥有责任保险的车主的过失行为所导致的碰撞而受损。最高法院认为，根据《民法典》第361条第2款，损害应得到充分赔偿（"在没有合同或法律的相反规定的情况下，进行救济的损害包括受害人所遭受的损失和所丧失的利润"）。尽管进行了修理，如果该汽车的价值相对于其若没有损害而会拥有的市场价值下降了，那么，赔偿范围应包括修理费用和此类价差。此类索赔可被看做是关于间接损失的。[17]

22　　关于同一位当事人遭受的人身损害，赔偿范围包括一定会发生的或在案件判决时可能预见到的未来（间接）损害（见下文边码80关于"既判力"的范围）。

23　　当处理对收入损失或其他重要受益损失的索赔时，波兰法院将其归入可得利益损失的类型中。该可得利益必须是客观上可行的、真实的。对此应当证明受害人丧失了一项原本一定或至少具有高度

15　I Acr 102/91，OSPiKA 11/1991，item 284.
16　III CZP 57/01，OSN 5/2002，item 57.
17　该判决标志着判例法的转向。在此之前，最高法院曾拒绝对受损汽车的商业价值损失判决赔偿。

可能性能够获得的利润。[18] 对于损害的每一个组成部分都必须存在充分的因果关系。[19]

《民事诉讼法》第322条的规定可被看做是对间接损失的举证责任的放宽。根据此规则，在损害赔偿案件中，如果法院认为要证明索赔的准确金额是不可能的或极端困难的，那么，它可以根据对案情的考虑进行估值，并依此裁决一定的金额。因此，证明原告具有获得一定利润的实际可能性并且由于损害事件的缘故他未能得到，这就足够了。

6. 案例研究（间接损失；与有过失）在一起由D的过失所导致的交通事故中，P的右手受到了伤害，P在六个星期内无法从事钢琴教师的工作。P因此而遭受了收入损失。假设P的行为有过失并且他的过失促成了他的疼痛与痛苦，但其过失对其工作能力和收入损失没有影响。D的责任范围如何确定：a) P的疼痛与痛苦；b) 他的收入损失？在当前案例中，收入损失是否被当做一项需要单独进行救济的独立的损失？

对于P的两种损害类型，应当证明存在充分的因果关系。

根据《民法典》第362条，与有过失的抗辩既适用于损害的发生，也适用于损害的增加。按照我对案例的理解，P对其遭受的人身损害具有促进作用。根据波兰法律，这一事实对于其就全部损害提出的所有的救济请求都具有相同的效力。因此，虽然P的金钱损失与非金钱损失将被分别裁决，但两项赔偿金额都要按一定比例削减。

7. 案例研究（间接损失；时效）2000年1月，D闯入制造计算机设备的P公司的生产车间，损坏了一些高科技配件，而这些配件

---

[18] 见 A. Koch, Zwiazek przyczynowy jako podstawa odpowiedzialności odszkodowawczej wprawie cywilnym（作为民法上的损害赔偿责任基础的因果关系）(1975) 156 ff.

[19] 近期 SN of 29 November 2006, II CSK 259/06, 未出版。

原本是准备交付给其他制造商的。由于 D 的闯入和损坏行为并没有被 P 公司的职工立即注意到，一些受损的计算机设备被交付给不同的制造商（A、B 和 C）而没有在发货前进行充分的维修。因此，P 必须赔偿客户 A 的损失。2002 年 1 月，在对 D 进行成功的追偿后，P 又被客户 B 诉请损害赔偿；2003 年 1 月，P 又遭到客户 C 的索赔。对 B 和 C 的赔偿应被看做是间接损失，即 D 所造成的总损失的一部分，还是必须进行单独救济的独立的损失？就 P 因对 A、B 和 C 的赔偿而提起的追偿诉讼而言，诉讼时效的起算日期是哪一天？

27　　虽然通常资产的实际损失和负债的增加都被认为属于损失，但是，后一种形式的损失会产生一定的问题。关于对第三人的未来的责任，当原告最初的违约是由被告的侵权性质的事件所触发的时候，我们关注的是由于自违反与第三人的合同而产生的责任。第三人可以违约为由提出充分赔偿或给付违约金的主张。一旦支付了损害赔偿金，形势就变得非常明朗，因为原告损失的范围可以充分地确定。但是，如果第三人的主张尚未得到满足，关于确定损害产生的时间存在理论上的争议。有些观点认为，B 和 C 对 P 的请求权一旦形成，或者，时间上更进一步，当它们被裁决的时候，应允许 P 提出（对 D 的）追偿请求，P 可以要求直接向 B 和 C 支付赔偿金。[20] 此类解决方案只适用于金钱履行而不适用于债权人（B 或 C）对 P 提出返还请求的场合。但是，这种观点在学理上未得到普遍认可。大多数作者和法院坚持认为，除非债务（索赔请求）得到清偿，原告所声称的损失（即他的扩大的责任）纯属假设（第三方在求偿时也许会事实上一无所获）。此种观点背后的原理是奉行"恢复原状"（*ne quis ex damno suo lucrum faciat*）的原则。[21] 最高法院在近期 2008 年 7 月

---

[20] 见 *T. Dybowski* in：Z. Radwanski（ed.），System prawa cywilnego（民法体系）III/1 (1981) 288; *M. Kaliński*, Szkoda na mieniu i jej naprawienie (2008) 276 f.

[21] 见 *Szpunar*, Odszkodowanie（注 1）118 f.

10 日近期的判决 III CZP 62/08（尚未公布）显示出方法的变化。法院坚持认为第三人对受害人的已成就的请求权属于实际利益损失中的可赔偿部分。该判决在未来能否被遵循仍有待观察。

相应地，对 B 和 C 的支付被看做是 D 所导致的全部损害中的一部分的间接损失。换而言之，P 补偿了 B 和 C 所遭受的损失，他对 D 的追偿请求权就已成熟并成为现实权利。否则，这两项债务都应被看做是 P 的未来损失（是不可赔偿的）。[22]

关于追偿请求权的时效问题，波兰法律对此没有特别规定。分担（追偿）请求权是独立的，被认为并不是以侵权为基础的，而侵权被看做是连带责任的来源。因此，可以适用有关请求权时效的一般规则。时效期间从主张分担的共同债务人对损害进行补偿之日（实际付款日）开始计算。[23]

但是，关于 D 能否主张最初的侵权诉讼的时效，尚无确定答案。[24]

8. 在你们国家的侵权法中，有没有未被提及的其他情况，从中，一项损害应被看做一项间接损失而属于"主要损失"的一部分，还是应被看做由同一侵权行为或不作为所导致的一项独立的损害，这个问题有着决定意义？

在波兰法中没有此类案例。

C. 责任限额与最低起赔额

9. 请说明在你们国家的侵权法中，如果存在赔偿限额的话，损

---

[22] 对于人身损害案件中的侵权索赔请求权的时效问题，最高法院认为，受害人可以获得声明被告对未来损失负有责任的确认判决，对于新的赔偿请求权的时效期间应从受害人知晓新的损害之日开始计算。有关法院和学理观点的讨论，参见 E. Bagińska, Poland, in: H. Koziol/B. C. Steininger (eds.), European Tort Law 2005 (2006), no. 74 ff.

[23] SN of 16 September 1997, PKN 261/97.

[24] 答案是不明确的。如果我们允许 D 这样做，那么，P 的救济请求权的法律基础将是不当得利，因为 D 没有承担如果时效没有期满他将不得不承担的费用。

害赔偿责任何时会受到限制。在这些情形中，是否存在用来解决下述问题的成文法规定或判例法原则：所造成的损失是作为一项不可分割的损失——在这种情况下侵权行为人的责任从整体上受到最高数额的限制——还是多个相互独立的损失，侵权行为人对每一项损失的赔偿责任分别受最高数额的限制？

32 通常，波兰侵权法未规定责任限额。但是，此类限额可见于《原子能法》。根据《波兰原子能法》，2000年11月29日法案（Cons. text Dz. U. 2007, no. 42 at 276 附修订），第12章（第100-108条），核能经营者（例如，核反应堆）对于在核设施内部发生的或与核设施有关的核事故所导致的核损害负有全部责任，除非该损害是由战争行为直接导致的（第101条第1小节）。在核物质运输过程中，其责任由发货方负责，除非与收货方的合同另有规定（第101条第2小节），此种责任几乎是绝对责任。对损害的救济适用于《民法典》的规定，但法律另有规定的除外。核损害被非常宽泛地界定，其包括对人和物的损害、环境损害、与对人、物、环境损害有关的经济损失，以及采取预防措施的成本或由预防行动导致的损害。

33 对此种责任的限制为，对于所有索赔适用1.5亿特别提款权。如果索赔超过了此限额，必须要创设特别基金。此类基金的建立和分配要根据《海商法》上的有关海事请求权的责任限制的规定来执行，这些规定贯彻了相关的国际公约。核能经营者必须提供强制责任保险。在存在多种不同形式的损害的情况下，担保总额的10%必须被用于确保核事故所导致的人身损害赔偿请求得到满足。从事故开始的第一个五年期间，只有人身损害赔偿请求才可被偿付，直至担保总额。此后，其他类型的损害与人身损害可得到救济，可在事故发生之时起十年的期限届满前对保险人提出索赔请求。通常核能人身损害不受时效限制。财政部担保保险单中所保证的上述赔偿款项的支付。

因此，受害人由于侵权行为而遭受的损失可被看做是多项单独 34
的损失，并且，只有其中的一些（财产损失）受限额限制。

关于财产损失的其他限制可见于航空法、知识产权法[25]和旅店保 35
管者的法定责任的规定（《民法典》第849条第1款）[26] 传统上，在
波兰法中，对人身损害赔偿请求权的限制并不是由立法者引入的，
而是贯彻国际公约和欧盟指令的结果。根据波兰法律的传统，对人
身损害赔偿请求的任何限制都必须产生于国际公约。

10. 请说明在你们国家的侵权法中，如果存在最低起赔额的话，
受害人何时必须要承受最低起赔额以下的损失。在这些案例中，是
否存在用来解决下述问题的成文法规定或判例法原则：损害是被看
做一项不可分割的损失——因此受害人只须自行承担一次低于起赔
额的损失——还是多个相互独立的损失，从而多次适用起赔额？

在波兰侵权法中，除了在产品责任领域存在500欧元的起赔额 36
外，没有起赔额的规定。没有可利用的判例法。

11. 案例研究（产品责任中的最低起赔额）由于电力系统的短
路导致P停放的汽车被完全烧毁。这场火还烧毁了P存放在汽车后
备箱里的高尔夫装备和汽车电话系统。P向制造商提出索赔，其依
据是制造商对缺陷产品的责任。全部损失——汽车的电话系统、汽
车本身和高尔夫装备——被看做是一项不可分割的损失，还是多个
相互独立的损失？欧盟产品责任指令对于财产损失赔偿规定了最低
免赔额。对每一项损失单独适用起赔额——例如，P的汽车、汽车
电话系统和高尔夫装备——还是只对总额适用一次起赔额？能否进
一步主张，高尔夫包的损失和高尔夫球杆的损失也应作为单独的损

---

[25] 作为一般规则，索赔人可以要求根据《民法典》上的一般规则进行赔偿，也可以要求向其支付恰当的数额（适当的作者报酬的两倍或三倍或与许可费相等的数额）——《著作权法》（2004）第79条，《工业产权法》（2000）第287条和《数据库保护法》（2001）第11条。

[26] 见 M. Nesterowicz, Prawo turystyczne（旅游法）(2006).

失来对待?

37　　没有可以显示出波兰法院所采方法的判例。考虑到在严格责任领域对于产品本身所导致的损害的赔偿所采取的限制（因此，汽车的损害被排除）和 500 欧元的起赔额，我建议，应对赔偿请求所针对的全部损害只适用一次起赔额。基于此目的，被毁坏的汽车电话系统和高尔夫设备应被看做是一起损害。

　　12. 在你们国家侵权法中，在确定责任限额和最低起赔额时哪个标准是起决定作用的？对以下因素要特别考虑：损失的类型（例如，人身损害或财产损害）；责任形式（例如，过失责任或严格责任）；受害人或侵权行为人的个人特征（例如，雇员、未成年人、专业人士）；其他标准（例如，年金赔付或一次性赔付）。如果法律承认这些区分，那么，能否进一步主张，受害人因一起侵权行为或不作为而遭受的损失须被看做是多个单独的损失，其中一些损失受制于责任限额或最低起赔额，而另外一些损失则不适用？

38　　除了上文所述《原子能法》中的限额外，对人身权和财产权保护存在明显区分的领域，我在此还应提到《劳动法》中的规定。如果由于雇员在履行职务范围内的非故意的过错导致第三人受损，那么，户主对第三人负有赔偿义务。雇员的责任限于其月薪的三倍。但是，在以下三种情形下可对雇员进行全额追偿：（1）雇员故意从事非法侵害；（2）如果雇主支付不能；（3）雇员受托管理财产。很明显，即使雇员的行为属故意的过错形式，也不能免除雇主的转承责任。

39　　考虑到产品责任领域，可合理地认为，依照波兰法律，受害人所遭受的一种类型的损失（即危险产品本身以外的其他财产的损害，并且不是利润损失）适用最低起赔额。此种起赔额不适用于人身损害，即使它也会产生金钱损失。

D. 多个损失

　　13. 当两个以上当事人共有的财产受损时，由此而产生的损害是否被看做是每一位当事人的权利均受到侵害而导致的多个相互独立的损失？

14. 案例研究（共有）P1 和 P2 是一幢建筑物的共有人，该建筑物因 D 的恶意纵火而被毁损。P1 和 P2 所遭受的损害应被看做是一项单一的不可分割的损失，还是 P1 和 P2 分别遭受的两项损失，类型选择的后果是什么？

考虑到当一个人的财产性权利（或受保护的利益）受到损失时，对损害是以差值原理来定义的，每一位共有人都应被看做是自身遭受了损失。在一个简单的场景中，即当损害是由被毁建筑物的丧失的价值构成的时候，损害赔偿的范围将反映每一位共有人的份额。每一位共有人都可提起单独的诉讼，但提起共同诉讼也有可能，尽管这不是强制性的。因此，侵权行为人不会对同一物的毁灭赔付两次。

此种方法也可以将仅发生在共有人之一的财产权益上的间接损失纳入到考虑范围内。

15. 案例研究（所有权和使用权）P1 对林地拥有所有权，P2 拥有采伐林木的权利。D 因过失引发了火灾而使林木被毁，P1 和 P2 所遭受的损害应被看做是一项不可分割的损失，还是两项相互独立的损失，类型选择的后果是什么？

根据差值原理，P1 和 P2 的财产性权益所遭受的损失都可被看做是独立的。P1 和 P2 可提起两起独立的诉讼，但是，索赔请求的效力取决于每一位当事人所主张的损害的类型。对 P2 的损害的补偿可能会包括与林木相关的利润损失。P1 可以请求对他无法从 P2 处获得的林木的价值和土地价值的减损进行赔偿。

一般来说，关于所有人能否就其财产使用权被剥夺主张金钱赔偿是有争议的。当失去的财产被用于专业用途或商业目的时得出肯定的答案比较容易。但是，如果失去的或受损的物是被用于家庭或个人目的，意见就会有分歧。对于此类案件中的赔偿请求权提出疑问的作者强调对于物的使用的剥夺属于非金钱损失，对此类损失不能赔偿，因为没有法律规定允许这样做。使用权直接源自所有权，其本身没有金钱价值。舒适和安逸的损失不属于可救济的金钱损失。[27] 然而，一些作者强调物的使用价值的商业化，并认为剥夺一个人的财产使用权构成一种特殊类型的金钱损失。[28] 另外，用于商业用途的物的所有者不应该比消费物的所有者得到更有利的对待。

相反，对于将丧失占有作为可救济的损害的一部分，学术界观点存在明显的分歧。[29]

E. 多个损失与多个侵权行为人

16. 在何种条件下可认定多个侵权行为人共同引发了受害人的单一损失？在何种条件下可以认定多个侵权行为人导致了同一受害人的多个相互独立的损失而需要对这些损失分别进行救济？多个侵权行为人对损害承担连带责任的前提条件是什么？能否主张，多个侵权行为人分别导致了多个相互独立的损失，但是，与此同时这些侵权行为人需要对损失整体承担连带责任？

《民法典》第441条第1款规定，当两人以上对侵权损害负有责任时，当事人通常要对此承担连带责任。《民法典》第441条第1款的基本标准是损害是由侵权导致的。另一项标准是损害的同一性，即所有当事人都要对同一损害负责。"同一损害"既指金钱损失，也指非金钱损失。它意味着损害只有一起且不可分割。即使它是在不同的连续的时间并以不同的形式（例如，导致数项损失的人身损害，如丧失工作能力可以要求年金赔偿，医疗费用和非金钱损失）发生

---

[27] 见 *Szpunar* (fn. 11) 70.

[28] 见 *Dybowski* (fn. 20) 233.

[29] 反对方：*Dybowski* (fn. 20) 235. 赞同方：*Szpunar* (fn. 11) 36–37 和判例法，例如，SN of 15 November 1968, OSN 1969, at 153；SN of 28 May 1975, OSN 1976, item 164.

的，该损害仍旧是"同一"的。第三项标准是损害与侵权事件之间具有因果关系，对此每一位共同侵权行为人都要承担责任。对于因果关系应该参照《民法典》第361条第1款来理解。

46 为了确定应该承担连带责任的所有当事人，由法律对其施加侵权责任很重要，或者将其作为直接侵权行为人，或是通过转承责任，或是基于帮助、教唆，或是有意识地损人利己。

47 当A和B联合起来导致V受害，每一个人都要对全部损失负责（《民法典》第366条），且他们的责任是连带的（《民法典》第441条第1款）。1933年《债务法典》，在1964年《民法典》之前一直是波兰有约束力的法律，在第137条第1款中规定："如果损害是由数人的共同行为导致的，他们的责任是连带性的，除非能证明每一位当事人对损害的作用范围。"因此，它引入了当事人承担按份责任的可能。但是，在司法实践中，由于证据上的困难，特别是当损害是不可分的时候（例如，人身损害），对连带责任的排除极少发生。现在，《民法典》第441条第1款不允许免除连带责任。波兰法律进行的此项改革旨在提高受害人的地位。

48 责任人之一不受波兰法院管辖的这一事实不会免除其他人的责任，只要其他人仍处于法院管辖权之下。[30]

17. 案例研究（连带责任和分别责任）D1、D2和D3计划抢劫一对夫妇E和F。D1在汽车里等候，并负责逃跑。D2将使用枪控制住这对夫妇并从E身上拿走钱，D3将取走F佩戴的珠宝。D1、D2和D3同意如果有必要将使用暴力。由于E对D2进行防卫，D2开了枪并伤害了E，E随后就其医疗费用和疼痛与痛苦提出索赔。F请求返还她的珠宝，并且，由于珠宝在争抢中受到了损害，因此，F还就修补费用提出索赔。在这个案例中，是存在一个总体损失，其可

---

[30] SN of 28 February 1975, I CR 25/75.

就相同范围归责于每一个侵权行为人,还是存在数个相互独立的损失,每一项损失可归责于一名不同的侵权行为人?如何确定 D1、D2 和 D3 的责任范围?

49　　共同侵权行为人不需要同时或以相同方式行为。他们根据一项共同计划行为并有意识地去实现既定的目的。根据最高法院的判决:"共同致害既与各位行为人协调一致的行动有关,也与数位行为人在不同时间点连续地作用于损害的形势有关。"[31]

50　　《民法典》第 441 条第 1 款,有关数人致害的责任的规定,确定了如下两项规则:

● 每一位加害人都有义务对全部损害进行救济,其范围是由法律确定的;

● 对此类损害负有赔偿义务的两位以上当事人承担连带责任。

51　　因此,D1、D2 和 D3 对 E 和 F 的所有损害都承担连带责任。每一位侵权行为人对受害人的责任范围都是相同的。证明一位被告所造成的损害比其他人少是不被接受的。[32] 此类事实仅在共同侵权行为人之间的责任分担诉讼中有意义。根据《民法典》第 441 条第 2 款:"如果损害是由数位当事人的作为或不作为导致的,已支付赔偿金的当事人可以根据具体情形,特别是根据特定当事人的过失以及他对损害发生的作用程度,向其他人要求返还充足份额的赔偿金。"

18. 案例研究(人身损害被明确排除) 假设事实与上述案例相同,如果 D1、D2 和 D3 最初同意不使用暴力,但是,当 E 未听从 D2 的命令时 D2 开了枪,该案是否因此而得到不同对待?在这个案件中,对于 E 的伤害,是由 D2 一人承担全部责任,还是可将其看做一起可在同等程度上归责于每一个侵权行为人的整体损失,从而认定 D1 和 D3 也要对损失负责?

---

[31] SN of 21 July 1960, 3CR 839/59, OSN 3/1961, item 85.
[32] SN of 2 December 1970, II CR 542/70, OSN 9/1971, item 153.

在这个案例中人们可以从两个角度进行争辩： 52

《民法典》第441条不要求共同行为一致行动，只要他们的行动客观上对损害事件的发生有作用就足够了。

根据权威学者的观点，[33] 为了确定多位侵权行为人的责任，能够 53
表明他们的行为客观上对同一损害的发生有作用就足够了。有关侵权行为人之间的关系性质的问题没有意义。它被称之为共同致害的"客观"理论。这一理论也可涵盖不同当事人在不同的时间独立行动的案例。有一项广泛的共识，即当单个行为人的行为之间是相互关联的且每一个人都单独对损害负责时，多名侵权行为人的连带责任就产生了。毫无疑问，D1、D2 和 D3 应被看做是共同侵权行为人，因为他们的行为与损害之间都有因果联系。两起事件（抢劫和开枪）合在一起导致了索赔人的损害。这些事件没有一起会在不存在其他事件的情况下引起损害。在这一诉讼中，共同侵权行为人的过错程度对于责任的问题并不重要（它在追偿诉讼中重要）。

人们可以认为，在上述案例中损害是因果链的共同的且不可分 54
割的结果。文献中接受此种观点，即当所有被告之间存在人际联系的时候，判定他们中的每一个人都对全部损失负责是合理的。最高法院判决称："行为人以相互配合的方式采取行动，以至于如果没有全部行为人的参与原告的损害就不会发生，从而排除了证明每一位侵权行为人对损害的作用程度的可能。"[34]

支持被告对全部损害承担连带责任的另一种方式是，认为就 E 55
所遭受的人身损害而言，可将 D1 和 D3 看做是 D2 的帮助者。帮助者仅是其行为与损害具有因果联系的人。当这个人的作用主要是侵

---

[33] See *Koch* (fn. 18) 210 f.
[34] SN of 7 August 1964, II PR 355/63, Orzecznictwo Generalnej Prokuratury (Decisions of the Attorney General, OGP) 3/1965, item 15.

权性的时候,就存在此类关系。[35] 帮助者有义务对受害人进行全部赔偿,即使他不能预见到损害的范围。[36] 他与直接侵权行为人承担连带责任,无论他能否从侵权中获益。但是,若有获益将会影响到侵权行为人之间的追偿。[37]

回答此问题的第二种方式:

如果 D1、D2 和 D3 制定的行动计划与 D2 所制造的损害之间没有因果联系,D2 是在利用机会实施一项违法行为(例如,违反了刑法),那么,D2 将独自一人对 E 的人身损害承担责任。就此而言,不把 D1 和 D3 看做是共同侵权行为人或帮助者。如莱瓦斯基维琴·彼得雷科夫斯卡所强调的:"帮助者的责任只包括若没有他的帮助就不会发生的损害。任何由直接侵权行为人在从事侵权中所导致的意外损害都不能归责于帮助者。"[38] 因此,如果我们基于案情将 E 的人身损害认定为是"意外"的,结论应该是,D2 的行为是独立的行为且只有他才对行为后果负责。

F. 损害的可分割性和因果关系的不确定性

19. 为了处理与证明因果关系有关的问题——特别是在大规模侵权的背景下——有些地区发展出一些例外规则,以被告制造了风险为由对其施加责任,而无论有无证据显示被告的行为是原告所受伤害的"若非则无"(sine qua non,必要条件)意义上的原因。你们国家的侵权法是否承认这些规则?如果承认,什么被认为是受害人已经遭受的损失?

在波兰对于大规模侵权不存在特别规定。并且,在波兰民法中,对于可选择性的、潜在的或不确定的因果关系也没有特别规定。对

---

[35] SN of 19 August 1975, II CR 404/75.
[36] SN of 6 December 1972, I PR 212/72.
[37] SN of 3 November 1966, I PR 422/66, OGP 2-3/1967, at 10.
[38] See B. *Lewaszkiewicz-Petrykowska*, Wyrządzenie szkody przez kilka osob(数人致害)(1978)112.

于这些问题,通过适用充分因果关系原则(对此上文有分析)来解决。

在学理上已认可下列原则:如果一个人际密切联系的团体(共同参与打猎或危险游戏)作为一个整体制造了导致损害发生的危险状态,且无法认定实际加害人,可将该团体的所有成员看做是连带侵权行为人。这一结论是通过认定制造危险状态与损害的发生之间具有充分的因果联系来进行解释的(《民法典》第 361 条第 1 款)。[39] 另一方面,如果任何一位可能的非法侵害人都可能会施加损害,但实际上只有一位做到了,答案就会不同。波兰法律不承认所谓择一性因果关系竞合。在所谓的择一性因果关系竞合的情形中,同时实施行为的行为人是否应承担连带责任,在法学著作中仍是一个开放式的问题。[40]

当基于严格责任(制造了风险——《民法典》第 434 或 435 条)可认定两个人对损害负责,且无法确定哪一个人的行为是损害的实际原因时,最高法院判决[41]这两个人承担连带责任(《波兰民法典》第 441 条),因为他们谁也无法提出对严格责任的抗辩。波兰判例法在这方面的演变很有意思。

早期判例法称救济损害的义务只产生于工厂所带来的不利影响已超出了在特定地区人们因环境恶化通常忍受的后果的情形中。[42] 此种解释,限制了处于自然力作用下的企业承受的风险(危险),缺乏有效的法律依据。这一观点在最高法院 1976 年 10 月 6 日的判决中得到了改变。[43] 在该案例中,原告要求对人身损害和由于邻近的被告

---

[39] 同上,78。
[40] 见 *W. Czachorski* in: Z. Radwanski (ed.), System prawa cywilnego III/1 (1981) 264.
[41] SN of 4 July 1985, IV CR 202/85, 未出版。
[42] SN of 7 April 1970, III CZP 17/70, OSPiKA 9/1971, item 169; SN of 3 July 1969, II CR 208/69, OSPiKA 5/1971, item 87.
[43] IV CR 380/76, OSN 5-6/1977, item 93.

企业排放的有害的石灰石粉尘所导致的农业和农场经营损失进行赔偿。在原告居住和经营的地区有多个不同的排放有害烟尘的工业设施在运行。原告只起诉一家企业，即他们认为的最大的污染户和损害源。被告对其责任提出抗辩称，他的烟囱的排放物与其他厂矿的烟囱的排放物从未被测量过。最高法院称，一旦证实受害人曾暴露于工业企业排放的有害污染物，就应该认定受害人的特定疾病与排放有害物质的工业企业的运营之间的因果关系已成立。另外，最高法院暗示，损害只有在不同的工业单位所排放有害物质聚集在一起时才会产生的这一事实，不会排除一家企业的严格责任（《民法典》第 435 条）。每一家工业企业都能够和应该知道以下事实：任何额外增加的有害空气污染物会恶化特定地区的生活状况，并且，不同的排放物汇集在一起时会导致一定的损害，即使源自特定企业的排放物自身没有超出相关法规所规定的环境标准。因为被告声称他所排放的石灰石粉尘的密度未经测量，最高法院认定法律给那些排放污染气体的企业施加了测量污染气体密度的义务。是被告企业而不是原告应该承担证明前者所排放的有害气体对后者所遭受的损害没有影响的举证责任。

61　　法院的观点得到了学理的认可[44]并在随后的判例中得到了确认。[45] 最高法院因此而认定，被告企业对全部损害负责，除非它提交了相反的证据并可证明其行为未导致原告的损害或只产生了一小部分损害。

62　　关于举证责任有些话要讲。通常，法院为了认定因果关系可以采用任何证据，既可以是直接的和绝对确定的，也可以是具有相当

---

[44] 见 J. Panowicz-Lipska in: Z. Radwański, Przegląd orzecznictwa Sądu Najwyższego（对最高法院的判例法的评论）, Nowe Prawo 6/1979, 6, 87.

[45] 特别是 SN of 24 February 1981, IV CR 17/81, OSPiKA 5 – 6/1982, item 64 approving cmt. J. Skoczylas.

程度的概率性的间接证据。根据《民事诉讼法》第231条，如果对于案件裁决具有至关重要意义的事实可以从其他已经被证实的事实中推出，法院可以将该事实看做是已被证实。这种能力在医疗过失案件中具有特别重要性。因此，基于对事实的推定，可以假定被告是有过失的，除非有相反的证据存在。例如，法院可以假定感染传染性疾病的病人所遭受的损害是由于缺乏医疗安全的结果。[46]

另外，学理强烈支持法院在涉及感染传染性疾病（HBV病毒、HIV或葡萄球菌）的不确定性因果关系案件中所使用的初步证据的概念。[47] 例如，克拉科夫上诉法院[48]称："医疗机构有义务尽到适当的勤谨注意，以保护病人免受感染传染性疾病的危险。如果违反了此种义务导致感染风险的增加，并且病人的传染性疾病与此相关，医疗机构应对病人遭受的损害承担责任，除非它能提供该损害是其他因素所导致的证据。要求受害人来证明增加感染风险的行为与实际感染传染性疾病之间具有直接的因果关系，对于受害人而言会遇到无法克服的举证困难。"克拉科夫上诉法院[49]判决，原告通过证明当他进入医院时未感染病毒且由于其糟糕的个人生活质量他也不可能从别处感染，从而证实了因果关系。当一名病人感染传染性疾病时，被告医院只能通过证明存在另一种损害原因的高度概然性来排除其损害赔偿责任。

20. 案例研究（源于多种途径的暴露风险）V先后连续受雇于D1、D2和D3。在每一工作期间，由于雇主的过失V都暴露于石棉中。近来V已被诊断出患有间皮瘤，使其寿命预期严重缩减，该疾病系其在工作中暴露于石棉下所致。间皮瘤不是一种严重的疾病

46　See *M. Nesterowicz/E. Bagińska/A. den Exter*, Poland, Medical law, in: International Encyclopaedia of Laws (2002) at 91.

47　See *M. Nesterowicz*, Medical Law (8th ed. 2007) 62.

48　Judgment of 14 October 1992, I ACr 374/92, OSA Kr r II, item 44.

49　Judgment of 28 April 1998, I Aca 308/98, published in Prawo i Medycyna 12/2002, 147.

（不像石棉肺），并且，即使额外暴露于石棉中也不会加重其严重性。科学证据无法显示间皮瘤是由于在哪一工作时间暴露于石棉中所致，或由于在不同工作时期累积暴露于石棉中所致。在你们国家的侵权法中，D1、D2 和 D3 能否被认定负有责任？如果负责任，V 被认为已遭受了一起不可分割的损失，还是多项不同的损失？

64 《民法典》第 441 条第 1 款是共同或同时行为的当事人承担连带责任的法律基础。D1、D2 和 D3 的行为发生在不同时间，且假设地点也不同，因此，他们之间没有联系。但是，他们以相同方式行动并导致了同一损害。V 的损害是单一的且不可分割的。侵权的损害后果发生的时间较晚这一事实对于损害的不可分割性没有影响。对待此案件的一种方法是，与公平原则和有利于受害人原则保持一致，假定每一位被告都导致了损害，即 D1 或 D2 或 D3 可能独立地引发损害。这一假定是合理的，因为他们每人都创设了一种危险状况，并触发了导致类似损害结果的因素。将 D1、D2 和 D3 看做是连带的共同债务人，在受害人的损害是单一的、不可分割的并且被告不能排除其行为与损害之间具有高度可能的因果关系的情况下，特别值得推荐。[50]

21. 在所谓 DES 案件中，一些美国法院认定若干被告负有责任，即使被告与索赔者的损害之间的因果关系并不能像普通案件那样得到证实。这些案件处理的是多名被告与多名受害人之间的问题。尽管不可能证实哪一名被告损害了哪一位受害人，但每一名被告都要依其在 DES 市场上的份额承担按份责任（市场份额责任）。在你们国家的侵权法中，这样一种责任模式是否适当？如果适当，请基于下述案例说明什么被认为是已经遭受的损失。

22. 案例研究（市场份额责任）D1、D2 和 D3 是制药商，其生

---

[50] See *M. Nesterowicz/E. Bagińska*, Multiple Tortfeasors under Polish Law, in: W. V. H. Rogers (ed.), Unification of Tort Law: Multiple Tortfeasors (2004) 162.

产的药品都是基于相同的化学制剂并都在 A 国流通。在药品上市多年后发现该药品所使用的制剂具有致癌作用。P 是数千名受害人中的一员，像其他受害人一样，他无法证实其服用的是哪一家制药商生产的药品（D1、D2 或 D3）。但是，根据市场份额原理，P 能向他们（D1、D2 或 D3）中的任何一家提出索赔，尽管每家制药商的责任都受限于其在 A 国市场上的份额。如果依据你们国家的侵权法可以适用市场份额模式，那么，什么是每一家制药商所应负责的损失？这种损害场景应被看做是一起单一的不可分割的损失，还是多个相互独立的损失？

65　　依照波兰侵权法，市场份额模式是不可适用的，因为它会违反关于因果关系的唯一规定——《民法典》第 361 条第 1 款。

66　　毫无疑问，P 的人身损害是一起不可分割的损害。其与被告的行为之间的因果关系需要被证明存在高度概然性。当源于一起事件的损害由于与第一起事件有足够联系的原因（事件）而增加时，被告应承担连带责任，这是毋庸置疑的。因此，D1、D2 和 D3 将对 P 遭受的损害共同承担连带责任（《民法典》第 441 条第 1 款）。这种可在最高法院 1950 年 1 月 17 日的判决中找到支持："当对于谁和在多大程度上导致了损害发生存在疑问时，共同施加损害便产生了；这是客观共同行为的问题，而不管非法行为人对其行为的主观评价。"[51]

67　　如果 P 选择对被告中的一人或多人不起诉，那么，被告可以通知其他人诉讼，并要求他们作为第三人参加诉讼（《民事诉讼法》第 84 条）。然而，其他被告没有义务追加被告。拒绝参加诉讼对他们没有影响。在被告人之间的相继诉讼中，未被起诉的被告可以对第一次审理所认定的事实提出抗辩，"无论是他们在事故中的相关过

51　Na C. 204/49, Panstwo i Prawo 11/1950, 184.

失,还是所导致的损害的范围"。[52]

68 被告人之间的赔偿责任分割是次要问题(由单独的请求责任分担的诉讼来解决)。当被告人之一支付不能时,其他被告必须承担此种支付不能的风险。

69 在波兰判例法中没有类似的例子,值得一提的是最高法院2002年10月23日的判决,[53] 该判决涉及的是产品责任案件中的不确定因果关系。在该案中原告拥有一个养鸡场,他从D1处买了一份有缺陷的饲料。一星期后一名兽医建议更改饲料,原告从D2处购买了另一份饲料,但这份饲料也是有缺陷的。这两个生产厂家的缺陷产品导致了鸡群的极高死亡率、小鸡的虚弱,以及即使延长喂食时间仍体重过轻。原告起诉两个生产者要求赔偿全部损失。下级法院判决准予赔偿,因为已证实饲料是有缺陷的。上诉法院强调两家缺陷饲料的生产者所导致的损害是单一的损害,其构成部分无法分割,因此两名被告应承担连带责任。原告因未获得全额赔偿而提出上诉,最高法院判决称,该案涉及的是累积性原因竞合,适用《民事诉讼法》第322条,既无法排除从充分因果关系的角度对原因进行估值的可能,也不能排除对可归责于一位非法行为人的损失范围进行估计的可能。每一位生产者应当仅对由他实际引起的损害部分承担责任。在存在数个损害原因的情况下,对它们进行精确的分离通常是不可能的,因此,基于充分因果关系和高度概然性的要求,能够认定每一项原因对于损害的发生都有影响就足够了。因此,最高法院判决撤销原判并发回重审。其判决认为,在确定由每一位生产者所导致的损害时,需要更深入地分析关于将由喂养一位生产者的有缺陷的饲料所造成的后果与随后喂养另一个生产者的有缺陷的饲料所造成的后果区分开来的可能性的专家意见。

---

52 SN of 15 January 1963, 3CR 1008/61, Nowe Prawo 5/1964, item 548.
53 II CKN 1185/00, not published.

基于本案事实，可以认为损害是由数起连续事件引起的。很自然，该问题涉及的损害是从第二个饲料厂家的"介入"时产生的。可确定的是两个生产者都导致了损害，但是，无法认定每一个生产者单独导致的损害部分。因此，上诉法院判决他们承担连带责任（《民法典》第441条），但是，最高法院试图基于每一个因素对损害作用的概然性程度对损害进行分割。好像后一种观点源自以下事实，波兰法律对于多名侵权行为人案件中的按比例分割损害赔偿没有提供法律依据。因此，事实上，最高法院想对损害进行分解以确定每一个生产者造成了哪一部分损害。这也会排除他们的连带责任，因为每一位都将对他们实际引起的单独的损害负赔偿责任。好像上诉法院的决定是正确的。专家已经在其意见中声称，对一种饲料所导致的损害与另一种饲料所导致的损害进行区分是不可能的。因此，法院正确地认定原告的损害是单一的和相同的，且其组成部分是不可分割的。毕竟，D1和D2的饲料所喂养的都是相同的鸡。

三、程序方面

A. 管辖

23. 依据你们国家的程序法，损害行为地或损害发生地对于哪一个法院有管辖权是否具有决定性意义？当损害行为在多个不同地点引发了多项不同的损失的时候，此类案件应如何处理？是否可以在同一个法院处理所有的损失索赔，即使这些损害是发生在多个不同的管辖区域内？如果可以，那么，整体损害是被看做是一项单一的不可分割的损失，还是多个相互独立的损失？

根据《民事诉讼法》第35条，源自侵权的索赔可以在损害事件发生地法院提起，即所谓的选择管辖。原告也可在其居住地（*actor sequitur forum rei*）起诉侵权行为人。

72   为了确定《民事诉讼法》第 35 条所规定的管辖地，有必要确定损害事件发生地而不是损害发生地。[54]

73   所有损失可以并且应该在一家法院提起索赔，因为损害可被理解为产生多项索赔的单一损害。

  24. **案例研究**（国内管辖权；损失发生地）在 W 法院的管辖区域内，D 对 P 的食物投毒。在 X 法院的管辖区域内，该食物喂给了 P 的狗。结果 P 的狗在 Y 法院的管辖区域内开始呕吐并把 P 的汽车弄得一团糟。在 Z 法院的管辖区域内，P 自己食用了有毒的食品并因此而产生了胃痉挛和恶心。P 能在哪一处法院就其损失（被弄糟的汽车、疼痛与痛苦、收入损失）提出赔偿请求？能在同一个法院提出所有的索赔吗？

74   如上所述，管辖权取决于损害事件的地点，即损害行为或其他活动的发生地。在该案中 P 对食物的投毒行为应该被看做是一起故意侵害行为。因此，就其损失而言，P 既可以在 D 居住地的法院辖区（一般管辖权）起诉，也可以，如果有所不同的话，在 W 法院（依据《民事诉讼法》第 35 条）起诉。

  B. 诉讼金额

  25. **诉讼金额**在诉讼的程序方面（例如，有关律师费、诉讼费，法律救济的认可，法院管辖权或其他原因事项）是否具有决定性作用？如果是，当基于一个单一的侵权行为或不作为而提起的请求被分解开并单独起诉时，是否会产生不同的结果？当损害被看做是一项单一的不可分割的损失或多个损失时，会有什么不同（如果有的话）？

75   在侵权案件中，对于主要程序问题，如对法律救济的认可、审理规则或地域管辖，根本不具有决定性。但是，对于超过 75,000 波

54　SN of 2 December 1970, II CZ 158/70, OSP 1971, no. 6, item 120.

兰兹罗提（PLN）的民事诉讼，由地区法院一审，上诉法院二审。对于金额超过50,000波兰兹罗提的金钱索赔，可以向最高法院提出上诉（向最高法院提起上诉的权利存在一定的例外，但与此处的问题无关）。

另外，律师费和法院诉讼费总是与索赔金额成比例的（法院诉讼费通常设定为5%，不少于30波兰兹罗提，不多于100,000波兰兹罗提）。金钱索赔的范围总是各项特定索赔（如费用、收入损失、对非金钱损失的赔偿，等等）的总和。

如果源自单一侵权行为或不作为的索赔被分解而单独提起，有可能导致多个不同的诉讼结果。特别是原告会承担不同法院对其证据做出不同评价的风险，因为每一家法院都有一定程度的自由裁量权。但是，如果它们在同一家法院提起，很有可能，依照《民事诉讼法》第219条将这些案件进行合并。关于"既判力"的范围见下文。

C. 先前法院判决或和解的法律效力

26. 当一项请求已经历诉讼，并且终审法院的判决已经做出时，索赔人在多大范围内被禁止就基于同一侵权行为或不作为而产生的进一步损害提起诉讼？作为后一起索赔对象的损失被看做是已经被法院处理过的损失的一部分或者被认为是一项独立的损失，是否具有决定性作用？

《民事诉讼法》第366条规定了既判力原则："法院的最终判决只对与已决请求在诉因上有关联的诉讼请求并仅在相同的当事人之间产生既判力的效力。"诉讼请求必须在法律依据和事实依据方面都是完全相同的（即相同的法律规则）。[55] 因此，当一起诉讼的诉因是合同而后续诉讼的诉因是侵权（或其他法律依据）时，"相同诉讼请

55　SN of 9 June 1971, II CZ 59/71, OSN 12/1971, item 226.

求"的条件未得到满足。[56] 如果与先前诉讼中的请求并不相同，法律方面或事实方面，或当事人不相同，将不适用一事不再理原则。

79　　根据《民事诉讼法》第199条1.2款，如果法院已对诉讼请求的是非曲直做出了最终判决，那么，法院对于涉及相同的诉讼请求（诉讼请求的"一体性"或"同一性"）的诉讼应予驳回。根据判例法，当诉讼的范围（标的物）和诉因都是相同的（重合的）时候，诉讼请求是相同的。[57]

80　　关于对非金钱损失的赔偿，赔偿范围也包括一定会发生的或在案件判决时可以预见的未来损害。一项最终裁决是不可以更改或重新做出的，因为它受制于一事不再理原则。因此，当受害人的健康状况进一步恶化时，也不能再获得额外的赔偿金，除非它属于依照案件裁决时的事实无法预见到的新的损害。[58] 另一方面，如果判处的赔偿金是象征性的（例如，1兹罗提），无论是在民事诉讼中还是刑事诉讼中，受害人对非金钱损失仍有有效的赔偿请求权，除非判决宣称象征性赔偿金可以补偿全部损害。[59]

　　27. 案例研究（先前判决）在一起交通事故中由于D的过失导致P的汽车受损。P就重新喷漆的费用起诉D而获胜诉。判决做出后，发现不仅汽车的喷漆在车祸中受损，发动机也受损了。P是否被禁止就发动机的损害赔偿再次提起诉讼？发动机受损被看做是法院已经处理过的损失的一部分，还是一项独立的损失？

81　　诉讼请求的同一性要求有相同的事实依据和相同的法律依据。

56　见 *K. Piasecki* in：Komentarz do kodeksu postepowania cywilnego（民事诉讼法注释）（1996）1091，引用 SN judgment of 22 April 1967, I CR 570/66, OSP7-8/1968 at 158, W. Berutowicz 教授增加了"……否则我们有多个诉讼请求……"。

57　见 *S. Dmowski* in：Komentarz do kodeksu postepowania cywilnego（民事诉讼法注释）（1996）709。

58　SN (Panel of 7 judges) of 27 November 1967, III PZP 37/67, OSN 7/1968, item 113.

59　SN of 23 November 1966, (1967) OSN, 94；SN 24.11.1966, (1967) OSN, 47.

如果自法院判决第一起案件时起事实没有发生变化，那么，将认为新的诉讼请求是基于相同的事实。在第一次裁决时特定的事实（此处是指发动机的损害）就存在是非常重要的，无论原告是否对其提出了主张，甚至他对此是无过失的。[60] 因此，发动机的受损将被看做是已被法院处理过的损失的一部分，如果可通过证据对后者进行证明的话。另一方面，主张在判决之后发生的进一步的损失不受既判力的制约而应该单独提出索赔也是可能的。[61] 对案件的处理事实上取决于法院对实际损失与未来损失进行区分的方法。关于对未来损害的救济，在学理上存在分歧。

28. 案例研究（先前判决和与有过失）事实与上述案例相同，但是，在处理P就重新喷漆的费用要求赔偿的问题时，法院判决因为P与有过失而减半赔偿。审理关于发动机损害赔偿的后一起案件的法院是否受先前法院所做出的与有过失的判决的约束？发动机受损是否被看做是还未被法院处理过的一项独立的损失，因而先前的判决对后面的法院没有约束力？

基于上文所述，法院或者不会对P就发动机损害而提出的进一步索赔请求进行审理，或者会在对先前判决不考虑的情况下对其进行处理。尽管不会正式地受先前判决的约束，法院也会出于实践的原因而遵从。

但是，如果我们处理的是另一种不同场景：在人身损害诉讼中对年金提出的额外的后续的索赔请求（这是可接受的），或者对非金钱损失提出的赔偿请求，判例法会提供一些指引。在此处，对责任范围的最初认定，包括对与有过失程度的认定，将对新法院具有约束力。[62]

60　See *Piasecki*（fn. 56）1090.

61　See *Kaliński*（fn. 20）477.

62　同上，1096 f.

29. 案例研究（和解的法律后果）再次假设事实相同，但例外的是P最初的索赔是通过法庭外和解而非司法的方式解决的，P是否会因先前和解的事实而被禁止再次提起诉讼？如果不会，那么，因与有过失而双方合意减少赔偿金是否会对第二起索赔诉讼具有约束力？所受损失被看做是一项单一的不可分割的损失还是多个损失是否具有重要意义？

84　　根据《波兰民法典》，通过和解的方式，当事人在其法律关系的范围内做出相互让步，以去除由该法律关系所产生的请求权的不确定性或可确保其履行，或为了避免所存在的或可能产生的争议（《民法典》第917条）。

85　　P并不被禁止到法院提起二次索赔，因为法庭外和解属于合同而没有"程序法上的"效力。法院不受其约束。因此，因与有过失而同意对赔偿进行削减的协议对于P在法院提起的二次索赔诉讼没有约束力。

86　　另外值得一提的是，以协议订立系受错误影响为由否定协议的法律后果，只有在该错误属于双方当事人都认为是毫无疑问的事实状态且如果当事人知道事实真相就不会出现争议或不确定性时，才被允许（《民法典》第918条第1款）。因此，P不能逃避和解协议的法律后果，因为他的错误与请求损害赔偿的范围有关，那正是争议的对象。

D. 集团诉讼、代表人诉讼、示范诉讼和大规模侵权

30. 在你们国家的法律制度中，何种诉讼程序机制允许由多个不同的索赔人提起的赔偿请求在一个法院合并审理？如果不同的诉讼请求被合并，它们是被看做与一项单一不可分的损失有关呢，还是与多项损失有关？

87　　由数位不同的索赔人提起的赔偿请求，在符合《民事诉讼法》第72条设定的条件的情况下可以合并。根据第72条第1款第1项，

两名以上原告可合为一起诉讼,如果他们的请求是基于相同的事实和相同的诉因（相同的法律基础）。他们被看做是共同原告,即使他们请求赔偿的范围各异。

但是,司法界对于人身损害案件中的诉讼合并的性质（实质的或形式的）的看法并不统一。人身损害的范围因人而异的事实被认为是不同的而非"相同的"事实。并且,如果受害人的诉讼请求都是基于类似的事实,他们可合并为一起诉讼,这些诉讼请求在性质上类似并基于相同的法律规定（《民事诉讼法》第72条第1款第2项）。这是一种不同的合并理由,它要求法院对每一个诉讼请求和所有的诉讼请求都有管辖权。

31. 依据你们国家的法律制度提起集团诉讼（或与其最接近的对应程序）的前提条件是什么？请举出在你们国家的侵权案件中使用集团诉讼的例子。通过集团诉讼的方式进行索赔与每位受害者单独起诉索赔有什么区别？如果一名受害人对法院在集团诉讼中所做出的判决不满意,他能否以自己的名义提起独立的诉讼,如果a) 他先前已经是集团诉讼的当事人；b) 他从未成为集团诉讼的当事人？集团诉讼的判决的法律效果是什么？如果一群索赔人以集团诉讼的方式起诉要求赔偿,是否会导致将每一位索赔人的损害进行加总以使其被看做是一项单一的不可分割的损失？

在波兰民事诉讼程序中不存在集团诉讼。但是,立法者正在考虑是否要将类似机制引入波兰法。

32. 在什么条件下消费者保护组织可以代表一群受同一侵权行为影响的人提起诉讼（代表人诉讼）？请举出在你们国家的侵权案件中使用代表人诉讼的例子。法院在上述诉讼程序中所做出的判决对于每一位受害人单独提起的赔偿请求的法律后果是什么？如果某一位受害人对于法院在消费者诉讼中所做出的裁决不满,他可以自己的名义单独提起诉讼吗？每一位受害人所遭受的损害能否被看做是一项独立的损失，尽管它已经被法院在代表人诉讼的框架内处理过？

90 　　消费者组织或地方的消费者监察员可以代表消费者基于一项宽泛的理由提起民事诉讼（《民事诉讼法》第 61、63、64 条），即"与消费者权利保护有关的案件"（最高法院对此做广义解释）。他们的地位类似于公诉人。判决对消费者有约束力，因为他被认为是诉讼的一方当事人（有实质的法律地位）。

91 　　代表消费者团体提起的诉讼需要满足与提起单独的诉讼时相同的条件。在波兰的侵权案件中没有使用代表人诉讼的事例。

　　33. 你们国家的诉讼法是否规定了其他机制（例如，示范诉讼），可以将许多不同的赔偿请求合并起来由同一个法院来审理？必须满足什么样的前提条件？特别是，是否要求每一起请求赔偿的损失之间具有特别的联系（法律上的关联）？通过这种机制而将不同的索赔请求合并在一起会产生什么样的法律后果？

92 　　依照波兰法，不可采用示范诉讼。

　　34. 案例研究（火车事故）一辆由 D 公司运营的火车在高速轨道上脱轨，车上有 100 人受伤。这些受害人与 D 公司之间有不同的法律关系。有些是付费的乘客，有些是无偿的旅行，而另外一些人属未经许可而上车。是否有可能通过以下诉讼机制将这些受害人的索赔合并在一起：a）集团诉讼，b）代表人诉讼，或 c）其他诉讼机制？如果多起赔偿请求被合并起来通过同一程序来处理，每一位受害人所遭受的损害被看做是一项单一的不可分割的损失的一部分，还是多项损失复合体中的一项独立的损失？

93 　　集团诉讼是不可行的，代表人诉讼也是不可能的。我倾向于以下答案：每一名受害人所遭受的损害将被波兰法院看做是由同一起事故所导致的多项损失中的一项独立的损失。

94 　　在任何情况下，依照《民事诉讼法》第 72 条所列条件可将多名不同的原告进行合并，上文边码 87 及以下对此进行了解释。如果其诉讼请求属同一种类型且基于类似的事实和诉因,可将两名以上原告合并到一起诉讼中。此处受害人可以依据《民法典》第435条规定的侵权制度。即使与D有合同关系的乘客也可以选择不法侵害作为其索赔请求的基础（根据《民法典》第443条关于责任竞合的规定,他们可以这样做）。基于《民法典》第435条的诉因将是严格责任。

四、保险方面

A. 限额与扣除额

35. 在你们国家的法律制度中,是否存在成文法原则或法院发展出来的原则,用以解决下述问题：一起损害事件被认为是一起单一的事故而使得保险人的总的责任受到赔偿限额的限制,还是多个相互独立的损失而使得每一项损失——适用赔偿限额并使得保险人对每一项损失均要赔偿至一定的数额？另外,保险合同所采用的标准条款是否对这一问题有规定？

在波兰,关于将一起损害事件看做是一起单一事故还是多项独立损失的复合体,没有法定的原则。根据《民法典》,作为保险合同的法律后果,保险人有义务在发生合同界定的事件时进行赔付,而投保人有义务支付保费。在财产保险中,保险人的义务包括对合同所确定的事件所导致的损失进行具体的、特定的赔偿。因此,一起损害事件应被看做是一起引起单一损害的事件,该损害包括数种损失。

人们对保险法上的损害的看法与对民法上的损害相同。因此,如前面所分析的那样,它被看做是单一事件,根据差值原理,它既会导致被保险人的财产权上的损失,也会导致其非金钱权益的损失。法院关注被保险人的地位和受害人的地位。因此,《民法典》上关于损失补偿的一般规则可找到其适用之处。但是,对损害的补偿只能通过金钱赔付的方式（《民法典》第363条第1款）。受制于合同上的或法定限额，损害赔偿范围的确定方式应着眼于以受害人所遭受损害的全面救济（《民法典》第361条第2款）。索赔请求针对的是对所遭受损失的赔偿，而不是对花费的弥补。[63]

97　根据《民法典》第824条第1款，除另有约定外，合同中所规定的保险金额构成保险人责任的上限。该限额（称为"保险金额"）与财产保险有关，而与民事责任无关。在责任保险中，被保险人的责任范围决定着保险人赔付责任的范围，并受到"保障金额"的限制。根据《民法典》规定，当保险人的全部责任受合同限额限制时，它适用于引起损失的每一起事故。在同一保险期间内发生了数起损害事件且被保险人所遭受的所有损失的总额超出了限额时，保险人的责任也会受到限制。

98　责任保险合同的标准条款规定了两种类型的保障金额：每起事件和年度总额（适用于在合同期间内发生的所有事件）或者是，最近非常普遍的，对两者的组合。

99　当限额是针对"每起事件"的时候，保险人的责任限制对每一起损害事件分别适用。因此，如果多起损害事件发生，保险人责任的实际范围会超出限额。这种类型的限额被用于医疗服务提供者的责任保险的标准条款中，例子可参见下文边码121。

100　当限额是针对"年度总额"时，保险人每次赔付时，限额都被削减直至耗尽。此种选择对于遭受集体损失或系列损失的受害人特别不利。如果可获得的金额不足以补偿所有的被保险人，可按比例分配或按照先来先得的原则赔付。

36. 案例研究（建筑物保险与赔偿限额）P是工厂厂房的所有者，该厂房是由数幢建筑物组成，P已就其因恶劣天气而遭受的损

---

[63] 见近期的 SN Resolution of 7 judges of 17 May 2007，III CZP 150/06，OSN 10/2007，item 144。

害投了保险。保险人的责任是每一起损害事件最高赔500,000 欧元。在一起持续了数个小时的雷暴雨中，两幢建筑物被闪电击中并且都完全烧毁。每一幢建筑物价值 300,000 欧元。保险人根据保险单对损失应承担什么样的赔付义务？

一场持续数个小时的雷暴应被看做是一起事件，触发了对两幢建筑物进行赔偿的义务。对该事件保险人的责任将受到 500,000 欧元的限制。对被保险人的财产权益的损害应根据差值原理来决定，因此，P（唯一的"受害人"）遭受了一起损害，即使保险人可以基于风险计算的目的对每一幢建筑物分别确定限额（二级限额）。后者仅被看做是一项保险技术，它对被保险人获得赔偿的权利没有影响。

37. 在你们国家的法律制度中，法院是否发展出了用以处理下述问题的一般性原则：一起损害事件被看做是一起单一的事件而使得被保险人只须承担一次合同约定的扣除额限度内的损失，还是多个相互独立的损失而使得每一项损失均适用扣除额并使得被保险人需要多次承担扣除额限度内的损失？另外，保险合同所使用的标准条款是否对这一问题有规定？如果第三方保险是法定强制保险，这对于扣除额的合法性是否有影响？

《民法典》中关于保险合同的规定没有关于扣除额的规则，因此，它们适用合同自由原则。第一方保单经常适用扣除额，其目的在于对索赔的初始金额不予承保。与第三方索赔有关的扣除通常是被允许的。它们通常要实现两个目的：被保险人进行小额索赔会遭受不利益和预防损失。但是，在一定领域中，扣除额条款被强制性规定所排除，例如，道路交通保险，此种保险主要受强制性法规的规制，包括2003 年 5 月 22 日的"关于强制保险、保险保障基金和波兰交验保险人管理局的法案"。[64] 对于法案未包括的领域，适用

---

64 Dz. U. no. 124 at 1152 及后来的修正案。

《民法典》关于保险合同的规定。[65]

103 根据典型的标准条款，扣除额适用于保险范围内的索赔或与一起事件有关的赔付，并且不会削减责任限额。

104 举例（责任保险）："保单受扣除额（*franszyza redukcyjna/udział własny*）限制。除当事人另有约定外，该扣除额适用于每次事件（……）。扣除额适用于保险范围内的索赔，且不会削减责任限额。"

105 关于保险金额以外的保险人责任限制，如扣除额，是否应该被用于责任保险，在学理上有争议。[66] 最大和最受欢迎的波兰保险人中的一家公司对于责任保险背景下的人身损害赔付不适用扣除额。

38. 案例研究（审计师的责任）P 是受 X 有限责任公司聘请对其账目进行审计的独立审计师。X 公司要求 P 与其两个潜在投资者 A 和 B 在公司会面。在会议上，P 保证公司的财务状况良好。因此，A 和 B 购买了 X 公司的大额股份。曝光后的真相是 P 对投资者所做出的关于公司的价值的陈述系过失性不实陈述。A 和 B 因此而遭受了经济损失并试图向 P 索赔。原则上，他们的损失属于 P 的职业责任保险的保险范围，但是，根据保险单条款被保险人须对每一起损害事件自行承担 5,000 欧元扣除额限度内的损失。在当前的案例中，P 只须承担一次扣除额，还是对两起索赔都适用？

106 如上所述，根据典型的标准条款规定，扣除额适用于保险范围内的索赔或对一次事件的赔付。

107 对此问题的回答也涉及对"事件"的正确理解。审计师的过失是触发保险人在职业责任保险中的责任的事件（事故）。它是导致损失的事件（主要原因）。一起事件可能包括不同人所遭受的多项损失。如果保险单包含一项索赔系列条款，那么，依照此类条款的标

---

[65] 见 2003 年 5 月 22 日的《关于强制保险、保险保障基金和波兰交通保险人管理局的法案》第 36 条，Dz. U. no. 124 at 1152 及后来的修正案。

[66] 见 *E. Kowalewski*, Prawo ubezpieczeń gospodarczych（保险法）(3rd ed. 2006) 405.

准用语，P 只需承担一次扣除额。换而言之，保险人每次向索赔人赔付，都适用扣除额。

B. 对赔付数额的其他限制

a. 总额限制条款

39. 在你们国家，标准保险单是否使用总额限制条款，依据此类条款，保险人在每一特定期间的责任受到最高限额的限制？如果是，请举例说明这些条款是如何措辞和如何解释的，并特别注意一起损害事件是被看做是一项单一的不可分割的损失（因此只能落入某一期间）还是多项损失（有可能落入几个不同的期间）。

一份保单包含两个上限很常见：除了每起事件的最高金额外，保单还受制于对所有索赔适用的总限额，从而不管涉及多少事件保险人都能得到保护。保险人经常出于计算风险的目的而对各项单独的损失确定各项单独的限额（二级限额）。

例1：（汽车救援）："保险人对保险保障期间内发生的所有损害事件的全部责任受'保险金额'的限制。在保险人依照合同进行赔付后，保险人责任限额依保险人承担的费用总额而相应减少，直至该限额被耗尽。"

例2：（责任保险）："保险人对每起事件的全部赔付不得超过合同所规定的每起事件的限额，而不管导致或促进事件发生的人数。保险人对在保险期间内发生的所有事件的全部赔付不得超过合同规定的总限额。"

b. 索赔系列条款

40. 在你们国家，标准保险单是否使用索赔系列条款，依据此类条款，几起相互独立的损害事件被看做是一起损害事件（一个单一系列），从而受制于同一责任限额？如果是，请举例说明这些条款是如何措辞和如何解释的。请特别说明区分几起相互独立的损害事件和一个损害系列之间的标准是什么。

111　　　当发生一系列损失时,保险人对保险赔付的触发点所使用的具体措辞影响着保险人的责任范围。

112　　　例1:(医疗服务提供者的责任保险):"触发点(事故)"的合同定义——在保险期间发生的、导致人身损害或财产损害,并在索赔时效的法定期限内第一次向保险人通知的事件;源自相同事件或相同原因的所有损失,不管受害人的人数,都被认为是一起损害,并假定他们都是在第一起损失发生的时间发生的。

113　　　例2:(标准责任保单):"直接导致属保险范围内的损害的所有事件:a)源自相同原因,例如,相同的设计、制造或指示缺陷或b)源自交付拥有相同缺陷的一条生产线上的产品,无论其发生的时间,都被看做是一起事件(触发点),并假定它是发生在直接导致属保险范围内的损害(系列损害)的第一次事件发生的时间。与所有系列事件相关的保险赔付范围规定,第一次事件属于在保险期间内发生的。在此类案件中,保险赔付范围包括所有系列损失,甚至包括发生在保险合同终止后的。"

114　　　在所引的标准条款中,一起"事件"是指直接导致损失的事件。它不同于损害,一起事件可以包括不同的当事人所遭受的多项不同损失。

115　　　在其他商业责任保险中索赔系列条款的措辞几乎与例2完全相同。但是,可能将"事故"界定为损失事件。因此,一个不同的触发点,基于对其的解释,可能会在长尾风险中产生问题。

c. 长尾损害

41. 在你们国家,标准保险单是否使用此类条款,即前保险人的责任限于保险合同终止后的某一特定期间?如果是,请举例说明这些条款是如何措辞和如何解释的。如何确定相关限制期间的起点(例如,保险合同终止的日期,被保险人过失行为的日期,或者遭受损害的日期)?在这种背景下,划分几起相互独立的损害事件和一起单一损害事件之间的界限是什么？

合同当事人可以用来确定产生保险赔付义务的可能的触发事项有四种（《民法典》第 822 条第 3 款）。在波兰市场上经营的保险人对其都使用，尽管人们可指出以所从事的行为（因果关系原则）和损失事件作为触发点的最为常见。这种形势会导致两种可能的结果： 116

被保险人的双重保障。在这种情形下，仲裁实践支持以下解决方案：就像在双重赔付的情况下（《民法典》第 824 条）一样对保险人的责任进行分割。因此，首先，被保险人的索赔不得超出其损失的范围。其次，在保险人之间——每一家都依照相同的比例承担责任，即其合同的保险金额与发生重合的所有合同的限额（保险金额）之和的比例。

对被保险人/受害人的保护产生漏洞。基于此原因，在波兰保险市场上被保险人通常选择不更换他们的责任保险人，以使其能够获得持续的保险保障。

有时标准保单会明确规定，如果引起损害的事故发生在同一保险人所签发的前一份保单（具有相同的保障范围）期间内，并且前一份保单规定被保险人受保险人的保单的持续保障，那么，对于所发生的损失或提出的索赔可依照当前保单提供持续的保障。 117

默认的触发点是由最近修订的《民法典》关于保险合同的规定（第 805－834 条）所确立的。该次修订是由 2007 年 4 月 13 日的《关于修订民法典的法案》（Dz. U. no 82, item 557；《民法典修正案》自 2007 年 8 月 10 日生效）完成的。《民法典》第 822 条第 2 款现在规定，在没有合同条款规定的情况下，责任保险合同的保障范围包括在保险期间内发生的合同所规定的事件所引起的损失。该立法还对 2003 年 5 月 22 日的《关于强制保险的法案》增加了一个条款 9a，将上述关于触发点的规定引入到了所有强制保险中并将其作为强制性条款（见下文边码 126）。 118

119   例1：（驾驶员和乘客的第一方事故保险）："保险人的赔付包括下列：1）当事故导致死亡时，如果死亡发生在事故之日起两年内并且是由在事故中所遭受的伤害导致的——50%的保险金额。（……）器官移植或特别保护或生活扶养费用以及治疗费用，如果它们都是在事故之日起最长两年内发生的，都可得到补偿（……），赔付总额不得超过保险金额的30%。保险人扣减30%的治疗费。（……）如果被保险人收到了对其永久身体残疾的赔付，然后因同一事故而死亡，那么，只有在死亡赔偿金比扣减后的第一次赔付高时才适用。"

120   这是一个将人身损害看做一起损害的例子，它不管最终是否导致了死亡，也不管诸如医疗费用补偿请求之类的索赔何时产生。扣除额只对特定的索赔适用。

121   例2：（医疗服务提供者的强制责任保险）：对触发点（事故）的合同定义："在保险期间发生的、导致人身损害和财产损害的，并在索赔时效的法定期限内第一次向保险人通知的事件；源自相同事件或相同原因的所有损失，无论受害人的人数，都被认为是一起事故并假定它们都是在第一次损失发生的时间发生的。"

122   在这个例子中索赔时效的期间（通常为3，10，20年）主要是指保险合同终止后的期间，因为在上述期间内保险人仍然负有责任。第一次索赔的通知足够了。因此，对源自相同原因的进一步索赔，尽管是在时效届满后才通知的，仍属于保险人的赔付范围。此处，原因或引起损害的事件的统一性，是用来区分数起独立的损害事件和单一损害事件的标准。

42. 案例研究（长尾损害）P公司研发、制造和发售发动机设备，包括燃油泵。由于油泵的设计缺陷，含有油泵的机动车的燃油供应经常在没有警告的情况下中断。假设这导致了多起事故，依据你们国家的产品责任法P公司应对此负责。直至a）油泵的研发，b）制造，c）发售，d）发生事故，P公司的产品责任一直由I公司承保。在与 I 的保险合同终止后，P 公司购买了 J 公司的保险。哪一个保险人，I 还是 J，须对 P 公司在 a) 至 d) 的每一种情形下对其有缺陷的燃油泵的责任负责？假设这两家保险人的保险合同的标准条款都包含在你们国家最常见的长尾损害责任条款中。

基于上述给定的标准条款事例，在波兰产品责任保险中将损失事件作为触发点应该被认为是最常见的。[67] 如果我们将"损失事件"理解为也包括损害事件，即直接导致人身损害或财产损失的事件（非损失的主要原因），将意味着保险人的责任是由 d)——所发生的事故后果所触发的。根据直接导致损害（系列损害）的第一次事件的发生时间，I 或者 J 须对 P 的责任提供保障。

d. 强制第三方保险中的责任限额

43. 在特定领域存在法律强制的第三方保险，这一事实是否对诸如总额系列条款、索赔系列条款和长尾损害条款之类的法律允许的责任限制的范围有影响？

在法律强制要求的第三方保险领域，各种法规以总额系列条款的形式设置了最低限额。

例如，在交通责任保险和农民责任保险中，对财产损失和人身损害分别设定了法定限额（分别为 300,000 欧元和 1,500,000 欧元）。每一种限额都针对的是源自一起事件的所有损失，不管受害人人数多少（见 2003 年 5 月 22 日的《关于强制保险的法案》第 36 条和 52 条）。

但是，触发点好像对责任限制的范围有最大的影响。2007 年 4 月 13 日的《关于修订民法典的法案》对 2003 年 5 月 22 日的《关于强制保险的法案》增加了一个条款 9a，将默认的触发点作为所有强制保险的强制性条款。因此，强制性责任保险合同的保险范围包括

123

124

125

126

---

67 此答案来自上文边码 113 所引用的标准条款。

在保险期间内发生的合同所规定的事件所导致的损失。这种解决方案遵照了波兰保险法的传统,并且,当对"事故"(事件)做最广义上的解释,对受害人最有利。另外,将损害事件作为触发点可以确定责任领域(合同责任或侵权责任)。但是,此类触发点也有一定的缺陷(原因等级的问题,区分主要原因/暴露和直接原因的问题,将受害人转到附有较低限额的先前保险合同的风险,等等)[68]

68　See *Kowalewski*（fn. 66）399。

西班牙法中损害的合并与分割：侵权法与保险

阿尔韦特·鲁达 何塞普·索莱·费利乌[*]

一、总论

1. 你们的法律制度中是否有关于将损害分为一起单一的不可分割的损失或多个损失的一般性规则，无论其为成文法规，还是判例法？这些规则在二级法律文献中被提出过吗？这种区分在实践中重要吗？

在西班牙法律实践中，将损害分为一个单一的不可分割的损失或多个损失的分类好像没有重要意义。无论是判例法、成文法规，还是法律学者们，都没有使用这种分类法为每一种类型设定不同的后果。西班牙的做法好像非常特别，因为与此调查问卷相关的这类问题是通过损害以外的其他责任条件——如因果关系——或通过程序手（例如，通过推定来证明）来处理的。 1

西班牙法律学者所认可的关于损害的不同分类，并不是直接针对此调查问卷意义上的损害的"分割"或"合并"。如其他国家法 2

---

[*] 阿尔韦特·鲁达，西班牙赫罗纳大学私法讲师。何塞普·索莱·费利乌，赫罗纳大学民法高级讲师。

律制度一样，西班牙法采用金钱损失和非金钱损失这一基本分类[1]及其子类型（对于金钱损失，可分为利润损失和实际遭受的损害；对于非金钱损失，疼痛和痛苦与人身损害是一种独立的损失分类）[2]。它也基于损害是侵权人的行为的直接后果或间接后果而区分"直接（direct）"损害和"非直接（indirect）"损害［或"immediate"（直接）损害与"mediate"（间接）损害］。[3] 有些法学学者遵循法国法的法律传统，将损害区分为"内在损失"和"外在损失"。[4] 第一类是指财产本身由于受损害事件的影响而产生的有害的变化（intra or circa rem），而第二类是指所产生的损害并非存在于直接受损的对象，而是存在于受害人的其他财产（extra rem）。最后，法律学者和判例法也区分（1）"持续的损害"（daño continuado），是指在时间上存在拖延或持续的实际损害；（2）"未来的损害"（daño futuro），是指目前尚未产生，但将来一定会出现的损害；（3）"继发的损害"（daño sobrevenido），是指在未来发生的、尽管是侵权行为人的行为的后果但在致损事件发生时无法预见到的损害。[5] 尽管最后一类损害相对于源于同一行为的其他损害具有一定的自主性，但是，无论是判例法还是法律著作，好像都不认为这一类型是一种"独立的损失"。

---

[1] 其中，*R. de ángel Yágüez*, Tratado de responsabilidad civil（1993）671 ff.；*F. Pantaleón Prieto* in：C. Paz-Ares/L. Díez-Picazo/R. Bercovitz/P. Salvador, Comentarios del Código Civil II（1991）1988 ff.；*M. Yzquierdo Tolsada*, Sistema de responsabilidad civil, contractualy extracontractual（2001）155；*E. Vicente Domingo* in：L. F. Reglero Campos（ed.）, Tratado de responsabilidad civil（3rd ed. 2006）266 ff.

[2] 关于这些分类，见 *M. Martin-Casals/J. Ribot/J. Solé*, Compensation for Personal Injury in Spain, in：B. A. Koch/H. Koziol（eds.）, Compensation for Personal Injury in Comparative Perspective（2003）267–270.

[3] 这种区分更多地用于因果关系而不是损害［见 *Yzquierdo*（fn. 1）149］。

[4] See *A. Carrasco Perera* in：M. Albaladejo（ed.）, Comentarios at Código Civil y Compilaciones Forales（1989）vol. XV–1, 712 ff.；*Yzquierdo*（fn. 1）147 f.；*M. Martín-Casals/*J. Ribot, "Pure Economics Loss"：la indemnización de los daños patrimoniales puros, in：S. Cámara Lapuente（ed.）, Derecho Privado Europeo（2003）888.

[5] *Yzquierdo*（fn. 1）148；*E. Roca*, Derecho de daños（3rd. ed. 2000）126.

就报告人所知,"可分割的损失"概念的含义能够与多重因果关系情形下的所谓的"同一损害原理"联系起来(例如,在英格兰),[6] 但是,这一原理在西班牙并没有得到很好的继受。当然,有些法律学者将多重因果关系的案例界定为"数个行为都是同一损害的原因",但是这种分析通常都是集中在因果关系上而不是损害上,因此,作者通常不会对损害的同一性进行细致的分析。最近,已经显示出"同一损害"原理不应被西班牙采纳,原因在于很难界定"同一损害"究竟是指什么。[7] 在成文法领域,大多数处理多重因果关系的法律都规定了共同侵权行为人的连带责任,而没有关注损害是否是"相同的"或"一项不可分割的"损害。这一教条的例外好像很少。第一个例外可见于产品责任领域。根据《2007年保护消费者和用户的法律通则》(Real Decreto Legislativo 1/2007, de 16 de noviembre, *por el que se aprueba el texto refundido de la Ley General para la Defensa de los Consumidores y Usuarios y otras leyes complementarias*, LGDCU - 2007)[8] "根据本法对同一损害负有责任的人们应对受害人承担连带责任"(第132条)。但是,这一规则源自《欧盟产品责任指令》(第5条),并不能真正代表西班牙的做法。类似的是,2007年10月23日的第26号令《环境责任法》[9] 提到"对同一损害的数人责任"(第11条),规定:"当存在多个经营者且他们与损害或即将产生损害的威胁之间的因果关系被证实时,他们应承担各自分别

3

6　例如,在英国法上,*W. V. H. Rogers* (ed.), Winfield &Jolowicz on Tort (16 th ed. 2002) 735. 从比较的视角可见 W. V. H. Rogers (ed.), Law: Unification of Tort Law: Multiple Tortfeasors (2004).

7　See C. Gómez Ligüerre, Solidaridad y derecho de daños. Los límites de la responsabilidad colectiva (2007) 323 ff.

8　BOE (Boletín Oficial del Estado, Official Gazette) no. 287, 30. 11. 2007. 贯彻欧盟指令的第一部法律是《1994年产品责任法》[Ley 22/1994, de 6 de julio, *de responsabilidad civil por daños causados por productos defectuosos* (BOE no. 161, 7. 7. 1994)].

9　BOE no. 255, 24. 10. 2007, 43229 – 43250.

的责任，适用于案件的具体法律另有规定的除外。"

4　　为何西班牙的侵权法感到不需要采用"同一损害原理"或"不可分割的损害"的概念，其中原因之一或许在于，在相当多数量的涉及多个原因、多个侵权行为人和因果关系不确定的案件中，无论多个侵权行为人的行为是发生在单一因果关系进程中[10]，还是发生在共同导致损害发生的多个因果关系进程中[11]，判例法通常都采用连带责任的处理方式。判例法关注的是，能否确定潜在侵权行为人的特定的行为导致了损害或每一位侵权行为人参与的程度，如果不可能做到，就应适用连带责任。否则，应适用分别责任。[12]

二、损害赔偿责任

A. 可分割的损失和不可分割的损失的可救济性

2. 在你们国家的侵权法中，即使损害是由同一个侵权行为人的同一侵权行为所导致的，对于损害的责任，是否仍要依照受保护的利益的不同而将总损失分成不同组成部分并分别进行处理（例如，侵害人身或侵害财产；金钱损害或非金钱损害）？如果必须依照每一种损失的类型单独确定责任标准，那么，它会对侵权行为人的责任产生什么影响？

5　　作为一项规则，责任及其条件不会因损害的类型或受法律保护的利益的性质不同而改变。这既适用于《西班牙民法典》（CC）第1902条上的过失责任领域，也适用于规定严格责任的法规领域。

---

[10] SSTS 19.7.1996（RJ 1996, 5802）；7.3.2002（RJ 2002, 4151）；29.12.2006（RJ 2006, 9608）。

[11] Sentencia del Tribunal Supremo（STS）7.3.2002（Repertorio de Jurisprudencia Aranzadi-Westlaw RJ 2003, 41541）；14.7.2003（RJ 2003, 4629）；14.12.2006（RJ 2006, 9913）。

[12] STS 16.4.2003（RJ 2003, 3718）。在法学界可见 J. Solé Feliu, Pluralidad de causantes del daño y solidaridad, Revista de Derecho Privado（RDP）2008, 3 - 42, 36 ff.

追随法国模式,《西班牙民法典》第 1902 条规定了过失侵权责任的一般条款,对侵权行为人施加了"弥补所导致的损害"的义务,而没有对损害或受法律保护的利益做进一步的区分。因此,可赔偿的损害的概念被解释为既包括人身损害,也包括金钱损失。[13] 在特殊侵权责任领域,通常不区分人身损害(包括非金钱损失)和财产损害。因此,它们适用对两者都可适用的严格责任规则。这包括民法典自身规定的特殊侵权责任规则(例如第 1905 条和 1908.2 条)和民法典以外的法规。[14] 例如,法规上的"核损害"的概念包括作为"放射性物质或有毒、有害的核燃料或物质的混合体的直接或间接的后果,或离子辐射的后果"的"人的生命的丧失、身体伤害和财产损害"(《核能法》第 2.16 条)。同样的将人身损害和财产损害包括在一起还可见于航空领域(《航空法》第 116 条)。与其他国家的法律制度不同,西班牙侵权法对非金钱损失的赔偿没有限制。判例法对此类损失进行了非常宽泛的解释,并不限于人身损害或侵害特定的受保护利益的案件。实践中,金钱损失和非金钱损失的主要区别在于,对后者的评估较为困难,法院通常以"案件的具体情形和谨慎、合理的标准"为依据。[15] 相反,金钱损失明确受"恢复原状"原则的支配,它们根据当事人提交的证据进行评定。金钱损失既包括实际遭受的损害,也包括利润损失。

只有在例外的情况下,西班牙侵权法才会基于受保护的利益不同而规定不同的责任。《道路交通责任法》(*the Ley de responsabilidad*

---

[13] 可见 *F. Rivero Hernández* in: J. L. Lacruz et al. , Elementos de Derecho Civil II. Derecho de obligaciones, vol. 2 (2005) 457; *Vicente* (fn. 1) 267, 275.

[14] 例如,1964 年 4 月 29 日法案, *de Energía Nuclear*(《核能法》, LEN);1970 年 4 月 4 日 1 号法案, *de Caza*(狩猎法, LC);1960 年 7 月 21 日法案, *de Navegación Aérea*(《航空法》, LNA)。

[15] See *M. Martin-Casals/J. Ribot/J. Solé*, Non-Pecuniary Loss Under Spanish Law, in: W. V. Horton Rogers (ed.), Damages for Non-Pecuniary Loss in a Comparative Perspective (2001) 192 ff.

civil y seguro en la circulación de vehículos a motor，LRCSCVM）1. I. 1 条就是如此，[16] 该法案的前身是 1962 年 12 月 24 日的第 122 号令《道路交通法》。[17] 根据此法律，由交通事故导致的人身损害适用严格责任规则，因为人们将其理解为损害源自"驾驶机动车（*hecho de la circulación*）而产生的风险"。但是，这一规则在实践中几乎没有意义，因为法院通常援引《西班牙民法典》第 1902 条，以过失推定为基础转移有关侵权行为人有过失的举证责任。[18] 通过这种做法，严格责任和过失责任的一些最重要的差别轻易地消失了。[19] 并且，根据盛行的法律意见，《道路交通责任法》（LRCSCVM）没有排除过失责任一般规则（《西班牙民法典》第 1902 条）的可适用性。事实上，如果驾驶人的过失看起来明确的话，索赔人通常会以此规定作为其对所有损失（人身损害和财产损失）要求赔偿的依据，而不会将《西班牙民法典》第 1902 条作为财产损失的依据并将《道路交通责任法》作为人身损害赔偿的依据 [例如，最高法院判决（SSTS）19. 12. 1986（RJ 1986, 7682）；17. 4. 1995（RJ 1995, 3393）]。在这个领域，自 1995 年起一项法定赔偿标准化方案开始掌管由人身损害

16　由 Additional Disposition 8th of Ley 30/1995, de 8 de noviembre, *de ordenación y supervisión de los seguros privados*（BOE no. 268, 9. 11. 1995）[《私营保险监督管理法》（LOSSP），它修改了《机动车使用和流通法》] 所确立。近来，这部法律已被 2007 年 7 月 11 日的 21 号法案（BOE no. 166, 12. 7. 2007）所修订，以使其适应所谓的"第五指令"（Directive 2005/14/EC of the European Parliament and of the Council of 11 May 2005, Official Journal (OJ) L 149, 11. 6. 2005, 14 – 21）。

17　Ley 122/1962, de 24 de diciembre, *de Uso y Circulación de Vehículos de Motor*, amended by Decreto 632/1968, de 21 de marzo; RD Legislativo 6/2004, de 29 de octubre, and Ley 30/1995（见前注）。

18　见 *M. Martín-Casals / J. Solé Feliu*, Fault under Spanish Law, in: P. Widmer (ed.), Unification of Tort Law: Fault (2005) 227 – 233. 但是，自 2006 年最高法院也许改变了这一趋势 [见 SSTS 22. 2. 2007（RJ 2007, 1520）；11. 9. 2006（RJ 2006, 8541）；7. 5. 2007（RJ 2007, 3553）；30. 5. 2007（RJ 2007, 4338）]； [其中，SSTS 22. 12. 1986（RJ 1986, 7796）；8. 11. 1999（RJ 1999, 8054）；18. 7. 2006（RJ 2006, 5245）]。

19　See *L. Segovia López*, Responsabilidad civil por accidente de circulación (1998) 365.

和死亡引发的损失赔偿。至于非金钱损失，法律规制以"对所有受害人一视同仁"的赔偿原则为起点（Annex I 7），只有在非常特殊的情形下才允许进行轻微的调整。关于金钱损失——和，特别是，收入损失——的法定赔偿标准化，宪法法院已确定以下规则：对于严格责任而言，它是合宪的；对于过失责任而言，它是违宪的。对于后者，充分补偿（restitutio in integrum）原则允许受害人要求就其遭受的全部的收入丧失损失获得赔偿，对于赔偿进行限制违反了有效司法保护的宪法原则（《西班牙宪法》第24条）。因此，在相关案件中，宪法法院认为，当引发损害的驾驶人有过失时，对于临时残疾引起的收入损失采取法定的赔偿标准表格化，是违宪的。（STC 宪法法院判决 181/2000，6月29日）。

3. 案例研究（不同类型的损失；与有过失）在一起由 D 的过失所导致的交通事故中，P 受到了人身损害，他的眼镜也碎了。P 对下列事项提出赔偿请求：a）疼痛与痛苦；b）医疗费用；c）他的破碎的眼镜。P 的损害被看做是一个不可分割的损失，还是多个相互独立的损失？假设 P 没有系安全带，就上述三种损害而言，对于他的与有过失应如何考虑？如果所遭受的损失的类型不同，与有过失的后果亦不同，那么，其正当性理由是什么？

也许交通责任并不是侵权责任一般领域的典型代表，如前面所分析的那样，这一领域受严格责任管辖，对于人身损害和财产损失有具体的规定。但是，由于假设中的事故是由过失引起的，依照侵权法规则 D 应承担责任，并且 P 对人身损害（包括疼痛、痛苦[20]和医疗费用）和金钱损失（包括修理费用或获得新眼镜的费用）都能

---

[20] 如前所述，《西班牙民法典》第1902条非常宽泛地提及损害。非金钱损失也可依据《道路交通责任法》第一条规定的对人身损害的严格责任获得赔偿［SSTS 19.12.1986 (RJ 1986, 7682); 20.12.1989 (RJ 1989, 8856) and 17.4.1995 (RJ 1995, 3393) 和许多其他案例］。

够获得赔偿。[21] 无论适用《道路交通责任法》（对人身损害适用严格责任，对金钱损失依照一般侵权法规则适用过失责任），还是过失责任的一般规则（《西班牙民法典》第1902条），结果都是一样的。[22] 关于道路交通事故引发的人身损害和死亡的赔偿，在西班牙有一个限制赔偿金数额的法规规定的标准化方案（见边码20及以下内容）。

9　　尽管西班牙法院可能不会从损害是一起单一的不可分割的损失还是多项不同的损失这一角度来处理问题，但它可能会将P的损害看做是单一损害的多个不同类型，而无论受影响的法律利益的性质。从责任的条件视角看，可以说西班牙法院会将其作为一个整体来进行分析，对于损失的所有类型进行一次分析，而不是对其中的每一种分别进行分析。但是，如果看起来某一种类型的损失与侵权行为没有因果关系，它也许会被从赔偿中扣除。

10　　关于P的与有过失，无论是立法机构还是法院都没有基于损失的类型进行区分。作为一项规则，按照受害人与有过失的比例减少赔偿金会影响赔偿总的数额，而不是某一特定类型的损失。根据《道路交通责任法》，"如果驾驶员的过失与受害人的过失共同作用，考虑到每一方过失的重要性，应对责任进行衡平的削减，对赔偿金数额进行分配"（第1.1.III条）。此类削减并非专门针对某一类赔偿（身体损害或金钱损失），而是会影响到总的数额而不再进行任何区分。[23] 但是，如果被证实与有过失只对一类损失有影响，那么，西班牙法院只对该类损失进行相应的金额削减的可能性不能被忽略。

4. 在你们国家的侵权法中，在人身损害以外的领域，是否有必

---

[21] 根据《西班牙民法典》第1106条和相关的《西班牙民法典》第1902条，西班牙判例法允许对实际遭受的损害和收入损失获得赔偿〔见SSTS 8.5.1990（RJ 1990, 3690）和3.10.1996（RJ 1996, 7009）〕。

[22] See *Segovia* (fn. 19) 279, 295.

[23] 见 *Segovia*（注19）304。在判例法上，在众多判例中，可见 SSTS 4.11.1991（RJ 1991, 7930）；5.7.1993（RJ 1993, 5795）和 8.6.2005（RJ 2005, 9720）。

须依照损失的每一种类型单独确定责任标准的情形,即使损失是由一起单一的侵权行为或不作为所引起的?

假设侵权责任的所有条件均被满足,只剩下前面问题中提到的案例,好像没有其他案例在确定责任标准时对每一种不同类型的损失进行单独处理。[24]

B. 间接损失的可救济性

5. 请说明间接损失在你们国家的侵权法中是如何被界定的。间接损失是被当做一项必须要单独进行救济的独立的损失,还是被看做是总损失的一部分,即通过认定"主要损失"来解决而无须再次考虑其责任标准?如何划分数个单独损失与间接损失的界限?

"间接损失"(consequential loss)这一概念在西班牙侵权法中罕见。西班牙法律学者追随法国法律传统,更多地使用"内在损失"和"外在损失"的分类。[25] 第一类是指财产本身由于受损害事件的影响而产生的有害的变化(intra or circa rem)。外在损失是指所产生的损害并非存在于直接受损的对象,而是存在于受害人的其他财产(extra rem)。近来,在英美法和德国术语的影响下,一些学者开始引入"间接经济损失"(德语 Vermögensfolgeschäden)这一术语来指"外在损失",[26] 即遭受直接损失的同一人所遭受的影响他/她的财富的其他利益的损失。[27] 有时西班牙宪法法院会在道路交通事故导致的损害领域使用"派生的或间接损害"(daño derivado or consecuencial)的表述,它被界定为"事故受害人的财产或物品所遭受的损害,而

---

[24] 见 *M. Martin-Casals/J. Ribot/J. Solé*, Spain, in: B. A. Koch/H. Koziol (ed.), Unification of Tort Law: Strict Liability (2002) 311.

[25] 见 Carrasco (注4) 712 ff., 387; Yzquierdo (注1) 147 ff. 和 Martín-Casals/Ribot (注4) 888.

[26] 因此,Carrasco (注4) 711, 715, 720 ff. 和 Martín-Casals/Ribot (注4) 888.

[27] 从这个意义上,"间接损失"(consequential loss),在"关联经济损失"的形式方面,可与所谓的"非直接损失"[indirect loss (daño indirecto)] 或"纯经济损失"(pure economic loss) 区分开。[Martín-Casals/Ribot (fn. 4) 887.]

非他/她本人所遭受的人身损害"（STC 2000/181）。[28]

13　　西班牙法尚未遇到"间接损失"是否必须被看做是一项独立损失的问题。一般来说，当一个西班牙法院在判决间接损失是否应得到赔偿时，它将该损失看做是总体损失的一部分，同"主要损失"一样受到相同责任条件的约束。出现的主要问题在于确定"外在损失"的赔偿范围。如前所述，它源自过失责任一般条款（《西班牙民法典》第1902条），依照该条款每一种损失都应得到赔偿。它包括受害人遭受的主要损害；受害人他/她本人的其他财产或权利所遭受的作为第一项损害的"结果"的损害（内在的或间接损失），以及受害人以外的人的合法利益所遭受的非直接损害（*dommage par ricochet*; *daños patrimoniales puros*——纯经济损失——如果他们具有经济性质，等）[对照《刑法典》（CP-1995）第113条]。[29] 因此，界定可赔偿的损失范围的主要参照，并不是损失的类型，而是侵权责任的其他要件。它们不会仅仅因为损害是"间接的"或"主要的"这一问题而有所不同。

14　　界定可赔偿的"间接损害"的第一项标准可见于《西班牙民法典》第1107条，该条款对于基于合同或侵权而产生的债务都可适用。根据这一条款，债务人（侵权行为人）的行为具有善意时，他只对损害发生时可预见到的损害负责，而当债务人（侵权行为人）的行为具有恶意时，他须对全部损害负责，而无论预见与否，只要它属于损害行为的必然结果。[30] 其次，西班牙法院使用其他侵权责任

---

[28]　该判决可见于http://www.tribunalconstitucional.es.
[29]　其中可见 *J. Santos Briz*, La responsabilidad civil. Derecho sustantivo y procesal (1991) 212; *C. Vattier Fuenzalida*, Los daños de familiares y terceros por la muerte o lesiones de una persona, in: Asociacion de Profesores de Derecho Civil (ed.), Centenario del Código Civil 2 (1990) 2075 and *Vicente* (fn. 1) 304.
[30]　见 *L. F. Reglero Campos* in: L. F. Reglero Campos (ed.), Tratado de responsabilidad civil (3rd ed. 2006) 241; *Yzquierdo*（注1）148.

的一般要件来界定"间接损害"的范围。判例法已经以侵害行为与损害之间缺乏足够的因果联系或该损害未被充分证实为由驳回了赔偿请求。[31]

6. 案例研究（间接损失；与有过失）在一起由 D 的过失所导致的交通事故中，P 的右手受到了伤害，P 在六个星期内无法从事钢琴教师的工作。P 因此而遭受了收入损失。假设 P 的行为有过失并且他的过失促成了他的疼痛与痛苦，但其过失对其工作能力和收入损失没有影响。D 的责任范围如何确定：a）P 的疼痛与痛苦；b）他的收入损失？在当前案例中，收入损失是否被当做一项需要单独进行救济的独立的损失？

报告人所发现的所有西班牙法院的判决，对于与有过失都依此对损害赔偿总额进行削减。[32] 但是，有人提出，如果受害人只是促成了他/她的某一种损失，那么，对赔偿额的削减应该只对该特定种类的损失有影响。每一方只对他/她促成的那部分或类型的损失负责看起来是一种公平的方式。无论在什么案件中，西班牙法院都有可能从因果关系的路径而不是从关注损失的独立性的路径来处理这一问题。因此，一旦显示只有 D 引发了收入损失，而疼痛与痛苦是与 P 共同导致的，那么，后者有可能对收入损失获得全部赔偿，而对疼痛与痛苦只能获得部分赔偿，按比例应由 D 承担的那部分。

7. 案例研究（间接损失；时效）2000 年 1 月，D 闯入制造计算机设备的 P 公司的生产车间，损坏了一些高科技配件，而这些配件原本是准备交付给其他制造商的。由于 D 的闯入和损坏行为并没有被 P 公司的职工立即注意到，一些受损的计算机设备被交付给不同

---

31 例如，SSTS 28.2.1983（RJ 1983, 1078）；19.12.1992（RJ 1992, 10703）。在法学界，见 *Martín-Casals/Ribot*（注 4）892.

32 SSTS 3.7.2001（RJ 2002, 1702）；17.10.2001（RJ 2001, 8642）；30.11.2005（RJ 2005, 7859）；30.4.2007（RJ 2007, 2318）.

的制造商（A、B 和 C）而没有在发货前进行充分的维修。因此，P 必须赔偿客户 A 的损失。2002 年 1 月，在对 D 进行成功的追偿后，P 又被客户 B 诉请损害赔偿；2003 年 1 月，P 又遭到客户 C 的索赔。对 B 和 C 的赔偿应被看做是间接损失，即 D 所造成的总损失的一部分，还是必须进行单独救济的独立的损失？就 P 因对 A、B 和 C 的赔偿而提起的追偿诉讼而言，诉讼时效的起算日期是哪一天？

16　　在回答这一问题时，我们认为它指的是 P 一旦被 B 和 C 起诉而遭受的损失（因为问题提到了"间接损失"和"纯经济损失"）。一旦他们发现从 P 那里获得的产品因 D 的破坏行为而有缺陷，如果 B 和 C 的观点被采纳，将会得到不同的答案。在那个案件中，他们可对 P 提出合同之诉，或对 D 提出侵权之诉。因此，可以认为这一问题是有关 P 遭受的经济损失——B 和 C 就其所收到的尚未被修理过的产品的价值损失对 P 成功起诉后——以及 P 对 D 提出的索赔。

17　　我们没有发现涉及调查问卷所提出的那套问题的西班牙判决。如前所述，基于过失的一般侵权责任规则允许对所有类型的损失获得赔偿（《西班牙民法典》第 1902 条）。根据对问题 5 的回答（见上文边码 12），无论是法律著作，还是判例法，都没有为了界定损害赔偿范围而区分主要损失和间接损失。独立损失的想法，旨在限制损害赔偿的范围，也不适用。如前所述，法院通常借助侵权责任的其他的一般要件，如缺乏对损失的证明，或因果关系未被充分证实的事实。[33]

18　　也许西班牙法院会判决赔偿 P 因向 B 和 C 赔付而遭受的损失，而不会考虑它们是总体损失的一部分还是独立的损失。P 对 D 就其间接损失（包括 P 对 A、B 和 C 的支付）提出的索赔发生在损害事件之后和导致计算机设备的损害之后这一事实不会禁止 P 的索赔。

---

[33] 见 *M. Martín-Casals/J. Ribot*, Pure Economic Loss under Spanish Tort Law, in: W. H. van Boom/H. Koziol/Ch. A. Witting（eds.）, Pure Economic Loss（2004）63 ff.

当新的、加重的或拖延的损失（nuevos daños, daños agravados or daños diferidos）作为同一的最初事件的后果出现，并在第一次审判无法预见到时，受害人可以提出一项新的侵权索赔，如果侵权责任的所有要件均能满足的话。[34] 对于正在分析的案例，应从受害人知道损害之时起一年内提起诉讼（《西班牙民法典》1968.2 条）。[35] 对于目前争执的案例，时效的起算日期好像会依据宣判 P 向他的每一位客户（A、B 和 C）进行赔偿的每一份终审判决的时期而有所不同。

8. 在你们国家的侵权法中，有没有未被提及的其他情况，从中，一项损害应被看做一项间接损失而属于"主要损失"的一部分，还是应被看做由同一侵权行为或不作为所导致的一项独立的损害，这个问题有着决定意义？

由于所有这些损失类型与西班牙侵权法并不十分契合，因此对于这一问题的答案是否定的。

C. 责任限额与最低起赔额

9. 请说明在你们国家的侵权法中，如果存在赔偿限额的话，损害赔偿责任何时会受到限制。在这些情形中，是否存在来解决下述问题的成文法规定或判例法原则：所造成的损失是作为一项不可分割的损失——在这种情况下侵权行为人的责任从整体上受到最高数额的限制——还是多个相互独立的损失，侵权行为人对每一项损失的赔偿责任分别受最高数额的限制？

限额

一些在侵权法特定领域确立了严格责任的法规设置了责任限额。

---

[34] 其中，SSTS 8.2.1983（RJ 1983, 867）；20.4.1988（RJ 1988, 3267）；30.1.1993（RJ 1993, 355）。在法学界，其中有，*L. F. Reglero Campos*, La prescripción de la acción de reclamación de daños, in: L. F. Reglero Campos（ed.）, Tratado de responsabilidad civil（3rd ed. 2006）657 – 661.

[35] 《加泰罗尼亚民法典》对侵权诉讼规定了三年的时效（121 – 21d 条款）。

在每一部法案中受限额限制的损失的类型不同，每一个限额背后的原理也有可能不同。事实上，在有些法案中，限额只对某一特定类型的损害（人身损害或死亡；财产损失）有影响，如产品责任案件和航空事故。相反，有些法案是对赔偿总额进行限制，而不管损失的类型（如核事故）。

21　　遵照《产品责任指令》（第16条），《消费者保护法》对人身损害和死亡的赔偿规定了63,106,270.96欧元的最高额［Art. 141. b），LGDCU – 2007］。它是生产者对具有相同缺陷的同类物品所引起的损害的总的责任限制。

22　　关于对乘客的人身损害，航空承运人不得将其责任限制在100,000特别提款权数额以下［约等于115,000欧元，《欧盟理事会关于发生航空事故时航空承运人责任的条例》，Art. 3. 2 Council Regulation（EC）No 2027/97 of 9 October 1997, OJ L 285, 17. 10. 1997, 1 – 3，它在这一点上取代了《航空法》第117条］。[36] 对于条例未包括的损害，《航空法》（第118和119条）所确立的限额依旧有效，并被《2001年1月19日的皇家命令第37号》第3条和第4条更新。因此，例如，对每一件丢失或毁坏的行李的赔偿受500个特别提款权（约573欧元）的限制。对于乘客以外的财产损失或人身损害，总的赔偿金数额的限制要根据航空器的重量确定［例如，对于超过50吨重的航空器每超过50,000公斤的每一公斤适用13,580,000特别提款权（约15,550,000欧元）加上130特别提款权（约149欧元）］。

23　　根据1967年7月22日的2177号令第16条，关于核风险的保障范围，核电站的经营者对每一次事故和每一个运营核电厂的最高赔

---

[36] 见 *M. T. Álvarez Moreno*, La responsabilidad de las compañías aéreas en caso de accidente: régimen instaurado por el Reglamento comunitario 2027/97 de 17 de octubre, Actualidad Civil 22（2000）813 – 833. 对于不适用条例的航空乘运人，《2001年1月19日皇家命令第37号》（BOE no. 29, 2. 2. 2001）规定了可适用于死亡和人身损害赔偿责任的数额。

偿金额为300MPTA（大约1,800,000欧元），而无论受害的人数和他们所受核损害的类型。对于放射性装置，每次事故的最低数额为1MPTA（约6,000欧元），无需对损失的种类做进一步区分（第17条）。

法定的赔偿标准表格化方案

在西班牙责任限制的另一种方式是对道路交通事故导致的人身损害适用法规制定的赔偿标准表格化方案，它规定在《道路交通责任法》的附件（已被《私营保险监督管理法》修订）中。截止到现在，这是此类方案中唯一的一个在西班牙已生效的方案。它适用于人身损害和死亡赔偿（附件的标题是"道路交通事故中的当事人遭受的损害的评估体系"），包括非金钱损失及人身损害派生的金钱损失（如医疗费用或收入损失）。[37] 这一方案受到了法律学者的严厉批评，其原因之一在于它将包括金钱损失在内的多种不同种类的损失混在了一起。例如，表Ⅰ规定了死亡情形下的基本赔偿金（*Indemnizaciones básicas*），但包括了"受害人的非金钱损失、基本金钱损失和法定细目"。表Ⅱ规定了"调整因素"，要增加赔偿金，应考虑受益人的金钱损失、身体或精神的残疾。要减少赔偿金，应考虑受害人的与有过失。永久残疾的基本赔偿金规定在表Ⅲ，它们是根据基于疾病或损害的严重性而确定一定点数的体系（表Ⅴ）计算出来的。这些赔偿金即包括严格的人身损害（*daño personal*，意大利语意义上的 *danno biologico*），也包括非金钱损失（*daño moral*）。表Ⅳ列出了增加基本赔偿金的"调整因素"，它将经济损失（基于受害人从其本人的工作中获得的净收入，增加10%到75%）、所谓的附带的非金钱损失（当单一损害超过75点或所有的共同损害超过90点时发生）以及其他因素混合在了一起。

37　见《道路交通责任法》附件的注1、6和7。

25　　　最后，表 VI 规定了临时残疾的赔偿标准，起点是基本赔偿金，包括了非金钱损失，它对任何人都是相同的，无论他是否工作（A），但基于受害人是否住院而有差异。B 规定了根据受害人的经济损失增加基本赔偿金的调整因素。[38] 前面提到的宪法法院判决（STC 181/2000）[39] 认为，由于法定的赔偿标准表格化方案的强制性，如果将其适用于专门由侵权行为人过失造成的损失，那么，这一的规定将违反《西班牙宪法》（CE），因为它违反了统率西班牙侵权法的完全补偿原则（restitutio in integrum）。特别是，尽管人身损害的赔偿标准化与充分补偿的权利相一致（对照《西班牙宪法》第 9.3 条）——由于对损害评估的困难——金钱损失的标准化也许是有问题的。如果是在严格责任领域适用，此类标准化不违反宪法，因为它可基于多种理由（例如，强制保险或具有潜在危险性活动的社会化）而获得正当性。但是，如果损害仅仅是由侵权行为人的过失导致的，剥夺受害人的部分损失赔偿是违宪的。另外，行为的可责备性会对受害人不利而不是有利，在与有过失案件中受害人的过失将被纳入考虑以减少赔偿金，但是在对全部实际收入损失进行高于标准化的赔偿时，不考虑侵权行为人单方的过失。根据这一奇怪的推理，一旦侵权行为人的过失被证实，法院就可以偏离依法定赔偿标准化方案评定的数额，并能够根据案件的具体情况对受害人临时残疾的赔偿进行评定。[40] 关于与保险单有关的法定限额，见问题 37 及边码 93。

　　　10. 请说明在你们国家的侵权法中，如果存在最低起赔额的话，受害人何时必须要承受最低起赔额以下的损失。在这些案例中，是

---

[38] 对这一制度的解释，见 Martín-Casals/Ribot/Solé（注 2）276 ff.；F. Reglero Campos in: F. Reglero Campos（ed.），Lecciones de responsabilidad civil（2002）219 – 228.

[39] 见前注 28。

[40] 也可见宪法法院判决（STC）242/2000.

否存在用来解决下述问题的成文法规定或判例法原则：损害是被看做一项不可分割的损失——因此受害人只须自行承担一次低于起赔额的损失——还是多个相互独立的损失，从而多次适用起赔额？

西班牙侵权法中所知的唯一的起赔额规定是在贯彻《产品责任指令》的立法中。《消费者保护法》规定"应从财产损害赔偿金额中扣除390.66欧元的起赔额"［Art. 141. a）LGDCU－2007］。[41] 根据盛行的意见，如果有一项索赔被提起，这一金额不仅可充当起赔额，而且可成为从最终赔偿金自动扣减的数额。这并不能阻止受害人根据侵权责任的一般规定就剩余金额获得赔偿（《西班牙民法典》第1902条）。[42] 在实践中，许多判决试图通过直接适用《西班牙民法典》第1902条（通常推定侵权行为人有过失）而不适用产品责任规则来回避起赔额给索赔人带来的麻烦，从而使原告就其损害可获得充分赔偿。[43] 通过这样做，西班牙法院可不考虑损害究竟是单一的不可分割的损失还是应被看做是多个损失这一事实。根据盛行的观点，起赔额适用于每一位受害人而不是受损的每一件物品。[44] 因此，对于他/她的全部财产损失，受害人只须承担一次起赔额。[45]

11. 案例研究（产品责任中的最低起赔额） 由于电力系统的短

---

[41] LRPD 第10.1条先前确定了65,000 西班牙元（约390 欧元）的起赔额，见注8。

[42] 例如，SAP Guipúzcoa 26.6.2006（JUR 2006, 220406）。

[43] 此判决适用民法典上违约的一般规则（第1101条）。其中，见 SAP Ciudad Real 26.11.2001（JUR 2002, 32632）；SAP Córdoba 23.5.2005（JUR 2005, 162763）。

[44] 其中，见 D. Jiménez Liébana, Responsabilidad civil: Daños causados por productos defectuosos（1998）402；R. Bercovitz Rodríguez-Cano, La responsabilidad de los fabricantes en la Directiva de las Comunidades Europeas de 25 de julio 1985, Estudios sobre Consumo 7（1986）113；M. A. Parra Lucán, Daños por productos y protección del consumidor（1990）583；S. Rodríguez Llamas, Régimen de responsabilidad civil por productos defectuosos（2nd ed. 2002）192.

[45] 但是，该审判部分具有误导性，因为损害是由一位理发师的房子因一件有缺陷的热水器而发生火灾所致的。商业用途的财产损失赔偿被从"指令"（对照：第九条）的保护范围中排除了［例如，SAP Burgos 13.2.2003（JUR 2003, 122404）］。

路导致 P 停放的汽车被完全烧毁。这场火还烧毁了 P 存放在汽车后备箱里的高尔夫装备和汽车电话系统。P 向制造商提出索赔，其依据是制造商对缺陷产品的责任。全部损失——汽车的电话系统、汽车本身和高尔夫装备——被看做是一项不可分割的损失，还是多个相互独立的损失？欧盟产品责任指令对于财产损失赔偿规定了最低免赔额。对每一项损失单独适用起赔额——例如，P 的汽车、汽车电话系统和高尔夫装备——还是只对总额适用一次起赔额？能否进一步主张，高尔夫包的损失和高尔夫球杆的损失也应作为单独的损失来对待？

27　　如前所述，西班牙法律著作认为 390.66 欧元的起赔额适用于总额，包括了汽车电话系统和高尔夫装备。对汽车本身的损坏可能被排除在"指令"的保护范围之外，因为它是对产品本身的损坏。[46] 但是，某些损害被排除在"指令"的范围之外而依所其他责任规定来获得赔偿这一事实并不必然意味着它们被认为是独立的损失。

　　12. 在你们国家侵权法中，在确定责任限额和最低起赔额时哪个标准是起决定作用的？对以下因素要特别考虑：损失的类型（例如，人身损害或财产损害）；责任形式（例如，过失责任或严格责任）；受害人或侵权行为人的个人特征（例如，雇员、未成年人、专业人士）；其他标准（例如，年金赔付或一次性赔付）。如果法律承认这些区分，那么，能否进一步主张，受害人因一起侵权行为或不作为而遭受的损失须被看做是多个单独的损失，其中一些损失受制于责任限额或最低起赔额，而另外一些损失则不适用？

限额

28　　通常，责任限额是由规定严格责任的法规确立的。[47] 人身的或身

---

[46] 见《指令》第 9 条和《2007 年保护消费者和用户的法律通则》（LGDCU–2007）第 142 条。

[47] Art. 129 LNA；Art. 45, 51, 52 LEN；Art. 141 LGDCU–2007.

体的损害是立法机关用来确定责任限额或法定赔偿标准表格化方案的另一个参照，例如，先前提到的适用于道路交通事故的强制性的赔偿标准表格化方案。[48] 目前，对此事故引起的身体伤害和非金钱损失很难适用充分补偿的原则，这是对身体伤害适用法定的、表格化方案的正当性理由。[49] 人身损害也被宪法法院在 STC 181/2000 判决中明确提到，被作为责任限制正当性的一个理由。[50] 在产品责任领域，《消费者保护法》也对人身损害和死亡引起的责任进行限制（63,106,270.96 欧元，LGDCU‐2007 第 141 条）。关于人身损害赔偿的法定赔偿标准表格化方案，有些学者认为它们对于像疼痛与痛苦之类的损害赔偿具有促进统一性的积极作用。若不这样，在这一领域将很难达到足够的确定性和赔偿数额的统一化。[51]

据称促使引入责任限制的其他因素是较高的责任事故率、具有潜在危险性活动的社会化、强制保险的存在[52]，或保险公司以更具有可预见性的方式计算他们承担的风险的可行性。[53]

29

起赔额

对于私人用途的物品损害规定可扣除的起赔额［Art. 141. b) LGDCU‐2007］是受另一种哲学的激励。在这种情况下，如"产品责任指令的序言"所言，"较低的数额确定的起赔额"的目的在于"避免案件数过多的诉讼"。对于某些名目的损害的责任限制或最低

30

48　见被《私营保险监督管理法》修订过的《道路交通责任法》的附件。

49　见 *Vicente*（注1）319. 也可见 *J. Pintos Ager*, Efectos de la baremización sobre la litigiosidad, InDret 2003, 3 ff.

50　其中可见，*J. Ribot Igualada*, La culpa "relevante" como culpa "adicional": la STC 181/2000 a la luz de la interacción entre responsabilidad objetiva y culpa, in: A. Cabanillas Sánchez et al.（eds.），Estudios Jurídicos en Homenaje al Profesor Luis Díez‐Picazo (2003) 2871.

51　见 *Vicente*（注1）319 和 *J. Pintos Ager*, Baremos, InDret 1999, 13 ff.

52　见 *Ribot*（注50）2871.

53　见 *Rodriguez*（注44）200.

起赔额是否将损害变为多个损失的问题,在西班牙侵权法中好像未被讨论过。

D. 多个损失

13. 当两个以上当事人共有的财产受损时,由此而产生的损害是否被看做是每一位当事人的权利均受到侵害而导致的多个相互独立的损失?

31　虽然这一问题在西班牙侵权法中也并不被讨论,但好像该损害会被认为是一项单一损害,不同名目的损害都产生于此,而无论受害人(共同所有人)的数目。根据《西班牙民法典》,每一位共有人都可以提起诉讼要求赔偿全部损失(第394条)。

14. 案例研究(共有)P1和P2是一幢建筑物的共有人,该建筑物因D的恶意纵火而被毁损。P1和P2所遭受的损害应被看做是一项单一的不可分割的损失,还是P1和P2分别遭受的两项损失,类型选择的后果是什么?

32　这一案例可能要依据共有人的规则(《西班牙民法典》第392条以其以下部分)来处理。基于此,每一位共有人都可以就共有建筑物所遭受的全部损失要求索赔(《西班牙民法典》第394条和相关的第1902条)。[54] 这种处理方式背后的原理是任何一位共有人都能为了共有的利益而采取行动和主张权利。[55] 因此,可以说P1和P2都共同遭受了一起单一的、不可分割的损失。

15. 案例研究(所有权和使用权)P1对林地拥有所有权,P2拥有采伐林木的权利。D因过失引发了火灾而使林木被毁,P1和P2所遭受的损害应被看做是一项不可分割的损失,还是两项相互独立的损失,类型选择的后果是什么?

---

[54] See *F. Echeverίa Summers* in: R. Bercovitz(ed.), Comentario del Codigo Civil(2001)com. Art. 394, 537.

[55] 例如,STS 12.11.2994(RJ 1994,8472)。

西班牙的处理方法也许不会将注意力集中在 P1 和 P2 是遭受了 33
一起单一的不可分割的损失还是多个相互独立的损失，而是直接关
注每一位受害人能就什么损失提出索赔，以及，也许，每一位当事
人是否可就全部损失提出索赔。如已经分析的那样，西班牙侵权法
是建立在一个非常宽泛的责任条款的基础之上的，它允许对任何
"所导致的损害"进行赔偿（《西班牙民法典》第 1902 条）。因此，
与英国或德国法律制度不同，它不需要识别受保护的利益。正是由
于这个原因，很难回答西班牙法院是否会将 P1 和 P2 所遭受的损害
看做是一起单一的不可分割的损失还是多个相互独立的损失。尽管
如此，也可以争辩称存在一项单一的、不可分割的损失，它是由不
同名目的损害组成，其中，P1 遭受了一些，而 P2 遭受了另外一些。
阿斯图里亚斯法院 [SAP Asturias 18.4.2005（JUR 2005 \ 106060）]
判决了一起关于影响到出租人的房屋的火灾案件。该房屋被出租给
索赔人用来商业经营体育馆。由于火灾所致，房屋被严重毁坏。因
为需要修理，商业经营活动被迫中断了 15 天。只有承租人提起了诉
讼，他要求赔偿修理和清理体育馆的费用，以及因经营中断导致的
收入损失。被告称承租人无权就修理和清理费用提出索赔，因为它
是由房东承担的。上诉法院称承租人对两种"损害项目"（"*partidas
del daño*"），既包括根据租赁法属于房东的也包括那些影响到承租人
的损害，都可提出赔偿请求。

因此，可以说 P1 和 P2 遭受了一起单一的不可分割的损失，并 34
从中产生了各种不同项目的损害。原则上，每一位索赔人都可以对
落入他/她的领域内的那些项目的损害（P1 作为所有人，对于树木
的毁灭；P2 对因森林减少而产生的经济损失）进行索赔。但是，遵
循前面提到的判例，承租人（P2）不仅可以对他自己的损失，还可
对影响到林木土地所有人（P1）的损失提出索赔。

E. 多个损失与多个侵权行为人

16. 在何种条件下可认定多个侵权行为人共同引发了受害人的单

一损失？在何种条件下可以认定多个侵权行为人导致了同一受害人的多个相互独立的损失而需要对这些损失分别进行救济？多个侵权行为人对损害承担连带责任的前提条件是什么？能否主张，多个侵权行为人分别导致了多个相互独立的损失，但是，与此同时这些侵权行为人需要对损失整体承担连带责任？

35 关于侵权责任的《西班牙民法典》的一般条款（第 1902 条）未涉及多个侵权行为人的问题。但是，在债法总则部分有一项一般条款规定，当单一债务有多个债务人，连带责任不可基于推定而只能在"债务明确规定"的情况下才可适用（第 1137 条）。基于此，一些学者称非连带性规则不仅适用于由合同产生的债务，也适用于由侵权产生的债务。因此，如果数人导致了损害，他们应分别承担责任，他们的责任应依据各自参与的比例进行划分。[56] 尽管这也是判例法早期流行的观点，但进入二十世纪以来，多个侵权行为人承担连带责任的规则成为一般化。分别责任则限于可确定每一个侵权行为人对损害结果促成程度的多个损害原因的案例中。在那些案例中，西班牙最高法院称，"连带责任不起作用"，规则是"每个侵权行为人承担分别责任（*responsabilidad mancomunada*）"。[57]

36 与分别责任（*mancomunidad*）规则相左，当前法学界[58]和判例法的意见都支持在下列情形下适用连带责任规则：当"多个行为参

---

[56] A. Cristóbal Montes, Mancomunidad y solidaridad en la responsabilidad plural por acto ilícito civil (1985) 105, esp. 116; *M. Albaladejo*, Sobre la solidaridad o mancomunidad de los obligados a responder por acto ilícito común, Anuario de Derecho Civil (ADC) 1963, 345 – 375, and *Yzquierdo* (fn. 1) 401.

[57] 在同样意义上，可见 SSTS 23. 1. 2004（RJ 2004, 1）; 29. 12. 2006（RJ 2006, 9608）; STS 16. 4. 2003（RJ 2003, 3718）。

[58] 其中可见, *de Ángel*（注 1) 847; *E. Gómez Calle* in: L. F. Reglero Campos (ed.), Tratado de responsabilidad civil (3rd ed. 2006) 484; *Pantaleón*（注 1) 2001; *V. Múrtula Lafuente*, La responsabilidad civil por los daños causados por un miembro indeterminado de un grupo (2005) 108 – 112.

与并促成了损害结果的发生且不可能识别每一个行为人的作用"[59] 时,即使他们不具备共同行为人的条件,即使每一个人自身实施的行为都不会导致全部损害。[60] 只要不可能对行为进行单独识别或确定每一名侵权行为人对损害发生的作用,就适用连带责任,不管多个行为人的行为是构成损害的"单一的共同原因"[61] 还是数个独立、自主的行为相组合而导致损害的发生。即使存在"多个作为或不行为,它们可以是独立的、自主的、同时的或连续的,只要它们基于产生损害事件的目的而被联系在一起并且在因果关系上具有相关性",也适用连带责任。[62] 因此,西班牙侵权法关注的焦点并不是损害后果(损害是一起单一的损失还是数个相互独立的损失),而是因果关系的进程和是否有可能对每一名被告在因果关系中的作用进行个别化识别。许多判例将这一规则称为"不真正连带"("*solidaridad impropia*")(即不适当的或虚假的连带)或"整体责任"("*responsibility in solidum*")。[63] 虽有一些例外,法学界通常不同意这一表述。[64]

除此以外,有一些特别法规规定了与严格责任有关的以连带责

---

[59] SSTS 7. 3. 2002(RJ 2002, 4151);17. 3. 2006(RJ 2006, 5637)。

[60] SSTS 18. 6. 1998(RJ 1998, 5066);7. 11. 2000(RJ 2000, 9911)。

[61] SSTS 19. 7. 1996(RJ 1996, 5802);7. 3. 2002(RJ 2002, 4151);29. 12. 2006(RJ 2006, 9608)。

[62] SSTS 7. 3. 2002(RJ 2002, 4151);14. 7. 2003(RJ 2003, 4629)and 14. 12. 2006(RJ 2006, 9733)。

[63] SSTS 13. 2. 2001(RJ 2001, 853);7. 3. 2002(RJ 2002, 4151);4. 6. 2007(RJ 2007, 3612)。

[64] 这种区分也许缺乏法规依据,仅仅是为了规避《西班牙民法典》第1137条文本的一种托辞。见 *M. Yzquierdo Tolsada*, Aspectos Civiles del Nuevo Código Penal (1997) 194 – 198 and *Cristóbal* (注56) 64, 68, 74 ff. 有些作者将多个侵权行为人的责任称为连带责任而没有进一步提示 [其中有 *L. Díez-Picazo/A. Gullón*, Sistema de Derecho Civil II (8th ed. 1999) 546]。

任为基础的法律责任。[65] 如前所述，对此的解释因具体法规而异：保障对受害人的赔偿；避免受害人难以证明因果关系或每一位侵权行为人的责任份额，等等。[66]

38 当侵权行为人作为共同侵权行为人（即依据先前协议而行动的当事人，不仅包括旨在制造损害的协议，也包括会导致非法风险的活动的实施协议）行为时西班牙判例法也规定了连带责任。[67] 连带责任也包括帮凶和辅助人。当侵权责任源自犯罪或违法行为时，《刑法典》明确规定共同行为人之间以及帮凶之间都承担连带责任（第116.2条）。但是，其规则是，处于同一类型中的责任人之间承担连带责任，而每一类型与其他类型之间是主从关系。

39 最后，连带责任的另一个依据是雇主和雇员之间的连带责任。当雇主因其雇员的行为而被认定负有责任时，后者也要依据《西班牙民法典》第1902条承担责任。[68]

17. 案例研究（连带责任和分别责任）D1、D2和D3计划抢劫一对夫妇E和F。D1在汽车里等候，并负责逃跑。D2将使用枪控制住这对夫妇并从E身上拿走钱，D3将取走F佩戴的珠宝。D1、D2和D3同意如果有必要将使用暴力。由于E对D2进行防卫，D2开了

---

[65] 例如，Art. 33.5 LC；Art. 123 LNA；Art. 52 LEN；Art. 65 of the Act of 18 March 1966, *de Prensa e Imprenta* (Press and Printing Act)；Art. 132 LGDCU – 2007；Art. 140 of the Act 20/1992, of 26 of November, *de Régimen Jurídico de las Administraciones Públicas y Procedimiento Administrativo Común* (Legal Regime of Public Administrations and Common Administrative Procedure Act)；Art. 61.3 Ley Orgánica *sobre la Responsabilidad Penal de los Menores* (Organic Act on Criminal Liability of Minors).

[66] 关于这些不同依据，见 *Gómez Ligüerre*（注7）153 ff.

[67] STS 16.10.1987 (RJ 1987, 7105)；SSAP Murcia 9.11.1999 (JUR 2000, 76849)；Granada 20.7.2002 (JUR 2002, 214390)；Zamora 12.5.2006 (JUR 2006, 203075). 法律著作见 *Solé*, RDP 2008, 33 ff.

[68] 见 SSTS 23.11.1990 (RJ 1990, 9042)；30.12.1992 (RJ 1992, 10565)；4.4.1997 (RJ 1997, 2639)；29.5.2003 (RJ 2003, 3913). 法律著作见 *F. Peña López* in：R. Bercovitz (ed.), Comentario del Código Civil (2001) 2125；*Gómez Calle* (fn. 58) 497.

枪并伤害了 E，E 随后就其医疗费用和疼痛与痛苦提出索赔。F 请求返还她的珠宝，并且，由于珠宝在争抢中受到了损害，因此，F 还就修补费用提出索赔。在这个案例中，是存在一个总体损失，其可就相同范围归责于每一个侵权行为人，还是存在数个相互独立的损失，每一项损失可归责于一名不同的侵权行为人？如何确定 D1、D2 和 D3 的责任范围？

在当前案例中有可能确认侵权责任源自犯罪或违法行为。如前所述，《刑法典》规定了共同行为人之间和从犯之间承担连带责任（第 116 条）。因此，同一类成员（共同行为人或从犯）之间承担连带责任，而每一类人相对于其他类人而言都是主从关系。在案例中，D1、D2 和 D3 同意抢劫 E 和 F，并且他们同意如有必要可使用暴力。因此，这三人都能认识到 D2 会开枪以及 E 和他的珠宝会受损，即 D1、D2 和 D3 都能预见到这一后果，他们都应对损害负责。要避免这种处理结果，就应该证明当事人间缺乏关于损害的某一个或几个方面的协议。如果某一个共同行为人超出了他们事先同意的计划而其他人对此不同意，那么，原则上，对于超出的部分不应归责于其他人："一旦超出共同协议，就没有相互归责"。[69] 但是，在当前案件中，好像协议预见到了所有后果。因此，D1、D2 和 D3 要对他们所从事的犯罪或违法行为所导致的损害承担连带责任。

即使将刑法典抛在一边，也可以适用连带责任。如前所述，一般侵权责任规则下的判例法认可共同行为人之间、帮凶、教唆者或辅助人之间都可适用连带责任。在假设案例中，D1、D2 和 D3 计划一起参与共同行动，从而产生了这三人都可预见到后果的违法风险。他们先前的默许是确认他们之间因果关联的充分依据。因此，可以共同协议书为基础将损失分配给所有共同行为人，而不需要论证损

69　见 *S. Mir Puig*, Derecho Penal. Parte General (5th ed. 1998) 391.

失与每一行为人在共同行动中的作用之间存在特定的因果联系。[70] 总之，西班牙的解决方法认为存在一个总的损失，可在相同范围内将其归责于每一个侵权行为人。

18. 案例研究（人身损害被明确排除）假设事实与上述案例相同，如果D1、D2和D3最初同意不使用暴力，但是，当E未听从D2的命令时D2开了枪，该案是否因此而得到不同对待？在这个案件中，对于E的伤害，是由D2一人承担全部责任，还是可将其看做一起可在同等程度上归责于每一个侵权行为人的整体损失，从而认定D1和D3也要对损失负责？

在这个案例中，D1、D2和D3的先前协议不包括对E开枪的可能。因此，由于缺乏对此后果的事先允许，从而排除了以连带为基础将损害归责给所有行为人的可能。因此，他们将被认定为对珠宝财产损失，而不是对E的人身损害，承担连带责任。[71] 如果适用犯罪或违法行为所致侵权的责任规则，结果是一样的，因为——如前所述——当一名共同行为人超出了事先协议而其他人对此不同意时，超出的部分不能归责于其他人。[72] 西班牙法律好像并不涉及损害后果是被看做数个相互独立的损失还是一个整体损失的问题。

F. 损害的可分割性和因果关系的不确定性

19. 为了处理与证明因果关系有关的问题——特别是在大规模侵权的背景下——有些地区发展出一些例外规则，以被告制造了风险为由对其施加责任，而无论有无证据显示被告的行为是原告所受伤害的"若非则无"（sine qua non，必要条件）意义上的原因。你们国家的侵权法是否承认这些规则？如果承认，什么被认为是受害人

---

[70] 见 *Gómez Calle* (fn. 58) 499 and *F. Pantaleón Prieto*, Comentario a la STS de 8 de febrero de 1983, Cuadernos Civitas de Jurispru den cia Civil 2 (1983) 411 f.

[71] 类似的有 *M. Martín-Casals/J. Solé Feliu*, Multiple Tortfeasors under Spanish Law, in: W. V. H. Rogers, Winfield & Jolowicz On Tort (16th. ed. 2002) 195 f.

[72] 见注69和相关文本。

已经遭受的损失?

此种发展在西班牙法律中并未出现。作为一个事实问题,西班牙法院对于因果关系已经采用了一种非常宽松的方法,作为其判断基础的标准有许多种,包括"若非则无"的标准(或同等条件原理)和充分因果关系,仿佛他们都可平等地作为判断事实上因果关系的标准。[73] 直到最近,德国的责任范围(*objektive Zurechnung*)原理才被西班牙法院采纳。但是,判例法总是拒绝仅仅因为被告制造了风险就将适用于过失的举证责任倒置的一般规定适用于因果关系证明。[74]

20. 案例研究(源于多种途径的暴露风险)V 先后连续受雇于 D1、D2 和 D3。在每一工作期间,由于雇主的过失 V 都暴露于石棉中。近来 V 已被诊断出患有间皮瘤,使其寿命预期严重缩减,该疾病系其在工作中暴露于石棉下所致。间皮瘤不是一种严重的疾病(不像石棉肺),并且,即使额外暴露于石棉中也不会加重其严重性。科学证据无法显示间皮瘤是由于在哪一工作时间暴露于石棉中所致,或由于在不同工作时期累积暴露于石棉中所致。在你们国家的侵权法中,D1、D2 和 D3 能否被认定负有责任?如果负责任,V 被认为已遭受了一起不可分割的损失,还是多项不同的损失?

西班牙法院还未受理过与石棉有关的侵权责任方面的索赔。此类索赔通常在劳动法院被提起,在那里因果关系已经不是认定责任成立的障碍了。[75] 关于假设的案例,它和穆尔西亚高等法院在 2001 年 5 月 7 日(AS 2001/1868)判决的案例类似。它判决索赔人的丈夫曾经为其工作过的并在其设施中接触到石棉尘埃的被告中的一些

---

73 See *J. Ribot/A. Ruda*, Spain, in: B. Winiger/H. Koziol/B. A. Koch/R. Zimmermann (eds.), Essential Cases on Natural Causation (2007) 41 ff.

74 See *J. Ribot/A. Ruda*, Spain, in: H. Koziol/B. C. Steininger (eds.), European Tort Law 2007 (2008).

75 See *A. Ruda*, Spanish case note, European Review of Private Law 2004, 245–258.

人承担责任。但是，对于那些就暴露时间而言所起作用非常小的被告，法院驳回了对其的索赔。这项判决或许并不能说明，如果工人在不同公司工作的时间更为接近时会出现什么结果。记住前面所分析的，在那个案例中法院可能会判决所有的被告承担连带责任。[76]

21. 在所谓 DES 案件中，一些美国法院认定若干被告负有责任，即使被告与索赔者的损害之间的因果关系并不能像普通案件那样得到证实。这些案件处理的是多名被告与多名受害人之间的问题。尽管不可能证实哪一名被告损害了哪一位受害人，但每一名被告都要依其在 DES 市场上的份额承担按份责任（市场份额责任）。在你们国家的侵权法中，这样一种责任模式是否适当？如果适当，请基于下述案例说明什么被认为是已经遭受的损失。

有些学者支持将市场份额责任作为因果关系不确定案件中的适当的解决方法。但是，盛行的观点依然对此反对。事实上，它的适用条件很难满足，它与西班牙法院通常所采用的标准也相矛盾。并且，连带责任在实践中的广泛适用要比市场份额责任有利于受害人。[77] 根据连带责任规则，受害人可对任一债务人或同时对所有债务人提出索赔（《西班牙民法典》第 1144 条）。如果他们中的一人清偿不能，其他债务人必须依其债务比例来对此分担。

22. 案例研究（市场份额责任）D1、D2 和 D3 是制药商，其生产的药品都是基于相同的化学制剂并都在 A 国流通。在药品上市多年后发现该药品所使用的制剂具有致癌作用。P 是数千名受害人中的一员，像其他受害人一样，他无法证实其服用的是哪一家制药商生产的药品（D1、D2 或 D3）。但是，根据市场份额原理，P 能向他们（D1、D2 或 D3）中的任何一家提出索赔，尽管每家制药商的责任都受限于其在 A 国市场上的份额。如果依据你们国家的侵权法可

---

[76] See *Martín-Casals/Solé*（fn. 71）208.

[77] See *A. Ruda*, La responsabilidad por cuota de mercado a juicio, InDret 2003, 1-33, 25.

以适用市场份额模式，那么，什么是每一家制药商所应负责的损失？这种损害场景应被看做是一起单一的不可分割的损失，还是多个相互独立的损失？

见对前一问题的解答。 46

三、程序方面

A. 管辖

23. 依据你们国家的程序法，损害行为地或损害发生地对于哪一个法院有管辖权是否具有决定性意义？当损害行为在多个不同地点引发了多项不同的损失的时候，此类案件应如何处理？是否可以在同一个法院处理所有的损失索赔，即使这些损害是发生在多个不同的管辖区域内？如果可以，那么，整体损害是被看做是一项单一的不可分割的损失，还是多个相互独立的损失？

西班牙受《布鲁塞尔条例》(Brussels Regulation)[78] 的管辖，并 47
且是《民商事案件管辖与判决强制执行的卢加诺公约》[79] 的签字国。除了上述国际文本以外，西班牙法院的管辖权还受《司法权组织法》[（LOPJ）第21条][80] 和《民事诉讼法》[（LEC）第36条] 的限定。对以下领域西班牙法院享有专属管辖权：(1) 位于西班牙境内的不动产租赁和物权法；(2) 住所在西班牙的团体或法人的章程、有效、无效或解散；(3) 在西班牙登记机构登记的有效或无效；(4) 必须进行登记或交存的专利权或其他权利的登记或效力，只要该登记或交存已经被请求或实施（《司法权组织法》第22.1条）。

---

[78] Council Regulation (EC) No. 44/2001 of 22 December 2000 on jurisdiction and the recognition and enforcement of judgments in civil and commercial matters, OJ L 12, 16.1.2001, 1–23.
[79] 88/592/EEC, OJ L 319, 25.11.1988, 9–48.
[80] Ley Orgánica 6/1985, *de 1 de julio*, *del Poder Judicial* 1985 (BOE no. 157, 2.7.1985).

48　　　　并且，关于西班牙法院的管辖权分配有三项一般标准（《民事诉讼法》第50.1和2条）。（1）明示提交（*pactum de foro prorrogando*）。在这个案件中，当事人同意将他们的争议提交给特定地方的法院（《民事诉讼法》第54和55条）。（2）默示提交。在这个案件中，索赔人向法院提出诉讼请求，被告未反对法院的管辖权而出庭（《民事诉讼法》第56条）。（3）最后，被告的住所位于西班牙的事实。依据被解释为经常居住地。[81] 但是，如果审判事关一项企业或职业活动，对企业家或职业人士的索赔可在其业务实施地提起。如果他们在多个地方有办公场所，他们可依索赔人的选择，在其中任一地方的法院提起诉讼。（《民事诉讼法》第50.3条）

49　　　　西班牙法院的管辖权还有一些不同的特殊标准。关于侵权债务，当产生债务的事实发生在西班牙领土内（*forum delicti commissi*）或侵害人和受害人都在西班牙有经常居住地（《司法权组织法》第22.3条）时，西班牙法院拥有管辖权。这样一种规则被认为足以保护在西班牙领土内居住的人们。[82] 如果损害发生——例如，由缺陷产品导致的——在一处管辖地，而损害后果出现在另一管辖地，若将管辖权分配给后一管辖国家的法院会给西班牙的当事人带来过于沉重的负担，并对他/她来说是无法预见的。因此，只要产品是西班牙生产和销售的，就应将管辖权授予西班牙法院。[83] 在这种背景下有关损害的合并和分割通常都不被讨论。

50　　　　如果索赔人（原告）将几项诉讼请求合并（*acumulación de ac-*

---

[81] See *E. Cano Bazaga* in：M. Aguilar Benítez de Lugo/B. Campuzano Díaz/E. Cano Bazaga/H. Grieder Ma cha do/M. Á. Rodríguez Vázquez, Lecciones de Derecho procesal civil internacional (2002) 96.

[82] Instead of many, A. -L. Calvo Caravaca/J. Carrascosa González, Derecho internacional privado II (2003) 580.

[83] See *J. C. Fernández Rozas/S. Sánchez Lorenzo*, Derecho internacional privado (2nd ed. 2001) 606.

ciones o pretensiones），那么，应将管辖权授予与可作为其他诉讼请求基础的某一项诉讼请求相关地点的法院。如果这一标准是不可行的，那么，管辖权将授给须审理最大数量的合并诉讼的法院。如果仍不可行，将依据从数量方面来看最重要的诉讼请求来确定相应的法院管辖地（《民事诉讼法》第 53.1 条）。如果这些标准都不可行——例如，各项诉讼请求相互独立且它们的数额和范围都相同——原告必须从那些如果将诉讼请求单独对待将对此有管辖权的法院中选择一家法院。[84]

西班牙法还规定私法法院不仅对与私法有关的事项有管辖权（《司法权组织法》第 1 部分第 9.2 条），还对其他法院都不享有管辖权的事项拥有管辖权（《司法权组织法》第 2 部分第 9.2 条）。因此，这是一项对私法法院有利的管辖权一般规则。对于机动车事故导致的侵权索赔，损害发生地的法院拥有管辖权（《民事诉讼法》第 52.1.9 条）。对于侵害知识产权的索赔案件，索赔人可选择侵权行为实施地或非法复制品存放地的法院作为管辖法院（《民事诉讼法》第 52.1.11 条）。对于不正当竞争案件，被告办公场所所在地法院有管辖权；如果他在西班牙境内没有办公场所，由其住所或居住地法院管辖；如果他的住所或居住地也不在西班牙境内，可由索赔人选择不正当竞争行为实施地或后果发生地的法院管辖（《民事诉讼法》第 52.1.12 条）。当这些规则不适用保险合同时，由被保险人的住所地法院管辖（第 52.2 条）。这些规则都是强制性的（《民事诉讼法》第 54 条），因此，法院必须在每一起案件中都要审查这些规则是否已被遵守，当事人不得将案件提交给不同的法院。根据拟议法，一些学者建议，对于每一起侵权责任诉讼案件都应由损害发生地法院

---

[84] See *A. de la Oliva Santos* in：A. de la Oliva Santos/I. Díez-Picazo Giménez, Derecho procesal-civil. El proceso de declaración（2000）98.

管辖。[85] 除此以外，对于"保险赔偿联盟"（*Consorcio de Compensación de Seguros*）作为一方当事人的诉讼（《关于对国家和公共机构的法律援助的法案》第15条）[86] 和有关某些类型的地方治安官和公职人员的侵权责任诉讼［《司法权组织法》第56.2、3和第73.2.a）和b）］，有一些特别规定。在这些背景下损害的合并和分割好像都不被讨论。

24. 案例研究（国内管辖权；损失发生地）在W法院的管辖区域内，D对P的食物投毒。在X法院的管辖区域内，该食物喂给了P的狗。结果P的狗在Y法院的管辖区域内开始呕吐并把P的汽车弄得一团糟。在Z法院的管辖区域内，P自己食用了有毒的食品并因此而产生了胃痉挛和恶心。P能在哪一处法院就其损失（被弄糟的汽车，疼痛与痛苦，收入损失）提出赔偿请求？能在同一个法院提出所有的索赔吗？

52　　如业已分析的那样，法学界提出将管辖权授予损害显现地的法院是不充分的。关于受害人所遭受的不同类型的损害，就管辖权分配而言，西班牙的法律未做任何区分。由于《西班牙民法典》第1902条规定的一般条款的缘故，没有必要对几种侵权进行区分，这与英国法明显不同。因此，所有的索赔请求都可在一家法院提起（见《司法权组织法》第22.3条，参见上文边码49）。依照规定，索赔诉讼必须在被告的居住地法院提起（《民事诉讼法》第50.1条）。因此，从这一角度来看，几种不同类型的损害发生在不同地点的事实无关紧要。如果损害是源自机动车交通事故，那么，应在损害发生地的法院提起索赔（《民事诉讼法》第52.1.9条）。但是，

85　See *J. M. Fernández Seijó*, Las acciones de responsabilidad en el nuevo proceso civil, in: J. Picó i Junoy（ed.）, La aplicación judicial de la nueva Ley de enjuiciamiento civil（2002）110.

86　Ley 52/1997, de 27 noviembre, *sobre asistencia jurídica al Estado e Instituciones públicas* (BOE no. 285, 28. 11. 1997, 35089 ff.).

如果原告以合并的方式对一人或多人提起多项诉讼请求，那么，作为其他诉讼请求基础的那项诉讼请求的管辖法院有权对此进行管辖（《民事诉讼法》第53.1条）。在当前假设案例中，可辩称索赔诉讼请求都不符合这一标准，因此，应适用辅助标准，即须对较大数量的合并的诉讼请求进行审理的法院应享有管辖权。该标准亦有辅助标准，即从数量的角度看最重要的诉讼请求地法院有管辖权（《民事诉讼法》第53.1条）。[87] 因此，很明显最终后果将取决于案件的具体情形。

B. 诉讼金额

25. 诉讼金额在诉讼的程序方面（例如，有关律师费、诉讼费，法律救济的认可，法院管辖权或其他原因事项）是否具有决定性作用？如果是，当基于一个单一的侵权行为或不作为而提起的请求被分解开并单独起诉时，是否会产生不同的结果？当损害被看做是一项单一的不可分割的损失或多个损失时，会有什么不同（如果有的话）？

在几个程序方面索赔金额都被予以考虑。例如，它在涉及是适用普通程序（*juicio ordinario*）还是口头程序（*juicio verbal*）的相关问题时是相当重要的。当不存在可用来解决这一问题的主观或客观标准时，诉讼金额就成为了辅助标准。[88] 并且，如对前一问题的回答，确定某一特定的法院享有管辖权的辅助标准会考虑量化方面。当诉讼请求额超过500,000西班牙元（大约3000欧元）或无法对金额进行评估时，该诉讼将被作为普通程序来处理（《民事诉讼法》第249.2条）。如果金额未超过这一标准，该事项就不会涉及先前规则所提到的那些事项（没有一项是侵权责任），就应适用口头程序

87　见上文边码50。
88　See *V. Moreno Catena* in: V. Cortés Domínguez/V. Gimeno Sendra/V. Moreno Catena, Derecho procesal civil. Parte general (3rd ed. 2000) 54.

(《民事诉讼法》第 250. 2 条)。对于源自侵权的索赔诉讼好像不大可能在不同类型的程序之间进行分割。

C. 先前法院判决或和解的法律效力

26. 当一项请求已经历诉讼,并且终审法院的判决已经做出时,索赔人在多大范围内被禁止就基于同一侵权行为或不作为而产生的进一步损害提起诉讼?作为后一起索赔对象的损失被看做是已经被法院处理过的损失的一部分或者被认为是一项独立的损失,是否具有决定性作用?

54　　西班牙法律承认"既判力(一事不再理)"(efecto de cosa juzgada)原则,禁止相同当事人就其在先前诉讼中基于相同程序条件和诉因已审理和裁决过的诉讼请求事项再次进行诉讼。正如法院判决〔STS 23. 2. 2007(RJ 2007, 655)〕所言:"一事不再理的后果意味着第一次审判所宣布的最终判决排除了相同当事人就同一标的、同一基础和诉因(causa petendi)进行新的诉讼。"[89] 相同的规则当前已被《民事诉讼法》第 222 条所确立,根据该条款,终审判决,无论是认可还是驳回诉讼请求,其约束力都将排除就相同标的进行再次审判。

55　　然而,与"一事不再理"原则的禁止效力相抵的是,判例法和法律著作都允许在例外情况下进行再次诉讼,即当在第一次诉讼中"案件的所有事实上和法律上的可能都未穷尽,或者出现了一项新的继发的和无法预见的原判决以外的因素"的时候。[90] 作为结果,判例法已声明,对于源自同一行为但在先前诉讼程序中无法预见或评估的损失的赔偿请求可以再次提起。如塔拉戈纳省法院判决〔SAP Tarragona 3. 10. 2006(JUR 2006, 50870)〕所总结的那样,它发生在下列案件中,即受害人已获得一项判决但未被法院考虑进去的另一项

---

[89] See also SSAP Coruña 12. 5. 2006(JUR 2006, 177882); Pontevedra 13. 7. 2006(JUR 2006, 220166).

[90] De Ángel(fn. 1)980.

损害结果在后来显现出来，例如"新的和更严重的损害，甚至死亡，显现出来；新的损害或先前已出现的损害的加重；以及在非法行为之后发生的进一步的结果"。如果这些情况不能在第一次审理时被预见到和评估，他们就会逃脱第一次判决的约束效力。因此，当事人可以发动一次新的审判来获得对新的或加重的损失的赔偿。[91] 对于它们，时效从它们显现之时开始计算。[92] 西班牙法院不会将它们的分析集中在这些新出现/加重的损失是独立的损失还是已经处理过的损失的一部分，而是会集中于在第一次审判中不可能认识到它们或对它们进行评估这一纯粹事实上。

27. 案例研究（先前判决）在一起交通事故中由于 D 的过失导致 P 的汽车受损。P 就重新喷漆的费用起诉 D 而获胜诉。判决做出后，发现不仅汽车的喷漆在车祸中受损，发动机也受损了。P 是否被禁止就发动机的损害赔偿再次提起诉讼？发动机受损被看做是法院已经处理过的损失的一部分，还是一项独立的损失？

根据在先前问题中所陈述的内容，西班牙解决方案不是依赖于发动机的损害被看做是已经被处理过的损失的一部分还是独立的损失。相反，关键问题是发动机受损在第一次诉讼中能否被预见到。如果答案是肯定的，第一次终审判决的既判力的效力将禁止 P 再次提起诉讼。相反，如果发动机受损在第一次审理时不可能被发现或不可能预见到，那么，P 可以在第二次诉讼中请求赔偿，因为先前判决的约束力不会延展至 D 所引起的"新发现的损害"。

28. 案例研究（先前判决和与有过失）事实与上述案例相同，但是，在处理 P 就重新喷漆的费用要求赔偿的问题时，法院判决因为 P 与有过失而减半赔偿。审理关于发动机损害赔偿的后一起案件的法院是否受先前法院所做出的与有过失的判决的约束？发动机受

91　*Rivero* (fn. 13) 480.
92　其中，可见 *Rivero*（注 13）480 和 *de Ángel*（注 1）944 ff.

损是否被看做是还未被法院处理过的一项独立的损失，因而先前的判决对后面的法院没有约束力？

57　　审理后一起对发动机损害进行索赔的法院将会受到先前法院关于与有过失认定的约束。根据西班牙法律，"在终审判决中具有约束效力的认定将会对此后审理的法院具有约束力，它在后一起诉讼中将作为诉讼标的的逻辑背景出现，只要两起诉讼的当事人相同或根据法律规定判决的约束效力扩展至他们"（《民事诉讼法》第 222. 4 条）。因此，第一次诉讼中的判决会影响到后来的诉讼，或者将后者排除，或者为后来的诉讼创建一个必须遵循的具有约束效力的前提。[93] 很明显，此类规则不属于实体法，而是属于普通程序法。

29. 案例研究（和解的法律后果）再次假设事实相同，但例外的是 P 最初的索赔是通过法庭外和解而非司法的方式解决的，P 是否会因先前和解的事实而被禁止再次提起诉讼？如果不会，那么，因与有过失而双方合意减少赔偿金是否会对第二起索赔诉讼具有约束力？所受损失被看做是一项单一的不可分割的损失还是多个损失是否具有重要意义？

58　　根据西班牙法律法庭外和解（*transacciones*）是有效的。和解被界定为"当事人通过给予、允诺或保留某些事项而订立的合同，旨在避免提起诉讼或终结一起已经开始的诉讼"（《西班牙民法典》第 1809 条）。这一条款被解释为包括所有类型的侵权责任，无论它是否源自犯罪或不端行为。[94] 此类和解对于当事人具有约束效力（一事不再理）；但是，只有司法和解才可以被强制执行（《西班牙民法典》第 1816 条）。程序法也规定当事人可以通过法庭外和解的方式

---

[93] SSAP Tarragona 3. 10. 2006（JUR 2006, 50870），Pontevedra 13. 7. 2006（JUR 2006, 220166）。

[94] 其中，*de Ángel*（注 1）887；*J. Santos Briz*, La responsabilidad civil. Temas actuales (2001) 381。

终结法律诉讼程序。法院会签发一项确认和解和终结诉讼的裁定（*auto*），"将具有和终局裁决完全相同的效力"（《民事诉讼法》第22.1 条 终审）。

因此，像 P 和 D 同意的那样法庭外和解依据西班牙法律是有效的。此类协议的效力取决于它是被用于诉讼程序内（*transacción judicial*）还是程序外（*transacción extrajudicial*）。在第一种情形中，如果法院授权和解，它会产生与终局判决相同的法律效力（《民事诉讼法》第 22.1 条终审）。因此，它会有充足的约束效力。[95] 在第二种情形中，和解是否也具有约束效力是有疑问的。对此人们可以争辩，基于没有给予法院以审查协议的机会这一事实，它没有约束效力。[96] 但是，判例法坚持司法外和解至少在签约当事人之间也产生约束效力（根据《西班牙民法典》第 1816 条）。[97] 唯一的例外发生在当存在具有破坏性的同意、意图或其他使和解无效的事由时（根据《西班牙民法典》第 1817 条）。如果发生了这类事件，将允许再次起诉。

59

在任何情形下，在第二起诉讼中在相同当事人之间会产生约束力并且会影响与和解事项相同的事实。和解像终审法院判决一样发挥作用，它的效力将限于和解协议所包括的事项和当事人预见到的事项。因此，他们可以再次提起诉讼，请求对在和解协议订立时无法预见到的加重的或新的损害进行赔偿。[98]

60

作为上述的结果，如果在和解中因与有过失而减少了损害赔偿的数额，在后一起诉讼中法院会受到这一前提的约束，并且在确定一项新的赔偿金时须将此考虑在内。

61

顺着前面落所言，西班牙对这些问题的答案与损害被看做是可

62

---

[95] 根据《民事诉讼法》第 222.4 条；对于源自交通事故的侵权责任案件，见 SAP Pontevedra 25.10.2006（RJ 2006, 256633）。
[96] 这是 *de la Oliva/Díez-Picazo Giménez*（注 84）436 的观点。
[97] *De Ángel*（注 1）888. 判例法见 SAP Barcelona 6.7.2005（JUR 2006, 1133）。
[98] *De Ángel*（注 1）888 同一行。

分割的还是不可分割的没有关系。

D. 集团诉讼、代表人诉讼、示范诉讼和大规模侵权

30. 在你们国家的法律制度中，何种诉讼程序机制允许由多个不同的索赔人提起的赔偿请求在一个法院合并审理？如果不同的诉讼请求被合并，它们是被看做与一项单一不可分的损失有关呢，还是与多项损失有关？

根据西班牙法律，有多种机制可使得不同的索赔人提起的赔偿请求合并到一个法院进行审理。第一种是共同诉讼或诉讼合并（*litisconsorcio*），它可相当于德国的 *Streitgenossenschaft*。它由作为同时参加诉讼的数名原告或被告共同组成，他们都处于相同的地位或处境。判决对于他们都具有约束力（*res judicata*）。共同诉讼要求他们提起的索赔都基于相同的基础或诉因（*mismo título or causa de pedir*，《民事诉讼法》第12.1条）。诉因（*causa de pedir*）这一概念的含义仍然有争议，它指诉讼请求之间的一种相互联系，这些请求在法律依据和事实基础方面具有一致性。[99] 因此，索赔者的合法权利与利益之间应存在某种联系。这种联系可以是指主体（例如，数名债权人基于同一债务向其债务人主张连带权利）、客体（例如，交通事故受害人就其所受损害请求赔偿）或诉因（例如，数名房屋或土地所有者面对一项消极役权诉讼）。[100] 这些诉讼请求将通过单一诉讼程序来处理，仿佛他们只是一起索赔，将通过一个判决来裁决。但是，共同当事人的诉讼请求仍在一定限度内独立发挥作用。例如，如果任一原告在法院自认，这只会影响到他自己。但是每一位共同当事人都可对裁判提起上诉，并且，如果诉求得到了认可，所有的共同当事人都会受益。诉讼程序可以仅对共同当事人的某一个当事人终止，

99　见 *Moreno*（注88）109。

100　See *J. Silguero Estagnán*, La tutela jurisdiccional de los intereses colectivos a través de la legitimación de los grupos (1995) 323.

但是要终止整个诉讼程序需要征得所有共同当事人的同意。因此，单一原告所实施的有利行为会使其他当事人受益，而有关对于审理时所讨论的权利的处置或对审理本身的安排——例如和解——必须要征得所有共同当事人的同意。[101]

在一些特定情形下共同诉讼是法定的（*litisconsorcio necesario*），例如，当争议的债务是不可分的时候。那么，只有当债权人对所有债务人都提起诉讼时债务才能得到清偿（《西班牙民法典》第1139条）。然而，共同诉讼也有可能是因为当事人之间的实体的（而非程序的）法律关系的性质所要求的，只要他们之间的法律关系是不可分的（所谓的"*inescindibilidad*"）。[102] 例如，公诉人提起的请求宣告婚姻无效之诉，须对婚姻双方均起诉（《西班牙民法典》第74条）。又如共同所有或世袭社区，其权利属于所有持有人共同所有（*mancomunidad*）而不分份额，该诉讼应由所有的共同所有人提起。[103]

64

在其他情形下，共同诉讼纯粹是自愿的（*litisconsorcio voluntario*），即原告将多名被告一起起诉至法院，尽管并不存在法律强制要求或债务的不可分性（所谓诉的主体的合并）。这些诉讼请求须源自相同的权利或诉因（*titulo or causa de pedir*，《民事诉讼法》第72条）。判例法和法律学者对此采取宽松的解释，因此，即使多名受害人所遭受的损失源自不同的损害事件，只要他们所遭受的损害之间有某种关联或联系，这一标准也可以满足。[104]

65

31. 依据你们国家的法律制度提起集团诉讼（或与其最接近的

---

101 See *de la Oliva Santos/Díez-Picazo*（注84）184 f.

102 See *J. Montero Aroca* in：J. Montero Aroca/J. L. Gómez Colomer/A. Montón Redondo/S. Barona Vilar, Derecho jurisdiccional II (14th ed. 2005) 86.

103 进一步的事例可见于 *F. Cordón Moreno*，Artículo 12，F. Cordón Moreno/J. J. Muerza Esparza/T. Armenta Deu/I. Tapia Fernández (eds.), Comentarios a la Ley de enjuiciamiento civil I (2001) 169–180, 173.

104 见 *P. Gutiérrez de Cabiedes e Hidalgo de Cabiedes*，Artículo 11，in：Cordón/Muerza/Armenta/Tapia（注103）132–169，149.

对应程序）的前提条件是什么？请举出在你们国家的侵权案件中使用集团诉讼的例子。通过集团诉讼的方式进行索赔与每位受害者单独起诉索赔有什么区别？如果一名受害人对法院在集团诉讼中所做出的判决不满意，他能否以自己的名义提起独立的诉讼，如果a）他先前已经是集团诉讼的当事人；b）他从未成为集团诉讼的当事人？集团诉讼的判决的法律效果是什么？如果一群索赔人以集团诉讼的方式起诉要求赔偿，是否会导致将每一位索赔人的损害进行加总以使其被看做是一项单一的不可分割的损失？

66 西班牙法律规定了一种与美国联邦法（《联邦民事诉讼规则》第23条）上的集团诉讼不完全一样的集团诉讼（acciones de clase）。直至二十世纪七十年代，盛行的观点是单独诉讼足以保护个人利益。但是，当人们认识到许多活动会影响到大量的人——消费者、工人等的时候，单独诉讼方式的缺点就很明显。许多涉及非法广告、不正当竞争或不公平合同条款的法规已经开始允许集体诉讼程序。[105] 然而，消费者组织可以请求停止或禁止实施对消费者有害的活动，不得就其所遭受的损害请求赔偿。人们认为，如果不这样的话，法院会被迫做出不确定的损害赔偿判决。[106]

67 西班牙最高法院刑庭在著名的菜籽油（colza）案中的判决是一个例外。[107] 一个消费者组织（Organización de Consumidores y usuarios，OCU）作为数量众多的受害者的代表参与到刑事诉讼中。最高法院认为，只要他们在诉讼中已进行了身份确认，即使他们不是以直接的方式被代理出庭的，也有权获得赔偿。这个案件的特殊之处——确立因果关系的困难、损害的复杂性和受害人的数目——可以解释

---

105 See *M. I. González Cano*, La tutela colectiva de consumidores y usuarios en el proceso civil (2002) 41 ff.；*Silguero* (fn. 100) 377 ff.，and *J. F. Lousada Arochena*，La tutela jurisdiccional de la discriminación colectiva, Aranzadi Social 1996, 2899 –2920.

106 See *J. Montero Aroca*, La legitimación en el proceso civil (1994) 67.

107 STS Criminal Chamber 26. 9. 1997（RJ 1997, 6366）.

这一结果,[108] 它为更灵活的法规解决方案铺平了道路。

依据西班牙法律,提起集团诉讼需要满足几个条件。首先,它只能就消费者或用户,即在企业和专业行为以外的领域进行活动的人（LGDCU 第三条）所遭受的损害提起损害赔偿诉讼（《民事诉讼法》第 15.1 条）。消费者或用户已经获得了有害的商品或服务并不是必要条件。[109] 这一要求使得集团诉讼无法被用于消费者或用户所受损害以外的集体损害的索赔,如环境集体损害或类似的损害。[110] 当然,《司法权组织法》规定法院有义务保护任何合法的权利和利益,既包括个人的也包括集体的。（第 73 条）。但是,这一规定被认为太宽泛和不充分。[111]

提起集团诉讼的第二个条件是损害事件（hecho dañoso）已经发生（《民事诉讼法》第 15.2 条）。这既包括侵权损害,也包括合同损害。每一位受害人所遭受的损害的情形有所不同这一单纯事实并不能阻止他们提起集团诉讼,因为他们遭受的损害都源自消费了某种商品或服务,因此他们所遭受的损害被认为是共同的。[112] 任何类型的损害都可以成为集团诉讼的基础,它可以是经济损失或人身损害,包括非金钱损失（daño moral）。也不存在起赔额或责任限额。[113]

一个群体、社团或实体已经提起了集团诉讼这一事实不会阻止单个消费者提起独立的侵权诉讼（《民事诉讼法》第 11.1 条）,该诉讼将被单独处理。这是对宪法上的公平程序权利的尊重。（《西班牙宪法》第 24.1 条）。集团诉讼程序中的被告在个人诉讼已经提起

108　See *M. Martín-Casals/J. Solé Feliu*, Defectos que dañan, InDret 2000, 1.

109　See *A. Bercovitz Rodríguez-Cano/R. Bercovitz Rodríguez-Cano*, Estudios jurídicos sobre protección de los consu midores (1987) 231.

110　See *A. Ruda González*, El daño ecológico puro (2008) 518.

111　Instead of many see *Montero* (fn. 102) 69 f.

112　其中,见 *González Cano*（注 105）76, 105.

113　See *J. J. Martín López*, Las acciones de clase en el derecho español, InDret 2001, 4.

的情况下不能仅以集团诉讼已经提起为借口依赖"未决诉讼"(*litispendencia*)的例外来拖延诉讼。[114]

诉讼资格(*Locus standi*)

71 正如前面所分析的那样,受损害事件影响的消费者或用户群体可以提起集团诉讼(《民事诉讼法》第6.1.7条)。群体中的个体成员必须是确定的或可以容易确定的。因此,此类群体不能仅以大众消费者的利益受损为由提起集团诉讼。并且,这一群体必须由大多数受害人组成,好像简单多数就够了。[115] 一人或数人将代表群体进行诉讼,或将其作为一个事实问题来处理或以其成员所接受的协议为依据(《民事诉讼法》第7.7条)。[116]

72 其次,消费者和用户的社团组织也有提起集团诉讼的资格。它要求受害人须是确定的或可以容易确定的(《民事诉讼法》第6.1.3条和11.2条)。此类案件追求的是对集体利益(*intereses colectivos*)的保护。然而,当多个受害人不确定的时候,此类组织也可以提起集体诉讼(《民事诉讼法》第11.3条)。集团诉讼旨在保护分散的利益(*intereses difusos*)。[117] 在此类案件中诉讼资格是专属的,因此,其他类型的实体,例如农业协会或社区,不能作为消费者和用户的代表。[118] 在单一案件中很难确定受害人是否可确定。根据法律的规定,社团组织应作为代表人(*representativas*)(《民事诉讼法》第11.3 i. f.)参加诉讼。如果所要保护的是集体利益,这一条件将不

---

[114] See Á. Carrasco Perera/M. C. González Carrasco, Acciones de clase en el proceso civil? Aranzadi Civil (Ar. Civ.) 2001, 1895–1912, 1908.

[115] See J. F. Garnica Martín, Las partes en la nueva Ley de Enjuiciamiento Civil: novedades más significativas, in: Consejo General del Poder Judicial (ed.), Estudios sobre la Ley 1/2000 de enjuiciamiento civil (2003) 64.

[116] See J. Guasp/P. Aragoneses, Derecho procesal civil I (7th ed. 2005) 225.

[117] See J. Almagro Nosete, La protección procesal de los intereses difusos en España, Justicia 1983, 69–86, 74.

[118] STS Administrative Chamber 4th Section, 14.5.2003 (RJ 2003, 5274).

适用（依据《民事诉讼法》第 11.2 条），并且，对于要保护集体利益的组织来说，至少有一名受害人是社团成员的要求也不复存在。[119] 事实上，《民事诉讼法》并未规定判断某一社团是否是代表人的标准。有些判决曾认为一个组织不能在其领域之外担当代表。[120] 因此，全国性的社团比较适合提起此类诉讼。一个例子是"银行服务用户协会（*Asociación de Usuarios de Servicios Bancarios*，Ausbanc）诉开放式英语学校"案。[121] 某一社团组织未在"健康与消费者事务部"进行登记这一单纯事实并不阻止该社团组织拥有诉讼资格，[122] 在上述案例中，银行服务用户协会请求法院宣告抵押合同中的某些标准条款无效。[123]

73 与美国联邦立法不同，西班牙法官不享有审查集团是否在法庭上被正确代表的程序机制（确认程序）。任何有兴趣提起保护消费者集体利益的集体诉讼人都可请求法官在预备阶启动司法程序以组建诉讼群体。然后，法院会采取达到此目的的恰当手（第 256.6 条）。如果发生了冲突，法院将不得不求助于一般机制，例如诉讼合并或程序介入。[124]

74 除了消费者组织和受害人群体外，西班牙法律还授予那些依照法律组建旨在防卫或保护消费者和用户的"实体"以诉讼资格，只要受害人集体是确定的或容易确定（《民事诉讼法》第 11.2 条）。

---

119 SAP Sevilla 5th Section, 22.1.2004（Ar. Civ. 2004, 5）.
120 STS Administrative Chamber 4th Section, 11.12.1991（RJ 1991, 9369）and SAP Sevilla 22.1.2004.
121 Sentencia Juzgado Primera Instancia（JPI）Madrid no.1, 15.12.2006（JUR 2007, 43930）.
122 SAP Madrid 11th Section, 10.10.2002（Ar. Civ. 2002, 1417）.
123 See also Sentencia JPI Barcelona no.21, 17.10.2003（Ar. Civ. 2003, 1625）；JPI Madrid no.2, 25.10.2002（Ar. Civ. 2003, 362）；JPI Madrid no.5, 11.9.2001（Ar. Civ. 2001, 2120）；JPI Baleares no.14, 27.11.2002（Ar. Civ. 2003, 361）；JPI Barcelona no.34, 26.3.2003（Ar. Civ. 2003, 843）.
124 See *J. F. Garnica Martín* in: M. A. Fernández-Ballesteros/J. M. Rifá Soler/J. F. Valls Gombau, Comentarios a la nueva Ley de Enjuiciamiento Civil（2000）170.

"实体"通常被解释为消费者和用户的合作组织。[125] 并且，规则还包括那以受害人团体的形式组建的受影响人的群体。最高法院在一起由大量的买家通过组建社团来对几块土地的卖家提起诉讼的案件中，允许在合同法领域有此种可能。法院称在"分散或集体利益"案件中将诉讼资格授予社团可能是给受到影响的买方以司法救济的唯一途径［STS 18.5.1993（RJ 1993，3558）］。

75 在侵权领域认可受害人社团组织享有诉讼资格的最佳例子是"图尔斯水库"案（1982）。图里亚（Júcar）河的水位大幅上涨导致位于瓦伦西亚地区的水库溃塌。结果导致洪水淹了大约 290 平方公里的土地，致死 40 人，受影响的大约 35,000 人。估计合计损失大约 300,000 欧元。许多受害人组建了社团，有的社团启动了刑事诉讼程序，而其他的则在行政法院提起诉讼。"西班牙公共管理局"因玩忽职守被认定负有责任。[126] 事实上，索赔者发动的多数诉讼形式都有非同寻常之处。特别是，受害人最终获得的赔偿金各不相同，这取决于他们发动的诉讼形式——刑事的还是行政的。并且，有些受害人被迫等了 20 多年才获得赔偿。[127] 该案件甚至到了宪法法院。法院明确宣布有必要在遵守法定程式和获取司法救济不得不当延误之间进行妥协。因此，不能仅以并非所有受害人都被叫到刑事法院亲自作证为由对审理提出挑战。[128]

同时诉讼（*Concurrent actions*）

76 西班牙的法律并不禁止由不同的主体——例如两个消费者社团——就与同一损害事件相关的事项同时提起两起集团诉讼（《民事诉

---

[125] 其中有：*Marín*, Indret 2001, 8 and *Carrasco/González*, Ar. Civ. 2001, 1901.

[126] 也可见 Sentencia Audiencia Nacional, Sala de lo contencioso-administrativo, 8th Section, 1.2.2007（JUR 2007, 74098）. STS Administrative Chamber 6th Section, 20.10.1997（RJ 1997, 7254）.

[127] 信息来源：El Pais 1.10.2007, www.elpais.es.

[128] STC 324/1994, 2nd Chamber, 1.12.1994（RTC 1994, 324）.

讼法》第 15.2 条)。就保护集体利益的集团诉讼而言这一点是明确的（《民事诉讼法》第 11.2 条)。但是，也有可能两个消费者社团分别提起集团诉讼，根据法律规定这两个社团都是代表人。保护分散利益的集团诉讼（《民事诉讼法》第 11.3 条）也有可能同时出现，多个诉讼将合并在一个诉讼程序中处理（《民事诉讼法》第 78.4 条)。[129] 对此需要满足一些条件。首先，一起案件的审理判决会对其他不同案件的审理产生有害的影响，或者两起案件的标的存在关联，如果不合并的话他们宣布的判决会互相矛盾、互不兼容或互相排斥（《民事诉讼法》第 76 条)。并且，对于要合并的程序必须通过相同的程式来处理。合并不能使得任何当事人失去诉讼权利。并且，法院必须对要合并的所有程序都有裁决的管辖权。最后，他们必须都是第一审案件（《民事诉讼法》第 77 条)。因此，要合并的程序必须是同质的，即使他们是不同类型的——例如，他们中的一个可以是集体而另一个是个人。[130]

法官可以裁定将两起案件合并审理而无需当事人请求（《民事诉讼法》第 78.4 2 条)。这是诉讼合并须经当事人请求的一般规则的例外（《民事诉讼法》第 75 条)。因此，在集团诉讼的情形下法律支持合并，可能是基于避免在分别审理时对相关事项做出相反的判决这一公共利益的考虑。因此，当事人对他们利益的安排并不是绝对的。[131] 但是，如果这些程序在保护集体的或分散的消费者利益方面相互关联，这种诉讼合并只能由法官依职权（*ex officio*）裁定。[132]

属于受损害事件影响的集团的单个消费者或用户也享有介入集体诉讼程序的诉讼资格。这只要求他证明自己拥有"对审理结果直

---

[129] See *F. Gascón Inchausti*, La acumulación de acciones y de procesos en el proceso civil (2000) 200.

[130] 见 *González Cano*（注 105）211.

[131] 如 STS 25.2.1992（RJ 1992, 1552）所承认的。

[132] 见 Gascón（注 129）201 和 *González Cano*（注 105）202 and 208.

接的和合法的利益"(《民事诉讼法》第13.1 2条)。这就是说如果
个人提起了诉讼并且法院支持了他,他就会获得一种优势或法律上
的效用。[133] 如果这个条件得到满足,法官就会对集团诉讼和由单个消
费者或用户提起的诉讼采取相同的诉讼程序来进行裁决(《民事诉讼
法》第72条)。司法裁判须对两宗索赔都进行明确的裁决(《民事
诉讼法》第221.3条)。法律并不要求单个消费者加入到集体诉讼程
序中,尽管他有可能那样做。[134] 消费者在集体诉讼以外提起单独诉讼
的可能性依然存在。在那种情况下,两套诉讼程序将合并为一套单
一的诉讼程序(《民事诉讼法》第78.4条)。目前不清楚个人单独
提起的诉讼是否必须要合并到集体诉讼程序中,或采取其他方法。
第一种选择看似更为合理。[135] 如果没有发生合并,每一起单独提起的
诉讼都会自行其道,并且最终会各自分别做出司法裁决。

79　　但是,西班牙法律规定了一种支持诉讼合并的机制,这就是集
团诉讼的公开性。在损害发生的地域通过其传媒发布公告(*llama-miento*),使得受到影响的消费者或用户加入到集体诉讼中(《民事
诉讼法》第15.1条)。此类公告必须经法官裁定。即使发布了此类
公告,个人提起单独诉讼——而不是加入到已存在的诉讼中——的
可能依旧存在。[136] 法律未对违反发布公告的义务规定任何后果。而
且,加入到集体诉讼程序中的受害人的诉讼地位是不明确的,因为
法律没有规定选择退出的可能性。[137] 根据法学界意见,就集体索赔和
受害人单独索赔而言,其损害事件可以是相同的,也可以在地域和

133　STC 9.5.1994 (RTC 1994, 143).
134　见 *M. J. Prieto Jiménez*, Legitimación para la defensa de derechos e intereses de los consumidores y usua rios, in: Abogacía General del Estado (ed.), La nueva Ley de Enjuiciamiento Civil (2002) 296.
135　见 *Garnica* (注124) 163.
136　见 *Marín*, InDret 2001, 11.
137　特别是 *Carrasco/González*, Ar. Civ. 2001, 1904 的批评。

时间方面是不同的。在任何一种情形中，司法裁决都既针对集体的诉讼请求，也针对加入到程序中的个人的诉讼请求。个人会努力保护他自己的利益，它与受到影响的其他人的利益是重合的和同质的。[138]

在分散利益的情形下，个体消费者在公告发出后有两个月的时间来参加诉讼（《民事诉讼法》第15.3条），如果他在前述时期已满后才知道该诉讼程序处于未决中，他可以提起单独诉讼并请求将这一新的诉讼合并到集体诉讼中，或者一直等到集体诉讼终结再被确认为判决的受益人（根据《民事诉讼法》第519条）。如果他做出第一项选择，他不能被强制等待。

集团诉讼中判决的法律效力

在由消费者社团提起的集团诉讼所发动的集体诉讼中有一些关于判决的特别规则（《民事诉讼法》第221条）。当集团诉讼是由一群受害者或其他实体提起的时候，这些规则并不适用（根据《民事诉讼法》第11.2条）。通过类比的方式来适用的可能性是有争议的。[139] 在司法判决即将被执行的阶法官有可能对损害赔偿金做出判决这一事实应该被考虑，但这只有在由社团提起的集团诉讼已经将程序启动起来才可以（《民事诉讼法》第519条）。

关于由消费者或用户在集体诉讼程序范围内提起的诉讼，判决必须有一个单独的和明确的宣示（《民事诉讼法》第221.3条）。对于集团诉讼，只要法官做出有利于索赔者的认定，判决必须确定哪些消费者或用户将是以个人为基础的判决的受益人（《民事诉讼法》第221.1条）。它令人吃惊地暗示集团诉讼的因素和个人诉讼的因素互相混合在一起。如果无法以个人为基础来确定受影响的人，那么，

---

138 如 González Cano（注105）172 f. 所提出的那样。
139 反观的观点见 Marín, InDret 2001, 12；相反的观点见 González Cano（注105）238 and 241.

判决书将必须确立在判决强制执行阶要求支付赔偿金的数据、特征和要求（《民事诉讼法》第 221.2 条）。这是集团诉讼的关键，它赋予法官在决定有权获得赔偿的主体以及他们有权获得什么方面有一定的自由裁量权。[140] 法官会在强制执行阶验证个人消费者是否满足判决已确立的标准。这也是与个人诉讼程序的重要差异，法官被要求至少确立一个基础，从而在强制执行阶仅需通过数学运算就可确定损害赔偿金的准确数额（《民事诉讼法》第 219 条）。因此，为许多人提起的金额明显微小的集体诉讼会最终演变成为几百万人强制执行判决。也许会出现损害赔偿金的流动分配，这可能会与充分补偿的原则相矛盾。[141]

83 　　在集体裁决中所宣告的判决的约束效力好像相当不明朗。最终判决排除了就与先前诉讼程序中已讨论过的标的完全相同的标的再次进行诉讼（《民事诉讼法》第 222.1 条）。此种约束力会影响到诉讼中的当事人和他们的继承人和继受者（*causahabientes*），只要诉讼请求所依据的事实基础是完全相同的或同质的（《民事诉讼法》第 222.2 条）。因此，当事人所主张的损害是否相同应受到审查。主要问题是既判力也会影响到那些虽不是诉讼当事人但属于依照《民事诉讼法》第 11 条用来确定当事人诉讼资格的基础性权利的享有者（《民事诉讼法》第 222.3 条）。一些学者争辩既判力不应阻止受影响的消费者随后提起单独诉讼，因为以《民事诉讼法》第 11 条为依据的集团诉讼并不是真正以受损害事件影响的消费者的个人权利为基础的（《民事诉讼法》第 222.3 条）。否则，他们获取公平程序的宪法权利会受到忽略。[142] 其他人建议既判力的效力至少应对那些原本

140　*C. Senés Motilla*, Las partes del proceso civil, in: I. Díez-Picazo Giménez (ed.), Disposiciones generales relativas a los juicios civiles en la nueva Ley de enjuiciamiento civil (2000) 37 f.

141　这项规定已受到 *Carrasco/González* 的批评, Ar. Civ. 2001, 1908。

142　See *Marín*, InDret 2001, 13.

有机会加入到集体诉讼程序中但没有这样做的人所提出的索赔适用。[143] 也曾有人建议只在对后续索赔者有利的限度内接受既判力原则（res judicata secundum eventum litis）。[144] 最后，其他人建议既判力影响到每一个人而无论审理的结果。因此，如果某一单个消费者原本能参加集体诉讼而未参加，他将不能为了保护相同的利益或以同一件源自消费的损害事件为依据再次提起诉讼。[145]

关于集体诉讼程序中的索赔者能否自愿撤回诉讼请求，答案仍然不明确。也许诉讼代表人可以撤回诉讼请求，因为他可以提起。如果一个组织、实体或群体撤回诉讼请求——假设他们可以这样做，这好像是有争议的[146]——很明显他们总是能再次起诉。甚至个人消费者也可以这样做。并且，那些参与到集体诉讼中的消费者（基于《民事诉讼法》第15条）能够决定继续进行诉讼。这已不再是一起集体诉讼，而是一种诉讼主体合并。因此，司法判决会包含和单个索赔者一样多的公告。[147]

32. 在什么条件下消费者保护组织可以代表一群受同一侵权行为影响的人提起诉讼（代表人诉讼）？请举出在你们国家的侵权案件中使用代表人诉讼的例子。法院在上述诉讼程序中所做出的判决对于每一位受害人单独提起的赔偿请求的法律后果是什么？如果某一位受害人对于法院在消费者诉讼中所做出的裁决不满，他可以自己的

---

[143] See *C. Samanes Ara*, Las partes en el proceso civil (2000) 94 and *T. López-Fragoso Álvarez*, Algunos problemas en la regu lacion de la pluralidad de partes en la LEC 1/2000, in: J.-L. Gómez Colomer (ed.), La aplicación práctica de la Ley de enjuiciamiento civil de 2000 (2003) 101.

[144] 见 Garnica（注115）71.

[145] 这是 *González Cano*（注105）260 的意见。也可见 *A. Ocaña Rodríguez*, Partes y terceros en el proceso civil (1997) 90.

[146] 见 *M. T. Carrancha Herrero*, La tutela de los intereses colectivos en la Ley 1/2000 de enjuiciamiento civil, in: Abogacía General del Estado (ed.), La nueva Ley de enjuiciamiento civil (2002) 285.

[147] 根据 *González Cano*（注105）96.

名义单独提起诉讼吗？每一位受害人所遭受的损害能否被看做是一项独立的损失，尽管它已经被法院在代表人诉讼的框架内处理过？

85　　除了前面所描述的有关集团诉讼的法律机制，一个消费者社团组织还可提起诉讼请求保护社团本身或其成员的"权利和利益"（《民事诉讼法》第 11.1 条）。后者有时被认为可以通过简单的代理或代表原理来解决诉讼资格问题。[148] 然而，代理是指一个人代理另一个具有诉讼当事人资格的人，而《民事诉讼法》第 11.1 条上的案例是指社团本身是诉讼当事人。[149] 社团是作为其成员的替代者（*legitimación por sustitución*）在进行诉讼。[150] 因此，法院所做出的裁决会对被替代的人产生影响，如同其是诉讼当事人所受影响一样。[151] 其结果是，在诉讼程序中被替代的社团的成员不得在社团发起的诉讼已被裁决后又提起单独的索赔请求。

86　　社团不需要为了提起此类诉讼而成为代表人（《民事诉讼法》第 11.1 条）。[152] 但是，索赔社团组织所代表的消费者的利益必须既是个人的也是同质的。这意味着此类个人利益有着相同的内容，尽管他们属于多个人。[153]

87　　社团可以请求被告停止其行为（*cesación*）并禁止其再次从事此行为（*abstención o prohibición*）。根据《不正当竞争法》（第 19 条），个人受害者可以参与到同一诉讼程序中并请求赔偿其遭受的损害。[154] 即使社团已提出损害赔偿请求，好像这并不能剥夺个人受害者提起

---

[148] 例如，*González Cano*（注 105）243 and *de la Oliva*（注 84）133.

[149] 见 *Garnica*（注 124）168.

[150] 其中见 L.-M. Bujosa Vadell, La protección jurisdiccional de los intereses de grupo (1995) 327 and *Silguero*（注 100）377.

[151] STS 18.7.1991 (RJ 1991, 5397).

[152] 见 *Garnica*（注 124）168.

[153] 见 *Garnica*（注 124）169 and（注 115）71 and López-Fragoso（注 143）99.

[154] 见 *J. Muerza Esparza*, Aspectos procesales de las acciones de cesación y prohibición de daños en el ámbito del Derecho industrial y de la competencia (1997) 79 f.

他自己的赔偿请求的可能。[155]

33. 你们国家的诉讼法是否规定了其他机制（例如，示范诉讼），可以将许多不同的赔偿请求合并起来由同一个法院来审理？必须满足什么样的前提条件？特别是，是否要求每一起请求赔偿的损失之间具有特别的联系（法律上的关联）？通过这种机制而将不同的索赔请求合并在一起会产生什么样的法律后果？

《民事诉讼法》对示范诉讼、典型案例诉讼或诸如此类的诉讼未提供任何可能的法律依据。

34. 案例研究（火车事故）一辆由 D 公司运营的火车在高速轨道上脱轨，车上有 100 人受伤。这些受害人与 D 公司之间有不同的法律关系。有些是付费的乘客，有些是无偿的旅行，而另外一些人属未经许可而上车。是否有可能通过以下诉讼机制将这些受害人的索赔合并在一起：a）集团诉讼，b）代表人诉讼，或 c）其他诉讼机制？如果多起诉讼请求被合并起来通过同一程序来处理，每一位受害人所遭受的损害被看做是一项单一的不可分割的损失的一部分，还是多项损失复合体中的一项独立的损失？

火车乘客是确定或至少是可容易确定的。因此，他们可以作为具有诉讼资格的群体的成员，由群体提起前面所描述过的集体索赔（《民事诉讼法》第 11.2 条）。[156] 如前面所分析的，在此类案件中，群体的集体利益会受到影响。提起此类集体索赔的前提条件和从西班牙法律视角来看因此而产生的相关问题是，群体的成员所遭受的损失是否源自一起损害事件（如《民事诉讼法》第 11.2 条所要求的那样）。如果一个消费者社团或前面已经描述过的此类实体组织提起诉讼请求保护受害人的集体利益，也会产生同样的问题。采用集体

---

[155] 见 *F. Cordón Moreno*, La protección de los derechos de los consumidores a partir de la Ley general para la defensa de los consumidores y usuarios, Ar. Civ. 1999, 1795 – 1814, 1810.

[156] 特别是针对上述假设案例，见 *González Cano*（注 105）107.

诉讼的形式来处理事故后果的做法被认为只是一个程序问题，因此，从实体的角度看它不会影响到每一位受害人所遭受的损害的类型。基于此原因，如果他们认为提起单独诉讼更便利，他们也会那样做。另外，也可以说火车事故中的单一损害事件导致了多项损失，而这些损失可以通过集体诉讼程序来处理。因此，根据侵权法的实体规则，未经许可而乘车的旅客可能会处于较糟糕的地位，他们可能得不到任何赔偿。

四、保险方面

A. 限额与扣除额

35. 在你们国家的法律制度中，是否存在成文法原则或法院发展出来的原则，用以解决下述问题：一起损害事件被认为是一起单一的事故而使得保险人的总的责任受到赔偿限额的限制，还是多个相互独立的损失而使得每一项损失——适用赔偿限额并使得保险人对每一项损失均要赔偿至一定的数额？另外，保险合同所采用的标准条款是否对这一问题有规定？

一些保险标准条款和法规规定了须适用于"每一次事故"（*cada siniestro*）的最高限额。因此，例如，由苏黎世西班牙公司（*Zurich Spain*）开发的适用于所有保险单的通用合同条款规定："保险金额代表公司在每一次事故中需支付的赔偿金的最高限额"。至于法规，《道路交通责任法》（LRCSCVM）第4.2条[157]，关于可适用于交通车辆强制保险的最高限额的规则规定：强制保险的限额为：（1）对于人身损害，"每次事故"（*por siniestro*）[158] 7千万欧元，不管受害人的

---

[157] 经 Act 21/2007 修订，前面（注16）曾提到过。
[158] 注意欧盟指令 2005/14/CE 的英语版本使用了"每次索赔"（*per claim*）的表达，而西班牙语版本使用了"每次事故"[per incident（*por siniestro*）]的表达方式。

人数多少；（ii）对于财产损害，"每次事故"（*por siniestro*）1.5 千万欧元，而无须进一步分类。

保险单和判例法通常对"每一次事故"（*each incident*）或"每次事故"（*per incident*）的含义都有界定。他们会参照"事故的一体性"（*unidad de siniestro*）原则来进行界定。根据该原则，"源自同一个原因的一系列损害将被看做是一起单一事故（*un solo y único siniestro*）"。[159]判例法也参照"事故的一体性"原则。例如，SAP 阿维拉案，[160] 遵照可适用该案的标准条款，认为"事故"（*siniestro*）须被理解为"由意外事件引起的所有的和每一个的有害后果（*secuelas*），只要他们之间存在完好的和直接的因果联系"。另外，SAP 穆尔西亚案将"事故的一体性"界定为"源自同一起源或原因的系列事实或情形，而不论受害人的数目和已经提起的索赔数。"[161]

36. 案例研究（建筑物保险与赔偿限额）P 是工厂厂房的所有者，该厂房是由数幢建筑物组成，P 已就其因恶劣天气而遭受的损害投了保险。保险人的责任是每一起损害事件最高赔 500,000 欧元。在一起持续了数个小时的雷暴雨中，两幢建筑物被闪电击中并且都完全烧毁。每一幢建筑物价值 300,000 欧元。保险人根据保险单对损失应承担什么样的赔付义务？

虽然我们未能找到关于此案的西班牙判决，但是，好像限额会适用于整个事件，两幢建筑都包括在内（见下文边码 93 以下和边码

---

159 由苏黎世西班牙公司 Zurich Spain 开发的适用于所有保险单的《通用合同条款》第二条"定义"。STS 1. 12. 2006（RJ 2006, 8156）对类似的标准条款进行了分析。

160 17. 5. 2004（JUR 2004, 191312）。

161 1. 6. 2005（JUR 2005, 265490）事实上，一些保险单规定了"每次事故"的总括限额和"每位受害人"的限制。对每位受害人的赔偿不得超过个人限额，全部金额不得超过总括的保险金额［见 L. F. Reglero Campos, El seguro de responsabilidad civil, in: L. F. Reglero Campos（ed.），Tratado de responsabilidad civil（3rd ed. 2006）746；similarly, SAP Gipuzkoa 24. 10. 2007（JUR 2007, 103377）and SAP Valencia 30. 12. 2004（JUR 2005, 71738）］。

96 部分的回答）。因为损害是由同一事件（持续数小时的雷暴）引起的，它可以被认为是"单一事故"（único siniestro）。如果受损建筑物每幢值 300,000 欧元（即 600,000 欧元），保险人须支付的最高金额为 500,000 欧元，剩余的 100,000 欧元由所有者（P）自己承担。

37. 在你们国家的法律制度中，法院是否发展出了用以处理下述问题的一般性原则：一起损害事件被看做是一起单一的事件而使得被保险人只须承担一次合同约定的扣除额限度内的损失，还是多个相互独立的损失而使得每一项损失均适用扣除额并使得被保险人需要多次承担扣除额限度内的损失？另外，保险合同所使用的标准条款是否对这一问题有规定？如果第三方保险是法定强制保险，这对于扣除额的合法性是否有影响？

93　　在西班牙没有专门处理这些问题的法规。指令 2177/1967，7 月 22 日，《批准关于核风险保险的规定》，[162] 规定了与强制核风险保险有关的起赔额。其数额是由对每一起核事故的赔偿的 5% 组成（第 51 条）。但是，这一规定对有关表述没有进行界定。在保险单领域，一些标准条款对"起赔额"进行了界定，认为它应从"每次事故"中扣除，[163] 但再次未对"每次事故"这一用语进行任何界定。

94　　尽管如此，根据"事故一体性"原则，它可以被理解为"每次事故"包括"由意外事件引起的所有的和每一个的有害的后果（secuelas），只要他们之间存在完好的和直接的因果联系"。[164] 如 SAP 瓦伦西亚 30.12.3004 所言："关键点是起赔点适用每一次事故"，"事故"被界定为"源自同一起源或原因的系列事实或情形，而不论受害人的数目和已经提起的索赔数。"[165]

---

[162] BOE no. 223, 18.9.1967.
[163] 例如，注 159 中所提到的《通用合同条款》第二条。
[164] SAP Avila 17.5.2004.
[165] 也可见 SAP Ciudad Real 13.1.2005（JUR 2005, 92752）。

38. 案例研究（审计师的责任）P 是受 X 有限责任公司聘请对其账目进行审计的独立审计师。X 公司要求 P 与其两个潜在投资者 A 和 B 在公司会面。在会议上，P 保证公司的财务状况良好。因此，A 和 B 购买了 X 公司的大额股份。曝光后的真相是 P 对投资者所做出的关于公司的价值的陈述系过失性不实陈述。A 和 B 因此而遭受了经济损失并试图向 P 索赔。原则上，他们的损失属于 P 的职业责任保险的保险范围，但是，根据保险单条款被保险人须对每一起损害事件自行承担 5,000 欧元扣除额限度内的损失。在当前的案例中，P 只须承担一次扣除额，还是对两起索赔都适用？

根据已经提出的判例，扣除额会适用于"每一次事件"，它被解释为"源自同一起源或原因的系列事实或情形，而不论受害人的数目和已经提起的索赔数。"[166] 因此，P 只需承担一次扣除额，尽管有两名受害者。

95

B. 对赔付数额的其他限制

a. 总额限制条款

39. 在你们国家，标准保险单是否使用总额限制条款，依据此类条款，保险人在每一特定期间的责任受到最高限额的限制？如果是，请举例说明这些条款是如何措辞和如何解释的，并特别注意一起损害事件是被看做是一项单一的不可分割的损失（因此只能落入某一期间）还是多项损失（有可能落入几个不同的期间）。

西班牙的保险人通常支持在责任保险单中使用总额条款，目的在于将保险人在每一特定期间的责任限制在最高额之下。这些总额限制将使得保险人提供的保障范围更加清晰。根据西班牙保险法，"保险金额代表保险人在每一次事故（*en cada siniestro*）中须支付的赔偿金的最高限额"（《保险合同法》，LCS 第 27 条）。[167] 这项规定可

96

---

[166] SAP Valencia 30. 12. 2004.
[167] Ley 50/1980, de 8 de octubre, *de contrato de seguro* (BOE no. 250, 17. 10. 1980).

与 LCS 第 37 条联合在一起进行解释，基于此，保险人有义务"在法律和合同确定的范围内"赔付。保险人将此解读为授权其可以保险单中并入其他限制性条款，只要他们不侵犯被保险人的权利（LCS 第 3 条）。因此，总额限制有可能成为进一步的合同上的责任限制。根据此种解释，有可能在合同中确立数个总额限制，或者作为一时间内责任的最高限额，或者以保险单或被保险人为标准确定最高限额而无时间上的限制。[168]

b. 索赔系列条款

40. 在你们国家，标准保险单是否使用索赔系列条款，依据此类条款，几起相互独立的损害事件被看做是一起损害事件（一个单一系列），从而受制于同一责任限额？如果是，请举例说明这些条款是如何措辞和如何解释的。请特别说明区分几起相互独立的损害事件和一个损害系列之间的标准是什么。

97 保险人暗示，对于使数人都受到影响的单一原因所导致的多项侵权责任之债，即系列损害，总额限制条款将是一种便捷的解决方法。源自同一损害原因的多个索赔将再次合并为一项单一索赔。[169] 因此，标准条款通常依事故（*por siniestro*）确定限额，它为保险人对源自单一事件的数项损失的赔付金额确定了一项责任限额。[170]

98 也许很难确定我们正在面对的到底是一起因果事件，只不过附有多个受害人或数个不同类型的损害事件，还是多起不同的因果事件。并且，由单一事故引起的损害可以在不同时刻显现出来。因此，对于保险单而言，对事故的概念和如何确定只有一起因果事件（*unidad de siniestro*）还是多个因果事件进行界定很重要。例如，在

---

[168] See *J. Alarcón Fidalgo*, El siniestro en el seguro de RC contemplado en su dimensión temporal, in: Comité de gestión de AIDA. Sección española (ed.), Responsabilidad civil de productos (1983) 89–104, 100.

[169] See *Alarcón* (fn. 168) 97.

[170] See *M. Á. Calzada Conde*, El seguro de responsabilidad civil (2006) 56.

职业责任案件中,"事故一体性"可以被解释为"职业行为的一体性",因此,数个有过失的医疗行为——例如,数次抽血——可以被认为是单独事件。[171] 关键因素是损害是否源自被保险人的同一作为或不作为。对于由有缺陷的建筑物或构造物引起的损害,应检查该损害是否源自同一缺陷。这项标准已经被最高法院采纳。[172] 依据一条已得到认可的总额条款,保险人的责任被限制为每起事故的最高赔偿金额约为420,000欧元。有问题的建筑物遭受了数个独立的缺陷(影响了屋顶和水管),引发了数起独立诉讼。即使所有的缺陷都源自建筑师的一次错误的行为,他们也将作为独立的事件来处理。

c. 长尾损害

41. 在你们国家,标准保险单是否使用此类条款,即前保险人的责任限于保险合同终止后的某一特定期间?如果是,请举例说明这些条款是如何措辞和如何解释的。如何确定相关限制期间的起点(例如,保险合同终止的日期,被保险人过失行为的日期,或者遭受损害的日期)?在这种背景下,划分几起相互独立的损害事件和一起单一损害事件之间的界限是什么?

根据保险合同原理,当保险合同所描述的风险实现时,即当合同当事人所能预见到的损害事件或事项——通常称之为事故(*siniestro*)——发生的时候,保险人有义务支付约定的金额。[173] 为了避免不确定性,保险人通常试图在标准条款和保险合同中的单个条款中对事故的概念做出更精确的界定。这经常包括下列条款,即如果受害人的索赔是在保险合同有效期间或保险合同终止后最长的一期间内提起的,保险人负有赔付义务("提出索赔式"条款)。这些条款

---

171 同上,57。
172 STS 15.6.1995(RJ 1995, 5295)。
173 Instead of many, see *R. Uría*, Derecho mercantil (24th ed. 1997) 781; *J. Garrigues/ F. Sánchez Calero*, Curso de Derecho mercantil (6th ed. 1974) 294 and *R. Alonso Soto*, El seguro de la culpa (1977) 53.

也可以为被保险人在保险合同订立前招致的责任提供追溯保障。

100 "提出索赔式"条款已经被采用,特别是在关于所谓"长尾风险"的保险中。所谓长尾风险,指在职业责任和缺陷产品责任中,在原因事件发生很长时间后,损害结果也许会显现,也许不会显现。[174] 索赔被认为是触发保险人责任的事故。此类条款中的一些已被纳入"西班牙环境风险集合"(PERM)制定的标准条款中。保险单的保险范围包括那些第一次显现发生在保险单有效期间的事故,只要索赔发生在保单不再有效之时起两年内。[175]

101 西班牙判例法已经有机会修订此类条款中的一些。有时它们被认为有效。[176] 然而,在其他情形下,法院以其违反了被保险人的权利为由认定它们无效。[177] 在第一个判例中,该条款被包括在与一份职业责任保险合同有关的标准条款中,该合同得到了巴塞罗那及其省的医师官方职业协会和一家保险公司的认可。根据该条款,只有当事实的发生和索赔的提起都出现在合同有效的期间内,保险人才负有赔偿义务。这一条款实际上将通常的"损失发生"条款——要求损失发生在合同有效期间内——和索赔提出条款——要求索赔在上述期间内提起合并在一起了。[178] 法院称此条款违反了被保险人的权利而无效(《保险合同法》第三条)。其推理在涉及相同当事人第二个判

---

[174] See *J. Jurado Gil* (ed.), Teoría general del seguro (1997) 211. See also *M. Á. Calzada Conde*, La delimitación del riesgo en el seguro de responsabilidad civil: el nuevo párrafo segundo del art. 73 LCS, in: J. N. Martí Sánchez (ed.), Derecho de seguros II (1996) 85 – 108, 90.

[175] See *J. E. Pavelek Zamora*, La cobertura del riesgo medioambiental en las pólizas de respon sa bilidad civil general, in: SEAIDA/MAPFRE, Estudios sobre la responsabilidad civil medioambiental y su aseguramiento (1997) 195 – 255, 241.

[176] SSTS 31. 1. 1990(RJ 1990, 29); 24. 4. 1991(RJ 1991, 3026); Criminal Chamber 29. 7. 2002 (RJ 2002, 6357).

[177] SSTS 20. 3. 1991 (RJ 1991, 2267) and 23. 4. 1992 (RJ 1992, 3323).

[178] See *J. L. Barrón de Benito*, Condiciones generales de la contratación y contrato de seguro (1999) 148.

决中再次出现。

这些判决在保险人中引起了严重的关切并引发了一场关于索赔提出条款效力的活跃的学术讨论。[179] 最终,西班牙议会在 1995 年《保险合同法》(LCS)第 73 条中加入了第二,承认了两种不同类型的索赔提出条款,即后续式保障(cobertura subsiguiente)条款和回溯式保障(cobertura retroactiva)条款。现在,限制被保险人权利和将保险范围限制在受害人在一定期间内提出索赔且不迟于合同最后一次延期(若不存在延期时,则为合同期间)终止之时起一年内的条款,只要它们符合《保险合同法》第三条(即保险合同中的标准条款必须被重点强调并得到被保险人明确认可),就是有效的。现在轮到法院来根据该法律确定一项条款是否侵害了被保险人的权利。[180] 至于对事故(siniestro)概念的解释,法律改革试图通过将其等同于触发保险人对受害人的赔偿义务的事实——即损害行为或不作为——而不是损害结果显现的时刻,从而使其含义更加清晰。[181] 只有在确定诉讼时效的起点时才对第二个时刻进行考虑。然而,一些学者认为有缺陷的法律草案会制造更多的解释问题而不是试图去解决它。[182]

42. 案例研究(长尾损害)P 公司研发、制造和发售发动机设备,包括燃油泵。由于油泵的设计缺陷,含有油泵的机动车的燃油供应经常在没有警告的情况下中断。假设这导致了多起事故,依据你们国家的产品责任法 P 公司应对此负责。直至 a)油泵的研发,b)制造,c)发售,d)发生事故,P 公司的产品责任一直由 I 公司

---

[179] 关于进一步的细节,见 *E. Caballero Sánchez*, El consumidor de seguros: protección y defensa (1997) 139.

[180] See *M. J. Peñas Moyano*, La protección del asegurado (1999) 40 and *Calzada* (fn. 170) 61.

[181] See Barrón(注 178)154 f. and *R. Jiménez de Parga*, El daño diferido en el seguro de responsabilidad civil, in: Estudios de Derecho bancario y bursátil. Homenaje a Evelio Verdera II (1994) 1341–1375, 1353 f.

[182] See *F. Sánchez Calero*, Instituciones de Derecho mercantil II (19th ed. 1996) 444.

承保。在与 I 的保险合同终止后，P 公司购买了 J 公司的保险。哪一个保险人，I 还是 J，须对 P 公司在 a) 至 d) 的每一种情形下对其有缺陷的燃油泵的责任负责？假设这两家保险人的保险合同的标准条款都包含在你们国家最常见的长尾损害责任条款中。

103　　就一般条款而言，保险单的接续会产生人们不想见到的处境，例如，有多份保险或没有保险提供保障。人们会好奇这在假想案例中是否也会发生。如前所述，1995 年法律改革已明确认可在一定条件下可将回溯式保障条款并入保险合同标准条款中。提供保障的保险合同订立前的那期间，应该至少为合同生效前一年，即使在合同已经延期的情形下也是如此（《保险合同法》第 73.2 条）。

104　　由于西班牙法律所承认的标准条款的相互作用，损害事件有可能发生在保险合同生效期间，但索赔是在当事人约定的效力期间以外的时间提起的，并且在那时间里另一份保险合同具有效力。因此，可能哪一个保险都没有义务支付赔偿金，因为对于第一个保险人而言索赔提起得太晚了且保险合同已经终止。并且，对于第二份保险合同而言，触发责任的事件并没有发生该合同的有效期间内。[183]

105　　该案例的答案取决于合同是否包括前面提到的条款，该合同的有效期间，原因事件和损害之间的期间，以及事件和索赔之间的时间。保险合同终止后还有一年的期间提供额外保障，可以此期间提起索赔（根据《保险合同法》第 73.2 条），该期间在长尾损害案件中也许会证明太短了。总之，前面所评论的法律改革留下了一些未解决的问题，因为这些条款有可能在某些案件中剥夺了被保险人和

---

[183] See *J. Pagador López*, Sobre las cláusulas "claims made" o de reclamación en el seguro de responsabilidad civil, in: L. de Angulo Rodríguez/J. Camacho de los Ríos (eds.), Cuestiones actuales del Derecho de seguros (2002) 73–81, 81. Similarly, *C. Domínguez Domínguez*, Las cláusulas de limitación temporal (claim made) en el seguro de responsabilidad civil, Revista General de Derecho 1997, 57–66, 66.

受害人获得保险的保障。[184]

　　d. 强制第三方保险中的责任限额

　　43. 在特定领域存在法律强制的第三方保险，这一事实是否对诸如总额系列条款、索赔系列条款和长尾损害条款之类的法律允许的责任限制的范围有影响？

　　确立强制保险要求的法规通常会规定此类保险的必备条款，如条件、范围、责任限制等。因此，答案取决于案件的具体情形和该保险单是否遵守了法定条件以及前面所讨论过的被保险人的权利（《保险合同法》第3条）。

---

[184] 其中，见 *Barrón*（注178）160 and *Peñas*（注180）49.

美国法中损害的合并与分割：侵权法与保险

迈克尔 D. 格林　布鲁克斯 M. 汉纳[*]

一、总论

1. 你们的法律制度中是否有关于将损害分为一起单一的不可分割的损失或多个损失的一般性规则，无论其为成文法规，还是判例法？这些规则在二级法律文献中被提出过吗？这种区分在实践中重要吗？

1　　对于多名被告而言，当每一名被告的行为均是全部损害的原因时，损害是"不可分割"的。相反，当损害可依据其某一部分是由某一位当事人所引起的而能够在被告间进行划分时，损害是可分割的。[1] 因此，对这一问题的研究可从询问损害是否可依据因果关系而进行分割开始。当有合理依据可确定"被事实认定人分配一定比例责任的当事人或其他相关人的法律上可归责的行为，是原告请求补偿的未达到全部损害赔偿的法律上的原因时，并且……该损害的数额是由该行为单独导致的"，[2] 损害有可能是可分割的。当无法就上述询问做出明确答复时，损害是不可分割的，因而损害赔偿也是不

---

[*] 迈克尔 D. 格林，美国侵权法领域最值得尊敬的专家之一，维克森林大学法学教授。布鲁克斯 M. 汉纳，美国北卡来罗纳州东区地区法院首席法官助理。
[1] 见《侵权法重述（第三版）》：责任分担，§26（2000）。
[2] 同上。

可分割的。

  值得注意的是，举证责任现在是由主张对损害进行分割的当事人承担的。[3] 对于那些基于现有证据不易分割的损害，《重述（第二版）》规定被告负有举证责任来证明其责任是可分割的；如果他们不能举出充分的证据，那么，所有的被告都应对原告所遭受的全部损害承担连带赔偿责任。[4] 这项规则可使得一位无过错的原告可以在证据无法揭示损害赔偿应该如何分割时从有过失的被告处获得赔偿。这种方法存在于比较责任被广泛采纳之前。比较责任动摇了将举证责任从"无过错"的原告处转移至有过失的被告处这一规则背后的哲学。随着比较责任的到来，原告不再一定是无过错的，因此，举证责任现在落在了主张对损害分割的当事人身上。当然，在大多数情形下寻求分割原告所遭受的损害的通常是被告。但是，当原告声称其过失所导致的损害未及全部时（因此，其过失只应减少部分损害赔偿金），原告负有举证责任。

  当多名受害人提出索赔时，除非索赔源自以共同的、不可分割的形式共有的财产所有权，否则，这些索赔都是单独的、不同的损害。[5]

二、损害赔偿责任

A. 可分割的损失和不可分割的损失的可救济性

  2. 在你们国家的侵权法中，即使损害是由同一个侵权行为人的同一侵权行为所导致的，对于损害的责任，是否仍要依照受保护的利益的不同而将总损失分成不同组成部分并分别进行处理（例如，侵害人身或侵害财产；金钱损害或非金钱损害）？如果必须依照每一

---

[3] 同上，评论h。《侵权法重述（第二版）》的态度稍有不同。
[4] 《侵权法重述（第二版）》，§433（b）(1965)。
[5] 见下文边码14。

种损失的类型单独确定责任标准,那么,它会对侵权行为人的责任产生什么影响?

4　　不。只要经济损失或精神损害是附随于物质性损害而发生的,就不进行区分。当经济损失或精神损害单独发生时,侵权法在为这些损害提供赔偿时会受到更多限制。因此,如果一名原告遭受了物质性损害和经济损失,他能就物质性损害获得救济,而不能就经济损失获得救济,除非该经济损失是附随于物质性损害的。[6] 另需注意的是,对于未在最初的诉讼中就其单独遭受的经济损失或精神损害提出索赔的原告,依照"一事不再理(res judicata)"的规则,不得在随后的诉讼中提出索赔。[7]

5　　更一般地讲,如果损害是由同一侵权行为所导致的,不会因所受保护的利益的不同而对责任问题分别进行处理。对于源自于一起人身伤害的所有损害的责任问题,可以作为单一的问题来处理,即使其涉及多种不同的利益。受美国侵权法保护的三种主要利益包括:人身财产安全(physical security)*、精神安全和经济安全。首先,一个人对其人身财产安全和个人自治所享利益受到最大程度的保护。当一名被告侵害了原告的人身或财产,对于附属于人身损害的其他损害或利益,即"间接损失",原告也可获得损害赔偿。[8] 其次,侵权法为人的精神安全提供了有限度的保护。例如,一个人可就因其人身安全受到威胁性入侵而未实际造成人身伤害的行为所遭受的精神损害获得赔偿。第三,侵权法为人在经济安全方面的利益提供了很有限的保护。在对纯经济利益给予侵权法上的救济方面,法院非

---

[6] See *Corpus Christi Oil & Gas Co. v. Zapata Gulf Marine Corp.*, 71 Federal Reporter, Third Series (F. 3d) 198 (5th Cir. 1995).

[7] See Restatement (Second) of Judgments § 24 (1982)。

* 此处的"人身财产安全(physical security)"是同"物质性损害(physical harm)相对应的,其中所指财产损害不包括纯经济损失。——译者注

[8] 见下文边码10。

常谨慎。这些类型反映了原告在遭受损害时可获得赔偿的利益。如前述，需要对某项责任单独考虑时，基于所受损害的利益类型，原告的损害或许是"可分割的"。

另外，如果损害的不同部分是由不同的侵权行为所导致的，对同一受保护利益的损害是"可分割的"。例如，假设 P 对 D1 和 D2 提起诉讼，就其受伤的腿、由腿部受伤而带来的疼痛和痛苦，以及由于 D2 在事故发生后发表的不友好言论所导致的精神损害，要求赔偿。对 P 的腿伤（不可分割的损害），D1 和 D2 是连带侵权责任人，但是，对于 P 在事故发生后受到的侮辱（可分割的损害），仅由 D2 负责。负责事实认定的人会将 P 的腿伤及其疼痛所导致损害的 100% 分配给 D1 和 D2，由其承担连带侵权责任，并且，会将单独发生的精神损害（如果是可救济的）所导致的全部损害赔偿责任分配给 D2。因此，这些分类仅说明了原告可就何种受损利益获得救济——它们并没有为如何分割损害赔偿提供指引。

3. 案例研究（不同类型的损失；与有过失） 在一起由 D 的过失所导致的交通事故中，P 受到了人身损害，他的眼镜也碎了。P 对下列事项提出赔偿请求：a) 疼痛与痛苦；b) 医疗费用；c) 他的破碎的眼镜。P 的损害被看做是一个不可分割的损失，还是多个相互独立的损失？假设 P 没有系安全带，就上述三种损害而言，对于他的与有过失应如何考虑？如果所遭受的损失的类型不同，与有过失的后果亦不同，那么，其正当性理由是什么？

P 的损害被看做是一个还是多个损失，依赖于事件发生的背景。基于"一事不再理"的目的，应将其看做一次索赔。[9] 基于与有过失的目的，关键问题是 P 的与有过失是否是每一种不同损失的原因。如果是，那么，为了划分 D 的责任和决定 P 应承担的损失的比例，

9　见下文边码 26。

应将其看做是一个损失。基于这种事实模式，P 的过失是所有损害的原因似乎非常不可能，因为他的过失行为有可能只是增加了物质性损害，即如果他系上了安全带，可能就不会遭受人身损害，或者不会使眼镜破碎。如果 P 的与有过失只是增加了作为事故结果的损害，那么，它就不是单一的不可分割的损害。D 只对 P 在没有任何与有过失的情况下遭受的损害负责。对于由于 P 的与有过失而导致增加的损害责任，将根据每一方当事人的比较过错份额来进行分割。因此，如果 P 在系上安全带的条件下会遭受 60,000 欧元的损害，并且，法院认定由于他的与有过失的因素又额外导致了 50,000 欧元增加的损害，D 将对 60,000 欧元负全责，而对于 50,000 欧元的责任，则由双方当事人基于比较责任进行划分。

8 　　在有些案件中，有可能基于证据无法对增加的损害和如果没有原告过失也会发生的损害进行区分。[10]

　　4. 在你们国家的侵权法中，在人身损害以外的领域，是否有必须依照损失的每一种类型单独确定责任标准的情形，即使损失是由一起单一的侵权行为或不作为所引起的？

9 　　就我们所知，没有此类案例。

B. 间接损失的可救济性

　　5. 请说明间接损失在你们国家的侵权法中是如何被界定的。间接损失是被当做一项必须要单独进行救济的独立的损失，还是被看做是总损失的一部分，即通过认定"主要损失"来解决而无须再次考虑其责任标准？如何划分数个单独损失与间接损失的界限？

10 　　间接损失（consequential loss）不是美国侵权法常用词汇，尽管法院将由于人身损害而导致的损失称之为"间接损害（consequential harm）"。如前所述，侵权法承认不同的利益并为其救济规定了不同

---

[10] 关于上述情形下有关因果关系区分的举证责任分配请参见上文边码 1。

的标准。但是,当一项较低级的受保护的利益作为人身损害的结果而受损害时,对于较低级利益的损害赔偿,可以依照人身损害赔偿的标准进行。这意味着,"间接损害"是一种依据侵权法只能获得较少保护的损害,并且是作为一种更高级的利益受损害的结果出现的。例如,一位原告由于遭受人身侵害而完全或部分不能从事营利性活动,原告能够就其收入损失(间接损害)获得赔偿,只要该损害是以人身损害为近因而导致的。[11]

6. 案例研究(间接损失;与有过失)在一起由 D 的过失所导致的交通事故中,P 的右手受到了伤害,P 在六个星期内无法从事钢琴教师的工作。P 因此而遭受了收入损失。假设 P 的行为有过失并且他的过失促成了他的疼痛与痛苦,但其过失对其工作能力和收入损失没有影响。D 的责任范围如何确定:a)P 的疼痛与痛苦;b)他的收入损失?在当前案例中,收入损失是否被当做一项需要单独进行救济的独立的损失?

这一假设案例应适用前面已阐明的原则:如果 P 的与有过失和收入损失没有事实上的因果关系,它就不会影响到 P 就收入损失获得赔偿。对于过失或与有过失而言,如果要对责任或赔偿产生影响,它就必须是损害的事实上的原因。[12] P 的过失会减少他就其精神损害获得的赔偿(与 D 的责任)。如果 P 的过失导致了他的精神痛苦而对其收入损失没有影响,那就意味着 P 的过失行为是在事故发生之后,并且其行为方式仅仅是导致了其疼痛与痛苦的扩大,并且其失去工作能力与其疼痛和痛苦没有关系。如果对于收入损失,须由不同的当事人对其负责,那么出于责任划分的目的就应对其单独处理,

---

11 See e. g., *Robinson v. Greeley and Hansen*, 449 North Eastern Reporter, Second Series (N. E. 2d) 250 (Ill. App. Ct. 1983); *Fuqua v. Aetna Cas. & Sur. Co.*, 542 Southern Reporter, Second Series (So. 2d) 1129 (La. Ct. App. 1989).

12 《侵权法重述(第三版)》:责任划分 §7 (2000);见 *McCay v. Philadelphia Elec. Co.*, 291 Atlantic Reporter, Second Series (A. 2d) 759 (Pa. 1972)。

474 损害的合并与分割

而不同于对疼痛与痛苦的处理。因此，如果 P 的过失只是和其疼痛与痛苦有牵连，基于在当事人之间进行责任划分的目的须对两类损害进行分别对待。虽然这两类不同的损害基于划分损害赔偿的目的会分别处理，但是，基于"一事不再理"的目的，D 的损害只构成一起索赔。基于责任划分的目的一项损害是否可分割与基于"一事不再理"的目的损害是否可分割是相互独立的。

7. 案例研究（间接损失；时效）2000 年 1 月，D 闯入制造计算机设备的 P 公司的生产车间，损坏了一些高科技配件，而这些配件原本是准备交付给其他制造商的。由于 D 的闯入和损坏行为并没有被 P 公司的职工立即注意到，一些受损的计算机设备被交付给不同的制造商（A、B 和 C）而没有在发货前进行充分的维修。因此，P 必须赔偿客户 A 的损失。2002 年 1 月，在对 D 进行成功的追偿后，P 又被客户 B 诉请损害赔偿；2003 年 1 月，P 又遭到客户 C 的索赔。对 B 和 C 的赔偿应被看做是间接损失，即 D 所造成的总损失的一部分，还是必须进行单独救济的独立的损失？就 P 因对 A、B 和 C 的赔偿而提起的追偿诉讼而言，诉讼时效的起算日期是哪一天？

12　　关于 P 对 A、B 和 C 的赔付义务的诉讼时效的起算点，还需要更多的事实才能做出最终决定。一个关键问题在于，在计算机设备被运送的时间点和 A 起诉 P 的时间点之间，P 知道或可合理地应该知道什么。关于是否适用发现规则，法院之间有分歧。所谓发现规则，是指对于财产损害，诉讼时效应从原告发现或可合理地应该发现损害发生时开始计算。例如，佐治亚州，对于财产损害不适用发现规则，而威斯康星州适用。[13] 在任何案件中，如果 P 知道或应该知道相同受损的计算机设备被运送给 A、B 和 C，那么，P 对 D 的有关

13　比较 *Corporation of Mercer Univ. v. Nat'l Gypsum Co.*, 368 South Eastern Reporter, Section Series (S. E. 2d) 732 (Ga. 1988) 和 *Young Radiator Co. v. Celotex Corp.*, 881 F. 2d 1408 (7th Cir. 1989)（适用威斯康星州法）。

B和C的追索诉讼时效,从P发现之时(至少从A对P开始诉讼时)立刻开始计算。另外,在这一案件中,如果P不想在第一起诉讼中向D请求赔偿全部损失,依据"一事不再理"原则,P不得事后再次向D提起诉讼。如果P在对财产损害适用发现规则的司法管辖区内,且不知道相同受损的计算机设备被运送给三个当事人,那么,P对D的有关B和C索赔的追偿诉讼时效,从P发现损失之时起开始计算。

8. 在你们国家的侵权法中,有没有未被提及的其他情况,从中,一项损害应被看做一项间接损失而属于"主要损失"的一部分,还是应被看做由同一侵权行为或不作为所导致的一项独立的损害,这个问题有着决定意义?

就我们所知,并不存在超出以上分析的案例。

C. 责任限额与最低起赔额

9. 请说明在你们国家的侵权法中,如果存在赔偿限额的话,损害赔偿责任何时会受到限制。在这些情形中,是否存在来解决下述问题的成文法规定或判例法原则:所造成的损失是作为一项不可分割的损失——在这种情况下侵权行为人的责任从整体上受到最高数额的限制——还是多个相互独立的损失,侵权行为人对每一项损失的赔偿责任分别受最高数额的限制?

在美国,不存在统一的联邦侵权法。每一个州的侵权法都相互独立地发展,例如,有些州采纳了比较责任,而其他州则没有采纳。(可以确定的是,有些州试图影响其他州,特别是与主要改革措施有关的)许多州有存在责任限额的法规。大多数州都是在二十世纪八十年代中期为回应不断增长的责任保险费而开始采用责任限额的。这些责任限额反映了一些州的政策选择,他们想劝阻一些边际案件被提起,并想限制经常被认为是过高的非经济的损害赔偿。美国的陪审团在判决非经济的损害赔偿时相对地不受约束,其后果是,相对于其他国家的侵权制度，他们的判决金额之间差异更大。[14] 尽管许多州的方法都相同（例如，将责任限制在一定数额），但在限制的数额、什么类型的索赔或赔偿受限以及限额是否与通货膨胀挂钩方面，存在差异。

15　　最近不断有人努力试图通过限制石棉暴露和医疗过失案件的损害赔偿的联邦立法。到目前为止，所有努力均已失败；在可预见的未来制定此类立法的可能性也低。

16　　《华沙公约》，一项国际条约，也对发生在国际航空运输中的人身损害和财产损害施加了赔偿限制。[15] 赔偿限制所适用的最常见的类型为：通常的非经济损害赔偿，惩罚性赔偿，医疗过失案件中的赔偿，从公共实体获得的赔偿。医疗过失的责任限制值得特别提及，因为它们是最常见的，但它们不是唯一的对赔偿进行限制的专项索赔。各种其他限制也适用于人身损害案件，例如，对酒类提供者的诉讼。[16] 美国的所有赔偿限制都是立法的产物，立法明确规定该限制是适用源于一次事故的各项损害赔偿，还是只适用于某些具体列明的损失类型，例如，非经济损害赔偿。须注意有些州的高级法院已经以州的宪法为依据，以违宪为由，否定了一些特定的侵权改革法规中的条款，包括赔偿限制条款。例如，在阿拉巴马州，一项在医疗案件中对非经济损害赔偿施加 400,000 美元（256,797 欧元）限制

14　See generally *M. Geistfeld*, Placing a Price on Pain and Suffering: A Method for Helping Juries Determine Tort Damages for Nonmonetary Injuries, 83 California Law Review (Cal. L. Rev.) 773 (1995); *J. F. Blumstein* et. al., Beyond Tort Reform: Developing Better Tools for Assessing Damages for Personal Injury, 8 Yale Journal on Regulation (Yale J. Reg.) 171 (1991).

15　See *Sompo Japan Ins., Inc. v. Nippon Cargo Airline Co. Ltd.*, 522 F. 3d 776 (7th Cir. 2008).

16　各州侵权改革法列表，包括各州的损害赔偿金限额的列表，可见于美国侵权改革协会的网站：http://www.atra.org，也可见于 American Law about Product Liability (Am. L. Pro. Liab.) 3d § 60:15 (2008) （列有对产品责任案件中的损害赔偿进行限制和各州的法规）。

的规定被认定为违反州宪法的平等保护条款和请求陪审团审理的权利。[17] 但是，这是例外而不是常规——大多数州的赔偿限制都得到了判决支持。[18]

一些州，例如马里兰州，已制定了对原告在一起案件中可获得的赔偿金总额进行限制的法规，而只对非经济损害赔偿进行限制的较为少见。有几个州，如佐治亚州，既对非经济损害赔偿进行限制，也对各项赔偿的总额进行单独限制。佐治亚州的法规将过失执业案件中的每位医疗服务提供者的非经济损害赔偿责任限制为 350,000 美元（224,698 欧元），并将各项赔偿的总额限制为 105 万美元（674,093 欧元）。许多法规只适用于非经济损害赔偿，原告在提起诉讼时可要求就受制于赔偿限额的损害和不受制于赔偿限额的损害一并赔偿。例如，一位加利福尼亚州的原告可以对一位医生提起医疗过失诉讼，就其由于医生过失而导致的医疗费用支出和由于事故所导致的疼痛与痛苦要求赔偿。在这一案件中，原告请求作为非经济损害的痛苦的赔偿不得超过 250,000 美元（160,498 欧元）的限额，但是，她请求偿还医疗费用不适用责任限制，因为医疗费用不属于非经济损害。

大多数州的赔偿限额的适用是以"每位原告，每起索赔为基础"。[19] 换而言之，单一原告的赔偿金会受到限额的限制，但是，案件中其他原告可获得的赔偿不适用限额的限制。因此，被告有时可能向多名原告支付法规限额内的赔偿，例如，多名原告基于一起物质性损害事件就人身损害和丧失配偶提出索赔。依照马里兰州的非经济损害赔偿限制，对于丧失配偶的赔偿金和侵害致死的赔偿金分

17　*Moore v. Mobile Infirmary Ass'n*, 592 So. 2d 156 (Ala. 1991).
18　See, e. g., *Arbino v. Johnson & Johnson*, 880 N. E. 2d 420 (Ohio 2007)。
19　See e. g., West's Wisconsin Statues Annotated (Wis. Stat. Ann.) § 893.55, 895.04 (West 2008).

别适用于赔偿限额。基于赔偿限额的目的，这两类诉讼被看做是两起分别的诉讼。[20] 但是，损害赔偿的限制是规定在成文法规中，而这些法规是由以各个州为基础制定的，并且，其语言表述有差异。因此，在克劳斯房地产诉维克斯堡医疗集团案件[21]中，法院判决，密西西比州在执业过失案件中的非经济损害赔偿限额，适用于侵害致死诉讼中的所有受益人，因此，他们的赔偿共同受制于一个赔偿限额。这一判决与约翰·克雷恩案的判决也许并非不一致，因为没有一位受益人以他们自己的名义主张有关配偶的赔偿请求。相反，弗吉尼亚州所施加的惩罚性赔偿的限额是以每一名"被告"为基础适用的。该限额限制了对一名被告要求赔偿的总额；在一起特定的案件中，不管原告数量多少，一名被告支付的惩罚性赔偿金不得超过350,000美元（224,698 欧元）。[22]

19 　　在原告与有过失的案件中，大多数州要求陪审团在当事人之间划分过失而无需考虑任何赔偿限额，然后法院对分配给原告承担的那一部分损害赔偿金施加赔偿限额的限制。例如，在 P 与 D1 和 D2 的汽车事故案件中，陪审团认定 P 负有 20% 的过失，D1 和 D2 各负有 40% 的过失。然后，陪审团判定 P 有权利获得 200 万美元（1,283,986 欧元）的非经济损害赔偿金。如果对非经济损害赔偿金的限额为 100 百万美元（641,993 欧元），法官将首先依据 P 的比较过错比例削减其赔偿［将 200 万美元减少至 160 万美元（1,027,189 欧元）］，然后看 P 的赔偿金是否处于法定限额之下。如果是，那么 P 将获得该数额的赔偿。如果不是，法官将 P 的赔偿金削减至法定限额。如果有多名被告，也是如此。卡罗拉多州的限额是在将赔偿总额在所有当事人之间依照过错进行分配后用来限制每一位被告的

20　　*John Crane, Inc. v. Puller*, 899 A. 2d 879（Md. Ct. Spec. App. 2006）.

21　　LLC, 972 So. 2d 555（Miss. 2007）.

22　　See Code of Virginia Annotated（Va. Code Ann.）§ 8.01-38.1（West 2008）.

责任，它不限制原告从多名被告处获得的赔偿总额。[23]

10. 请说明在你们国家的侵权法中，如果存在最低起赔额的话，受害人何时必须要承受最低起赔额以下的损失。在这些案例中，是否存在用来解决下述问题的成文法规定或判例法原则：损害是被看做一项不可分割的损失——因此受害人只须自行承担一次低于起赔额的损失——还是多个相互独立的损失，从而多次适用起赔额？

与欧盟的产品责任指令不同，美国侵权法不存在受害人必须承受的损害赔偿的最低起赔额。

11. 案例研究（产品责任中的最低起赔额）由于电力系统的短路导致P停放的汽车被完全烧毁。这场火还烧毁了P存放在汽车后备箱里的高尔夫装备和汽车电话系统。P向制造商提出索赔，其依据是制造商对缺陷产品的责任。全部损失——汽车的电话系统、汽车本身和高尔夫装备——被看做是一项不可分割的损失，还是多个相互独立的损失？欧盟产品责任指令对于财产损失赔偿规定了最低免赔额。对每一项损失单独适用起赔额——例如，P的汽车、汽车电话系统和高尔夫装备——还是只对总额适用一次起赔额？能否进一步主张，高尔夫包的损失和高尔夫球杆的损失也应作为单独的损失来对待？

不适用，请见上一问题的解答。

12. 在你们国家侵权法中，在确定责任限额和最低起赔额时哪个标准是起决定作用的？对以下因素要特别考虑：损失的类型（例如，人身损害或财产损害）；责任形式（例如，过失责任或严格责任）；受害人或侵权行为人的个人特征（例如，雇员、未成年人、专业人士）；其他标准（例如，年金赔付或一次性赔付）。如果法律承认这些区分，那么，能否进一步主张，受害人因一起侵权行为或不作为

---

23 See *Gen. Elec. Co. v. Niemet*, 866 Pacific Reporter, Second Series (P. 2d) 1361 (Colo. 1994).

而遭受的损失须被看做是多个单独的损失,其中一些损失受制于责任限额或最低起赔额,而另外一些损失则不适用?

22　　侵权原告能请求以下两种类型的损害赔偿——由经济损失和非经济损失组成的补偿性损害赔偿和惩罚性损害赔偿。损害的金钱成本,例如医疗费用和丧失的工资收入,构成了经济损失赔偿。对于不存在市场估值的损害,原告可以获得非经济损失赔偿,例如,疼痛和痛苦。另外,尽管很少见,并且仅限用于有证据显示存在故意或放任行为的情形,原告可以获得惩罚性赔偿。对于惩罚性赔偿适用赔偿限额是最常见的。除了各州法律对惩罚性赔偿施加限额外,美国最高法院已经对惩罚性赔偿施加了限制,将其限定在补偿性赔偿金的十倍,只有在异乎寻常的案件中才可超越上述限制。[24] 关于对补偿性赔偿的限制,非经济损失的赔偿限制是最常见的,但有些州确实对包括经济损失和非经济损失在内的赔偿责任总额进行了限制。例如,卡罗拉多州,将非经济损失赔偿限制为 250,000 美元(160,498 欧元),并将损害赔偿总额限制为 100 万美元(641,993 欧元)。适用于医疗过失案件的责任限额是最常见的专项索赔限额。这些限额都是立法的产物,这些立法旨在缓解保险费的大幅上涨,保险费的问题好像每隔十年左右就出现一次。

23　　二十三个州已经制定了对非经济损失赔偿施加限额的法规,这些限额的范围为 250,000 美元(160,498 欧元)到 750,000 美元(481,495 欧元)。阿拉斯加州已将可获得的非经济损失赔偿金降低至 250,000 美元,但侵害致死、永久性毁容或严重的人身损害除外,在上述案件中适用 400,000 美元(256,797 欧元)的限额。与之类似,加利福尼亚州在医疗责任案件中将非经济损失赔偿限制为 250,000 美元。应该注意的是,大多数的法规仅适用于医疗过失案

---

[24] *State Farm Mut. Ins. Co. v. Campbell*, 538 United States Supreme Court Reports (U.S.) 408 (2003).

件。

三十四个州已经制定了各种形式的惩罚性赔偿的责任限额。它们包括：直接禁止惩罚性赔偿；确定从 250,000 美元到 100 万美元（160,498 欧元至 641,993 欧元）的赔偿限额；限制等于多重补偿性赔偿的金额。[25] 有一部法规限制依据联邦法提起的劳动歧视案件的惩罚性赔偿金，即《美国法典》42 U.S.C. §1981，它基于被告所雇佣的人的数目以递进的方式来确定损害赔偿总额。例如，对于多于 14 名但少于 101 名雇员的公司，惩罚性赔偿金的限额为 50,000 美元（32,100 欧元）。对于超过 500 名雇员的公司，惩罚性赔偿金限制为 300,000 美元（192,598 欧元）。一些州，如爱荷华州，将惩罚性赔偿金的一定比例划归州。

也有许多法规限制针对公共实体或州政府机构的索赔。例如，内华达州将州和其政府机构的潜在责任限额为 75,000 美元（48,149 欧元）。这一限额适用于"每人，每起索赔"，即将一名原告从一起特定案件中获得的赔偿限制为 75,000 美元——而不是将原告从每一位被告处获得的赔偿限制为 75,000 美元。

D. 多个损失

13. 当两个以上当事人共有的财产受损时，由此而产生的损害是否被看做是每一位当事人的权利均受到侵害而导致的多个相互独立的损失？

当财产是共有时，该财产所遭受的损害仅是一起损失，因为每一个当事人对土地都享有完整的、不可分割的权益。当两个以上当事人对土地享有分别的、单独的利益时，情况就不同了。对下述问

---

[25] See American Tort Reform Association, ATRA's Tort Reform Record December 31, 2003 edition, available at http://www.atra.org/files.cgi/7668-Record12-03.pdf; K. Cordier Karnezis, Validity of State Statutory Cap on Punitive Damages, 103 American Law Reports Annotated, Fifth Series (A. L. R. 5th) 379 (2008).

题的解答会说明这种区别,对共同所有权人的权利和共同用益权人的权利进行了比较。

14. **案例研究（共有）** P1 和 P2 是一幢建筑物的共有人,该建筑物因 D 的恶意纵火而被毁损。P1 和 P2 所遭受的损害应被看做是一项单一的不可分割的损失,还是 P1 和 P2 分别遭受的两项损失,类型选择的后果是什么?

27　　　当两名保有人（tenant）共有财产时,每一位都享有不可分割的完整的财产权。这是一个虚拟的单一实体；从法律上讲,每一位保有人都拥有 100% 的财产。因此,对共有建筑物的损害被看做是一起单一的不可分割的损失。基于诉讼程序的目的,两位当事人都被要求参加有关财产损害的诉讼。[26]（法院认为,在请求对共有土地的损害赔偿的诉讼中,所有的保有人都必须参加）所有保有人都必须参加这一规则有三项被认可的例外。当一名共同保有人已对侵害表示同意,或拒绝作为原告参加诉讼,或者当共同保有人的人数过多使得共同参加诉讼不可行,法院会允许一名共同保有人单独进行诉讼。[27]

28　　　基于保险的目的,一名共同保有人可将她自己的利益作为单独的可区分的利益投保,其他共同保有人对此不拥有权益,或者,该保有人可以为所有保有人的利益对整个财产投保。在后一案例中,每一名保有人都有权利从损失补偿金中获得属于她的那一份。[28]

15. **案例研究（所有权和使用权）** P1 对林地拥有所有权,P2 拥有采伐林木的权利。D 因过失引发了火灾而使林木被毁,P1 和 P2 所

---

[26] See, e. g., *Myer v. Cuevas*, 119 South Western Reporter, Third Series（S. W. 3d） 830（Tex. App. 2003）.

[27] See e. g., *Sullivan v. Sherry*, 87 North Western Reporter（N. W.）471（Wis. 1901）; *Keene v. Chambers*, 3 N. E. 2d 443（N. Y. 1936）; *Scott v. Williams*, 607 S. W. 2d 267（Tex. Civ. App. 1980）.

[28] See *In re Ray's Estate*, 287 N. E. 2d 144（Ill. App. Ct. 1972）.

遭受的损害应被看做是一项不可分割的损失,还是两项相互独立的损失,类型选择的后果是什么?

与前一问题不同,在这一案例中 P1 和 P2 对财产有着各自的利益。问题显示 P2 享有对他人土地的用益权,这使得他可以从 P1 的土地取走木材。[29] 用益权可以基于权利让与或时效产生。当一项用益权属于某人个人享有,并且与土地所有权相区分时,它具有土地权益的性质。它确切的是指从 P1 的土地取走木材而获得收益的权利,并与地役权不同。如此,P2 所受损害是单独的,不同于 P1 所遭受的权益损害。当第三人干涉用益权人行使从土地上取走财物的权利的时候,用益权人经常能提起诉讼,如非法入侵土地之诉。此时,P1 和 P2 所遭受的损害被认为是两个可分离的单独的损失。他们的所有权是相互区分的,一人提起诉讼并不禁止他人随后提起诉讼。

E. 多个损失与多个侵权行为人

16. 在何种条件下可认定多个侵权行为人共同引发了受害人的单一损失?在何种条件下可以认定多个侵权行为人导致了同一受害人的多个相互独立的损失而需要对这些损失分别进行救济?多个侵权行为人对损害承担连带责任的前提条件是什么?能否主张,多个侵权行为人分别导致了多个相互独立的损失,但是,与此同时这些侵权行为人需要对损失整体承担连带责任?

当损害不能基于因果关系而被分割时,可假定多名侵权行为人共同导致了一项单一的损害。因此,当每一名独立的当事人的法律上的可归责的行为都导致了全部损害时,损害是不可分割的。当有合理依据认定侵权行为人导致的损害不足以造成受害人的全部损害时,损害可基于因果关系进行分割。[30] 例如,A 打断了 X 的胳膊,三十分钟后 B 打断了 X 的腿。这种损害可依据因果关系进行分割。假

29　See e.g., *Burlingame v. Marjerrison*, 665 P. 2d 1136 (Mont. 1983).
30　见《侵权法重述(第三版)》:责任分担 §26 (2000)。

设 X 的胳膊折断的损害是 10,000 欧元,其腿折断的损害是 40,000 欧元。A 须付给 X 10,000 欧元,B 应付 40,000 欧元。但是,在这种形势下,有些损害有可能是不可分割的。假设 X 在胳膊断或者腿断时仍能工作,但在胳膊和腿都断的情况下则不能工作。在这种情形下,断胳膊和断腿都是工资收入丧失的"若非则无"的原因,因此,在 A 和 B 之间,丧失工资收入的损失是不可分割的。

31 损害在因果关系方面是否是可分割的,是一个事实问题。许多损害,看起来好像是不可分割的,却可被分担。如狄龙诉双州电气公司案(*Dillon v Twin State Gas & Electric Co.*)[31] 所揭示的那样,即便是死亡,也可被分割。在狄龙案中,一名男孩从一座桥上的人行道跌落后抓住了被告过失布置的电线而触电身亡。法院认为,如果可以认定男孩在没有抓住电线的情况下也会因跌落本身而死亡,那么,被告应付的赔偿金应大幅减少。因此,可依据被告加速了该男孩死亡的时间长度来对孩子的死亡后果进行分割。[32]

32 随着比较过失的出现,关于损害的可分割性的举证责任需要重新思考。参见边码 1 及其以下内容。

33 在传统上,当两个以上侵权行为人独立地或互相配合地实施行为而产生了单一损害时,他们应承担连带责任。每一位侵权行为人都要对原告所遭受的全部损害负责。这意味着一名原告对被告们可以单独或集体起诉,从他们中的任一人或全体请求偿还全部赔偿金。比较过失(或更广义地讲,比较责任)的出现对连带责任的原理也有重要的影响。伴随着比较过失的出现,连带责任的重要基础受到妥协。不再总是原告是无辜的而被告是有过错的,被告支付不能的

---

[31] 163 Atlantic Reporter (A.) 111 (N. H. 1932)。
[32] 也可见 *Landers v. E. Tex. Salt Water Disposal Co.*, 248 S. W. 2d 731 (Tex. 1952) (原告的损害,一塘死鱼,是否可分割,依赖于有关污染的两种来源和它们的毒物是如何杀死鱼的科学证据)。

风险也不再总是无足轻重。其次，独立地来看，鉴于二十世纪后半期侵权责任的扩张（特别是在防范第三人侵害的义务领域），并伴随着数百万美元赔偿金的判决越来越多地出现，许多州和评论者对连带责任所推行的政策表示怀疑。这在下述情形中会产生不公平的后果：某一位侵权行为人不具有支付能力，原告也有过失，而其他侵权行为人——也许他们与案件仅有非常小的牵连——必须担负起分配给被告们的全部赔偿的责任。

就现在的情形，大约四十个州的立法机构已经改革了连带责任主义。大约有十二个州完全取消了这一主义，让具有清偿能力的侵权行为人仅对赔偿金中属于他的比较过失份额部分承担责任。而另外十二个左右的州则在侵权行为人的过失低于一定标准（通常是5%）的案件中取消了连带责任主义。有些州，包括加利福尼亚州，仅对非经济损害赔偿取消了连带责任主义。有些州在原告有部分过失时取消了连带责任主义。一些州保留了这一主义，但对于支付不能的侵权行为人的比较过失份额，在其他当事人之间依照其各自过失的比例进行重新分配。少数州仅在有限的几个特定的实体领域（最常见的是毒物和环境侵权）保留连带责任。

17. 案例研究（连带责任和分别责任） D1、D2 和 D3 计划抢劫一对夫妇 E 和 F。D1 在汽车里等候，并负责逃跑。D2 将使用枪控制住这对夫妇并从 E 身上拿走钱，D3 将取走 F 佩戴的珠宝。D1、D2 和 D3 同意如果有必要将使用暴力。由于 E 对 D2 进行防卫，D2 开了枪并伤害了 E，E 随后就其医疗费用和疼痛与痛苦提出索赔。F 请求返还她的珠宝。由于珠宝在争抢中受到了损害，因此，F 还就修补费用提出索赔。在这个案例中，是存在一个总的损失，每一个侵权行为人都要在相同的范围内对此承担责任，还是存在数个相互独立的损失，每一项损失可都要由一名不同的侵权行为人对此负责？D1、D2 和 D3 应在多大范围内承担责任？

35　　　　在这个案件中，E 和 F 每人都遭受了一项单一的不可分割的损失。D1、D2 和 D3 属于一致行动的共同侵权行为人，对所有的损失承担连带责任。[33] 对一致行动的侵权行为人的这一定性，不会因比较过失的出现或对独立的侵权行为人的连带责任的改革而受影响。[34] 当被告们都同意从事非法或侵权行为时，他们是在一致行动并应对全部损害承担法律责任；每一名被告都应对原告就其全部损害担当个人责任。实际产生的损害是否超过了某一特定的被告的预期并不重要。行为或过错的程度在这里并不是问题。如在这个案例中，三名被告都要对 E 的医疗费用、精神痛苦和 F 的所有财产损失承担连带责任。

　　18. 案例研究（人身损害被明确排除）假设事实与上述案例相同，如果 D1、D2 和 D3 最初同意不使用暴力，但是，当 E 未听从 D2 的命令时 D2 开了枪，该案是否因此而得到不同对待？在这个案件中，对于 E 的伤害，是由 D2 一人承担全部责任，还是可将其看做一起可在同等程度上归责于每一个侵权行为人的整体损失，从而认定 D1 和 D3 也要对损失负责？

36　　　　美国法院不会从存在多少损失这一角度来对待这一问题。然而，当某一行为人的行为超出了协议的范围，他们会查明一致行动人的责任范围，或者，更有可能的是，将这一事件定性为另一人以不可预见的方式行为时的责任。其背后的思想是，一个一致行动的参与人的责任受到近因的限制。[35]《侵权法重述》用两个事例解释了这一提议：

---

[33] 见《侵权法重述（第二版）》：§ 876（1979）。

[34] 见《侵权法重述（第三版）》：责任分担 § 15（2000）; Reilly v. Anderson, 727 N. W. 2d 102（Iowa 2006）.

[35] 见《侵权法重述（第二版）》：§ 876，评论 d 和例子 10、11（1979）; Halberstam v. Welch, 705 F. 2d 472（D. C. Cir. 1983）; American Family Mut. Ins. Co. v. Grim, 440 P. 2d 621（Kan. 1968）.

A 和 B 合谋入室盗窃 C 的保险柜。B 是积极行动的窃贼，其进入房屋后，在 A 不知道他意图这样做的情况下，为隐藏入室盗窃的行为而点燃了房屋。A 对 C 的责任，不仅包括窃取保险柜内东西的责任，而且还包括毁灭房屋的责任。

A 向 B 提供钳子使 B 能够进入到 C 的土地内取走属于 B 的物件，A 知道 B 无权这样做。在非法进入 C 的土地的过程中，B 故意纵火烧了 C 的房屋。A 对房屋的毁灭不承担责任。

F. 损害的可分割性和因果关系的不确定性

19. 为了处理与证明因果关系有关的问题——特别是在大规模侵权的背景下——有些地区发展出一些例外规则，以被告制造了风险为由对其施加责任，而无论有无证据显示被告的行为是原告所受伤害的"若非则无"（sine qua non，必要条件）意义上的原因。你们国家的侵权法是否承认这些规则？如果承认，什么被认为是受害人已经遭受的损失？

一些州的侵权法允许在特定情形下，当受害人的损害被侵权行为所致已经证实，但引发损害的侵权行为人不能确定时，施加责任。换而言之，这些例外规则仅适用于"产品因果关系"，或对受害人造成了伤害，已经得到证实以后，而"被告因果关系"，或哪一位被告导致了损害，不能确定的情况。法院在下述侵权案件中适用这些规则，即当受害人不能证明特定的被告是"若非则无"意义上的损害的原因时，法院对某一类被告施加责任，这些被告集体制造了导致受害人遭受损害的风险。这些规则包括：择一责任（Alternative Liability）、市场份额责任、企业责任和一些法院在石棉案件中适用的特别规则。这些情形的共同之处是，多位被告从事了侵权行为，而原告不能合理地确定哪一位被告的行为是其损害的真实原因。

择一责任是免除原告证明哪一位被告导致了损害的最早的形式。在原告不能证明两个以上的具有过失的被告中的哪一个导致了其损害的情形下，择一责任将因果关系的举证责任转移至被告，由被告就免除自身责任来举证。原告仍须证明侵权行为（或缺陷产品）导致了他的损害，但辨别哪一位被告导致了损害的责任转移给被告。在萨莫斯诉泰斯（Summers v. Tice）[36]这一典型案例中，两位猎人过失地将他们的枪对准了原告。一发子弹导致了严重损害，但不清楚是哪一位被告射的这一枪。法院将举证责任转移至两名被告，由其证明是谁射中了原告。在那起案件中法院对两名被告都施加了被称之为择一责任的责任，判决他们对原告损害承担连带责任，除非其中一名能成功地证实是另一名被告射中了原告。这种形式的责任是在大规模侵权背景之外发展起来的，并且极少适用于大规模侵权。[37]事实上，市场份额责任是择一责任的修正版，它已经在有限的情形中适用于大规模侵权。与市场份额责任不同，择一责任要求所有的被告都必须参加诉讼。[38]

41   市场份额责任，如前面所提，是由择一责任演变而来。市场份额责任被用于某一类产品具有相同的风险而原告不能证明是哪一位被告生产了致其损害的产品的情形。它最初被用于 DES 案，该案原告无法通过择一责任或企业责任获得赔偿。[39] DES 是一种常见的加工药物，母亲在怀孕时服用以防止流产，但它在几十年会对后代产生损害。在美国有 300 家公司生产这种药物，让每一位制药商都参加进入，即使并非不可能，也是不可行。在母亲服用药物和损害显现之间存在长时间的潜伏期，这使得在特定案件中辨别生产有害的

---

36 199 P. 2d 1（Cal. 1948）.

37 但是，见 Poole v. Alpha Therapeutic Corp., 696 Federal Supplement（F. Supp.）351（N. D. III. 1988）（在一起血友病患者诉一种治疗血友病的药物的所有制造商、加工商、营销商和经销商的诉讼中，法院判决认为，在这一案件中适用择一责任是合适的。）

38 见 Goldman v. Johns-Manville Sales Corp., 514 N. E. 2d 691（Ohio 1987）（判决择一责任和市场份额责任都能适用于被告。）

39 例如，Sindell v. Abbott Laboratories, 607 P. 2d 924（Cal. 1980）。

DES 的特定的制药商很困难。正是由于这些原因,一些法院对侵权法的通常规则做了特别的例外处理,允许 DES 受害人依据市场份额责任获得赔偿。在辛德尔(Sindell)案这一具有开创性的案件中,法院要求占当地市场相当大份额的企业加入到案件中以便适用市场份额责任。在占当地市场相当大份额的企业加入后,举证责任转移至每一位被告制造商,由其证明它的产品并不是该案中导致损害的产品。在随后的一起案件中,法院判决,应基于占本地市场的份额,在每一位剩余的制造商中分割责任,使其承担个别的责任。[40] 市场份额责任随后在希莫威茨诉伊莱·莉莉公司(*Hymowitz v. Eli Lilly & Co.*)案中以另一种不同的形式出现。[41] 在那起案件中,法院依据每一位制造商在全国市场上的份额,而不是本地市场份额,来分割责任。它不要求相当大市场份额的加入,被告的责任仅是个别的。辛德尔案和希莫威茨案中的法院所采用的不同方法说明在采纳市场份额责任的法院中存在差异性。遇到这一问题的州中大约有一半采用了一种形式的市场份额责任,一半州拒绝这种做法,但是,仅有十二个左右的州曾经在这件事上做过裁决。[42]

当辨别致害产品有困难或不可能的时候,企业责任对全行业施加责任。它试图使某一特定工业行业的所有制造商都承担责任。除非相当于全行业的制造商都参加,否则,这一责任很难适用。[43] 依据企业责任获得赔偿,一名原告必须证明致害产品是被告中之一生产的,并且这些被告们共同知晓该产品会产生潜在损害的风险,也有共同的能力来降低这些风险。这种对风险的共同控制通常是通过使

---

40 见下文边码 45。
41 539 N. E. 2d 1069 (N. Y. 1989)。
42 例如,*Sutowski v. Eli Lilly & Co.*, 696 N. E. 2d 187 (Ohio 1998) (拒绝了市场份额责任,因为它要求原告证明特定的被告导致了原告的损害)。
43 See gererally *Univ. System of N. H. v. United States Gypsum Co* 756 F. Supp. 640 (D. N. H. 1991)。

用行业协会来实现。[44] 因此,损害的"原因"被看做是所有制造商都采用的全行业领域的不合理的安全标准。[45]

43　　在石棉案件中,法院采用多种虚拟学说,允许索赔者主张石棉案被告责任成立,即使索赔者不能证明哪位(些)被告的石棉导致了原告的疾病。美国法院在使用这些学说时曾试图不去区分像癌症之类已至临界值的疾病和像石棉之类的慢性累积疾病。[46] 在拉瑟福德诉欧文斯·伊利诺斯公司(*Rutherford v. Owens-Illinois, Inc*)案中,[47] 加利福尼亚州最高法院认识到这些困难,认为在石棉案件中可依被告对原告的损害风险的作用来对被告施加责任。

20. 案例研究(源于多种途径的暴露风险) V 先后连续受雇于 D1、D2 和 D3。在每一工作期间,由于雇主的过失 V 都暴露于石棉中。近来 V 已被诊断出患有间皮瘤,使其寿命预期严重缩减,该疾病系其在工作中暴露于石棉下所致。间皮瘤不是一种严重的疾病(不像石棉肺),并且,即使额外暴露于石棉中也不会加重其严重性。科学证据无法显示间皮瘤是由于在哪一工作时间暴露于石棉中所致,或由于在不同工作时期累积暴露于石棉中所致。在你们国家的侵权法中,D1、D2 和 D3 能否被认定负有责任?如果负责任,V 被认为已遭受了一起不可分割的损失,还是多项不同的损失?

44　　V 遭受的是单一的不可分割的损失,使 V 所受暴露超过轻微数量的产品制造商应对此承担责任。V 必须起诉产品制造商而不是他的雇主,因为工伤赔偿法禁止雇员对其雇主提起诉讼(工伤赔偿是

44　见 *Hall v. E. I. DuPont de Nemours & Co.*, 345 F. Supp. 353 (E. D. N. Y. 1972) (对六家起爆雷管的制造商和他们的行业协会适用企业责任)。

45　见 *Collins v. Eli Lilly Co.*, 342 N. W. 2d 37 (Wis. 1984)。在美国,企业责任的使用极为有限。

46　参见,例如,*Borel v. Fibreboard Paper Products Corp*, 493 F. 2d 1076 (5th Cir. 1973);也可见 *M. D. Green*, A Future for Asbestos Apportionment? 12 Connecticut Insurance Law Journal (Conn. Ins. L. J.) 315 (2006)。

47　941 P. 2d 1203 (Cal. 1997)。

"唯一救济")。美国的石棉诉讼更为复杂,因为索赔者人数众多,主要的石棉产品制造商破产和重组,只剩下一个信托来管理对制造商的索赔。我们理解现代案件中的损害分割,大体上是以那些具有风险促进作用的因素为基础的。[48]

21. 在所谓 DES 案件中,一些美国法院认定若干被告负有责任,即使被告与索赔者的损害之间的因果关系并不能像普通案件那样得到证实。这些案件处理的是多名被告与多名受害人之间的问题。尽管不可能证实哪一名被告损害了哪一位受害人,但每一名被告都要依其在 DES 市场上的份额承担按份责任(市场份额责任)。在你们国家的侵权法中,这样一种责任模式是否适当?如果适当,请基于下述案例说明什么被认为是已经遭受的损失。

是,市场份额责任从择一责任演变而来,专门适用于 DES 案的背景。如上所分析的那样,其第一次出现在加利福尼亚州的辛德尔诉艾博特化工厂(Sindell v. Abbott Laboratories)案。[49] 在那个案件中适用的市场份额责任后来被澄清为,每一位制造商基于其占致害产品的市场份额对原告的损害承担分别的责任,而不是认定每一位制造商对原告的所有损害承担连带责任。[50] 另外,布朗案认定被告只按其占市场份额的比例承担责任,而不对那些缺席的或破产的制造商所代表的份额承担比例分担责任。如上所述,大多数的美国法院辖区尚未处理过市场份额问题,就那些已处理过的法院而言,一半已经接受了某种形式的市场份额责任,而另一半则拒绝放宽因果关系规则。

22. 案例研究(市场份额责任)D1、D2 和 D3 是制药商,其生

---

[48] 见 *M. D. Green*, Second Thoughts on Asbestos Apportionment, 37 Southwestern University Law Journal (Sw. U. l. j.) 531 (2008);也可见上文边码 39 及其以下部分。

[49] 607 P. 2d 924 (Cal. 1980).

[50] *Brown v. Superior Court*, 751 P. 2d 470 (Cal. 1988).

产的药品都是基于相同的化学制剂并都在 A 国流通。在药品上市多年后发现该药品所使用的制剂具有致癌作用。P 是数千名受害人中的一员，像其他受害人一样，他无法证实其服用的是哪一家制药商生产的药品（D1、D2 或 D3）。但是，根据市场份额原理，P 能向他们（D1、D2 或 D3）中的任何一家提出索赔，尽管每家制药商的责任都受限于其在 A 国市场上的份额。如果依据你们国家的侵权法可以适用市场份额模式，那么，什么是每一家制药商所应负责的损失？这种损害场景应被看做是一起单一的不可分割的损失，还是多个相互独立的损失？

46   这种事实模式近似于 DES 案。[51] P 的损害被看做是单一的，在因果关系上不可分割的损失，但是被告们只依据其市场份额对 P 的损害承担按份责任。依据在这些案件中所采用的市场份额责任原理，每一位制造商对 P 的损害依据其市场份额的比例承担按份责任。如果 D1、D2 和 D3 占据了该化学制剂的全部市场，并拥有同等的份额，那么，每一位应分别对 P 的损害承担三分之一的赔偿责任。原告所获得的损害赔偿经常少于 100%，因为有些占据市场份额的企业无法被诉。每一位制造商所负有责任的"损失"，可被界定为每位原告所受损害的风险，这也是每位制造商的市场份额的作用。

三、程序方面

A. 管辖

23. 依据你们国家的程序法，损害行为地或损害发生地对于哪一个法院有管辖权是否具有决定性意义？当损害行为在多个不同地点引发了多项不同的损失的时候，此类案件应如何处理？是否可以在

---

[51] See, e. g., *Sindell v. Abbott Laboratories*, 607 P. 2d 924（Cal. 1980）; *Hymowitz v. Eli Lilly & Co.*, 539 N. E. 2d 1069（N. Y. 1989）.

同一个法院处理所有的损失索赔,即使这些损害是发生在多个不同的管辖区域内?如果可以,那么,整体损害是被看做是一项单一的不可分割的损失,还是多个相互独立的损失?

就事故地点本身而言,对于确定法院管辖权从不具有决定性。若要对一起案件具有管辖权,一家法院须有对人管辖权和对诉讼标的管辖权,后者是美国联邦制度的伴生物。关于对诉讼标的管辖权的讨论,我们将限于以下的一般性分析。法院要获得对被告的对人管辖权有两种方式:对人管辖权的传统依据(下述分析)和州的长臂法规。通过长臂法规,州将其管辖权扩展至与该州不具有足够的"最低限度接触"的外州人士,从而可以合宪地对其主张管辖权。传统依据规定了获得对人管辖权的五种方式:一方当事人位于法院所在州的边界范围内;在法院所在州有住所;在法院所在州有代理人;在法院所在州从事商务或有法人企业;或同意法院所在州有管辖权。在具备上述情形时,法院对该当事人具有管辖权。最后一种方式,当事人同意,通常为主张对原告有管辖权提供了依据。原告向该法院起诉,可看做是同意该法院有管辖权,就如同被告可以同意那些对自己原本没有管辖权的法院有管辖权一样。除了这些对人管辖权的传统形式外,管辖权还可扩展到那些虽然身处州外但与该州有足够的关联关系(即最低限度的接触),从而允许该州法院对被告的权利进行裁决。尽管这是一般性标准,但它被解释为允许一个州对于在本州销售产品并导致本州居民损害的非本州居民的制造商主张管辖权。[52]

因为联邦政府权力的有限性为中央政府的权力设定了条件,联邦法院是管辖权有限的法院。作为一项结构性限制,诉讼标的管辖权,不像对人管辖权,任何一方都不能对此放弃。如果索赔的基础

---

[52] See *Int'l Shoe Co. v. Washington*, 326 U. S. 310 (1945).

是联邦法，联邦法院有诉讼标的管辖权；此类管辖权经常与州法院的管辖权并存，联邦法院与州法院均有权审理。当案件的当事人是不同州的公民，且争议金额大于 75,000 美元（48,149 欧元）时，联邦法院对此类案件享有管辖权，称之为州籍多样性管辖权（diversity jurisdiction）。值得注意的是，一名单一原告可将几起单独索赔请求进行合并以满足联邦法院对争议金额的要求。另一方面，多名原告不能将他们的诉讼请求合并以满足要求，除非他们正在主张一项不可分割的利益。但是，当事人可将一项在管辖权方面不充分的诉讼请求加入到具有充分管辖权的诉讼请求中，其条件是它们"源自于发挥重要作用的事实的共同核心"，[53] 它被称为补充管辖权。大多数州法院都是具有一般管辖权的法院，对于在其处起诉的案件都具有诉讼标的管辖权。对于一定的联邦案件，联邦政府可以取代州法院的诉讼标的管辖权，由联邦法院实行"专属管辖"。

49　　当损害行为发生在多个管辖区，它会影响到法律适用和哪一法院有管辖权，但它不会影响索赔的可分割性。每一位遭受损害的当事人对其损害都具有单独的索赔权。因此，对于责任分割而言，损害发生于何处与有多少个管辖权，都不具有相关性。多个法院常会对同一诉因享有管辖权。例如，如果 P（一名加利福尼亚州公民）基于发生在北卡罗来纳州的一起事故而产生的诉因起诉 D（一名纽约州公民），P 可以在纽约州或北卡罗来纳州起诉。与之类似，如果一名制药商在几个不同的州出售一种有缺陷的药物并产生损害，每一位索赔人可以在损害发生的州、制造商从事侵权行为的州或者制造商进行法人注册或从事大量活动的州，对被告提起诉讼。[54]

24. 案例研究（国内管辖权；损失发生地）在 W 法院的管辖区

---

[53] *United Mine Workers of America v. Gibbs* 383 U. S. 715 (1966); see also 28 United States Code (U. S. C.) § 1367 (2004).

[54] See e. g., *Asahi Metal Indus. Co. v. Superior Court*, 480 U. S. 102 (1987).

域内，D 对 P 的食物投毒。在 X 法院的管辖区域内，该食物喂给了 P 的狗。结果 P 的狗在 Y 法院的管辖区域内开始呕吐并把 P 的汽车弄得一团糟。在 Z 法院的管辖区域内，P 自己食用了有毒的食品并因此而产生了胃痉挛和恶心。P 能在哪一处法院就其损失（被弄糟的汽车，疼痛与痛苦，收入损失）提出赔偿请求？能在同一个法院提出所有的索赔吗？

是的，所有这些索赔可以在一个法院提起，也有可能多个法院都权审理该案。如上述分析，法院既需要对 P 和 D 拥有对人管辖权，也需要对诉因拥有诉讼标的管辖权。假设 P 的诉因，包括了上述三项请求，索赔额超过了 75,000 美元（48,149 欧元），并且 P 和 D 是不同州的公民，P 可以在对 D 拥有对人管辖权的任一联邦法院起诉。如果 D 在某州的边界范围内，或在该州居住，或认可该州的管辖权（假设 D 不是法人并且与法院所在州没有持续的和系统的接触），那么，该特定州对 D 拥有对人管辖权。除此以外，管辖权须由法规明确规定。依据此类法规，D 需要与法院管辖地有最低限度的接触，有目的地利用了该管辖地的利益。在本案中，D 未有目的地利用除 W 以外其他法院所在地的利益，D 也未将毒物投入商业流通中；事实上，D 的唯一行为发生在 W，并且不具有商业性质。[55] 因此，P 能在 W 法院对 D 提起所有的索赔请求。假设在上述事件之间或 D 与 Y、Z 之间没有其他联系，那么，那些地方的法院对 D 的任一索赔事项，包括对在那些州所遭损害的索赔，都有可能不具有管辖权。

B. 诉讼金额

25. 诉讼金额在诉讼的程序方面（例如，有关律师费、诉讼费，法律救济的认可，法院管辖权或其他原因事项）是否具有决定性作用？如果是，当基于一个单一的侵权行为或不作为而提起的请求被

---

[55] See *World-Wide Volkswagen Corp. v. Woodson*, 444 U. S. 286 (1980).

分解开并单独起诉时,是否会产生不同的结果?当损害被看做是一项单一的不可分割的损失或多个损失时,会有什么不同(如果有的话)?

51　　在确定联邦法院对一起索赔诉讼是否具有诉讼标的管辖权时,索赔金额具有关键性作用。当案件是以州法(它几乎是所有侵权法的渊源)为基础时,只有当争议金额超过了 75,000 美元(48,149 欧元)(并且当事人具有不同州籍时)联邦法院才有诉讼标的管辖权。原告只有一位时,他可将其诉讼请求合并以满足这一门槛。集团原告也可以将其诉讼请求合并以满足这一门槛。如果一起侵权行为所引起的索赔被分别提起,法院在确定争议金额时,仅以其受理的诉讼请求为依据——它不会考虑其他单独起诉的金额,即使其源于同一个侵权行为。但是,单独提起的诉讼请求,可以加入到最初的索赔诉讼中,以满足争议金额的最低要求。多位原告(而非集团原告)不可以将其索赔合并以满足联邦法院管辖的最低标准。因此,就基于管辖权问题而言,原告的损害被看做是一项单一的不可分割的损失还是多个损失并不重要,因为,原告能够将其多项索赔请求合并以满足管辖权要求。有些州也将诉讼金额作为确定特定的州法院的管辖权的基础。例如,在北卡罗来纳州,州的地区法院对低于 10,000 美元(6,240 欧元)的诉讼拥有管辖权,而诉讼金额超过 10,000 美元的案件可以在高级法院审理。

52　　律师费会受到诉因价值的影响,取决于特定州管理律师费的法规而定。作为侵权法改革运动的一部分,有些州将律师的风险收费限制为所获得的赔偿金额的一定比例幅度。例如,堪萨斯州上诉法院将把律师费限制为"净赔偿金额"的一定比例的法规解释为,适用于案件赔偿总额,而不是对每一项索赔的赔偿额进行限制。[56]

---

[56] *Baugh v. Baugh ex rel. Smith*, 973 P. 2d 202 (Kan. Ct. App. 1999). For a list of state statutes regulating attorney's fees, see http://www.atra.org.

据我们所知，美国没有哪一个法院辖区，法院收取的诉讼费是依争议金额或赔偿金额而定的。所我们所知，可获取的救济也不会基于赔偿金额而有什么不同。

C. 先前法院判决或和解的法律效力

26. 当一项请求已经历诉讼，并且终审法院的判决已经做出时，索赔人在多大范围内被禁止就基于同一侵权行为或不作为而产生的进一步损害提起诉讼？作为后一起索赔对象的损失被看做是已经被法院处理过的损失的一部分或者被认为是一项独立的损失，是否具有决定性作用？

先前的裁决被分解为两个概念，称之为一事不再理（res judicata，即对诉讼请求的排除）和因既有判决而不容否认（即对争议的排除）。它们指向的是一项终局判决会排除未来的诉讼。它们常常被归为一类而称之为"一事不再理（既判力）"，但事实上，每一个概念都有着不同的要求和后果。"一事不再理"禁止原告就已经裁决的诉讼请求〔无论是成功（诉讼请求融入判决中）还是失败（诉讼请求受到阻却或抗辩）〕再次起诉，阻止被告为了挫败先前裁决的执行而提出任何新的抗辩。间接再诉禁止（Collateral estoppl，对争议的排除）禁止就先前诉讼中已经过实际对抗和裁决的争执事项再次进行诉讼。只有原始诉讼的当事人或他们的利害关系人才受到判决的约束。

对于适用一事不再理原则，有三个必要的要求。第一，先前的判决必须是有效的，这意味着做出判决的法院必须是有权审理该案的适当的法院。第二，判决必须是最终的，从而给败诉方提供了上诉的机会。第三，判决必须是基于案件的是非曲直，而不是基于程序的理由。诉讼时效是程序性的，但它可禁止当事人在同一法院辖区就同一起事件或系列事件再次进行诉讼。[57]

---

[57] See *Jackson v. Widnall*, 99 F. 3d 710 (5th Cir. 1996).

56 判断"一事不再理"是否排除了随后诉讼的门槛问题,取决于"诉因(cause of action)"的范围。一项诉因可能包括多个单独的诉讼请求,但其准确的含义远不止于此,取决于审理法院对诉讼经济的追求。然而,一些规则已经发展起来了。例如,单一诉因包括源自同一侵权行为的人身损害和财产损害。[58] 通常,当单一侵权行为导致同一个人遭受多项不同的损害时,只产生一个诉因。单一的损害有可能源自同一名被告的几项不同的侵权行为,这也是事实。[59] 因此,为了主张存在两项独立的诉因,原告必须证明,数个侵权行为导致了多项独立的、可互相区分的损害,这通常要求多项损害在时间上或地理上存在区分。[60] 滋扰(Nuisance)案件则是另一回事。在这些案件中,一项单一的持续的行为会导致持续的损害,一起由持续滋扰引起的损害赔偿诉讼被认为包括了到诉讼提起时为止的所有诉讼请求。[61] 然而,原告在未来仍可再次提起诉讼。此规则有一项例外,当滋扰是永久性时,法院会判给原告永久性赔偿金,这将阻止就此事件再次诉讼。[62]

57 要想成功地主张间接再诉禁止以禁止就争议事项再次起诉,也有三项必要的要求。第一,该事项必须在先前的诉讼中被清晰地裁决。这意味着它已经历了对抗式的诉讼程序和随后的判决。第二,该事项对于先前判决所做出的决定是必要的。第三,先前诉讼判决的事项与后来诉讼中的争议事项是相同的。"当最初诉讼时不能充分预见到该争议事项会在后来的诉讼背景下出现时",间接再诉禁止不

---

58 See e. g., *McKibben v. Zamora*, 358 So. 2d 866 (Fla. Dist. Ct. App. 1978).

59 See *Baltimore S. S. Co. v. Phillips*, 274 U. S. 316 (1927).

60 见《裁判重述(第二版)》:§24(1982)(建议法院在考虑事实是如何关联时应采取实用主义的态度,他们是否构成一个便捷的审理单元,将他们作为一个单元来处理是否符合当事人的期待)。

61 《裁判重述(第二版)》:§26(1982)

62 See *Boomer v. Atlantic Cement Co.*, 257 N. E. 2d 870 (N. Y. 1970)。

能适用。[63] 主张间接再诉禁止的另一个障碍出现于判断争议事项是否真正诉讼过，特别是在复杂的和多项诉讼请求的案件中。例如，P和D是一起车祸当事人，P提起诉讼，但是D在抗辩中声称P与有过失。如果D赢得了案件，可以想象这或许是因为P事实上确有过失，或因为D没有过失，或者双方都有过失。如果没有可信赖的方法确定判决的基础是什么，那么，它就不能产生间接再诉禁止的效果。对陪审团的特别的询问能够避免这一问题，但是，出于多种原因，陪审团大多数情况下常常仅被要求做出一项概括性裁决。即使法院能够认定哪些事实被真正处理过，它们仍然必须是对判决而言必要的。因此，如果P和D都被认定有过失，D随后起诉T，事故所涉及的另一机动车主，就其人身损害要求赔偿，T在关于D是否有过失的问题上不能诉诸间接再诉禁止；一旦第一个法院认定P有过失，它就必须做出有利于D的裁决。认定D事实上有无过失对于判决而言并不必要。当然，这一假设，是以P和D在一个未采用比较过失的法院辖区提起的诉讼为前提的。[64]

这两个概念有三个重要区别。第一，一事不再理阻止了诉讼，而间接再诉禁止则终结了有关事项的争执。第二，对于一事不再理，无论对特定事项是否已进行了对抗式的争辩，都要适用，而间接再诉禁止只对那些已经过充分诉讼的争执事项进行排除。第三，一事不再理仅阻止基于同一诉因继续诉讼，但间接再诉禁止可以阻止此后基于任何诉因就同一事项再次诉讼。在这个意义上，间接再诉禁止要比一事不再理的适用范围更广，因为，它能阻止基于完全不同的诉因的诉讼。另一方面，间接再诉禁止也有可能比一事不再理更狭窄，因为它只适用于在先前诉讼中实际审理过且对判决来说是必要的事项。

---

63 《裁判重述（第二版）》：§28（5）(b)（1982）。
64 一般可见 Rios v. Davis, 373 S. W. 2d 386 (Tex. Civ. App. 1963)。

27. 案例研究（先前判决）在一起交通事故中由于 D 的过失导致 P 的汽车受损。P 就重新喷漆的费用起诉 D 而获胜诉。判决做出后，发现不仅汽车的喷漆在车祸中受损，发动机也受损了。P 是否被禁止就发动机的损害赔偿再次提起诉讼？发动机受损被看做是法院已经处理过的损失的一部分，还是一项独立的损失？

59   在这个案例中，P 被禁止就其汽车发动机受损对 D 再次提起诉讼。根据一事不再理原则，如果当事人相同且案件事实背景相同，正像当前的这个案例一样，那么，当事人要受先前判决的约束。任何判予 P 就其汽车损害获得财产赔偿的判决都将阻止 P 对 D 在未来提起源于 P 和 D 之间的事故的索赔请求。一般来说，这项原则是由著名的费特诉比尔（Fetter v. Beale）案确立的。[65] 原告就其人身损害赔偿诉讼请求获得一项 11 英镑的判决。随后，当最初事故导致"他的部分颅骨……冒出他的头"时，他试图起诉同一被告。法院判决他不得就先前诉讼所处理过的同一事项所导致的损害再次起诉同一被告。

60   在一些法院辖区，如果 P 的第二次请求是人身损害赔偿而不是财产损害赔偿，后果有可能不同。一事不再理阻止对那些已经在先前的诉因中裁决过的诉讼请求再次进行审理。《裁判重述（第二版）》称这意味着，所有源于在初始诉讼中被裁决过的事件或系列相关事件的任一部分的权利和救济都被阻止。[66] 有些法院遵循一项英国的古老判例，认为源自同一事件或系列事件的人身损害和财产损失构成两个诉因。[67] 但是，这是少数观点；大多数法院认为，源自同一起事件的人身损害和财产损失，就适用一事不再理原则而言，只构

---

[65] 91 English Reports（Eng. Rep.）1122（King's Bench 1697）.
[66] 《裁判重述（第二版）》§24（1）（1982）.
[67] *Brunsden v. Humphrey* 14 Queen's Bench（Q. B.）141（1884）.

成一个诉因。[68]

28. 案例研究（先前判决和与有过失）事实与上述案例相同，但是，在处理 P 就重新喷漆的费用要求赔偿的问题时，法院判决因为 P 与有过失而减半赔偿。审理关于发动机损害赔偿的后一起案件的法院是否受先前法院所做出的与有过失的判决的约束？发动机受损是否被看做是还未被法院处理过的一项独立的损失，因而先前的判决对后面的法院没有约束力？

如上述分析，P 的第一次索赔阻止其再次对同一被告就与第一次索赔相同的诉因提起诉讼。但是，一般来说，一项关于与有过失的认定构成经过充分审理和裁决的法律认定。如果间接再诉禁止的其他条件都满足，那么，后来的法院会受到先前的法院做出的与有过失认定的约束。

一方当事人的与有过失会在随后的诉讼中构成间接再诉禁止的背景会出现在下述假设事例中：假设最初的事故涉及 P、D1 和 D2。在 P 的第一起诉讼中，他只起诉了 D1，法院认定 P 与有过失并将其赔偿金减半。P 对 D2 起诉，就其在事故中遭受的其他伤害请求赔偿。在这个案件中，D2 可对 P 主张间接再诉禁止，以阻止 P 在后来的诉讼中就其与有过失再次进行审理。今天，大多数法院仅要求间接再诉禁止所针对的当事人是前一诉讼的当事人或利害关系人，并允许使用此种间接再诉禁止的非相互式的抗辩。[69] 但是，注意，P 仅受他负有与有过失的认定的约束。在他和 D2 之间的相对过失份额的问题，则是与第一起诉讼所认定的事项不同的事项，先前诉讼认定的是 P 与 D1 之间的比较过失。

29. 案例研究（和解的法律后果）再次假设事实相同，但例外

68　See e. g., *Mckibben v. Zamora*, 358 So. 2d 866 (Fla. Dist. Ct. App. 1978).

69　See e. g., *Bernhard v. Bank of America Nat'l Trust & Savings Ass'n*, 122 P. 2d 892 (Cal. 1942).

的是P最初的索赔是通过法庭外和解而非司法的方式解决的，P是否会因先前和解的事实而被禁止再次提起诉讼？如果不会，那么，因与有过失而双方合意减少赔偿金是否会对第二起索赔诉讼具有约束力？所受损失被看做是一项单一的不可分割的损失还是多个损失是否具有重要意义？

63　　在这个案例中，P最初的索赔从未获得法院的最终判决。因此，所做出的任何决定都不是终局性的，对于未来任何一方当事人都不具有约束力。法庭外和解是案件当事人之间的合同，原告在合同中放弃在法院继续主张索赔的权利。在此意义上，和解合同包含了P所做出的不再提起二次索赔的允诺，因为他在合同中放弃了此项权利。它将受合同法约束，违反有关诉讼的限制构成违约，但对于潜在的二次索赔诉讼不具有任何形式的一事不再理的后果。[70]

D. 集团诉讼、代表人诉讼、示范诉讼和大规模侵权

30. 在你们国家的法律制度中，何种诉讼程序机制允许由多个不同的索赔人提起的赔偿请求在一个法院合并审理？如果不同的诉讼请求被合并，它们是被看做与一项单一不可分的损失有关呢，还是与多项损失有关？

64　　在美国有多种不同方式可以用来将多项索赔请求合并在一个法院审理。这些程序可以通过将一系列相关的索赔请求交由一个法院来审理，而不是将其作为分散的案件或在不同的法院来审理，从而将这些索赔请求予以合并以提高司法效率。一般来说，索赔请求的加入或合并不会改变有关分割的分析——每一位原告的损失都与其他原告的损失相分离，只在其被一起审理的意义上才被"合并"；原告们的损失不会融合为一起单一的不可分割的损失。合并是将这些诉讼请求合并在一起的最盛行的程序机制。处理当事人合并的《联

---

[70] See e.g., *EEOC v. Peterson, Howell & Heather, Inc.*, 702 F. Supp. 1213, 1218 (D. Md. 1989); *Annaco, Inc. v. Hodel*, 675 F. Supp. 1052 (E. D. Ky. 1987).

邦民事诉讼规则》第 20 条规定，如果这些诉讼请求有共同的法律问题或事实问题并源自相同的一起或一系列事项或事件，当事人可以一起起诉。[71] 其他合并机制，如参加诉讼（intervention）、追加第三人诉讼（impleader）和确定竞合权利诉讼（interpleader）*，允许有利害关系的第三人加入到或被追加到有可能影响第三人的法律权利的案件中。

在同一联邦法院审理的数个未决的独立的案件可以合并审理。[72] 合并审理可以使多项诉讼请求作为一起案件的一部分来审理，而不是将多项法律上的请求合并为一项单一的法律上的请求。也可以仅出于审前程序的目的而对诉讼请求进行合并。诉的合并正越来越多地应用于大规模侵权的背景下，法院以此来提高司法效率。[73] 与集团诉讼不同，诉的合并要求为每一个被合并的诉单独做出判决，它的效力限于未决诉讼，而不适用于未来的索赔请求，也没有为当事人提供选择退出合并程序的机会。

不同的联邦地区受理的案件也可以依据"跨地区诉讼司法小组"的意见合并到一个联邦法院来审理。[74] 这个由七名联邦法官组成的小组能够将由不同联邦法院受理的未决案件，仅基于审前程序的目的而转至一家法院进行合并处理。一旦审前程序结束，每一个案件都将发回至原起诉时的法院。但是，这些案件经常在被发回至原起诉

71　Fed. R. Civ. Pro. 20.

*　译者注：确定竞合权利诉讼（interpleader），是指在有两人或两人以上对由第三人持有的财产提出同一权利主张时，确定该财产应归属谁的诉讼程序。见薛波主编：《元照英美法词典》，法律出版社 2003 年 5 月版，第 721 页。

72　Fed. R. Civ. Pro. 42（a）.

73　例如，*Consorti v. Armstrong World Indus. , Inc.* , 72 F. 3d 1003 (2d Cir. 1995)，基于其他理由被撤销，518 U. S. 1031 (1996).

74　28 U. S. C. §1047 (2004).

法院之前就已结案或和解。[75] 许多州已经建立了类似机制，将案件转移或合并至同一家州法院。这些州内诉讼转移或合并规则，像联邦规则一样，使得许多相关案件可以在同一起诉讼中集中进行审前准备和审理，从而提高了司法效率。[76]

67 《联邦多方当事人、多地域管辖权法》是最近制定的一部法规，其规定联邦法院对源于同一起事故且在单一地点死亡人数为75人以上的所有案件都有管辖权（注意美国联邦法院的管辖权是有限的）。[77] 如果（i）被告居住在一个州，而事故的主要部分发生在另一个州或其他地点；（ii）任何两名被告居住在不同的州；或者（iii）事故的主要部分发生不同的州，被告可将案件从州法院移送至联邦法院，将所有的案件集中在同一起诉讼中审理。这一程序被用以审理导致100人死亡的罗得岛俱乐部火灾案所引发的诉讼。[78]

68 另一方面，有一定的有限意义上，集团诉讼和股东代位诉讼的确是将一些单独的索赔请求合并为一起索赔请求并一个法院审理。他们将许多不同的索赔请求合并在一起，从而可以由一位律师或一队律师来代理集团的所有成员。在一起集团诉讼中，每一位集团成员的损失仍被认为是单独的，而不是将原告方的所有损失看做是一项不可分割的损失。在这一点上股东代位诉讼与集团诉讼不同。集团诉讼中的集团代表是以自己的名义起诉并自己获得赔偿，与集团

---

75 就其应用可见 In re Aviation Products Liability Litigation，347 F. Supp. 1401（J. P. M. L. 1972）.

76 例如，New York Civil Procedure Law and Rules（N. Y. Civ. Prac. L. &R.）§602（b）（McKinney 2008）（允许高级法院将另一法院受理的未决案件移出，与其他诉讼进行合并审理）；Massachusetts General Laws Annotated（Mass. Gen. Laws Ann.）ch. 223，§2A，2B（West 2008）（允许对源于同一起事件的多起诉讼进行跨区域转移和合并）；Cal. Civ. Proc. Code § 404，404.1－8（West 2008）（允许对案件进行跨区域转移和在单一法院进行协调审理。）

77 28 U. S. C. § 1369（2004）.

78 Passa v. Derderian，308 F. Supp. 2d 43（D. R. I. 2004）.

诉讼不同，股东代位诉讼的代表是以公司的名义提起诉讼。在股东代位诉讼中，公司，而不是诉讼代表人，会获得赔偿金。

31. 依据你们国家的法律制度提起集团诉讼（或与其最接近的对应程序）的前提条件是什么？请举出在你们国家的侵权案件中使用集团诉讼的例子。通过集团诉讼的方式进行索赔与每位受害者单独起诉索赔有什么区别？如果一名受害人对法院在集团诉讼中所做出的判决不满意，他能否以自己的名义提起独立的诉讼，如果a）他先前已经是集团诉讼的当事人；b) 他从未成为集团诉讼的当事人？集团诉讼的判决的法律效果是什么？如果一群索赔人以集团诉讼的方式起诉要求赔偿，是否会导致将每一位索赔人的损害进行加总以使其被看做是一项单一的不可分割的损失？

在联邦法院（和采取类似做法的州法院），集团诉讼受《联邦民事诉讼规则》第 23 条的约束。通常，要获得集团确认（certification）须满足以下五项前提条件：一个充分界定的集团、多数性、共同性、典型性和代表性。[79] 这些前提条件并不是完全区分的，而是相互关联并经常重合。第一，为了提起集团诉讼，必须要有一个可充分界定的集团，从而可以知道谁有资格获得救济和谁会受到判决的约束。第二，集团的原告人数众多，以至于原告都参加诉讼有困难或不可行。这一点常常基于地理方面的考虑——对于在地理上分布分散的个人而言要想集体参加更加困难。第三，所有的可推定的集团成员的诉讼请求必须具有共同的法律问题或事实问题。第四，集团代表人的诉讼请求必须是集团成员诉讼请求中具有典型性的。最后，集团代表人必须能充分地代表集团，这意味着集团代表人不能与其他集团成员之间有利害冲突，并且，集团律师必须有能力从事此项索赔。法院在确认集团的共同性或代表性问题时，有权基于具

---

[79] Fed. R. Civ. P. 23（a）.

体情形选择将一个集团分为多个子集团。[80]

70　　在一起集团诉讼被确认之前还需要满足其他要求，这取决于它是何种类型的集团诉讼。(《联邦民事诉讼规则》) 第23条规定了四种类型的集团诉讼：23 (b)(1)(A)"标准不兼容"的集团诉讼、23 (b)(1)(B)"资金有限"的集团诉讼、23 (b)(2)"禁令或司法确认救济"的集团诉讼和23 (b)(3)"共同问题"的集团诉讼。23 (b)(1)(A) 类型的集团诉讼需要满足的标准还包括：如果集团的每一个成员单独起诉会产生裁决不一致或裁决多样的风险，它将为集团的对方当事人树立互不兼容的行为标准。23 (b)(1)(B) 类型的集团诉讼还包括以下限制条件：若采用个别审理，从实务来看，它会对裁决的当事人以外的其他人的利益产生决定性影响，或严重损害或妨碍他们保护自身利益的能力。换而言之，合并后的索赔数额必须超过可用于清偿索赔的资金总额，并且该不足额的资金必须全部用以清偿索赔。当与集团对立的当事人已经基于可总体上适用于集团的理由而做出或拒绝某种行为时，原告可提起23 (b)(2) 类型的集团诉讼，从而将集团看做是一个整体，以此做出恰当的禁令救济或相应的司法确认的救济。此种类型的集团诉讼常用于工作歧视和其他民权诉讼。最后，当法院认定集团成员的共同的法律问题或事实问题较影响个别成员的问题占优，并且从公平、有效率地裁决争议的目的出发集团诉讼优于其他处理方式时，可以采用23 (b)(3) 类型的集团诉讼。因此，对于23 (b)(3) 规定的推定式的集团诉讼，法院也可以选择采用"示范诉讼"作为高效裁决的更优的方法。[81] 只有23 (b)(3) 类型的集团包含可选择退出集团的绝对权利。在美国，23 (b)(3) 类型的集团诉讼是最具争议性的。时常发生的是，集团律师获得的律师费要远远多于任一集团成

80　Fed. R. Civ. Pro. 23 (c)(5).
81　见上文边码33。

员所获得的赔偿金，并且在有些集团诉讼中索赔的数额之大给厌恶风险的被告施加了巨大的压力，迫使其和解，即使索赔主张在两可之间或很弱。要注意的是，在日常实践中，寻求高额赔偿的集团诉讼案件几乎没有经过审理的。集团诉讼的和解率要比非集团民事诉讼高，其和解条款是由当事人协商并经法院批准的。

大多数州都已经在其州法中制定了与《联邦民事诉讼规则》第23条相一致的集团诉讼的程序性规定。[82] 但是，须注意，《2005年集团诉讼公平法案》（CAFA）的通过会大大削减州法院在大型诉讼和跨州诉讼中的作用，因为它大幅扩张了联邦法院对集团诉讼的管辖，如果任何一方当事人愿意，此类集团诉讼可以在联邦法院提起或移送至联邦法院。[83] 近年来，集团诉讼已成为政治争议的主题，CAFA的通过是其顶峰。CAFA的目的在于将更多的集团诉讼从州法院移送到联邦法院，人们认为联邦法院不像州法院那样对原告友好。

集团诉讼的判决对集团所有成员都具有约束力。23（b）(3)类型的集团诉讼与其他三种类型的集团诉讼之间存在着重要区别，前者要求尽力向集团成员进行单独通知并为其提供选择退出集团的机会，而后者既不要求进行单独通知，也不要求提供选择退出的机会。如果23（b）(3)类型的集团成员选择退出，他们不能从集团所获赔偿中得到任何利益，也不受判决的约束，也可以自己名义单独索赔。如果一名集团成员没有选择退出，他将受到判决的约束，即使他对判决不满也不能另行提起索赔。[84] 在集团诉讼中，对损害需要汇

---

82 例如，*In re W. Va. Rezulin Litig.*, 585 S. E. 2d 52（W. Va. 2003）（对在州法院提起的集团诉讼适用《西弗吉尼亚民事诉讼规则》第23条）

83 见《2005年集团诉讼公平法案》（Class Action Fairness Act of 2005），Public Law（Pub. L.）109－2, 119 Stat. 4（2005）[编入《美国法典》（28 U. S. C.）的各分散条文中]。

84 关于讨论个人对自己诉讼请求的控制权与集团裁决的约束力的评论见 *J. C. Coffee*, Jr., Class Wars：The Dilemma of Mass Tort Class Action, 95 Columbia Law Review（Colum. L. Rev.）1343（1995）.

总以确定被告应承担的损害赔偿金的数额，从这个意义上讲，损害是合并在一起的。但是，它们并未融合成一起单一的不可分割的损失。每位集团成员单独要求损害赔偿的权利被保留了下来。因此，如果一位23（b）（3）类型的集团成员选择退出集团而代之以单独提起诉讼，它不会产生一项分离的损失——成员的个人的赔偿将在个人的听证中确定，而不是在一起单一的诉讼中随同其他集团成员的赔偿一起确定。当集团诉讼和解时，对集团成员的赔偿方案经常包括一个矩阵，含有确定对每一位成员的赔偿最重要的变量——一种准赔偿制度方法，而不是对在诉讼中有可能影响赔偿的所有因素都进行详尽的审理。

73 　　在人身损害背景下，集团诉讼仍是有争议的。集团诉讼通常更多地使用在涉及财产损害、消费者保护和医疗监护的案件中。在二十世纪八十和九十年代，有一些大规模侵权集团诉讼的试验。[85] 尽管最终裁决还没有出来，但两项美国最高法院的判决和两项最近的联邦上诉法院的判决已经严厉约束了，如果不是排除了，集团诉讼在人身损害侵权中的适用。[86] 这些案例凸显了管理一个集团的困难，此类集团是由当前已遭受伤害的原告和因暴露于致害产品或环境而在未来有可能受伤害的原告共同组成。没有可靠的途径可以确定在未来会受害的原告的人数，在商谈和解时他们不可能被那些当前已受害的原告充分地代表。那些试图获得大规模侵权集团诉讼确认的原告们所面临的另一个主要问题是缺乏统一的联邦侵权法体系。23（b）（3）类型的集团诉讼要求共同问题占优并且要优于其他的审理方式。在集团诉讼中许多州的侵权法存在多样性，这常常会导致太

---

[85] See e. g., *In re "Agent Orange" Prod. Liab. Litig.*, 100 Federal Rule Decisions (F. R. D.) 718 (E. D. N. Y. 1983), *aff'd*, 818 F. 2d 145 (2d Cir. 1987).

[86] *Amechem Prod., Inc. v. Windsor*, 521 U. S. 591 (1997); *Ortiz v. Fibreboard Corp.*, 527 U. S. 815 (1999); *Castano v. American Tobacco Co.*, 84 F. 3d 1227 (9th Cir. 1996); *In Re Rhone Poulenc-Roer, Inc.*, 51 F. 3d 1293 (7th Cir. 1995).

多的个别问题，使得集团诉讼无法管理。[87]

32. 在什么条件下消费者保护组织可以代表一群受同一侵权行为影响的人提起诉讼（代表人诉讼）？请举出在你们国家的侵权案件中使用代表人诉讼的例子。法院在上述诉讼程序中所做出的判决对于每一位受害人单独提起的赔偿请求的法律后果是什么？如果某一位受害人对于法院在消费者诉讼中所做出的裁决不满，他可以自己的名义单独提起诉讼吗？每一位受害人所遭受的损害能否被看做是一项独立的损失，尽管它已经被法院在代表人诉讼的框架内处理过？

在美国，"集团"诉讼和"代表人"诉讼是同义的。通常，第三人没有资格在联邦法院提起诉讼。起诉资格是一项宪法性质的约束条件，它要求原告须证明（1）事实上的损害，（2）该损害可公平地归因于被告的行为，并且（3）能够在联邦法院得到更好的处置而获得救济。另外，基于正当程序的关切限制了法院对于那些没有机会在法院受审的缺席当事人用判决进行约束的能力。第三人没有资格在联邦法院起诉这一规则有一项例外，允许组织代表其成员起诉。美国最高法院在"汉特诉华盛顿州苹果广告委员会"（*Hunt v. Washington State apple Advertising commission*）案[88]中，规定了团体代表其成员起诉时须满足的三项标准：（1）其成员须有依自己的权利提起诉讼的资格；（2）它试图保护的利益必须与团体的目的相契合；并且（3）无论其提出的主张，还是寻求的救济，都不要求单个成员

74

---

[87] 例如，*Valentino v. Carter-Wallace, Inc.*, 97 F. 3d 1227（9th Cir. 1996）（由多个州的原告组成的集团，他们起诉制药厂商的药物导致其肝功能衰竭，由于地区法院未就共同问题如何优于个别问题进行严格的分析，巡回法院撤销了地区法院对集团的确认决定。）；*In re Rhone Poulenc-Rorer, Inc.*, 51 F. 3d 1293（7th Cir. 1995）（撤销了对集团的确认决定，部分因为需要由陪审团依据五十个州和哥伦比亚特区的各自的法律来认定被告的过失。）；*Castano v. American Tobacco Co.*, 84 F. 3d 734（5th Cir. 1996）（基于涉及州法的问题占优和管理此类集团的困难，撤销了由美国尼古丁依赖症人群组成的集团的确认决定。）

[88] 432 U. S. 333（1977）.

参与诉讼。因此，一个团体只有在其成员遭受损害且能够以其个人名义起诉被告时才能发动诉讼。[89] 第三项标准对于一个团体的起诉资格是必备的，单个成员的参与是不必要的，这意味着该团体不得寻求专门针对每一位组织成员的金钱性质的损害赔偿。因此，团体的诉讼资格被用于侵权诉讼之外的领域，并主要用于环境诉讼和试图强迫遵守联邦法律和条例的诉讼中。一个团体可代表其成员寻求禁令、确认判决或其他形式的救济，因为这些救济方式并不要求就每一位成员的损害进行单独举证。[90]

75 《联邦贸易委员会法案》（FTCA）规定了联邦消费者保护权利。依据 FTCA 不允许成立私人消费者保护诉讼集团，因为该法案并未规定任何私人诉权。只有美国检察总长可以对违反该法的行为进行执法。一个团体不能在联邦法院起诉要求实施该法案。另一方面，以 FTCA 为模板的州法通常也没有为"消费者"提供私人救济。分析消费者保护诉讼的第一步是确定要寻求什么类型的救济。有三种类型的消费者保护诉讼：由州检察总长提起的执法诉讼、寻求金钱救济的私人诉讼和由州检察总长代表本州全体公民提起的"国父诉讼"（parens patriae suits）。最后一种形式的诉讼是对常规诉讼资格规则的一项例外，它承认州有权代表本州公民的利益。应注意，"国父"（parens patriae）作为原告获取救济会禁止私人在未来提起诉讼。[91]

76 通常在州消费者保护诉讼中，原告须显示（1）实际损害，在有些州还必须显示（2）被告的行为损害了公众的利益。在大多数州，如同在联邦法院，当其成员能够起诉时，消费者保护组织只能以代

---

[89] Sierra Club v. Morton, 405 U. S. 727 (1972) (Sierra 俱乐部试图阻止在一个国家公园中建设滑雪度假村，但法院否定了其诉讼资格，原因是其成员没有一人使用过该公园或遭受过损害。)

[90] E. g; Self-Ins. Inst. Of America, Inc. v. Korioth, 53 F. 3d 694 (5th. Cir. 1995).

[91] See e. g., Satsky v. Paramount Comm., Inc., 7 F. 3d 1464 (10th Cir. 1993).

表人的名义起诉。但是，对损害的要求标准在各州并不完全一致；实际上，在一些州，依据州的消费者保护法，当原告未能证实损害并没有资格单独提起诉讼时，允许提起私人诉讼。当缺乏可证实的成员受损时，一个团体是否有资格提起代表人诉讼取决于法案的具体用语。例如，纽约州已认定团体有资格实施其消费者保护法，而无论该团体本身受损。[92] 在加利福尼亚州，法院通常依据本州的消费者保护法允许原告提起申请禁令的诉讼而不要求其证明损害。[93] 但是，这种宽松解释后来遭到了立法机构的修订，规定原告在未遭受实际损害时不得提起私人诉讼。[94] 消费者经常作为一个集团起诉，要求实施消费者保护法。[95]

33. 你们国家的诉讼法是否规定了其他机制（例如，示范诉讼），可以将许多不同的赔偿请求合并起来由同一个法院来审理？必须满足什么样的前提条件？特别是，是否要求每一起请求赔偿的损失之间具有特别的联系（法律上的关联）？通过这种机制而将不同的索赔请求合并在一起会产生什么样的法律后果？

是的，当索赔人的索赔有重大差异，若适用集团诉讼会剥夺某些成员对其索赔的个人控制权，将陷入为单个索赔的沼泽的时候，示范诉讼特别合适。[96] 法院也使用示范诉讼将"确认"（certification）推迟至示范案件被判决之后，以避免原告在知道是否存在有效的诉因之前支出大量的通知费用。另外，在下列情形中示范诉讼要优于集团诉讼：（1）即使集团确认被否决，具名原告也想继续诉讼，

---

[92] *N. Y. Pub. Interest Research Group, Inc. by Wathen v. Ins. Info. Inst. by Moore*, 531 New York Supplement, Second Series (N. Y. S. 2d) 1002 (N. Y. Sup. Ct. 1998).

[93] 例如，*Comm. on Children's Television, Inc. v. Gen. Foods Corp.*, 673 P. 2d 660 (Cal. 1983)（只要求原告证明该行为为有可能欺骗公众）。

[94] California Business & Professions Code (Cal. Bus. &Prof. Code) §17204 (West 2008).

[95] 一般可见于 *E. F. Sherman*, Consumer Class Action：Who are the Real Winners? 56 Marine Law Review (Me. L. Rev.) 225 (2004).

[96] *Gelman v. Westinghouse Elec. Corp.*, 73 F. R. D. 60 (W. D. Pa. 1976).

(2) 诉讼请求为禁令救济，(3) 认定被告行为违法的判决的既判力的效果，可使得原告们利用其获得损害赔偿金，(4) 维持一个集团会产生大量的成本，并会给司法系统和被告带来负担。[97] 在集团诉讼的实践中也产生了这样一种想法，即一直等到一起群体诉讼"成熟"到可裁决将其确认为集团是否合适时是合理的。示范诉讼的一种非正式方式是，提供有关索赔是否有理的信息、依照正式的法律规则在集团确认裁决中可能不会被考虑的事项、早期美国最高法院关于集团诉讼判决的不利后果。[98]

34. 案例研究（火车事故）一辆由 D 公司运营的火车在高速轨道上脱轨，车上有 100 人受伤。这些受害人与 D 公司之间有不同的法律关系。有些是付费的乘客，有些是无偿的旅行，而另外一些人属未经许可而上车。是否有可能通过以下诉讼机制将这些受害人的索赔合并在一起：a) 集团诉讼，b) 代表人诉讼，或 c) 其他诉讼机制？如果多起赔偿请求被合并起来通过同一程序来处理，每一位受害人所遭受的损害被看做是一项单一的不可分割的损失的一部分，还是多项损失复合体中的一项独立的损失？

78　　有好几种选择可用来将这些案件合并到一家法院审理。首先，这 100 名受害人都有单独的、个人的损失，尽管有可以将这些索赔合并处理的程序机制，但其仍可以不进行合并。当事人可以依据《规则》第 20 条规定将他们的诉讼请求进行合并，并在一个案件中合在一起起诉，但是，这是不可能的，因为每一位当事人的律师都将不得不让出某些控制权（如果由同一位律师代表所有的当事人，这一问题可以避免），并且，由于受害人的人数和其地理分布上的分

---

[97] Bogus v. American Speech and Hearing Ass'n 582 F. 2d 277 (3d Cir. 1978).

[98] Eisen v. Carlisle & Jacquelin, 417 U. S. 156 (1974)（法院在裁决是否确认集团时也许不会考虑集团的诉讼请求能否成立）；Oslan v. Law Offices of Mitchell N. Kay, 232 F. Supp. 2d 436 (E. D. Pa. 2002)（以单个案件的裁决结果来证明诉讼请求的成熟性，是法院考虑是否批准集团诉讼和解的一项因素）。

散也有可能使其不可行。如果事实上,这些案件虽是分别起诉但都在同一个联邦法院,那么,法院会尝试依据《规则》42(a)就审前程序对这些案件进行专门合并。如果这些案件是在多个联邦辖区起诉的,受害人的诉讼可由"跨地区诉讼司法小组"依据《美国法典》(28 U.S.C. §1407)将其都转移至某一个法院。《联邦多方当事人、多地域管辖权法》不会被用来合并这些诉讼,因为在事故中死亡的人数少于75人。[99] 最后,这些受害人会试图提起集团诉讼。但是,因为这些受害人与 D 的法律关系各不相同,其损害的性质不同,由全部受害人组成的集团,有可能因为共同性、典型性和代表性相关问题而得不到确认。但是,法院可尝试通过组建受害人的子集团来缓解这一忧虑。[100] 当由所有的索赔人组成的集团遇到集团确认问题时,法院有权力基于特定事项创建子集团。针对被告对于这三类原告的义务的不同而就每一类原告组建子集团是恰当的。[101] 即使采用子集团的方法,我们也怀疑这些在美国能通过集团诉讼的方式来解决。

四、保险方面

A. 限额与扣除额

35. 在你们国家的法律制度中,是否存在成文法原则或法院发展出来的原则,用以解决下述问题:一起损害事件被认为是一起单一的事故而使得保险人的总的责任受到赔偿限额的限制,还是多个相互独立的损失而使得每一项损失一一适用赔偿限额并使得保险人对

99　28 U.S.C. §1369.
100　见《联邦民事诉讼规则》(Fed. R. Civ. Pro.) 23 (c) (5)
101　以下案例是关于法院创建了子集团,但在上诉审时未通过集团确认的要求。*Castano v. American Tabacco Co.*, 84 F. 3d 734 (5th Cir. 1996); *In re Rhone Poulenc-Rorer, Inc.*, 51 F. 3d 1293 (7th Cir. 1995).

每一项损失均要赔偿至一定的数额？另外，保险合同所采用的标准条款是否对这一问题有规定？

79 正如侵权法一样，联邦保险法亦不存在。各州负责对在本州内销售的保险单进行监管，但是，据我们所知，没有一部州法为解决赔偿限额所适用的损害数目的目的对一次"事故"进行界定。因此，这一问题留给了保险合同用语来解决。大多数保险公司都在几个州营业，因此，对于某一特定类型的保险而言，许多保险单是标准条款。法院根据当事人的意图解释保险合同；对合同进行解释时要依照州合同法的标准原则。对于保险合同中的模糊部分，法院常做出不利于保单制定者的解释。当保单的用语模糊，需要借用外部证据来帮助解释时，这一问题常交给陪审团来决定。

80 大多数保险合同以"每一次事件"或"每次事故"为基础来限制保险赔付。这些限制既会发生在被保险人遭受直接损失的第一方保险的保险单中，也会发生在为被保险人对第三人的责任风险提供保障的第三方保险中。但是，对"事件"（occurrence）进行解释的大多数判例都涉及"普通商业责任保险单"，一种广泛使用的保险单。我们能够找到一些涉及对第一方财产损失保单中的"事件"进行解释的判例。在确定一起损害事项是否是一起单一的事件时，第一步是查看保单用语。如果保单所提供的定义是模糊的，法院会查看行业习惯或惯例，也许还会查看反映当事人意图的外部证据。法院在以个案为基础界定一起"事件"的范围时，要依赖于特定案件的事实。

81 不同的保险公司在他们各自的保单中对"事件"进行定义时采取了不同的方法。例如，美邦保险公司在其住宅所有人保险单中将"事件"定义为"一起事故，包括严重暴露于同一通常有害的环境中"。汽车所有人保险公司将一起"事件"定义为："所有持续地或重复地严重暴露于同一通常有害的环境。"另一家保险人则使用了下列用语:"一起事故,包括持续地或重复地暴露于从被保险人的角度来看既非期待的也非蓄意的、会导致人身损害或财产损失的环境。"防范不同风险的保单也会含有不同的用语。INA 在为航空器制造商提供保障的 CGL(商业通用责任保险)保险单中对"事件"采用了如下定义:"'事件'……含义为一起事故,或者在保险期间持续地或重复地暴露于意外地导致人身损害或财产损失的环境中。所有因暴露于实质上同一普通环境而导致的损害,都应被认为是源自于一起事件。"一份向学校签发的责任保险单规定"性虐待事件"意为:由一名行为人实施的或由两名以上行为人一起实施的单一行为,或多起、连续的、间断的或相关的性虐待或性骚扰行为。与之相对应,一家提供防范雇员侵占财产的第一方保险的保险公司规定:"所有涉及由一人或多人实施的单一行为,或系列行为所导致的损害,都应被看做是一起事件。"法院在解释这一用语时认为,一名雇员在一年多的时间里实施的涉及二十四张不同支票的行为,构成该保单用语中的一次事件。[102]

法院基于保险目的而用来确定事件数目的检验方法有三种。第一,大多数法院适用的是因果关系检验法,它询问是否存在一个导致所有伤害和损害的接近的、未被打断的和持续的原因。[103] 各法院趋向于采用这一因果关系法。当被保险人的侵权行为只侵害了一个人或实体时,因果关系法最有可能导致认定只发生了一次事件。与因果关系检验法类似的一种方法为,将事件界定为触发被保险人责任的事项。[104] 一些法院适用结果检验法,它关注的是事故或事项的后

---

[102] *Christ Lutheran Church v. State Farm Fire & Cas. Co.*, 471 S. E. 2d 124 (N. C. Ct. App. 1996).

[103] See e. g., *Plastics Engineering Co. v. Liberty Mut. Ins. Co.*, 514 F. 3d 651 (7th Cir. 2008); *Dow Chem. Co. v. Associated Indem. Corp.*, 727 Supp. 1524 (E. D. Mich. 1989).

[104] See e. g., *Maurice Pincoffs Co. v. St. Paul Fire & Marine Ins. Co.*, 447 F. 2d 204 (5th Cir. 1971).

果，对一次事件的范围界定较窄。[105] 尽管有时方法的选择对于确定"事件"的数目具有倾向性，但在疑难案件中，无论采用哪一种方法，后果都可能是不确定的。

即使采用"因果关系"法来确定一次事件的范围，但由于确定哪一个原因具有突出性以及挑选或强调哪一个原因都具有笼统性，仍有可能在解释上存在相当大的差异。例如，在"美国红十字协会诉罗德岛旅行者保险公司案"（American Red Cross v. Travelers Indemnity Co. of Rhode Island）中，[106] 法院认定，血库每次分发受 HIV 污染的血液均构成保险单上的"每一次事件"责任限额意义上的一次事件。相关条款将"事件"界定为"一次事故，包括持续地或重复地暴露于从被保险人角度既非期待亦非蓄意地、导致人身损害或财产损失的环境。"保单进一步将其"每一次事件"的承保范围界定为如下："基于确定公司责任限制范围的目的，所有源自持续地或重复地暴露于实质上同一通常环境的人身损害和财产损失，都应该被认为源自一起事件。"这是"索赔系列"条款的例子。[107] 虽然血库过失处置受 HIV 污染的血液是所有索赔的基础原因，法院仍认定，血库所做出的有关分发血液的许多决定，例如，是否对血液进行检测，对献血人进行筛查，或对医院做出警示，能够成为索赔的近因。因此，每次对受污染血液的分发都构成一次"事件"。[108] 但是，当制造商发售了一种导致多项损害的具有同一性的缺陷产品时，依照因果关系法，可适用"每一次事件"的责任限制。这在石棉案件中很常

---

105 See e. g., *Elston-Richards Storage Co. v. Indem. Ins. Co. of North America*, 194 F. Supp. 673 (W. D. Mich. 1960); *aff'd per curiam*, 291 F. 2d 627 (6th Cir. 1961).
106 816 F. Supp. 755 (D. D. C. 1993).
107 见上文边码 40 部分。
108 也可见 *Mich. Chem. Corp. v. American Home Assurance Co.*, 728 F. 2d 374 (6th Cir. 1984)（每次错误运输阻燃剂是一起单独的事件）；*Mason v. Home Ins. Co.*, 532 N. E. 2d 526 (Ill. App. Ct. 1988)（每次销售被肉毒杆菌污染的食物都是一次单独的事件）。

见,法院认定,由于暴露于石棉而导致的伤害,是因持续地和重复地暴露于普通环境所致,因此,构成一起单一的事件。[109] 关于法院在第一方保险背景下,如何解释一起损害事故是一起单一的事件还是两起独立的事件的事例为,发生在纽约的一起关于为在2001年9月11日被毁的世界贸易中心塔楼提供保险的保险单的诉讼案。双塔楼是受到一组攻击而被摧毁的,每一幢建筑物被一架单独的飞机击中。在SR国际商业保险公司诉世界贸易中心地产有限责任公司案(*SR International Business Insurance Co. v. World Trade Certer Properties, L. L. C.*)[110]中,法院批准了下级法院的判决,该判决认为,"事件"这一用语,在保单中没有更为具体的界定的情况下,是模糊的并且为了解释保单需要考虑外部证据。对于此类保单,关于"事件"的定义是一个需要陪审团来决定的事实问题。陪审团做出的由攻击导致的损失构成两次事件的认定在上诉审时得到法院支持。[111] 关于同一财产的另一份保单(由另一不同的保险人承保)将事件界定为"可直接或间接归于一个原因或一系列类似原因的所有损失或损害"。基于此定义,法院认为:"普通商人会对此毫无疑问:在十六分钟的时间里有两架飞机撞击世界贸易中心,世界贸易中心的全部毁灭源自'一系列类似的原因',"并且,作为一个法律问题,只发生了一次事件。[112] 这起案件强调了保单中对"事件"进行定义的用语的重要性。

适用结果检验法的法院在确定事件的数目时注重的是事故给受

---

109 例如, *Owens-Illinois, Inc. v. Aetna Cas. & Sur. Co.*, 597 F. Supp. 1515 (D. D. C. 1984)(销售含有石棉的产品是一次事件)。有关这一问题的进一步讨论,见 M. P. Sullivan, What Constitute Single Accident or Occurrence Within Liability Policy Limiting Insurer's Liability to a Specified Amount Per Accident or Occurrence, 64 American Law Reports (A. L. R.) 4th 668 (2008).
110 467 F. 3d 107 (2d Cir. 2006).
111 同上。
112 *World Trade Center Props., L. L. C. v. Hartford Fire Ins. Co.*, 345 F. 3d 154 (2d Cir. 2003).

伤害或受损失的当事人带来的结果或效果，而不是事故的基础原因。[113] 埃尔斯顿－理查兹（Elston-Richards）案中的保单限制了保险人对任何"源自一起事件或事项"的责任，"除非被保险人的总的责任被认定时，超过了扣除额（2,500 美元或 1,605 欧元）。"

36. 案例研究（建筑物保险与赔偿限额）P 是工厂厂房的所有者，该厂房是由数幢建筑物组成，P 已就其因恶劣天气而遭受的损害投了保险。保险人的责任是每一起损害事件最高赔 500,000 欧元。在一起持续了数个小时的雷暴雨中，两幢建筑物被闪电击中并且都完全烧毁。每一幢建筑物价值 300,000 欧元。保险人根据保险单对损失应承担什么样的赔付义务？

假设 P 仅有一份保险单，其全部财产均在承保范围内，并受到以"每次事件"为基础的限制，但保单未对此进行界定，法院有可能认定保险人的赔偿义务只有 500,000 欧元。这是因果检验法或事项检验法指示的结果。如果法院是采用结果检验法的，那么，P 有可能对每幢建筑物获赔 300,000 欧元（共 600,000 欧元）。根据这种分析，雷暴导致了两幢独立的建筑物被毁，保险人根据其保单须为两起独立的损失事件进行赔付。如果保单有一项条款指明了源自于持续暴露于同一通常环境的所有损害，基于限制保险人的责任的目的，仅构成一起事件，法院也有可能认定相互分离的几道闪电源自同一通常环境而只构成一起事件。

37. 在你们国家的法律制度中，法院是否发展出了用以处理下述问题的一般性原则：一起损害事件被看做是一起单一的事件而使得被保险人只须承担一次合同约定的扣除额限度内的损失，还是多个

---

[113] 例如，*Elston-Richards Storage Co. v. Indem. Ins. Co. of North America*，194 F. Supp. 673 (W. D. Mich. 1960)，*aff'd per curiam*，291 F. 2d 627 (6th Cir. 1961)（在九个月的时间里在原告仓库发生的由起重机车导致的几千件物品受损，并非源自仓储人责任保单所界定的"一起事件或事项"）。

相互独立的损失而使得每一项损失均适用扣除额并使得被保险人需要多次承担扣除额限度内的损失？另外，保险合同所使用的标准条款是否对这一问题有规定？如果第三方保险是法定强制保险，这对于扣除额的合法性是否有影响？

通常，保险单含有在何种条件下承担扣除额的狭隘定义，以使得被保险人必须承担的扣除额的数目最大化。在许多第一方保险单和责任保险单中都有扣除额规定。在第一方保单中，法院像上文边码79讨论的那样解释相关保单用语。记得有关世界贸易中心的保单，那份保单中对"事件"的宽泛定义，被保险人所赞成的一个条款，目的在于限制被保险人必须承担的扣除额的数目。[114] 在第三方责任保单中，当被保险人损害了属于同一主体所有的几件财产损失，或被保险人损害了几个人的时候，被保险人被要求承担的扣除额的数目就会成为争议事项。法院倾向将扣除额条款中的"索赔"定义为第三人主张法律权利，因此，在涉及"每次索赔"扣除额的案件中，被保险人必须承担的扣除额的数目通常取决于被被保险人伤害的第三人的人数。在适用以"每次事件"或"每次事故"为基础的扣除额的保单中，法院通常要求被保险人只承担一次扣除额，而不管受损害的第三人的数目。

当被保险人的保单要求扣除额应按"每次索赔"支付时，法院认定每一位第三人代表一个独立的索赔。因此，被保险人必须支付多个扣除额——对每一位受损的当事人支付一次。[115] 在被保险人只伤害了一位第三人的案件中，法院对"每次索赔"扣除额条款的解释

---

[114] 见上文边码79及以下。

[115] 例如，Lamberton v. Travelers Indem. Co., 346 A. 2d 167（Del. 1975）（法院认为，职业责任保单中的"每次索赔"扣除额，对在建筑工地因事故受伤害或死亡的数位工人的每一位都适用一次）；Burlington County Abstract Co. v. QMA Assoc., Inc., 400 A. 2d 1211（N. J. Super. Ct. App. Div. 1979）（法院认为，当八十四位公寓房所有人因产权证书摘要制作人的疏忽而受损时，保险人的"每次索赔"扣除额条款触发了八十四起扣除额）。

类似于只适用一次扣除额。在加利福尼亚州，职业过失和疏忽责任保单中的"每次索赔"条款是这一规则的例外。保单规定：在发生索赔时，扣除额应从源自每一次索赔的总额中扣减。法院认定，"索赔"这一用语，究竟是指第三人的"索赔"，还是被保险人对保险人的"索赔"，是模糊的，在解决这一模糊时应做出有利于被保险人的认定。[116]

38. 另一方面，"事件"和"事故"，通常被解释为导致被保险人法律责任的事件。依照因果关系检验法，在涉及"每次事件"或"每次事故"扣除额条款的案件中被保险人须承担的扣除额数目，通常取决于导致被保险人法律责任的事件的数目，而不是损害事件的数目。受此类保单保障的被保险人通常只须承担一次扣除额，即使被保险人损害了属于某位单独第三人所有的一件以上的物品。[117] 在涉及"每次事件"扣除额条款的案件中，被保险人伤害了不止一位第三人，并源于一起单一的行为原因时，大多数法院都适用单一扣除额。[118]

38. 案例研究（审计师的责任） P 是受 X 有限责任公司聘请对其账目进行审计的独立审计师。X 公司要求 P 与其两个潜在投资者 A 和 B 在公司会面。在会议上，P 保证公司的财务状况良好。因此，A 和 B 购买了 X 公司的大额股份。曝光后的真相是 P 对投资者所做出的关于公司的价值的陈述系过失性不实陈述。A 和 B 因此而遭受

---

[116] 见 *Previews, Inc. v. Cal. Union Ins. Co.*, 640 F. 2d 1026 (9th Cir. 1981); *Beaumont-Gribin-Von Dyl Mgmt. Co.* v, Cal. Union Ins. Co. 134 California Reporter (Cal. Rptr.) 25 (Cal. Ct. App. 1976). 这是当被保险人伤害了一人以上时，依照"每次索赔"条款只适用一次扣除额的仅有案例。*M. P. Sullivan*, Liability Insurance: What it is a Claim Under Deductibility-per-Claim Clause, 60 A. L. R. 4th 983 (2008).

[117] 例如，*Cargill Inc. v. Liberty Mut. Ins. Co.*, 621 F. 2d 275 (8th Cir 1980) （一位制造商对产品配方的改变损害了一位购买者，该购买者多次购买了该产品，法院认为，依据保单的"任何一次事件"扣除额条款的规定，它仅构成一次事件。）

[118] 例如，*Transport Ins. Co. v. Lee Way Motor Freight, Inc.*, 487 F. Supp. 1325 (N. D. Tex 1980) （法院认定，一种职业歧视的方式和做法构成了"每次索赔"扣除额条款意义上的一次索赔。）

了经济损失并试图向 P 索赔。原则上，他们的损失属于 P 的职业责任保险的保险范围，但是，根据保险单条款被保险人须对每一起损害事件自行承担 5000 欧元扣除额限度内的损失。在当前的案例中，P 只须承担一次扣除额，还是对两起索赔都适用？

"损害事项"（damage event）不是美国保险单中的用语，将"事项"（event）解释为被保险人负有责任的行为，稍有些自相矛盾的性质。如果扣除额触发点限制为一起"事项"，P 有可能仅须承担一次扣除额。"每次事项"扣除额条款类似于我们在上文边码 88 部分讨论过的"每次事件"或"每次事故"条款。在这里，遭受损害的第三人的人数不是关键问题，决定性因素是触发责任的"事项"的数目。A 和 B 的损失都是以 P 的过失性虚假陈述（即单一"事项"）为近因导致的。另一方面，如果"损害事项"被理解为对另一个人的损害事项，那么，有可能如"索赔"扣除额案件那样导致适用两次扣除额。

B. 对赔付数额的其他限制

a. 总额限制条款

39. 在你们国家，标准保险单是否使用总额限制条款，依据此类条款，保险人在每一特定期间的责任受到最高限额的限制？如果是，请举例说明这些条款是如何措辞和如何解释的，并特别注意一起损害事件是被看做是一项单一的不可分割的损失（因此只能落入某一期间）还是多项损失（有可能落入几个不同的期间）。

是的，责任保险单通常既包括对保险人责任限制单一事件限额，也包括总限额（虽然每一个限额经常都是相同的）。在财产保险和其他类型的第一方保险的保险单中，总额限制条款并不常见。许多机动车责任保单分别规定了每位受害人责任限制和每次事故责任限制。例如，一份保单会向事故中的一位受害人赔付的最高额为 100,000 美元（64,199 欧元），对一起事故中的所有受害人支付的总额最高为 300,000 美元（192,598 欧元）。如果一名处于保险范围内的司机在一起事故中损害了四位当事人，每一位当事人向其起诉索赔 100,000 美元，保险人只需在 3000,000 美元的总限额内负责。[119] 法院对总额限制条款中的"事件"和"索赔"的解释同上文边码 79 中讨论的方式一样。[120] 保险人的责任限制，无论是针对一次事件的还是总额，经常都出现在保单的同一个条款中。一份保单限额条款的样本写道："人身损害责任和/或者工伤补偿和/或者房主责任，每人 500,000 美元（320,996 欧元），每起事件总额为 2,500,000 美元（1,604,982 欧元）。财产损失责任，每起事件总额为 2,500,000 美元。"其他保单只简单写了每起事件的限额和保单期间内的总限额。[121]

b. 索赔系列条款

40. 在你们国家，标准保险单是否使用索赔系列条款，依据此类条款，几起相互独立的损害事件被看做是一起损害事件（一个单一系列），从而受制于同一责任限额？如果是，请举例说明这些条款是如何措辞和如何解释的。请特别说明区分几起相互独立的损害事件和一个损害系列之间的标准是什么。

91　　是的，在多种背景下保险合同都含有旨在将一系列行为或事项或一件持续的事项拆解为总额责任限制意义上的一起单一"事件"。这些条款通常出现在保单对"事件"的定义中。[122] 一条持续暴露条款，"索赔系列"条款的一种常见形式，写道："为了确定公司的责任限制，所有源自于持续的或重复暴露于实质上相同的通常环境中的人身损害和财产损失，都应被认为是源自一起事件"。[123] 一份包括为雇员不诚实行为提供保障的商业保险合同提供损失保障并规定，

---

[119] See *State Farm Mut. Aut. Ins. Co. v. Jakupko*, 881 N. E. 2d 654 (Ind. 2008).

[120] See *Ind. Gas Co. v. Aetna Cas. & Sur. Co.*, 951 F. Supp. 773 (N. D. Ind. 1996).

[121] See e. g., *Arias v. Stolthaven New Orleans, L. L. C.*, 980 So. 2d 791 (La. Ct. App. 2008).

[122] 见上文边码 79 及以下。

[123] *Home Indem. Co. v. City of Mobile*, 749 F. 2d 659 (11th Cir. 1984).

"涉及单一行为或系列相关行为"的损失被认为是一起事件。[124] 安联保险公司（Allianz）在它承保世界贸易中心的保险单中，包括了一项"小时条款"，另一种类型的"索赔系列条款"。此条款称："当该单词（事件）用于由龙卷风、旋风、飓风、暴风、冰雹、洪水、地震、火山爆发、骚乱、有骚乱的罢工、民众骚乱、破坏行为和恶意捣乱引发的损失的时候，一起事项应被解释为在72小时的连续时间内发生的所有损失。"[125]

在认定某行为是一系列行为的一部分还是多个相互独立的事件时，行为与事件的关联性以及它们是由某一个人还是多个人所为，发挥着最重要的作用。因此，在TIG保险公司诉精明学校（*TIG Insurance Co. v. Smart School*）案[126]中，一份承保范围包括源自雇员实施的性虐待导致的责任的商业通用责任保单附有以每次事件为基准的限额。一名教师在两个不同时间，两种不同情形下，虐待了两名不同学生。保单将一起性虐待事件定义为"多个……性虐待行为……由一名行为人引起的。"在做出多项行为构成一起性事件的结论时，法院承认，在那些对"事件"未定义的案件中，法院运用"因果关系原理"来决定存在多少起事件时，会得出不同的结果[127]，但本案的不同之处在于争议保单中含有对性事件的定义。结果类似的还有"贝城路面与等级公司诉律师互惠保险公司"（*Bay Cities Paving & Grading, Inc. v. Lawyer's Mutual Insurance Co.*）案，[128] 在该案中律师被诉因过失未记录一份担保、送达担保通知和回赎担保物。在那起案

---

[124] See *American Commerce Ins. Brokers, Inc. v. Minn. Mut. Fire and Cas. Co.*, 551 N. W. 2D 224 (Minn. 1996).
[125] *SR Int'l Bus. Ins. Co. v. World Trade Center Properties L. L. C.*, 222 F. Supp. 2d 385 (S. D. N. Y. 2002).
[126] 401 F. Supp. 2d 1334 (S. D. Fla. 2005).
[127] 见上文边码79及以下。
[128] 855 F. 2d 1263 (Cal. 1993).

件中，保险单规定："源于一起单一行为、过失或疏忽，或一系列相关行为、过失或疏忽的两起以上的索赔都应被看做一起单一的索赔。"法院认定律师的过失具有充分的相关性，他们构成一起单一的索赔，适用保险单中每起索赔的限制。

93　　另一方面，在多项行为或事件不相关的事实背景下，或缺乏系列条款的用语的情况下，会产生不同的结果。因此，在"冉－南公司诉美国通用事故保险公司"（*Ran-Nan Inc. v. General Accident Insurance Co. of America*）案[129]中，保单将盗窃事件界定为"一名或多名'雇员'引起的或涉及的所有损失，无论其是单一行为还是系列行为的后果。"两名雇员在不同时间相互独立地从被保险人——雇主那里偷钱，法院认定他们构成了承保范围中每次事故责任限额意义上的两次事故。法院将此案与"贝瑟尼基督教堂诉首选风险互惠保险公司"（*Bethany Christian Church v. Preferred Risk Mutual Insurance Co.*）案[130]区分开，在后一案例中，被保险人的雇员在数年时间里从事了一系列盗窃现金的行为。因为从事盗窃的是同一名雇员，且采用了相同的手，他们构成了一系列行为，属于雇员忠诚保险上的一起单一"事件"。[131] 类似的还有"亚利桑那州财产与意外保险担保基金诉赫尔姆"（*Arizona Property and Casualty Insurance Guaranty Fund v. Helme*）案[132]，在该案中两名医生分别在各自的情形下未能正确地诊断同一名病人并导致其损害。但是，与其他案例不同的是，这两名医生每人的过失执业行为都是原告同一损害的原因。"西部世界保险公司诉卢拉百丽斯图尔特中心公司"（*Western World Insurance. Co. v. Lula Belle*

---

[129] 252 F. 2d 738 (5th Cir. 2001).

[130] 942 F. Supp. 330 (S. D. Tex. 1996).

[131] *Accord Madison Materials Co. v. St. Paul Fire & Marine Ins. Co.*, 523 F. 3d 541 (5th Cir. 2008).

[132] 735 P. 2d 451 (Ariz. 1987).

Stewart Center, Inc.）案的事实[133]与上述 TIG 保险公司案类似，但其保险单没有关于性事件的系列用语，从而导致法院下结论称各情节是相互区分的，尽管其目的是为了确定性虐待是发生在保单期间还是之后的期间。

c. 长尾损害

41. 在你们国家，标准保险单是否使用此类条款，即前保险人的责任限于保险合同终止后的某一特定期间？如果是，请举例说明这些条款是如何措辞和如何解释的。如何确定相关限制期间的起点（例如，保险合同终止的日期，被保险人过失行为的日期，或者遭受损害的日期）？在这种背景下，划分几起相互独立的损害事件和一起单一损害事件之间的界限是什么？

当导致损害的侵权行为实施日与作为受害人诉因的损害显现日之间有一个长的时间时，以"事件"或"事故"作为触发点的保险合同会存在一个问题。即使保险人对他承保的保单期间进行界定，以求将其责任限制到保险合同终止的日期，关于"事件"或"事故"是发生在保险合同规定的期间还是期满后的期间的争议仍然经常发生。当损害的显现被推迟时，关于是以暴露于损害日还是损害显现日作为承保范围的触发点，在法院间存在分歧。在各州之间并无一致的做法，结果各异而依赖于每一个案的事实环境和争议的保险合同的具体措辞。例如，在"劳埃德 E. 米歇尔公司诉玛丽兰意外公司"（Lloyd E. Mitchell, Inc. v. Maryland Casualty Co.）案[134]中，法院适用"持续触发原理"判决，当一名索赔人暴露于石棉产品时，石棉制造商的责任保单被触发，即使他的损害直至很晚以后才显现。[135]

---

[133] 473 F. Supp. 2d 776（E. D. Mich. 2007）.

[134] 595 A. 2d 469（D. Md. 1991）.

[135] 也可见于 J. H. France Refractories Co. v. Allstate Ins. Co., 578 A. 2d 468（Pa. Super. Ct. 1990）（适用"持续触发原理"判决，石棉制造商的责任自索赔人暴露于石棉产品时开始被触发，并通过疾病的进展直至其被显现。）

其他法院，尽管他们是少数，其适用"显现原理"的判决称，直至损害自身显现时"每次事件"的保单才被触发。[136]

95　　为了试图解决这个问题，承保职业责任险的保险人们经常签发"提出索赔式"保单，其以在保单有效期间内对被保险人提出索赔作为保险的触发点。即使在这种情形下，关于事件是否发生在特定的期间内仍会发生争议。[137] 据我们所知，这一问题中所问的限制"尾巴"的条款在美国标准保单条款中并不存在，只在特殊的保险单中才被使用。

42. 案例研究（长尾损害）P公司研发、制造和发售发动机设备，包括燃油泵。由于油泵的设计缺陷，含有油泵的机动车的燃油供应经常在没有警告的情况下中断。假设这导致了多起事故，依据你们国家的产品责任法P公司应对此负责。直至a）油泵的研发，b）制造，c）发售，d）发生事故，P公司的产品责任一直由I公司承保。在与I的保险合同终止后，P公司购买了J公司的保险。哪一个保险人，I还是J，须对P公司在a）至d）的每一种情形下对其有缺陷的燃油泵的责任负责？假设这两家保险人的保险合同的标准条款都包含在你们国家最常见的长尾损害责任条款中。

96　　当损害并不涉及长期暴露和疾病显现滞后的潜伏期（如上文边码94所讨论的那样），而是涉及在限定的时间引发财产损失或创伤性人身损害的产品时，如问题41所指明的那样，主导性的，即使不是通行的做法是查看损害发生的时间，如"美国忠诚与担保公司诉美国保

136　例如，*Eagle-Picher Industries, Inc. v. Liberty Mut. Ins. Co.*, 682 F. 2d 12（1st Cir. 1982）（损害必须发生在保单期间内）。

137　例如，*McCollum v. Cont'l Cas. Co.*, 728 P. 2d 1242（Ariz. Ct. App. 1986）；上文边码41。

险公司"（*United States Fidelity & Guar. Co. v. American Ins. Co.*）案[138]所反映的那样。

d. 强制第三方保险中的责任限额

43. 在特定领域存在法律强制的第三方保险，这一事实是否对诸如总额系列条款、索赔系列条款和长尾损害条款之类的法律允许的责任限制的范围有影响？

许多州在汽车保险领域有强制第三方责任保险的要求。那是在广泛基础上存在法律强制的责任保险的唯一领域。虽然汽车保险是受州级监管，但据我们所知并不存在影响总额系列条款、索赔系列条款或长尾损害条款的合法性的规定。要注意的是这些条款在典型的汽车保险单中见不到。长尾损害条款在汽车保险的背景下没有重要意义，因为在被保险人的过失行为与索赔人遭受损害之间通常并不存在突出的时间差。如果被保险人在几份保单的时间空当中不受保障，被保险人将不得不对发生在这期间的事故自负责任而无法从保险公司处获得补偿，因为汽车责任保险的保险人对在保单期间内提出的索赔负责。总额系列条款和索赔系列条款主要用于为购买多层保险的有经验的实体提供的保险单中，而不适用于汽车责任保险中的通常情形。

---

[138] 也可见于 *University Mechanical Contractors of Arizona, Inc. v. Puritan Ins. Co.*, 723 P. 2d 628（Ariz 1968）（当被安装进太阳能设施时缺陷产品引发了"财产损害"，一安装上就出现小的泄漏，尽管需要更换的主要事故直到保单期满后才发生）；*Welter v. Singer*, 376 N. W. 2d 84, 87（Wis. Ct. App. 1985）。但是，见 *Audubon Coin & Stamp Co. v. Alford Safe & Lock Co.*, 230 So. 2d 278（La. Ct. App 1969）（在被窃时保险柜的具有缺陷的保护装置未能发挥作用，事件发生的时间是被告过失安排设备的时间，而不是盗窃和损失发生的时间）。

第二部分
专题报告

Aggregation and Divisibility of Damage

欧洲冲突法视角下损害的合并与分割

托马斯·蒂德[*]

一、序言

由于欧盟立法者的活动，冲突法在过去的几十年中发生了根本性的变化。与国际公约和——现在时而被推翻的——国内法一道，一套适用于与涉外管辖和外国法有关案件的统一规则已在欧盟层面上制定。在几乎所有的冲突法领域，在所有的欧盟成员国，到目前为止可适用的国内法规则已经被可直接适用的欧盟条例所替代，例如，关于民商事案件国际管辖权的规则（《条例》44/2001，后文称《布鲁塞尔条例I》），以及适用于非合同关系的法律（《罗马II》）和适用于合同事项的法律（《罗马I》）。

A. 冲突法的基本原则

基本上，在所有涉及外国因素的案件中，例如，当损害在一国被引发而实际损失发生在另一国的时候，冲突规则旨在实现两个目标：首先，国际案件在裁判时应协调一致，即要避免处理相同案件的不同法院做出不同的判决。其次，每一起案件都应适用最密切联系地的法律；不应适用在地理、人身或其他一般情形方面与案件没有任何实质联系的国家的法律。

---

[*] 托马斯·蒂德，目前在奥地利科学院欧洲侵权法研究所担任助理研究员。我将此论文献给我的父母 Dipl.-Ing. Hannelore 和 Dipl.-Ing. Hans-Jörg Thiede。

3 　　为了实现这些目标，两套存在根本差异但相互关联的规则必须以相互协调的方式适用。首先，在确定案件审理的法院时，必须对关于国际管辖的规则进行考虑。其次，对于管辖地法院应该适用哪一个国家的实体法的问题，冲突法规则为我们提供了答案。经验显示，一些国家的法院试图适用他们自己的实体法（法院所在地法）而不愿考虑冲突规则，因为法官对他们自己的实体法（即，法院所在地法）最为熟悉。但是，这种做法与国际法律协调原则相悖：跳过冲突规则会使得（仅仅是声称合法的）原告选择法院和所适用的法律，该法律可能与手头的案件并不具有最密切联系，但在其他方面对原告有利，例如，它会判决非常高数额的赔偿金或具有特定的证据制度。[1] 冲突规则，作为"超级法则"（meta-law）[2]，通过为案件确定一个唯一的可适用的国家的法律而不管该案件是在何处进行诉讼，从而防止"挑选管辖地"（forum shopping）。但是，这种积极效果是受限制的，因为，直至近期的欧洲统一化之前，冲突规则自身是唯一的国内实体规则：不同的冲突规则，源自不同的法院地法（*leges fori*），为同一起案件确定了不同的国家的实体法。因此，欧洲

1　但是，我们应认识到当原告提起的具体的诉讼属于特定的事实类型（下文边码 10）时，原告有权在不同法院之间进行选择，这是合理的。但是，原告通过这种选择改变了其实质的法律权益，使其对自己有利而对对方不利时，应把这种选择看做是挑选管辖地（forum shopping）。其结果是，法律不再能提供一种公平地适用于当事人之间的确定的、可预期的规则。Cf. *R. J. Weintraub*, Choice of Law for Quantifications of Damages, 42 Texas International Law Journal (Tex. Int'l L. J.) 311, 317. 该原则在 *F. Bydlinksi*, System und Prinzipien des Privatrechts (1996) 92 ff. 中得到具体的论述，并随后被重新引入了冲突法，例如 *S. Habermeier*, Neue Wege zum Wirtschaftskollisionsrecht (1997) 191 ff.; *J. Kropholler*, Das Unbehagen am forum shopping, in: Festschrift Firsching (1985) 165 ff.; *C. von Bar*, Grundfragen des internationalen Deliktsrechts (Juristen Zeitung) JZ 1985, 961 ff.

2　对于该术语参见 *R. Wiethölter*, Begriffs- oder Interessenjurisprudenz—falsche Fronten im IPR und Wirtschaftsverfassungsrecht, in: Festschrift Kegel (1977) 213 ff.; *W. Müller-Freienfels*, IPR in der Normenhierarchie, in: Festskrift Hellner (1984) 369 ff.; *C. von Bar/P. Mankowski*, Internationales Privatrecht, vol. I (2003) no. 214; *T. Thiede/K. Ludwichowska*, Die Haftung bei grenzüberschreitenden unerlaubten Handlungen, Zeitschrift für Vergleichende Rechtswissenschaft (ZVglRWiss) 106 (2007) 92, 94.

国家关于国际管辖和冲突规则的法律间的和谐特别重要，它们的统一化和它们可以超越国内法的事实可以在很大程度上缓解上述问题：每一个欧洲国家的法院，不管它处于哪一个国家的管辖范围，对于涉外案件都基于相同的规则来确定适格的管辖法院和可适用的法律，将最终指向同一部实体法。

上述思考，是对源自冲突法逻辑的法律原则在方法论层面上的最佳例证。但是，它们仅仅是统治这一特殊法律领域的方法论的法律原则的一部分。另外，当把新的冲突规则纳入到立法中、对既有规则进行解释，或对既有法律或判例法中的漏洞进行填补时，必须要对由最终适用的实体法派生出来的一般原则进行考虑。此种方法是构成式的，因为最后的但非最不重要的实体法、国际管辖和冲突规则都是同一法域的组成部分，它本身不应该互相矛盾而应确立一套前后一致的法律规则。[3] 实体法的大多数原则都是在广泛的比较基础上确定的且得到了充分证明，这一事实支持了上述观点。而且，在超国家层面上观察这些原则更容易，因为在这种背景下立法者不受单个国家的利益的局限而是被超国家的雄心拓宽了。因此，当涉及冲突法领域中的任何立法或法律实践时，应考虑对最终适用的法律进行超国家的比较分析，并且，当制定或解释冲突规则时必须要对其进行考虑。

B. 关于损害的合并与分割问题的相关场景

能够很好地处理双边合同或道路交通事故以及跨国婚姻的法律

---

[3] 对这些基本原则的考虑，是各国国内法、未来的《里斯本条约》中的《基本权利宪章》以及《欧洲人权公约》中的基本权利所要求的最后的但非最不重要的部分。Cf. *H. Koziol/T. Thiede*, Kritische Bemerkungen zum derzeitigen Stand des Entwurfs einer Rom II-Verordnung, ZVglRWiss 106（2007）235, 239; *K. Siehr*, Wechselwirkungen zwischen Kollisionsrecht und Sachrecht, Rabels Zeitschrift für Ausländisches und Internationales Privatrecht（RabelsZ）37（1973）466, 475; *J. v. Hein*, Das Günstigkeitsprinzip im Internationalen Deliktsrecht（1999）27; *C. von Bar*, Grundfragen des internationalen Deliktsrechts, Juristenzeitung（JZ）1985, 961, 966.

领域却未在相当程度上涵盖损害的合并与分割的问题，对此不应感到惊奇。因此，涵盖这一专题的文献几乎没有。并且，人们必须知晓冲突规则的基本悖论：像损害的合并与分割之类特定的法律概念无法在冲突规则的范围内进行界定，因为这些规则都包含了仅与各个最终所适用的法律原则相关的法律问题的有关内容。[4] 然而，从冲突法的逻辑视角看，人们可以直截了当地认为，一般来说，就法院管辖权和准据法意义上的损害的合并而言，它一定能更好与该法律领域的上述原则相契合：如果将损害故意进行分割并出现数个国家的管辖，那么，只有一个有管辖权的法院、特别是只有单一准据法的努力就会被抵消。

6　　损害的可分割性，例如，在由同一原因产生不同损害、由同一直接损害导致不同的间接损失，以及由类似原因导致不同损害的情形中，对于追求冲突法领域的后者的目标所带来的问题，可以通过下面两个不同的场景来进行说明。这些场景基本上是取自调查问卷上的特定问题，并用冲突法上的术语和真实的事实背景来表达。

场景1：一位侵权行为人在多个不同的国家导致了多起（直接的和间接的）损害。

场景2：多位侵权行为人在一个国家导致了一起单一的损害。

二、国际管辖权

A. 引言

7　　欧洲统一市场的需要意味着，欧洲立法者长期以来一直在国际

---

[4] 即，对于是否承担连带责任，只有在已经确定所适用的法律的时候才可以事实上进行回答。

管辖权领域很活跃。[5]

早在 1968 年《关于民商事案件管辖权和判决执行的布鲁塞尔公约》[6] 就被欧共体的成员国所采纳并于 1973 在当时的欧共体成员国[7]之间生效。随后，《布鲁塞尔公约》被四个附加公约所修订，直至它被十五个欧盟成员国中的十四个[8]用《关于民商事案件的管辖权与判决的承认及执行的条例44/2001》(《布鲁塞尔条例I》)[9] 所替代。该条例是由欧盟理事会在 2000 年 12 月制定的，并于 2002 年 3 月 1 日生效。该条例，如之前的公约，规定了关于直接管辖权的规则，受理最初诉讼的法院在决定它自己的管辖权和对《条例》所适用的其他欧盟成员国所做出的判决进行承认与执行时，可适用该规则。与先前的《公约》不同，依照《欧共体条约》(EC Treaty) 第 249 (2) 条，《条例》可在成员国直接适用。[10]

《布鲁塞尔条例I》的主要适用范围是由第一条界定的。依照该条规定，《条例》只适用于民事和商事事项。因此，若要适用《布鲁塞尔条例I》，争议标的必须为"民事或商事性质"。[11] 因此，《条例》不适用于私人与公共机构之间因公共机构行使职权的行为而产生的争议，但是，另一方面，当争议双方都不是公共机构或公共机构未

5　《布鲁塞尔条例I》第 2 条："各国关于管辖权的规则所存在的一定差异……阻碍了内部市场的良好运行。……"

6　(1972) Official Journal (OJ) L 299, 32.

7　即德国、比利时、法国、意大利、卢森堡和荷兰。

8　从 2004 年 5 月 1 日起，它也适用于依照《雅典条约》加入欧盟的十个成员国。参见 Athens Act of Accession, art. 2 and Annex II, Part 19 (A) (3).

9　(2001) OJ L 12, 1.

10　由于丹麦未加入《欧共体条约》第四章，因此，在民事案件的司法合作领域所规定的法律措施在该国没有约束力，也不可适用。这种形势被认为非常令人不满，一种便捷的解决方式是借助国际公法：欧盟与丹麦就贯彻《布鲁塞尔条例I》单独订立了一份协议，将其作为国际条约对待。见 (2005) OJ L 299, 62；(2005) OJ L 300, 55.

11　ECJ 14 October 1976, 29 - 76 *LTU v Eurocontrol* (1976) ECR 1541.

行使职权时，它是可以适用的。[12]

9 布鲁塞尔条例关于直接管辖权的基本规则被置于《布鲁塞尔条例I》第2条中："在成员国有住所的人，无论其国籍，都应在住所地国家的法院被起诉。"[13] 为了确定被告是否在某一成员国具有此条意义上的住所，《条例》第59条，解决应该使用哪个国家对住所定义的问题，规定欧盟成员国的法院在决定一个人是否在该国有住所时可以使用它自己（法院地法）的定义。只有当法院想拒绝承认被告在法院所在地有住所时，它才有义务适用它认为的被告住所所在国家的法律（准据法）的定义。[14]

B. 特别管辖权

10 对被告住所的过度偏重并不总能在所有的场合、诉讼和索赔中提供最适当的和最优的解决方案。因此，如果被告在其住所地以外国家的法院遭到起诉，《条例》规定了特定的替代管辖。在此类案件中，选择法院的权利被赋予了原告，相关法院都不得以任何理由来

---

[12] ECJ 14 October 1976, 29 – 76 *LTU v Eurocontrol* (1976) ECR 1541; 16 December 1980, 814/79 *Netherlands v Rüffer* (1980) ECR 3807; 22 April 1993, C – 172/91 *Sonntag v Waidmann* (1993) ECR I – 1963; 1 Oktober 2002, C – 167/00 *VKI v Henkel* (2002) ECR I – 8111; 15 May 2003, C – 266/01 *TIARD v Staat der Nederlanden* (2003) ECR I – 4867.

[13] 关于这一项长期以来就存在的倾向于被告住所地的规则的背后原理，欧洲法院（ECJ）在1992年6月17日的判决 C – 26/91 *Handte v TMCS* (1992) ECR I – 3967 中对此做了精彩的分析，称该规则反映了在某一特定的现行的"国家"管辖权范围内强化对人的法律保护的目的，并建立在被告通常在其住所地法院最容易进行其抗辩的假设基础之上。对此也可见 ECJ 28 September 1999, C – 440/97 *Groupe Concorde v "Suhadiwarno Panjan"* (1999) ECR I – 6307. 并且，被告很有可能将其大部分资产都存放在住所地，因此，在此地对其人身或财产进行强制执行也最容易实现。所以，该规则试图既关注对案件是非曲直的裁决，也关注在同一国对判决的强制执行，从而避免不必要的程序复杂化。

[14] 例如，如果奥地利法院，已经基于它自己的定义认定一个人在奥地利没有住所，想知道他在波兰是否有住所，他们必须适用波兰对住所的定义。对于法人，见《布鲁塞尔条例I》第60条。

推翻原告的选择。[15] 正如欧洲立法者经常所强调的,鉴于在一些特定的并得到很好界定的案件中,在争议和最适宜招来裁决争议事项的法院之间存在特别密切的关系,从而引入此种自由选择权。[16] 但是,与损害的合并与分割的主体有关的利益是一项例外:《条例》第5(3)条规定,对于与侵权、不法侵害或准不法侵害相关的事项,在一个成员国有住所的人可以在另一个成员国的"损害事件发生地法院"被起诉。

首先,基于在某种程度上与上述场景1相对应的案件事实,法院已经做出了判决,该案涉及荷兰的一家园艺公司,其主要依赖莱茵河水来灌溉植物,但由于法国的一家碳酸钾矿排放的含盐废物污染了河水而使其遭受了损失。[17] 该判决涉及《布鲁塞尔条例I》第5(3)条的含义,直至该判决做出时,关于是非法侵害行为发生地国家(即法国)的法院还是受保护权利的损害结果发生地国家(即荷兰)的法院对该事项有管辖权,特别不清晰。[18] 欧洲法院(ECJ)判决称,该法律文本应该被理解为既包括损害——不仅仅是损害结果

11

---

15 值得注意的是,《条例》没有规定任何的逃避条款,法院不得以存在更紧密的关系,例如经常居住地为借口来获取管辖权。
16 参见《布鲁塞尔条例I重述》第11条规定:"管辖权规则必须具有高度的可预见性并且建立在以下原则的基础之上:通常基于被告的住所来确定管辖权,并且,除了一些特定的情形外,必须总是可以基于此来确定管辖权。在特定的例外情形中,基于诉讼的标的物或当事人的自治,可以采用不同的连结因素……。"
17 ECJ 30 November 1976, 21 - 76 *Handelskwekerij G. J. Bier BV v Mines de potasse d'Alsace SA* (1976) ECR 1735; see *J. Schacherreiter*, Leading Decisions (2008) no. 261.
18 盛行的观点是将《布鲁塞尔条例I》第5(3)条理解为对一般规则的替代,其结论是只有行为的实际实施地(在此案例中为法国)才有管辖权,见 *G. A. L. Droz*, Compétence et exécution des jugements en Europe (2002) no. 76; *M. Weser*, Convention communautaire sur la compétence judiciaire et l'exécution des decisions (1975) no. 225bis; *E. Mezger*, Drei Jahre EG-Zuständigkeits- und Vollstreckungsübereinkommen in Frankreich, Recht der Internationalen Wirtschaft (RIW) 1976, 345, 347.

——发生地，[19] 也包括导致该结果的事件的发生地，并且，作为一项基本原理，鉴于非法侵害行为地法院和损害结果发生地法院与被告被诉的后果都具有各自同等的密切程度，原告可以选择损害结果发生地法院，也可选择致损事件发生地法院。必须注意的是，这两种选择不具有排他性，并且不能剥夺原告根据一般规定在被告住所地国家起诉的权利。[20]

12 这些地点可能并且经常会重合，尽管如此，在涉及损害的国际间分割的案件中，即跨国侵权之类的案件，例如，对人格权的侵犯（场景1），该规则仍会产生问题。关于它对管辖权事项会产生何种影响，可以通过一起诽谤案来说明。该案是由一位英国妇女提起的，被告是一家法国报纸，其在英国的发行量仅占其全部的0.1%。[21] 很明显，对损害结果发生地国家的法院和非法侵害行为地国家的法院都授予管辖权是很成问题的：首先，特定的法院是在损害结果发生地还是非法侵害行为发生地，是不清晰的。其次，该方案初看上去好像等同于下述情形，即受害人基本上获得了将数个法院的管辖权进行合并的权利，例如，在英国和法国分别起诉出版商，并且每次都请求就全部损害进行赔偿。

13 欧洲法院（ECJ）知道这会产生吸引他人"挑选管辖地"的荒

---

19 现在法国也是如此，参见 S. Galand-Carval, Aggregation and Divisibility of Damage in France: Tort Law and Insurance, （contained in this volume）no. 47 ff. referring to Cass. Civ. 11 January 1984, Bull. Civ. no. 360；还可见 Cour de cassation, 11 May 1999, Journal du Droit International（J. D. I.）126（1999）1048.

它好像成为了法国司法界的重要变化，参见 "*lieu de prejudice*": Cour de cassation, Urteil vom 25. Mai 1948, Revue critique de Droit International Privé（Rec. crit. DIP）39（1949）89; Cour d'appel Paris, 18 October 1955, Rev. crit. DIP 45（1956）484 ff.；or "*loi du lieu où le dommage a été réalisé*": Cour de cassation, 8 February 1983, J. D. I. 111（1984）123, 125；最后"…非合同责任的准据法是侵权行为地法；该侵权行为地包括侵权行为实施地和损害结果发生地"。Cour de cassation, 14 January 1997, Rev. crit. DIP 86（1997）504, 505.

20 上文边码9。

21 ECJ 7 March 1995, C-68/93 *Fiona Shevill v Presse Alliance SA*（1995）ECR I-415. 有损他人名誉的言论与原告临时受雇的一家巴黎的外汇兑换机构涉嫌为毒品贩子洗钱有关。

谬后果,并试图通过对原告的选择权引入一定的限制来纠正后果:首先,法院在初始损害和间接损失之间做出区分,如果原告受保护的权利和最初遭受侵害的地方在一处,而其仅仅遭受间接的纯经济损失的地方在另一处,那么,不允许原告在后者的法院提起诉讼。因此,对于依据《布鲁塞尔 I》第 5(3)条来确定适格法院而言,只有受保护权利的主要损害才是重要的。[22] 这一规则也延伸至次要受害人,他只能在主要受害人遭受损害的地方提起诉讼。最后,在上述诽谤案中,法院判决受害人可以在非法侵害行为地,即出版商所在地,就其名誉受损所产生的所有损害,或者在有出版物发行而产生损害的每一个国家的法院,起诉出版商。但是,对于后者,每一国家的法院仅对发生其领土范围发生的损害享有管辖权。[23]

不应该自动地认为欧洲法院提出的限制条件会完全解决与国际管辖权有关的损害的分割问题。例如,就侵害人格权的案件而言,依照规则,对于在最初的地点以外的其他地方所遭受的间接损害,或次要受害人所遭受的损害,本国法院都没有管辖权。此种规则会导致以下情形,一名原告就其在英国所遭受的精神损害提出索赔,该损害是由于有关他儿子的有损名誉的出版物所导致的,并且该出版物只在法国发行,从而该原告只能在法国起诉出版商,而不能在英国起诉。因此,

14

---

[22] 参见 ECJ 11 January 1990, C-220/88 *Dumez v Hessische Landesbank* (1990) ECR I-49; 19 September 1995, C-364/93 *Marinari v Lloyds Bank* (1995) ECR I-2719; 27 October 1998, C-51/97, for both decisions *J. Schacherreiter*, Leading Decisions (2008) no. 262 and 263.

[23] 此种方案基本上是源自法国法对特定问题的解决方法。但是,"原版的"法国法方法基本上是通过引入一定的因果联系和适用损害(并且不是对合法权益的最初的侵害,原文如此!)发生地法而减少适用法院地法(前文注 19):"但是,鉴于在德国出版和发行涉诉出版物所造成的损害与其法国发行所造成的损害之间没有任何因果关系;在此情况下,既不能以侵权行为实施地,也不能以侵权行为结果地作为连接因素将损害和法院联系起来;因此,该法院对原告要求对其在德国遭受的损害赔偿诉讼没有管辖权……" TGI Paris, 27 April 1983, Rev. crit. DIP 72 (1983) 672, 674. 因此,与 Shevill 案的处理方案的根本差异就出现了,参见 *J. -M. Bischoff*, annotation to Cass. Civ., 14 January 1997, Rev. crit. DIP 86 (1997) 505, 513.

以一起远处的损害是否是最初损害的充分结果作为授予地方法院以管辖权的标准，会产生相当糟糕的后果，例如，如果一名巴黎律师想在法国起诉，他可辩称，尽管有损名誉的言论只由被告在英国传播，但由于他失去了英国客户从而导致了其在法国的财务损失。最后，基于损害发生地国家的边界对承认外国判决和确定管辖权进行限制，形成了向"被告住所地"法院的回归，诚然，也存在一定程度的朝向损害结果发生地法院的转向。对后一类法院的注重证明是合适的，因为这些法院与那些自称是受害人的人有着最紧密的关系，尽管存在这一事实，那些在数个国家遭受严重损害的受害人最好还是要向法律专家进行咨询，以便选择在某一个或某一组最具胜诉希望的成员国提起诉讼。[24]

15 至此上述考虑仅仅反映了场景1以及有可能出现的在不同地方发生多起损失的情形。反之，存在主行为人和从行为人的多位侵权行为人的情形对于此项规定也具有相关性（场景2），即原告是否可以在仅存在从行为人行为的地点来主张主行为人负有责任。人们应记住，几乎所有欧洲各法域及《欧洲侵权法原则》（PETL）都认定，当主行为人通过一个受其指示并（社会性的）依赖于他的帮凶来"行为"时，他本人应对此负责。[25] 因此，即使当他本人或其帮凶在导致损害发生的侵害事件地没有住所，将管辖权延伸至主行为人好像也是合理的，因为通过辅助者而扩张其行为领域的人应该最终承

---

[24] *M. Bogdan*, Private International Law Aspects of Trans-Border Invasion of Personality Rights by the Media, in: A. Beater/S. Habermeier, Verletzungen von Persönlichkeitsrechten durch die Medien (2005) 138, 142; 也可见 *C. von Bar*, Persönlichkeitsschutz im gegenwärtigen und zukünftigen deutschen internationalen Privatrecht, in: Law in East and West/Recht in Ost und West, Festschrift zum 30 jährigen Jubiläum des Institutes für Rechtsvergleichung der Waseda Universität (1988) 575 ff.; *W. Nixdorf*, Presse ohne Grenzen: Probleme grenzüberschreitender Veröffentlichungen, Gewerblicher Rechtsschutz und Urheberrecht (GRUR) 1996, 842, 844; *H. Schack*, Grenzüberschreitende Verletzung allgemeiner und Urheberpersönlichkeitsrechte, Archiv für Urheber-, Film-, Funk- und Theaterrecht (UFITA) 108 (1988) 51, 66; *P. Mankowski*, Art. 5 in: U. Magnus/P. Mankowski, Brussels I Regulation (2007) no. 207 ff.

[25] 参见 art. 6:102 (1) PETL.

担在上述辅助者行为地所在国法院进行诉讼的风险。[26]

C. 附属管辖权和诉讼竞合（未决诉讼）

《布鲁塞尔条例I》第5（3）条规定的特别管辖权只有在特殊情形下才与场景2相应，《条例》第6条为针对多个侵权行为人的不同索赔请求的合并提供了较广的适用范围。根据该规定，为了便于司法管理和减少判决相互冲突的风险，《布鲁塞尔条例I》认可以下做法是合理的，即将相关的争议合并到单一的诉讼程序中来裁决，并允许将依照《条例》通常有资格管辖的数个不同法院所处理的密切相关的诉讼合并到一家法院进行审理。因此，《布鲁塞尔条例I》第6条对共同被告规定了附属管辖权，即使管辖法院依照《布鲁塞尔条例I》第2或5（3）条对添加的诉讼原本没有管辖权，仍可适用该条。[27] 基本上，该条款认为：“在某一缔约国有住所的人……当他是众多被告之一时，他也可以在任一被告住所地法院被起诉。”[28]

很明显，作为《布鲁塞尔条例I》第2条所确立的一般原则的例外——大致规定了被告住所地以外的管辖权——它严重加剧了规则被滥用的危险，当事人有可能对许多被告提起诉讼而其唯一的目的是逃避其中某一位被告住所地的特定的法院的管辖。因此，适用该条款的两项一般条件必须要满足。首先，针对在另一个成员国有住所的被告提起的关联诉讼的管辖权专属于其他被告之一的住所地法院。[29] 其

16

17

---

26 见 E. Rabel, Conflict of Laws, vol. II (1960) 318："因此，倡导行为地法律的原理如果强调身体上的运动，那它完全过时了。一个人的行动地点并不重要，重要的是他的行动所指向的地点。"

27 并且，这一原则的效力被第27–30条所否定，后者禁止对发生在不同成员国的类似的或相关的事项采取共同诉讼。

28 与之一致，《条例》也适用于反诉，从而可以使对本地原告提出反诉的被告将外国的共同被告合并到反诉中，第三人（被告添加的）对本地或外国原告提出诉讼请求也与之类似。

29 特别是，没有要求一定的诉讼请求对于最终导致的损害更为必要，并且，"处于蜘蛛网中心"的法院被赋予对相关联的多起诉讼进行审理的专属的权利，尽管其他被告被指控的参与作用可能很小。

次，欧洲法院判决[30]认为，若主张将针对居住在不同成员国的多名不同被告提起的诉讼交由一家法院进行合并审理和裁决，由同一名原告针对此类不同被告提起的各个诉讼之间必须有一定联系，从而，为了避免判决的不一致而将它们合并审理更为便捷。[31] 这一特定条件何时才能满足，不取决于所导致的损失是否可分：[32] 法院在多个场合只清晰地提到若分别判决有可能导致判决结果相互矛盾的风险，即使那些判决是相互排斥的且能分别执行。[33] 然而，关于必要联系要件的任何进一步的评论都无法获取，因为欧洲法院明确地宣称，"由各国国内法院在每一起个案中来判断该条件是否被满足"。[34] 因此，基本上把将这一问题踢回到国内法院，并且，在决定多名被告的可能的管辖权时给予了它们明显更多的灵活性。

18 　　与上述分析的问题非常类似的是，对于在不同成员国的法院同时存在的未决诉讼，何时能就具有相同的事实和法律问题的争议确定管辖权。[35] 就两起相关联的案件而言，为了避免出现无法兼容的判

---

[30] ECJ 27 September 1988, 189/87 *Kalfelis v Schröder* (1988) ECR 5565; 27 October 1998, C-51/97 *Réunion Européenne v Spliethoff's Bevrachtingskantoor* (1998) ECR I-6511.

[31] ECJ 27 September 1988, 189/87 *Kalfelis v Schröder* (1988) ECR 5565; 27 October 1998, C-51/97 *Réunion Européenne v Spliethoff's Bevrachtingskantoor* (1998) ECR I-6511.

[32] 特别是，它拒绝采纳法国将不可分性作为附属管辖权的标准的观点——提出此种观点的目的在于其他可能的法院不被排除在外——在公约的框架内没有位置。见 ECJ 24 June 1981, 150/80 *Elefantenschuh v Pierre Jacqmain* (1981) ECR 1671.

[33] 关于诉讼请求基础的差异（见 ECJ 27 September 1988, 189/87 *Kalfelis/Schröder* (1988) ECR 5565; 27 October 1998, C-51/97 *Réunion Européenne v Spliethoff's Bevrachtingskantoor* (1998) ECR I-6511)，虽然是由法院提出的，但是，最近在 2007 年被放弃。见 ECJ 11 October 2007, C-98/06 *Freeport plc v Olle Arnoldsson* (2007) ECR I-8319.

[34] 同上文注 31。

[35] 但是，特别是《布鲁塞尔条例 I》第 28 条在结构和功能上都与之不同：虽然《布鲁塞尔条例 I》第 6 条确定了最初受理诉讼的法院的管辖权，并允许其扩张其管辖权；第 28 条则规定了关联诉讼，其中每一起诉讼都是发生在不同国家的法院的未决诉讼。对于受理法院的初始管辖权，两者之间的主要差别在于：《布鲁塞尔条例 I》第 28 条允许将未决诉合并到最初有管辖权的法院——而第 6 条则基于上述紧密联系的理由将管辖权授予原本无权管辖的法院，见边码 17。

决,《布鲁塞尔条例 I》第 28 条基本上赋予了各成员国法院终止其诉讼程序以支持第一个受审法院的自由裁量权。对于完全相同的案件,即相同的原告和相同的事实,《布鲁塞尔条例 I》第 27 条主要通过确立了一个时间优先的标准,为解决相关联的未决诉讼案件提供了一个清晰的和有效的方案。[36] 基于此,为了支持第一个受理的法院,后受理的法院应拒绝管辖,不再对两处法院的相对适当性进行司法评估。

三、准据法

A. 引言

对基本概念从头开始重述是值得的:当只有国际管辖权规则可供适用时,受诉法院适用其所在国的实体法,即法院地法,案件的审理结果取决于在哪个国家的法院提起诉讼。此种法律状况长期以来一直被认为难以令人满意,特别是在上个世纪,已有数起充满热情但未成功的致力于在欧洲层面上实现关于非合同之债的法律适用的法律统一化行动。[37] 最后,在 2003 年欧盟委员会正式解决了这一问题,提出了一项新的议案,该议案受到热烈讨论并数次重新起草。

19

---

36 时间在先,权利在先。
37 "国际私法海牙会议"在 1973 年和 1971 年分别特别通过了侵权法领域中有关交通事故和产品责任案件的两项公约。见 http://www.hcch.net。鉴于海牙会议的议题限于单一事项,欧盟在上世纪 70 年代曾试图制定一个更为综合性的议程并起草了一份既适用于合同关系也适用于非合同关系的冲突规则的协调公约。见 RabelsZ 38 (1974) 211。随着欧共体的扩张,这一雄心最终消退并决定抛弃公约草案中的侵权部分的规定,转而集中于有关合同的冲突规则,最终形成了 1980 年的《关于合同债法律适用的罗马公约》。

关于非合同债务的规则协调的想法在上世纪 90 年代又重新兴起,当时欧共体在所谓的"维也纳行动计划"过程中根据 1997 年 10 月 2 日的《阿姆斯特丹条约》第 61 条和 65 条获得了冲突法领域的立法权。

最终，一份修订版[38]导致了《欧洲议会和欧洲理事会 2007 年 7 月 11 日关于非合同之债的法律适用的条例》（《罗马条例 II》）的制定。[39] 它于 2009 年 1 月 11 日生效，适用于此后发生的所有损害事件引发的案件。[40]

20　　《罗马条例 II》涵盖了所有具有跨国联系和涉及多国法律的民商事性质的非合同债务。然而，《条例》的范围受到多项特定的例外事项的限制，第 4（1）条中的一般规则的适用进一步受到许多特殊规则的限制，其包括产品责任、不正当竞争、环境损害、侵害知识产权和工业诉讼（industrial action）。并且，侵犯隐私权和与人格相关的权利迄今仍被排除在外，对此根据第 30 条审查条款的规定需要等待单独的研究和进一步的澄清。该研究扩展至对与 1971 年 5 月 4 日的《关于交通事故法律适用的海牙公约》相关的第 28 条效果的研究：[41] 迄今为止，该条例非常令人不满意，因为第 28 条规定"条例"的制度"不得有损于在该条例被采纳时一个或多个成员国是缔约方且规定了与非合同债务有关的冲突法规则的国际公约的适用"。

21　　鉴于关于交通事故的《海牙公约》——其对交通事故规定了特别复杂和相当过时的规则，最终导致了该公约被相当多的欧盟

---

[38] 在 2001 年已经有了一个未出版的绿皮书版本（参见 *J. von Hein*, ZVglRWiss 2003, 528, 533），随后在 2002 年 5 月接着出现一个初步草案。经协商后，在 2003 年 7 月采纳了一项修订建议（COM 2003 427 final）。由于新确立的《欧盟条约》第 251 条的调和机制的需要，欧洲议会的法律事务委员会提出了多份由 *Diana Wallis* 作的主题报告——与欧盟委员会的议案有着重大差异——其受到广泛的评论。经过漫长和艰难的谈判，大多数争议事项都达成了妥协，而其他事项则留给条例未来修订时解决。初步概览参见 *B. A. Koch*, European Union, in: H. Koziol/B. C. Steininger（eds.）, European Tort Law 2003（2004）435 no. 1 ff.; *id.* in: European Tort Law 2005（2006）593 no. 10 ff.; *id.* in: European Tort Law 2006（2008）487, no. 3 ff.
[39] OJ L 199, 31. 7. 2007, 40–49.
[40] 据推测，《罗马 II》第 32、31 条中的起草错误可以显示一个较早的适用日期，参见 *Koch*, European Tort Law 2006（fn. 38）fn. 3.
[41] 见前注 37。

成员国所拒绝——现在有多种不同的法律制度适用于该领域,尤其是在实践中最为突出的、数量特别多的冲突案件,即国际汽车事故中。因而不可避免地导致了"挑选管辖地"情形的发生,具有讽刺意味的是旨在防止此类不公正行为的欧共体制度助长了此类现象。[42]

B. 一般规则和（盛行的）特别规则

由此而受到限制的条例的一般规则规定了侵权行为地法（lex loci delicti），然而，它被《罗马II》的起草者（错误）理解为受保护利益受到损害或侵害的地点的法律（lex loci damni）。根据条例，准据法应该为损害结果发生地国家的法律，"无论损害的原因事件发生哪个国家"，[《罗马条例II》第4（1）条]也"不管其间接后果发生在哪个或哪些国家。因此，在人身损害或财产损失的国家中，损害发生地国家应该是人身遭受伤害或财产受损各自发生地的国家。"[43]

22

欧盟立法者认为此种"侵权行为地法原则在几乎所有成员国中都是对于非合同债务的基本的解决方案"，尽管它承认"对此原则的实际适用存在多样性。"[44] 侵权行为地法的确是所有成员国的基本规

23

---

42 对该问题的更为详细的分析，见 T. Thiede/M. Kellner, "Forum Shopping" zwischem dem Haager Übereinkommen über das auf Verkehrsunfälle anzuwendende Recht und der Rom-II-Verordnung, Versicherungsrecht（VersR）2007, 1624.

43 见《条例重述》第17条。关于对损害结果地法（lex loci damni）原则的详情，可通过一个例子（是从原始的调查问卷表中的案例研究略微变化而来的）来说明其固有问题：在A国的汽车停车场，恰在穿越与B国的边界前，D决心想毒害P。在P不知情的情况下，D将一种有毒化学物质投入P的水瓶中，该水瓶被放在P的行李箱中以供经B国去C国旅途所用。在B国时，P给他的狗喝了一些有毒的水，这只狗是陪伴他旅行的。稍后，这只狗开始呕吐，弄脏了P的车。到达C国后，P本人喝了一小口水并因此而生病，遭受了胃痉挛。并且，在C国时，P须付给兽医150欧元对其狗的检查费。对于其清洁汽车的费用赔偿，应该适用B国的法律，因为狗中毒而导致P的汽车受损是发生在那里的。因此，应根据C国的法律来决定P的疼痛与痛苦，因为他的健康状况是在那里受损的。只有兽医的费用才属于间接损失，因此，应根据B国的法律来决定。

44 见《条例重述》第15条。

则。但是，欧盟立法者声称损害结果发生地法（lex damni）被用做有力的联结因素一定是有问题的，因为有些国家原则上选择行为发生地法，[45] 其他有些国家选择损害结果发生地法，[46] 其他一些国家在某些特定的案件中适用行为发生地法而在其他案件中适用损害结果发生地法，[47] 有一些国家尚未对此做出规定，[48] 最后，有些成员国允许受害人或法院在多国法律间进行选择。[49] 因此，如果《罗马II》的编纂者认识到了当前各国的法典中至少都提到了侵权行为地法而不仅仅是对损害结果发生地法一般原则的适用存在多样性，那么，该条例的益处更会大。如上述分析，《罗马条例II》第4条的范围受到条例所规定的特定例外情形的某种额外的限制。令人吃惊的是，必须注意到，关于占据主导地位的重要事实类型的问题被认为太大了且太特殊了以至于不能将其留给损害结果发生地法作为一种类型，其结果是立法者将它们归入——否则将明显地被置之不理——侵权行为地法。

24 但是，这好比立法者声称已经找到了一致同意的一般规则却又将（几乎）所有相关案件都交给另一个原本被秘密否定的规则来处理。鉴于起草者所采用的特别法的方法和前面分析所提到的现有的可以使用的各国国内法典和判例法，对适用于一般侵权法以及侵权法领域中的冲突法的基本原则进行比较研究，会比这种躲藏与搜寻的游戏更有利——并且，也许会揭示出适用于冲突规则领域的一般原则。

---

[45] Austrian PIL Act of June 15, 1978 § 48（1）; Polish PIL Act 1965 art. 33（1）.
[46] Dutch PIL Act, art. 3（2）; English PIL Act 1995 § 11.
[47] See Portuguese Civ. Code, art. 45（1）,（2）; Swiss PIL Act, art. 133（2）.
[48] Spanish Civ. Code art. 9; Greek Civ. Code, art. 26; Czechoslovakian PIL Act of 1963, art. 15.
[49] EGBGB, art. 40（1）; Hungarian PIL Decree of 1979 § 32（1）（2）; Italian PIL Act of May 31, 1995, art. 62（1）.

基本上，在所有的欧盟成员国以及《欧洲侵权法原则》（PETL）中，侵权法的主要目的被理解为恢复到损害发生前的状态（restitutio ad integrum）——对损害的（充分）补偿。[50] 然而，这项基本原则的适用限于该损害可归责于侵权行为人的范围——该规则明智地遵从了"损害由所有人自负其责"（casum sentit dominus）的古老规则。另外，一般都同意侵权法还有另一项目标，即预防，因为赔偿义务通常都有威慑的效果。[51] 因此，可以将这些侵权实体法所追求的一般目标用冲突法的术语表达出来。[52] 赔偿的一般观念和对受害人的补偿的关注初步暗示损害结果地法的适用：受害人的合法期待集中在他参与公共交往并因此而使其权利和利益暴露于潜在损害的地点所在国的法律所提供的保护上。[53] 非法行为的受害人通常不是合格的律师；然而，人们可以假定他对损害结果发生地——往往是他的经常居住地——的赔偿标准是有信心的。并且，制度的发展并非主要建立在某些对不当行为进行责备的概念基础上的，相反，它集中于其他的、甚至于全然不同的方面，例如，客观危险（"危险责任"）[54] 可以支持损害结果地法的适用。[55] 因此，一些作者[56]认为，在现代侵权法中，在冲突法背景下，对遭受损失的关注并因而适用损害结果地法，是对暴露于损失的责任的要求，也是以下事实的要求，即

---

50 Art. 1:101 PETL.

51 *U. Magnus*, Comparative Report, in: U. Magnus (ed.), Unification of Tort Law: Damages (2001) 187; *F. Bydlinksi*, System und Prinzipien (1996) 190 ff.; *M. Faure*, Economic Analysis, in: B. A. Koch/H. Koziol (eds.), Unification of Tort Law: Strict Liability (2002) 364 ff.

52 参见上文边码4。

53 *G. Wagner*, IPRax 2006, 372 (374).

54 *B. A. Koch/H. Koziol*, Comparative Conclusions, in: B. A. Koch/H. Koziol (eds.), Unification of Tort Law: Strict Liability (2002) 395 ff.

55 关于该主题仅可见 *H. Stoll*, Zweispurige Anknüpfung von Verschuldens- und Gefährdungshaftung im internationalen Deliktsrecht? in: Festschrift Ferid (1978) 397.

56 *T. Kadner Graziano*, Gemeineuropäisches Internationales Privatrecht (2002) 218.

对于有些类型的责任，除了所遭受的损害的因果关系外几乎没有任何前提条件（严格责任）。最后，在上述场景 2 中适用损害结果发生地的法律被认为更为简单：如果发生在多个不同管辖地的数个非法行为是同一损害结果的"若非则无"意义上的原因，那么，对于法官而言适用损害结果地法律好像是一种简单的和直接的解决方案。

26　　所有这些论点就其本身而言可能都是有效的，但是它们只关注受害人的利益。此种对受害人的普遍关注是过度的且在一定程度上被错误安排了。恰当的解决方法必须对所涉及的所有当事人的利益都关注，包括侵权行为人的利益。如上所述，实体法规定，只有在符合一定的责任标准的情况下，一个人才必须对另一个人的损害负赔偿责任：只有当损害在法律上可归责于他的时候——"损害由所有人自负其责"，他才负有进行赔偿的义务。[57] 因此，对于法律冲突的问题，有必要确定由哪国法律来规定归责的标准。在过失责任案件中，依争议行为发生地国家的法律来确定此标准，因为每一个人都必须遵守行为地国家（假定这是他的经常居住地）的规则和标准。在同等程度上，受害人对损害发生地国家的相关标准的信任必须予以考虑，尽管与此同时侵权行为人根据其从事侵权行为所在国家的行为标准所产生的期待也必须予以考虑。首要的是，在任何情况下，对于非法行为人所实施的可归责的、过失的行为，都要求他能够事先认识到他必须遵守的法律标准。上述考虑支持采用行为地法，即

---

[57] 因此，不存在 G. Wagner 所建议的"公平赛场"，参见 G. Wagner, Internationales Deliktsrecht, die Arbeiten an der Rom II-Verordnung und der europäische Deliktsgerichtsstand, Praxis des Internationalen Privat- und Verfahrensrechts（IPRax）2006, 372（376）; T. Kadner-Graziano, Das auf außervertragliche Schuldverhältnisse anzuwendende Recht nach Inkrafttreten der Rom II-Verordnung, RabelsZ 73 (209) 1 (36).

侵权行为发生地法。[58]

在这两种可能的联结因素构成的僵局中，简单地适用损害结果发生地法律的观点仍然存在。将此种推理用于损害的合并或分割的标准时，其所产生的结果在场景1中好像不再容易被接受：特别是在有关知识产权和人格权的案件中，[59] 损害结果发生地法规则会实际导致大量的难题，因为损害有可能发生在不止一处地点，因而可适用的法律会有许多种。它会导致将本应归一家法院处理的单一索赔诉讼进行复杂的马赛克式的处理，即将全部损害分离为数个独立的侵权事件。[60]

实际上，在如场景2那样多名侵权行为人的行为只导致了一起损害的案件中，当前的规则乍一看上去可以产生可接受的结果。然而，当场景变换至侵害行为在多个不同国家产生了多起损害的情形时，由于需要对各个损害分别进行马赛克式的评判，各个侵权行为人之间的内部求偿就会完全垮掉：如果依照多国法律有多名侵权行为人负有责任，他们之间的内部追偿会因所适用的法律的不同而得

27

28

---

[58] 并且，侵权法的威慑效果也支持适用行为地法律，因为，只有当潜在的侵权行为人知道所要适用的行为标准的时候，未来责任的威胁才能引导出谨慎的行为；适用行为地的标准最有可能达到这种效果。而且，关于现代侵权法，特别是严格责任，应看重所造成的损失的提议必须予以驳斥：过失责任仍然是侵权法的核心 [见 P. Widmer, Bases of liability, in: European Group on Tort Law, Principles of European Tort Law (2005) 68; C. v. Bar, The Common European Law of Torts, vol. I (1998) no. 11.]，并且，严格责任也不是对任何损失都要承担责任——严格责任通常针对一些特别危险从而要求进行相应的特殊的责任分配的情形，以及尽管被告已采取了所有的合理的防范措施后仍存在高度的损害风险的案件 [见 B. A. Koch, Strict Liability, in: European Group on Tort Law, Principles of European Tort Law (2005) 105.]。然而，对于严格责任并没有可以清晰界定的概念，甚至在一国法律制度内部也没有。因此，每一位高度危险源的所有者都会认为应当依照危险实际所处地点的法律来确定各自责任的基础、范围和安排，并基于此来计算风险。

[59] 根据《罗马条例 II》其被排除在适用范围之外，见上文边码20。

[60] 对此种处理方案的推介参见 P. Mankowski, Art. 5, in: U. Magnus/P. Mankowski, Brussels I Regulation (2007) no. 212.

到不同对待，例如，在有些案件中，所适用的法律明确规定非法侵害行为人之间不得互相追偿。[61] 由于根据《罗马条例 II》第 20 条侵权行为人之间的内部追偿应受适用于初始索赔请求的法律的管辖，马赛克式的评判的问题会成倍数地增加，侵权行为人之间的求偿诉讼将不可能产生一致的结果。因此，对于简化处理的论点也必须予以驳斥。

29   上述一般性评论并非意在支持适用侵权行为人实施侵害行为地法律的观点，而是主张应考虑以下事实：侵权法通常并不仅仅关注受害人的问题，它还关注侵权行为人的问题，并努力平衡两者的关系。因此，如果欧盟立法者在一般规则中尽可能公正地考虑双方当事人的相冲突的利益，那将是明智的。对于此类规则，甚至无须从头开始设计，因为在有些国家的法典中已存在可行的解决方案，并且在上个世纪已经有学者提出过建议。[62] 最后但并非最不重要的一点，主张适用侵权行为地法的观点并不要求只能考虑这一特定地点的管辖权。当侵权行为人知道其行为具有跨界性质并且在另一个国家产生损害对其是可以预见的时候，可以作为例外对待。[63] 在此类案件中，适用损害结果发生地国家的法律并不与侵权行为人的合法预期（以及在数人侵权时，他们之间的内部追偿）相冲突，因为他们

---

61 See *H. Stoll*, Rechtskollisionen bei Schuldnermehrheiten, in: Festschrift Müller-Freienfels (1986) 665; *W. V. H. Rogers*, Comparative Report on Multiple Tortfeasors, in: W. V. H. Rogers, Unification of Tort Law: Multiple Tortfeasors (2004) 292.

62 见 Swiss PIL Code art. 133 Abs. 2: "……当侵权结果未发生在实施侵权行为的国家时，如果加害人可以预见到侵权结果会在他国发生的，那么就适用该国的法律。"; *G. Beitzke*, Auslandswettbewerb unter Inländern, Juristische Schulung (JuS) 1966, 140: "其侵权结果有可能在国外产生影响的人必须考虑到其行为的后果，即发生在国外的受法律保护的利益遭受的损害，并查证，他是否在此地对某一权利实施不法侵害，而不当的结果却发生在另一地。"; 认可该结果但基本上否认上述观点的见 *T. Kadner-Graziano*, RabelsZ 73 (209) 1 (36, Fn. 111).

63 主张每一起跨界损害都是可以预见的，这明显是荒谬的。如果的确是那样，上述特别规则（第 22）就根本没有必要了。

违反了该国的行为标准。换而言之，此类案件中的关键问题应该是，在特定情形下，一位理性人是否能合理地预见到他在一国实施的行为会在另一个国家产生损害。根据此项基本原则而产生的一般规则会使得现行规则下大量的例外变得不再必要，并且能够平衡双方当事人的利益。

不应该忘记的是《罗马II》的起草者在条例第17条提出了非常类似的想法，规定对非合同之债无论适用何种法律，在确定行为人的责任时，"都应考虑安全的规则和在责任原因事件发生时间与地点有效的行为规则。"尽管如此，该规则并没有引进冲突法规则，而只是允许在自由裁量的基础上和证据意义上，对此项因素进行考虑而已。尽管其使用了命令式用语"应该"，第17条并不要求法院适用行为地的行为规则和安全规则，而仅仅是"对其予以考虑"。有疑问的是，这项规定是否能真正解决上述一般性问题，对无法预见到的且因此而无法归责的损害适用侵权行为实施地法，人们只能看到两种可能的未来：或者第4条的一般规则保持不变，但与其目的脱节，从而产生不一致的（或相当不公正的）结果，或者通过类比第17条而将该规则抛在一边。此类未来的问题本应该可以避免，因为，应该对"予以考虑"这一用语认真对待，因为冲突法上的类比会增加了一国法院适用法院所在地法的倾向，会导致具有反作用的国际判决，本报告的最后一部分会对此进行说明。

C. 人身损害

到此为止，仅从程序问题的视角对可分性进行了讨论。但是，即使除了上述场景1和场景2，由于不同的国家判决赔偿金额的水平不同，也会产生特定的问题。此处，一种重要的损害赔偿类型，即人身损害赔偿，[64] 会导致通常被称为"分割"（depeçage）的冲突法

---

64 详细分析参见 T. Thiede/K. Ludwichowska，ZVglRWiss 106 (2007) 92 ff.

现象：

场景3：西班牙机动车驾驶员E在西班牙撞倒了英国人G.B.，后者在最后一刻得到医生抢救。G.B.被截瘫，无法工作，并且余生都一直需要医疗。

32　　基本上，各国法院都要根据所适用的法律判处赔偿金；在这个事例中，依据《罗马条例II》第4条，应适用西班牙法来确定判决损害赔偿金的法定标准。但是，由于在西班牙替代乐趣的成本相对较低，因而对人身痛苦的赔偿金额在英国是不足的，即对损害的赔偿是不充分的，不符合"恢复到损害发生前的状态"的原则。并且，相反的事例也会产生无法令人满意的后果，例如，当一名英国的机动车驾驶员在英国撞倒了一名拉脱维亚的行人。该拉脱维亚人将按照英国的对人身痛苦进行赔偿的法定标准获得赔偿，因此他所获得的赔偿金将远远高于其在拉脱维亚因遭受损害而产生的替代乐趣的必要费用。

33　　总之，解决困境的两种截然不同的方法到了辩论的时刻了：或者对人身损害的案件一直依一部法律，即（可预见的）损害结果地，来进行评判；或者，采取另一种方法，将原本一体的法律关系分解开，对责任认定的前提条件与责任后果分别适用不同的法律，例如，对于人身损害的赔偿，依受害人的经常居住地的法律来决定（分割规则）。

34　　由于在英国对人身损害判处的赔偿金在额度和金额方面都相当高，英国法院在近年来已经多次不得不处理这一难题，此种现象非常突出，对此大可不必惊奇。最初，英国的"双重可诉规则"要求，该侵权行为必须依照以下两种法律均是可诉的：法院所在地法，即英国实体法和侵权行为地法[65]——最终引导英国法官根据其法院所在

65　Cf. *Chaplin v. Boys* (1971) Appeal Cases (A.C.) 356 (H.L. 1969).

地法，即英国实体法，来评判赔偿金。该规则最终在 1995 年被《1995 年国际私法法案（若干规定）》所废止，该法案规定，通常推定适用损害发生地国家的法律[66]，除非适用其他国家的法律"实质上更合适"。[67] 然而，对这一领域的法律的一般性修订并未能阻止英国法院继续适用其"法院所在地法"来确定损害赔偿的标准或对其进行量化。在近期 2006 年的哈丁诉威兰茨案中，[68] 上议院认为这些问题是程序性的，因此，有关标准和量化的问题，可以适用法院地法——英国法——而不是外国法。的确，根据该法规的立法史，议会最初的意图是"……与损害赔偿的量化或标准有关的事项，现在和将来都要继续……适用法院所在地法；换而言之，适用……英国法。在对赔偿金进行量化方面法院将继续适用我们自己的规则，即使在法院认定有关索赔请求有无道理时应以某一外国法律制度作为'准据法'的侵权案件背景下也应如此。"[69]

毫无疑问，对待人身损害难题的英国式解决方法，即将对损害赔偿的量化作为程序性的问题，是荒谬的，因为对损害赔偿进行量化是底线和"审判时使劲争吵的事情"。[70] 尽管如此，在欧洲议会就《罗马条例 II》的立法过程中，英国的报告人提出（议会批准）了一项非常类似的方案：议会成员们坚持在人身损害的一般规则中加入例外条款，目的在于受理案件的法官应该"基于确定损害赔偿请求权的类型以及计算索赔数额的目的……适用单个受害人的经常居住地法……"。[71] 欧盟理事会和委员会都拒绝了此种修订，并最终以增

---

66 参见 Private International Law (Miscellaneous Provisions) Act 1995, § 11.
67 参见 Private International Law (Miscellaneous Provisions) Act 1995, § 12.
68 *Harding v. Wealands* (2006) United Kingdom House of Lords (UKHL) 32, (2006) 3 Weekly Law Reports (W. L. R.) 83.
69 *Harding v. Wealands* (2006) UKHL 32, 2006 3 W. L. R. 83, para. 37.
70 R. J. Weintraub, Choice of Law for Quantification of Damages: A Judgment of the House of Lords Makes a Bad Rule Worse, 42 Tex. Int'l L. J. 311 (313).
71 Eur. Parl. Final (A6 – 0211/2005 of 27 June 2005).

加《条例重述》第 33 条的形式达成了妥协，该条规定当"（非法侵害行为）发生在受害人的经常居住地国以外的国家的案件中，在对人身损害赔偿进行量化的时候，受理法院应该考虑特定受害人的所有相关的实际情况，特别包括实际损失和后期医疗及照顾的费用。"另外，在条例中加入了一项审查条款，要求在不晚于 2011 年的时候对各国赔偿水平的差异进行研究。[72]

36 英国和欧洲议会的议员们辩称他们的方案为受害人提供了可行的解决办法——他将根据其经常居住地的标准获得赔偿。其结果是，发生在欧洲的人身损害案件中赔偿金额可以在一个非常大的范围内进行调整。并且，依照受害人的经常居住地的标准来确定赔偿金有助于个人在欧洲范围的流动，因为受害人可像其在家乡那样有权获得赔偿。最后但并非最不重要的一点是，议会称，与《布鲁塞尔条例 II》的直接管辖权或替代管辖权联系在一起，对法官来说评定损害赔偿金最终会更为容易，因为经常居住地与法院所在地的法律通常是重合的。[73]

37 最后一个论点可以作为欧洲议会缺乏研究的最佳例证：如先前所分析的那样，《布鲁塞尔条例 II》将国际管辖权赋予了多个地方，除受害人的法院所在地外，还包括行为发生地、损害发生地以及通常情况下适用的被告的经常居住地。[74] 当然，也许会发生重合——但并不必然。很自然，对受害人来说其经常居住地的法院最便利——但是，如上述所说明的那样，受害人的便利不是冲突法适用的一般标准。因此，可以认为有两种不同的管辖权可以适用于案件。由于受害人的经常居住地的法律与法院所在地法有着潜在的差异，此种解决方案的缺点会变得很明显：可适用于一起案件的法律会翻倍。

---

72 Art. 30 Rome II Regulation.
73 Eur. Parl. Final（A6 – 0211/2005 of 27 June 2005）.
74 参见前文边码 10 及其以下部分。

例如，对于责任的前提条件适用损害发生地法律，而对于评估非法侵害行为的后果则适用另一部法律，即受害人经常居住地法。即使法院所在地法与受害人的经常居住地法重合，另一部法，即损害发生地法，也可适用于同一个案件，因此，分割的方法根本不可行。

这种差异不限于实用时的考虑，它也会影响到学理上的不可持续性：对一起案件进行分割处理会产生适用于该案件的两种法律先前原本都不存在的法律问题，因此，它与两种管辖权的法律情形也不同。这种学理上的不一致会产生大量的缺点。因此，即使是对于声称会促进欧洲公民的流动性和在特定案件中有利于司法管理的论调，也必须严肃地怀疑，因为两套责任制度会产生许多后果，例如，在同一起道路交通事故中，如果多个受害人在两个不同国家有经常居住地，将会导致两种不同的赔偿判决。并且，必须要考虑到一国立法者不会武断地给予赔偿，而是会将其与索赔的前提条件联系起来。通常，对前提条件适用较高的标准会导致对损害给予的赔偿非常慷慨，反之亦然。对于那些在损害发生地适用严格责任而在受害人的经常居住地适用过失责任的案件，对责任基础和责任后果进行区分对待，不仅不可行，而且也是非常荒谬的。

对人身损害的难题采取分割处理的解决办法，为受害人提供了本国管辖权的保护罩，忽略了侵权行为人的合法预期。法官们发现他们不得不对侵权行为人解释最终判给受害人的赔偿金额并不是依据具体的情形和特定的案情而是基于受害人经常居住地的法律，这是一件很令人讨厌的事情：为什么应该依据被撞倒的行人是本国公民或外国公民来确定责任？必须强调的是，此处不适用体质虚弱或"蛋壳脑袋"规则，[75] 因为这一基本原则主要是指受害人的身体状况而不是他的居住地。

---

[75] *M. Lunney/K. Oliphant*, Tort Law: Text and Materials（3rd ed. 2003）274; *T. Thiede/ K. Ludwichowska*, ZVglRWiss 106（2007），92 ff.

40　　并且，具有较低的赔偿标准或费率体系的国家不可能接受分割处理的解决方案。如果此类国家的公民从事侵权，如在一起道路交通事故中，受害人是赔偿标准较高的国家的公民，强制责任保险有义务赔付——从保险人的角度——数额特别高的赔偿金额。该项赔付将被计入用来计算未来保费的成本中，这不是仅针对侵权行为人的，而且适用于整个保险集合，即所有保单持有人，[76] 从而导致保险费的增加。并且，对上文描述的可预见性标准必须适当地予以考虑：如果侵权行为人不能合理地预见到购买较高金额的保险的需要，那么，依受害人的经常居住地的法律来判处赔偿金是不公平的。

41　　因此，分割处理的解决办法对（声称的）受害人关注（一再地）过多，而对侵权行为人的合法利益则考虑不足。并且，必须提出疑问的是，这种解决办法是否仍然是一般的法律适用：如果赔偿请求权的前提条件和其结果相脱节，没有立法者能够合理地预见会发生什么。因此，分割处理的办法受偶然性支配，因而它是主观专断的。

42　　最后，英国已经同意受《罗马条约 II》约束的事实[77]和欧洲理事会与委员会拒绝欧洲议会的提案并认定上文提到的协议未授权适用受害人经常居住地的法律而只是对此"予以考虑"，对此应当认可。[78] 对于上述主张，由此而产生的限制，其在相当程度上限缩了议会的修正案的范围和动能，应该认真地对待——否则，对英国法院的"挑选管辖地"的现象还将以上文所描述的方式继续存在。

---

[76] 例如，*D. J. McNamara*, Automobile Liability Insurance Rates, 35 Insurance Counsel Journal (Ins. Couns. J.) 1968, 398, 401.

[77] Council Common Position (EC) No. 22/2006 of 25 Sept. 2006, art. 15, 2006 O. J. (C 289E) 68, 70, para. 35.

[78] 见 *M. McParland*, Tort injuries aboard and the Rome II Regulation: a brief wakeup-call for existing claims, (2008) Journal of Personal Injury Law (J. P. I. L.) 221; *A. Rushworth/A. Scott*, Rome II: Choice of law for non-contractual obligations, (2008) Lloyd's Maritime and Commercial Law Quarterly (LMCLQ) 274, 294.

四、结论

尽管某些国家的解决方案可能是出于保护本国公民需要的产物并可以从这一视角对其进行理解,但是,欧洲的有关机构最近对冲突法从整体上产生了非常明显的误解:其不是用来克服各国法律制度的根本性差异的技术性的扳道装置。通过仅仅关注受害人和对上述受害人进行最优补偿的政策性考虑的方法来克服涉外因素所导致的差异是不可行的。冲突法不是既有的各国责任规则的附属物,而是内在一致、规则精致、自成体系的一套制度,在导入重要变革之前,必须根据它自己的原则术语来对其进行理解。因此,对任何变革都必须基于该法律领域的所有法律——事实模式进行测试。有关损害的合并与分割的所有案件都可用来进行测试,因此,它应得到这一领域的未来欧洲企业的尊重。

损失分割的经济分析导论

伊斯拉埃尔·吉利德[*]

一、问题：何时进行损失分割是有效率的？

1 经济分析非常有助于我们理解侵权法。因此，从经济学的视角来对损失分割的主要方面进行审视是富有启发性的。但是，考虑到本报告的有限篇幅，只能以非常概括的方式来进行。

2 由于法与经济学关心和关注的主要问题是法律规则的效率，很明显，从经济学的视角来看，如果对损失进行分割有助于提高侵权法的效率，那么就应进行此类分割。在对损失进行分割时，应采取最能有助于提高效率的方式。让我们记住，效率是社会总福利的增加，是效用馅饼规模的增加。因此，对于特定的损失分割，就其相对于其他选择而言，当其导致总福利增加时它是有效率的，而当其导致总福利减少时它是无效率的。

3 有效率的损失分割的特点是什么？什么使得损失分割无效率？以及损失分割的实际规则究竟在多大程度上是有效率的？遵照侵权法经济分析的基本框架，应从效率的三个方面来对这些问题进行分析：威慑、损失分散和诉讼的管理成本。上述每一个方面都对损失分割的总效率有影响。其主要方面，也是讨论最多的，是威慑，它

---

[*] 感谢 Michael D. Green 所作的有益评论。

是我们研究的起点。损失分割何时有助于有效率的威慑，何时会使其减损？

二、损失分割和有效率的威慑

为了从有效率的威慑的角度来检验损失分割的效率，我们首先应温习该原理的基础知识，即，外部效应内部化的概念，以及预期责任、预期损失和实际损失之间的差异。关于损失分割对于作为一种威慑的侵权法的效率的影响，正是在这种背景下提出的。随后是对法院实际适用有关损失分割规则的简短讨论和对这一领域的法与经济学文献的粗略介绍。

A. 对外部化损失的内部化

有效率的威慑基本上要求，制造了无效率的损害风险（其社会成本大于阻止其发生的社会成本的风险）的行为人应该事先知道，如果此类风险事后变成了实际损失他将不得不承受该损失的成本。当其面临行为的全部（社会）成本时，此类行为人将被阻却制造无效率的风险。当行为人可以将损害的无效率的风险"外部化"，期待他人来承受成本的时候，他们实际上面临的是一种低于其行为的全部（社会）成本的"私人"成本。这种差距会导致威慑不足，即诱导行为人所决定采取的注意程度过低且活动量过高，从而制造了无效率的风险。因此，侵权法的"经济学上的"作用在于通过使制造上述风险的行为人其对成本负责来实现无效率的风险的"内部化"。责任的"威胁"被认为可以填补风险的社会成本和其较低的私人成本之间的差距，从而防止威慑不足的发生。然而，侵权责任也可能产生相反的后果，即过度威慑的现象。当侵权责任给行为人施加的成本大于其可将风险外部化的成本，此种过度内部化会导致无效率的过度威慑。面对大于其行为的社会成本的私人成本时，行为人可能被引导决定实施过于少量的行动并可能采取过高的注意程度以避免合理的、有效率的风险。

B. 预期责任、预期损失和实际损失及责任

6　　有效率的威慑原理的一个主要特征是，威慑因素是责任的预期成本。当行为人考虑是否从事一项有风险的行动和必须决定行动量以及注意程度时，影响该决定的"威胁"是未来责任的预期成本。

7　　原则上，为了实现有效率的威慑，预期责任应该等于该行动可能导致的预期损失，该行动所产生的风险。因此，预期损失，应该被内部化的风险，是著名的"汉德公式"的主要因素。依据此公式，对于一项特定的行为，当预期损失（用 PL 来表示）大于防止该损失发生的成本（用 B 来表示）的时候，被认为在经济学上是有过失的。预期损失 PL 的两个组成部分为：损失可能发生的概率（用 P 来表示）和可能发生的损失的规模（用 L 来表示）。

8　　确定应该由行为人内部化的是预期损失，即行动的 PL，那么，预期损失和预期责任（其为威慑因素）之间的任何背离都可能导致威慑不足（当预期责任低于预期损失 PL 的时候）或过度威慑（当预期责任大于预期损失 PL 的时候）。

9　　由于威慑因素是预期责任，那么，对于事后损失而言，事后责任的威慑作用是什么呢？应该强调的是预期损失（PL）和实际损失极少相等。实际损失经常大于预期损失。例如，当 P 是 5% 且 L 是 10,000，预期损失（PL）是 500，而实际损失，一旦发生，将是 10,000。但是，预期损失也可能大于实际损失。例如，一起行动可能导致发生概率为 1% 的 1,000,000 损失，也可能导致概率为 20% 的 5,000 损失，其预期损失为 11,000，而实际损失可能只有 5,000。那么，实际责任的威慑作用是什么呢？答案是实际责任制造并实现了预期责任的威胁。它警告行为人，如果他们制造了无效率的风险，他们将不得不为此付出代价，其代价就是可能发生的实际损失的成

本。从事先的角度来看,这种代价等于预期责任。

C. 有效率的损失分割的主要问题

有效率威慑的这一直观概念——对实际损失的责任创造了预期责任的威胁,它诱导未来的行为人将其行动的预期损失(PL)予以内部化——在多名行为人作用于风险(PL)的情况下会变得非常复杂且难以适用。在此类共同的日常案例中,追求效率的法院必须解决下列问题:只对一名行为人施加责任是否更有效率,如果是这样,那么对哪一位行为人施加责任呢?或者,在多名行为人之间分割实际损失是否更有效率,如果是这样,每一位行为人应该承担的有效率的份额是多少呢?

隐藏在这些问题的答案下面的主要问题是,当多名行为人作用于损失时,每一位行为人都有他自己的 PL,即他的 PL_i("i"在这里代表不同的行为人:1,2,等等)。PL_i 的多样性很成问题,因为它要求那些追求效率的法院须克服一系列的挑战。首先,应该确定每一位行为人的 PL_i,其次,应该确定不同的 PL_i 之间的相互关系,即它们是否重合以及其程度。当它们重合时,只有一名行为人应该将 PL_i 内部化。第三,必须确定每一位行为人应该内部化的 PL_i。当 PL_i 重合时,多个 PL_i 的内部化会导致过度威慑。第四,法院必须确定如果要进行分割的话,那么应采取何种方式对实际损失进行分割,从而诱导未来的行为人将既不多于也不少于需要被内部化的 PL_i 予以内部化。

D. 举例说明问题

下面的案例将说明为什么 PL_i 的多样性会成为问题以及法院在这方面所面临的挑战的性质。所有这些案例都涉及两个行为人,雇主(行为人1)和雇员(行为人2)。从事后来看,雇员在工作场所遭受了实际的身体伤害,该伤害源自两个行为人所共同促成的风险。从事先来看,雇主对风险的作用是 PL_1,雇员是 PL_2,他们相应的预防成本是 B1 和 B2。

13　　案例 a：除非两个行为人有一人采取了预防措施，否则有 10% 的概率雇员会遭受 1,000 的损失。每一位行为人都能预防全部风险，其为 100。行为人 1 的预防成本为 40（B1 = 40），行为人 2 为 50（B2 = 50）。当本案中的 PLi 重合的时候（PL1 = PL2 = 100），为了避免"双重预防"，应该只有一个 PLi 被内部化。很明显，应该被内部化的是 PL1，因为行为人 1 是"有效率的风险避免者"（用卡拉布雷西的术语为"以最低成本避免风险的人"）。[1] 因此，对事后损失 100 不应该进行分割。只有行为人 1 被认定负有责任。在这个相对"简单"的案例中，法院所面临的挑战是认可 PLi 重合，只有 PL1 应该被内部化，以及实际损失不应该被分割。

14　　案例 b：如在案例 a 中有 10% 的概率雇员会遭受 1,000 损失，每一位行为人都能预防全部风险（B1 = 40，B2 = 50）。但是，与案例 a 不同的是，如果行为人 1 投入 25 且行为人 2 投入 40，发生 1,000 损失的概率可降至 2%，对于这剩余的 2%，如果行为人 1 投入 15 且行为人 2 投入 10，亦可避免。那么，在案例 b 中，全部风险 100 可以被分为 80 和 20 两个次级风险。当每一个次级风险的 PLi 重合的时候，只有"有效率的次级风险避免者"的 PLi 应该被内部化。因此，80 的风险只应由行为人 1 来内部化，因为 B1（25） < B2（40）；20 的风险只应由行为人 2 来内部化，因为 B2（10） < B1（15）。所以，在最终分析中，与案例 a 不同，在案例 b 中两个"部分"的 PLi 应该内部化（PL1 = 80，PL2 = 20）且每一个行为人的"剩余的"PLi（PL1 = 20，PL2 = 80）不应该被内部化。

15　　在案例 b 中法院所面临的挑战是将全部风险分割为适当的次级风险，正确地决定每一个次级风险的重合的 PLi 中的哪一个应该被

---

[1] *G. Calabresi*, The Cost of Accidents (1970).

内部化，以及采取诱导未来的行为人只对他们的 PLi 的"正确"部分进行内部化的方式来对实际损失进行分割。

案例 c：如在案例 a 和 b 中，从事先来看，有 10% 的概率雇员会遭受 1,000 损失。但是，在案例 c 中行为人 1 单独一个人可以排除 6% 的损失概率，而行为人 2 一个人可以排除另外的 4%。因此，如果每一位行为人独立地预防他那份预期损失，全部预期损失都可被预防。与案例 b 不同，在这个案例中每一个次级风险的 PLi 都不重合，因此，所有的 PLi（PL1 = 40，PL2 = 60）都应被内部化（假设它们大于相对应 Bi）。

在案例 c 中法院所面临的挑战是将全部风险分割为适当的次级风险，确认相对应的 PLi 不重合进而应该被完全内部化，以及采用诱导未来行为人在此类情形下将其全部 PLi 予以内部化的方式来分割实际损失。

E. 关于对实际损失的有效率的分割——原理

如案例 b 和案例 c 所表明的那样，追求效率的法院所面临的一项主要挑战是，以能够诱导未来行为人将其全部 PLi（案例 c）或其 PLi 的特定部分（案例 b）内部化的方式来对实际损失进行分割。

法院应如何应对这一挑战？内部化概念背后的逻辑指出，每一位行为人事后承担的实际损失的份额应该与其事先的需要内部化的预期损失的份额相对应。对实际损失进行此种分割可以告知未来行为人他们的预期责任，并将预期责任与应该内部化的预期损失相匹配。[2] 因此，看起来应该事先已被内部化的 PLi 的比率（"比较 PLi"）是对实际损失进行有效率的事后分割的很好的参考值。例如，在案例 b 中，这一比率是 4∶1 [PL1（80）/PL2（20）]，基于此应将 1,000 实际损失分割为 800（行为人 1）和 200（行为人 2）。在案例

---

[2] 我们已经明了有效率的威慑要求预期责任与应该内部化的预期损失相匹配——前文边码 7 及其以下。

c 中要求内部化的 PLi 的比率是 2:3 [PL1 (40) /PL2 (60)], 因此应将实际损失分割为 400 (行为人 1) 和 600 (行为人 2)。

F. 关于对实际损失的有效率的分割——实践

20　　对实际损失进行分割的建议标准——每一位行为人对应该予以内部化的预期损失的相对份额——是有效率的损失分割理论上的很好的参考值,但是,在实践中它的适用经常是不可行的和无效的。

21　　为什么不可行?因为法院经常缺乏实现有效率分割的进程中各个阶所需要的信息:决定风险是否能够和应该被分割为次级风险;决定风险和次级风险是否重合或累积;确定每一个行为人对每一项风险或次级风险的事先的 PLi;确定相应的 Bi;决定对每一个行为人来说,如果需要的话,他的 PLi 的哪一部分应该被内部化,以及对事后损失进行相应的分割。很明显,所要求的信息可能是不存在的,或者成本过高而无法获取,或者由于相关的复杂性而难以进行处理。

22　　为什么无效?因为,即使法院能够应对上述所有挑战,并根据"相对 PLi"规则来对实际损失进行分割,他们也可能无法诱导行为人有效率地行动。对于过去的风险所导致的过去的损失,在过去的行为人之间以特定的方式进行分割,并不必然告知未来的行为人他们所面临的哪一部分预期风险应该被预防。每一个行为人在这方面所遇到的信息困难和复杂性可能比法院所经历的还要更严峻。一位行为人不仅应该知道他自己的 PLi 和 Bi,还应知道其他行为人的,以及他的 PLi 和 Bi 与其他人的是如何相关联的。很常见的是一位行为人必须要猜测其他行为人会做什么或他们能做什么。当当事人的 Bi 相

23　互依赖[3]和当事人会采取策略性行为时[4],任务会变得更加复杂。

---

[3] D. Dharmapala/S. A. Hoffmann, Bilateral Accidents with Intrinsically Interdependent Costs of Precaution, 34 Journal of Legal Studies (J. Leg. Stud.) 239 (2005).

[4] See, e.g, E. Guttel, The (Hidden) Risk of Opportunistic Precautions, 93 Virginia Law Review (Va. L. Rev.) 1389 (2007).

因此，在充满不确定性和错误的真实世界里，那些追求效率的法院可能常常无法以诱导未来行为人有效率地行动的方式来对实际损失进行分割。当这种失败导致每一个行为人预测的预期责任和每一个行为应该内部化的预期损失之间存在差距的时候，这种差距会导致对那些预测预期责任过低的行为人威慑不足，而对那些预测预期责任过高的行为人威慑过度。这使我们关注法院在决定损失分割时实际采用的规则。

G. 分割的实际规则：比较过失和对损失风险的比较因果作用

我们已看到在以色列侵权法（它源自英国侵权法）中，多名侵权行为人之间以及侵权行为人与受害人之间的损失分割受两个规则支配。[5] 主要规则是比较过失。对实际损失的分割依据：侵权行为人的过失程度与受害人的过失程度相比较，在有多名侵权行为人的案件中，一位侵权行为人的过失程度与其他侵权行为人的过失程度相比较。次要规则是每一个行为人对损失风险的比较因果作用。比较过失和比较因果作用也是英国[6]和美国[7]有关损失分割的有效规则。基于上述分析，根据这些规则进行的损失分割到底是有效率的还是无效率的？

损失分割的主要规则（即比较过失规则）的效率首先取决于，法院在适用此规则时所实际采取的过失的经济学上的概念。就法院在裁决过失案件时较多地基于公平正义的理由而较少基于效率的理由的程度而言，人们不应该期待比较过失的规则会产生有效率的损失分割。毕竟，对公平、正义的考虑可能会导致无效率的损失分割。一方面，以色列法院宣称效率仅次于公平和正义。[8] 然而，在实践

5　同上。

6　See *W. V. H. Rogers*, Winfield and Jolowicz on Tort (17th ed. 2006) 332.

7　Restatement (Third) of Torts: Apportionment of Liability, § 8 (2000).

8　See, e.g, *Ata v. Schwartz* 30 (iii) Piskey Din (P. D.) 875 (1976).

中，他们在裁决过失案件时的确将效率因素纳入考虑范围。[9] 因此，为了我们分析的目的，让我们假定其采纳并适用过失的经济学上的概念，从而对比较过失规则的效率进行检查。

26 　　根据汉德公式，当行为人所制造的风险 PL 大于其预防成本 B（PL＞B）的时候，其被认为具有经济学上的过失。因此，对于不同行为人的相对的经济学上的过失程度，可能通过比较各自不同的 PLi 和 Bi 来进行评估。此种比较可采取多种形式。例如，法院可对下列事项进行比较：每一个行为人的 PLi 和未采取的 Bi 之间的相对差额；每一个行为人的 PLi 与未采取的 Bi 之间的比率；每一个行为人的 PLi – Bi 的差额与 PLi 之间的比率。这些方法以及它们结果之间的差额，可通过案例 b 来说明，在该案中，PL1 = 80，B1 = 25，PL2 = 20，B2 = 10，实际损失是 1,000。按照第一种比较方法，PL1 – B1/PL2 – B2 = 80 – 25/20 – 10 = 5.5。5.5∶1 的比率导致将损失分为 846（行为人 1）和 154（行为人 2）。按照第二种比较方法，PL1/B1 = 80/25 = 3.2，PL2/B2 = 20/10 = 2，分割的比率相应地为 3.2∶2。这种方法会导致将损失分割为 614（行为人 1）和 384（行为人 2）。按照第三种方法，PL1 – B1/PL1 = 55/80 = 0.69，PL2 – B2/PL2 = 10/20 = 0.5，所得比率为 0.69∶0.5，基于此可将损失分割为 580（行为人 1）和 420（行为人 2）。[10]

27 　　很明显，所有这些依据比较过失规则进行的分割方法都不同于声称近似于有效率分割的分割方法。依照"比较 PLi"的后一项规则，正如我们所看到的，每一个行为人事后对实际损失承担的份额应该与其事先的对需要内部化的预期损失的份额相对应。将这种"比较 PLi"的方法应用于案例 b 时，其结果是分割比率为 4∶1 ［PL1

---

[9] 他们经常在过失案件中适用汉德公式，例如，*Grubner v. City of Haifa* 30 (i) P. D. 141 (1975)。

[10] 对于另外两种比较方法，也会导致不同的结果，见 *G. T. Schwartz*, Contributory and Comparative Negligence: A Reappraisal, 87 Yale Law Journal (Yale L. J.) 697, 705 – 6 (1978)。

(80) /PL2 (20)〕，分割结果为 800（行为人 1）和 200（行为人 2）。

考虑到比较过失规则和"比较 PLi"规则在分割方法上的差异，并考虑到上述分析显示接近有效率分割的规则是后一项规则，由此而得出的结论是比较过失是一种次优的损失分割规则。这一结论可能令人惊讶但它是有意义的。一旦决定哪一个 PLi 应由哪一个行为人来内部化，给定相应的 Bi，Bi 就变得不重要了。在决定如何分割实际损失时 Bi 不起作用，该决定应该只基于要求进行内部化的 PLi 之间的关系。 28

损失分割的另一项规则，即根据每一个行为人对损失风险的比较因果作用对实际损失进行分割的规则，效率如何？乍一看，此规则和"比较 PLi"规则很相像。它像比较过失规则那样，只对每一个行为人对损失风险的相对作用进行比较，而不管他们各自相对的预防成本。但是，只有当我们把比较因果作用规则解释为是对事先的损失风险的作用的比较而不是对事后已实现的风险的作用的比较，才会如此。考虑到事后实际损失和事先预期损失之间的固有差异，[11] 每一种选择方案下的分割会有重大差异。[12] 并且，"比较 PLi"规则要求，应该只对必须被内部化的 PLi 进行比较。结论是，只有当其作为事先的因果关系的规则来适用且只对应该进行内部化的 PLi 进行比较的时候，依照对损失风险的比较因果作用的规则进行的分割 29

---

11 上文 B2，边码 6 及其以下。
12 可通过下述案例来说明。假设多名侵权行为人 1 和 2 一起制造了 X 和 Y 两个风险。风险 X 的预期损失（PLx）是 100,000，每一位行为人对其的因果作用是 50%。风险 Y 的预期损失（Ply）是 600,000，行为人 1 的因果作用是 75%，行为人 2 是 25%。事先来看，全部预期损失（PLx + PLy）为 700,000。行为人 1 制造的风险为 500,000（100,000 × 50% + 600,000 × 75%），而行为人 2 制造的风险为 200,000（100,000 ×50% + 600,000 ×25%）。因此，从事先来看，行为人 1 对全部预期损失承担的份额约 70%。但是，就事后来看，如果只有风险 X 实现了，行为人 1 的份额将只有 50%。

才与有效率的损失分割接近。

H. 法与经济学文献中关于损失分割的内容

30　　关于损失分割，法与经济学文献会告诉我们什么？值得注意的是，主流的经济学分析区分过失责任与严格责任。对于前者，只有当 PL > B 时才施加责任；对于后者，即使当 PL < B 时也施加责任。B 被狭义地解释为仅指通过提高注意程度来预防而不包括通过减少行动量来预防。考虑到本报告的篇幅限制，下面只对有关过失责任下的损失分割的文献进行简短的概述。

1. "效率等价原理"

31　　一旦假定预期责任的威胁能够有效率地引导所有行为人有效率地行为，那么，由于追求对实际损失进行有效率的分割而产生的复杂性和困难都可避免。如果是这样，那么就不会产生无效率的损失，因而也就不需要对其进行分割。

32　　的确，理查德·波斯纳，经济分析的"奠基人"，在其关于法律的经济分析的开创性著作中宣称，无论对多名行为人责任适用分割规则还是不分割规则，都能实现有效率的威慑。他的理论是，每一位行为人都能预见到其他行为人会有效率地行为，每一位行为人都有动力有效率地行动以避免对全部损失承担责任。[13] 因此，他的结论是，对于美国法而言，在比较过失规则（在侵权行为人和受害人之间分割损失）和与有过失规则（不进行分割）之间无论选择哪一种规则，对于激励的效率影响都是相同的，并且，对于多名侵权行为人之间的责任分担规则（分割）和不分担规则或充分补偿规则（不分割）中的规则选择也同样适用。[14]

33　　史蒂文·萨维尔，本领域中的第二个波斯纳，在其关于事故法的经济分析这本非常有影响的书中，关于比较过失和与有过失，他

---

[13] R. Posner, Economic Analysis of Law (5th ed. 1998) 185–9.
[14] Ibid., at 206.

声称:"在两种规则下,如果一类当事人尽到适当注意,另一方当事人就会理性地认为,如果他们未采取适当的注意他们将独自被认定为具有过失。当加害人和受害人都有过失时事故损失的分配……因此,被证明是无关紧要的。"[15] 相同的推理也适用于多名侵权行为人,因为"每一名加害人都将被引导采取最优的注意程度……因为如果只有他自己不采取适当的注意,他将首当其冲承担全部责任。"[16]

这种类型的分析导致了"一种现在公认的效率等价原理,其认为所有的过失规则进行和不进行损失分割在原则上都为采取最优的注意程度提供了同等的激励。"[17]

这种分析存在的主要问题是,在现实生活中,行为人的确在无效率地行为且导致了无效率的损失,并且法院必须决定如果要实现有效率的威慑是否要对这些损失进行分割以及如何分割。而且,当我们知道一名行为人就因果关系而言只是造成了全部损失中的一部分的时候,如在"二次事故"的情形中,后一位行为人只是加重了由前一位行为人引起的损失,有理由主张为了实现有效率的威慑必须要对全部损失进行某种分割。[18]

因此,根据主流的经济分析,追求效率的法院应该何时以及以何种方式来对共同行为人所导致的无效率的损失进行分割呢?

2. 关于何时应对全部损失进行分割的不同观点

关于损失分割效率的研究文献的突出特点是,关于为了实现有

---

15 *S. Shavell*, Economic Analysis of Accident Law (1987) 15 – 16.
16 Ibid., 165.
17 *G. Dari-Mattiacci/G. de Geest*, The Filtering Effect of Sharing Rules, 34 J. Leg. Stud. 207, 210 – 11 (2005). See also *H.-B. Schafer/A. Schonenberger*, Strict Liability Versus Negligence, in: Encyclopedia of Law and Economics II (2000) 608 – 10.
18 见 *W. Landes/R. Posner*, Joint and Multiple Tortfeasors: An Economic Analysis, 9 J. Leg. Stud. 517 (1980). 作者好像承认,在"连续性共同侵权"的案件中,当后一位行为人只是加重了由前一位行为人所导致的损失的时候,为了达到有效率的威慑目的可能要求采取"在两名以上侵权行为人之间进行损害分割的方法"(ibid., at 550)。

效率的威慑而何时需要进行损失分割存在多种明显不同的观点。

38 萨维尔承认,"效率等价原理"只存在于"均衡"的案例中,而在现实中损失分割的方式会影响到未来行为的效率。他在他的书中主张,"当受害人有过失的可能性很低的时候",在侵权行为人和受害人之间适用不分割(与有过失)的规则更有效率;"在其他情况下,比较过失规则是最好的"。[19] 对于多名侵权行为人之间的损失分割,他的观点不够清晰。在这方面他唯一的话语是,此类分割"往往会稀释激励。"[20]

39 考特和尤伦,在他们的关于法与经济学的权威著作中[21]基本上主张:损失分割的规则可能是无效率的,因而劣于不分割的规则。关于侵权行为人与受害人之间的损失分割,他们主张:"在他们之间对损害的成本进行分割会导致他们每一个人都将部分成本外部化,因此,他们双方都有动力采取不充分的防范措施。"[22] 关于多名侵权行为人之间的损失分割,他们主张:"不对责任进行分担的规则会使所有被告都要将事故成本内部化,因而产生了鼓励他们每一个人都采取最优防范措施的激励。相反,责任分担规则会使每一位被告……将部分成本外部化……",并因此"……不会产生促使每一位被告采取最优防范措施的激励。"[23] 但是,在认可存在信息困难的问题同时,他们主张,在更具现实意义的有关证据不确定性的假设前提下,在采取防范措施的能力方面当事人处于均等的情形下的时候,分割是最有效率的规则。他们主张比较过失规则应该更优,因为它为双方当事人都提供了采取防范措施的适中的激励,而不分割的规则所提

19　Ibid., 85 (no.12) and 99–104.
20　Ibid., 166.
21　*R. D. Cooter/T. S. Ulen*, Law and Economics (3rd ed. 2000).
22　Ibid., 305.
23　Ibid., 341.

供的激励会过于强烈。[24]

加里·施瓦茨在他关于与有过失和比较过失的具有开创性的论文中下结论称:"……一项与有过失的抗辩,并不能通过与有效率的事故预防有关的经济学上的推理来得到肯定式的论证……最具说服力的论证理由……可在公平的观念中找到。"[25] 关于比较过失,他评论道:"虽然在附带的事故预防是合理的情况下它是合适的,但是,在需要独立的预防的情况下,它并不能保证得到正确的结果。"[26]

1998年的文献综述注意到,尽管法与经济学文献的第一波浪潮支持不分割,但第二波则认为分割(比较过失)也可以是有效率的。"学术界的第二波文献的日益成熟,其体现在学者们对其结论在许多情形下都在更大程度上附加了条件——这些学者没有发现比较过失总是更有效率,而是采取措施来识别比较过失相对于与有过失有效率的条件。"[27] 对学者意见的调查揭示了在这一领域的意见分歧的程度。39%的调查对象不同意在产生最优行为方面与有过失比比较过失更有效率,而25%的人同意前述观点,37%的人持中立立场。[28]

2005年的文献综述对意见分歧做出了另一种描述并表明这些分歧并没有消失而是更加剧了。"关于比较过失的效率,早期作者的意见大体上是否定性的。后来的学者们论证了一种现在公认的效率等价原理……"但是,由于"效率等价原理是建立在大量的假设前提基础上的,包括法院在完美信息状态下运作且将适当注意设在最优水平……许多作者已试图通过放松其中的某些假设条件来发展出一

---

[24] R. D. Cooter/T. S. Ulen, An Econonic Analysis for Comparative Negligence, 61 New York University Law Review (N. Y. U. L. Rev.) 1067 (1986).

[25] Schwartz, 87 Yale L. J. 727 (1978).

[26] Ibid., 707.

[27] J. C. Moorhouse/A. P. Morriss/R. Whaples, Law & Economics and Tort Law: A Survey of Scholarly Opinion, 62 Albany Law Review (Alb. L. Rev.) 667, 675 (1998).

[28] 同上。

种支持比较过失的经济学上的主张。当存在证据上的不确定性时，当事人可能为了使其预期责任最小化而采取无效率的预防程度。已有人主张，比较过失通过在当事人之间分配损失，降低了错误的效果并减轻了扭曲程度。"然而，由于"已证明存在证据上的不确定性时在当事人之间分配损失并不能总是提高社会福利……支持或反对比较过失的情形再次重新出现。"[29]

3. 关于实际损失应该如何分割的法与经济学文献

43　　在公认的为了促进有效率地威慑而应该对全部损失进行分割的情形中，根据法与经济学文献应该采用何种分割方法？上述分析已显示，根据每一位行为人应该内部化的预期损失（"比较 PLi"）对实际损失进行分割可以促进有效率的威慑。如我们所看到的，根据比较过失规则进行的分割好像效率较低，因为它要求不仅要对 PLi 进行比较，还要对相关的预防成本（Bi）进行比较。而且，对相对经济过失进行比较的不同方法会导致不同的分割。

44　　令人吃惊的是，好像研究文献没有对下列问题进行过多关注，"对实际损失进行分割的有效率的方法是什么？"通常，人们只是认为比较过失规则是有效率的"损失分割者"，而对于依照该规则应采取的分割方法未充分探究。实际上，在美国有人主张，任何一种类型的比较过失原理都尚未得到充分发展。"尽管分割的实践已变得非常普通，但其背后的原理却很少被人理解。它对于在过失案件中分配过失比例意味着什么呢？对于每一方当事人而言，过失的性质有可能迥异……可用单位来衡量过失的数额吗？陪审团应该以某种绝对的方式还是某种相对的方式来分割过失？没有一个问题有明显的答案，也没有学者研究过陪审团应该如何做出评判。"[30] 作者得出结

---

[29] *Dari-Mattiacci/De Geest*, 34 J. Leg. Stud. 207, 210–11 (2005).

[30] *P. H. Edelman*, What Are We Comparing in Comparative Negligence, 85 Washington University Law Review (Wash. U. L. Rev.) 73 (2007).

论:"对于该制度的理论支撑,实际上要比乍看上去复杂得多。特别需要对问题(和答案)进行细致的分析。"[31]

对于这种"空白"的一种可能解释是主流观点认为不应该对损失进行分割。实际上,波斯纳,不分割观点的支持者,反对比较过失规则,认为其"没有决定相对过失的客观方法。"[32] 但是,即使是萨维尔,其承认有时应该对损失进行分割,认为应该依据比较过失规则进行分割,但他对于分割方法也只是进行泛泛的描述。用他的话来说:"每一个当事人承担一部分的事故损失,该部分的比例应该通过比较双方当事人的注意水平偏离适当的注意水平的程度。"[33] 关于侵权行为人和受害人之间的分割,他称"根据不同规则对行为和社会福利所进行的比较,对其准确的定性看起来非常复杂而难以把握。"[34] 关于有多位侵权行为人的情形,他只是指出分割应取决于"他们的数量和他们的注意程度"。[35]

考特和尤伦也认为在效率需要时应该依照比较过失规则进行分割。他们将该规则解释为比较每一个当事人采取注意方面的相对失败。他们建议的比较方法基本上是对每一个行为人在面对相同风险时错误地未能采取的 Bi 的比较。[36]

4. 有效率地威慑与损失分割——总结与结论

我们对损失分割在威慑方面的效率所做的简要分析显示:

对实际损失的分割是否会促进有效率的威慑,以及哪一种分割的作用更大,取决于案件的类型。不同类型的案件会得出不同的结果。

---

31 Ibid., at 95.
32 Posner(注 13)188.
33 Shavell(注 15)15.
34 Ibid., 100.
35 Ibid., 178.
36 Cooter/Ulen(fn. 21)309(no. 11),"如果在限速每小时 30 公里的街道上,一辆时速 40 公里的汽车和一辆时速 35 公里的汽车相撞,那么,两辆车的驾驶人将以分别承担 2/3 和 1/3 的方式来对责任进行分割。"

内部化概念背后的逻辑指出，每一个行为人对实际损失事后承担的份额应该与其对需要内部化的预期损失（PLi）的事先份额相对应。这种"比较PLi"的分割方法告知行为人，他们的预期责任是与其应该内部化的预期损失相对应的。

因此，看起来以色列、英国和美国所实际采取的损失分割的主要规则，即比较过失规则，即使依据其经济学上的解释也可能无法促进有效率的威慑。该规则并非只对需要内部化的PLi进行比较，而是对整个PLi以及相对应的Bi进行比较，这会导致无效率的分割。并且，对PLi和Bi可以采用不同的方法进行比较，从而会导致不同的损失分割。

关于实际采取的其他分割规则，即对损失风险的比较因果作用的规则，只有当其作为一项事先的因果关系（而不是事后对实际损失的作用）规则来适用，对应该内部化的PLi进行比较时，该规则才接近有效率的分割。

在实践中，试图通过损失分割的方法来实际引导行为人有效率地行为，可能会因信息上的困难、复杂性和不确定性而受阻。由于这些障碍的缘故，损失分割可能是不可行的或无效率的。

关于对实际损失的分割是否以及何时会促进有效率的威慑，法与经济学文献存在分歧。不同的观点和视角引发了一场关于损失分割的必要性和其适当范围的持续争论。并且，对于在效率需要进行分割时应如何对损失进行实际分割的中心问题，只受到相对极少的关注和分析。

[48] 基于以上几点，好像可得出以下结论：试图在过去的行为人中对过去已发生的损失以一种能够鼓励行为人在未来有效率地行为的方式来进行分割的法院，常常只能依靠粗略的估计或常识。考虑到复杂性、不确定性和信息困难，无论是经济学原理还是实际的分割规则都无法提供足够有效的指引。

三、损失分割和有效率的损失分散

何时和在多大程度上在造成损失的行为人之间就全部损失所进行的分割会提高作为损失分散工具的侵权法的效率?

我们记得,通过侵权法实施的有效率的损失分散的基础知识如下。[37] 当损失分散能够为有效率的弥补损失和减轻损失提供资源且在其他情况下将无法获取该资源或成本更高昂的时候,它是有效率的。当它能够降低由于厌恶风险而导致的各种福利损失时也是有效率的。侵权法就其自身作用而言能够影响到损失分散是因为,通过施加侵权责任可以引导潜在的侵权行为人购买责任保险(第三方保险),从而在众多潜在侵权行为人之间分散损失。侵权责任也可以诱使潜在的侵权行为人为了弥补责任成本而提高其易引发责任的营业活动的价格,并且在消费者中分散损失。然而,侵权法并非唯一的损失分散工具。我们可以通过第一方保险,即由潜在的受害人投保的保险以及社会保险来对损失进行分散。并且,当其他损失分散机制更有效率时,通过侵权法来进行分散可能会有损于侵权法的效率。另外,当损失成本是由拥有"大钱袋"且不厌恶风险的人招致的时候,没有必要进行损失分散。

因此,很明显,损失分割在这方面的效率取决于多种不同因素。对于"在导致全部损失的多位不同行为人之中谁对于有效率地分散损失拥有较强的能力"这一基本问题并不存在一个简单的答案。对此可通过三个行为人共同促成了全部损失的案件来说明:受害人、侵权行为人1和2。在这三个行为人中谁是最好的损失分散者?是受

---

[37] 关于通过侵权法实施的损失分散的效率,亦可见 I. Gilead, Economic Analysis of Prescription in Tort Law, in: H. Koziol/B. C. Steininger (eds.), European Tort Law 2007 (2008) 112–132.

害人（通过第一方保险）吗？或者是行为人1（通过第三方保险或者市场）？或者是行为人2？如果他们中的任何一人是全部损失的最佳损失分散者，那么，就应该不进行分割——最佳损失分散者应该对全部损失承担责任。然而，如果有效率的损失分散要求对全部损失在两位或三位行为人中间进行分割，对于每一位行为人的份额，应该根据他对于有效率地分散损失所拥有的相对能力来决定。在不具有分散能力时，应该根据每一位当事人能够以对福利造成最小损害方式来吸收损失的相对能力来进行分割。

52　　　因此，不只是有效率的威慑，有效率的损失分散也涉及复杂性和信息困难。例如，在决定是否要在受害人和加害人之间分割损失以及如何进行分割时，追求效率的法院有时不仅需要知道哪一位当事人拥有保险或有能力投保，而且还要知道受害人的第一方保险相对于侵权行为人的第三方保险的相对效率。在这方面，波斯纳评论道，既然第一方保险和第三方责任保险都可以分散损失，那么，通过比较过失规则进行损失分割就没有必要了。用他的话来说："但是，为什么在市场化的保险广泛存在……的年代……通过侵权法制度来提供保险的渴望仍应存在，这对于普通法的实证经济学家来说是一个谜。"[38]

53　　　有时好像对于在多个不同行为人中谁是较佳的风险分散者很清楚。然而，危险产品的生产者、危险服务的提供者和其他从事危险活动的人可能通常没有责任保险的保障，这些活动的受害人也缺乏第一方保险或社会保险的保障。在此类案件中，法院可能有一种自然倾向，如果要让没有保险的受害人承担损失的话，法院会让受害人仅承担全部损失中相对较小份额部分。当法院对于保险事宜知情的时候，在共同侵权行为人之间分割损失时，法院也会倾向于让没

---

[38] Posner（注13）89. 如所提到的，波斯纳偏爱不进行分割的与有过失规则。

有保险的行为人仅承担相对较小的份额。但是，从效率的角度来看，此种倾向可能具有混合的效果。尽管他们有利于实现对过去已发生的损失较优的损失分散，但他们也会鼓励没有投保的行为人继续不投保。

损失分割的实际规则是否支持有效率的损失分散？很明显，它们不会。无论是比较过失规则还是对损失风险的因果作用的比较规则都不将损失分散的能力（或吸收损失的能力）作为损失分割的相关考虑因素。但是，在最近的一份判决中，以色列最高法院称，发起一项危险活动的行为人未能确定另一行为人对风险进行了投保会构成过失。[39]根据这一判决，未能进行损失分散会成为根据比较过失规则对损失进行分割时的相关考虑因素。

四、损失分割与减少诉讼的管理成本

侵权法的效率的第三个方面是其管理成本。由于侵权诉讼会消耗具有其他用途的资源，因此，能够减少诉讼成本的规则会促进侵权法在这方面的效率。一般来说，诉讼成本取决于审理案件的数目和审理成本。那么，损失分割的规则会如何影响诉讼案件的数量和审理成本呢？

与效率的其他方面相一致，损失分割是否会提高管理效率取决于多种因素。一种因素是决定是否分割和如何分割的裁决过程的成本。考虑到损失分割所产生的复杂性和信息困难，不分割损失可能要比进行分割的成本更低。不同的分割规则的相对成本也不同。例如，对损失风险的因果作用的比较规则可能要比比较过失规则的成本更低，因为，与后者不同，前者不对预防成本（B_i）进行比较。

---

[39] *Yerushalmi v. Polaris Imports Ltd.* (8.5.07).

另一项因素是损失分割对于起诉与和解的激励的影响。[40]

57　　当考虑到分割的管理成本时，人们应该关注整体状况和最终结果。例如，多名侵权行为人之间的连带责任规则，其属于不进行分割的规则，与规定每一位侵权行为人只承担部分损失的分割规则相比，会减少受害人与侵权行为人之间的诉讼成本。由于受害人可以向多名侵权行为人中的任一人请求赔偿全部损失，他可以只起诉其中的一人或部分人，从而节约了成本。但是，如果这项不分割的规则伴以允许共同侵权行为人之间互相追偿的规则，最终的结果可能会导致诉讼成本的增加，因为追偿诉讼会产生额外的成本。

五、损失分割的三个方面之间的相互关系

58　　为了评估损失分割对侵权法的效率的整体影响，人们不应仅对效率的三个方面中的每一面——威慑、损失分散和管理成本——进行审视，还应对它们的相互关系以及它们相互间如何影响进行考察。一项有利于有效率的威慑的损失分割会减弱损失分散的效率或增加诉讼成本等等。因此，决定特定的损失分割的效率是这三个方面的综合权衡。考虑到威慑与损失分散之间的固有的紧张关系，这两者的相互关系和越界效应特别重要。例如，当受害人是"有效率的规避风险的人"而加害人是"有效率的损失分散者"的时候，在做出是否分割损失以及哪一个行为应承担多少份额的责任的决定时，考虑到任何一种决定都具有相互矛盾的效应，因而需要认真的思考。

---

[40] 有一种论点认为，比较责任的分割规则与不进行分割的规则相比，会更加激励当事人起诉和聘请律师，因为它关系到更大数额的赔偿金。参见 *S. Low/J. K. Smith*, Decisions to Retain Attorneys and File Lawsuits: An Examination of the Comparative Negligence Rule in Accident Law, 24 J. Leg. Stud. 535 (1995).

六、结论

关于对损失分割的其他两个方面——损失分散和管理成本——以及三个方面的相互关系的讨论指出,对于有效率的威慑[41]所得出的结论应该被推而广之。由此而得出的一般性结论是,试图对过去已发生的损失在过去的行为人之间以某种能够通过对威慑、损失分散和管理成本起作用而促进总福利的方式来进行分割的法院,常常只能依赖粗略的估计或常识。考虑到复杂性、不确定性和信息困难,无论是有关分割的经济分析还是实际规则,都不能为我们走出迷宫提供足够的有效的指引。

---

41 前文边码48。

损害的合并与分割：保险方面

克里斯蒂安·兰施泰因[*]

一、损害的合并

1　　在保险合同中对损害进行合并的目的在于对多项损害适用金钱限额，它是一种累积责任限制的形式。因此，一方面，保险持有人或保险人的扣除额或自留份额，是受到限制的，另一方面，保险金额或再保险金额也是受到限制的。在两种合同关系中，两种合同当事人都必须权衡利弊。影响深远的后果是与"软性"的前提条件连在一起的，对于后者可以不同的方式进行解释。例如，在责任保险中，保险人对于将与石棉相关的各个单独的疾病案件合并在一起具有两重利益：限制他对索赔者的补偿义务并将再保险人拖入到游戏中。在将损害合并在一起才超出保险人的留存份额时，是否可以这样做？因此，对单个案件不进行合并，或许符合保险持有人、索赔者和再保险人的共同利益。

2　　不发生合并的标准情形有两种：

没有限额的保险。在许多市场上的强制机动车责任保险在人身损害方面是无责任限制的：法国、比利时、卢森堡、英国、爱尔兰、挪威、芬兰、以色列的保险市场，也包括以法国模式或英国模式为

---

[*] 克里斯蒂安·兰施泰因，慕尼黑再保险公司"风险，责任和保险"部门的领导，律师，欧洲侵权法和保险法中心的成员。

基础的非洲和亚洲国家。在机动车责任保险之外也可找到无责任限制的责任保险，例如，德国的市政责任保险、法国的私人责任保险和特定的强制责任保险（如打猎、滑雪和其他机械牵引、轨道和缆车），或长久以来一直如此的英国雇主责任保险。无限金钱赔付义务也可出现在第一方保险、许多人身保障方面的社会保险和私人保险（工伤保险和健康保险）中。

带限额的保险，然而在合并的情形下可以无限地累加。多起独立的损失会触发多份保单：定额给付的保险（人寿、残废和事故保险），或财产保险中的定值保险。关于自然危害和其他灾难性风险，保险人承担合并，对其收费。在财产保险中，再保险人对自然灾害引入了"事件"限制。在9.11之后，在其他方面大体上无限制的补偿义务被令人眩晕般地引入，特别财产、人寿和工伤保险的保险人，他们过去一直将现代工作间和薪酬丰厚的办公室雇员评估为低风险。因此，在自然灾难模型制作方面具有专长的美国公司现在被委托研发恐怖主义风险模型。"'风险管理方案'将全美国一千座建筑物列为恐怖主义的主要目标并将其作为各种……不同类型武器的攻击对象……AIR对330,000幢地产进行了相同处置，其范围包括从纽约的帝国大厦到内华达州卡森城的资本大厦……"[1]

在定额给付的保险中，保险金额不仅可以因索赔人的聚集（数人因同一起事件受影响）而累积，而且，在一人购买多份保单的情况下可对保单进行累积。保单累积不受限额的限制。相反，保险人会在订立合同之前对"主观"风险进行评估，例如，在残疾保险中，当保险金的给付是因疾病而生时，很难对其进行客观的评估。

合并的问题会出现在以下三种情形中：

A. **保险事件未被清晰地界定**

保险金额与不同形式的且或多或少抽象性界定的"事件"、"事

---

[1] See *R. V. Ericson/A. Doyle*, Uncertain Business (2004) 227.

故"或"事项"相关。在个案中，是发生了一起还是多起事件，可能是不清晰的，因此，对于特定的复合损失只须支付一次还是多次保险金额也可能是不清晰的。在残疾保险和财产保险中，保险运营方式是多样的，判例法很丰富，特别是在美国。尽管欧洲的保险人试图不将保险范围问题提交给法院，在美国财产保险中自然风险的经济权重和责任保险中的石棉与超级资金诉讼已发展到这样一种形势，即几乎所有可能发生的诉讼都已实际进行了诉讼。能否发展出一般性原则令人生疑。"对于'事件'（occurrence）这一术语没有包揽一切的定义，也没有可适用于每一个案件的测试方案，因为这一单词已在多种情形下被使用，其特定的含义取决于相关的语境。"[2] 与其说它与美国判例法表面上的不可预见性相关，不如说它与事实的多样性相关，它绝非是美国所特有的，这正是为什么美国判例法对其他市场也是有启示意义的原因。

6   "相关语境"：首先是不同的条款措辞，但是，它们经常依旧是抽象的和模糊的。保险合同法上的模糊规则首先指向的是通常做法。对此，不同的风险与损失的类型发挥着作用，但是，保险分支的不同背景和保险赔付的类型也发挥着作用。因此，在责任保险中，对以下不同类型的做法进行区分是有用的：产品责任险、环境责任险、雇主责任险、董事和高级管理人员责任险、其他细分的公司责任险以及三种专家职业责任险：医疗过错责任险、法律和金融行业专家责任险及技术专家（建筑师、工程师）责任险。

7   在财产保险中人们也会发现与事件或事项相关的保障条款，它们也会产生合并的问题。例如，美国大型公司的财产保单除了包括五项与地震和洪水事件相关的二级限额外，还包括对诸如营业中断、数据丢失、拆毁、建筑成本增加和清除石棉等特别险四十项二级限

---

2   Judge Stanton in *Witco Corp. v. American Guarantee and Liability Ins. Co.*, 1999 United States District (U. S. Dist.) Lexis 17279, in: *T. Baker*, Insurance Law and Policy (2003) 34.

额，每一项都没有年度限额。不同险种之间的界限经常是不清晰的，例如洪水保险和暴雨保险之间的区分，这不是合并的问题，而是对不同险种适用不同合并方法的问题。

在团体人寿保险中也会时而出现针对事件的责任限制，这是对 9.11 之后恐怖风险的短期剧烈反应。荷兰的恐怖主义保险现在规定，如果超出了最高限额，将按比例削减赔付金额。

B. 不明确的索赔系列条款

在各种财产保险条款中，"事件"和"索赔系列"定义之间的模糊地带引人注目。自然灾害保险中的小时条款（hours clause）既可被看做是事件条款，也可被看做是索赔系列条款。索赔系列条款已在责任保险中得到确立，最明显的是在产品责任保险中，产品系列的非与保险相关的概念为其提供了起点。但是，索赔系列条款也可在其他特殊责任保险类型和通用责任保险条件中出现。因此，它们也可能应用于环境责任险和雇主责任险的复杂案件中。在实践中，尚无法发现清晰的规则。大多数索赔系列条款都制定得太宽松了。一个典型的例子是，西班牙环境风险集合（PERM）所使用的索赔系列条款的结构，不仅"所有源自同一损失的索赔"被合并在一起，而且"直接或间接地可溯源至相同的或重复的或持续事件的所有损失"也被合并在一起，实际上"所有具有相同的类似的原因的事件"都被合并处理了。[3] 因此，对于可能的合并有三个层次：损害、事件和原因。鉴于因果关系在技术上或制度背景下存在可以想象的多样

8

9

---

3 "Se considera que corresponden a un solo y único siniestro:
　　—El conjunto de reclamaciones por el daño o conjunto o serie de daños que, directa o indirectamente, deriven de un mismo, repetido o continuo acontecimiento.
　　—El conjunto de reclamaciones por todos los acontecimientos que tengan una misma o igual causa."

性，几乎有无限的解释空间。[4]

C. 每年或每一保险期间的总限额

10　　年度或其他与时间相关的总额限制条款阻止了事件和索赔系列条款中许多定义的模糊性。它通常在责任保险，特别是在产品、环境和职业责任保险中最重要，并附有二级限额。当其适用于长期损害事件时，时间序列上的分配依然是有问题的，对此将在后面讨论。财产保险，以保险金额为基础，主要与单一的或多项的重置条款相配合，也附有每年或每一保险期间的限额或二级限额。

二、损害的可分割性

11　　拖延的损害事件在大多数保险类型中都可出现。随着他们的出现，通常较少出现问题的保险人的责任分配或保险期间的责任分配也会出现问题：健康保险的保险范围是否包括源自保险范围内的疾病在后来出现的后遗症，甚至它是发生在保险人更换之后？事故保险的保险范围在多大程度上包括事故在后来出现的遗留损害？财产保险的保险范围在多大程度上包括被保险财产遭受损害后又出现的遗留损害？汽车保险人早已依据相关事实（例如，事故受害人为青少年时）进行了调整，将长年的责任分配到事故保单的各个年度；通过这样做可使得无限制的保险保障能够对抗通货膨胀并且不会被耗尽。

12　　对于责任保险，特别是存在潜伏损害和多名原告或被告的情形，责任分配也成问题。将损害归责为数名负有责任的当事人与保险法上将其分配给数名责任保险人是何种关系？

---

[4] *N. Luhmann*, Risiko und Kausalität, in: Munich Re, 1st International Liability Forum (1997) 63. 关于索赔系列条款的模糊性，也可见 *A. Fenyves*：《奥地利法中损害的合并与分割：保险》（被包括在本书中）边码 34。

例子：一名工人在1960年至1965年期间连续在四家企业工作。 13
在为前三个雇主工作期间（截止1985年），他接触到石棉，并随着
年份的增加而暴露程度降低。1985年以后，在为第四个雇主工作期
间，他不再暴露于石棉中。在1995年他患的由石棉引起的癌症显现
出来，并死于1997年。他的遗孀在1998年起诉四个雇主；在整个
期间，每一位雇主都投了责任保险，但其保险条件和保险限额时而
会发生变化，并且其保险人也有变化。每一位保险人也都已经一再
更换了再保险条件和再保险人。

关于当事人的责任，必须首先确定这些雇主是承担连带责任， 14
按份责任，还是（如第四个雇主）根本没有责任。

其次，在他们中间如何进行责任分割，应该如何按照时间顺序 15
或其他标准（如暴露的减少）进行此种分割。

从保险法的视角来看，必须要对每一位雇主单独确定，根据保 16
险单，保险人和再保险人在1960年至1998年期间他们各自的责任
或应承担的责任比例。在"因果关系型"保险单中（如英国的雇主
责任保险），应对因果关系的期间进行考虑（1960至1985年）。在
"事件型"保险单中，对因果关系的时间框架也予以考虑，但也对
"事实上损害"的时间点（根据最近的英国判例法，应认为它是显现
前的五年，即1990年）和"显现"的时间点（1995年）进行考虑。
在"索赔提出式"保单中，索赔报告的日期具有决定性（1998年）。

根据（侵权）责任法进行归责和根据保险法进行责任分配是两 17
个独立的问题。如果"因果关系型"或"事件型"保单中规定了一
个有限的报告期间，或者在"事实上损害"、"显现"或"索赔提
出"式保单中规定了向前溯及的时间限制（仅对保单生效前不超过
X年期间发生的疾病承保），一位被认定为负有责任的雇主有可能不
受保险的保障。属于保险范围内的雇主可能不负有法律责任（因此，
第四位雇主，他是没有责任的，但可能受到"事实上损害"或"显

现"型保单的保障,他们的作用可能仅限于为诉讼抗辩费用进行赔付)。保险合同法通常允许时间限制,至少在强制保险之外。但是,可以想象的是,在实践中,保险法上的责任分配是依照(侵权)责任法上的认定来进行的,或者相反,在确定责任归属时就已经开始考虑是否存在责任保险。

18　　保险形势的复杂性因以下两种情形而加剧:大额保险中的分层承保的实践,或本地的基本保单与国际超额保单的重合;多名索赔者经常伴随有关合并的开放式问题以及在决定合并时进行时间顺序的分配此类典型事实。索赔系列条款通常按照系列中第一起单独损失的时间点来对整个系列进行分配:即基于约定的触发点,依据在第一起单个案件中的因果关系、事实上的损害、显现或提出索赔报告的时间点进行分配。它仅与属同一保险人的分布在数个保险期间内的损失系列中的那些单个损失相关,还是也与发生在上述保险期间之前或之后的损失系列中的单个损失相关,常常是不清楚的。

19　　概要:在强制保险之外,即在自由市场条件下,不仅责任与程序法问题,如在资格受限的案件中如何考虑未来索赔者的问题,依然留待复杂的长期的大规模诉讼来解决。基于保险法对此类案件进行管理也因下列事实而困难倍增:关键的条款是模糊的;透明度因成倍的和令人吃惊的保险人和再保险人的数目而受阻,多年来这些保险人和再保险人不断地变更条件和参与。

第三部分
比较分析

Aggregation and Divisibility of Damage

侵权法与保险中损害的
合并与分割：比较总结[*]

肯·奥利芬特　马琳·施泰宁格[**]

一、总论

1. 你们的法律制度中是否有关于将损害分为一起单一的不可分割的损失或多个损失的一般性规则，无论其为成文法规，还是判例法？这些规则在二级法律文献中被提出过吗？这种区分在实践中重要吗？

此次调查所涵盖的法律制度中没有一个含有关于将损害分为一项单一的不可分割的损失或多项损失的一般性规则，在它们的二级文献中也没有提出过此类规则。[1] 但是，在许多辖区这种分类据说在实践中有些意义。[2] 例如，据说这些概念"在责任法部分是根深蒂固

---

[*] 本书中的国别报告用国家名称来引用，而三份专题报告则按以下方式引用：T·蒂德，《欧洲冲突法视角下损害的合并与分割》(《冲突》)，I·吉利德，《损失分割的经济分析导论》(《经济分析》) 和 C. 兰施泰因，《损害的合并与分割：保险方面》(《保险方面》)。

[**] 马琳·施泰宁格，欧洲侵权法研究所助理研究员。

[1] "奥地利：侵权"边码2，"丹麦"边码1，"英国：侵权"边码1，"法国"边码1，"德国"边码1，"匈牙利"边码1，"以色列"边码1，"意大利"边码1以下，"波兰"边码4，"西班牙"边码1，"美国"边码1以下。

[2] "奥地利：侵权"边码3，"丹麦"边码1，"英国：侵权"边码1，"德国"边码2以下，"以色列"边码1以下。

的"[3] 或"隐而不显地渗透在侵权法的深层"[4]。相反，据报告在西班牙这种区分在实践中没有重要意义。[5] 然而在法国据说该术语"不会让人想起任何有确切内容的东西"。[6] 个体的回复在很大程度上取决于思考该问题的具体背景，从根本上讲，取决于个体报告者对损害的合并与分割这一术语的理解。

二、损害赔偿责任

A. 可分割的损失和不可分割的损失的可救济性

2. 在你们国家的侵权法中，即使损害是由同一个侵权行为人的同一侵权行为所导致的，对于损害的责任，是否仍要依照受保护的利益的不同而将总损失分成不同组成部分并分别进行处理（例如，侵害人身或侵害财产；金钱损害或非金钱损害）？如果必须依照每一种损失的类型单独确定责任标准，那么，它会对侵权行为人的责任产生什么影响？

2　　在确定损害赔偿责任时，当几种不同的受保护利益受到影响时，所有国家的制度都对全部损失的各个不同部分进行分别处理——至少出于某种目的。几位报告人强调受侵害利益的重要性并称在确定责任时必须对每一种不同类型的损害进行单独考虑。[7] 瓦格纳，[8] 从德国法出发来写作，将其称之为"点彩派"（pointillistic）的方法。即使是极少使用受保护利益观念的法国法也基于他们"所在地"

3　"奥地利：侵权"边码3。
4　"丹麦"边码1。
5　"西班牙"边码1。
6　"法国"边码1。
7　"奥地利：侵权"边码4以下，"丹麦"边码2以下，"英国：侵权"边码2以下，"德国"边码13以下，"以色列"边码3。
8　"德国"边码18。

(seat) 的原因而区分不同类型的损害——受害人的身体、他的物质性财产、他的经济利益、他的声誉等——这在罗马法系其他国家的制度也是如此。[9] 因此，所有国家的制度都认可损害可依受保护的利益而分割。

在本研究中基于所侵害的受保护利益的不同而对损失进行区分，其在不同国家的法律制度中对侵权人责任的影响各异。在有些国家受保护的利益具有层级，有些利益受到的保护较多，有些则受到的保护较少。对损害的每一个组成部分都进行单独的考虑，需要确定哪一项损失是由于侵害索赔人有权获得赔偿的哪一项利益所导致的。例如，对于由于侵害纯经济利益而产生的损失在几个国家的制度中都受到了限制性对待，[10] 对于精神健康方面的利益的对待也是如此。[11] 在那些对非金钱损失赔偿在总体上受到约束条件限制的法律制度中，一项索赔的成功取决于遭受侵害的是哪种受保护的利益：对于人身损害导致的非金钱损失可以得到赔偿，但对财产损害导致的却不能得到赔偿。[12] 在其他多种背景下也会出现以受保护利益为基础将原告的损失分为可赔偿部分和不可赔偿部分。[13]

3

在法国、匈牙利、波兰和西班牙，在考虑侵权行为人的责任时受保护利益的区分通常不重要，[14] 但是也有例外，例如，法国和西班

4

---

[9] "法国"边码2，"意大利"边码2以下，"西班牙"边码2以下，又见"匈牙利"边码1以下和边码16，"波兰"边码6以下。

[10] "奥地利：侵权"边码14，"丹麦"边码2，"英国：侵权"边码18，"德国"边码20，"以色列"边码3，"美国"边码4。

[11] "英国：侵权"边码20，"以色列"边码3，"美国"边码4。

[12] "奥地利：侵权"边码5以下以及边码14，"德国"边码14以及边码21，"匈牙利"边码16以下，"意大利"边码4和边码6，"波兰"边码9。

[13] 例如，"英国：侵权"边码2（私人滋扰侵权仅保护对土地的干涉），"奥地利"边码5和"德国"边码11（适用保护目的原理）。

[14] "法国"边码2以下，"匈牙利"边码15，"波兰"边码6，"西班牙"边码5以下。

牙的道路交通事故特殊责任领域。[15] 事实上，没有一种制度在确定侵权责任范围时这种区分是完全多余的。

3. 案例研究（不同类型的损失；与有过失）在一起由 D 的过失所导致的交通事故中，P 受到了人身损害，他的眼镜也碎了。P 对下列事项提出赔偿请求：a) 疼痛与痛苦；b) 医疗费用；c) 他的破碎的眼镜。P 的损害被看做是一个不可分割的损失，还是多个相互独立损失？假设 P 没有系安全带，就上述三种损害而言，对于他的与有过失应如何考虑？如果所遭受的损失的类型不同，与有过失的后果亦不同，那么，其正当性理由是什么？

5 看起来大多数（尽管不是全部）国家的报告人对于基于确定责任和计算赔偿金的目的而将 P 因车祸遭受的全部损失看做是多项独立的损失感到满意。[16]

6 但是，在那些通常对受保护利益不区分的制度中，其偏好是将此看做是一起不可分割的损失，其结果是不需要对每一项索赔单独处理其责任标准问题，仅仅是将其看做单一损害的不同方面。[17] 很自然，这并不意味着不需要证实 D 的驾驶行为与 P 的每一分损失之间存在因果联系。[18] 虽然就适用的责任标准而言，P 的损失的各个不同方面都是不可分割的，但在因果关系方面仍是可分割的。

7 基于上述事实，就 P 的汇总损失（疼痛与痛苦，医疗费用和财产损失）而言，应对其与有过失应予以考虑，在我们调查的大多数国家中这会影响到赔偿金总额而不是某一特定类型的损失。[19] 但是，

---

[15] "法国"边码5，"西班牙"边码7。

[16] "奥地利：侵权"边码8以下，"丹麦"边码6，"英国：侵权"边码6，"德国"边码17，"意大利"边码7。

[17] "法国"边码2以下，"波兰"边码15，"西班牙"边码9，参见"匈牙利"边码19（区分金钱损失与非金钱损失，但对不同的金钱损失不进行区分）。

[18] 参见"波兰"边码12。

[19] "奥地利：侵权"边码11，"英国：侵权"边码7，"德国"边码17，"匈牙利"边码19，"以色列"边码6，"波兰"边码14，"西班牙"边码10，"美国"边码7。

必须注意的是，它假设在与有过失和遭受的每一项损害之间存在相同的因果关系；如果他们所受的与有过失在程度上是不同的或他们所受影响各不相同，须对构成总体损失的各个组成部分进行单独处理。[20]

作为一般方法的例外，少数地域确实基于所遭受损失的类型对与有过失做出不同的考虑，就此而言索赔人的全部损失是（进一步）可分割的。范围最广的一项例外是在德国法上，因与有过失而对损害赔偿进行调整的通常方法，被认为是不适合非金钱损失，因为它们与金钱并没有对应关系。首先，法院不得对疼痛与痛苦进行评估；其次，法院不得通过减少赔偿金来反映受害人与有过失的程度。取而代之的是一步走的程序，即法院可以对赔偿金的恰当数额进行总体上的估计。[21] 在其他国家制度中，在道路交通事故的特殊背景下承认一项较窄的例外。在法国，依照遭受的是财产损害还是人身伤害，对与有过失的评估适用不同的规则，适用于后者的规则对受害人更慷慨，至少当他是非司机的时候。如加兰-卡瓦尔（Galand-Carval）所评论的那样，这种区分的合理性思想在于，对汽车保险人施加的财产负担必须集中在那些对受害人影响最严重的伤害上。[22] 相反，《奥地利机动车法》的一项规定称，如果乘客未能遵守系安全带的义务，对于他的赔偿请求，仅在请求赔偿疼痛与痛苦方面削减赔偿金（弱化了关于与有过失的一般规则）。这一规定，再次使得对乘客的损失进行区分成为必要，其一直受到奥地利学者的批评。[23]

---

20 "奥地利：侵权"边码 10，"丹麦"边码 8，"英国：侵权"边码 7，"德国"边码 18，"匈牙利"边码 22，"以色列"边码 11，"意大利"边码 11，"波兰"边码 13，"西班牙"边码 10，"美国"边码 7，参见下文边码 16。
21 "德国"边码 19。
22 "法国"边码 6。
23 "奥地利：侵权"边码 12 以下。

9　　　对那些从经济效率的角度来看在与有过失（或比较过失）的领域，在分割损害赔偿时对当前可以和应该予以考虑的因素进行的经济分析可在专题报告中找到，其标题为《损失分割的经济分析导论》，作者为吉利德（Gilead）。[24]

4. 在你们国家的侵权法中，在人身损害以外的领域，是否有必须依照损失的每一种类型单独确定责任标准的情形，即使损失是由一起单一的侵权行为或不作为所引起的？

10　　在回答这个问题时有多个具体的问题。如上面所提到的（边码2），有些地区对于源自同一侵权行为的不同类型损失的责任标准进行单独对待，这使得对不同类型的损失进行区分成为必要，即使在非人身损害类型内部也是如此，例如，要区分财产损害和纯经济损失。[25] 前面也提到了（上述边码3）在有些国家制度中对非金钱损失赔偿（特别是没有人身损害的时候）适用特殊限制。[26] 在这种背景下产品责任也值得注意，因为依照《欧盟产品责任指令》对可获得赔偿的财产损失有限制，[27] 这意味着（例如）对缺陷产品本身的损害赔偿和对于非用于私人用途的财产的损害赔偿必须诉诸一般法，而不是欧盟指令。[28]

11　　除上述外，从国别报告者所提到的各种事项中很难得出任何实质性结论，但是，我们可以看得出，对于丧葬费用的特殊对待，从而使其与其他可获得赔偿的损失区分开来，在不止一份报告中都得到了强调。[29]

24　见《经济分析》，边码24以下。
25　"奥地利：侵权"边码4以下和边码14，"丹麦"边码9，"德国"边码20，"以色列"边码7。
26　"奥地利"边码14，"德国"边码21以下，"匈牙利"边码20。
27　《关于产品缺陷责任的边码85/374号指令》。
28　载于"法国"边码8和"意大利"边码8。
29　"奥地利：侵权"边码15以下，"波兰"边码16。

B. 间接损失的可救济性

5. 请说明间接损失在你们国家的侵权法中是如何被界定的。间接损失是被当做一项必须要单独进行救济的独立的损失,还是被看做是总损失的一部分,即通过认定"主要损失"来解决而无须再次考虑其责任标准?如何划分数个单独损失与间接损失的界限?

在我们所调查[30]的所有国家中除法国、匈牙利、意大利和波兰[31]外,间接损失是一个被认可的概念。在后面国家中,所有损失的可赔偿性,无论是直接损失还是间接损失,都完全取决于在当前案件中责任的基本要求是否得到了满足。[32] 即使在这些国家中,也有必要询问损害的连续显现是否与侵权行为存在"充分"的或"足够"的因果关系。[33] 在西班牙侵权法中,尽管间接损失的概念"鲜为人知",但存在一种并非完全不相近的分类,即区分"内在损失"(对受损物本身的损害)和"外在损失"(对受害人其他财产的损害)。[34]

12

在那些承认这一概念的国家中,可以发现几种不同的观念。首先,在德国法系和普通法系都存在作为侵害权利或受保护利益后果的损失和不属于此种侵害后果的损失,前者是可以获得赔偿的,而后者是不可获得赔偿的(例如,纯经济损失)。[35]

13

其次,直接损失和间接损失的分类也许与责任规则的适用范围

14

---

[30] "奥地利:侵权"边码17以下,"丹麦"边码10以下,"德国"边码23以下,"以色列"边码8,"西班牙"边码12以下,"美国"边码10。在英国法中,该术语被用于说明目的但不预示一种正式的法律类型,见"英国:侵权"边码9以下。

[31] "法国"边码15以下,"匈牙利"边码21,"意大利"边码10,"波兰"边码20以下。

[32] "匈牙利"边码21,"意大利"边码10,"波兰"边码20以下。

[33] "法国"边码15,"意大利"边码10,"波兰"边码20。

[34] "西班牙"边码12。

[35] "奥地利:侵权"边码18,"英国:侵权"边码18,"德国"边码23,"以色列"边码3和"美国"边码4和边码10。在普通法中对于纯精神损害也采用了相同的方法:"英国:侵权"边码20,"以色列"边码3和"美国"边码4。

是相关的。在英国法中，例如，在对财产的侵权中，区分对财产本身的损害和间接损失：只有对后者才适用损害"遥远"（remoteness）的标准。[36] 相反，在几种法律制度中，将某一特定的损害归类为间接或"次要"损失也许在责任规则的适用范围方面对受害人有利。以色列的报告给出的一个例子是，在牙科诊所的一次局部麻醉，预计只会引起一时的眩晕和疲劳，而实际上导致了史无前例的和无法预见到的神经性瘫痪。该牙医对无法预见到的瘫痪负有责任，因为它是附随可预见到的眩晕这一主要损失的次要损失。[37] 在其他普通法系国家也许会出现同样的后果，尽管理由可能有所不同。具有类似效果的是德国法上的"对过错关联认定的提前"（*Vorverlegung des Verschuldensbezuges*）原理，基于此原理，对被告过失的评估必须是相对于"主要损失"（对主观权利的损害），而不是相对于间接损失。[38] 一份1952年的最高法院判决说明了这种方法。[39] 在二十世纪二十年代，原告在一场侵权行为人负有责任的汽车车祸中失去了一条腿。几年后，在第二次世界大战期间，原告在突袭中受伤，他由于残疾而无法及时抵达庇护场所。因此，他残余的另一条腿也被截肢。战后他就其后来的损失起诉被告。被告称该损失是无法预见到的，因为没有人能在二十世纪二十年代预见到第二次世界大战的恐怖。对于《德国民法典》而言，这不是反对的理由。一旦证实被告对第一条腿的损失负有责任，他对第二条腿的（间接）损失也负有责任。至于后者是否可合理预见到并不重要。

15　　但是，从整体上可以说大多数国家法律制度都要求满足责任的

---

[36] "英国：侵权"边码10以下。
[37] "以色列"边码14。
[38] "德国"边码24以下。
[39] "德国"边码25。

通常条件，无论该损失被认为是"主要的"还是"间接的"。[40] 但这并不以损害的不可分割性为必要，因为当其适用于主要的或直接的而非间接的损失时这些条件（例如，损失的可预见性）更容易满足，即使这两种类型的损失在实体法层面并不区分。[41]

6. 案例研究（间接损失；与有过失）在一起由 D 的过失所导致的交通事故中，P 的右手受到了伤害，P 在六个星期内无法从事钢琴教师的工作。P 因此而遭受了收入损失。假设 P 的行为有过失并且他的过失促成了他的疼痛与痛苦，但其过失对其工作能力和收入损失没有影响。D 的责任范围如何确定：a）P 的疼痛与痛苦；b）他的收入损失？在当前案例中，收入损失是否被当做一项需要单独进行救济的独立的损失？

就一般而言，那些能够影响到索赔人获得赔偿的与有过失，必须是损害的事实上的原因。[42] 对于大多数地区而言，这意味着——基于研究案例的事实——对 P 的疼痛与痛苦的赔偿应削减，而对其收入损失的赔偿则不减少，因为他的疏忽对其工作能力没有影响。[43] 实质上，该事故已经导致了两种不同损害，从与有过失的角度看应对其单独评估。在德国就与有过失而言对金钱损失和非金钱损失的评

---

40 "奥地利：侵权"边码 18，"丹麦"边码 11，"匈牙利"边码 21，"以色列"边码 9，"意大利"边码 10，"西班牙"边码 13。

41 "丹麦"边码 11。

42 "奥地利：侵权"边码 19，"丹麦"边码 12，"英国：侵权"边码 13，"德国"边码 27，"匈牙利"边码 22，"以色列"边码 11，"意大利"边码 11，"波兰"边码 25，"西班牙"边码 15，"美国"边码 11，"以色列"边码 11，将其作为索赔人的减损义务的一个方面。如前注 9，在法国，关于与有过失对道路交通事故中的人身损害的影响后果适用特殊规则："法国"边码 5 和 10。也应注意奥地利对于机动车乘客未系安全带或戴头盔所引起的损失（疼痛与痛苦以外的损失）的处理方法，在本研究案例中，如果 P 的过失已经导致了其收入损失，这一点（好像）很重要：见上述边码 8 和"奥地利"边码 12 以下。

43 "奥地利：侵权"边码 20，"丹麦"边码 13 以下，"英国：侵权"边码 13，"法国"边码 11，"德国"边码 27，"匈牙利"边码 22，"意大利"边码 11，"西班牙"边码 15，参见"波兰"边码 26。

估采取不同的方法，从而使得区分两种损害的做法得到进一步强化。[44] 然而，并不是所有的国家报告人都确信对 P 的收入损失进行单独评估意味着它被正确地当做"一项独立的损失"。[45]

7. 案例研究（间接损失；时效）2000 年 1 月，D 闯入制造计算机设备的 P 公司的生产车间，损坏了一些高科技配件，而这些配件原本是准备交付给其他制造商的。由于 D 的闯入和损坏行为并没有被 P 公司的职工立即注意到，一些受损的计算机设备被交付给不同的制造商（A、B 和 C）而没有在发货前进行充分的维修。因此，P 必须赔偿客户 A 的损失。2002 年 1 月，在对 D 进行成功的追偿后，P 又被客户 B 诉请损害赔偿；2003 年 1 月，P 又遭到客户 C 的索赔。对 B 和 C 的赔偿应被看做是间接损失，即 D 所造成的总损失的一部分，还是必须进行单独救济的独立的损失？就 P 因对 A、B 和 C 的赔偿而提起的追偿诉讼而言，诉讼时效的起算日期是哪一天？

17 　　P 因向 A、B 和 C 支付赔偿金而导致的损失在本次调查的每一个国家中原则上都是可赔偿的，即使它通常排除了纯经济损失的责任；此处 P 的损失是其财产损害的后果所致。[46]

18 　　在国别报告中，对于诉讼时效问题可以识别出两种宽泛的方法。在第一组国家中，时效从财产损害能被合理发现之日起算；以对 A、B 和 C 的责任为代表的经济损失被看做是"主要"损失的附带损失，不会在适用于"主要"损失的时效以外产生独立的诉讼时效。[47] 但

44　见上文边码 8 和"德国"边码 28。
45　见"奥地利：侵权"边码 21，"西班牙"边码 15，比较"美国"边码 11。
46　"奥地利：侵权"边码 22，"丹麦"边码 15，"英国：侵权"边码 15，"德国"边码 29。
47　"奥地利：侵权"边码 22 以下，"丹麦"边码 15 以下，"英国：侵权"边码 14 以下，"德国"边码 29 以下，"以色列"边码 12，"美国"边码 12。

是，对 A、B 和 C 的责任的发现会触发各自的诉讼时效，[48] 这可能是建立在不同的主要损失的基础之上，发送给每一位客户的商品都是独立的物品。[49] 依照上述案例背景所假定的进一步事实，适用于诉讼时效的可能的开始日期是破坏行为被发现日[50]、P 被起诉日[51] 或 P 能够合理发现有关物品受损的介入日期。[52]

在第二组国家中，对 A、B 和 C 的每一份责任都是一种新的或独立的损失并会在其可合理发现之日触发一个新的时效期间。[53] 在这些国家，时效可能的开始日范围较窄，其从 P 被其客户起诉之日起，[54] 至 P 被判决向客户支付赔偿金的终审判决做出日[55] 和 P 向 B 和 C 支付赔偿的日期。[56]

19

尽管调查表所描述的是追索诉讼，但并不是所有的报告者都认为它们是通常理解的追索诉讼（一位侵权人就相同损害起诉另一位侵权人），而愿将其作为侵权受害人提起的普通诉讼。[57] 在这些制度中，如果事实上的诉讼是追索诉讼，也许会适用不同的时效规定。

20

8. 在你们国家的侵权法中，有没有未被提及的其他情况，从中，一项损害应被看做一项间接损失而属于"主要损失"的一部分，还

---

48 "丹麦"边码 17。
49 "英国：侵权"边码 16。
50 "德国"边码 35（假设此时 A、B、C 的责任都是可以合理预见到的）。
51 "丹麦"边码 16 以下，"美国"边码 12。
52 "奥地利：侵权"边码 27，"英国：侵权"边码 16。
53 "法国"边码 13 以下，"匈牙利"边码 23 以下，"意大利"边码 12 以下，"西班牙"边码 18，波兰采取的好像是一种不同方法，对客户的赔付被看做是间接损失，但会触发有关 P 的追索诉讼的新的时效期间："波兰"边码 29。
54 "法国"边码 14。
55 "西班牙"边码 18。
56 "匈牙利"边码 25，"意大利"边码 13，"波兰"边码 28。
57 见"英国：侵权"边码 15 明示，以及暗示（似乎是）"德国"边码 29，"西班牙"边码 16 以下。

是应被看做由同一侵权行为或不作为所导致的一项独立的损害，这个问题有着决定意义？

21　　对问题 5 的答案（上述边码 12 以下）所做的分析包括了在国别报告中所提到的大多数主要事项。但是，这里进一步的利害问题是英格兰和威尔士报告中所强调的复杂结构原理。[58] 在确定是否有对"其他财产"的损害或仅仅是纯经济损失时，有人建议，复杂结构的不同组成部分应该被看做是相互区分的，例如，一个组成部分的缺陷的结果是，对一件物品的损害会引发对其他财产的损害（例如，一个有缺陷的中央锅炉引发了火灾，毁损了安置该锅炉的房屋）。该原理在原则上得到承认，但在实践中或二级文献中极少被探究。它在英国侵权法中只占据相当小的一角。但是，它是罕见的并因此而值得注意，它是在本次调查所涵盖的国家的侵权法中明确关注损害的可分割性和不可分割性的例子。

C. 责任限额与最低起赔额

9. 请说明在你们国家的侵权法中，如果存在赔偿限额的话，损害赔偿责任何时会受到限制。在这些情形中，是否存在用来解决下述问题的成文法规定或判例法原则：所造成的损失是作为一项不可分割的损失——在这种情况下侵权行为人的责任从整体上受到最高数额的限制——还是多个相互独立的损失，侵权行为人对每一项损失的赔偿责任分别受最高数额的限制？

22　　责任限制不言自明地构成了分割损失的一种机制，被告所引起的损失被分为可赔偿部分和不可赔偿部分，但是，在大多数国家的一般侵权法中它们相当少见，因为它们主要限于严格责任领域。[59] 他们经常在国

---

[58] "英国：侵权"边码 19。
[59] "奥地利：侵权"边码 32 以下，"英国：侵权"边码 21 以下，"法国"边码 16，"德国"边码 37，"匈牙利"边码 27，"以色列"边码 15，"意大利"边码 15，"波兰"边码 32 以下，"西班牙"边码 20。

际公约所确立的严格责任领域出现，例如，关于核能事故损害赔偿[60]和航空承运人责任。[61] 还值得注意的是依照欧盟的《产品责任指令》的规定，[62] 由具有同一缺陷的相同物品所造成的人身损害，欧盟成员国可自由决定对其责任附加限额；《指令》称所设限额不得低于七千万欧元。[63] 但是，目前仅有德国、葡萄牙和西班牙利用了这一机会。[64]

在我们所研究的欧洲国家中，丹麦是一个例外，它在一般侵权法中而不只是特定的责任领域广泛地使用责任限额。[65] 但美国的许多州也在一般侵权法中通过制定法对责任实行限制，主要是关于非金钱损失和惩罚性赔偿。[66]

如同在其他背景下，[67] 区分人身损害和财产损害在这里也很重要，因为许多国家的侵权法对人身损害和财产损害适用不同的限制，[68] 或

---

[60] "英国：侵权"边码22以下，"德国"边码46，"匈牙利"边码27，"波兰"边码32以下，"西班牙"边码23以下，进一步可见《1960年关于核能领域第三方责任的巴黎公约》以及《1963年关于核损害民事责任的维也纳公约》。

[61] "奥地利：侵权"边码34，"英国：侵权"边码24以下，"法国"边码16，"德国"边码37，"匈牙利"边码27，"意大利"边码15，"波兰"边码35，"西班牙"边码22，"美国"边码16，《1999年关于国际航空运输的蒙特利尔公约》通过欧盟理事会1997年10月9日《关于航空承运人事故责任》的第2027/97号条例被纳入欧盟体制内。

[62] 《关于产品缺陷责任的第85/374号指令》。

[63] 第16条第2款。

[64] *European Commission*, Report from the Commission on the Application of Directive 85/374 on Liability for Defective Products, COM (2000) 893 final (2001), 20. 参见"德国"边码37和"西班牙"边码21。希腊先前曾行使了此项选择权但目前已经废除了责任限额。

[65] "丹麦"边码19以下，在西班牙（边码24以下），对道路交通事故案件中的人身损害赔偿实行法定标准化的做法代表了另一种做法，但不使用责任限额制度。

[66] "美国"边码14以下。

[67] 同上边码2以下和边码9、11。

[68] "奥地利：侵权"边码33以下，德国边码38。

者只对财产损害[69]或人身损害[70]进行限制，或者范围更窄，只对人身损害赔偿请求中的非金钱损失部分，例如，永久丧失能力或疼痛与痛苦，进行限制。[71] 在确定可适用的限额时，赔偿的形式（一次性付款或年金形式）也很重要。[72] 就此而言，构成索赔人的全部损失的不同组成部分被认为是可分的。[73]

25 除了与特定类型的损失有关的限额外，限额也可以适用于一个受害人或多个受害人所遭受的全部损失。[74] 总的限额可能与特定的源发事件，[75] 或一系列源发事件，[76] 或某一特定的期间[77]联系在一起。在这种情况下，可以说特定的损失合并在一起形成一个不可分割的整体。[78] 但是，在确定合并是否有效时，是相关法律规定的措辞，而不是有关损失的内在特性在起决定作用。实践中的适用困难是可以事先预见到的，并可以通过使用适当的语词来避免。例如，可以在一起持续的（单一）事件和一连串有因果关联但相互独立的事件之间作出明确的区分。[79]

10. 请说明在你们国家的侵权法中，如果存在最低起赔额的话，受害人何时必须要承受最低起赔额以下的损失。在这些案例中，是否存在用来解决下述问题的成文法规定或判例法原则：损

69　"波兰"边码35。
70　"奥地利：侵权"边码33，"丹麦"边码20以下，"以色列"边码15，"西班牙"边码22。
71　"丹麦"边码20以下，"以色列"边码15以下，"美国"边码16以下。
72　"奥地利：侵权"边码33和边码35，"德国"边码47。
73　"奥地利：侵权"边码37。
74　"奥地利：侵权"边码33和35，"丹麦"边码24以下，"英国"边码22以下，"德国"边码38，"匈牙利"边码27，"波兰"边码32以下，"西班牙"边码23，"美国"边码17以下。
75　例如，一个单一的道路交通事故："德国"边码38。
76　例如根据第85/374号指令提供的针对同样缺陷的相同条款：同上边码24。
77　"丹麦"边码24以下（药品损害赔偿的年度上限）。
78　"丹麦"边码25。
79　"英国：侵权"边码23。

害是被看做一项不可分割的损失——因此受害人只须自行承担一次低于起赔额的损失——还是多个相互独立的损失，从而多次适用起赔额？

在我们研究所包括的制度中最低起赔额较之限额明显少见。以色列和美国根本就不使用它们。[80] 在欧洲，除丹麦外，唯一可以找到的起赔额是在《欧盟产品责任指令》第9（b）条（参见问题11，边码27以下部分）。在丹麦，对于有关药物和医疗损害的索赔适用法定的起赔额：起赔额只对全部损失适用一次，因此，可将该损失看做是不可分的。[81] 一些国家的报告人还对此提到了在各种背景下使用的用来确定索赔人是否遭受了足以提起索赔诉讼的损害的起赔额。[82] 可以想象的是，这会提出有意思的合并问题（例如，两起损害的后果能否合并在一起以超出起赔额？），但是此次研究所提供的资料无法对此进行进一步的分析。

11. 案例研究（产品责任中的最低起赔额） 由于电力系统的短路导致P停放的汽车被完全烧毁。这场火还烧毁了P存放在汽车后备箱里的高尔夫装备和汽车电话系统。P向制造商提出索赔，其依据是制造商对缺陷产品的责任。全部损失——汽车的电话系统、汽车本身和高尔夫装备——被看做是一项不可分割的损失，还是多个相互独立的损失？欧盟产品责任指令对于财产损失赔偿规定了最低免赔额。对每一项损失单独适用起赔额——例如，P的汽车、汽车电话系统和高尔夫装备——还是只对总额适用一次起赔额？能否进一步主张，高尔夫包的损失和高尔夫球杆的损失也应作为单独的损

---

[80] "奥地利：侵权"边码38，"英国：侵权"边码26，"法国"边码17，"德国"边码39，"匈牙利"边码28，"以色列"边码16，"意大利"边码16，"波兰"边码36，"西班牙"边码26，"美国"边码20。

[81] "丹麦"边码31以下。

[82] "丹麦"边码29和35（丧失获取收入的能力），"法国"边码18（滋扰和医疗事故赔偿方案）。

失来对待？

27　　所有报告人都同意《指令》关于财产损害的最低起赔额适用于 P 的索赔总额，[83] 对车辆的损害被排除在外，因为对缺陷产品本身的损害并不属于《指令》的范围。[84] 尽管没有报告人能够找到处理起赔额适用问题的已决判例，但一般都同意可诉的损失是由一起不可分割的损失组成，包括电话系统、高尔夫包和高尔夫球杆的损害。[85]

28　　唯一一个据说对起赔额是适用于损失的每一个组成部分还是损失整体这一问题给予直接关注的国家是奥地利。《奥地利产品责任法》的措辞显示起赔额适用于每一件受损的物，但学术文献中的主流观点认为责任限制适用于一名受害人因损害事件所遭受的所有损失，[86] 这与本研究中的报告人们的普遍观点相一致。

　　12. 在你们国家侵权法中，在确定责任限额和最低起赔额时哪个标准是起决定作用的？对以下因素要特别考虑：损失的类型（例如，人身损害或财产损害）；责任形式（例如，过失责任或严格责任）；受害人或侵权行为人的个人特征（例如，雇员、未成年人、专业人士）；其他标准（例如，年金赔付或一次性赔付）。如果法律承认这些区分，那么，能否进一步主张，受害人因一起侵权行为或不作为

83　"奥地利：侵权"边码 41，"丹麦"边码 37 以下，"英国：侵权"边码 29，"法国"边码 24，"德国"边码 42，"匈牙利"边码 29，"意大利"边码 17，"波兰"边码 37，"西班牙"边码 27。

84　注意一些德国评论者喜欢以下观点：《产品责任指令》的排除规则只适用于有缺陷的部件，而未将对包含缺陷部件大型产品的赔偿排除在外，但是，瓦格纳发现这一原理"不合情理"。见"德国"边码 44。与奥地利有关的类似的讨论，见"奥地利：侵权"边码 42 以下。

85　"奥地利：侵权"边码 40，"德国"边码 42，"匈牙利"边码 29，"意大利"边码 17 埃勒斯（"丹麦"边码 37）一致同意对整体（不可分的）的赔偿额适用起赔额，但争辩称就对每一起损失的责任要求标准都应得到满足而言，该损失也包括多起独立的损失。

86　"奥地利：侵权"边码 39。

而遭受的损失须被看做是多个单独的损失，其中一些损失受制于责任限额或最低起赔额，而另外一些损失则不适用？

确定责任限额的各种标准在国别报告中有提示。首先是责任形式，责任限额占据主导地位的是在严格责任领域。[87] 然后是所遭受的损失的类型。有可能对人身损害适用一种类型，而对财产损失则适用另一种类型。[88] 有些制度中限额主要适用于与人身损害有关的责任。[89] 相反，在波兰，责任限额通常适用于财产损失，而人身损害赔偿通常不受国家立法的限制，而只受国际条约的义务限制。[90] 确定责任限额的进一步但并未被广泛认可的标准是索赔的事实背景。责任限额可以适用于医疗损害赔偿[91]和雇主责任。[92] 此次研究没有发现适用于特定类型受害人的索赔限额的事例——在刚讨论过的特定背景下责任限额中受害人的身份是默示的（例如，作为病人或雇员）除外，——但是报告中却有一个因侵权行为人的身份而适用限额的例子：在美国，许多州都有适用于对公共机构或州的政府机构索赔的限额。[93] 最后，损害的形式也是一个重要的考虑因素。在美国，限额最常适用于惩罚性赔偿金。[94] 在奥地利和德国，依据受害人获得赔偿是采取年金形式还是一次性付款的形式来决定适用不同的限额。[95]

最低起赔额在国家法律制度中太少见了，以至于无法对其隐含

---

[87] "奥地利：侵权"边码48以下，"德国"边码46，"匈牙利"边码27，"以色列"边码17，"意大利"边码15，"波兰"边码32以下，"西班牙"边码28。
[88] "奥地利：侵权"边码48，"丹麦"边码39，"德国"边码47，"以色列"边码17，"西班牙"边码28。
[89] "丹麦"边码39，"以色列"边码17，"西班牙"边码28，"美国"边码22以下。
[90] "波兰"边码35。
[91] "丹麦"边码39，"美国"边码22以下。这样的限额也在"匈牙利"边码30中提到。
[92] "丹麦"边码39，"匈牙利"边码30，"美国"边码22（雇佣歧视案件）。
[93] "美国"边码25。
[94] "美国"边码22和24。
[95] "奥地利"边码33和35，"德国"边码47。

的政策进行有意义的讨论。在有些国家的制度中，起赔额和限额如此罕见，以至于无法找到与确立这些制度相关的可以识别的立法政策。[96]

31　受害人所遭受的作为一起单一的侵权行为或不作为后果的损失，有可能被看做是多项独立损失的复合，其中，有些受制于责任限额或责任起赔额，而有些则不适用，上述观点得到了一定范围的认可。[97] 也应得到承认的是，由于需要适用特定的限额，从而将特定的损失看做是不可分割的成为必要。[98] 但是，有些报告人怀疑，限额和起赔额的规则对于将损失分为可分割的和不可分割的是否有意义。[99] 好像损失的可分割性和不可分割性是限额或起赔额如何规定的方式的后果，而不是损害本身所固有的。

D. 多个损失

13. 当两个以上当事人共有的财产受损时，由此而产生的损害是否被看做是每一位当事人的权利均受到侵害而导致的多个相互独立的损失？

32　由于共有财产受损而导致的损害在有些国家制度中被看做是多个独立损失的复合：每一位共有人都遭受了他自己的损失并可以依照他对财产的共有份额按其比例提起独立的诉讼。[100] 在其他制度中，共有人所遭受的损害被认为是一起不可分割的损失，任何一名共有

---

[96]　"英国：侵权"边码30，"法国"边码25，"意大利"边码18。
[97]　"奥地利：侵权"边码52，"丹麦"边码40，"波兰"边码34，参见"以色列"边码17。
[98]　"奥地利：侵权"边码40，"丹麦"边码37以下，"德国"边码42和47，"匈牙利"边码29，"意大利"边码17。
[99]　"以色列"边码17，"西班牙"边码26和30。
[100]　"奥地利：侵权"边码54，"丹麦"边码41，"匈牙利"边码31，"以色列"边码18，"意大利"边码19，"波兰"边码40。

人都能提起损害赔偿诉讼并全额获赔。[101] 当然，这并不意味着最终提起索赔的共有人会将全部损害赔偿金都装到自己的口袋里。各国制度都有不同机制可以让每一位共有人最终只能获得与其利益范围比例相当的赔偿金额。[102]

波兰报告争辩称，将每一位共有人的损失看做是独立的损失，是遵照波兰法律对损害的定义并参照了差值原理。[103] 没有其他任何一个国家的报告提及了支持将共有人的损失归类为独立的或不可分割的损失的原理。但是，又好像这是在法律体制被采纳之后，而不是在此之前出现的。

33

14. 案例研究（共有）P1 和 P2 是一幢建筑物的共有人，该建筑物因 D 的恶意纵火而被毁损。P1 和 P2 所遭受的损害应被看做是一项单一的不可分割的损失，还是 P1 和 P2 分别遭受的两项损失，类型选择的后果是什么？

与前面所列的相互对立的分析一致，奥地利、丹麦、匈牙利、以色列、意大利和波兰将 P1 和 P2 所遭受的损害看做是数起相互独立的损失的复合，即每一位共有人都遭受了他自己的损失。[104] 另一方面，英国、法国、德国、西班牙和美国将共同财产的损害看做是不可分割的。[105]

34

15. 案例研究（所有权和使用权）P1 对林地拥有所有权，P2 拥有采伐林木的权利。D 因过失引发了火灾而使林木被毁，P1 和 P2 所遭受的损害应被看做是一项不可分割的损失，还是两项相互独立的

---

101 "英国：侵权"边码 32，"法国"边码 28，"德国"边码 49 以下，"西班牙"边码 31，"美国"边码 26。在美国，所有的共有人通常都被要求加入损害赔偿诉讼：边码 27。
102 例如，"英国：侵权"边码 37，"法国"边码 28 以下，"德国"边码 49。
103 "波兰"边码 40。
104 "奥地利：侵权"边码 56，"丹麦"边码 43，"匈牙利"边码 31，"以色列"边码 18 以下，"意大利"边码 19，"波兰"边码 40。
105 "英国：侵权"边码 32，"法国"边码 28，"德国"边码 51，"西班牙"边码 32，"美国"边码 27。

损失，类型选择的后果是什么？

35   在此案例研究中，很明显 P1 和 P2 对受损财产有着各自的利益。几乎本次研究中的每一位国家报告人都认可这是多个独立损失的复合，即使它们源自对同一财产的损害，使各自的利益都受到影响。P1 可以就土地价值的减少进行索赔；P2 可以对其本可以采伐的林木的价值进行索赔。[106] 在此次研究的各国制度中西班牙好像是独一无二的，它允许林木权利的享有者（P2）不仅可对他自己的损失提出索赔，还可对土地所有人（P1）遭受的损失提出索赔。[107] 因此，西班牙报告偏向于，尽管有些试探性，将此作为由不同损害科目组成的一起不可分割的损失的案例，其中有些科目的损失是 P1 遭受的，另外一些是 P2 遭受的。应该注意的是，P2 有资格就 P1 的损失提出索赔并不能排除，作为一项选择，P1 就属于他的那些损失科目亲自提出索赔。

E. 多个损失与多个侵权行为人

16. 在何种条件下可认定多个侵权行为人共同引发了受害人的单一损失？在何种条件下可以认定多个侵权行为人导致了同一受害人的多个相互独立的损失而需要对这些损失分别进行救济？多个侵权行为人对损害承担连带责任的前提条件是什么？能否主张，多个侵权行为人分别导致了多个相互独立的损失，但是，与此同时这些侵权行为人需要对损失整体承担连带责任？

36   广义地来讲，多名被告可以由于因果联系或一致行动对一起单一损害承担责任。

37   所有法系的基本起点是每一名侵权行为都要对他本人引起的损

---

[106] "奥地利：侵权"边码 57，"丹麦"边码 44 以下，"英国：侵权"边码 39，"法国"边码 27 以下，"德国"边码 53，"匈牙利"边码 33，"以色列"边码 20，"意大利"边码 20，"波兰"边码 42，"美国"边码 29。

[107] "西班牙"边码 33 以下。

害承担责任。当多名侵权行为人导致了一名受害人遭受损害,将特定的损害或总损害的一定比例分配给其中的个人是有可能的,每一名行为人要按一定比例对全部损失承担责任。但是,将损失的不同部分分配给不同的侵权行为人是不可能的,因为他们是一个完整的因果链条的所有部分,大多数法系都对此适用连带责任。[108] 因此,关键之处在于知道受害人的损害是或不是"在因果关系上具有可分性"[109] 并要明确划分什么是"同一损害"和什么是"不同损害"。[110] 如巴金斯卡(Bagińska)所言:"同一损害……意味着它是单一的和不可分割的。即使它发生在不同的时间、采取不同的形式,该损害依旧是'同一'的。"[111] 她通过举例的方式来说明其观点,一起人身伤害导致了数种损失,例如,失去工作能力可以要求赔付年金、医疗费用和非金钱损失。[112]

从上面分析可得出,决定多名侵权行为人责任的原则是建立在区分单一损失和多项损失的基础之上的。[113] 几名报告人称,在决定是对全部损害承担连带责任还是对其部分承担按份责任时,政策考虑——是倾向于受害人还是侵权人——具有决定性。[114] 即使损害在因果关系上是不可分的,连带责任也不是不可避免的规则,而只是对相关政策进行权衡的通常结果。但是,这种权衡也可能滑向另一个

38

---

[108] 即每一名单独的侵权行为人都要对全部损失承担责任。对该术语的讨论,见 *W. V. H. Rogers, Comparative Report on Multiple Tortfeasors*, in: W. V. H. Rogers (ed.) Unification of Tort Law. Multiple Tortfeasors (2004) 272 ff.
[109] "美国"边码30。参见"奥地利:侵权"边码60,"法国"边码32,"德国"边码59,"匈牙利"边码34以下,"西班牙"边码36。
[110] "英国:侵权"边码43,"以色列"边码24,"波兰"边码45。
[111] "波兰"边码45。
[112] "波兰"边码45。
[113] "奥地利:侵权"边码59,"德国"边码54。
[114] "匈牙利"边码35(援引受害人的预防和赔偿),"以色列"边码24以下,"美国"边码33。

方向，如在美国有大约 40 个州取消了连带责任并转而支持按份责任。[115]

39 在本书的一份特别报告中，吉利德认为从法与经济学的视角来看政策因素对于划分多名侵权行为人之间的责任来说是重要的。由于多种原因，他认为，对于如何有效率地划分被告之间的责任并不存在简单的答案。即使纯粹地从有效率的威慑的角度来看，由法院来审理并让每一方当事人将恰当份额的预期损失予以内化可能是不现实的和无效的，例如，因为每一位当事人都可能不知道风险——效用考虑对其他可能被告的影响，因此不能预见到最终责任中属于他自己的那一份数额。[116] 另外，有效率的威慑所需要的可能恰好与经济效率的其他方面相矛盾，特别是有效率的损失分担和有效率的管理。[117]吉利德因此而得出结论，试图以增加总福利的方式在过去的当事人之间就过去的损失进行分割的法院经常所能依赖的只是粗略的估计或常识。考虑到此类案件的复杂性、不确定性和信息困难，无论是经济分析还是法院所实际采用的分割规则都不能提供有效的指引。[118]

40 无论多名侵权行为人团体中的个人是否在因果方面促成了由团体行为导致的损害，大多数国家的法律制度都将采用一致行动作为施加连带责任的可替代的基础。[119] 每一名参与的侵权行为人都要对总损失负责，在此范围内只有一个不可分割的损失，而不是（也许第

---

[115] "美国"边码 33。
[116] 《经济分析》边码 20 以下。
[117] 《经济分析》边码 49 以下和 55 以下。
[118] 《经济分析》边码 59。
[119] "奥地利：侵权"边码 61，"丹麦"边码 49 以下，"英国：侵权"边码 42 以下，"法国"边码 33 以下，"德国"边码 55，"匈牙利"边码 38，"以色列"边码 21 以下，"意大利"边码 24，"波兰"边码 45 以下，"西班牙"边码 38，"美国"边码 35，"奥地利"边码 61，"匈牙利"边码 38，"意大利"边码 24 和"波兰"边码 53 以下，据说在此类案件中仍然要求证明因果关系，但是似乎也不难推断出来。

一眼看上去是）多项独立损失。这将在下面的案例研究中作进一步探究。

17. 案例研究（连带责任和分别责任）D1、D2 和 D3 计划抢劫一对夫妇 E 和 F。D1 在汽车里等候，并负责逃跑。D2 将使用枪控制住这对夫妇并从 E 身上拿走钱，D3 将取走 F 佩戴的珠宝。D1、D2 和 D3 同意如果有必要将使用暴力。由于 E 对 D2 进行防卫，D2 开了枪并伤害了 E，E 随后就其医疗费用和疼痛与痛苦提出索赔。F 请求返还她的珠宝，并且，由于珠宝在争抢中受到了损害，因此，F 还就修补费用提出索赔。在这个案例中，是存在一个总体损失，其可就相同范围归责于每一个侵权行为人，还是存在数个相互独立的损失，每一项损失可归责于一名不同的侵权行为人？如何确定 D1、D2 和 D3 的责任范围？

41　所有报告人都同意 D1、D2 和 D3 都要对 E 和 F 遭受的损害承担连带责任，即使事实很清楚只有 D2 实际伤害了 E。如前面所提到的（上述边码 42），在大多数法域这一结果是建立在一致行动的基础之上的。[120]

42　对于匈牙利法而言，据说没有相应的概念存在。但是在我们的案例中，D1、D2 和 D3 将承担连带责任，迈尼哈德（Menyhard）争辩称，因为"他们一起行动，他们的行为是相互关联的并决定了损害结果处于一个完整的因果链条上"。这些联系是否存在是"一个关于侵权行为人的行为、因果关系、政策问题和受害人问题的司法评价问题"。[121]

18. 案例研究（人身损害被明确排除）假设事实与上述案例相

---

[120] "奥地利：侵权"边码 62 以下，"丹麦"边码 51，"英国：侵权"边码 45，"法国"边码 35，"以色列"边码 29，"波兰"边码 49 以下，"西班牙"边码 41，"美国"边码 35。参见"意大利"边码 24（未提到一致行动）。在德国法上，这一原理受到共同犯罪的限制："德国"边码 60。

[121] "匈牙利"边码 38 和 35。

同，如果 D1、D2 和 D3 最初同意不使用暴力，但是，当 E 未听从 D2 的命令时 D2 开了枪，该案是否因此而得到不同对待？在这个案件中，对于 E 的伤害，是由 D2 一人承担全部责任，还是可将其看做一起可在同等程度上归责于每一个侵权行为人的整体损失，从而认定 D1 和 D3 也要对损失负责？

43　　此处，令人怀疑的是，是否仍可以将一致行动作为责任基础，从而绕过单个行为的因果关系只指向总损害的特定部分的难题。在大多数国家，决定性因素是可预见性，即其他两名强盗的盘算中本应该有什么，特别是 D2 偏离计划的行动是否可合理地预见到。[122] 在其他地方焦点是——明显地更为狭窄——一致同意的计划的范围。[123] 在匈牙利，如已经提到的，问题是损害是否是因果关系链条上的共同的和不可避免的结果（基于事实的答案：是的）。[124] 很明显，如果基于 D2 对枪支的使用是无法预见到的或偏离了一致同意的行动方案而由 D2 一人单独对 E 的损害负责，那么，必须将 E 的损害看做是可与三名被告承担连带责任的那部分损害相分离。

F. 损害的可分割性和因果关系的不确定性

19. 为了处理与证明因果关系有关的问题——特别是在大规模侵权的背景下——有些地区发展出一些例外规则，以被告制造了风险为由对其施加责任，而无论有无证据显示被告的行为是原告所受伤害的"若非则无"（sine quanon，必要条件）意义上的原因。你们国家的侵权法是否承认这些规则？如果承认，什么被认为是受害人已经遭受的损失？

44　　以被告制造了风险为依据对其施加责任的几项例外规则，在本

---

[122] "奥地利：侵权"边码 65，"丹麦"边码 52，"英国：侵权"边码 48，"法国"边码 36，"以色列"边码 30，"意大利"边码 25，"美国"边码 36。
[123] "德国"边码 62，"西班牙"边码 42。
[124] "匈牙利"边码 40。

项研究所涉及的法律制度中可以找到。例如，英国法明确承认"对风险的实质性作用"的原理，正如风险可以无限地分割，可按被告对总风险的作用来分割损害。一项制定法上的例外规则，规定了全额连带责任，适用于间皮瘤案件。[125] 在美国侵权法中存在多种例外规则，包括择一责任、市场份额责任、企业责任和适用于石棉案件的几种特殊规则。[126] 在以色列，法院认可两项以风险为基础的例外责任类型：对丧失机会的责任和制造风险的责任。后者在一起 2005 年的有争议的最高法院判决中被明确认可：法院判决 D 对 P 的 20% 的损失负责，其依据是 P 的损失是由 D 的医疗过失所造成的概率为 20%。[127]

大多数民法法系国家喜欢借助于证据概念，如推定、[128] 降低举证的一般标准[129]或举证责任倒置。[130] 例如，在法国，最高法院在 2001 年的一起输血后感染 C 型肝炎病毒的案件中认可了因果关系的推定规则，该规则在次年被制定为法规。自此法院一直强调索赔人只须证实存在因果关系的可能性，而不是概率。[131] 在德国的医疗事故领域，我们可看到另类举证技术：法院将有关因果关系的举证责任倒置，但这只发生在重大医疗过失案件中。[132]

西班牙法律回避了前面提到的特定的技术问题，但是，据说其对因果关系的证明已经采纳了一种非常宽松的方法。[133]

45

46

---

[125] "英国：侵权"边码49。
[126] "美国"边码39。
[127] "以色列"边码31以下。
[128] "法国"边码37以下，"波兰"边码62以下。
[129] "意大利"边码27。
[130] "丹麦"边码54以下，"法国"边码37以下，"德国"边码71，"波兰"边码62以下。
[131] "法国"边码40以下。
[132] "德国"边码71。
[133] "西班牙"边码43，似乎暗示与"丹麦"边码54以下有相同的方法上的灵活性。

47   尽管存在对证据概念的普遍信赖，对事实上的或自然的因果关系通常标准的实体法上的例外，在一些民法法系国家制度中也可找到。首先是对择一因果关系的责任，两名以上的被告是原告损害的潜在原因，但无法确定每一名被告对损害发生的作用，以及如果存在的话有多大。在奥地利和德国，此类责任属连带责任，是以民法典的有关规定（《奥地利民法典》第 1302 条和《德国民法典》第 830 条第 1 款第 2 句）为依据或依此进行类推。[134] 在奥地利，此种规定的正当理由在于，无法查清损害的准确来源的风险应由从事非法行为和有过错的侵权行为人来承担，而不是由无过错的受害人来承担。由此而产生的结果的责任是建立在潜在因果关系的基础之上，即使损害有可能是由于意外而非侵权行为所导致的，仍可使责任成立。在此类案件中，应基于落入受害人范围内的非侵权风险，由被告承担一定比例的责任而非连带责任。[135] 相反，德国法依旧对这种革新的规则进行抵制。[136]

48   另一种方法是承认对丧失机会的责任，如法国法、意大利法和以色列法。丧失机会被看做一项独立的损害，与索赔人寻求赔偿所针对的不利后果相分离。该责任尽管建立在一定折扣的基础之上，但必须要根据通常的标准来对其进行证实。[137]

49   在法国的较新发展中，南泰尔法院在一起有关位于原告附近的移动电话的天线杆的案件中认可了一种由"暴露于健康风险"所构成的损失的责任。法院承认，基于现有科学知识水平，对于事实上是否存在健康风险，既无法确定地被证实，也无法确定地

---

[134] "奥地利：侵权"边码 60 和 66，"德国"边码 56。
[135] "奥地利：侵权"边码 66。
[136] "德国"边码 63 以下。
[137] "法国"边码 43，"以色列"边码 32，"意大利"边码 27，毫无疑问，丧失机会的责任也被本研究所涵盖的其他国家所承认，但在其国家报告中未被提及。

被排除。[138]

上述研究明显表明多个国家制度现在已经认可了某种形式的以风险为基础的责任，无论其以实质作用于风险的名义，还是以潜在因果关系或丧失机会（机会的丧失等同于出现不利后果的风险增加）的名义。但是，采用此种意义上的以风险为基础的责任并不必然要求将损害本身看做是暴露于风险。[139] 另一种方法是将损害看做是已经实现的损害，而被告对风险的作用被当做在手头案件中用来满足弱化的因果关系要求的一种手。[140] 以风险为基础的责任并不必然要求按比例判处赔偿金（进一步参见下文边码51以下部分），因而对于损害是可分的还是不可分的这一问题不具有决定性。

20. 案例研究（源于多种途径的暴露风险）V先后连续受雇于D1、D2和D3。在每一工作期间，由于雇主的过失V都暴露于石棉中。近来V已被诊断出患有间皮瘤，使其寿命预期严重缩减，该疾病系其在工作中暴露于石棉下所致。间皮瘤不是一种严重的疾病（不像石棉肺），并且，即使额外暴露于石棉中也不会加重其严重性。科学证据无法显示间皮瘤是由于在哪一工作时间暴露于石棉中所致，还是由于在不同工作时期累积暴露于石棉中所致。在你们国家的侵权法中，D1、D2和D3能否被认定负有责任？如果负责任，V被认为已遭受了一起不可分割的损失，还是多项不同的损失？

上述案例是发生在英国"仙童"案[141]中的场景。尽管在该案中索赔人不能满足"若非则无"因果关系的通常要求，上议院承认在正统方法之外存有例外，并判给索赔人以赔偿金，其理由是被告已经实质促成了伤害的风险，即便不是伤害本身。该案后来得到澄清：

---

[138] "法国"边码44。
[139] 例如，英国法的方法，见"英国：侵权"边码51。
[140] 这是奥地利所采用的方法（边码60和66）。
[141] *Fairchild v Glenhaven Funeral Service Ltd* (2002) UKHL 22, (2003) 1 AC 32, 在"英国：侵权"边码51中有相关研究。

此类案件中被告的责任是与其负责的风险成比例的,而不是承担连带责任。[142] 这可以被看做是将制造风险而非可证实的损害原因作为责任的基础:风险是可以无限分割的。但是,国家立法机构几乎立即就进行了干预,在间皮瘤案件中恢复了连带责任(虽然按份责任继续在属于"仙童"案例外情形的其他所有案件中适用)。[143]

52   好像在普通法的其他地方也存在与之类似的连带责任与按份责任之间的模棱两可。在以色列,对于被告应负责任这一点好像很清楚,但对于他们的责任是连带的还是按份的则没有确定的答案。吉利德赞同一项有弹性的规则,当适用于问题所述情形下的政策性考虑指向按份责任时,应允许采用按份责任。[144] 然而,毫无疑问,在美国,受害人会被看做是遭受了一起不可分割的损失,所有促成损失风险的人都要承担连带责任。[145]

53   大多数大陆法系国家都拒绝采纳以诸如制造风险为基础的责任,大多数国家的报告人都赞同,基于当前案件的事实,D1、D2 和 D3 应承担连带责任,从而将损失看做是不可分割的。[146] 在那些还没有审理过此类案件的国家的制度中,对此结果的解释是明确地建立在政策原因(威慑侵权人、补偿受害人等)之上的。[147] 在此类案件中判决被告承担责任的原则性基础并不总是明确的,尽管在有些法域暗示,对当前事实和那些采用特殊规则来缓解因果关系举证责任的事

---

[142] "英国:侵权"边码 51。
[143] "英国:侵权"边码 52 以下。
[144] "以色列"边码 38。
[145] "美国"边码 44。因为工伤法律禁止对雇主提起诉讼,所以该诉讼须对所涉及的各个石棉生产者提起。
[146] "丹麦"边码 59,"匈牙利"边码 42,"波兰"边码 64,Monti("意大利"边码 30)和 Ruda/Solé("西班牙"边码 44)未明确谈及不可分割的损失,但他们认为在他们国家制度中三名被告原则上应被判决承担连带责任。
[147] "丹麦"边码 56 注 51,"匈牙利"边码 42,"波兰"边码 64。

实进行类比。¹⁴⁸

在几个国家中，该问题案件将被作为工伤补偿来处理，而不是依据侵权法处理，¹⁴⁹ 尽管如此，报告人还是论述了原则要点。在德国，法院可能会拒绝依照《德国民法典》第 830 条第 1 款第 2 句适用连带责任，其理由是这一条要求数项对风险起作用的因素中的每一个自身都要足以导致全部损失，当前案件事实并非如此。¹⁵⁰ 但是，在奥地利，对此类案件可类推适用《奥地利民法典》第 1302 条的近似规定，其理由是先前提到的潜在责任基础，其假设前提是被告们都从事了非法行为并有过错，从而将原告置于确定的危险中，由此而产生的责任将是连带责任。¹⁵¹

21. 在所谓 DES 案件中，一些美国法院认定若干被告负有责任，即使被告与索赔者的损害之间的因果关系并不能像普通案件那样得到证实。这些案件处理的是多名被告与多名受害人之间的问题。尽管不可能证实哪一名被告损害了哪一位受害人，但每一名被告都要依其在 DES 市场上的份额承担按份责任（市场份额责任）。在你们国家的侵权法中，这样一种责任模式是否适当？如果适当，请基于下述案例说明什么被认为是已经遭受的损失。

大多数法域都不承认市场份额责任。¹⁵² 在有些法律制度中，它被认为与证实因果关系的方法是相反的。¹⁵³ 在其他地方，因其不如采用

---

148 例如，"法国"边码 45 建议与在输血后感染案件中目前所适用的因果关系的法律推定规则相类比。
149 "奥地利：侵权"边码 67，"德国"边码 67。在西班牙，该索赔将在劳动法院提起，在那里有关因果关系的证明通常还未被证实有问题：边码 44。
150 "德国"边码 68。
151 "奥地利：侵权"边码 67。
152 "丹麦"边码 60，"英国：侵权"边码 54，"法国"边码 44，"德国"边码 69 以下，"匈牙利"边码 43，"以色列"边码 39，"意大利"边码 31，"波兰"边码 65，"西班牙"边码 46。
153 "德国"边码 69，"意大利"边码 31，"波兰"边码 65。

其他规则所产生的连带责任更有利于受害人而被拒绝采纳。[154] 然而，在奥地利和以色列，市场份额责任作为既有原则的可容许的发展而受到支持。[155] 在英国法和法国法中，此类发展至少尚未被排除。[156]

22. 案例研究（市场份额责任）D1、D2 和 D3 是制药商，其生产的药品都是基于相同的化学制剂并都在 A 国流通。在药品上市多年后发现该药品所使用的制剂具有致癌作用。P 是数千名受害人中的一员，像其他受害人一样，他无法证实其服用的是哪一家制药商生产的药品（D1、D2 或 D3）。但是，根据市场份额原理，P 能向他们（D1、D2 或 D3）中的任何一家提出索赔，尽管每家制药商的责任都受限于其在 A 国市场上的份额。如果依据你们国家的侵权法可以适用市场份额模式，那么，什么是每一家制药商所应负责的损失？这种损害场景应被看做是一起单一的不可分割的损失，还是多个相互独立的损失？

大多数国家的报告人未回答此问题，因为在这些国家的制度中市场份额责任尚未被认可。[157] 在美国，这一概念的起源地，暗示 P 的损害将被看做一起单一的不可分割的损失，即使被告对 P 的损失只依其市场份额比例承担分别责任，并且，每一位制造商所负有责任的损失在概念上可被作为对每一位受害人的损害风险。[158] 这提示我们，在此背景下"可分"和"不可分"术语的适用远非直白，而是依赖于一个人所采用的（原告的或被告的）视角。当人们从不同角度看时，同一损失既可以是可分的，也可以是不可分的。

---

[154] "西班牙"边码 45。
[155] "奥地利：侵权"边码 68，"以色列"边码 39。
[156] "英国：侵权"边码 54，"法国"边码 46。
[157] "丹麦"边码 61，"英国：侵权"边码 55，"法国"边码 47，"德国"边码 72，"匈牙利"边码 44，"以色列"边码 39，"意大利"边码 28，"西班牙"边码 46。
[158] "美国"边码 46。

三、程序方面

A. 管辖

23. 依据你们国家的程序法，损害行为地或损害发生地对于哪一个法院有管辖权是否具有决定性意义？当损害行为在多个不同地点引发了多项不同的损失的时候，此类案件应如何处理？是否可以在同一个法院处理所有的损失索赔，即使这些损害是发生在多个不同的管辖区域内？如果可以，那么，整体损害是被看做是一项单一的不可分割的损失，还是多个相互独立的损失？

当一起损害行为或不作为在不同地方引起了不同损失，便出现了一个问题，即通过什么方式来决定哪一个法院有管辖权以及由侵权行为所导致的全部损害是否可以或必须通过提起单独的索赔诉讼而进行分割。在有些案例中，全部损失的不同组成部分有可能成为在不同法院管辖区提起的索赔的对象。这一问题既可出现在国际层面上，也可出现在国内层面上。

在其冲突法视角下的损害的合并与分割的专题报告中，蒂德（Thiede）研究了欧盟国家的国际管辖权。在欧盟，有一套统一的规则可适用。[159] 依照《布鲁塞尔条例 I》，索赔诉讼须在被告住所地国家（第二条）提起，或者——对与侵权、不法行为或准不法行为相关的事项——原告可以选择"损害事件发生地法院"来管辖［第5（3）条］。[160] 根据欧洲法院的规定，这句语词既包括侵权行为发生地，也包括损害发生地。[161] 这是可分还是不可分这一问题发挥最重要

57

58

---

[159] 《冲突》第 1 及其以下和第 7 及其以下。
[160] 《关于民商事案件管辖权及判决的承认和执行的第 44/2001 号条例》（布鲁塞尔 I）第五条第三款。
[161] ECJ 30 November 1976, 21 – 76 *Handelskwekerij G. J. Bier BV v Mines de potasse d'Alsace SA* (1976) ECR 1735. 进一步查看《冲突》边码 11。

作用的背景。损害可在不同司法辖区之间进行分割会威胁到冲突法制度的基本目标：只有一个有管辖权的法院和一部可适用的法律。[162] 尽管将每一个州的司法管辖权限制在发生在本土范围内的损害可以弱化跨境损害赔偿场景中的"挑选管辖地"的企图，[163] 但仍有判决不一致的风险，而源于单一侵权行为或不作为的诉讼程序的繁多会被认为是经济上的浪费。理论上，如果将损害看做是单一的不可分割的损失，这些弱点是能够避免的，如在由于初始侵害原告的受保护的权利或利益而导致的间接损失的案件中：只有最初侵害地，而不是间接损失发生地，才可作为损失发生地拥有管辖权。[164] 但是，在一般冲突法文献中，关于可分和不可分的问题尚未受到重点关注。

59 当存在多名侵权行为人时，《条例》第 6 条对多起不同诉讼的合并提供了较大的空间，规定即使受理法院自身原本无权受理这些额外的诉讼，法院仍可对共同被告主张附属管辖权 [即根据《条例》第 2 或 5（3）条]。原告可在任一共同被告的住所地所在国家提起索赔诉讼，只要此种类型的各个诉讼请求之间具有某种联系从而使得合并审理更为便捷。[165] 由此而进行的诉讼合并并不是依赖于争议损失是可分的还是不可分的，而是基于避免出现判决不一致的风险的政策考虑。[166]

60 当转向国内管辖的层面，我们发现了一种令人联想起依据欧盟法律决定管辖地的方法，但在有些国家制度中有重要差异。一般管

---

[162] 《冲突》边码 5。
[163] 《冲突》边码 13。
[164] 《冲突》边码 13。
[165] 《冲突》边码 17。
[166] 《冲突》边码 17。

辖权通常是依据被告的居住地来确定,[167] 并且索赔人可以在一个法院诉请赔偿全部损失,即使这些损失发生在多个不同的司法管辖区。对于另类管辖,关于侵权案件的特别管辖权也常有规定。本研究中的国家分为两种:一种是特别管辖只与侵权行为发生地有关;[168] 另一种则是索赔人既可以在侵权行为发生地起诉,也可以在损害遭受地起诉。[169] 在丹麦,对于法规上的"侵权发生地"这个词语的含义至令尚未得到最终解决,大多数判例倾向于侵害行为实施地而非损害结果发生地,但丹麦的学者认为,只要发生地的损害的程度并非完全不重要就应允许原告在管辖地之间进行选择。[170]

美国采取的是另一种方法,在决定哪一个法院拥有管辖权时事故地点本身从不具有决定性作用。[171] 对人管辖权的确定传统上参照被告的住所、居住地或当事人的同意。另外,州的长臂法规将管辖权延伸至那些位于州外但与该州有充分的"最低程度的接触"的人,此类的州可以合乎宪法地对非居民主张管辖权。

在此对于损害的可分和不可分的问题,国家报告未体现出重要作用。例如,有人提示损害是不可分的,只是因为其所有方面均可在一家法院进行处理。[172]

24. 案例研究(国内管辖权;损失发生地)在 W 法院的管辖区域内,D 对 P 的食物投毒。在 X 法院的管辖区域内,该食物喂给了

---

[167] "奥地利:侵权"边码71,"英国:侵权"边码56,"法国"边码48,"匈牙利"边码45,"以色列"边码40,"波兰"边码71,"西班牙"边码52。关于当事人的住所在美国法上的重要性,见"美国"边码47。
[168] "奥地利:侵权"边码72以下,"以色列"边码40,"波兰"边码71。西班牙的体制更为复杂,但广义上符合这一类(边码49以下)。
[169] "英国:侵权"边码56,"法国"边码48以下,"德国"边码74,"匈牙利"边码45,"意大利"边码33以下。
[170] "丹麦"边码63。
[171] "美国"边码47以下。
[172] "以色列"边码42。

P 的狗。结果 P 的狗在 Y 法院的管辖区域内开始呕吐并把 P 的汽车弄得一团糟。在 Z 法院的管辖区域内，P 自己食用了有毒的食品并因此而产生了胃痉挛和恶心。P 能在哪一处法院就其损失（被弄糟的汽车，疼痛痛苦，收入损失）提出赔偿请求？能在同一个法院提出所有的索赔吗？

63　　基于前面的讨论可得出在大多数法域 P 可以在 W 法院提出索赔，因为这里被认为是侵权行为发生地。[173] 在有些国家的制度中，P 可以选择在遭受损害地起诉，从而可以在 Y 和 Z 法院起诉索赔，但这意味着 P 必须将其索赔请求分开（即为了获赔全部损失，他将必须提起多起不同的诉讼）。[174] 这明显反映了一种直觉的评价，即损失是相互区分的和并非不可分割。但是，这种分析并不是普适的。在丹麦、匈牙利和意大利，根据管理相关诉讼的程序法则，好像 P 的所有损失都可在一家法院得到处理，[175] 然而，在西班牙，诉讼数量最多的或在质量方面最重要的索赔诉讼所在地的法院对全部损失拥有管辖权。[176] 在其他地方，P 通过选择在被告居住地（在研究案例的事实中没有提示）或侵权行为地提起诉讼，仍可确信其所有索赔均可在同一法院得到处理。很明显，使用这些合并机制并不要求将此案件中的损失看做是不可分的。

B. 诉讼金额

25. 诉讼金额在诉讼的程序方面（例如，有关律师费、诉讼费，法律救济的认可，法院管辖权或其他原因事项）是否具有决定性作用？如果是，当基于一个单一的侵权行为或不作为而提起的诉讼请

---

[173] "奥地利：侵权"边码 76，"丹麦"边码 64，"英国：侵权"边码 57，"法国"边码 53，"德国"边码 76，"匈牙利"边码 46，"以色列"边码 40，"波兰"边码 74。在美国也可提出相同结果，尽管路径不同："美国"边码 50。

[174] "英国：侵权"边码 57，"德国"边码 76。

[175] "丹麦"边码 65，"匈牙利"边码 46，"意大利"边码 34 以下。

[176] "西班牙"边码 52。

求被分解开并单独起诉时,是否会产生不同的结果?当损害被看做是一项单一的不可分割的损失或多个损失时,会有什么不同(如果有的话)?

在此次研究的所有国家中,诉讼金额可决定哪一个法院具有一审管辖权。[177] 在丹麦、英格兰和西班牙,它还决定着可适用何种诉讼程序。[178] 在大多数国家于计算律师费时诉讼金额也同样重要,[179] 在奥地利和德国,在决定上诉的范围和向最高法院上告(revision)时索赔金额亦重要。[180]

64

在确定诉讼请求的金额时,要将所有的组成部分进行合并。在这种背景下,在决定为了确定诉讼请求的金额而应对什么进行合并时,报告人或指向在事实上或法律方面有"联系"的诉讼请求,或指向"源自相同侵权行为"的诉讼请求。因此,大多数情况下可认为诉讼请求与总损失相关。[181]

65

在有些法域,对于源自相同侵权行为的索赔,当其在相同法院起诉时,通常被合并在一起时,因此,就其依法不能分割开来进行单独起诉而言,它是不可分割的。然而,在有些国家的制度中,对于源自一起单一的侵权行为或不作为的索赔,也是如此对待的。在奥地利和德国,原告有权只就其索赔的一部分进行起诉。[182] 如瓦格纳

66

---

[177] "奥地利:侵权"边码81,"丹麦"边码68(在这里索赔金额只在特定案件中对管辖事项有影响),"英国:侵权"边码58,"法国"边码54,"德国"边码78,"匈牙利"边码47,"以色列"边码43,"意大利"边码36,"波兰"边码75,"西班牙"边码53,"美国"边码51。

[178] "丹麦"边码68,"英国:侵权"边码58,"西班牙"边码53。

[179] "奥地利:侵权"边码80,"德国"边码79,"匈牙利"边码47,"意大利"边码36,"波兰"边码76,"美国"边码52。

[180] "奥地利:侵权"边码84,"德国"边码80以下。[两份报告都将上诉和向最高法院上告(revision)作为调查表意义上的"法律救济"。]

[181] "奥地利:侵权"边码82,"丹麦"边码69,"英国:侵权"边码59,"法国"边码56,"匈牙利"边码47。

[182] "奥地利:侵权"边码85以下,"德国"边码82。

所指出的，这种分割会导致当事人在数个地方法院而不是一个地区法院来提起诉讼。[183] 但是，对于诉讼费，提起一系列分散的小额诉讼要较之提起一次大额诉讼花费更多。[184] 在认可多起部分索赔的法律制度中，为防止有人操纵哪一个法院具有管辖权和随意进行部分诉讼并将低费用风险的案件作为测试案件，可以将起诉的金额作为索赔的金额，即使原告明确地保留日后进一步提起索赔的权利。[185] 另一个相关因素是，对于剩余索赔的诉讼时效将继续计算而不管部分索赔的提起。[186]

67 　　在美国，单一原告或一个集团的原告为了满足联邦法院关于标的物管辖的起点要求可以将其索赔请求进行合并。在集团以外行事的多位原告则不享有此种机会。[187]

C. 先前法院判决或和解的法律效力

　　26. 当一项请求已经历诉讼，并且终审法院的判决已经做出时，索赔人在多大范围内被禁止就基于同一侵权行为或不作为而产生的进一步损害提起诉讼？作为后一起索赔对象的损失被看做是已经被法院处理过的损失的一部分或者被认为是一项独立的损失，是否具有决定性作用？

68 　　所有的法域都认可"既判力（一事不再理）"的概念，原告不得对已经法院裁决的诉讼请求再次提起诉讼。在英国法中，这一概念比在别处得到了更宽泛的解释，因为它包括那些本应该在最初的诉讼中提起但并未提起的事项（包括损害科目）。[188] 普通法上的"一

---

[183] "德国"边码78，参见"波兰"边码77，"美国"边码51，"以色列"边码43。
[184] "奥地利：侵权"边码79和83，"德国"边码79，"匈牙利"边码47。
[185] "奥地利：侵权"边码83。
[186] "奥地利：侵权"边码86，"德国"边码83。
[187] "美国"边码51。
[188] "英国：侵权"边码63。

次诉讼规则"进一步强化了对有关相同标的物的重复诉讼的排除,[189] 从而将不同类型的损害合并在一套诉讼程序中,[190] 在英国法中,因为在有些人身损害案件中存在"暂定赔偿金",因而它在某些小范围内被弱化。[191]

奥地利和德国法对此类事项采取了截然不同的方法。这些国家的制度对于争议标的 (*Streitgegenstand*) 有着"特别狭隘"[192] 的定义,它是由原告来界定法院所审理的诉讼请求的范围,从而确定可提起再次诉讼的范围。原告可就其损失的一部分提起首次诉讼,然后再就剩余部分提起进一步的诉讼。[193] 在这种背景下关于疼痛和痛苦的损害赔偿是例外,因为通常推定原告会就全部索赔提起诉讼而部分索赔只有在例外的情况下才被允许,例如,尚无法评估原告所遭损害的全部后果。但是,在此类案件中,只有当事后实际发生的损害是在首次判决时无法合理预见到的时候,原告才可回到法院寻求进一步的非金钱损害赔偿。[194]

此次研究中的其他国家则位于上述两个极端中间的某个位置。法国最高法院确立的做法好像与奥地利和德国法最接近,它允许受害人以在首次索赔中未包括的损失项目的名义提起一次新的索赔,无论其在第一次诉讼时是未知的还是已知的。其效果是,它使得索赔人的损失被强制拆分 (*découpage*)。但是,如加兰-卡瓦尔 (Galand-Carval) 所报告的那样,法院在最近的判例中好像已采纳了一种对"既判力"的更严格的定义,使得上述所描述的已确立的做法成

---

[189] "英国:侵权"边码62。
[190] "美国"边码56。
[191] "英国:侵权"边码62。
[192] "德国"边码82。
[193] "奥地利:侵权"边码86以下,"德国"边码83。
[194] "奥地利:侵权"边码88,"德国"边码84,德国法在此适用一项特别严格的标准,要求后来的损害须属于即使是对于专家而言也是无法合理预见的(同上)。

为疑问。它认为先前确立的有关在初次索赔中未包括的损失项目的方法今后可以限于在人身损害的案件中使用。[195]

71 　　意大利法也允许索赔人对在首次索赔诉讼中未包括进行的损失项目再次提起诉讼，但是，只有当索赔人明确保留如此做的权利的时候才可以。[196]

72 　　在其他地方，只有存在（已知）事实的变化时，才允许再次诉讼，尽管它在匈牙利得到了有利于索赔人的突出的慷慨性的解释，在那里，新的医疗知识（例如，与因果关系有关）的发现被认为足以允许对已决案件的再次诉讼。[197] 在其他国家，当基于相同侵权行为而产生的新损害或原损害的加重是在首次审理时无法合理预见到的时候，或期待索赔人对作为后续诉讼标的的损失提起索赔是不合理的时候，可以进行后续诉讼。[198]

73 　　几位国家报告人——分散于上述列举的方法之间——认为这些原则的适用与损失的性质是可分的还是不可分的是相互独立的。[199] 但是，在关于匈牙利的报告中，迈尼哈德有力地辩称，作为后一起索赔诉讼标的损失是与法院已处理过的损失相互独立还是其中的一部分，有可能是"关键的和决定性的";[200] 只有在前一种情形中，才可以进行二次诉讼。即使依照普通法系对"既判力"原则的宽泛解释方法，也是如此。如格林（Green）和汉纳（Hanner）所观察到的，如果索赔人能证实"相互独立的侵权行为引起了独立的和可相互区分的损害，这经常要求在多种损害之间存在时间或空间的

---

[195] "法国"边码 62 以下。
[196] "意大利"边码 37。
[197] "匈牙利"边码 49。
[198] "丹麦"边码 70，"波兰"边码 79（关于非金钱损失），"西班牙"边码 55。
[199] "奥地利：侵权"边码 87，"丹麦"边码 70，"德国"边码 83，"以色列"边码 46，"西班牙"边码 55。
[200] "匈牙利"边码 48，也可见"以色列"边码 50。

分离",[201] 那么，他可以对一个被告提起多次索赔诉讼。

27. **案例研究（先前判决）** 在一起交通事故中由于 D 的过失导致 P 的汽车受损。P 就重新喷漆的费用起诉 D 而获胜诉。判决做出后，发现不仅汽车的喷漆在车祸中受损，发动机也受损了。P 是否被禁止就发动机的损害赔偿再次提起诉讼？发动机受损被看做是法院已经处理过的损失的一部分，还是一项独立的损失？

适用上面所描述的各项原则，在本研究的多数国家制度中，P 被禁止就发动机损害提起二次索赔诉讼。[202] 在普通法上，"既判力"原则和一次诉讼规则的组合效果要求两种损害都要在同一诉讼程序中处理。[203] 由于上面所简要提到的（边码 70）与未包括在首次索赔中的损失类型相关的"司法革命"的缘故，类似的分析现在好像也在法国适用：基于上述事实，好像 P 将被禁止再次起诉，因为对于此项损失本应在前一起诉讼中提出索赔。[204] 在波兰，再次诉讼也被禁止，尽管其原因在于对事实损失与未来损失的重要区分：由于发动机的损害在首次诉讼时就已存在，因此 P 被禁止再次提起诉讼，而无论他先前不能就此损失进行诉讼是否构成过失。[205]

相反，在奥地利和德国法上，原则上再次诉讼未被排除，但首次索赔的诉讼请求范围具有关键性：如果 P 将其首次诉讼请求限于重新喷漆的费用，他不会被禁止在未来提起索赔，因为不存在诉讼请求的重合。[206] 在意大利，如果原告在第一次诉讼中保留了他对其他损失进行诉讼的权利，也会得到相同结果，但是，如果不这样的话，

74

75

---

[201] "美国"边码 56。
[202] "英国：侵权"边码 64，"法国"边码 68，"以色列"边码 47 以下，"波兰"边码 81，"美国"边码 59。
[203] "英国：侵权"边码 64，"以色列"边码 47 以下，"美国"边码 59。在英格兰，即使当诉因不同时，结果也是如此，见"英国：侵权"边码 64。
[204] "法国"边码 68。
[205] "波兰"边码 81。
[206] "奥地利：侵权"边码 59，"德国"边码 85。

结果也就不同。[207] 在西班牙和丹麦法律中，我们发现了一种不同的方法，关键问题是在第一次诉讼中剩下关于发动机的索赔是否合理，即对发动机的损失是否可合理地预见到。[208]

76　　在匈牙利法律中，由于最高法院对既判力所采取的弹性方法，P有能力就发动机的损害提起新的诉讼看起来更加确定。在该案例研究中，二次索赔所依据的事实与第一次判决包括的事实并非同一事实。[209]

77　　以下部分得到了报告人的普遍同意，即将损害分类为可分的和不可分的与将上述原则适用于事实无关，[210] 至少不具有结论性。[211]

28. 案例研究（先前判决和与有过失）事实与上述案例相同，但是，在处理 P 就重新喷漆的费用要求赔偿的问题时，法院判决因为 P 与有过失而减半赔偿。审理关于发动机损害赔偿的后一起案件的法院是否受先前法院所做出的与有过失的判决的约束？发动机受损是否被看做是还未被法院处理过的一项独立的损失，因而先前的判决对后面的法院没有约束力？

78　　如前面所提到的（边码74），在此项研究所包括的大多数国家中后续诉讼将被禁止。假设他能提起二次诉讼，大多数法域中 P 将受到先前关于与有过失认定的约束。[212] 然而，我们可以一再地发现奥地利和德国采取的是一种不同的方法。在这些国家制度中，第二个法院不会受到前一诉讼中关于与有过失认定的约束，因为，只有法院关于争议标的的裁决，而不是作为判决基础的事实认定，才受既

---

[207] "意大利"边码38。
[208] "丹麦"边码72，"西班牙"边码56。
[209] "匈牙利"边码49。
[210] "奥地利"边码89，"丹麦"边码72，"德国"边码85，"以色列"边码48，"西班牙"边码56。
[211] "匈牙利"边码49。
[212] "丹麦"边码73，"匈牙利"边码50，"以色列"边码49，"意大利"边码39，"西班牙"边码57，"美国"边码61。

判力的约束。[213] 波兰法律也否认第一个法院的认定具有约束力，但是，如巴金斯卡所观察到的，第二个法院出于实践原因也许想沿用它们。[214]

无论何种分析，在这种背景下，索赔者损失的可分性和不可分性的作用再次看起来微乎其微或没有意义。[215]

29. 案例研究（和解的法律后果）再次假设事实相同，但例外的是P最初的索赔是通过法庭外和解而非司法的方式解决的，P是否会因先前和解的事实而被禁止再次提起诉讼？如果不会，那么，因与有过失而双方合意减少赔偿金是否会对第二起索赔诉讼具有约束力？所受损失被看做是一项单一的不可分割的损失还是多个损失是否具有重要意义？

得到普遍认可的是和解的法律效力取决于根据合同法原则对其进行的解释。[216] 法国是一个例外，其《民法典》明确规定和解在当事人之间会产生终审判决的约束效力，[217] 诸如既判力之类的概念对于法庭外和解不适用。[218] 这种分析的一个结果是和解协议的约束效力可以因对合同有害的因素（例如，不具备行为能力）而被否定。[219] 对和解的细致条款的关注意味着——再一次——损害的可分性或不可

---

[213] "奥地利：侵权"边码90，"德国"边码86。
[214] "波兰"边码82。
[215] "奥地利：侵权"边码90，"德国"边码86，"以色列"边码49。但是，与"丹麦"边码73相比较，注意，事实上，这两种损失应该被看做是"不是相互独立的"。
[216] "奥地利：侵权"边码92，"丹麦"边码74，"英国：侵权"边码66，"德国"边码87以下，"匈牙利"边码51，"以色列"边码50，"意大利"边码40，"波兰"边码85，"西班牙"边码60。
[217] "法国"边码68。
[218] "奥地利：侵权"边码92，"丹麦"边码75，"德国"边码87，"匈牙利"边码51，"以色列"边码40，"西班牙"边码59以下，"美国"边码63。
[219] "波兰"边码86，"西班牙"边码59。

分性在极少情况下，如果有的话，是一件重要事项。[220] 但是，有一些例外的情形，索赔人想提起诉讼的损失与受和解约束的损失具有不可分性，从而禁止索赔方再次诉讼。[221]

D. 集团诉讼、代表人诉讼、示范诉讼和大规模侵权

30. 在你们国家的法律制度中，何种诉讼程序机制允许由多个不同的索赔人提起的赔偿请求在一个法院合并审理？如果不同的诉讼请求被合并，它们是被看做与一项单一不可分的损失有关呢，还是与多项损失有关？

81   在所有参与的法域中，有多种各异的程序机制可以将相关索赔诉讼合并到一家法院进行审理以提高司法效率。一种应用广泛但相当基础的机制是诉讼合并。为了在一家法院合并审理的目的而将那些有密切联系的诉讼请求合并在一起，从而使得这种程序机制成为必要，但是，每一项诉讼请求仍然被认为是独立的，它们有着自己的是非曲直，法院对各项诉讼请求的裁决也是各异的。[222] 单个原告所遭受的总损失并不因此而被认为是不可分割的。

82   其他的可将不同的诉讼请求合并在一起的主要程序机制——包括集团诉讼、消费者保护组织提起的代表人诉讼和示范诉讼——更为复杂并大多是最近发展而来的。采纳这些程序机制与将损害归为可分的或不可分的是否具有牵连意义将在下文讨论（边码83及以下）。

31. 依据你们国家的法律制度提起集团诉讼（或与其最接近的对应程序）的前提条件是什么？请举出在你们国家的侵权案件中使用集团诉讼的例子。通过集团诉讼的方式进行索赔与每位受害者单

---

[220] "奥地利：侵权"边码92，"丹麦"边码75，"德国"边码88，"匈牙利"边码51，"西班牙"边码62。

[221] "以色列"边码50。

[222] "奥地利：侵权"边码94，"丹麦"边码78，"英国：侵权"边码70，"德国"边码90，"匈牙利"边码52，"意大利"边码47，"波兰"边码87，"美国"边码64。

独起诉索赔有什么区别？如果一名受害人对法院在集团诉讼中所做出的判决不满意，他能否以自己的名义提起独立的诉讼，如果a）他先前已经是集团诉讼的当事人；b）他从未成为集团诉讼的当事人？集团诉讼的判决的法律效果是什么？如果一群索赔人以集团诉讼的方式起诉要求赔偿，是否会导致将每一位索赔人的损害进行加总以使其被看做是一项单一的不可分割的损失？

集团诉讼不仅在它们的出生国美国被承认，而且还在丹麦、以色列和西班牙得到承认。[223] 除此以外，在参与本项研究的其他国家的法律制度中没有此类集体救济形式。[224] 83

集团诉讼在美国依然有争议，特别是在人身损害的背景下，集团诉讼在该领域的使用已受到法院的重要限制。在涉及财产损害、消费者保护和医疗监控的案件中，采用集团诉讼的通常比较多。[225] 提起集团诉讼需要满足五项要求：一个被充分界定的集团、多数、共同性、典型性和代表性。基于具体提起的是哪一类集团诉讼，有可能还需要满足其他要求。[226] 在此我们将分析限制为依照《联邦民事诉讼规则》第23（b）（3）条提起的集团诉讼，就与侵权索赔有关的集团诉讼而言它是使用最频繁的一种。当法院认定集团成员的共同的法律或事实问题较那些只影响个别成员的问题占优和为了公平、有效率地裁决争议集团诉讼优于其他可利用的方法时，可以使用23（b）（3）类型的集团诉讼。判决对集团的所有成员都有约束力，但是，那些欲从事单独索赔的成员有机会提前选择退出集团。只有23 84

---

[223] "丹麦"边码81以下，"以色列"边码51以下，"西班牙"边码66以下，"美国"边码69以下。意大利的集体诉讼程序（The collective Italian procedure）被描述了一种集团诉讼（第41以下），但其事实上更像消费者组织提起的代表人诉讼，其在第91中被讨论。

[224] "奥地利：侵权"边码99，"英国：侵权"边码73，"法国"边码71，"德国"边码93，"匈牙利"边码53，"波兰"边码89。

[225] "美国"边码70以下以及73。

[226] "美国"边码69。

(b)(3)类型的集团诉讼含有一项选择退出的绝对权利。根据格林和汉纳所言:"在集团诉讼中,对损害需要汇总以确定被告应承担的损害赔偿金的数额,从这个意义上讲,损害是合并在一起的。但是,它们并未融合成一起单一的不可分割的损失。每位集团成员单独要求损害赔偿的权利被保留了下来。"[227]

85 参与本次研究的其他国家所允许采用的集团诉讼与美国模式都有许多共同特征。在丹麦,[228] 集团诉讼的索赔请求必须源自相同的事实状况和法律基础,必须有可能任命一名集团代表,法院必须考虑该案件是否适合作为集团诉讼对待。只有集团代表才被认为是案件的当事人,但判决对所有集团成员都有法律约束力。如果没有集体发动的上诉,个人拥有上诉权。可以想象这一程序可在侵权背景下使用,例如,火车脱轨后乘客提起的损害赔偿诉讼。

86 在以色列,2006年引入的代表人诉讼程序,在当事人未明确选择退出的情况下,对被代表团体的所有成员都有约束力。将不同的诉讼请求合并为一起代表人诉讼的主要根据是,存在被代表团体的所有成员的共同的法律和事实的重要问题。要批准一起代表人诉讼,法院必须认定这一程序是解决争议问题的最公平和最有效率的方法,并且每一位团体成员的利益都将以善意的和适当的方式来维护。相关法案规定每位团体成员的个人损失必须要在判决赔偿金之前得到证实,但是,在对成员的个人损失进行赔偿不可行的时候,也允许对团体或团体的一部分、甚至一般公众进行"集体"救济。在这种情形下,被合并在一起的全部损失可合法地被认为是"不可分的"。[229]

---

[227] "美国"边码72。
[228] "丹麦"边码81以下。
[229] "以色列"边码52。在此讨论这一程序是因为它们与美国的集团诉讼要较之与第88后的问题中所讨论的消费者团体诉讼具有更密切的亲近关系。

根据西班牙法律,[230] 集团诉讼（acciones de clase）被限制为消费者请求损害赔偿的诉讼，并且可以由一群受害人（如果他们构成所有受害人的大多数的话）、消费者组织或"实体"，例如，受害人的社团组织，来提起诉讼。已经有人提起集团诉讼这一事实并不能阻止单个消费者提起他自己的侵权索赔，该索赔将被单独处理。集团诉讼程序是以损害事件（hecho dañoso）的发生为前提。每一位受害人遭受了不同的损害这一单纯事实并不能阻止集团诉讼的提起，因为该损害被认为是源自受害人消费了某一特定的商品或服务，因此，该损害对他们所有人而言都是共同的。[231] 西班牙集团诉讼的约束效力被认为是相当不明朗的，但是，至少部分学者认为"既判力"原则会影响到那些并非当事人但属于当事人的诉讼资格赖以建立的基础权利的享有者（特别是所要考虑的当事人原本有机会但未利用该机会来参与到集体诉讼程序中）。[232]

87

总体来说，这些程序机制实现了将诉讼请求合并而无需将所有受害人所遭受的被合并的损失看做是不可分的。但是，在以色列，在特定情形下可以将被合并的损失看做是不可分的，即当对集团成员的个人损失进行赔偿是不可行的而给予团体或团体的一部分以集体救济的时候（上述边码86）。尽管如此，此处的不可分性好像是鉴于个人所遭受的损失具有分散性和无法确定的性质而判处集体救济的判决的结果，而不是因为被合并在一起的损失是不可分的。

88

32. 在什么条件下消费者保护组织可以代表一群受同一侵权行为影响的人提起诉讼（代表人诉讼）？请举出在你们国家的侵权案件中使用代表人诉讼的例子。法院在上述诉讼程序中所做出的判决对于每一位受害人单独提起的赔偿请求的法律后果是什么？如果某一

---

[230] "西班牙"边码66以下。
[231] "西班牙"边码69。
[232] "西班牙"边码83。

位受害人对于法院在消费者诉讼中所做出的裁决不满，他可以自己的名义单独提起诉讼吗？每一位受害人所遭受的损害能否被看做是一项独立的损失，尽管它已经被法院在代表人诉讼的框架内处理过？

89   有几个国家已经引入了关于消费者保护的法律，为消费者诉讼规定了特别程序。《奥地利消费者保护法》规定，一定的组织可对违反法律或其一般交易条款和条件违反了善良风俗的公司寻求禁令救济。它强化了特别的个人和公共利益，但不会对个人的地位产生法律上的影响。对于类似的机制，如一家公司可以被命令停止不道德的商业行为和误导性宣传，也是如此。[233] 类似地，依据匈牙利法律，法定的组织可以对因非法活动给某类消费者造成严重损害的任何当事人提起索赔，而不会损害消费者提起个人索赔的权利。[234] 与之相反，波兰法律允许法定组织在与保护消费者权利有关的案件中代表消费者提起索赔，并将随之而产生的判决看做是对消费者具有约束力，因为如巴金斯卡所分析的那样："他被认为是诉讼的一方当事人（具有实质的法律地位）。"[235] 在德国，由一个组织提起的代表人诉讼被限于竞争法领域。这些诉讼最初限于寻求禁令救济，但是自2004年以来特定的组织也已经有权诉请吐出非法所得，尽管其只能使联邦财政受益。[236] 这不会排除单个消费者的索赔，但是，由于此类索赔必须基于一般侵权法，如瓦格纳所指出的那样，此类索赔很有可能不会被提起：在此类案件中个体消费者所遭受的损害通常很小，并且，被诉损害属纯经济损失，依据德国法对此并不存在一般侵权责任。[237]

---

[233] "奥地利：侵权"边码100以下。
[234] "匈牙利"边码54。
[235] "波兰"边码90。
[236] "德国"边码96。
[237] "德国"边码97。

其他国家的代表人诉讼允许给予个人以赔偿。在法国，遭受相同损害的受害人可以组成一个组织（ligue de defense），由该组织为其成员诉请赔偿。当法院做出对组织有利的判决时，该组织可以收取应由个人所得的赔偿金，然后依照其设立法规所期待的方式进行分配。[238] 最近的一项改革是共同代表诉讼（action en representation conjointe），由受害人授权给一个组织，以便使该组织能够以受害人的名义并为受害人的利益而行为。判决是针对本人的而不是代表组织。这些诉讼所受到的严格要求（包括来自每一位受害人的书面授权）意味着它们在实践中不会被采用。[239] 在西班牙，消费者组织可以提起索赔诉讼以保护其成员的权利和利益。该组织被看做是其成员的替代者，该成员要受到法官判决的约束，如同他们是当事人一样。单个受害者被允许介入到诉讼程序中，并可请求就其遭受的损害得到赔偿。[240]

2009年，意大利计划引入一种新的诉讼（azione collettiva risarcitoria），为多名单个的消费者提供补偿性损害赔偿和其他赔付。[241] 只有特定的消费者组织和其他被认为适合作为特定的消费者团体利益代表的实体才有法律资格提起此类索赔，它可对任何商业、金融、银行或保险企业起诉。侵权索赔被明确包括在内。法院判决只对那些明确选择加入的消费者有约束力，它具有排除消费者个人提起独立诉讼的效果。如果法院判决对消费者组织有利，它会在判决中列明对那些选择加入的消费者进行赔偿的标准，但不会列明判决赔偿的金额。

33. 你们国家的诉讼法是否规定了其他机制（例如，示范诉

---

[238] "法国"边码73。
[239] "法国"边码74以下。
[240] "西班牙"边码85以下。
[241] "意大利"边码41以下。

讼），可以将许多不同的赔偿请求合并起来由同一个法院来审理？必须满足什么样的前提条件？特别是，是否要求每一起请求赔偿的损失之间具有特别的联系（法律上的关联）？通过这种机制而将不同的索赔请求合并在一起会产生什么样的法律后果？

92　　示范诉讼在欧洲大陆的法域中并不常见，但在英国和美国法中却是众所周知的法律特色，它们被认为对于那些"诉讼请求存在根本上的分歧"而不适合进行集团诉讼的索赔人特别适合。[242] 第一步是将一组相关的诉讼请求一起交由同一法官负责审理。然后，选择一定的诉讼案件作为典型诉讼继续进行审理，而将其他索赔案件中止以等待示范案件的审理结果。虽然示范诉讼的结果对于其他已中止而等待结果的索赔诉讼案件没有正式的约束力，但是，对于示范诉讼中的已决事项进行重复诉讼可被认为是滥用诉讼程序。[243] 在英国法中，示范诉讼最近被并入到一个更为正式的诉讼程式中。当存在或有可能存在具有共同的或相关的法律上或事实上的问题的多起索赔诉讼时，法院可以做出"团体诉讼命令"（GLO），将所有索赔诉讼作为一个团体进行登记并交由一名法官进行管理。如前面所描述的非正式做法，从登记中的案件中选择特定的案件作为示范案件继续进行审理，而将其他案件予以中止。《民事诉讼规则》规定："对于团体登记中的一项诉讼案件所做出的与一个或多个 GLO 事项有关的判决或命令……该判决或命令对团体登记中的所有其他诉讼的当事人都有约束力……法院命令另有规定的除外。"[244]

93　　在这种背景下，我们也应注意到《德国证券诉讼示范诉讼法》。[245] 此法案是作为对一起大规模侵权案件的特别应对措施而通过

---

[242] "美国"边码 77。
[243] "英国：侵权"边码 70 以下。
[244] "英国：侵权"边码 72 以及 75。
[245] "德国"边码 100 以下。

的，该案件是指德国电信公司（*Deutsche Telekom* AG）被近乎15,000投资者起诉。该法规的效力仅至2010年，可被看做是一场"在集体救济领域中的实验"。[246] 瓦格纳声称，若没有该法案，法院将用几十年时间才能处理完所有单个索赔案件。法案规定上诉法院在审理示范案件（*Musterklage*）时可将其他索赔案件中止。剩余的索赔案件将由一审法院参照上诉法院对示范案件的判决进行处理。奥地利法律中也有示范诉讼，并且因立法而变得更加便利，特别是依据《消费者保护法案》（KSchG）。它规定在由一个法定组织承担的索赔案件中，向奥地利最高法院（OGH）上告（revision）不适用诉讼金额门槛值。这使得向OGH提起争议金额非常小的示范诉讼案件成为可能。OGH的判决对于类似的案件没有正式的约束力，但在实践中有着重要的信号传递的效果。[247]

34. 案例研究（火车事故）一辆由D公司运营的火车在高速轨道上脱轨，车上有100人受伤。这些受害人与D公司之间有不同的法律关系。有些是付费的乘客，有些是无偿的旅行，而另外一些人属未经许可而上车。是否有可能通过以下诉讼机制将这些受害人的索赔合并在一起：a）集团诉讼，b）代表人诉讼，或c）其他诉讼机制？如果多起赔偿请求被合并起来通过同一程序来处理，每一位受害人所遭受的损害被看做是一项单一的不可分割的损失的一部分，还是多项损失复合体中的一项独立的损失？

此项案例研究的事实让人想起1998年靠近德国艾雪德镇的高速铁路事故。由于在德国法上没有有效的充分的集体救济形式，侵权行为人和其保险人以个案为基础建立私人争端处理机制，并在该索赔事项解决后废除了该机制。如瓦格纳所报告的，这种制度实际上运作得相当好并且运作成本很低，但是，其缺点在于这种机制的使

---

[246] "德国"边码102。
[247] "奥地利：侵权"边码96。

用完全处于侵权人的掌控中。[248]

95 　　除了前面提到的诉讼合并机制（上述边码 81），其他大多数国家也缺乏对大规模侵权提供集体救济的特定机制。但是，在法国，对于本案例研究中的索赔可以通过维权联盟来进行协调，而在英国，可以通过团体诉讼命令来协调。[249] 在意大利，好像很有可能将该案件交由刑事法庭来处理，刑事法庭会在其判决中声明犯罪受害人有权获得赔偿，其金额将由民事法庭在随后的诉讼程序中确定。[250] 在西班牙法中，当一个可确定的团体的集体利益已受到影响，并且团体成员的损失源自一起单一的损害事件时，可以提起集团诉讼。好像它不会受到相关实体法的影响，即未经许可而乘车的乘客可能会被拒绝赔偿。[251] 但是，我们正在研究的这起索赔案件在美国能否通过集团诉讼来处理是令人怀疑的，因为受害人和 D 的法律关系各异并且损害具有个性化特点。[252] 其他报告人也强调了由事故产生的多起损失之中每一位受害人的损失的独立性。[253]

四、保险方面

A. 限额与扣除额

　　35. 在你们国家的法律制度中，是否存在成文法原则或法院发展出来的原则，用以解决下述问题：一起损害事件被认为是一起单一的事故而使得保险人的总的责任受到赔偿限额的限制，还是多个相

---

[248] "德国"边码 104。
[249] "英国：侵权"边码 76，"法国"边码 81。
[250] "意大利"边码 47。
[251] "西班牙"边码 89。
[252] "美国"边码 78。
[253] "匈牙利"边码 56，"波兰"边码 93，"西班牙"边码 89，但是，参照"丹麦"边码 88，它将每一位受害人的损害看做是单一的不可分割的损失的一部分。

互独立的损失而使得每一项损失——适用赔偿限额并使得保险人对每一项损失均要赔偿至一定的数额？另外，保险合同所采用的标准条款是否对这一问题有规定？

保险单通常通过适用于每一次"损害事件"、"保险事故"或"事件"（诸如此类的多种称呼）的最高数额——即限额——来限制责任。对于这些术语应如何理解的定义在保险领域通常很重要，并不仅仅是为了适用责任限额。[254] 如兰施泰因（Lahnstein）所言："可以不同方式进行解释的'软'前提具有影响深远的后果。"[255] 确定一起损害事件是否是一起单一事故的第一步是查看保单用语：单个保单的措辞和合同解释原则所发挥的重要作用在几份报告中都得到了强调。[256] 在有些国家，存在一项一般原则，即对保险合同中的模糊之处应做出不利于合同起草人的解释。[257] 但是，在国家立法中，关于什么构成一起单一的"损害事件"或"事故"的问题却很少得到处理。[258] 在这一领域法国是一个例外，如《法国保险法》规定："一起损害事件是指构成损害的有效原因。"[259]

即使大多数国家对相关事件没有权威定义，但存在普遍认可的意见，即在确定损害是应归为一起还是多起事件时因果关系是一个关键因素。例如，西班牙的"事故的一体性"（unidad de siniestro）原则将"源自同一原因的一系列损害"都看做是一起单一事故。[260]

---

[254] 进一步见"英国：保险"边码 16 以下以及《保险方面》边码 5 以下。

[255] 《保险方面》边码 1。

[256] 特别是刘易斯的报告，在英国法上，与其他大多数法域不同，并不存在标准保单用语，见"英国：保险"边码 1 以下。也可见"法国"边码 92 以及 97，"德国"边码 106，"意大利"边码 49 以下，"美国"边码 79，《保险方面》边码 6。

[257] "奥地利：保险"边码 7，"法国"边码 86（限于争议合同是与消费者订立的），"美国"边码 79。

[258] "奥地利：保险"边码 1，"丹麦"边码 91，"英国：保险"边码 5，"德国"边码 106，"意大利"边码 49，"波兰"边码 95。

[259] "法国"边码 95。

[260] "西班牙"边码 91。

在德国也是如此，损害事件（*Schadensereignis*）的概念通常等同于"直接导致一项主观权利或其他受保护法益的损害的事件。"[261] 与之类似，大多数美国法院都适用一种因果关系法则，要询问"是否存在一个导致所有伤害和损害的接近的、未被打断的和持续的原因"。然而，也有少数法院适用结果法则，它注重事故或事件的后果并对相关事项持较为狭隘的看法。[262]

98　　在其他国家——包括奥地利、丹麦和英格兰——因果关系是三项重要因素之一，其他两项为时间上的和空间上的关联。因此，在考虑多个不同的损失是否应被归为一起单一损害事件或事项时，人们可称之为时间、原因和空间的三个"统一性"。[263]

36. 案例研究（建筑物保险与赔偿限额）P 是工厂厂房的所有者，该厂房是由数幢建筑物组成，P 已就其因恶劣天气而遭受的损害投了保险。保险人的责任是每一起损害事件最高赔 500,000 欧元。在一起持续了数个小时的雷暴雨中，两幢建筑物被闪电击中并且都完全烧毁。每一幢建筑物价值 300,000 欧元。保险人根据保险单对损失应承担什么样的赔付义务？

99　　对此案例的分析几乎在所有参与研究的国家制度中都是一致的：500,000 欧元的限额适用于 600,000 欧元的总损失，即只有一起损害事件。[264] 但是，法国可被看做是例外，因为，若适用合同解释的一般规则，当 P 是一名消费者时后果对其最有利，因此，限额适用

---

[261] "德国"边码 107。德国联邦最高法院的一项判决已经引起了争议，该判决认为这一概念是指作为损害原因的被保险人的侵害行为（同上），但是，这不会影响因果关系所发挥的关键作用。

[262] "美国"边码 82。

[263] "奥地利：保险"边码 4，"丹麦"边码 91，"英国：保险"边码 19 以下。

[264] "奥地利：保险"边码 9，"丹麦"边码 94，"英国：保险"边码 27，"匈牙利"边码 60，"意大利"边码 49，"波兰"边码 101，"西班牙"边码 92，"美国"边码 85。在德国不会产生这一问题，因为在标准火灾保险合同中，保险人对修理和重建的费用负责，不需要规定最高限额，见第 110。

于每一幢受损建筑物。[265] 另外，大多数报告人都强调雷暴对于认定单一事件的重要性，而对于其持续数个小时则关注很少或认为不重要，即使人们可主张其缺乏足够的时间上的统一性。但是，埃勒斯（Ehlers）争辩称，只有当我们假设两幢建筑物几乎在同一时间被闪电击中从而建立起时间联系时，单一事件的分析才是合适的。[266] 相反，奥地利文献中的盛行观点认为，同一建筑物所遭受的重复损害应被看做是一起单一事件，即使其是在比较长的暴雨中所遭受的并且在时间上有较长的间隔。但是，由于典型的奥地利暴雨保险不包括被闪电击中所导致的损失，费尼韦斯（Fenyves）指出此案例通常在火灾保险单背景下来处理，从而适用不同的分析，此时关注点集中在两起闪电袭击，它们构成了两起相互区分的损害事件。[267] 在美国，虽然大多数州的法院都适用一种简单的因果关系测试法，从而将假设事实中所遭受的所有损害都归因为暴雨，但少数州所采用的结果测试法则会产生不同的后果。此时焦点集中在暴雨的后果上并且 P 总共能够获赔 600,000 欧元，因为两幢相互独立的建筑物都遭受了暴雨损失，保险人须对每一幢建筑物分别赔偿。[268]

37. 在你们国家的法律制度中，法院是否发展出了用以处理下述问题的一般性原则：一起损害事件被看做是一起单一的事件而使得被保险人只须承担一次合同约定的扣除额限度内的损失，还是多个相互独立的损失而使得每一项损失均适用扣除额并使得被保险人需要多次承担扣除额限度内的损失？另外，保险合同所使用的标准条款是否对这一问题有规定？如果第三方保险是法定强制保险，这对

---

[265] "法国"边码97。
[266] "丹麦"边码92。
[267] "奥地利：保险"边码8以下。
[268] "美国"边码85。

于扣除额的合法性是否有影响？

100　　宽泛地讲，当焦点从保险限额转向扣除额时，应适用相同的分析。[269] 但是，在有些国家的制度中，第三人责任保单适用了"事件"或"事项"以外的概念。例如，在德国法上，对于与纯经济损失有关的第三方责任保险的普通商业条款使用了"违反"（contravention）而非"事件"（occurrence）的概念作为保险的触发条件。瓦格纳强调"违反"的概念，不像"事件"，与外部世界中的独特事件无关，而是与人类的行为有关。德国联邦最高法院已宣称在这一点上"违反"的含义要比"事件"广，它包括行为人所从事的所有意在成为"一起单一行动计划"一部分的作为和不作为；因此，"重复的违反，在持续侵害意图的支配下，构成保险法意义上的单一触发事件。"[270]

101　　进一步的考虑是第三方责任保单会要求扣除额须在"每次索赔"时支付。在美国，据报告："法院试图将扣除额条款中的'索赔'界定为第三人主张法律权利，因此，被保险人在涉及'每次索赔'扣除额的案件中必须支付的扣除额的数目通常取决于被被保险人所损害的第三人的数目。"相反，以"每次事故"为基础施加扣除额的保单通常要求被保险人只支付一次扣除额，而无论受损第三人的数目。[271]

38. 案例研究（审计师的责任）P 是受 X 有限责任公司聘请对其账目进行审计的独立审计师。X 公司要求 P 与其两个潜在投资者 A 和 B 在公司会面。在会议上，P 保证公司的财务状况良好。因此，A 和 B 购买了 X 公司的大额股份。曝光后的真相是 P 对投资者所做

---

[269] "奥地利：保险"边码 11，"丹麦"边码 95 以下，"英国：保险"边码 30，"法国"边码 98，"匈牙利"边码 61，"意大利"边码 50，"波兰"边码 102，"西班牙"边码 93 以下。

[270] "德国"边码 114 以及 118。

[271] "美国"边码 86 以下。

出的关于公司的价值的陈述系过失性不实陈述。A 和 B 因此而遭受了经济损失并试图向 P 索赔。原则上，他们的损失属于 P 的职业责任保险的保险范围，但是，根据保险单条款被保险人须对每一起损害事件自行承担 5,000 欧元扣除额限度内的损失。在当前的案例中，P 只须承担一次扣除额，还是对两起索赔都适用？

  在大多数法域，过失性虚假陈述被认为构成单一事件，对其只适用一次扣除额。[272] 一起"事项"或"损害事件"会包括不同人所遭受的多个损失，对此并不少见。然而，在奥地利、德国、意大利和美国，适用扣除额的触发条件并不是"损害事件"或"事项"。已经提过的德国法上关于对纯经济损失的第三方保险的规定包括一项损害系列条款。基于该条款，一系列损失被归为由一起单一的"违反"行为所引起的。在这种背景下，多起侵害行为或不作为也可被算作单一"违反"，只要与事件相关的不当执业行为在法律上和经济上是相互联系在一起的。但是，如瓦格纳进一步所强调的那样，法院试图对这一条款作狭义解释，要求数项损失须是由单一受害人所遭受的，并排除了数人由于一起"违反"的后果而遭受损害的情形。[273] 因此，在这种背景下，德国法会对每一起索赔——分别对 A 和 B——分别适用扣除额。[274] 在奥地利，这也是初步的结果："违反"会构成相关保险事件，其结果是对两起索赔都适用约定的扣除额，因为 P 违反对 A 和 B 的义务会产生两起相互独立的保险索赔。[275] 但是，索赔系列条款的适用会导致恰好相反的后果：扣除额将只适用一次。[276] 据说在意大利，职业责任补偿保单很有可能包括索赔系列条

---

[272] "丹麦"边码 99，"英国：侵权"边码 30，"匈牙利"边码 62，"波兰"边码 106 以下，"西班牙"边码 95。
[273] "德国"边码 118 以下。
[274] "德国"边码 121。
[275] "奥地利：保险"边码 13 以下。
[276] "奥地利：保险"边码 15。

款，结果仍是对源自同一侵害行为的所有索赔只适用一次"每次索赔"扣除额，这意味着 P 只须承担一次扣除额。在美国，假设扣除额的适用也是以"每次事件"为基础的，P 可能只需承担一次扣除额，因为 A 和 B 的损失都是以 P 的过失性不实陈述（即单一"事件"）为近因而导致的。[277]

B. 对赔付数额的其他限制

a. 总额限制条款

39. 在你们国家，标准保险单是否使用总额限制条款，依据此类条款，保险人在每一特定期间的责任受到最高限额的限制？如果是，请举例说明这些条款是如何措辞和如何解释的，并特别注意一起损害事件是被看做是一项单一的不可分割的损失（因此只能落入某一期间）还是多项损失（有可能落入几个不同的期间）。

总额限制条款，对保险人的全部责任进行限制而无论在特定年份发生的损害事件的数目，在所有参与国都可找到。[278] 对于以"损害事件"或"事项"为基础签发的保单，奥地利标准保单的用语可作为例子："保险人将对在一个保险年份内发生的所有事件进行赔付……保险金额适用于每一起案件。"[279] 很明显，此类术语的含义对于确定相关事件是否落入某一特定的保险年份并因此而适用限额仍然重要。[280] 对于以提出索赔为基础订立的保险单，在经必要的修改后，也同样适用。[281] 总额限制经常被设置为对一起事件或索赔规定的限额

---

[277] "美国"边码 89。
[278] "奥地利：保险"边码 17，"丹麦"边码 102，"英国：保险"边码 33，"法国"边码 85 以下，"德国"边码 123，"匈牙利"边码 63，"意大利"边码 53，"波兰"边码 108 以下，"西班牙"边码 96，"美国"边码 89。总额限制也可参照时间以外的标准来规定，例如，"每人"或"每件财产"："法国"边码 93，"美国"边码 90。
[279] "奥地利：保险"边码 16。若进一步想了解保单用语，见"波兰"边码 109 以下。
[280] "奥地利：保险"边码 17，"美国"边码 90。
[281] "丹麦"边码 102，"意大利"边码 53。

的倍数。[282]

104　关于损害的可分割性或不可分割性会对总额限制条款的实施产生什么样的影响，在各国法源中极少或没有明确的考虑，也许是因为保单用语通常足够清晰了。[283] 在此处如同在别处，刘易斯（Lewis）强调仔细关注单个保单的精确措辞至关重要，他引用了一英国保险法权威著作作为对在这一领域不得使用概括用语的警告：[284]

"'……不同的总额条款使用不同的用语。重要的是不要试图给任何特定的总额条款施加先见，认为特定的索赔不应该被汇总，相反，应按保单用语来确定。任何试图识别并给出一个关于总额的单一的、一致的概念体系，都将不可避免地对不同保单用语的差异不敏感，并因此而注定失败。'"

105　进一步的问题是所给定的总额限制条款是否已经与索赔系列条款结合在一起了。在那起意外事件中，索赔是在后续保单期间内提起的，但是基于同一侵害行为，它被认为是在第一起索赔的时间提出的，因此受制于同一总额限制条款。[285]

b. 索赔系列条款

40. 在你们国家，标准保险单是否使用索赔系列条款，依据此类条款，几起相互独立的损害事件被看做是一起损害事件（一个单一系列），从而受制于同一责任限额？如果是，请举例说明这些条款是如何措辞和如何解释的。请特别说明区分几起相互独立的损害事件和一个损害系列之间的标准是什么。

106　一系列损害事件，如果有一个单一原因或一套相关原因可将它

---

[282] "奥地利：保险"边码16，"德国"边码123（称最常见的倍数是2）。
[283] "德国"边码123，"匈牙利"边码63。
[284] "英国：保险"边码33。
[285] "意大利"边码53。

们联系在一起，可被看做是一起"保险事件"。[286] 在产品责任保险领域，索赔系列条款特别常见，它们将拥有相同缺陷的大量产品所导致的所有损失都联系在一起了。[287] 在确定各个不同的损失是一个系列中的一部分还是相互独立时，因果关系再次扮演了重要角色。通常的起点是各个损失是否拥有相同的原因。例如，奥地利第三方保险的标准条款首先规定："源于同一原因的数起损害事件被认为构成一起保险事件。"但是，它进一步又规定："源自类型类似并在时间上有关联的原因的损害事件将构成一起保险事件，只要这些原因之间存在法律上、经济上或技术上的联系。"[288] 索赔系列条款将具有"相同"原因的损失扩展至具有"类似或相像"原因的损失，只要这些原因之间存在进一步的关联要素。此类条款在德国法上也可找到。[289] 然而，上述两个法域都对此类条款的效力表示怀疑，德国联邦最高法院已经否定了一个事例，因为它将保单持有人置于不合理的不利境地。[290]

107　　一个相关的概念是所谓的"小时条款"，例如，它规定在地震时，在 72 小时内所导致的所有损失都将被看做是一起损害事件。[291] 此类条款再次说明保单用语是如何超越对索赔系列中的严格的因果关系的界定的。几乎不用再重复强调保单的精确措辞的至关重要性。[292]

---

[286] "奥地利：保险"边码 21 以下，"丹麦"边码 103 以下，"英国：保险"边码 34，"法国"边码 94 和 101，"德国"边码 108 和 124 以下，"匈牙利"边码 64，"意大利"边码 52 以下，"波兰"边码 113 以下，"西班牙"边码 97 以下，"美国"边码 91 以下。

[287] "奥地利：保险"边码 25，"丹麦"边码 103，"德国"边码 125，"匈牙利"边码 64，"波兰"边码 113。

[288] "奥地利：保险"边码 22。如需进一步说明，参见"法国"边码 95。

[289] "德国"边码 119 以下。

[290] "奥地利：保险"边码 30 以下，"德国"边码 122。

[291] "匈牙利"边码 59，"美国"边码 91。也可见《保险方面》边码 9。

[292] "奥地利：保险"边码 32，"英国：保险"边码 34，"西班牙"边码 98，"美国"边码 92 以下。也可见《保险方面》边码 1。

c. 长尾损害

41. 在你们国家，标准保险单是否使用此类条款，即前保险人的责任限于保险合同终止后的某一特定期间？如果是，请举例说明这些条款是如何措辞和如何解释的。如何确定相关限制期间的起点（例如，保险合同终止的日期，被保险人过失行为的日期，或者遭受损害的日期）？在这种背景下，划分几起相互独立的损害事件和一起单一损害事件之间的界限是什么？

保险人的责任是否会受到保险合同终止日期的限制取决于它所提供的保障的性质。对于以事件或事项为基础的保障，在引起损害的侵害行为和损害显现之间可能存在一个较长的期间。另外，长时间的无法察觉的进程可能会逐步地引发损害。在这种情况下，准确识别什么事件触发了保险保障——无论有多困难[293]——非常重要，其目的在于确定它是否属于保险合同生效的期间；在合同终止日期之后又延长一期间并不常见。[294] 另一方面，保险人对于发生在保险合同期间内的损害事件的责任可能受制于时间限制，如在奥地利和德国的与产品责任保险有关的标准条款中可见到的那样：由缺陷产品引起的损害不仅须发生在合同期间内，而且，必须要在保险合同终止后的规定期间内向保险人报告。[295]

108

对保险人和被保险人都面临的由长尾风险引起的问题的另一种应对是，从以事项为基础的保险赔付转向为"索赔提出"式的保险赔付。[296] 但是，此类保险赔付方式有它自己的难处，它的合法性和合

109

---

[293] 特别是见"英国：保险"边码35以下。
[294] "奥地利：保险"边码35，"法国"边码103以下，"匈牙利"边码65，"意大利"边码56，"波兰"边码116以下，但参见"德国"边码126以下。
[295] "奥地利：保险"边码37，"德国"边码133。另请参见"西班牙"边码101。
[296] "丹麦"边码106，"英国：保险"边码45，"意大利"边码55，"西班牙"边码100，"美国"边码95。

理性颇受争议。[297] 例如，西班牙判例法已认定，只有在事实发生和索赔提起的时间都在保险期间内的条件下保险人才负有赔付义务的条款应被认定为无效，因为此类条款侵犯了被保险人的权利。[298] 在法国法上，对"索赔提出"式保单的关切体现在《保险法典》坚持对在其商业活动以外的人（即消费者）的责任保障必须是由损害事件触发的。[299] 但是，对于使用索赔提出式保单而带来的危险的最突出的应对是采用到期后或长尾保障条款。[300] 在法国和西班牙，它是强制性要求。[301]

42. 案例研究（长尾损害）P 公司研发、制造和发售发动机设备，包括燃油泵。由于油泵的设计缺陷，含有油泵的机动车的燃油供应经常在没有警告的情况下中断。假设这导致了多起事故，依据你们国家的产品责任法 P 公司应对此负责。直至 a) 油泵的研发，b) 制造，c) 发售，d) 发生事故，P 公司的产品责任一直由 I 公司承保。在与 I 的保险合同终止后，P 公司购买了 J 公司的保险。哪一个保险人，I 还是 J，须对 P 公司在 a) 至 d) 的每一种情形下对其有缺陷的燃油泵的责任负责？假设这两家保险人的保险合同的标准条款都包含在你们国家最常见的长尾损害责任条款中。

大多数报告人是从以"事项"或"损害事件"作为保险赔付基础的角度来处理这一案例研究的，并将此事故看做是触发保险人责任的事件。[302] 因此，只有在 (d) 场景下保险人 I 才对 P 公司的责任负有赔付义务。在其他所有场景下，保险人 J 承担责任。一些报告

---

[297] "英国：保险"边码 45，"法国"边码 103 以下，"西班牙"边码 101 以下。
[298] "西班牙"边码 101。另请参见"德国"边码 133。
[299] "法国"边码 103 以下。
[300] "英国：保险"边码 47，"法国"边码 102 以下，"意大利"边码 55，"西班牙"边码 99 以下。
[301] "法国"边码 106，"西班牙"边码 102。
[302] "奥地利：保险"边码 41，"德国"边码 134，"意大利"边码 57，"波兰"边码 123，"美国"边码 96。

人所提到的复杂性是：在这种情况下将适用索赔系列条款，因此，保险赔付范围将由第一次事故触发并延展到后来的事故，即使 P 公司在此期间更换了保险人。[303] 在法国法上，触发保险赔付责任导致损害赔偿责任产生的事件（*fait generateur du dommage*）指的不是事故，而是水泵的研发、制造和发售。关于哪一个事件是真正的触发事件，判例意见不一，但是，最近的判例倾向于交付（即发售）的时间。[304]

少数报告人是从以提出索赔为保险赔付基础的角度来研究案例的。[305] 若假设所有索赔都是在事故发生后（在本案例研究中，它是指 P 更换保险人的最后日期）提出的，好像会将责任留给保险人 J。但是，查询"提出索赔"在此背景下的含义非常重要。例如，依据丹麦法，被保险人一旦获悉了规定的信息就认为索赔已被提出：事实上，如果 P 在与 J 订立合同之前知道事故或认为它们很有可能发生，该索赔将被认为已如期"提出"，即使 P 并未真正采取行动将情况告知保险人 I。埃勒斯主张，P 所知道的或怀疑的所有的损害和损失，基于索赔提出式保险的原则，都将被看做是一个整体。[306]

d. 强制第三方保险中的责任限额

43. 在特定领域存在法律强制的第三方保险，这一事实是否对诸如总额系列条款、索赔系列条款和长尾损害条款之类的法律允许的责任限制的范围有影响？

对此可记录的仅是，强制第三方保险更有可能被法规所规制，

---

[303] "奥地利：保险"边码42，"匈牙利"边码66。
[304] "法国"边码107。
[305] "丹麦"边码107以下，"英国：保险"边码46，"意大利"边码57。据报告，在西班牙，索赔提出式保单的标准条款与追溯式保障条款相互作用可致哪一个保险人都不负责任。见"西班牙"边码103以下。
[306] "丹麦"边码107以下。

因此，求助于保险限额会受到更严格的限制。[307] 自然地，使用其他保险技术——特别是扣除额——在此类保单中也有可能被排除或受到限制。[308] 与损害的合并与分割有关的事项未在报告中出现。

---

307 《保险方面》边码2。
308 "奥地利：保险"边码12，"丹麦"边码97，"匈牙利"边码61，"波兰"边码102。

侵权法与保险中损害的合并与分割的结论性思考

肯·奥利芬特

一、引言

A. 概览

此项目是从几个视角（侵权法、民事诉讼和保险）来处理问题：侵权何时被看做导致了单一的不可分的损害，何时被看做是数项不同损害的合并？出于方便，可将其称之为"一项损害/多项损害"的问题，或者是单一/复数的二分法。据我们所知，此项研究开创了新领地。在任何一个欧洲国家制度中都不存在同一领域的研究文献。这些术语本身不被人熟知。"可分性"意味着各项损害可被看做是相互区分的，并可对其单独提出索赔。它与损害的"不可分性"相对立。当损害具有不可分性时，是不可能对此进行分离的。对于"合并"的含义，我们主要关注的是各项损害何时相互联系在一起并从而可被看做是一项单一损失的组成部分。这一术语也可更为宽松地用于以下场合，即作为侵权实体法或程序法上的问题而将不同项目的损害合在一起处理，但仍保留其单独的身份。此项研究采用了比较的方法，意在对各国法律制度中被忽视的部分进行说明。但是，研究对象的新颖性和术语的欠熟知性也产生了它自己的问题。这项工作绝非易事，很难从中直接得出有意义的结论。

1

B. 项目的起源

2　　我们的起点是保险人对保险业所面临的特定问题的视角。这一研究项目是由我们的老朋友和支持者慕尼黑再保险公司的克里斯蒂安·兰施泰因（Christian Lahnstein）首先建议的，他也为此卷书撰写了一篇专题报告。从保险人的视角来看，一项索赔是被认为与一项单一的不可分的损失有关，还是与多项独立的损失有关，在以下场合可能很重要：限额和扣除额的适用、在相关的保险期间（如果有的话）内确定损失或索赔的时间、确定超额损失保险或再保险的附着点等。很明显，"单一损失还是多个单独损失"的问题也会出现在侵权法和民事诉讼法的许多不同背景下——有时会出现在与保险人最感兴趣的领域紧密相关的背景下（例如，限额、扣除额或侵权索赔起赔额的适用）。因此，我们认为对不同背景下的有关损害的合并与分割的问题进行彻底的调查是值得的，因为我们认识到，当它们适用于侵权索赔时，在侵权法和民事诉讼法领域也会出现同样的问题。

C. 方法论

3　　此项目是在比较宽阔的范围基础上来处理合并与分割问题的，涵盖了侵权法、程序法和保险。它采用了比较的方法，由国别报告[1]组成，这些国别报告都围绕着一个共同的调查问卷分别从 11 个国家的视角展开论述。这些国别报告为马琳·施泰宁格和我所做的比较总结奠定了基础。[2] 另外，三份补充报告是委托完成的，分别是：关

---

[1] 这些国家（括号内的是报告人的名字）为：奥地利：侵权（E. 卡纳/O. 里斯），奥地利：保险（A. 费尼韦斯），丹麦（A. 埃勒斯），英格兰和威尔士：侵权（K. 奥利芬特），英格兰和威尔士：保险（R. 刘易斯），法国（S. 加兰－卡瓦尔），德国（G. 瓦格纳），匈牙利（A. 迈尼哈德），以色列（I. 吉利德），意大利（A. 蒙蒂），波兰（E. 巴金斯卡），西班牙（A. 鲁达/J. 索莱）和美国（M. 格林/B. 汉纳）。在本章中，国别报告是以国家名字来引用的，并必要时附上进一步的描述"侵权"或"保险"。

[2] K. Oliphant/M. Steininger：Aggregation and Divisibility of Damage in Tort Law and Insurance：Comparative Summary，此处引用为"《比较总结》"。

于法律冲突（T. 蒂德）、经济分析（I. 吉利德）和保险（C. 兰施泰因）[3] 的报告。

D. 调查表

如上面所提到的，国别报告和比较分析都是根据详细的调查问卷展开的。调查问卷包括三部分：实体性质的侵权法、诉讼程序和保险。在实体性质的侵权法部分，调查问卷涉及：可分的和不可分的损失的可救济性、间接损失的可救济性、限额和起点、共同财产所有人、多名侵权行为人和因果关系的不确定性。诉讼程序部分包括：管辖权、索赔金额（与律师费、法院诉讼费等相关的）、先前判决或和解的法律效力、集团诉讼和代表人诉讼、示范诉讼和大规模侵权的特别问题。在调查问卷的保险部分，讨论的主题有：限额和扣除额、总额限制、索赔系列条款、长尾损害和强制第三方保险中的责任限制。

共有38个问题，包括几个用于分析的研究案例。应该承认的是，一些报告人对调查表的长度、复杂性和所要解决的问题的数目表达了关切。

E. 目标

本项研究的双重目标是，对与损害的基础法律概念相关的具有根本性的但又容易被忽略的事项——特别是关于下列问题的事项：一项损失还是多项损失？——进行说明，并从一个全新的视角对侵权法与保险的相互关系进行探讨。

为了达到这些目标，有必要解决许多报告人对研究的功用所表达的怀疑（有时相当强硬）。首先，关键术语（合并、分割等）的

---

[3] T. Thiede, Aggregation and Divisibility of Damage from the European Conflict of Laws Perspective（此处引用为"《冲突》"）；I. Gilead, Introduction to the Economic Analysis of Loss Division（此处引用为"《经济分析》"）and C. Lahnstein, Aggregation and Divisibility of Damage: Insurance Aspects（此处引用为"《保险方面》"）的

含义是否足够清晰、稳定并能为国别报告人所理解，从而可以进行有意义的比较分析？[4] 其次，关于损害的合并与分割是否有真正的原则，还是仅存在一些只能单独适用的有关索赔人是否遭受了单一损失还是多项损失的规则？[5] 第三，假设损害的合并与分割很重要，对于损害的合并与分割是否存在和是否应该存在一种可跨越所讨论的许多不同的法律背景的共同方法？如果不存在，那么，在各种不同的背景下对合并与分割采取不同的方法是否可称得上有价值？[6] 最后，在侵权法和保险法之间是否可进行有意义的比较，特别是当后者的视线通常集中在"事故"（灾害等）而不是损害上的时候？[7]

F. 计划

8　　关于国别报告的比较分析，对调查问卷所提出的所有事项都分别进行了分析，可见于本卷书的前一章。对于我们的研究而言，它并未给出全部结论，因为我们已决定在最后一章增加上这些结论性思考。由于不需要对《比较总结》已提出的内容进行全面的复述，我的方法是选择一小部分事项进行分析，目的在于对将我们研究的各个部分联系在一起的主线进行说明。我将对保险与侵权中的合并与分割的问题轮流进行论述，关注这些概念在运用时所处的背景，识别其在相关背景下所采用的政策、技术和方法，并讨论所出现的特定问题。

二、保险中的合并与分割

A. 引言

9　　实质上，保险是一种合并机制：它将风险聚集在一起，从而依

---

[4]　见《比较总结》边码 1 和相关参引。
[5]　"西班牙"边码 1。
[6]　"法国"边码 1，"以色列"边码 1。
[7]　"法国"边码 1。

照大数法则减少了统计上的偏差。[8] 将相互独立的风险聚集在一起可以增加对后果的可预见性。但是，保险不完全依赖合并。事实上，它也使用各种技术将风险分割[9]（当风险实现时对其所导致的损害进行分割）成几个独立的部分，其直接目标是对保险人所承保的保单下的责任进行限制和管理。

B. 背景

此类问题出现在以下特定的背景下：[10]

1. 限额和扣除额的适用

一起损失被看做是不可分的或是多项不同损失的组合，会决定扣除额对被保险人只适用一次还是两次或多次。它也决定责任限额只对整个索赔请求适用一次，还是分别对索赔的各个不同部分分别适用。很明显选择分割优于合并或者相反，并不是选择被保险人优先于保险人或者保险人优先于被保险人。如刘易斯所述："如果发生了多起事件，它有可能对保险人有利，也有可能对被保险人有利，这取决于具体的事实。赞同多起事件有可能符合任何一方的利益。"[11] 如果对被保险人的索赔请求的每一构成部分均适用扣除额将使保险人受益，但是，如果问题是责任限额的适用，损害的可分性也同样对被保险人有利：如果限额适用于损失的每一部分而非总额，它将对被保险人更有利。

2. 确定相关的保险期间（如果有的话）

是有一项损失还是多项损失对于确定可适用的保险期间，至少在损失存在时间跨度的时候，可能是相关的。如果只有一项损失

---

8 关于保险以及它与侵权法的关系，见 K. Abraham, Distributing Risk: Insurance, Legal Theory and Public Policy（1986）; G. Wagner (ed.), Tort Law and Liability Insurance（2005）. 关于保险上的合并，见《保险方面》边码1及其以下部分。
9 关于保险的可分割性，见《保险方面》边码1及其以下。
10 进一步见"英格兰：保险"边码16。
11 见"英格兰：保险"边码17。

（即使随着时间会有进一步的显现），将依某一单一时刻来决定保险赔付。如果随着时间的进展有多项损失，那么，有可能存在多个不同的保险期间，可能是依照不同的保险条款来保险的，也有可能是由不同的保险人来承保的；可能有些损失是未投保的。如兰施泰因所评论的那样，当存在潜在损害和多位索赔人或被告的时候，对责任保险进行归因特别麻烦。[12]

3. 超额损失保险或再保险的附着点

13　更深入的背景是超额保险或再保险的"附着点"的适用。[13] 一个英国案例"考德尔诉夏普案"[14] 说明了这一问题。一名经营代理人在未对石棉风险进行充分调查研究的情况下将索赔人加入了一个劳埃德的亏损的辛迪加中。基于在他们加入辛迪加后签订的 32 份再保险合同，索赔人因与石棉相关的索赔而遭受了损失。这些损失是源自一起"事件"，还是 32 份合同中的每一份都是相关意义上的一起"事件"？后一种解释——再保险人在法庭上竭力主张的意见——获胜了。因此，每一起索赔都属于再保险的附着点。因此，损失仍然由原保险人承担，再保险人逃脱了所有责任。

C. 政策

14　在上述每一种背景下，保险人可以寻求分割或分离损失以实现多项政策目标：

1. 风险的分散化（区分独立的和不独立的风险）

15　第一项政策是风险的分散化。保险是建立在独立的风险的合并的前提之下的。保险人试图将相互依存的风险（X 事件的发生会增加 Y 的概率）捆绑在一起并将它们与独立的风险分离开。无法用这种方法进行分散的风险——例如，可引用一个典型事例来说明，由

---

[12] 《保险方面》边码 12。
[13] 《保险方面》边码 1。
[14] (1995) Lloyd's Reinsurance Law Reports 433. 见"英格兰：保险"边码 18 及其以下。

核战争导致的损害——也许会因此而被认为不具可保性。[15]

2. 防范道德风险（通过部分保险）

由于一个人认识到他受保险保障而带来的舒适会弱化被保险人尽到适当注意的动力。因此，保险人会试图通过超额或扣除额条款将部分风险留给被保险人，从而鼓励后者采取恰当的预防措施。在有些案例中，保险合同会将此种自保因素作为强制条款（例如，法国的强制性自保条款）。[16]

3. 风险分担［通过共保（co-insurance）］

进一步政策是风险分担。对于大规模风险，包括由相互区分的但独立的风险合并而成为的大规模风险集合，采取共保是合适的。一位保险人可提供附有特定限额的保险，而由另一位保险人提供超额损失保险。或者一位原保险人可通过再保险来限制其风险，当责任达到特定限额时再保险便进入。

4. 风险计算

有效的保险依赖于精确的风险计算。如巴津斯卡所述，对特定类型的损害适用限额（例如，对每人的限额或对每件财产的限额）可以缩小保险人所面临的潜在的责任范围，并使得计算保险费变得更容易。[17] 保险单通常都将与磨损、疾病和自然老化过程相关的风险排除在外，在这一点上对风险计算的关切特别明显。[18] 如刘易斯所言："缓慢的、隐藏的、逐步发展的损害很难识别、削减和控制。"[19]

5. 满足市场需求

最终的、根本的关注是满足特定类型的保险的市场需求。例如，

---

15 *M. Rothschild/J. Stiglitz*, Equilibrium in Competitive Insurance Markets: An Essay on the Economics of Imperfect Information, (1976) 90 Quarterly Journal of Economics 629, 632n.
16 "法国"边码89。
17 "波兰"边码108。
18 "英格兰：保险"边码9及其以下。
19 "英格兰：保险"边码10。

刘易斯称，美国从原先的标准的以事故为基础的保险赔付转变为以事件为基础的保险赔付，是因为对于市场而言"事故"被认为太局限了，因为它排除了暴露于有毒环境而无法满足对环境损害责任提供有效保障的需求。[20] 关于保险人能在多大程度上寻求采用此处提到的另一种保单，对市场需求的满足发挥着最终的约束作用。

D. 合并与分割的技术

20　为了实现上述政策目标，保险人已经采用了许多技术或机制——除了已经提到过的限额和扣除额——对单个保险合同所承保的风险进行汇总或分割。在每一份国别报告中它们都有所体现。

1. 以事件作为赔付条件的保险

21　这是最简单的一种机制。保险赔付是由一起导致损害的事件或事项引起的，限额和扣除额是以每一起事件为基础的。但是，正如我们简要探讨的那样，什么构成相关事件或事项可能并不明确。[21]

2. 索赔系列条款

22　依照索赔系列条款，所有源自某一特定触发事件的损害都被合并在一起看做是一个整体。[22] 我们可将加兰－卡瓦尔所报告的法国案例作为说明事例："所有源自同一错误、偏差或任何性质的经营过失的损害，可被看做是一起同一事项。"[23] 在确定相关的保险期间时，第一起触发事件的日期通常被认为是关键的。索赔系列条款在大多数市场都已具备，特别是产品责任保险。[24] 但是，据兰施泰因称："大多数索赔系列条款都制定得太宽松了。"[25] 作为例证，他将注意力集中在西班牙保险公司的环境险集合（PERM）的索赔系列条款的

20　"英格兰：保险"边码14。
21　见下文第96段及其以下部分，也可见《比较总结》边码96及相关参引。
22　也可见《比较总结》边码106段及相关参引。
23　"法国"边码101。
24　《保险方面》边码10。
25　《保险方面》边码9。

渐进结构上，鲁达和索雷在西班牙国别报告中也注意到这一点。[26] 这一集合不仅包括"源自同一损失的所有索赔"，也包括"直接或间接源自相同的或重复的或持续的事件的所有损失"，实际上是"具有相同或类似原因的所有事件"。"因此，"兰施泰因称："对于可能的合并有三个层次：损害、事件和原因。"[27] 兰施泰因也注意到，对于系列是限于特定的保险期间还是可向前或向后延展有欠清晰。很明显在实践中存在着潜在的混乱。

3. 以提出索赔作为赔付条件的保险

依照索赔提出式保单，保险赔付并不是由导致损害发生的事件或损害本身触发的，而是由被保险人向其保险人报告其遭到索赔时触发的。[28] 因此，源自单一事件的全部损害可依所产生的索赔的数目进行分割。与以事件作为赔付条件的保险相比，索赔提出式保险能使保险人更准确地来计算其潜在责任，特别是对具有较长潜伏期的损害而言，但是，它的一般合理性已受到争议。在有些国家（突出的是法国[29]和西班牙[30]），索赔提出式保单最初被批评为侵犯了被保险人的权利，受到了法院相当严格的限制，但是，它们后来又通过制定法的形式得到了重新确立，这些制定法给予了被保险人足够的保护（例如，通过制定与先前事件和后续保障有关的专门规定的方式）。但是，几位报告人提到这样一种观点，索赔是模糊的，什么构成一起索赔，以及一起索赔是否和何时被认为已经提出或收到，已经成为了诉讼内容。[31]

23

---

[26] "西班牙"边码100。
[27] 《保险方面》边码9。
[28] 也可见《比较总结》边码109和进一步的参引。
[29] "法国"边码103及其以下，并可见"英格兰"边码45。
[30] "西班牙"边码101。
[31] "丹麦"边码106以下，"英格兰：保险"边码45，"法国"边码115，"西班牙"边码101以下，"美国"边码87。

4. 后尾保险（tail cover）

24　　对于被保险人所遭受的第三人对于发生在索赔提出式保单的保险期间内的事故在未来才提出的索赔，后尾保险提供保障。[32] 在有些国家，它已因市场需要而被引入；[33] 在其他国家，它是法定强制要求，其意在排除索赔提出式保险在无此项要求的情况下有可能产生的不公正。例如，在法国，索赔提出式保单中的后尾保障必须最少 5 年。[34] 当索赔提出式保险有必要对与单一事项有关的全部损失依提出索赔的数目进行分割时——每一起索赔被看做是一件单独的触发保险赔付的事件——后尾保障起到了再合并的效果，它将所有索赔都追溯至最初的损害事件，只要它们都是在一定期间内提出的。

E. 特定的保险问题

25　　现在我们转向保险中与损害的合并与分割有关的一些特定问题。

1. 识别触发点

26　　第一个问题是识别触发点。在有些国家制度中，最初的关注焦点是对"事故"的相对直观的看法，但是，当保险人一旦将保险赔付条件从"事故"处移开，转而依事项或事件的发生作为保险赔付的条件，如何识别替代的触发条件的问题便出现了。以刘易斯所思考过的因暴露于石棉而患间皮瘤的例子来说明。[35]（1）暴露于石棉，（2）细胞突变（事实上的损害）的日期，或者（3）病征变得明显（显现）的日期，哪个才是触发保障的事项？不像依照诉讼时效法律，最后一项选择（显现）对保险人有利而对受害人不利。事实上，这可能"对于……索赔人而言是一场灾难"，因为保险人可以在第一次索赔出现后拒绝对其承保进行续期。此后的索赔者会发现他们正

---

[32] 见《比较总结》边码 109 和 111 及进一步的参引。
[33] 见"英格兰：保险"边码 45。
[34] "法国"边码 103，也可见"西班牙"边码 102。
[35] "英格兰：保险"边码 38 及其以下，也可见《保险方面》边码 9。

在起诉一个毫无价值的组织。[36]

另一种选择,如果事实上的损害是触发点,我们将再次面对我们研究的焦点问题:损害的每一个不可分割的项目都是一起独立的事件(从而受制于它自身的限额或扣除额,等等),还是损害的不同项目合并在一起形成一起单一的事件?一起著名的仲裁裁决为进一步分析提供了一个好的起点。根据此项裁决[37]:

"一起'事件'⋯⋯与损害并不相同,因为一起事件可以包含多项损失。然而,对损失的情形必须进行仔细审查以判断它们是否涉及一定程度的统一性从而可以将它们描述为,或认为它们源自,一起事件。"

它把我们带到了地点、时间和原因的三个统一性。[38]

2. 三个一体性(地点、时间和原因)

我们可将一起事件称之为在特定的时间和特定的地点发生的、特定的因果进程的结果。但是,我们在因果进程上能从时间上往回追溯多远?有关一体性标准的不确定性的非常形象的例子是由纽约世界贸易中心大楼(所谓的双子楼)倒塌引发的诉讼,在16分钟的时间里双子楼中的每一幢塔楼都被一架单独的飞机分别击中。[39]关于它是一起单一的事件还是两起不同的事件,不同的法院得出了不同的结论(尽管至少在一种情形下,保单用语被认为具有决定性)。为了认定两次打击是一起事件,需将因果关系进程的回溯越过每一架飞机飞向塔楼,从而认定它们都是因恐怖分子的阴谋所至而被联系在一起。但是,那种因果关系的一体性不足以将它们与同一天发生在华盛顿五角大楼的单独袭击事件合并在一起。人们必须对三种一

27

28

---

36 "英格兰:保险"边码41。
37 引自"英格兰:保险"边码20。
38 见"英格兰:保险"边码20及其以下。
39 "美国"边码83,也可见"英格兰:保险"边码28。

体性都进行关注，而不能只关注其中之一。

29　　在调查表中，通过一个假想的案例对同一主题进行了探讨。在该案例中，在一次暴雨中两次闪电击中并完全摧毁了位于同一工厂地址的两幢建筑物。如果每一幢建筑物价值 300,000 欧元，每一次损害事件的最高赔偿限额为 500,000 欧元，保险人的责任是全额 600,000 欧元（每一次雷击被看做是一次单独的损害事件），还是受限于 500,000 欧元（两次雷击被看做是一次单一的损害事件）？对此各国报告人有着惊人的一致，尽管不是完全一致，即后者的分析是正常的。[40] 例如，刘易斯主张两次雷击有可能被看做是一次事件是因为：[41]

"损害发生在一较短的期间，在同一宽泛地点（尽管是单独的建筑物），并是由相同类型的自然事件引起的。时间、地点和原因的统一性看起来好像被满足了。由此而得出的结论是，只发生了一起导致损失的事件，并且，保险人的责任限制是有效的。"

但是，三个统一性的适用在某种程度上是借助主观印象进行的。[42] 没有一个普适的标准，我们可以借助它在个案中测算统一性的程度，或者通过它来判断某一方面的统一性的欠缺是否能通过另一方面的富余来补偿。许多都要完全依赖于法院的直觉判断，这是无法避免的。

三、侵权中的合并与分割

A. 引言

30　　我们现在可以转向侵权法，我们既可以从实体原则的角度出发，

40　见《比较总结》边码 99 和进一步的参引。
41　"英格兰：保险"边码 27。
42　同上，边码 25。

也可以从诉讼程序的角度出发，对其进行研究。保险是将损失合并在一起，并采用了集体责任的形式，其目的在于促进损失的分担，因此可对其用分配正义的标准来进行衡量，而侵权法是对损失进行分割，其追求的是个人责任和校正正义。但是，正如保险也使用了多种不同的机制将全部损失分割为可若干管理的部分，如下文所分析的那样，侵权法也是既使用了合并的技术，也使用了分割的技术，以试图在索赔人和被告之间界定索赔的范围。

B. 背景

索赔人是否是对同一损害或同一损害的一部分进行起诉，而不是对可相互分离的和独立的损害进行起诉，在许多不同的侵权实体法和程序法的背景下，具有重要意义。

31

1. 侵权实体法

就侵权实体法而言，各国法律制度可能会基于受保护利益的不同而对损害进行区分，并可将其分为金钱损害和非金钱损害。许多报告认为，就这些区分本身而言，使得某种分割的形式成为必要。[43] 相反，索赔人损失的构成部分是否合并在一起会影响到它在事实上是否可获赔偿。对于一项间接损失，索赔人不能对其单独获得赔偿，但可以将其与主要损失合在一起从而对两者都获得赔偿。这一现象在普通法系和德国法系都可见到。[44] 合并与分割的问题在多个当事人背景下也会出现。当多名索赔者对同一财产拥有利益时，他们对其损害可提起的诉讼，取决于他们的损失就其所涉财产利益的属性而言是相同的还是不同的。[45] 与之类似，依照有关数人侵权的法律：每一位侵权人是否都要对全部损失负责——还是只对部分损失负责

32

43　见《比较总结》边码 2 和进一步的参引。
44　《比较总结》边码 13 和进一步的参引。
45　见《比较总结》边码 32 及其以下和进一步的参引。

——可能会取决于他们是导致了相同的损害还是不同的损害。[46] 正如我们将要看到的（见下文边码72及以下），对于决定特定的损失是可分的还是不可分的，因果关系原则发挥着非常重要的一般作用。

2. 侵权程序法

33　　各种程序问题也出现了。两项首要问题是：在不同地方遭受的损失是否必须在不同地方的法院提起诉讼，还是可以合并为一起诉讼从而只在一地提起，并且，各种不同的损失是否须适用单一的法律，还是可适用多种可反映损害发生地的法律。受害人的索赔是否将在X地域或Y地域提起——且其适用何地法律——有可能取决于在X地遭受的损失是否是在Y地遭受的损失的一部分或相反。另外，如果在X地和Y地遭受了不同的损失，原告是否必须在两地分别提起诉讼以就其全部损失进行索赔，且须满足各自所适用的法律的要求？[47]

34　　进一步的问题也会产生。在考虑诉讼时效（"消灭时效"）时，发生在不同时间的损失能否通过适用一项单一的期间而将其合并在一起？[48] 在考虑"既判力"和功能上相关的原则时，如果索赔人已对其因一起事件而遭受的损害对被告提起了诉讼，他能否对其在第一次起诉时剩下的损害，或此后才出现的新的损害，再次起诉请求赔偿？[49] 最后，在考虑大规模侵权时，一名原告提起的诉讼能否与其他原告提起的诉讼基于遭受到了相同的损害或基于其他理由，在同一多方当事人诉讼程序（例如，集团诉讼或代表人诉讼）中合并？[50]

C. 不同方法的类型化

35　　对在本次研究过程中产生的信息进行的比较分析显示，对于侵

46　见《比较总结》边码37及其以下和进一步的参引。
47　见下文第66及其以下；《冲突》，频繁出现；《比较总结》边码57和进一步的参引。
48　见下文第69及其以下和《比较总结》边码18及其以下，以及进一步的参引。
49　见《比较总结》边码74及其以下和进一步的参引。
50　见《比较总结》边码81及其以下和进一步的参引。

权法上的损害的合并与分割有许多不同类型的方法。我已将其分为六个主要类型，将对其一一进行说明，但是，在开始时必须提及的是，没有一个国家的法律制度只采用了其中一种方法。事实上，所有国家的法律制度都采用了下列中的多种不同方法。

1. 零散分割

这意味着将每一起损失充分地和自由地分割为零散部分，而不仅仅是分为相互独立的组成部分。零散分割方法通常用于与有过失（即比较过失）和侵权行为人之间的责任分担（即内部求偿）。多名侵权行为人的外部责任，在欧洲，通常是连带责任，但是，部分（或按份）责任已被美国的许多州采用了，[51] 并在其他地方被法院在特殊判例中所接受。部分责任得到认可的一个特别值得注意的背景是它是作为对具有不确定性的可选择因果关系问题的一种回应，例如，在（我们研究中的国家内）奥地利、英格兰和威尔士以及以色列。[52] 分散分割也会因限额和扣除额的适用而出现。[53] 适用限额或扣除额的损失通常是由相关条款的措辞决定的而不是由损害的内在品质决定的。[54]

36

在我们调查中发现对分散分割适用得最为深入的是奥地利和德国的民事诉讼法。[55] 如瓦格纳的分析：[56]

37

"德国民事诉讼法对诉讼标的（*Streitgegenstand*）采用了特别狭隘的概念。它是由原告来界定到法院所提起的诉讼请求的范围。以一个简单的例子来对此说明：原告因销售资产而拥有……对100,000欧元价款的金钱索赔权。它由原告来决定他想对全额进行索赔还是

---

51 "美国"边码39及其以下。
52 见《比较总结》边码44和47及进一步的参引。
53 见《比较总结》边码22及其以下和进一步的参引。
54 见《比较总结》边码25及进一步的参引。
55 "奥地利：侵权"边码85及其以下，"德国"边码81及其以下。
56 "德国"边码82。

只对其中的一部分,例如,10,000 欧元,进行索赔。当仅对部分进行索赔时,原告以后可再回来对剩余部分进行索赔。"

其结果是,"当源自一起单一侵权行为或不作为的赔偿请求被分割并被分别提起时,当事人最终会在几个地方法院(*Amtsgerichte*)而不是一个地区法院(*Landgericht*)进行诉讼。"[57] 但是,有关法院诉讼费的规定会激励人们提起一起大额索赔。[58] 也应注意到有关疼痛与痛苦的损害适用不同的要求,此处意义上的分散分割并不适用。[59]

38　　很容易看到,基于对赔偿请求的分散分割的方法如果适用于限额或起赔额/扣除额会有问题。索赔人能否简单地通过将其赔偿请求分裂为多个部分从而规避限额?相反,他是否会仅仅因为对同一损害的不同部分分别提起多次赔偿请求而被承受多重扣除额?从直觉出发,人们的确会非常强烈地抑制此种结果,尽管看起来此问题尚未被德国或奥地利的法院或学术著作所考虑。但是,基础原理好像是,德国和奥地利的诉讼程序法所容许的分散分割不会影响侵权实体法上的权利。

39　　此处描述的分散分割并不是本项目意旨意义上的分割的真正形式,因为它没有说原告的赔偿请求是由许多相关的但独立的损失组成,而是说赔偿请求,或由此而产生的责任,可以或必须被分割。它没有提出我们主要关注的一体/多重的问题,但是,它仍可被看做是一种较为宽泛意义上的分割的重要形式,它显示了德国法系是如何给予索赔人在界定其诉讼请求标的时非常大的自治权。

2. 方面性的分割

40　　在这种分割形式中,基于确立责任或评估赔偿金的目的而对索

---

[57] "德国"边码78,也可见"奥地利:侵权"边码87,有关诉讼时效法在此类案件中的适用,见"德国"边码83和"奥地利:侵权"边码86。
[58] "德国"边码79,也应注意到对赔偿请求的分割对上诉权可能产生的影响:边码80。也可见"奥地利:侵权"边码87。
[59] 见下文边码57。

赔人损失的不同方面进行区分，但不能像上述描述的方式那样将赔偿请求分割成几部分。此种区分对于侵权实体法和民事诉讼法都可能具有重要意义，但是，在一种背景下做出的区分并不必然适用于另一种背景。

作为侵权实体法上的问题，人们会注意到金钱损失与非金钱损失之间的区别，[60] 对前一种类型，还可进一步分为实际损害和可得利益损失，并可基于遭受损害的受保护利益的不同进行区分。[61]吉利德对最后提到的一种区分进行了清晰的解释：[62]

"当D的特定行为损害了P的不同类型的利益时，依照以色列侵权法，每一种利益所遭受的损害通常被看做是一种单独的损害……出于政策的原因，某些利益会比其他利益得到更多的保护，因此它们是相互区分的。"

方面性的分割也可在侵权程序法中出现。人们可注意到，在有些国家制度中索赔人能够对其损失的各部分分别提起诉讼。意大利法可对此进行说明。索赔人可以选择仅就其损失的特定部分进行起诉，而保留以后对剩余部分起诉的权利："例如，如果侵权也构成犯罪，受害人通常在刑事法庭对非金钱损失提出索赔，而对于金钱损失则单独在民事法庭提出索赔。"[63]

正如前一标题（"分散分割"）所显示的那样，我想说侵权实体法上的方面性分割不是我们调查的核心关注点。此处的问题并非是有一项损失还是多个单独的损失，而是损失的不同方面是否要因一定目的而进行区分，例如，为了确定侵权责任规则的适用范围，或因索赔人对其赔偿请求范围的确定。

41

42

43

---

60 关于后者，进一步见 W. V. Horton Rogers（ed.）, Damages for Non-Pecuniary Loss in a Comparative Perspective（2001）.
61 见《比较总结》边码2及进一步的参引。
62 "以色列"边码3。
63 "意大利"边码37，也可见"法国"边码77。

3. 每项损失的单独化

44 依照此种方法，每一项单独的损失——包括每一项间接损失——都被看做是相互区分的。它最终把我们带到了我们研究的核心问题上。与前两种分割形式不同，此处我们所关注的单独化要求界定什么是一项损失以及将其与其他损失区分对待。

45 在侵权法上，如同在保险领域，在确定一项特定的损失能否被分离出来单独对待，因果关系发挥着重要作用，例如，当存在多个因果关系的因素时，可通过因果关系在受害人所遭受的全部损失中追踪单独损失。[64] 当我们将视线从确定责任归属转向责任的量化，即损害赔偿法时，我们也可以看到一个相应的单独化的过程。基于因果关系的单独化过程一旦得到界定，损失就被进一步分解为若干组成部分以便于对其估值。在此背景下，加兰－卡瓦尔形象地称之为将损害"分割"（法语，*découpage*）成各个单独部分，特别是在人身损害的背景下，赔偿是按照其所适用的类型化方案一项接一项地进行评估的。[65] 对两种背景进行比较——确定责任归属和赔偿金的量化——强烈地显示出在侵权实体法领域内对于确定什么是单一损失和什么是多项损失并不存在通行的方法，相反，存在一系列技术，我们可用它来基于一定目的而构建一项单一的损失，并可基于其他目的而将其分解。

46 基于这种对该分类方法的目的，对损失进行充分的单独化要求将初始的可诉损害所产生的附带损失看做是单独的和分离的，而并不与主要损失捆绑在一起。此种意义上的单独化可在侵权实体法中看到，在实体法中主要损失和间接损失都要满足所有的责任标准；[66] 而在程序法背景下，间接损失可以成为一起新的索赔诉讼的标的，

---

[64] 见下文第72及其以下和《比较总结》边码36及其以下和进一步参引。
[65] "法国"边码14和61。
[66] "丹麦"边码15，可与"德国"边码24以下进行比较。

即使是在与主要损失有关的先前的诉讼已经得到处理之后。[67]

此种对每一项主要损失和每一项间接损失都实行彻底的单独化，会与我们关于合并与分割的下一种分类方法形成鲜明对比。

4. 只对主要损失实行单独化（主要损失与间接损失的一体化）

依照此种方法，主要损失和它所产生的间接损失合并在一起，但是，每一笔直接和间接损失都与其他笔相区分。

在德国法系的侵权实体法中的"损害一体性原则"（*Prinzip der Schadenseinheit*）中可以找到一个好例子：[68]

"实质上，它规定了对于由一起和相同的侵权行为所引起的数项间接损失的赔偿请求权，在损失的最早时间就已形成。换而言之，从受害人第一次遭受其所抱怨的损害所产生的间接损失之时起，针对所有间接损失的赔偿请求权就已形成。时效从最早的损失显现的那个年度末开始计算。"

在确定管辖权事项时人们也会遇到此种方法：遭受损害的地点——明显地、毫无例外地——被认为是指主要损害的发生地，而仅发生间接损失的地点没有诉讼管辖权。[69] 这在许多国家的制度中都可看到，实际上，欧洲法院对于欧洲内部的国际管辖问题也是采用此种方法的。[70]

5. 事宜的一体性（每一个诉因的一体性）

事宜的一体性是指法律将源自同一侵权事件的不同损失合并在一起，或者它们基于其他原因而紧密联系在一起，从而将它们作为

---

67 见下文第 56 及其以下。
68 "德国"边码 31，也可见"奥地利：侵权"边码 25 及其以下，有关"适度的一体性原则"（*gemäßigte Einheitstheorie*）边码 29。
69 见"法国"边码 50，"德国"边码 74，"意大利"边码 34，"西班牙"边码 49，与"奥地利：侵权"边码 73 进行比较。
70 《冲突》边码 13，进一步可见《比较总结》边码 58。

一体对待。[71] 此种方法特别会在普通法中看到。它是建立在普通法上有名的对"既判力"（简单的对争议事项的禁止再诉，辅之以较宽的对诉因的禁止再诉）宽泛对待的方法的基础之上，并结合了侵权实体法规则，例如，适用于评定赔偿金的一次永久了结的规则。在其他国家制度中也可看到类似的结果。[72] 这一事项在下文还要（下文边码61及其以下）进一步讨论。

6. 程序上的合并

52　　最后，在其他方面可相互区分的赔偿请求——由一位当事人或多位当事人提起的——可以作为民事诉讼上的事项合并在一起，通常是为了司法经济和/或者获取司法救济的目的。例如，人们可想起集团诉讼和代表人诉讼、示范诉讼策略和其他形式的多数人诉讼。[73] 在进行这些不同形式的诉讼程序上的合并时，在大多数情况下无须提及作为其标的的损害的可分性或不可分性。[74] 它极少，如果曾经有过的话，对各位索赔人所遭受的损害的特性提出要求。[75] 在任何情况下此项要求都会使得它所适用的诉讼程序大体上与侵权法无关，除非是共有财产受损之类的案件。[76] 因此，诉讼程序上多项诉讼请求的合并对于作为我们核心关注的一项损失/多项损失的问题，仅具有相对非常小的意义，基于此，我们在结束语部分不再对其做进一步的探讨。

D. 特定问题

53　　上述有关合并与分割的各种方法，通过与侵权责任上的一些特

---

[71] 有人或许会换而提及每一个"诉因"的一体性，但是，这一普通法术语并非完全没有问题，在使用这一术语的不同普通法国家制度中，其定义各异，在一国制度内部其含义甚至会更加不稳定。
[72] 见《比较总结》边码68及其以下和进一步参引。
[73] 见《比较总结》边码83及其以下和进一步参引。
[74] 见《比较总结》边码88。
[75] 一个可能的反例，见"英格兰：侵权"边码69。
[76] 见《比较总结》边码32及其以下和进一步参引。

定的问题相结合,可以得到说明。

1. 单一索赔还是多项索赔?

一位索赔人是否可以对损害的每一科目都提起一项单独的索赔诉讼,还是必须对源自同一侵权事件的所有损害只提起一项总的索赔,这取决于多种不同的法律原则的累积适用。可以首先考虑因判决或和解而导致的责任的消灭。[77] 与索赔人所遭受损失的某一部分相关的判决或和解是否会消灭被告对其他部分的责任、其他被告的责任或禁止索赔人再提起诉讼?在此处人们可考虑的不只是"既判力"原则,还包括损害赔偿法所涉及的允许或禁止就同一事件连续索赔。[78]

既判力原则是本次研究中的所有国家都认可的一项原理。有关损害的合并与分割的问题在此处的根本重要性可以通过匈牙利报告人迈尼哈德的话得到很好的解释:[79]

"如果损害被看做是多项损失,关于对某些损失的赔偿的终局判决不会禁止当事人就未被判决所包括的损失提起新的赔偿诉讼。如果损害被认为是一项单一的不可分割的损失,终局判决的结果是人们不能再提及未被判决所包括的损害,并且,可能不得再对损失的一定部分进行诉讼了。因此……从'既判力'的角度来看,作为后一起索赔诉讼标的的损失,被看做是已被法院所处理过的损失的一部分还是一项独立的损失,具有关键性和决定性作用:如果该损失被看做是一项独立的损失,可以对其进行诉讼。"

当前的研究揭示了两种方法间存在的根本分歧。有些国家的制度允许对损害的每一科目、方面或部分提起单独的索赔诉讼,而另外一些则坚持——至少是作为起点——同一事件所产生的所有损害

---

77 见《比较总结》边码 68 及其以下、边码 80 及进一步参引。
78 见《比较总结》边码 68 及其以下、边码 74 及其以下和进一步参引。
79 《匈牙利》边码 58。

只能被提起一项总的索赔。

a) 单独索赔

56 在允许提起单独索赔的类型的国家中,我们可特别关注奥地利、德国、波兰、意大利和法国。[80] 在这些国家制度中,索赔人在提起单独索赔诉讼时有相当大的自由度,以便允许对相同事件、甚至同一项损害再次诉讼。但是,在每一种制度中都有重要的限制条件。

57 如已经提到过的(上文边码 37 以下)德国和奥地利对诉讼标的所采用的特别狭隘的概念——这也适用于波兰法[81]——意味着原告可对其赔偿请求的不同部分分别提起不同的诉讼。[82] 针对此种性质的部分索赔诉讼的判决不会使全部责任都消除,也不会阻止就剩余损失部分再进行诉讼。但是,尽管此种"分散分割"通常是可适用的,但对和疼痛与痛苦有关的损害采取的是另一种方法。[83] 如卡纳和里斯所分析的那样:[84]

"对疼痛与痛苦的部分索赔只有通过例外的方式才被允许。这是因为它适用'总括评估'原则,根据该原则,受害人总是有权就其所遭受的或以后一定会遭受的全部痛苦获得全部赔偿……全部损失被大体上设定,就要求对损害做出总括赔偿金,而不能将损害主观地分解为多项单独的损失。"

因此,一旦第一次索赔诉讼已经得到处理,受害人不能再回到法院索取更多。[85] 但是,如在其他国家那样,对于后来才出现的无法预见到的人身损害被视为例外,尽管德国的可预见性标准——即使

---

80 与美国的少数州进行比较:在这些地域,人身伤害和财产损害被作为单独的诉因来对待,即使它们是出自一起单一事故,在"美国"边码 60 中有注解。
81 "波兰"边码 79。
82 "奥地利:侵权"边码 85 以下,"德国"边码 82。
83 "奥地利:侵权"边码 88,"德国"边码 84。
84 "奥地利:侵权"边码 88(脚注省略),也可见"德国"边码 84。
85 "德国"边码 84。

专家也不会预见到随后的损害——非常狭窄，它已受到相当多的批评，[86] 并已被奥地利法律所排斥。[87]

在意大利，如注解的那样（上文边码 42），对赔偿请求进行 "方面性的"（但非分散的）分割是可行的：原告有权在一起诉讼中对某些名目的损失（例如，金钱损失）进行起诉，然后再对别的损失（例如，非金钱损失）进行起诉。[88] 但是，对于已经诉讼的事项所产生的损失禁止再次提起索赔，除非原告在最初的起诉状中明确地保留对未来的损失或特定名目的损失在一起单独的诉讼中进行索赔的权利。[89]

在法国，"既判力"（*l'autorité de la chose jugée*）只适用于先前判决所针对的事项。根据《民法典》第 1351 条："所寻求的救济须是相同的；诉讼请求建立在相同的法律基础之上；诉讼请求是在相同的当事人之间展开的，并且是由相同的原告以同一资格向相同的被告提出的。"由一再重复出现的语词"相同的"所预先设定的特点须经司法解释，索赔人已从相当宽厚的解释方法中受益。特别是，它在 1994 年被法国最高法院（*Cour de cassation*）在一起有关人身损害赔偿请求案件中所认可："受害人可以'首次索赔诉讼所未被包括的损失成分'的名义提起一项新的索赔诉讼，而无论其在第一诉讼的日期是未知的还是已知的。"[90] 首次索赔诉讼所未包括的损失成分，被认为并不具有既判力意义上的诉讼标的的必要特性。但是，自 2008 年 5 月以来法国最高法院的判决已经对这种方法提出了怀疑。[91]

58

59

---

86 "德国"边码 84。
87 "奥地利：侵权"边码 88。
88 "意大利"边码 37。在允许分散分割的德国法系和波兰，这好像已成为必要，此种方法对那里的索赔人也适用。
89 "意大利"边码 37。
90 "法国"边码 60。
91 "法国"边码 64。

法院称："索赔者有责任在同一次审理中提出具有相同法律基础的所有诉讼请求……他不能够为其未在恰当的时间提出的请求在后一次审理中主张法律基础。"[92] 尽管其用语相当宽泛，该案例所直接关注的并不是对未被先前索赔诉讼所包括的损失科目的赔偿，而是在索赔者已经获得了一项具有约束力的且对其有利的禁止被告未经授权使用其商号的仲裁裁决之后，索赔者又要提出一起完全独立的赔偿诉讼是否妥当。法国报告人，加兰－卡瓦尔，暗示对于未包含在先前索赔中的损失提起诉讼仍有空间，至少在人身损害的领域："对遭受人身损害的受害人所显示出的惠顾，也许足以说明在此类损失案件中保持如此宽松的方法的原因。"[93]

60　　因此，即使在那些乍看起来索赔人拥有相当大的自治权从而可以对其全部损失的各个可分部分单独进行诉讼的国家，也会有其他规则来对此种自由进行约束。对于一起单一诉因，应要求一定程度的事宜的一体性。

b）一项单一索赔

61　　只允许提起一项单一索赔的国家类型包括大多数普通法域和至少将之作为起点的其他几个国家（其中包括丹麦和西班牙）。

62　　普通法的方法[94]是建立在"既判力（一事不再理）"原则（包括两种思想：对争议事项的禁止再诉和对诉因的禁止再诉）和有关赔偿金评定一次永久了结的规则的基础之上的。很自然，两种不同制度之间存在一些细节上的差异，对此不必深究。狭义的"一事不再理"原则上只适用于在先前判决中已实际裁决的事项，被称之为"对争议事项的禁止再诉"。但是，就广义的原则而言，禁止索赔人

---

[92] Cass. civ. 2, 28 May 2008, appeal no. 07‐13266, Bull. Civ. I, n° 153, 在"法国"边码 64 中有过讨论。
[93] "法国"边码65。
[94] "英格兰：侵权"边码62以下、"以色列"边码46和"美国"边码56。

对其可合理预期地在早先的诉讼中提出的但实际没有提出的请求再次提出（对诉因的禁止）。[95] 最后，损害赔偿金评定的一次永久了结的规则[96]意味着，与一项单一的诉因有关的所有损害的赔偿都必须在同一时间判处，无论它已经实现或仍处于即将来临的状态，甚至对于其能否最终实现仍有相当大的不确定性。这些原则组合在一起的效果是使普通法上的索赔人不能像法国或意大利的做法那样，先就某一或某些特定名目的损失提起诉讼，然后再对其他损失提起诉讼。普通法上的索赔人应对源自相同事件、"一起单一交易"[97] 或与相同标的有其他关联的所有损失在一起单一的诉讼中提起。该规则是明确建立在确保诉讼的终局性和防止诉讼繁多的公共政策的基础之上的。[98]

我们调查中的其他国家也采用了类似方法，至少将其作为起点。在丹麦，对于源自相同侵权行为的损失，如果其本能够合理地在第一次诉讼中得到处理，那么，索赔人不得对其再次提出主张。[99] 与之类似，西班牙法律禁止对与已做出的判决具有相同的诉因和相同当事人的诉讼请求再次进行诉讼。对未来损失的索赔，只有在初始诉讼时无法预见的情况下才可提起。[100] 因此，这些制度[101]对源自一起单一事件或诉因的损失施加了一种"事件一体化"的形式，这有些让人想起普通法所采取的方法。但是，当考虑在首次诉讼结束后对于由最初的侵权后果而导致的损害提起一项新的索赔的可能性时，迥

63

---

95 "英格兰：侵权"边码 63。
96 "英格兰：侵权"边码 62，美国边码 59。
97 "美国"边码 60，也可见"英格兰：侵权"边码 62。
98 "英格兰：侵权"边码 63。
99 "丹麦"边码 70。
100 "西班牙"边码 54 以下。
101 从表面来看，匈牙利法在禁止基于相同事实再次提起诉讼方面所采用方法类似，但是，它对于什么会构成令索赔人可以再次提起诉讼的新事实采取了有名的宽松态度。见"匈牙利"边码 48 以下和《比较总结》边码 76。

异的做法就出现了。非普通法系的索赔人在对先前判决做出时无法预见到的损害提出索赔时拥有相当大的灵活度。在此范围内，采用损失单独化的方法，将无法预见到的间接损失看做是与索赔人最初起诉索赔的损失相分离的。[102]

64　　在普通法系，事件一体性的一般政策通常禁止对后来发生的或加重的损害提起进一步的诉讼，尽管法规会授权做出一些特定的例外。在英国法中，"临时赔偿金"提供了一个例子。对于可预见的后来发生的损害可以再次提起诉讼，其条件是最初的赔偿判决将该损失部分明确地排除在外。[103] 英国的做法与非普通法国家的做法呈鲜明对比，在后者看来，正如刚提到的，对于在首次诉讼结束后又进一步发展出来的人身损害，只有当其是无法预见的时候才可作为新的索赔对象。

65　　当允许就后来发生的损害提起新的索赔的时候，其所适用的诉讼时效或消灭时效较之首次索赔时更为严格，[104] 这显示出后来的损害与早先的损害在概念上仍然有联系，而并非完全自主。它属于完全单独化和事宜的一体性这两种相互对立的方法的中间地带。

　　2. 在哪里遭受的损害？

66　　在何处遭受损害是国际私法上的一个重要因素，本次研究中的大多数国家都受《布鲁塞尔条例》、《卢加诺公约》以及《罗马条例

102　见"丹麦"边码 70 以下，"匈牙利"边码 48 以下，"西班牙"边码 55。不用说，在采取分散分割或方面性分割方法的制度中，后来发生的损害通常可看做是一项新的索赔的主体。
103　"英格兰：侵权"边码 62。
104　例如，"西班牙"边码 55。

II》（准据法）的管辖。[105] 在上述两种背景下，损害发生地都被赋予相当大的重要性。关于国际管辖，尽管一般管辖权规则是以住所为基础的，但特别管辖权可与侵权行为地或事件发生地和损害地都有关系。此种解释已被欧洲法院（ECJ）的判决所确认，并附有显著的注解：一项索赔只能在遭受主要损失的地方提起，而不能在仅遭受间接损失的地方提起。[106] 就所提到的关于合并与分割的方法的分类而言，它等同于对主要损失的单独化，再结合以主要损失和间接损失的一体化。如果主要损失是发生在多个不同地域，就会出现一个困难：基于损害地点的特别管辖权只允许索赔人就在同一地点遭受的主要损失进行索赔。要将与在不同地点遭受的主要损害有关赔偿请求合并在一起，索赔人必须寻求其他管辖权依据：被告的住所、侵权行为地或事件发生地。

转向准据法，《罗马条例 II》规定，对一般侵权的争议，应适用损害发生国家的法律。如蒂德在他的有关冲突法视角的专题报告中指出的那样，当因一起单一的行为而在多个不同地点造成损害时（例如，在一份国际流通的报纸上发表诽谤内容），会出现"极大的困难"，因为"大量的法律都属于可适用的法律"，将导致"困难的马赛克式的评估"。[107]

尽管有这些可预见到的困难，蒂德称，有关合并与分割的问题，

67

68

---

[105] Council Regulation (EC) No. 44/2001 of 22 December 2000 on jurisdiction and the recognition and enforcement of judgments in civil and commercial matters (Brussels Regulation), OJ L 12, 16.1.2001, 1-23; Lugano Convention on Jurisdiction and the Enforcement of Judgments in Civil and Commercial Matters, 88/592/EEC, OJ L 319, 25.11.1988, 9-48; Regulation (EC) No. 864/2007 of the European Parliament and of the Council of 11 July 2007 on the law applicable to non-contractual obligations (Rome II Regulation), OJ L 199, 31.7.2007, 40-49. 进一步可见《冲突》，频繁提及。关于国内管辖，见《比较总结》边码61及其以下和进一步的参引。

[106] 《冲突》边码11及其以下。

[107] 《冲突》边码27。

条例的具体规定并没有涉及，在冲突法学者中也没有重要的学术文献。[108] 依其观点，合并的政策好像与国际私法领域的目标更契合："如果损害在国际间分割并发生在数个国家管辖地，寻求单一的有管辖权的法院的努力和寻求单一的准据法的努力可能是对立的。"[109]

3. 何时遭受损害？

关于何时遭受损害的问题在诉讼时效（"消灭时效"）的背景下具有不言自明的重要性，至少对于那些时效——在有些案例中，如果不是全部的话——从损害之日起开始计算的国家是如此的。[110] 在实践中，对于那些时效从索赔人知道或应该合理地已知道损害时开始计算的制度，损害是何时发生的问题也必须得到解决：有必要指明什么构成索赔人必须知道的损害，以及什么被认为是不同的损害。好像对于大多数国家而言起点依旧是主要损失和间接损失的一体性。例如，在德国：[111]

"'损害一体性原则'规定，对于由一起和相同的侵权行为引起的数项间接损失的赔偿请求权在损失的最早时间就已形成。换而言之，从受害人第一次遭受其所抱怨的损害所产生的间接损失之时起，对所有间接损失进行赔偿的请求权就已形成。"

这也是普通法的方法，正如以色列的报告所清晰表述的那样：[112]

"依照规则，时效应从可诉的主要损失能够被发现时开始计算。主要损失在后来的显现或由主要损失演化出来的继发的次要损失不会触发新的和独立的时效期间，因为它们被认为与主要损失一样属于同一诉因的一部分。"

但是，尽管主要损失和间接损失的一体性是我们在研究中所发

---

108 《冲突》边码5。
109 同上。
110 见《比较总结》边码19及其以下和进一步的参引。
111 "德国"边码31，也可见"奥地利：侵权"边码25。
112 "以色列"边码12。

现的最广泛应用的合并技术之一，它并没有被所有制度所认可。例如，在匈牙利，对于发生在不同时间点的源自相同侵权行为的损害，对每一项损害都适用一个新时效期间，即使对于那些能够在先前诉讼中被预见到的所有损害也是这样认为的。[113]

自然地，即使在那些将间接损失看做是主要损失的一部分的国家里，如果后来的损害构成一项独立的主要损失，将对其适用新的时效期间。因此，间接损失和独立的主要损失之间的区别很重要。[114]

4. 原因的一体性

在确定一项特定的损失是一体的还是多项独立的损害时，因果关系是一个关键标准。当有数项独立的损害时，其责任可以在以下主体之间进行分割：原告和被告之间、两名或多名被告之间、被告和坏运气（有时是指生活的厄运或受害人的风险范围）之间。应该指出的是，它独立于根据与有（比较）过失和侵权行为人之间的内部追索（责任分担）的规则而做出的对损失的零散分割。

数名国别报告人强调在确定特定的损失是可分的还是不可分的时候因果关系所发挥的作用。[115] 一项单一的因果关系进程会将单一被告所遭受的不同损失、多位被告所遭受的一项或多项损失以及索赔人负有与有原因的损失联系在一起。如果两辆汽车相撞并且其中一名乘客在事故中受伤，两名驾驶员可被作为多名侵权行为人被判处连带责任，因为受害人的损害在因果关系方面是不可分的。[116] 类似地，如果其中一名驾驶员未系安全带并在事故中头部受到损害，并且，如果他系了安全带该损害本就不会发生，那么，该头部损害可被看做是双方当事人共同导致的。该损失整体依然是一体的。同样

---

[113] "匈牙利"边码24。
[114] "奥地利：侵权"边码28，"意大利"边码12。
[115] "奥地利：侵权"边码59及其以下，"匈牙利"边码35和边码42，"西班牙"边码4和37，"美国"边码30以下。
[116] "匈牙利"边码35。

的损失在因果关系上的不可分性，经常可见于与源自两起或多起侵权组合的间接损失有关的事项方面，例如，疼痛与痛苦、沮丧或其他间接的精神损害，或收入损失。[117] 如格林和汉纳所观察到的，当 A 打断了 X 的胳膊，B 打断了 X 的腿，有可能"X 可以在断胳膊或断腿的情况下工作，但在胳膊和腿都断的情况下无法工作。在这种情况下，断胳膊和断腿都是工资丧失的'若无则不'的原因，因此，对工资丧失的损害在 A 和 B 之间是无法分割的。"[118] 在所有这些情况下，虽然损害在因果关系方面不能被进一步分割成各部分，但是，基于其他因素而进行分散式分割仍是可行的——例如，与多名侵权行为人责任划分（内部追索）有关的法律，或与有过失的法律（那些拒绝比较过失原理的美国的州例外）。[119]

74　　对比之下，对不同行为的因果效力的分析会有助于将一些具体的损失看做是相互分离的：多名被告有可能对受害人所遭受的全部损失范围内的各项损失分别负责，与有过失的抗辩可能只适用于部分而非全部损失，一名被告可能只对某些损失负责而对其他损失不负责，因为后者是受害人范围内的风险所导致的。例如，如果 A 打断了 P 的胳膊，三十分钟后 B 打断了 P 的腿，该损害可基于因果关系而分割，A 对胳膊赔付，B 对腿赔付。[120] 当然，基于因果关系的分割并不必然导致在每一个案件中两名或多名被告中的每一位都只对全部损失中的一部分负责。整体损失中的各可分离部分也可因其他法律原则的缘故而被合并在一起，例如，共同侵权行为人对他们中的一人在从事共同事业过程中所引起的可预见的损害负连带责任，它在许多国家的制度中被看做是一种非因果关系意义上的责任。[121]

---

[117]　"美国"边码 30。
[118]　"美国"边码 30。
[119]　"美国"边码 33 以下。
[120]　"美国"边码 30，也可见"法国"边码 31，"西班牙"边码 36。
[121]　见《比较总结》及进一步的参引。

因果关系上可分的损失和因果关系上不可分的损失之间的界限并不总是容易划分,有时人们怀疑法院为了达到与直觉的正义感相符的结果而对其人为地操纵。在一起德国案例中,一座房屋因相邻的矿场爆炸而受损,德国联邦最高法院判决称,在对数名经营者施加连带责任之前,法院应确定哪一处开裂或裂缝是由哪一个矿场引起的。[122] 瓦格纳提出"每一处裂缝都是一个可分离的独立的损害",并且"很容易得出结论,每一位矿场经营者要对他所引起的裂缝的后果单独承担责任"。[123] 但是,难道没有可能有些裂缝是由两起爆炸的合并效果所导致的吗?一则波兰案例引起了类似的思考。[124] 由两个不同的生产商提供的鸡饲料是有缺陷的,并导致了相当高的死亡率和体重轻的问题。上诉法院认定这是一起单一的损失,不能对其构成部分进行分割,从而对生产商施加了连带责任。但是,最高法院支持了生产商的上诉并指令重新审理以确定每一位生产商所导致的损害。巴金斯卡指出:"专家已经在其意见书中声称,对于由一种饲料引起的损害和第二种饲料引起的损害进行区分是不可能的。"[125] 她暗示最高法院可能受到波兰法律中缺乏依照对相同损害的作用大小判处比例赔偿金的法律依据的影响。类似地,在法国法中,当噪音污染是由两个机构的排放合并导致的时候,每一家仅对部分滋扰负责,其依据是对一起单一的但可分割的损害存在两个可相区分的部分。[126] 但是,人们真能将滋扰的不同部分归因于不同的被告吗,或者滋扰是由两家排放所造成的累积的和不可分割的效果所导致的?最后,在一件英国判例中,[127] 一个人由于其雇主的过失而在工作时遭受

---

[122] "德国"边码59。
[123] 同上。
[124] "波兰"边码71以下。
[125] "波兰"边码70。
[126] "波兰"边码32。比较:"波兰"边码60以下和"美国"边码31所讨论的污染案例。
[127] "英国:侵权"边码49。

严重的毒打；然后他受到了有过失的医疗救治，其结果是他的一只眼失明了。后来他患了严重的抑郁症和其他精神病症。专家证言是，这些后果是最初的攻击和因医疗过失而导致的失明这两个因素导致的。但是，法院并没有认定雇主和医院对精神损害负连带责任，而是认定他们每一方都对部分损害负责。这一判例受到了强烈的批评，这些批评认定的前提是，像法院那样对精神疾病的不同部分进行分离和单独对待是不可行的。一个人"半疯"不亚于"半死"（以一种文学而非隐喻的语气）或"有一点儿怀孕"。

76 在此类案例中，巴金斯卡的论点好像相当有力，她认为法院有时为了达到非正式的正义的目的而虚拟地分割单一损失的因果效力，从而使被告（或每一名被告，如果有多名的话）只对部分负责。[128] 换而言之，虚拟的因果关系单独化被用来规避一国制度中有关对共同致害承担连带责任的正式规定，从而达到对全部损失进行分散分割的效果。

四、结论

77 此次研究的双重目的是，通过解决到目前为止一直被忽视的合并和分割的问题来对损害的基础法律概念进行说明，并通过采用一个全新的视角来提出有关侵权法和保险的相互关系的新洞见。我们所从事的课题，到目前为止主要被作为一个保险法上的问题——一项损失/多项损失的问题——来讨论，并试图识别在侵权法上也会出现此问题的背景。我们也想发现两大领域用来实现损害的合并或分割而采用的技术，以及分析这些技术是如何被用来解决一些特定的问题的。

---

[128] "波兰"边码70。

如在开始（上文边码1）所说的，我们认为，研究方法和研究对象的新颖性，有时使得进展很困难，并限制了我们得出有意义的结论的能力。我们已不得不承认，对于从我们的研究中得出的推论过于富有雄心会有不合理性。我们也不得不承认许多项目参与者所做的怀疑性评论中也有真理的成分，正如我在引言中所说的那样（上文边码7），"合并"和"分割"这些术语本身不为人熟知，有可能被报告人以不同的方式来解读。我们提出的许多问题，在各国法律中最终是通过对可分的、不可分的或合并的损失不进行区分的原则来解决的。对于合并和分割可采取多种不同的方法，这是显而易见的，甚至在一国制度内亦是如此。并且，对侵权法和保险的相互关系的分析受到了我们在这两个领域进行探究的焦点不同的阻碍：侵权法关注的焦点是损害的基础概念，而保险法关注的焦点是事件或索赔。

尽管有这些限制，仍可得出一些结论。首先，我们发现单一/复数的问题在侵权法和保险领域都无处不在，正如用来解决这些问题的合并和分割的技术一样。其次，我们强调了用来解决一起损失/数项损失的问题而采用的法律方法的多样性，即使在单一体制内亦是如此。很明显它在相当大程度上依赖于特定的背景，（例如）在一些制度中侵权实体法和程序法的方法差异是显著的。我们没有寻求有关合并和分割的一般原理，因此，从地方性政策考虑的影响出发来进行思考更有意义。第三，我们能够对各国制度中对损害的合并和分割采用的不同方法进行类型化研究，可将其分为分散分割、方面性分割、较强和较弱形式的单独化（主要损失和间接损失的可分割性对不可分割性）、事件一体性和程序上的合并。第四，我们已经看到，合并和分割的问题可以通过事先做出明确规定而轻易地避免，无论其是采用立法的形式还是保险合同条款的形式（例如，拟定法定责任限额[129]和将索赔系列条款加入到保险合同中[130])。

80　　最后，尽管它们的目的、目标以及所使用的特定的机制存在许多差异，本次研究显示，保险和侵权法经常试图将损失的合并与发生在特定的时间和地点的特定的源发事件联系在一起。在保险中，此类锚定的角色通常是由损害事件或事项的概念来扮演的，但是，也会使用其他概念（例如，"事故"）。对每一个术语都可做出一系列的可能的解释。在侵权法中，锚定的角色可以由不同的事件来扮演，不仅包括损害和导致损害的侵权行为的发生，也包括一个给侵权行为导致的一系列损失（未必只有这些）提供了"相互作用的统一体"的中间事件。此种中间事件在法学原理上尚未受到足够的关注，以至于它还没有一个公认的名字。我们在此处称之为"事宜"（transaction），但是人们也可另行称其为主要损失的发生或诉因的成就。尚需做进一步的工作以澄清此类中间事件的性质和它在法律实践中发挥的作用，并提炼出我们对这些制度对比的理解，其中，一些制度（特别是普通法系）在相当程度上接受了事宜一体性概念，而另一些制度则大体上排斥事宜一体性并倾向于损失的单独化。

81　　从上述谨慎的结论中可明显看出，本次研究并不自认为其对侵权法和保险中的合并和分割所进行的概念分析是最终的和定论性的，并不妄称对这些问题拥有最终发言权。但是，它好像也不会胆大到将其称之为关于这一迄今为止一直受忽视（至少对于侵权法而言）的主题的第一次发言，希望它能够成为继续进行调查研究和讨论的基础。

---

[129] 见上文第36和《比较总结》边码25。
[130] 见上文第22和《比较总结》边码106，一般性地见第96和104。

索　引

字母代表报告，数字代表边码；AI 代表奥地利关于保险法的国别报告；AT 代表奥地利关于侵权法的国别报告，CL 代表 T. Thiede 从冲突法视角撰写的报告，CR 代表结论性思考，CS 代表比较总结，D 代表德国，DK 代表丹麦，E 代表西班牙，EA 代表 I. Gilead 撰写的经济分析报告，EI 代表英格兰和威尔士的保险法报告，ET 代表英格兰和威尔士的保险法报告，F 代表法国，H 代表匈牙利，I 代表意大利，IA 代表 C. Lahnstein 撰写的关于保险方面的专题报告，IL 代表以色列，PL 代表波兰，US 代表美国。

Actions 诉讼
　　consolidation of ~ 诉讼合并　AT 95；D 91；E 77 ff.；US 65
　　class ~ 集团诉讼，见集团诉讼
　　for declaration 确认之诉　AT 26
　　joinder of ~ 诉讼合并　AT 94, 106；CR 51；CS 81；D 90, 147；DK 42, 77 f.；E 50, 52, 63 ff.；ET 33 f.；H 52；I 47；PL 87 f., 94；US 64, 78
　　representative of ~ 代表人诉讼　AT 100 ff.；CS 89 ff.；D 95 ff.；DK 85；ET 74；H 54；I 42 ff.；PL 90 f.；US 74 ff.

adequacy 充分性　D 25；EI 19；ET 8, 11 f.；IL 11, 14；PL 20；US 36 ff.

aggregate limit clause 总额限制条款　AI 16 ff.；CS 103 ff.；D 110, 123；DK 101 f.；E 96, 98；EI 16 f., 33, 48；F 100；H 63；I 53；IA 10；PL 97, 108 ff.；US 90

air traffic 航空运输　AT 34；D 37；E 6, 22；ET 24 f.；H 27；I 15；PL 35；US 16

asbestos 石棉　CS 44, 51；CR 25；E 44；EI 18, 40 ff.；44, 52；IA 1, 13；US 15, 43 f., 83, 94

auditors 审计师　AI 13 ff.；AT 32, 50；CS 102；D 115 ff.；DK 98 ff.；E 95；EI 31 f.；H 62；PL 106 f.；US 89

Bad faith 恶意 AT 14, 30, 100; CS 89; D 34; E 14; IL 50 f.

blood transfusion 输血 CS 45; D 94; F 40 ff., 59, 87; US 83

Brussels I Regulation 布鲁塞尔条例 I AT 75; CL 1, 7 ff., 16 ff.; CR 65; CS 58 f.; D 73 f.; DK 62; ET 56; I 33

Brussels Convention 布鲁塞尔公约 AT 73; CL 7; I 33 f.

buildings insurance 建筑物保险 AI 5 ff.; CS 99; CR 28; D 110; DK 92 ff.; E 92; EI 27 ff.; I 49; H 60; PL 101; US 85

burden of proof 举证责任 CS 45, 53; E 7, 43; F 77; PL 24, 62; US 2, 32

    reversal of the ~, ~ 倒置 CS 45; D 71; US 41

Caps 限额

    ~ in insurance law, 保险法中的 ~ AI 9; CR 2, 11, 18, 37; CS 96, 99; DK 90; D 108, 119; EI 5 ff., 16 f., H 57 ff., 67, IA 1 ff.; PL 96 ff.; 108 ff., 116, 124 ff.; E 90, 92, 96 f.; US 90

    ~ in procedural law, 程序法中的 ~ E 69

    ~ in tort law, 侵权法中的 ~ AT 31 ff., 48 ff.; CR 35; CS 22 ff., 29, 31; D 37 f., 46 f.; DK 19 ff., 39 f.; E 20 ff., 28 ff., ET 21 ff., 30; F 16; H 27, 30; IL 15, 17; I 15; PL 32 ff.; US 14 ff., 22 ff.

causal indeterminacy 因果关系的不确定性 AT 66 ff.; CR 44; CS 44 ff., 51 ff.; D 63 ff.; DK 54 ff.; E 43 ff.; ET 49 ff.; F 37 ff.; H 13, 41 ff., 49; I 27 ff.; IL 31 ff., PL 57 ff., 69 f.; US 39 ff.

causation 因果关系 AT 15, 59 ff.; CR 44, 71 ff.; CS 6 f., 37 f., 97 f., 106; DK 54 ff.; E 36, 98; EA 24, 29, 35, 47, 54; EI 50 f.; H 35; IA 16; PL 12; US 30 f., 82 f.; 也可见因果关系的不确定性

    alternative ~, 择一的 ~ AT 60, 66; CS 47; CR 35; D 56, 68; DK 56; PL 57; US 40

    multiple ~, 多重的 ~ E 3; EI 8 ff., 53

    potential ~, 潜在的 ~ AT 60, 66 f., 69; CS 47, 54; PL 57

    proximate ~, 近因, 见充分性 (adequacy)

    psychological ~, 心理上的 ~ AT 61; DK 49

claims 索赔/请求

see also under actions 也可见诉讼

~ made principle, ~提出索赔原则, 见保险触发点（insurance triggers）

partial ~, 部分~ AT 86 ff., 90; CR 36, 41, 55 ff.; CS 66, 69; D 82

~ series clause, ~系列条款 AI 4, 15, 20 ff., 42; CS 102, 105 ff., 110; CR 22; DK 103 ff.; D 108, 119 ff., 124 f., 128, 131; E 97 f.; EI 34; F 101; H 64; I 52 f.; IA 9, 18; PL 107, 111 ff.; US 83, 91 ff.

value of the ~, ~金额 AT 78 ff., 87, 96; CS 64 ff.; D 77 ff.; DK 66 ff.; E 53; ET 58 ff.; F 54 ff.; H 47; I 36; IL 43; PL 75 ff.; US 51 ff.

class action 集团诉讼 AT 93, 99; CS 83 ff., 95; D 93 f.; DK 79 ff., 87 f.; E 66 ff., 89; ET 69, 73; F 71; H 53; I 41 ff.; PL 89; US 68 ff., 77 f.

collective redress 集体救济 AT 97 ff., 106; CR 51; CS 81 ff., 89 ff., 94 ff.; D 89, 94, 100 ff., 103 f.; DK 87 f.; ET 67 ff., 72, 76; F 71 ff.; H 56; I 48; IL 51 ff.; PL 93 ff.; US 68, 78; 也可见大规模侵权（mass torts）

comparative negligence 比较过失 CR 72; EA 24 ff., 32 f., 38 ff., 54; IL 4; US 2, 32, 62; 也可见与有过失（contributory negligence）

compensation 赔偿

form of ~, ~形式 AT 21, 33, 35, 37, 51; CS 30; D 47; DK 26; ET 62

funds 基金 F 20; PL 33

competition law 竞争法 AT 102; CS 89; D 96 ff.; E 51, 66, 87; H 51

concerted action 一致行动 AT 61 f., 64 f.; CS 40 ff.; DK 49, 51 f.; E 38, 41; ET 45 ff.; IL 21 ff., 29 f.; PL 49 f., 42 f.; US 35 f.

conflict of laws 冲突法 CL 1 ff.; CR 65 ff.; CS 58 f.; E 47 f.; F 51 f.

consequential loss 间接损失, 见损失（damage）

constitutional law 宪法 AI 30; E 7, 12, 25, 75; H 30; US 16

consumer protection 消费者保护 AT 96 f.; 100 ff.; CS 89, 91, 93; D 96 ff.; DK 85; E 66 ff., 85; F 71, 74 f., 86; H 53; I 41 ff.; PL 90 f.; US 75 f.

contribution between joint tortfeasors 共同侵权行为人之间的责任分担 CL 28; CR 35, 71 ff.; CS 20, 39; ET 52; F 35; I 21, 23; IL 13, 28; PL 51, 68

contributory negligence 与有过失

AT 9 ff. , 19 f. , 90 f. ; CR 35 , 71 ff. ; CS 7 ff. , 16 ; D 18 , 26 ff. , 86 ; DK 5 f. , 12 ff. , 73 ; E 10 , 15 , 57 ; EA 32 f. , 38 ff. ; ET 7 , 13 ; F 6 , 11 ; H 19 , 22 , 50 ; I 7 , 11 , 39 ; IL 4 ff. , 10 f. , 49 ; PL 13 ff. , 26 ; US 2 , 7 , 11 , 19 , 33 f. , 61 f.

criminal 刑事

~ law, ~ 法律 D 55 , 58 ; E 38 , 40 ; ET 48

~ procedure, ~ 程序 CR 41, CS 95 ; F 77 ; E 67 , 75 ; I 48

Damage 损害

concept of ~ , ~ 概念 AT 1 ; CR 43 ff. , 71 ; D 4 ff. ; E 5 f. ; F 2 ff. ; H 1 ff. , 9 ff. ; I 1 ff. ; PL 1 ff. , 96

consequential ~ , 间接 ~ AT 17 ff. , 22 ff. , 63 ; CL 13 f. ; CR 31 , 43 ff. , 69 f. ; CS 12 ff. ; D 4 , 23 ff. , 29 ff. , 40 , 59 , 61 , 74 , 107 ; DK 10 ff. , 46 f. ; E 12 ff. ; ET 9 ff. ; F 9 ff. , 19 , 52 , 59 ; H 7 f. , 21 ff. , 27 ; I 10 ff. ; IL 8 ff. ; PL 20 ff. , 41 ; US 4 f. , 10 ff.

different kinds of ~ , ~ 的不同类型 AT 2 , 4 ff. , 8 ff. , 14 ; CR 31 , 40 ; CS 2 ff. , 8 , 29 ; D 4 ff. , 17 , 21 f. ; DK 2 ff. , 6 , 40 ; E 2 , 5 ff. , 9 f. ; ET 2 ff. , 6 ff. ; F 2 ff. , 5 f. ; H 1 ff. , 15 ff. , 19 f. ; I 4 ff. ; IL 3 ff. ; PL 6 ff. , 15 ; US 5 ff.

future ~ , 未来 ~ AT 25 f. ; CR 56 f. , 62 ; D 32 ; ET 62 ; PL 22 , 27 f.

indirect ~ , 非直接的 ~ , 见间接损害 (consequential damage)

long tail ~ , 长尾 ~ AI 33 ff. , 41 f. ; CS 108 ff. ; CR 18 , 23 f. ; D 32 , 126 ff. , 132 ff. ; D 126 ff. ; DK 106 ff. ; E 99 ff. , 103 ff. ; EI 14 , 35 ff. , 46 f. ; F 102 ff. , 107 f. ; H 65 f. ; I 55 ff. ; IA 11 ff. ; PL 116 ff. , 123 ; US 83 , 94 ff.

non-pecuniary ~ , 非金钱 ~ AT 6 , 30 ; CS 3 ; D 4 f. , 14 , 21 f. ; E 6 , 24 ; H 3 ff. , 16 f. , 22 , 48 ; I 4 , 6 , 9 ; PL 1 , 9 f. , 80 , 83 ; US 16 ff.

property ~ , 财产 ~ AT 6 ; CS 14 ; D 21 ; ET 10 f. ; PL 2 , 21 ; US 12

remoteness of ~ , 远距离的 ~ , 见充分性 (adequacy)

damages 赔偿

exemplary ~ , 惩戒性 ~ , 见惩罚性赔偿 (punitive damages)

special ~ , 特殊 ~ ET 4 ff.

general ~ , 一般 ~ ET 4 ff.

punitive ~ , 惩罚性 ~ CS 23 , 29 ; US 16 , 18 , 22 , 24

deceit 欺诈 ET 12

deductibles 扣除额 AI 11 ff.; CS 100 ff.; CR 11, 37; D 114, 121; DK 95, 97; E 95; EI 16 f., 31; F 82, 88 ff.; H 58 f., 61 f.; I 50, 52; PL 102 ff.; 120, US 86 ff.

depecage 分割 CL 31 ff., 37 ff.

difference theory 差别原理 CS 33; PL 2, 40, 42, 96, 101

disgorgement of gains 吐出收益 CS 89; D 96, 99

distribution mechanism 分配机制 AT 36; D 38

draft civil code 民法典草案 H 21; IL 38 f.

duty 义务

~ of care, 注意~ ET 3, 18, 59; IL 3, 7

~ to inform, 告知~ AI 2 f.; D 133; PL 121 f.

Earning capacity 获得收入的能力 DK 22, 29 f., 35

economic analysis 经济分析 CS 9, 39; EA 1 ff.

employees' liability 雇员的责任 H 30; PL 38

employers' liability 雇主的责任 AT 67; CR 74; ET 49; PL 38

employment discrimination 就业歧视 US 24, 70

enterprise liability 企业责任 US 42

environmental liability 环境责任 AI 24, 36; D 37, 126, 129 ff., 136 f.; CL 11; E 3; F 77; H 10; PL 60; US 74

exposure to risk 暴露于风险 CS 49; EI 39, F 43 f.; US 83; 94

Fait dommageable 损害事件 CS 48 f.; F 48 f., 51 ff., 95, 103, 107

false imprisonment 非法拘禁, 见拘禁 (imprisonment)

fees 费用

attorney ~, 律师 ~ AT 80; CL 64; CS 64; D 90, 102; H 47; I 36; PL 76; US 52, 70

court ~, 法院 ~ AT 79; CS 66; CR 36; DK 66 f.; D 79; H 47; PL 76

foreseeability 可预见性 AT 25 f.; CL 29, 40; CR 56, 62 f.; CS 43, 72; D 24, 32 f.; DK 71 f.; E 14, 18, 40 f., 49, 55 f.; ET 11 f., 18, 48; F 36; H 21; I 25; IL 9, 14, 30; PL 22, 55; US 36, 57

forum shopping 挑选管辖地 CL 3, 13, 21, 42

full compensation principle 充分赔偿原则 AT 30; CL 25, 32; D 4 f. 13; E 6; 25, 28; H 1, 3, 15; PL 21

funeral costs 丧葬费　AT 15 f.；CS 11；PL 16；见损失（loss）

Hague Convention on Traffic Accidents 关于交通事故的海牙公约　CL 20 f.

hours clause 小时条款　CS, 107；H 59；IA 9；US 91

Good faith 善意，见恶意（bad faith）

Imprisonment 拘禁

　　false ~，非法 ~　ET 17

injunctions 禁令　AT 100；CS 89；D 96；US 70, 74

insurance 保险　CR 9 ff., 14 ff.；IA 1 ff.

　　compulsory ~，强制 ~　AI 12；CS 112；CR 16 f.；H 61；PL 118；126

　　environmental liability ~，环境责任 ~　AI 24, 36；CR 19；D 126, 129 f., 136 f.；EI 14

　　fire ~，火灾 ~ AI 5, 7 f., 10；CS 99；D 110

　　~ contract，~ 合同

　　　　interpretation of ~，~ 的解释 AI 6；CS 96, 99, 104；EI 3, 15；F 86, 97；I 51, IA 6；US 79 ff.

　　　　termination of ~，~ 的终止

AI 23, 36 ff., 41 f.；CS 108 f., 110 f.；D 130, 132 ff.；DK 107 ff.；E 99, 103 ff.；EI 46 f.；H 65；I 55 ff.；PL 116 ff.；US 96

　　validation of ~，~ 的效力 AI 30；CS 109；DK 107；E 101 f.；D 122, 130, 133

　　~ premiums，~ 费　CR 18；US 14

　　~ terms，~ 条款，见标准保险条款（standard insurance terms）

　　legal expenses ~，法律费用 ~ AI 28

　　nuclear risk ~，核能风险 ~　E 93

　　product liability ~，产品责任 ~ AI 25；CS 106, 108, 110 f.；D 125, 132 ff.；DK 101 ff., 110；EI 45；H 64, 66；IA 9

　　professional liability ~，专家责任 ~ AI 13 ff.；CS 102；D 122；E 98, 101；H 58 f., 64；I 52, 59；PL 107；US 87, 92, 95

　　property ~，财产 ~　EI 13；IA 2, 7；PL 95；US 90

　　storm ~，风暴 ~　AI 5, 7 f.；CS 99

　　traffic liability ~，交通责任 ~ AI 2 ff.；D 135；E 90；EI 48；H 57；

IA；PL 119；US 90，97

 ~ triggers，~ 触发点：

  accident 事故 CR 19，25；E 99；EI 9 ff.；PL 115；US 81，88

  claims made 提出索赔 CS 101 f.，109，111；CR 23 f.；DK 102，105 ff.；E 99 ff.；EI 45 ff.；I 52 ff.；US 86 ff.，95

  contravention 违反 AI 13，15，26，34；CS 100，102；D 114，117 ff.

  damage event 损害事件 AI（2 ff.），22，33，41；CS 96 ff.，103，108 ff.；D 107 ff.，112，126 f.，132；DK 89 ff.，95 f.，98 f.；E 90 f.，94 f.，98，102；EI 19 f.；H 57 ff.，61；I 49 ff.；US 89

  delivery 交付 AI 25，37

  discovery of damage 发现损害 D 129 f.

  general 一般 CS 96 f.，100 f.；CR 25 ff.；D 106 ff.，118，126 ff.，132；EI 7 ff.，38 ff.；IA 5，16 f.；PL 116 ff.，126；US 86 ff.，94 f.

  occurrence 事件/事项 CS 108 ff.；CR 21，25 f.；E 101；EI 15 ff.；I 53，56；PL 99，103，106 f.，114，123；US 80 ff.，88 f.，91

  violation 违反，见违反（contravention）

intellectual property 知识产权 CL 27；D 75；E 51

Joinder 合并，见诉讼（actions）

Joint 共同/连带

 ~ and several liability，~ 连带责任，见连带责任（solidary liability）

 ~ creditors，~ 债权人 AT 53；D 49，97；F 29

 ~ fault，~ 过失 F 33 ff.

 ~ ownership，~ 所有权，见所有权（ownership）

jurisdiction 管辖

 diversity ~，多样性/多地域 ~ US 48，67，78

 domestic ~，国内 ~ AT 70 ff.；CS 60 ff.；D 73 ff.；DK 62 ff.；E 51 f.；ET 56 f.；F 48 ff.；H 45 f.；I 33 ff.；IL 40 ff.；PL 71 ff.；US 47 ff.

 international ~，国际 ~ CL 8 ff.，37；CR 49，65 ff.；CS 58 f.；E 47 ff.

 transfer of ~，~ 的转移 AT 107；D 90 f.；ET 33，72；US 66

Limitation 时效，见时效（prescription）

lis pendens 未决诉讼 AT 85，87，89 f.；CL 18；D 2；E 70

loss 损失

consequential ~, 间接 ~, 见损害（damage）

economic ~, 经济 ~, 见纯经济损失（pure economic loss）

emotional ~, 精神 ~, 见精神损害（mental injury）

extrinsic ~, 外在 ~ CS 12; E 12 f.

intrinsic ~, 内在 ~ CS 12; E 12

~ of chance, 机会 ~ AT 66; CS 48; D 70; F 43; I 27; IL 32

~ of earnings, 收入 ~ AT 2, 21; DK 13, IL 8; PL 23

non-pecuniary ~, 非金钱 ~, 见损害（damage）

pure economic ~, 纯经济 ~ AI 26, 38; AT 5, 30, 74; CL 13; CS 3, 17, 21; D 20, 23, 29, 53, 115 f., 119; ET 18 f.; H 7

ricochet ~, 反射性 ~ E 13; F 50 f.; I 2; PL 17 ff.

Market share liability 市场份额责任 AT 68 f.; CS 55 f.; D 72; DK 60; E 45; ET 54; F 47; H 43 f.; I 31; IL 39; PL 65; US 40 f., 45 f.

mass torts 大规模侵权 AT 95, 98, 106 ff.; CS 94 f.; D 94, 103 ff.; DK 87 f.; E 75, 89; ET 70, 76, 77; H 56; I 48; PL 93 f.; US 67, 73, 78

matter in dispute 争议事项, 见诉讼标的（subject matter of litigation）

medical accident 医疗事故 F 20 ff.

medical liability 医疗责任 CS 45; D 71; DK 24 f., 32 f.; IL 14, 36; PL 62 f.; US 15 ff., 22 f., 93

mental injury 精神损害 AT 30; CS 3, 100; D 7; ET 3, 20; IL 3, 7

mitigation of loss 减轻损失 ET 6; IL 11

motor vehicles 机动车, 见交通责任（traffic liability）

motor vehicle liability insurance 机动车责任保险, 见交通责任保险（traffic liability insurance）

multiple tortfeasors 多位侵权行为人 AT 59 ff.; CL 16 f., 25, 28; CS 36 ff., 59; CR 31, 71 ff.; D 2, 54 ff.; DK 48 ff.; E 35 ff.; EA 24, 32 ff., 38 ff., 57; ET 42 ff.; F 31 ff.; H 34 ff.; I 21 ff.; IL 1, 21 ff.; PL 48 ff., 69 f.; US 1 f., 30 ff.

Nuclear liability 核责任 CS 22; D 46; E 6, 23; ET 22 f.; H 27; PL 32 f.

Nuisance 滋扰 CR 74; ET 2, 10; F 18; US 56

Ownership 所有权　AT 53 ff.；CS 32 ff.；CR 31, 51；D 48 ff.；DK 41 ff.；E 31 f., 64；ET 31 ff.；F 27 ff.；H 12, 31 f.；IL 18 f.；I 19；PL 40 f.；US 26 ff.

Pain and suffering 疼痛与痛苦　AT 12, 88；CR 36, 56；CS 8, 69；D 5, 14, 19, 28, 84；DK 20；ET 6；I 11

permanent injury 永久性损害　DK 21, E 24, 26；F 20, 60；US 56

personal injury 人身损害　AT 33 ff.；CL 31 ff.；CR 44, 56 ff.；CS 24, 29, 68, 70, 84；D 5；DK 19 ff., 71；E 24 f., 28；EI 9 ff.；ET 62；F 62 f.；H 49；IA 2；IL 17；PL 35, 88, 119 f.；US 60, 73

personality rights 人格权　AT 30；CL 12 ff., 20, 27

perte d'une chance 机会丧失，见机会丧失（loss of chance）

pharmaceuticals 医药　DK 24 f., 31 f.；EI 45；ET 70；US 41

prescriptive right 因时效而取得的权利，见使用权（right of use）

prescription 时效　AT 23 ff., 86；CR 48, 64, 68 ff.；CS 18 ff.；D 2, 30 ff., 83, 85；DK 16 f.；E 7, 18, 55；ET 14 ff.；F 14；H 24；I 12 f.；IL 12 f.；PL 29 f., 122；US 12

presumption 推定　CL 34；CS 45；F 37 ff.；PL 62

prevention 预防　CL 25；EA 5, 12 f., 30；F 91；H 24, 35, 42；PL 102

Principles of European Tort Law 欧洲侵权法原则　CL 15；IL 3

product liability 产品责任　AI 25, 37, 41 f.；AT 38 ff.；CL 20；CS 10, 22, 27 f.；D 39 ff., 125, 132 ff.；DK 37 f., 101 ff., 108 ff.；E 3, 20 f., 26 f., 28, 30, 49, 100, 103 ff.；EA 53；ET 19, 26 ff.；EI 45, 52；F 5, 8, 17, 23 f.；107；H 14, 21, 28 f., 64, 66；I 8, 16 f.；IA 9 f.；IL 15, 17；16 f., 57, PL 36 f., 69, 113, 123；US 41 f., 45, 83, 94, 96

proportional liability 按份责任　AT 61 f., 66, 68；CS 37 f., 51 f.；CR 35；D 63 ff., 69 ff.；DK 58 f.；E 35；EI 44；ET 51 ff.；IL 32 f.；US 34

protected interests 受保护的利益　AT 4 f., 18, 30, 48；CL 13；CR 40；CS 2 ff., 13；D 6, 10, 20, 107；E 5, 7；ET 2 f.；F 2；H 6, 15 f., 18；IL 2；US 4 ff., 10

protective purpose theory 保护目的理论　AT 18；D 11 f.

pure economic loss 纯经济损失，见损失（loss）

Reinsurance 再保险 CR 13，17；EI 18，21，23，IA 1

remedies 救济 AT 84，96；D 80f，；US 53；也可见偿还利益（disgargement of gains）；禁令和原物返还（injunctions and hestitution）

res judicata 既判力、一事不再理 AT 85 ff.，89 ff.；CR 33，45，50，53 f.，55，ff.；60 ff.；CS 68 ff.，74 ff.；D 2，83 ff.，97；DK 70 ff.，82；E 54 ff.，83；ET 62 ff.；F 57 ff.，64 ff.；H 48 ff.；I 37 ff.；IL 44 ff.；PL 78 ff.；US 4，7，11，54 ff.，59 ff.

restitution in kind 原物返还 AT 55 f.；H 2

ricochet victims 反射性受害人，见损失（loss）

right of use 使用权 AT 56；CS 35；D 52 f.；DK 46；ET 39；H 33；PL 43 f.；US 28

Rome II Regulation 罗马条例 II CL 19 f.，22 ff.，28 ff.，35 ff.；CR 65 ff.

Settlements - out of court 法院之外的和解 AT 92；CR 53；CS 80；D 87 f.；DK 74 f.；E 58 ff.；ET 66；H 51；I 40；IL 50；PL 84 ff.；US 63

sexual abuse 性虐待 US 81，92 f.

social security law 社会保障法 AT 67；D 67

solidary liability 整体（连带）责任 AT 59 ff.，66 f.；CR 35，71 ff.；CS 37 ff.，51 ff.；D 54 ff.，65 f.；DK 48 f.，56 ff.；E 4，35 ff.，45；EA 57；EI 44；ET 42 f.，49，51 ff.；F 31 ff.；H 35 ff.，42；I 21 ff.；IL 13，21 ff.；PL 45 ff.，58 f.，64，66，70；US 2，33 ff.

Spanish Pool for Environmental Risks 西班牙环境风险集合 CR 22；E 100；IA 9

standard insurance terms 标准保险条款 AI 6，D 107，112 f.，132 f.；EI 2；H 57

state liability 国家责任 US 25

strict liability 严格责任 AT 33 ff.，CL 25；CS 22，29；D 15，37 f.，46 f.；E 6 ff.，37；EA 30；ET 21 ff.，H 19；IL 17；PL 59 f.

subject matter of litigation 诉讼标的 AT 85；CR 36，56；CS 69；D 2，6 ff.，82 f.，86

Terrorism 恐怖主义 CR 27；ET 21 ff.，28；IA 2，8；US 83

test cases 示范诉讼 AT 96；CS 92

ff. ; D 100 ff. ; E 88 ; ET 70 f. ; H 55 ;
PL 92 ; US 70, 77

third party liability insurance 第三方
责任保险　AI 4, 12, 14 f. , 18 f. ; 20
ff. , 43 ; CS 100 f. , 106, 112 ; D 111,
114, 116, 119, 135 ff. ; DK 97 ; 110 ;
E 106 ; EA 50 f. ; EI 4 ; F 109, H 57
f. , 61, 67 ; I 58 f. ; PL 124 f. ; US 86
ff. , 97

thresholds 起赔额

～ in insurance law, 保险法中的
～ 见扣除额（deductibles）

～ in civil procedure, 民事诉讼
法中的～　D 78, 80 f. ; H 47 ; E 69 ;
US 51

～ in tort law, 侵权法中的～
AT 38 ff. , 47 ff. ; CS 26 ; DK 28 ff. ,
38 ff. ; ET 26 ff. ; F 5, 17 ff. , 25 ; D
39 ff. , 45 f. ; H 28 ff. ; IL 16 ; I 16 f. ,
PL 36 ff. ; E 26 f. , 30 ; US 20, 34

traffic liability 交通责任　AT 33 ; D
15, 18, 38, 47 ; CL 20 f. ; CS 4, 8 ; E
7 f. , 12, 24 f. , 28, 51 ; IL 10, 15, 17

Unity 一体性/统一性

moderate doctrine of ～, 适度的 ～
原理　AT 29

of damage, 损害的 ～　CR 48,
68 ; CS 97 ; D 31 ff.

of incident, 事故的 ～　CS 97 ; E
91, 94, 98

of time, place and cause, 时间、
地点和原因的 ～　CS 98 ; CR 27 f. ;
EI 20 ff. , 31

unjust enrichment 不当得利　ET 35
f.

unlawfulness 非法性　AT 5, D 11

Vicarious liability 转承责任　CL 15 ;
PL 38

Vorverlegung des Verschuldensbezuges
对过错关系认定的提前　CS 14 ; D 24
f.

Work accidents 工伤事故　D 67 ; DK
26, 34 f. ; EA 12 ff. ; 也可见雇员责
任（employees' liability）和雇主责任
（employers' liability）

译后记

"损害的合并与分割",这个题目很新鲜,同时也让人有些茫然,不知所云。译者自 2008 年开始对责任保险问题进行研究时,便开始关注"侵权与保险"这一话题。对于欧洲侵权法与保险法研究中心的著作,译者先前已阅读过一些。但是,当我的同事李昊将"损害的合并与分割"这本书的英文版拿给我看时,我还是被吸引了过去,不仅是因为这本书是新出版的,我还未曾阅读过,而且是因为这本书所探讨的话题、所选择的研究视角都是非常新的,诚实地讲,书中所研究的许多问题,是我先前所未曾意识到的,所以,我很爽快地答应承担这本书的翻译任务。

着手进行翻译之后,才感觉到这本书的翻译之难。正如本书的主编肯·奥利芬特(Ken Oliphant)所承认的那样:"据我们所知,此项研究开创了新领地。在任何一个欧洲国家制度中都不存在同一领域的研究文献。这些术语本身不被人熟知……但是,研究对象的新颖性和术语的欠熟知性也产生了它自己的问题。"学者们都喜欢做具有开创性、新颖性的研究,但是,这种研究本身充满了挑战与风险,这不仅对研究者如此,对于翻译者亦是如此。如果说,本书中的许多术语对于相近法律传统的欧洲诸多国家的学者来说都具有陌生感,那么,对于中国的学者更是如此。在翻译时,要想在中文语境下找到准确的对应词,以精准地表达作者的原意,决非易事。译者虽然已尽心尽力,但决不敢奢望已达到读者的期待。因此,书中若有翻译错误,敬请指正。

关于翻译的分工,本书中奥地利、丹麦、英格兰和威尔士、法国、德国、匈牙利、以色列的国别报告由王玉花女士翻译,其余部分由周学峰翻译,最后由周学峰负责统稿。

有些作者非常珍视自己的作品,视其为自己的"孩子"。作为译者,我们无意分享作者的荣耀，但巧合地是，这本书的译品却几乎是与译者之一的王女士的孩子一同"降生"的。翻译此书时，王女士正值怀孕期间，我刚从电脑上收到王女士完成的译稿不久，便接到其短信，称其八斤重的儿子已降生，"虽然一夜叫救护车转了四家医院，好在有惊无险，一切皆好。"那就把这本译作送给他作为出生礼物吧！

另外，原著中的法语术语的翻译得到了北京航空航天大学法学院杨彩霞副教授的帮助，德语术语的翻译得到了北京航空航天大学法学院李昊副教授、王天凡博士的帮助，在此表示感谢！最后，还要感谢中国法制出版社和戴蕊编辑的支持与鼓励，本译著的顺利出版是与她们的辛苦工作分不开的！

译 者

2012 年 12 月 8 日

图书在版编目（CIP）数据

损害的合并与分割/（奥）奥利芬特主编；周学峰，王玉花译．—北京：中国法制出版社，2012.12
ISBN 978-7-5093-3916-9

Ⅰ．①损… Ⅱ．①奥…②周…③王… Ⅲ．①侵权行为-赔偿-研究-欧洲②保障和赔偿保险-保险法-研究-欧洲 Ⅳ．①D950.3②D950.22

中国版本图书馆 CIP 数据核字（2012）第 179796 号

北京市新闻出版局出版境外图书合同登记号　图字 01-2010-1152
Translation from the English language edition：
Aggregation and Divisibility of Damage
by Ken Oliphant（ed.）
Copyright © Springer-Verlag Wien New York
All Rights Reserved

策划编辑：戴蕊　　　责任编辑：戴蕊　　　封面设计：蒋怡

损害的合并与分割
SUNHAI DE HEBING YU FENGE

主编/肯·奥利芬特（Ken Oliphant）
译者/周学峰　王玉花
经销/新华书店
印刷/三河市紫恒印装有限公司
开本/880×1230 毫米　32　　　　　　印张/22.625　字数/590 千
版次/2012 年 12 月第 1 版　　　　　　2012 年 12 月第 1 次印刷

中国法制出版社出版
书号 ISBN 978-7-5093-3916-9　　　　　定价：58.00 元
北京西单横二条 2 号　邮政编码 100031　传真：66031119
网址：http：//www.zgfzs.com　　　　　编辑部电话：66065921
市场营销部电话：66017726　　　　　　邮购部电话：66033288